CW01214109

# Cours D'algèbre Supérieure, Volume 1...

Joseph-Alfred Serret

COURS

# D'ALGÈBRE SUPÉRIEURE

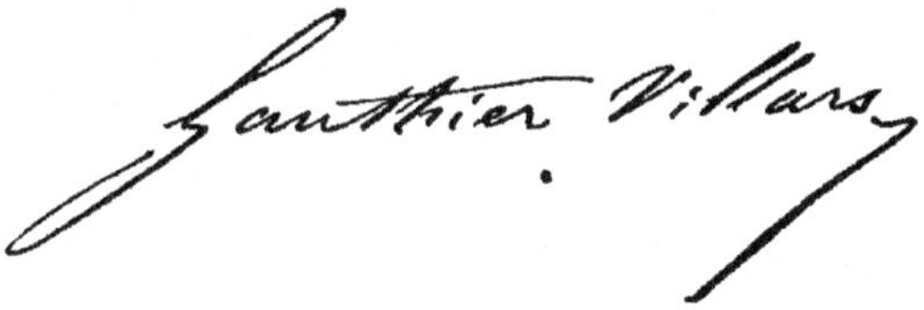


PARIS. — IMPRIMERIE DE GAUTHIER-VILLARS,
Rue de Seine Saint-Germain, 10, près l'Institut.

# COURS

# D'ALGÈBRE SUPÉRIEURE

PAR

J.-A. SERRET,

MEMBRE DE L'INSTITUT,

PROFESSEUR AU COLLÉGE DE FRANCE ET A LA FACULTÉ DES SCIENCES DE PARIS.

TROISIÈME ÉDITION.

TOME PREMIER.

PARIS,

GAUTHIER-VILLARS, IMPRIMEUR-LIBRAIRE

DU BUREAU DES LONGITUDES, DE L'ÉCOLE IMPÉRIALE POLYTECHNIQUE,

SUCCESSEUR DE MALLET-BACHELIER,

Quai des Augustins, 55.

1866

# AVERTISSEMENT.

La première édition de cet ouvrage était un résumé de leçons professées à la Sorbonne, dans la chaire d'Algèbre supérieure de la Faculté des Sciences de Paris. La faveur avec laquelle cet essai fut accueilli par les géomètres m'imposait le devoir d'y apporter les perfectionnements dont il me paraissait susceptible et de combler plusieurs lacunes importantes.

Mais quelques années après cette publication, quand il fallut préparer une deuxième édition, je ne pus me décider à changer le caractère du livre, et, sauf un petit nombre de modifications essentielles, je conservai la rédaction primitive, renvoyant à des notes placées à la fin de l'ouvrage, pour tous les développements nouveaux qu'il m'avait paru indispensable d'introduire.

Cette deuxième édition est épuisée depuis longtemps, et, malgré le succès qu'elle a obtenu, je n'ai pas cru devoir réimprimer cet ouvrage sans y apporter des modifications qui en altèrent profondément le caractère et qu'il me faut signaler ici.

Dès que je commençai à m'occuper du travail considérable dont je publie aujourd'hui le résultat et auquel je n'ai pas consacré moins de trois années, je reconnus la convenance et même la nécessité de donner des développements beaucoup plus étendus à plusieurs théories importantes qui n'avaient pas été traitées d'une manière complète dans les éditions précédentes; j'avais à cœur en même temps d'introduire dans cet ouvrage les résultats de mes nouvelles recherches sur l'Algèbre, notamment de celles qui se rapportent à l'élimination, à la théorie des congruences et à celle des substitutions. Mais le cadre que j'avais adopté pour la première édition et que j'avais conservé dans la deuxième se prêtait mal à un si grand accroissement de matières. A la division en leçons, si naturelle dans les conditions où j'avais publié pour la première fois le *Cours d'Algèbre supérieure*, il devint indispensable de substituer une division plus rationnelle qui permît d'embrasser d'un coup d'œil toutes les théories qui se rapportent à chacune des diverses branches de l'Analyse algébrique.

Enfin, après avoir comblé les principales lacunes que l'œuvre primitive me semblait offrir, je pensai qu'il serait utile de ne pas reculer autant que je l'avais fait d'abord l'origine de l'Algèbre supérieure et d'y introduire un exposé des propriétés générales des équations avec une théorie de leur résolution numérique. Je réalisai cette pensée; mais alors l'étendue des matières devint telle, qu'il fallut de toute nécessité les distribuer en deux volumes.

Il me reste à faire connaître au lecteur la disposition que j'ai adoptée. Cette troisième édition est divisée en *cinq Sections* composées chacune de plusieurs Chapitres.

La *première Section* renferme la *théorie générale des équations* et les *principes sur lesquels repose leur résolution numérique;* on trouvera en particulier dans cette première Section une théorie très-développée des fractions continues.

La *deuxième Section* comprend la *théorie des fonctions symétriques*, celle des *fonctions alternées* et des *déterminants*, et les nombreuses questions qui s'y rattachent, avec des applications importantes à la théorie générale des équations.

La *troisième Section* a pour objet l'ensemble des *propriétés des nombres entiers* qui sont indispensables dans la théorie de la résolution algébrique des équations; on trouvera dans cette Section une étude complète et nouvelle des fonctions entières d'une variable *prises relativement à un module premier*.

La *quatrième Section* renferme la *théorie des substitutions;* elle comprend tous les faits principaux acquis à la science, dans cette partie difficile de l'analyse algébrique.

Enfin j'ai réuni dans la *cinquième Section* tout ce qui se rapporte directement à la *résolution algébrique des équations.*

Le titre de ce livre, qui a été conservé, indique suffisamment que je n'ai pas la prétention d'avoir composé un *Traité complet* sur l'Algèbre supérieure; cependant on reconnaîtra, je l'espère, que j'ai constitué un corps de doctrine étendu qui ne sera pas sans quelque utilité pour les géomètres qui s'occupent de cette branche importante de l'Analyse mathématique.

Il serait superflu de dire que j'ai surveillé avec le plus grand soin l'impression de cette nouvelle édition, si je ne devais ajouter que j'ai été assez heureux pour obtenir, dans cette occasion, le précieux concours d'un des membres les plus distingués de l'Université, M. Lemonnier, professeur de Mathématiques spéciales au lycée Napoléon.

# TABLE DES MATIÈRES

## DU TOME PREMIER.



## SECTION PREMIÈRE.

### LES PROPRIÉTÉS GÉNÉRALES ET LA RÉSOLUTION NUMÉRIQUE DES ÉQUATIONS.

## CHAPITRE PREMIER.

### THÉORIE DES FRACTIONS CONTINUES.



## CHAPITRE II.

### DES FRACTIONS CONTINUES PÉRIODIQUES.

## CHAPITRE III.

### PROPRIÉTÉS GÉNÉRALES DES ÉQUATIONS ALGÉBRIQUES.



## CHAPITRE IV.

### DES ÉQUATIONS SIMULTANÉES ET DE L'ÉLIMINATION.

## CHAPITRE V.

### PROPRIÉTÉS DES RACINES DE L'UNITÉ.



## CHAPITRE VI.

### DE LA SÉPARATION DES RACINES DES ÉQUATIONS NUMÉRIQUES.

Pages.

## CHAPITRE VII.

### DU CALCUL DES RACINES DES ÉQUATIONS NUMÉRIQUES.



---

# SECTION II.

## LES FONCTIONS SYMÉTRIQUES.

---

## CHAPITRE PREMIER.

### THÉORIE DES FONCTIONS SYMÉTRIQUES.

## CHAPITRE II.

### FORMULES GÉNÉRALES RELATIVES A LA THÉORIE DES FONCTIONS SYMÉTRIQUES.



## CHAPITRE III.

### DIGRESSION SUR LA DÉCOMPOSITION DES FRACTIONS RATIONNELLES ET SUR LES SÉRIES RÉCURRENTES.

# CHAPITRE IV.

## DES FONCTIONS ALTERNÉES ET DES DÉTERMINANTS. APPLICATION A LA THÉORIE DES ÉQUATIONS.



# CHAPITRE V.

## DÉVELOPPEMENTS RELATIFS A LA THÉORIE DE L'ÉLIMINATION.

FIN DE LA TABLE DES MATIÈRES DU TOME PREMIER.

# COURS
# D'ALGÈBRE SUPÉRIEURE.

L'Algèbre est, à proprement parler, l'*Analyse des équations;* les diverses théories partielles qu'elle comprend se rattachent toutes, plus ou moins, à cet objet principal. A ce point de vue, l'Algèbre peut se diviser en trois parties bien distinctes :

1° *La théorie générale des équations*, c'est-à-dire l'ensemble des propriétés qui sont communes à toutes les équations;

2° *La résolution des équations numériques,* c'est-à-dire la détermination des valeurs exactes ou approchées des racines d'une équation dont les coefficients sont donnés en nombres;

3° *La résolution algébrique des équations,* c'est-à-dire la détermination d'une expression composée avec les coefficients d'une équation donnée, et qui, substituée à l'inconnue, satisfasse identiquement à cette équation, soit que les coefficients de l'équation proposée soient *numériquement donnés,* soit qu'étant simplement considérés comme connus, ils restent indéterminés et représentés par des lettres.

Sans prétendre faire ici l'histoire complète de l'Algèbre, je crois devoir, dès à présent, donner un aperçu des principaux résultats acquis à cette partie de la science que nous allons étudier.

Il serait difficile de dire à qui nous devons la résolution des équations du second degré : elle se trouve dans le livre de Diophante, et, comme le fait remarquer Lagrange dans son *Traité de la Résolution des équations numériques*, elle ressort naturellement de quelques propositions d'Euclide. Luc Paciolo, qui publia en 1494, à Venise, le premier livre d'Algèbre paru en Europe, ne fait aucune mention de Diophante, et laisse supposer que les algébristes italiens avaient appris des Arabes ce qu'ils savaient d'Algèbre, c'est-à-dire la résolution des équations du premier et du deuxième degré.

La résolution des équations du troisième degré est due à deux géomètres italiens du XVIe siècle, Scipion Ferrei et Tartaglia ; mais on ignore par quel chemin ils y ont été conduits, et la formule qui représente les trois racines de l'équation du troisième degré est communément appelée *formule de Cardan.*

C'est aussi à un géomètre italien, Louis Ferrari, disciple de Cardan, que l'on doit la résolution de l'équation du quatrième degré. Depuis, plusieurs méthodes que nous indiquerons successivement ont été proposées pour la résolution des équations du troisième et du quatrième degré ; mais Lagrange a montré, dans un célèbre Mémoire inséré parmi ceux de l'Académie de Berlin pour 1770 et 1771, que ces méthodes, différentes en apparence, reviennent toutes, au fond, à faire dépendre la résolution de l'équation proposée, de celle d'une seconde équation qu'il appelle *résolvante,* et dont la racine est composée linéairement avec celles de la proposée et les puissances d'une racine de l'unité du même degré. En cherchant à généraliser cette méthode, à l'étendre à toutes les équations, ce grand géomètre a montré qu'au delà du quatrième degré l'équation résolvante était d'un degré supérieur à celui de la proposée, et ne paraissait pas, en général, susceptible d'abaissement. Il a enfin expliqué clairement, par cette analyse, à quelle circonstance est due la résolubilité des équations des quatre premiers degrés, circonstance qui ne se présente plus au delà du quatrième degré.

Toutefois, la méthode de Lagrange peut être employée utilement dans la résolution des équations binômes, ou, ce qui revient au même, des équations dont dépend la division de la circonférence du cercle en parties égales. La résolution de ces équations avait été effectuée antérieurement et pour la première fois par Gauss, à l'aide d'une méthode ingénieuse fondée sur les relations qui existent entre les diverses racines de l'équation binôme, et sur la considération des *racines primitives* des nombres premiers.

Abel, généralisant les résultats obtenus par Gauss, a montré ensuite que si deux racines d'une équation *irréductible* sont tellement liées entre elles, que l'une puisse s'exprimer rationnellement par l'autre, l'équation est soluble par radicaux, si son degré est un nombre premier, et que, dans le cas contraire, sa résolution dépend de celle d'équations de degrés moindres que le sien. C'est là un des plus beaux résultats dont l'Algèbre se soit enrichie de nos jours. Abel a fait, dans son Mémoire, l'application de sa méthode aux équations binômes, et a apporté quelques simplifications à l'analyse de Gauss.

Voilà donc une classe assez étendue d'équations dont les racines peuvent être exprimées par des radicaux; mais ces équations, étudiées par Abel, sont-elles les seules qui possèdent cette propriété? Dans quel cas, en un mot, une équation peut-elle être résolue algébriquement? Cette question difficile a été résolue complétement, au moins pour les équations irréductibles de degré premier, par Évariste Galois, ancien élève de l'École Normale, et l'un des géomètres les plus profonds que la France ait produits. Dans un Mémoire présenté à l'Académie des Sciences en 1831, et publié en 1846 par les soins de M. Liouville, Galois a, en effet, démontré ce beau théorème : *Pour qu'une équation irréductible de degré premier soit soluble par radicaux, il faut et il suffit que, deux quelconques des racines étant données, les autres s'en déduisent rationnellement.* Ce résultat important a été le point de départ des recherches auxquelles se sont livrés depuis sur cette matière MM. Hermite, Kronecker, Betti, et plusieurs autres géomètres éminents.

Enfin, quant aux équations dont les racines sont des quantités quelconques n'ayant entre elles aucune dépendance, c'est-à-dire dont les coefficients restent indéterminés, leur résolution générale est impossible au delà du quatrième degré. Cette proposition importante, énoncée par Ruffini, a été mise hors de doute par les travaux plus récents d'Abel.

Tels sont les travaux les plus importants qui aient été entrepris sur la résolution algébrique des équations, et dont j'ai cru devoir faire ici l'indication succincte.

Quoique j'aie surtout en vue, dans cet ouvrage, les théories qui se rapportent à la résolution algébrique des équations, je n'en crois pas moins utile de reproduire ici les principes qui sont le fondement de la théorie générale des équations et sur lesquels reposent les méthodes employées pour leur résolution numérique.

# SECTION PREMIÈRE.

## LES PROPRIÉTÉS GÉNÉRALES ET LA RÉSOLUTION NUMÉRIQUE DES ÉQUATIONS.

# SECTION PREMIÈRE.

## LES PROPRIÉTÉS GÉNÉRALES ET LA RÉSOLUTION NUMÉRIQUE DES ÉQUATIONS.

# CHAPITRE PREMIER.

## THÉORIE DES FRACTIONS CONTINUES.

### *Définition des fractions continues.*

**1.** Désignons par $x$ une quantité positive, rationnelle ou irrationnelle, et posons

$$(1)\quad x = a + \frac{1}{x_1},\quad x_1 = a_1 + \frac{1}{x_2},\ldots,\quad x_{n-1} = a_{n-1} + \frac{1}{x_n},\ldots,$$

$a$, $a_1$, $a_2$,... étant les plus grands entiers qui soient contenus dans $x$, $x_1$, $x_2$,... respectivement. Le premier de ces nombres $a$ peut être nul, mais chacun des suivants est au moins égal à 1.

Si la quantité $x$ est rationnelle, l'un des nombres de la suite $x$, $x_1$, $x_2$,... sera entier, et il terminera la suite, car le nombre suivant serait l'infini, d'après la loi de formation. Pour justifier cette assertion, supposons que l'on ait

$$x = \frac{A}{A_1},$$

A et $A_1$ étant des entiers premiers entre eux. Soient $A_2$, $A_3$,..., $A_n$, 1 les restes successifs auxquels conduit la recherche du plus grand commun diviseur des nombres A et $A_1$, et $a$, $a_1$,..., $a_{n-1}$ les quotients fournis par cette opération; on aura

$$A = A_1 a + A_2,\quad A_1 = A_2 a_1 + A_3,\ldots,\quad A_{n-1} = A_n a_{n-1} + 1,$$

d'où, par la définition des nombres $x_1$, $x_2$, ...,

$$x = a + \frac{A_2}{A_1}, \quad x_1 = a_1 + \frac{A_3}{A_2}, \ldots, \quad x_{n-1} = a_{n-1} + \frac{1}{A_n}, \quad x_n = A_n.$$

Mais si la quantité $x$ est irrationnelle, aucun terme de la suite $x$, $x_1$, $x_2$, ... ne sera entier ni même rationnel, et l'on pourra en conséquence prolonger cette suite indéfiniment. En effet, si quelqu'un des nombres $x, x_1, x_2, \ldots$ est rationnel, il est évident que tous ceux qui le précèdent le sont aussi.

Si l'on élimine les quantités $x_1$, $x_2$, ..., $x_{n-1}$ entre les $n$ premières des égalités (1), la valeur de $x$ prendra la forme

$$(2) \qquad x = a + \cfrac{1}{a_1 + \cfrac{1}{a_2 + \ddots + \cfrac{1}{a_{n-1} + \cfrac{1}{x_n}}}} :$$

lorsque $x$ est un nombre rationnel, il existe, comme on vient de le voir, une valeur de $n$ pour laquelle $x_n$ est $\infty$ ; on peut alors supprimer la fraction $\frac{1}{x_n}$ dans l'expression précédente. Il n'en est plus ainsi lorsque $x$ est une quantité irrationnelle, mais il sera démontré qu'après la suppression de la fraction $\frac{1}{x_n}$, le second membre de la formule (2) converge vers la valeur de $x$ quand on fait croître le nombre $n$ indéfiniment.

Nous sommes ainsi conduits à étudier les expressions de la forme

$$(3) \qquad a + \cfrac{1}{a_1 + \cfrac{1}{a_2 + \cfrac{1}{a_3 + \ddots}}},$$

où $a$, $a_1$, $a_2$, ... désignent des entiers positifs dont le nombre est limité ou illimité, et parmi lesquels le premier seulement peut être zéro. On donne à ces expressions le nom de *fractions continues*.

Lorsqu'on réduit ainsi une quantité $x$ en fraction continue, on donne le nom de *quotients complets* aux quantités $x$, $x_1$, $x_2$, ... dont les valeurs sont fournies par les formules (1); les entiers $a$, $a_1$, $a_2$, ... contenus respectivement dans les quotients complets sont dits *quotients incomplets*. Enfin on nomme *fractions convergentes* ou *réduites* les valeurs que l'on obtient quand on arrête la fraction continue à un quotient incomplet quelconque. Ainsi, dans la fraction continue (3), $a$ est la première réduite, $a + \frac{1}{a_1}$ est la deuxième, $a + \cfrac{1}{a_1 + \cfrac{1}{a_2}}$ est la troisième, et ainsi de suite.

On considère, dans certaines questions d'analyse mathématique, des fractions continues plus générales que celles dont il vient d'être question et qui ont la forme

$$a + \cfrac{\alpha_1}{a_1 + \cfrac{\alpha_2}{a_2 + \cfrac{\alpha_3}{a_3 + \dots}}},$$

$a$, $a_1$, $a_2$, ..., $\alpha_1$, $\alpha_2$, ..., étant des quantités quelconques. Mais ces expressions nouvelles ne sont d'aucune utilité pour l'objet que nous avons en vue, et il n'en sera point question dans ce qui va suivre.

### *De la formation des réduites.*

2. La première des formules (1) donne

$$(4) \qquad x = \frac{ax_1 + 1}{x_1},$$

et si l'on remplace $x_1$ par la valeur $\frac{a_1 x_2 + 1}{x_2}$ tirée de la deuxième formule, il vient

$$(5) \qquad x = \frac{(aa_1 + 1)x_2 + a}{a_1 x_2 + 1};$$

on peut de même remplacer le quotient complet $x_2$ par sa valeur tirée de la troisième formule (1), et ainsi de suite. En général, la valeur de $x$, exprimée par le moyen du quotient complet $x_{n-1}$, aura la forme

$$(6) \qquad x = \frac{P_{n-1} x_{n-1} + P_{n-2}}{Q_{n-1} x_{n-1} + Q_{n-2}},$$

$P_{n-1}$, $Q_{n-1}$, $P_{n-2}$, $Q_{n-2}$ étant des nombres entiers. En effet, on vient de voir qu'il en est ainsi lorsque $n - 1$ est égal à 1 ou à 2; et en conséquence, pour justifier notre assertion, il suffit de constater que si elle s'applique au quotient $x_{n-1}$, elle subsiste aussi pour le quotient $x_n$. Or, en remplaçant, dans la formule (6), $x_{n-1}$ par sa valeur $a_{n-1} + \frac{1}{x_n}$ ou $\frac{a_{n-1} x_n + 1}{x_n}$, il vient

$$x = \frac{(P_{n-1} a_{n-1} + P_{n-2}) x_n + P_{n-1}}{(Q_{n-1} a_{n-1} + Q_{n-2}) x_n + Q_{n-1}};$$

notre proposition est donc établie. On voit en outre que, si l'on pose

$$(7) \qquad P_n = P_{n-1} a_{n-1} + P_{n-2}, \quad Q_n = Q_{n-1} a_{n-1} + Q_{n-2},$$

l'expression précédente de $x$ prendra la forme

$$(8) \qquad x = \frac{P_n x_n + P_{n-1}}{Q_n x_n + Q_{n-1}},$$

et celle-ci se déduit de l'expression (6) par le changement de $n$ en $n + 1$.

Pour avoir la réduite de rang $n$, il est évident qu'il suffit de remplacer, dans la formule (6), le quotient complet $x_{n-1}$ par le quotient incomplet correspondant $a_{n-1}$; on voit alors, par les formules (7), que cette réduite a pour valeur $\frac{P_n}{Q_n}$. Au reste, il faut remarquer qu'on peut l'obtenir aussi en remplaçant $x_n$ par $\infty$ dans la formule (8). Les formules (7) peuvent donc être employées pour calculer le numérateur et le dénominateur des réduites successives, et on peut énoncer à ce sujet la proposition suivante :

*Le numérateur de la réduite de rang $n$ est égal au produit du numérateur de la réduite de rang $n - 1$ par le $n^{ième}$ quotient incomplet, augmenté du numérateur de la réduite de rang $n - 2$. Et de même le dénominateur de la $n^{ième}$ réduite est égal au produit du dénominateur de la réduite de rang $n - 1$ par le $n^{ième}$ quotient incomplet, augmenté du dénominateur de la réduite de rang $n - 2$.*

L'application de cette règle exige que les deux premières réduites aient été formées; on a, par les formules (4) et (5),

$$P_1 = a, \qquad Q_1 = 1,$$
$$P_2 = aa_1 + 1, \quad Q_2 = a_1;$$

mais si l'on pose

$$P_0 = 1, \qquad Q_0 = 0,$$

les formules (7) seront vérifiées pour $n = 2$; d'où il résulte que l'on fera rentrer la deuxième réduite $\frac{P_2}{Q_2}$ dans la règle générale, en introduisant la réduite fictive $\frac{P_0}{Q_0} = \frac{1}{0}$ que l'on peut regarder comme occupant le premier rang dans la suite des réduites; c'est ainsi que nous procéderons désormais, et, en conséquence, $\frac{P_n}{Q_n}$ représentera la réduite de rang $n + 1$. Au moyen de cette convention, on peut disposer comme il suit le calcul nécessaire pour la formation des réduites :

| $a$ | $a_1$ | $a_2$ | $a_3$ | $a_4$ | ... |
|---|---|---|---|---|---|
| $\frac{1}{0}$ | $\frac{a}{1}$ | $\frac{aa_1+1}{a_1}$ | ... | ... | ... |

Les quotients incomplets $a$, $a_1$, $a_2$, $a_3$, ... sont écrits sur une première ligne horizontale. Au-dessous des deux premiers quotients $a$ et $a_1$, on place les deux premières réduites $\frac{1}{0}$, $\frac{a}{1}$; on forme ensuite chacune des réduites suivantes, en opérant conformément à la règle, et on écrit le résultat au-dessous du quotient qui lui correspond.

## *Propriétés des réduites.*

3. Théorème I. — *Les réduites étant supposées formées d'après la règle précédente, et $\frac{P_n}{Q_n}$ désignant généralement la réduite de rang $n+1$, on a*

$$P_n Q_{n-1} - Q_n P_{n-1} = (-1)^n.$$

En effet, soit $a_{n-1}$ le $n^{\text{ième}}$ quotient incomplet, on aura

$$P_n = P_{n-1} a_{n-1} + P_{n-2}, \quad Q_n = Q_{n-1} a_{n-1} + Q_{n-2};$$

si l'on ajoute ces égalités après avoir multiplié la première par $Q_{n-1}$ et la seconde par $-P_{n-1}$, il viendra

$$(P_n Q_{n-1} - Q_n P_{n-1}) = -(P_{n-1} Q_{n-2} - Q_{n-1} P_{n-2}),$$

ce qui montre que la quantité

$$(-1)^n (P_n Q_{n-1} - Q_n P_{n-1})$$

a la même valeur, quel que soit $n$; mais cette quantité

est égale à 1 quand $n=1$, car $Q_0=0$ et $Q_1=P_0=1$; donc elle est égale à 1, quel que soit $n$.

Corollaire I. — *Les nombres $P_n$ et $Q_n$ sont premiers entre eux, et en conséquence la fraction $\frac{P_n}{Q_n}$ est irréductible.*

L'égalité qu'on vient d'établir prouve effectivement que les nombres $P_n$ et $Q_n$ ne peuvent avoir aucun diviseur commun autre que l'unité. C'est en raison de cette propriété que l'on a donné le nom de *réduites* aux fractions $\frac{P_n}{Q_n}$.

Corollaire II. — *La différence entre deux réduites consécutives est égale à une fraction qui a pour numérateur l'unité, et pour dénominateur le produit des dénominateurs des deux réduites.*

En effet, si l'on divise par le produit $Q_n Q_{n-1}$ l'égalité qui fait l'objet du précédent théorème, il vient

$$\frac{P_n}{Q_n}-\frac{P_{n-1}}{Q_{n-1}}=\frac{(-1)^n}{Q_n Q_{n-1}}.$$

4. Théorème II. — *Si l'on réduit une quantité quelconque $x$ en fraction continue et que l'on forme les réduites successives, la valeur de $x$ sera toujours comprise entre deux réduites consécutives et chaque réduite approchera plus de $x$ que la réduite précédente.*

En effet, $\frac{P_n}{Q_n}$ étant la réduite de rang $n+1$, et $x_n$ le quotient complet correspondant, on a

$$x=\frac{P_n x_n+P_{n-1}}{Q_n x_n+Q_{n-1}}.$$

Si l'on résout cette équation par rapport à $x_n$, on trouve

$$x_n = \frac{Q_{n-1}x - P_{n-1}}{P_n - Q_n x}, \quad \text{d'où} \quad \frac{Q_n}{Q_{n-1}} x_n = \frac{x - \frac{P_{n-1}}{Q_{n-1}}}{\frac{P_n}{Q_n} - x}.$$

Cette formule montre : 1° que les différences $x - \frac{P_{n-1}}{Q_{n-1}}$ et $\frac{P_n}{Q_n} - x$ sont de même signe, d'où il résulte que $x$ est comprise entre $\frac{P_{n-1}}{Q_{n-1}}$ et $\frac{P_n}{Q_n}$; 2° que la valeur absolue de la seconde différence est moindre que la valeur absolue de la première, car les quantités $\frac{Q_n}{Q_{n-1}}$ et $x_n$, dont le produit forme le premier membre de la formule précédente, sont l'une et l'autre supérieures à l'unité.

5. Théorème III. — *Si l'on réduit une quantité quelconque $x$ en fraction continue, la différence entre une réduite quelconque et la valeur de $x$ sera moindre qu'une fraction ayant pour numérateur l'unité et pour dénominateur le produit des dénominateurs de la réduite considérée et de la réduite suivante.*

En effet, d'après le théorème II, $x$ est comprise entre les deux réduites $\frac{P_{n-1}}{Q_{n-1}}$ et $\frac{P_n}{Q_n}$; par conséquent, la différence entre $x$ et $\frac{P_{n-1}}{Q_{n-1}}$ est moindre que la différence entre $\frac{P_n}{Q_n}$ et $\frac{P_{n-1}}{Q_{n-1}}$; mais, d'après le théorème I (corollaire II), cette dernière différence est égale à $\frac{(-1)^n}{Q_{n-1}Q_n}$; si donc on désigne par $\theta$ une quantité comprise entre o et l'unité, on pourra écrire

$$x - \frac{P_{n-1}}{Q_{n-1}} = (-1)^n \frac{\theta}{Q_{n-1}Q_n}.$$

Comme $Q_n$ est supérieur à $Q_{n-1}$, on a aussi

$$x - \frac{P_{n-1}}{Q_{n-1}} = (-1)^n \frac{\theta}{Q_{n-1}^2} \quad \text{ou} \quad Q_{n-1}x - P_{n-1} = (-1)^n \frac{\theta}{Q_{n-1}},$$

$\theta$ désignant encore une quantité comprise entre 0 et 1, mais qui n'a pas ici la même valeur que dans la précédente égalité.

Cette dernière formule exprime que *si l'on prend une réduite quelconque pour valeur approchée de la quantité $x$, l'erreur commise sera moindre que l'unité divisée par le carré du dénominateur de la réduite.*

Remarque. — On peut encore démontrer le précédent théorème en partant de la valeur de $x$ exprimée en fonction du quotient complet $x_n$. On retrouve par ce moyen la limite supérieure que nous venons d'assigner à la différence $(-1)^n\left(x - \frac{P_{n-1}}{Q_{n-1}}\right)$, et on obtient en même temps une limite inférieure de la même différence. Cette dernière limite a moins d'importance que l'autre, mais elle mérite cependant d'être mentionnée. On a

$$x - \frac{P_{n-1}}{Q_{n-1}} = \frac{P_n x_n + P_{n-1}}{Q_n x_n + Q_{n-1}} - \frac{P_{n-1}}{Q_{n-1}} = \frac{(P_n Q_{n-1} - Q_n P_{n-1})x_n}{Q_{n-1}(Q_n x_n + Q_{n-1})},$$

ou, d'après le théorème I,

$$x - \frac{P_{n-1}}{Q_{n-1}} = \frac{(-1)^n}{Q_{n-1}\left(Q_n + \frac{1}{x_n}Q_{n-1}\right)}.$$

Or $x_n$ est compris entre 1 et $\infty$; donc la différence $x - \frac{P_{n-1}}{Q_{n-1}}$ est comprise entre

$$\frac{(-1)^n}{Q_{n-1}Q_n} \quad \text{et} \quad \frac{(-1)^n}{Q_{n-1}(Q_n + Q_{n-1})}.$$

Corollaire. — *Si la quantité $x$ est irrationnelle, on pourra toujours former une réduite qui différera de $x$ d'une quantité plus petite qu'une quantité donnée $\varepsilon$.*

En effet, pour être assuré que la différence entre $x$ et la réduite $\frac{P_{n-1}}{Q_{n-1}}$ est inférieure à $\varepsilon$, il suffit que l'on ait

$$\frac{1}{Q_{n-1}^2} < \varepsilon, \quad \text{d'où} \quad Q_{n-1} > \frac{1}{\sqrt{\varepsilon}},$$

et puisque les nombres entiers $Q_1$, $Q_2$, $Q_3$,... croissent sans limite, on voit que l'inégalité précédente sera vérifiée si l'on prend une valeur de $n$ suffisamment grande.

6. La première réduite $\frac{P_0}{Q_0}$ étant $\frac{1}{0}$ ou $\infty$, et la deuxième $\frac{P_1}{Q_1}$ étant égale à $a$, on voit qu'on peut énoncer la proposition suivante qui résume les résultats principaux que nous avons obtenus :

*Lorsqu'on réduit une quantité quelconque $x$ en fraction continue, les réduites de rang pair, toutes inférieures à $x$, forment une suite croissante, tandis que les réduites de rang impair, toutes supérieures à $x$, forment une suite décroissante. Ces deux suites se terminent quand $x$ est un nombre rationnel; mais, dans le cas contraire, elles sont illimitées et les réduites de chacune d'elles convergent vers la valeur de $x$ dont elles se rapprochent indéfiniment.*

C'est en raison de cette propriété que les réduites ont reçu le nom de *fractions convergentes*. On voit que si $a$, $a_1$, $a_2$, $a_3$, ... désignent les quotients incomplets obtenus dans la réduction de $x$ en fraction continue, il est permis d'écrire

$$x = a + \cfrac{1}{a_1 + \cfrac{1}{a_2 + \dots}},$$

puisque l'expression contenue dans le second membre de cette formule tend vers une limite égale à $x$, quand le nombre qui marque le rang du quotient auquel on la suppose terminée augmente indéfiniment. La réduite $\frac{P_n}{Q_n}$ a pour valeur

$$\frac{P_1}{Q_1} + \left(\frac{P_2}{Q_2} - \frac{P_1}{Q_1}\right) + \left(\frac{P_3}{Q_3} - \frac{P_2}{Q_2}\right) + \dots + \left(\frac{P_n}{Q_n} - \frac{P_{n-1}}{Q_{n-1}}\right),$$

et, par suite, la quantité $x$ est la limite de la série convergente

$$a + \frac{1}{Q_1 Q_2} - \frac{1}{Q_2 Q_3} + \dots + \frac{(-1)^n}{Q_{n-1} Q_n} + \dots.$$

7. Théorème IV. — *Si une fraction irréductible* $\frac{A}{B}$ *est comprise entre deux réduites consécutives* $\frac{P_{n-1}}{Q_{n-1}}, \frac{P_n}{Q_n}$, *le dénominateur* B *de la fraction est supérieur au dénominateur de chaque réduite.*

En effet, la fraction $\frac{A}{B}$ étant comprise entre $\frac{P_{n-1}}{Q_{n-1}}$ et $\frac{P_n}{Q_n}$, les deux différences

$$\frac{A}{B} - \frac{P_{n-1}}{Q_{n-1}}, \quad \frac{P_n}{Q_n} - \frac{P_{n-1}}{Q_{n-1}}$$

sont de même signe, et la valeur absolue de la première différence est inférieure à la valeur absolue de la seconde.

Or celle-ci est égale à $\frac{(-1)^n}{Q_{n-1}Q_n}$, donc on a

$$(-1)^n\left(\frac{A}{B}-\frac{P_{n-1}}{Q_{n-1}}\right)<\frac{1}{Q_{n-1}Q_n},$$

ou

$$(-1)^n(AQ_{n-1}-BP_{n-1})<\frac{B}{Q_n};$$

le premier membre de cette inégalité est un entier qui, par hypothèse, ne se réduit pas à zéro, et l'on a, en conséquence,

$$B>Q_n.$$

Le nombre B est, à plus forte raison, supérieur à $Q_{n-1}$.

Corollaire. — *Chaque réduite d'une fraction continue $x$ approche plus de la valeur de $x$ que toute autre fraction dont le dénominateur est moindre que celui de la réduite.*

En effet, si la fraction irréductible $\frac{A}{B}$ approche plus de $x$ que la réduite $\frac{P_n}{Q_n}$, elle sera, à plus forte raison, plus près de $x$ que la réduite précédente $\frac{P_{n-1}}{Q_{n-1}}$. D'ailleurs, la quantité $x$ étant comprise entre $\frac{P_{n-1}}{Q_{n-1}}$ et $\frac{P_n}{Q_n}$, la fraction $\frac{A}{B}$ sera nécessairement comprise entre les mêmes réduites; donc, d'après le précédent théorème, le dénominateur B sera supérieur à $Q_n$.

Il résulte de là que si B est inférieur à $Q_n$, la fraction $\frac{A}{B}$ approche moins de $x$ que la réduite $\frac{P_n}{Q_n}$.

8. Problème. — *Étant donnée une fraction $\frac{P}{Q}$ dont*

*la différence avec une quantité quelconque $x$ est $\pm \frac{\theta}{Q^2}$, $\theta$ étant plus petit que l'unité, on demande la condition pour que $\frac{P}{Q}$ soit l'une des réduites fournies par le développement de $x$ en fraction continue.*

Réduisons $\frac{P}{Q}$ en fraction continue et formons les réduites $\frac{P_1}{Q_1}, \frac{P_2}{Q_2}, \ldots, \frac{P_n}{Q_n}$ dont la dernière n'est autre que $\frac{P}{Q}$. Si cette fraction est l'une des réduites fournies par le développement de $x$, et que l'on désigne par $x_n$ le $(n+1)^{ième}$ quotient complet, on aura

$$(1) \quad x = \frac{P_n x_n + P_{n-1}}{Q_n x_n + Q_{n-1}}, \quad \text{d'où} \quad x - \frac{P_n}{Q_n} = \frac{(-1)^n}{Q_n(Q_n x_n + Q_{n-1})}.$$

Il faut remarquer que l'on peut toujours s'arranger de manière que le signe du second membre de cette formule soit le même que celui de la différence donnée $x - \frac{P}{Q} = \pm \frac{\theta}{Q^2}$. En d'autres termes, dans la fraction continue égale à $\frac{P}{Q}$, on peut toujours faire en sorte que $\frac{P_n}{Q_n}$ ou $\frac{P}{Q}$ soit à volonté une réduite de rang impair ou de rang pair. En effet, soient $a_{n-2}, a_{n-1}$ les deux derniers quotients incomplets de la fraction continue égale à $\frac{P}{Q}$; d'après la manière dont on opère habituellement, le dernier quotient n'est pas égal à $1$, car si cela avait lieu on pourrait supprimer ce quotient, en augmentant d'une unité le quotient précédent qui deviendrait alors $a_{n-2}+1$. Donc, puisque $a_{n-1}$ est au moins égal à $2$, on peut le remplacer par $(a_{n-1}-1) + \frac{1}{1}$, c'est-à-dire qu'on peut introduire un quotient de plus égal à 1 en ayant soin de retrancher une unité du quotient qui était le dernier.

On peut donc faire en sorte que le nombre $n$, qui indique le rang de la réduite $\frac{P_n}{Q_n}=\frac{P}{Q}$, soit à volonté pair ou impair; ce nombre $n$ étant ainsi choisi de manière que le signe de $(-1)^n$ soit celui de la différence donnée $\pm\frac{\theta}{Q^2}$, on aura

$$(2) \qquad \frac{1}{Q_n(Q_n x_n + Q_{n-1})} = \frac{\theta}{Q_n^2}, \quad \text{d'où} \quad \theta = \frac{Q_n}{Q_n x_n + Q_{n-1}}.$$

Or $x_n$ est positif et supérieur à 1, donc on a

$$(3) \qquad \theta < \frac{Q_n}{Q_n + Q_{n-1}}.$$

Je dis que réciproquement, si cette condition est satisfaite, la fraction $\frac{P}{Q}$ sera l'une des réduites de $x$. En effet, $x_n$ étant alors définie par la formule (1), l'équation (2) donnera pour cette quantité une valeur positive et supérieure à l'unité; d'ailleurs, d'après la formule (1), la valeur de $x$ sera évidemment de la forme

$$x = a + \cfrac{1}{a_1 + \cdots + \cfrac{1}{a_{n-1} + \cfrac{1}{x_n}}},$$

d'où il résulte que la fraction $\frac{P}{Q}$ est l'une des réduites qui convergent vers $x$.

Il faut remarquer que la condition (3) sera toujours satisfaite si $\theta$ est inférieur à $\frac{1}{2}$, car le rapport $\frac{Q_n}{Q_n + Q_{n-1}}$ est supérieur à $\frac{1}{2}$; donc la fraction $\frac{P}{Q}$ sera nécessairement l'une des réduites de la quantité $x$, si la différence $x - \frac{P}{Q}$ est, en valeur absolue, inférieure à $\frac{1}{2Q^2}$.

*Des fractions convergentes intermédiaires.*

9. On a vu que les réduites de rang pair et celles de rang impair forment deux suites qui sont l'une croissante, l'autre décroissante, et qui convergent toutes les deux vers la valeur de la fraction continue. Considérons deux réduites consécutives

$$\frac{P_{n-1}}{Q_{n-1}}, \quad \frac{P_{n+1}}{Q_{n+1}}$$

de l'une ou de l'autre des deux suites, le nombre $n$ pouvant être égal à 1. Si $a_n$ désigne le quotient incomplet de rang $n+1$, les valeurs de ces deux réduites seront comprises dans l'expression générale

$$\frac{kP_n + P_{n-1}}{kQ_n + Q_{n-1}},$$

et elles répondront aux valeurs $k = 0$, $k = a_n$ de l'indéterminée $k$.

Lorsque le quotient $a_n$ est supérieur à 1, et que l'on donne à $k$ les valeurs successives

$$0, 1, 2, 3, \ldots, (a_n - 1), a_n,$$

l'expression précédente fournit, indépendamment des deux réduites considérées, $a_n - 1$ autres fractions dont les dénominateurs sont compris entre $Q_{n-1}$ et $Q_{n+1}$, et auxquelles on a donné le nom de *fractions convergentes intermédiaires*.

Si l'on pose, pour abréger l'écriture,

$$R_k = kP_n + P_{n-1}, \quad S_k = kQ_n + Q_{n-1},$$

on aura

$$R_{k+1} = R_k + P_n, \quad S_{k+1} = S_k + Q_n,$$

d'où

$$R_{k+1}S_k - S_{k+1}R_k = P_n S_k - Q_n R_k = P_n Q_{n-1} - Q_n P_{n-1},$$

ou

$$R_{k+1}S_k - S_{k+1}R_k = (-1)^n, \quad P_n S_k - Q_n R_k = (-1)^n$$

et, par conséquent,

$$\frac{R_{k+1}}{S_{k+1}} - \frac{R_k}{S_k} = \frac{(-1)^n}{S_k S_{k+1}}, \quad \frac{P_n}{Q_n} - \frac{R_k}{S_k} = \frac{(-1)^n}{Q_n S_k}.$$

Ces formules sont analogues à celles qui se rapportent à deux réduites consécutives quelconques, et on peut en conclure les propositions suivantes :

1° *Les fractions convergentes intermédiaires, formées comme il a été indiqué, sont des fractions irréductibles.*

2° *La différence de deux fractions convergentes intermédiaires consécutives est égale à l'unité divisée par le produit des dénominateurs des deux fractions.*

3° *Si l'on considère la suite des réduites de rang pair et celle des réduites de rang impair, puis qu'entre chaque réduite de l'une et de l'autre suite, et la réduite suivante, on écrive toutes les fractions convergentes intermédiaires qui s'y rapportent, de telle manière que les dénominateurs forment une suite croissante, on obtiendra deux nouvelles suites qui seront, la première croissante, la seconde décroissante, et qui, en conséquence, convergeront sans cesse, l'une et l'autre vers la valeur de la fraction continue.*

4° *Si une fraction* $\frac{A}{B}$ *est comprise entre deux fractions convergentes consécutives* $\frac{R_k}{S_k}$, $\frac{R_{k+1}}{S_{k+1}}$, *appartenant au groupe dont les réduites* $\frac{P_{n-1}}{Q_{n-1}}$ *et* $\frac{P_{n+1}}{Q_{n+1}}$ *sont les termes ex-*

*trêmes, ou si elle est comprise entre la fraction* $\frac{R_k}{S_k}$ *et la réduite* $\frac{P_n}{Q_n}$, *le dénominateur* B *de cette fraction* $\frac{A}{B}$ *sera supérieur au dénominateur de chacune des fractions convergentes qui la comprennent.*

**10.** Lorsque la fraction continue est limitée, les deux suites formées avec les réduites et les fractions intermédiaires se terminent d'elles-mêmes. Mais il faut remarquer que l'on peut encore considérer l'une des deux suites comme illimitée. En effet, dans le cas dont il s'agit, l'une des réduites $\frac{P_n}{Q_n}$ exprime la valeur exacte de la fraction continue; cette réduite termine l'une des deux suites, tandis que l'autre suite s'arrête à $\frac{P_{n-1}}{Q_{n-1}}$. Mais on peut évidemment introduire dans la fraction continue un nouveau quotient $x_n$ égal à $\infty$; celle-ci sera alors représentée par l'expression $\frac{P_n x_n + P_{n-1}}{Q_n x_n + Q_{n-1}}$ équivalente à $\frac{P_n}{Q_n}$, et à celle de nos deux suites qui se termine à $\frac{P_{n-1}}{Q_{n-1}}$ on pourra ajouter les fractions intermédiaires,

$$\frac{P_n + P_{n-1}}{Q_n + Q_{n-1}}, \quad \frac{2P_n + P_{n-1}}{2Q_n + Q_{n-1}}, \quad \frac{3P_n + P_{n-1}}{3Q_n + Q_{n-1}}, \ldots,$$

dont le nombre est illimité. La suite indéfinie que l'on formera ainsi convergera vers la fraction continue, comme si celle-ci représentait la valeur d'une quantité irrationnelle.

**11.** La théorie que nous venons d'exposer nous fournit la solution de cette importante question :

Problème. — *Déterminer, parmi toutes les fractions*

*dont le dénominateur ne surpasse pas une certaine limite K, celle qui approche le plus d'une irrationnelle donnée $x$.*

Concevons que la quantité $x$ ait été réduite en fraction continue, puis qu'avec les réduites et les fractions intermédiaires on ait formé les deux séries, l'une croissante, l'autre décroissante, qui convergent toutes deux vers la valeur de $x$.

Si le dénominateur $Q_n$ de l'une des réduites est égal à la limite donnée K, la fraction demandée sera la réduite $\frac{P_n}{Q_n}$. Mais je dis que, dans tous les cas, cette fraction fera partie de l'une des deux suites formées avec les fractions convergentes. En effet, s'il en était autrement, la fraction demandée $\frac{A}{B}$ tomberait entre deux termes consécutifs $\frac{R_{k-1}}{S_{k-1}}, \frac{R_k}{S_k}$ de l'une de ces deux suites; mais alors B serait supérieur à $S_k$, la fraction $\frac{R_k}{S_k}$ serait d'ailleurs plus approchée de $x$ que $\frac{A}{B}$, et par conséquent cette dernière fraction ne satisferait pas à la condition requise.

Donc, pour résoudre le problème proposé, il suffit de réduire l'irrationnelle $x$ en fraction continue, de former la série des réduites de rang pair et celle des réduites de rang impair, avec les fractions intermédiaires correspondantes; de prendre enfin dans chaque suite la fraction qui a le plus grand dénominateur au-dessous de la limite K. Les deux fractions que l'on obtient de cette manière comprennent entre elles la quantité $x$, et elles fournissent les valeurs les plus approchées, par défaut et par excès, de cette irrationnelle, quand on exclut les fractions dont le dénominateur est supérieur à K.

On voit que la réduction en fraction continue doit être employée toutes les fois qu'il est question d'exprimer par les fractions les plus simples et les plus approchées qu'il est possible, soit la valeur d'une irrationnelle, soit celle du rapport de deux nombres entiers très-grands.

### *Théorème de Lejeune-Dirichlet.*

**12.** La théorie des fractions continues nous a révélé l'existence d'une infinité de fractions $\frac{P_n}{Q_n}$ susceptibles d'exprimer la valeur d'une irrationnelle donnée $x$, à $\frac{1}{Q_n^2}$ près. Ce fait si remarquable peut être établi directement par un procédé ingénieux dû à l'illustre géomètre allemand Lejeune-Dirichlet.

Le théorème que nous nous proposons d'établir peut être énoncé dans les termes suivants :

Théorème. — *Dans la série des fractions qui ont pour dénominateurs les nombres* 1, 2, 3,..., $n$, *il en existe au moins une de dénominateur* $\nu$ *qui diffère d'une quantité moindre que* $\frac{1}{n\nu}$, *par défaut ou par excès, d'une irrationnelle donnée* $x$.

Représentons par $m_\nu$ le nombre entier immédiatement supérieur à $\nu x$, et considérons la suite des quantités

$$m_1 - x, \quad m_2 - 2x, \quad m_3 - 3x, \ldots m_n - nx,$$

qui seront toutes moindres que l'unité. Si l'on était assuré que l'un au moins des produits

$$n(m_1 - x), \quad n(m_2 - 2x), \quad n(m_3 - 3x), \ldots, \quad n(m_n - nx)$$

eût pour partie entière zéro, le théorème serait démontré,

car on aurait, par exemple,

$$n(m_\nu - \nu x) < 1,$$

d'où

$$m_\nu - \nu x < \frac{1}{n} \quad \text{et} \quad \frac{m_\nu}{\nu} - x < \frac{1}{n\nu}.$$

Mais, s'il n'en est pas ainsi, comme ces parties entières ne peuvent être que

$$0, \ 1, \ 2, \ldots, (n-1),$$

l'exclusion du nombre zéro exige que l'une d'elles soit la même dans deux produits différents. Soient donc

$$n(m_\nu - \nu x) = \text{E} + \varepsilon,$$
$$n(m_\mu - \mu x) = \text{E} + \eta,$$

E désignant un entier, $\varepsilon$ et $\eta$ étant des quantités positives inférieures à 1. Si l'on retranche ces égalités l'une de l'autre, il vient

$$n[(m_\nu - m_\mu) - (\nu - \mu)x] = \varepsilon - \eta,$$

d'où

$$\frac{m_\nu - m_\mu}{\nu - \mu} - x = \frac{\varepsilon - \eta}{n(\nu - \mu)}.$$

On peut supposer que $\nu$ soit le plus grand des nombres $\nu$ et $\mu$; la différence $\nu - \mu$ de deux nombres inférieurs à $n$ est elle-même moindre que $n$; enfin la valeur absolue de $\varepsilon - \eta$ est inférieure à 1. Le théorème énoncé résulte donc de la formule précédente, puisque celle-ci montre que la valeur absolue de la différence

$$\frac{m_\nu - m_\mu}{\nu - \mu} - x$$

est inférieure à $\dfrac{1}{n(\nu - \mu)}$.

Dans ce qu'on vient d'établir, le nombre $n$ est quelconque. En le faisant croître indéfiniment, on voit la possibilité d'obtenir une suite infinie de fractions convergentes vers la valeur de $x$, telles que l'erreur par défaut ou par excès, relative à chacune d'elles, soit moindre que l'unité divisée par le carré du dénominateur; car dans l'expression $\frac{1}{n\nu}$ indiquée par l'énoncé du théorème, $\nu$ est au plus égal à $n$ : cette limite sera donc en général moindre que $\frac{1}{\nu^2}$.

*Résolution d'une équation du premier degré à deux inconnues, en nombres entiers, par la méthode des fractions continues.*

**13.** Considérons l'équation

$$Px + Qy = H,$$

dans laquelle P, Q, H sont des nombres entiers positifs ou négatifs. Comme on peut supposer que ces trois nombres n'ont aucun diviseur commun, l'équation proposée ne pourra évidemment être satisfaite par des valeurs entières de $x$ et de $y$, que si les coefficients P et Q sont premiers entre eux. Supposons que cette condition soit remplie; réduisons la fraction $\pm\frac{P}{Q}$ en fraction continue, et calculons les réduites successives. Si $\frac{P'}{Q'}$ désigne l'avant-dernière réduite, on aura

$$\pm(PQ' - QP') = 1,$$

d'où

$$P(\pm Q'H) + Q(\mp P'H) = H,$$

ce qui montre que l'équation proposée sera satisfaite en posant

$$x = \pm Q'H, \quad y = \pm P'H.$$

Désignons par $x_0$ et $y_0$ ces valeurs des indéterminées $x$

et $y$, l'équation proposée pourra se mettre sous la forme

$$Px + Qy = Px_0 + Qy_0,$$

ou

$$y - y_0 = -\frac{P(x - x_0)}{Q},$$

et, comme les nombres P et Q sont premiers entre eux, les quantités $x$ et $y$ ne seront entières que si $x - x_0$ est divisible par Q. On aura donc, en désignant par $\theta$ le quotient de cette division,

$$x = x_0 + \theta Q, \quad y = y_0 - \theta P,$$

c'est-à-dire

$$x = \pm Q'H + \theta Q, \quad y = \mp P'H + \theta P;$$

ces valeurs satisfont à l'équation proposée, quel que soit l'entier positif ou négatif $\theta$.

Il faut remarquer que la valeur absolue de $x$ sera inférieure à Q si l'on prend pour $\theta$ l'un des deux entiers consécutifs entre lesquels est comprise la fraction positive ou négative $\mp \frac{Q'H}{Q}$; on peut même ajouter que l'une de ces deux valeurs de $\theta$ donnera à $x$ une valeur absolue inférieure à $\frac{1}{2}Q$. Il résulte de là qu'il existe une valeur unique de $x$ entre les limites o et Q ou $-\frac{1}{2}Q$ et $+\frac{1}{2}Q$, pour laquelle l'expression

$$\frac{Px - H}{Q}$$

se réduit à un nombre entier.

L'équation dont nous venons de nous occuper peut s'écrire de la manière suivante :

$$\frac{H}{PQ} = \frac{x}{P} + \frac{y}{Q},$$

et l'on voit que : *toute fraction* $\frac{H}{PQ}$, *dont le dénominateur est le produit de deux nombres* P *et* Q *premiers entre eux, peut se décomposer en deux autres fractions ayant respectivement pour dénominateurs les nombres* P et Q.

*Théorème relatif à la réduction des fractions rationnelles en fraction continue.*

**14.** Considérons une fraction rationnelle $\frac{P}{Q}$ supérieure à 1, et supposons qu'en la réduisant en fraction continue on ait trouvé

$$\text{(1)} \qquad \frac{P}{Q} = a + \cfrac{1}{a_1 + \cfrac{1}{a_2 + \ddots + \cfrac{1}{a_{n-1}}}};$$

la dernière des réduites successives $\frac{P_1}{Q_1}, \frac{P_2}{Q_2}, \ldots, \frac{P_n}{Q_n}$ sera égale à $\frac{P}{Q}$, et l'avant-dernière aura pour valeur

$$\text{(2)} \qquad \frac{P_{n-1}}{Q_{n-1}} = a + \cfrac{1}{a_1 + \cfrac{1}{a_2 + \ddots + \cfrac{1}{a_{n-2}}}}.$$

D'un autre côté, on a

$$\begin{array}{ll}
P_n = P_{n-1}a_{n-1} + P_{n-2}, & Q_n = Q_{n-1}a_{n-1} + Q_{n-2}, \\
P_{n-1} = P_{n-2}a_{n-2} + P_{n-3}, & Q_{n-1} = Q_{n-2}a_{n-2} + Q_{n-3}, \\
\ldots\ldots\ldots\ldots & \ldots\ldots\ldots\ldots \\
P_3 = P_2 a_2 + P_1, & Q_3 = Q_2 a_2 + Q_1, \\
P_2 = P_1 a_1 + P_0, & Q_2 = Q_1 a_1 + Q_0,
\end{array}$$

puis

$$P_1 = a, \quad P_0 = 1, \quad Q_1 = 1, \quad Q_0 = 0;$$

ces formules donnent

$$(3)\quad \frac{P_n}{P_{n-1}} = a_{n-1} + \cfrac{1}{a_{n-2} + \cfrac{1}{a_{n-3} + \cdots + \cfrac{1}{a_2 + \cfrac{1}{a_1 + \cfrac{1}{a}}}}},$$

$$(4)\quad \frac{Q_n}{Q_{n-1}} = a_{n-1} + \cfrac{1}{a_{n-2} + \cfrac{1}{a_{n-3} + \cdots + \cfrac{1}{a_2 + \cfrac{1}{a_1}}}}.$$

On voit que les quotients de la fraction continue (3) sont précisément ceux de la fraction (1) pris dans un ordre inverse; la fraction (4) est l'avant-dernière réduite de la fraction continue (3).

Il résulte de là que si l'on a

$$(5)\qquad P_{n-1} = Q_n,$$

mais seulement dans ce cas, les fractions (1) et (3) seront égales entre elles, et la suite des quotients

$$a,\ a_1,\ a_2,\ \ldots,\ a_{n-2},\ a_{n-1},$$

sera *réciproque*, c'est-à-dire que les termes extrêmes seront égaux entre eux, ainsi que deux termes quelconques pris à égale distance des extrêmes. Comme on a

$$(6)\qquad P_n Q_{n-1} - Q_n P_{n-1} = (-1)^n,$$

la condition (5) équivaut à

$$(7)\quad P_n Q_{n-1} - Q_n^2 = (-1)^n, \quad \text{ou} \quad Q_{n-1} = \frac{Q_n^2 + (-1)^n}{P_n},$$

et elle exprime que l'on a

$$(8)\qquad \frac{Q^2 \pm 1}{P} = \text{un nombre entier}.$$

Réciproquement, si les nombres entiers P et $Q < P$ satisfont à la condition (8), on peut être assuré que la fraction $\frac{P}{Q}$ se réduira en une fraction continue dans laquelle les quotients formeront une suite réciproque.

En effet, réduisons la fraction $\frac{P}{Q}$ en fraction continue, en nous arrangeant de manière que le nombre des quotients soit pair ou impair, suivant que le signe ambigu $\pm$ exprime $+$ ou $-$ dans la formule (8). Alors, en désignant par $n$ le nombre de ces quotients et par $Q'$ la valeur du premier membre de la formule (8), on aura

$$P_n Q' - Q_n^2 = (-1)^n;$$

mais $\frac{P_{n-1}}{Q_{n-1}}$ étant la réduite qui précède $\frac{P_n}{Q_n}$ ou $\frac{P}{Q}$, la formule (6) a lieu, et en la retranchant de la précédente il vient

$$P_n(Q' - Q_{n-1}) = Q_n(Q_n - P_{n-1});$$

comme $P_n$ doit diviser le second membre de cette formule, et que ce nombre est premier avec $Q_n$, il doit diviser $Q_n - P_{n-1}$; cette différence étant inférieure à $P_n$, elle doit être nulle et l'on a

$$P_{n-1} = Q_n, \quad Q_{n-1} = Q'.$$

La première de ces égalités démontre la proposition que nous avions en vue.

15. Les résultats qui précèdent nous seront utiles plus tard; mais il n'est pas sans intérêt de montrer dès à présent comment on peut en tirer une démonstration fort simple d'une proposition importante dans l'Arithmétique supérieure. Cette proposition est la suivante.

Théorème. — *Tout nombre entier qui divise la somme*

*de deux carrés premiers entre eux est lui-même la somme de deux carrés.*

En effet, supposons que le nombre entier P divise la somme $R^2+S^2$, R et S étant des entiers premiers entre eux. Si l'on réduit la fraction $\frac{R}{S}$ en fraction continue et que l'on désigne par $\frac{R'}{S'}$ la réduite qui précède $\frac{R}{S}$, on aura

$$RS'-SR'=\pm 1;$$

en outre, le nombre P divisant $R^2+S^2$, il divisera le produit

$$(R^2+S^2)(R'^2+S'^2)=(RR'+SS')^2+(RS'-SR')^2;$$

il divisera donc, quel que soit K, la somme de deux carrés

$$(RR'+SS'-KP)^2+(RS'-SR')^2;$$

or, le second de ces carrés est 1; quant au premier, il est le carré d'un nombre Q qu'on peut supposer inférieur à P, et même, si l'on veut, inférieur à $\frac{P}{2}$, à cause de l'indéterminée K. Il résulte donc de notre hypothèse qu'on peut trouver un nombre Q inférieur à P, tel que l'on ait

$$\frac{Q^2+1}{P}=\text{entier}.$$

Cela posé, réduisons la fraction $\frac{P}{Q}$ en fraction continue, en opérant de manière que le nombre des quotients soit pair. D'après la proposition établie plus haut, la suite de ces quotients sera réciproque et elle pourra être représentée par

$$a,\ a_1,\ a_2,\ldots,\ a_{m-1},\ a_{m-1},\ldots,\ a_2,\ a_1,\ a.$$

La $(m+1)^{ième}$ réduite $\frac{P_m}{Q_m}$ embrasse les quotients de la première moitié de cette suite, et si l'on désigne par $\frac{P_{m-1}}{Q_{m-1}}$ la réduite précédente, par $x_m$ le quotient complet de rang $m+1$, on aura

$$\frac{P}{Q}=\frac{P_m x_m + P_{m-1}}{Q_m x_m + Q_{m-1}};$$

mais le quotient complet $x_m$ est égal à

$$a_{m-1}+\cfrac{1}{a_{m-2}+\cdots+\cfrac{1}{u}}$$

et cette fraction n'est autre chose que $\frac{P_m}{P_{m-1}}$; donc on a

$$\frac{P}{Q}=\frac{P_m^2+P_{m-1}^2}{P_m Q_m + P_{m-1}Q_{m-1}}.$$

Il est évident que le second membre de cette formule est une fraction irréductible. D'ailleurs on s'en assure immédiatement en remarquant que la différence

$$P_m(P_m Q_m + P_{m-1}Q_{m-1}) - Q_m(P_m^2 + P_{m-1}^2)$$

a pour valeur

$$P_{m-1}(P_m Q_{m-1} - Q_m P_{m-1}) = (-1)^m P_{m-1}^2;$$

un facteur commun aux deux termes de la fraction dont il s'agit diviserait donc $P_{m-1}$; mais alors il diviserait aussi $P_m$, ce qui est impossible, puisque $P_m$ et $P_{m-1}$ sont premiers entre eux. D'après cela, la formule que nous avons obtenue donnera

$$P = P_m^2 + P_{m-1}^2,$$
$$Q = P_m Q_m + P_{m-1} Q_{m-1}.$$

Non-seulement la première de ces égalités démontre le

théorème énoncé, mais encore elle fait connaître les deux carrés dans lesquels le nombre P peut être partagé (*).

*Condition pour que les fractions continues qui représentent deux irrationnelles soient terminées par les mêmes quotients.*

16. Si deux irrationnelles positives $x$ et $x'$ sont telles, que les fractions continues dans lesquelles elles se développent aient un même quotient complet $y$, on aura, par les propriétés des fractions continues,

$$x = \frac{Py + P'}{Qy + Q'}, \quad x' = \frac{Ry + R'}{Sy + S'}, \tag{1}$$

P, Q, P',... étant des entiers positifs qui satisfont aux deux conditions

$$PQ' - QP' = \pm 1, \quad RS' - SR' = \pm 1.$$

Si l'on élimine $y$ entre les équations (1), on trouvera

$$x' = \frac{ax + b}{a'x + b'}$$

en posant

$$a = QR' - RQ', \quad b = RP' - PR',$$
$$a' = QS' - SQ', \quad b' = SP' - PS',$$

et l'on déduit de ces dernières formules

$$ab' - ba' = (PQ' - QP')(RS' - SR') = \pm 1.$$

*Donc, pour que deux irrationnelles positives $x$ et $x'$ puissent se développer en des fractions continues susceptibles d'être terminées par des quotients complets égaux*

(*) J'ai donné pour la première fois cette démonstration dans un article qui fait partie du tome XIII du *Journal de Mathématiques pures et appliquées* (1re série).

*entre eux, il faut qu'elles soient liées l'une à l'autre par une équation de la forme*

$$(2)\qquad x' = \frac{ax+b}{a'x+b'},$$

*où $a$, $b$, $a'$, $b'$ désignent des entiers positifs ou négatifs qui satisfont à la condition*

$$(3)\qquad ab' - ba' = \pm 1.$$

Je dis maintenant que cette condition est suffisante. En effet, réduisons $x$ en fraction continue, désignons par $\frac{P}{Q}$ une réduite aussi éloignée qu'on voudra, par $\frac{P'}{Q'}$ la réduite précédente, et par $y$ le quotient complet qui répond à la réduite $\frac{P}{Q}$; on aura

$$(4)\qquad x = \frac{Py+P'}{Qy+Q'},$$

et, en substituant cette valeur de $x$ dans l'équation (3), il viendra

$$x' = \frac{(aP+bQ)y+(aP'+bQ')}{(a'P+b'Q)y+(a'P'+b'Q')}.$$

Cela posé, quels que soient les signes des nombres $a$, $b$, $a'$, $b'$, les rapports

$$\frac{aP+bQ}{aP'+bQ'} = \frac{Q}{Q'}\,\frac{\frac{P}{Q}+\frac{b}{a}}{\frac{P'}{Q'}+\frac{b}{a}} \quad\text{et}\quad \frac{a'P+b'Q}{a'P'+b'Q'} = \frac{Q}{Q'}\,\frac{\frac{P}{Q}+\frac{b'}{a'}}{\frac{P'}{Q'}+\frac{b'}{a'}}$$

sont positifs et supérieurs à 1, car on a $Q > Q'$ et l'on peut supposer les réduites $\frac{P}{Q}$, $\frac{P'}{Q'}$ assez éloignées pour que leur différence soit plus petite qu'une quantité quelconque donnée. D'ailleurs $y$ et $x'$ sont positives, donc la valeur précédente de $x'$ est de la forme

(5) $$x' = \frac{Ry + R'}{Sy + S'},$$

R, R', S, S' étant des nombres entiers positifs tels que

$$R > R', \quad S > S'.$$

D'ailleurs ces nombres ont respectivement pour valeurs

$$R = \pm(aP + bQ), \quad R' = \pm(aP' + bQ'),$$
$$S = \pm(a'P + b'Q), \quad S' = \pm(a'P' + b'Q'),$$

les signes supérieurs ou inférieurs devant être pris ensemble. On déduit de là

$$RS' - SR' = \pm(ab' - ba')(PQ' - QP');$$

on a d'ailleurs

$$PQ' - QP' = \pm 1 \quad \text{et} \quad ab' - ba' = \pm 1,$$

donc

(6) $$RS' - SR' = \pm 1.$$

Réduisons maintenant la fraction $\frac{R}{S}$ en fraction continue et soit $\frac{R_0}{S_0}$ l'avant-dernière réduite; comme le calcul peut être fait de manière que $\frac{R_0}{S_0}$ soit à volonté de rang pair ou de rang impair, on peut écrire

$$RS_0 - SR_0 = \pm 1,$$

le signe du second membre étant ici le même que dans la formule (6). Et alors, à cause de cette formule (6), l'égalité précédente donnera

$$R(S' - S_0) = S(R' - R_0);$$

or le nombre R est premier avec S, et il surpasse $R' - R_0$, différence de deux nombres inférieurs à R; il faut donc que l'on ait

$$R_0 = R', \quad S_0 = S'.$$

On voit enfin par la formule (5) que $y$ est un quotient complet commun à $x$ et à $x'$.

Remarque. — Nous avons supposé les quantités $x$ et $x'$ positives, mais rien n'empêche de les supposer négatives. En effet, si l'on change $x$ en $-x$ ou $x'$ en $-x'$, la formule (3) restera la même; seulement quelques-uns des coefficients changeront de signe sans cesser de satisfaire à la condition (4). Au surplus, dans le développement d'une irrationnelle en fraction continue, on n'a à s'occuper que de la valeur absolue de cette irrationnelle.

# CHAPITRE II.

## DES FRACTIONS CONTINUES PÉRIODIQUES.

### *Développement des irrationnelles du deuxième degré en fraction continue.*

**17.** On nomme *irrationnelle du deuxième degré* toute quantité irrationnelle qui est racine d'une équation du deuxième degré à coefficients rationnels. Il est évident qu'on peut préparer une telle équation de manière que les coefficients soient des nombres entiers; il est même permis de supposer que le coefficient de la première puissance de l'inconnue soit un nombre pair, car on ramène le cas contraire à celui-là, en multipliant l'équation par 2.

Soit en conséquence

$$Lx^2 + 2Mx + N = 0$$

une équation du deuxième degré dans laquelle les coefficients L, M, N sont des entiers positifs ou négatifs tels, que la quantité

$$M^2 - LN = A,$$

supposée positive, ne soit pas un carré exact. Les racines de cette équation seront représentées par l'expression

$$\frac{\pm M + \sqrt{A}}{\pm L},$$

le radical $\sqrt{A}$ étant pris positivement, et le signe ambigu $\pm$ devant être remplacé successivement par $+$ et par $-$ tant au numérateur qu'au dénominateur. Mais, comme nous ne voulons considérer que les valeurs absolues des racines, nous donnerons au dénominateur de l'expression précédente le signe qui rend cette expression positive. Alors si l'on pose

$$D = \pm L, \quad E = \pm M,$$

puis que l'on désigne par $D_{-1}$ la valeur de N prise avec un signe tel que $LN = -D_{-1}D$, toute irrationnelle du deuxième degré prise positivement pourra être représentée par la formule

$$x = \frac{E + \sqrt{A}}{D}, \tag{1}$$

dans laquelle E et D sont des entiers positifs ou négatifs et A un entier dont la racine carrée est irrationnelle. En outre, on aura

$$E^2 + D_{-1}D = A, \tag{2}$$

$D_{-1}$ étant un nombre entier positif ou négatif.

**18.** Cela posé, nous nous proposons de développer en fraction continue l'irrationnelle définie par la formule (1).

Après avoir déterminé la racine du plus grand carré entier contenu dans A, on aura immédiatement, par la division, le plus grand entier $a$ contenu dans $x$; alors on fera, conformément à la méthode générale,

$$x = a + \frac{1}{x_1},$$

et le nouveau quotient $x_1$ sera donné par la formule

$$x_1 = \frac{D}{-(Da - E) + \sqrt{A}};$$

si l'on multiplie les deux termes de cette expression par $(Da - E) + \sqrt{A}$, afin de rendre le dénominateur rationnel, elle prendra la forme

$$x_1 = \frac{E_1 + \sqrt{A}}{D_1},$$

$E_1$ et $D_1$ désignant des nombres rationnels. On opérera sur $x_1$ comme on a fait sur $x$, et ainsi de suite; en sorte qu'on obtiendra successivement les formules suivantes :

$$x = \frac{E + \sqrt{A}}{D} = a + \frac{1}{x_1},$$

$$x_1 = \frac{E_1 + \sqrt{A}}{D_1} = a_1 + \frac{1}{x_2},$$

. . . . . . . . . . . . . . . . . . . . . .

$$x_n = \frac{E_n + \sqrt{A}}{D_n} = a_n + \frac{1}{x_{n+1}},$$

. . . . . . . . . . . . . . . . . . . . . .

qui sont toutes semblables à la proposée, car on va voir que les nombres rationnels $E_n$, $D_n$ sont toujours des entiers. La valeur de $x_{n-1}$ est

$$x_{n-1} = \frac{E_{n-1} + \sqrt{A}}{D_{n-1}} = a_{n-1} + \frac{1}{x_n},$$

et on en tire

$$x_n = \frac{D_{n-1}}{-(D_{n-1}\,a_{n-1} - E_{n-1}) + \sqrt{A}} = \frac{D_{n-1}\left[(D_{n-1}\,a_{n-1} - E_{n-1}) + \sqrt{A}\right]}{A - (D_{n-1}\,a_{n-1} - E_{n-1})^2},$$

alors on aura, d'après nos notations,

$$(3) \qquad D_n = \frac{A - (D_{n-1}\,a_{n-1} - E_{n-1})^2}{D_{n-1}},$$

$$(4) \qquad E_n = D_{n-1}\,a_{n-1} - E_{n-1},$$

d'où

$$(5) \qquad E_n^2 + D_{n-1}\,D_n = A;$$

cette formule (5) subsistera pour $n = 0$, si l'on convient que $D_n$ et $E_n$ représentent D et E respectivement, quand l'indice $n$ est nul; car, dans ce cas, les formules (2) et (5) coïncident. La formule (5) ayant lieu quel que soit $n$, on peut, dans la formule (3), remplacer A par $E_{n-1}^2 + D_{n-2} D_{n-1}$, et il vient alors

$$(6) \qquad D_n = D_{n-2} + 2E_{n-1} a_{n-1} - D_{n-1} a_{n-1}^2;$$

enfin, en remplaçant $D_{n-1}$ par la valeur tirée de la formule (4), on obtient

$$(7) \qquad D_n = D_{n-2} + (E_{n-1} - E_n) a_{n-1}.$$

Les formules (4) et (7) subsistent, d'après ce qu'on vient de dire, quand on suppose $n = 1$. Elles contiennent la loi de formation des quotients complets $x_n$, et elles montrent que si les nombres $D_{n-2}$, $E_{n-1}$, $D_{n-1}$ sont entiers, les nombres $E_n$ et $D_n$ seront aussi entiers. Or, par hypothèse, $D_{-1}$, E, D sont des nombres entiers, donc $E_1$ et $D_1$ seront eux-mêmes des entiers, ainsi que $E_2$ et $D_2, \ldots, E_n$ et $D_n$. Les formules (4) et (7) montrent encore que si $D_{-1}$ et D sont pairs et que E soit impair, tous les nombres $D_n$ seront pairs, tandis que les nombres $E_n$ seront impairs.

Remarque. — Il convient de remarquer que les trois nombres entiers $D_{n-1}$, $E_n$, $D_n$ ne peuvent avoir un diviseur commun $\theta$ supérieur à l'unité. En effet, si un tel diviseur existe, il divisera $E_{n-1}$ à cause de la formule (4) et $D_{n-2}$ à cause de la formule (7); il sera donc un diviseur commun des trois nombres $D_{n-2}$, $E_{n-1}$, $D_{n-1}$. On en conclura de même qu'il est diviseur commun à $D_{n-3}$, $E_{n-2}$, $D_{n-2}$; et ainsi de suite. Le nombre $\theta$ sera donc un diviseur commun à $D_{-1}$, E, D, et, par suite, A aura le diviseur $\theta^2$. Or on peut toujours admettre qu'il n'en est pas ainsi; car si, dans l'expression proposée $\frac{E + \sqrt{A}}{D}$, E et D sont divisibles par $\theta$, A par $\theta^2$, rien n'empêche de supprimer ce facteur.

**19.** On retrouve les résultats qui précèdent par la considération des réduites. Soit $\frac{P_n}{Q_n}$ la $(n+1)^{ième}$ réduite de la fraction continue égale à $x$; on a

$$x = \frac{P_n x_n + P_{n-1}}{Q_n x_n + Q_{n-1}}$$

ou

$$\frac{E+\sqrt{A}}{D} = \frac{(P_n E_n + P_{n-1} D_n) + P_n \sqrt{A}}{(Q_n E_n + Q_{n-1} D_n) + Q_n \sqrt{A}};$$

si l'on chasse les dénominateurs et que l'on égale ensuite de part et d'autre les parties rationnelles et les parties irrationnelles, il viendra

$$(8) \qquad Q_n E_n + Q_{n-1} D_n = DP_n - EQ_n,$$

$$(9) \qquad (DP_n - EQ_n)E_n + (DP_{n-1} - EQ_{n-1})D_n = AQ_n.$$

En résolvant ces équations (8) et (9) par rapport à $E_n$ et $D_n$, et en faisant usage de la relation

$$P_n Q_{n-1} - Q_n P_{n-1} = (-1)^n,$$

on trouve

$$(10) \quad E_n = \frac{(-1)^n}{D}[AQ_{n-1}Q_n - (DP_{n-1} - EQ_{n-1})(DP_n - EQ_n)],$$

$$(11) \quad D_n = \frac{(-1)^n}{D}[(DP_n - EQ_n)^2 - AQ_n^2];$$

il est évident que la quantité entre crochets, dans l'expression de $E_n$ ou de $D_n$, se compose de termes qui contiennent D en facteur, et d'un terme multiplié par le nombre $A - E^2$ qui est divisible par D. Donc les formules (10) et (11) montrent que $E_n$ et $D_n$ sont des entiers, ce que nous savions déjà, mais elles vont aussi nous conduire à un autre résultat fort important.

Je dis effectivement que si $n$ est supérieur à une certaine limite, les entiers $E_n$ et $D_n$ seront toujours positifs.

La formule (11) démontre immédiatement ce fait à l'égard de $D_n$; en effet, on peut l'écrire comme il suit :

$$D_n = (-1)^n Q_n^2 \left[\frac{P_n}{Q_n} - \frac{E+\sqrt{A}}{D}\right]\left[2\sqrt{A} + D\left(\frac{P_n}{Q_n} - \frac{E+\sqrt{A}}{D}\right)\right];$$

or, d'une part, le facteur $\frac{P_n}{Q_n} - \frac{E+\sqrt{A}}{D}$ ou $\frac{P_n}{Q_n} - x$ a le signe de $(-1)^n$, et d'autre part, comme cette différence peut devenir aussi petite que l'on veut, en prenant $n$ suffisamment grand, le dernier facteur de notre expression de $D_n$ approchera autant que l'on voudra de $2\sqrt{A}$, et il sera, en conséquence, positif pour toutes les valeurs de $n$ supérieures à une certaine limite; donc aussi $D_n$ sera positif.

On pourrait établir la même propriété à l'égard de $E_n$ en se servant de la formule (10), mais il est plus simple de partir de l'équation (8). Celle-ci donne

$$\frac{Q_{n-1} D_n}{Q_n} = \left(D\frac{P_n}{Q_n} - E\right) - E_n,$$

et en divisant par

$$D_n x_n = \sqrt{A} + E_n,$$

on a

$$\text{(12)} \qquad \frac{Q_{n-1}}{Q_n x_n} = \frac{\left(D\frac{P_n}{Q_n} - E\right) - E_n}{\sqrt{A} + E_n}.$$

Pour les valeurs de $n$ supérieures à une certaine limite, $\left(D\frac{P_n}{Q_n} - E\right)$ différera de $\sqrt{A}$ d'une quantité plus petite qu'une quantité donnée quelconque; il en résulte que le nombre entier $E_n$ ne pourra pas être négatif, car, si cela arrivait, le second membre de la formule précédente serait plus grand que 1, et il ne pourrait être égal au premier membre, lequel est évidemment inférieur à 1.

Si donc, pour quelques-unes des premières valeurs de $n$, 0, 1, 2,..., les nombres $D_n$ et $E_n$ peuvent être négatifs, cette circonstance ne pourra plus se présenter dès que $n$ aura atteint une certaine limite.

20. Nous pouvons maintenant établir la proposition suivante due à Lagrange :

Théorème I. — *La fraction continue, dans laquelle se développe une irrationnelle du deuxième degré, est périodique, c'est-à-dire que la série des quotients complets ou incomplets, à partir de celui qui occupe un certain rang, est formée d'une suite limitée de termes ou période qui se reproduit indéfiniment la même.*

En effet, soit l'irrationnelle du deuxième degré

(1) $$x = \frac{E + \sqrt{A}}{D},$$

que nous supposerons positive; le nombre A est un entier dont la valeur est donnée par la formule

(2) $$E^2 + D_{-1} D = A$$

et $D_{-1}$, E, D sont des entiers positifs ou négatifs.

Si

(3) $$x_n = \frac{E_n + \sqrt{A}}{D_n}$$

désigne généralement le quotient complet de rang $n+1$, et que $a_n$ soit le quotient incomplet correspondant, on aura, par ce qui précède,

(4) $$E_n^2 + D_{n-1} D_n = A,$$

et

(5) $$E_n + E_{n-1} = D_{n-1} a_{n-1};$$

en outre, nous savons que $E_n$ et $D_n$ sont des entiers, et que, pour les valeurs de $n$ supérieures à une certaine limite, ces mêmes nombres sont positifs. Considérons le développement en fraction continue, à partir de cette limite. La formule (4) montre qu'alors on a constamment

$$E_n < \sqrt{A},$$

la formule (5) nous donne ensuite, en écrivant $n$ au lieu de $n-1$,

$$D_n < 2\sqrt{A} \quad \text{et} \quad a_n < 2\sqrt{A}.$$

Ainsi les nombres $E_n$, $D_n$, $a_n$ sont limités, et les quotients complets $x_n$ ne peuvent avoir qu'un nombre *fini* de valeurs différentes. Donc, après un nombre d'opérations plus ou moins grand, mais qui ne peut excéder $2\sqrt{A} \times \sqrt{A}$ ou $2A$, on retombera nécessairement sur un quotient complet déjà obtenu; après quoi le reste de la série des quotients complets ou incomplets sera formé d'une même suite ou *période* de termes déjà trouvés, laquelle se répétera indéfiniment.

Il convient de remarquer que la relation (4) donne $D_{n-1}D_n < A$, et l'on aurait de même, en changeant $n$ en $n-1$, $D_{n-2}D_{n-1} < A$. Si donc on a

$$D_{n-1} > \sqrt{A},$$

on aura

$$D_{n-2} < \sqrt{A} \quad \text{et} \quad D_n < \sqrt{A},$$

d'où il résulte que si le dénominateur d'un quotient complet est supérieur à $\sqrt{A}$, le dénominateur du quotient précédent et celui du quotient suivant sont l'un et l'autre inférieurs à $\sqrt{A}$.

La démonstration précédente repose sur ce seul fait que $D_n$ est positif pour les valeurs de $n$ supérieures à une certaine limite; elle subsisterait donc, lors même que nous n'aurions pas établi que $E_n$ est également positif pour des valeurs de $n$ suffisamment grandes. Enfin, il est évident que si $x_\nu$ est le quotient complet qui commence la première période, les deux nombres $E_n$ et $D_n$ seront nécessairement positifs à partir de la valeur $n = \nu$.

21. Théorème II. — *Réciproquement, toute quantité qui se développe en une fraction continue périodique est une irrationnelle du deuxième degré.*

En effet, considérons une irrationnelle $x$ qui se développe en une fraction continue périodique; soient $\frac{P_n}{Q_n}$ la réduite de rang $n+1$ et $x_n$ le quotient complet correspondant, on aura

$$(1) \qquad x = \frac{P_k x_k + P_{k-1}}{Q_k x_k + Q_{k-1}}.$$

Si la fraction continue est périodique *simple*, c'est-à-dire si la période commence au premier quotient, et que cette période ait $k$ termes, on aura

$$x_k = x;$$

alors la formule (1) donnera

$$x = \frac{P_k x + P_{k-1}}{Q_k x + Q_{k-1}},$$

ou

$$(2) \qquad Q_k x^2 - (P_k - Q_{k-1})x - P_{k-1} = 0;$$

$x$ est donc racine d'une équation du deuxième degré à coefficients entiers. Il faut remarquer que le nombre $k$ peut être égal à 1, et que, dans ce cas, on a $P_{k-1} = 1$, $Q_{k-1} = 0$.

Si la fraction continue proposée est périodique *mixte*, c'est-à-dire si la période ne commence qu'à partir du quotient de rang $m+1$, et que cette période ait $k$ termes, on aura

$$(3)\qquad x=\frac{P_m x_m + P_{m-1}}{Q_m x_m + Q_{m-1}}=\frac{P_{m+k} x_{m+k} + P_{m+k-1}}{Q_{m+k} x_{m+k} + Q_{m+k-1}}$$

avec

$$(4)\qquad x_{m+k}=x_m,$$

chacun des nombres $m$ et $k$ pouvant être égal à 1. Si l'on résout par rapport à $x_m$ et $x_{m+k}$ les deux équations comprises dans la formule (3), puis qu'on égale entre elles les valeurs obtenues, on aura

$$\frac{Q_{m-1}x - P_{m-1}}{P_m - Q_m x}=\frac{Q_{m+k-1}x - P_{m+k-1}}{P_{m+k} - Q_{m+k}x},$$

équation qu'on peut mettre sous la forme

$$(5)\qquad Lx^2 + 2Mx + N = 0,$$

en posant, pour abréger,

$$(6)\quad \begin{cases} L = Q_{m-1}Q_{m+k} - Q_m Q_{m+k-1}, \\ 2M = Q_m P_{m+k-1} - Q_{m-1}P_{m+k} + P_m Q_{m+k-1} - P_{m-1}Q_{m+k}, \\ N = P_{m-1}P_{m+k} - P_m P_{m+k-1}. \end{cases}$$

On voit donc que $x$ est encore, dans ce cas, l'une des racines d'une équation du deuxième degré à coefficients entiers.

COROLLAIRE. — *L'équation du deuxième degré à coefficients rationnels, à laquelle satisfait une fraction continue périodique donnée, a ses deux racines de signes contraires si la fraction continue est périodique simple, et elle a toujours ses racines de même signe lorsque, la fraction continue étant périodique mixte, il y a plusieurs termes avant la période.*

En effet, s'il s'agit d'une fraction périodique simple $x$, l'équation (2) à laquelle cette quantité doit satisfaire a évidemment ses racines de signes contraires. Si l'irrationnelle $x$ se réduit en une fraction périodique mixte, elle satisfera à une équation telle que (5), dans laquelle le produit des racines est, d'après les formules (6),

$$\frac{N}{L}=\frac{P_{m-1}P_{m+k}-P_mP_{m+k-1}}{Q_{m-1}Q_{m+k}-Q_mQ_{m+k-1}}.$$

Supposons qu'il n'y ait qu'un seul quotient $a$ avant la période, on aura

$$m=1,\quad P_{m-1}=1,\quad P_m=a,\quad Q_{m-1}=0,\quad Q_m=1,$$

et, par suite,

$$\frac{N}{L}=\frac{P_{k+1}-aP_k}{-Q_k};$$

ce rapport peut être positif ou négatif; donc, dans ce cas, les racines de l'équation (5) peuvent avoir le même signe ou des signes contraires. Supposons maintenant qu'il y ait plusieurs quotients avant la période, et soient $a_{m-1}$, $a_{m+k-1}$ les quotients incomplets de rang $m$ et de rang $m+k$, on aura

$$P_m=P_{m-1}a_{m-1}+P_{m-2},\quad P_{m+k}=P_{m+k-1}a_{m+k-1}+P_{m+k-2},$$
$$Q_m=Q_{m-1}a_{m-1}+Q_{m-2},\quad Q_{m+k}=Q_{m+k-1}a_{m+k-1}+Q_{m+k-2},$$

au moyen de quoi l'expression générale de $\frac{N}{L}$ devient

$$\frac{N}{L}=\frac{P_{m-1}P_{m+k-1}}{Q_{m-1}Q_{m+k-1}}\cdot\frac{(a_{m+k-1}-a_{m-1})+\left(\frac{P_{m+k-2}}{P_{m+k-1}}-\frac{P_{m-2}}{P_{m-1}}\right)}{(a_{m+k-1}-a_{m-1})+\left(\frac{Q_{m+k-2}}{Q_{m+k-1}}-\frac{Q_{m-2}}{Q_{m-1}}\right)}.$$

La différence $a_{m+k-1}-a_{m-1}$ n'est pas nulle, car autrement la période commencerait un rang plus tôt qu'on ne l'a supposé; d'ailleurs le deuxième facteur du second membre de la formule précédente est une fraction dont chaque terme s'obtient en ajoutant une quantité positive ou négative, mais fractionnaire, à l'entier $a_{m+k-1} - a_{m-1}$; donc le facteur dont il s'agit est positif, et il en est de même du rapport $\frac{N}{L}$; ce qui achève la démonstration de la proposition énoncée.

22. Théorème III. — *Les périodes des quotients incomplets, dans les fractions continues qui expriment les racines irrationnelles d'une équation du deuxième degré à coefficients entiers, sont inverses l'une de l'autre, c'est-à-dire que les quotients dont se compose l'une des périodes sont précisément ceux de l'autre période disposés dans un ordre inverse.*

Supposons d'abord que l'une des racines de l'équation proposée se développe en une fraction continue périodique simple. On peut admettre que cette racine $x$ est positive et supérieure à 1, car on ramènerait le cas contraire à celui-là en changeant $x$ en $-x$ ou en $\pm\frac{1}{x}$. Cela posé, $\frac{P_n}{Q_n}$ représentant généralement la réduite de rang $n+1$, et $x_n$ le quotient complet correspondant, on a

$$x = \frac{P_k x_k + P_{k-1}}{Q_k x_k + Q_{k-1}}, \quad \text{d'où} \quad x_k = \frac{Q_{k-1} x - P_{k-1}}{P_k - Q_k x}.$$

Si $k$ exprime le nombre des quotients contenus dans la période, on reproduira l'équation dont $x$ est racine en remplaçant $x_k$ par $x$ dans l'une ou l'autre des formules précédentes; cette équation peut donc se mettre sous la forme

$$x = \frac{Q_{k-1} x - P_{k-1}}{P_k - Q_k x},$$

et si l'on représente par $-\frac{1}{x'}$ sa deuxième racine qui est négative, on aura

$$x' = \frac{P_k x' + Q_k}{P_{k-1} x' + Q_{k-1}}.$$

Or, $\frac{P_k}{Q_k}$ étant supérieure à 1, on sait (n° 13) que $\frac{P_k}{Q_k}$ et $\frac{P_k}{P_{k-1}}$ se développent en des fractions continues formées des mêmes quotients mais en ordre inverse; en outre, $\frac{Q_k}{Q_{k-1}}$ est l'avant-dernière réduite de la fraction continue égale à $\frac{P_k}{P_{k-1}}$; donc $x'$ est égale à une fraction continue périodique simple, dans laquelle la période est inverse de celle de $x$.

Considérons en second lieu le cas où les racines de l'équation proposée se développent en des fractions périodiques mixtes. Soit $x$ l'une de ces racines; nous pouvons supposer $x$ positive, et si la période commence au quotient de rang $m+1$, on aura

$$x = \frac{P_m x_m + P_{m-1}}{Q_m x_m + Q_{m-1}};$$

la quantité $x_m$ est supérieure à 1, et elle est exprimable par une fraction périodique simple; elle est donc racine d'une équation du deuxième degré, dans laquelle la seconde racine $-\frac{1}{x'_m}$ est telle que les fractions continues $x'_m$ et $x_m$ aient des périodes inverses. D'après cela, on obtiendra la seconde racine $x'$ de l'équation proposée en remplaçant $x_m$ par $-\frac{1}{x'_m}$ dans la formule précédente; on a ainsi

$$x' = \frac{P_{m-1} x'_m - P_m}{Q_{m-1} x'_m - Q_m}.$$

Or, à cause de l'égalité

$$P_m Q_{m-1} - Q_m P_{m-1} = (-1)^m,$$

les fractions continues $x'$ et $x'_m$ se terminent par les mêmes quotients (n° 15); d'ailleurs, dans une fraction continue périodique, on est libre de faire commencer la période à l'un quelconque des quotients qui viennent après la partie réellement non périodique, donc on peut considérer comme inverses l'une de l'autre les périodes des fractions continues $x$ et $x'$. Mais il faut bien remarquer que ce n'est qu'en entendant les choses de cette manière, que le théorème énoncé est exact.

23. Théorème IV. — *La période de la suite formée par les numérateurs ou par les dénominateurs des quotients complets relatifs à l'une des racines irrationnelles d'une équation du deuxième degré à coefficients entiers, est inverse de la période analogue qui se rapporte à la deuxième racine.*

En effet, d'après ce qui précède, les périodes des quotients incomplets, relatives aux deux racines, peuvent être représentées par

$$(1) \qquad a,\ a_1,\ a_2,\ldots,\ a_{k-2},\ a_{k-1},$$

$$(2) \qquad a_{k-1},\ a_{k-2},\ldots,\ a_2,\ a_1,\ a.$$

Soient

$$x,\ x_1,\ x_2,\ldots,\ x_{k-2},\ x_{k-1},$$
$$x',\ x'_1,\ x'_2,\ldots,\ x'_{k-2},\ x'_{k-1}$$

les quotients complets qui répondent respectivement aux quotients incomplets (1) et (2).

Si $n$ désigne un entier quelconque compris entre o et $k$, on peut regarder la suite

$$a_n,\ a_{n+1},\ldots,\ a_{k-1},\ a,\ a_1,\ldots,\ a_{n-1}$$

comme étant la période des quotients incomplets de la première racine, et cette période sera en même temps celle que fournira le développement du quotient complet $x_n$. Pareillement, on peut prendre la suite

$$a_{n-1},\ a_{n-2},\ldots,\ a_1,\ a,\ a_{k-1},\ldots,\ a_{n+1},\ a_n$$

pour la période de la deuxième racine, et cette même suite sera la période de la fraction continue égale au quotient complet $x'_{k-n}$.

Cela posé, les irrationnelles $x_n$ et $x'_{k-n}$ étant égales à des fractions continues périodiques simples, dans lesquelles les périodes sont inverses l'une de l'autre, $x'_{k-n}$ et $-\frac{1}{x_n}$ seront les racines d'une même équation du deuxième degré à coefficients entiers. Si donc on pose

$$(3)\qquad x_n=\frac{E_n+\sqrt{A}}{D_n},\qquad x_{k-n}=\frac{E'_{k-n}+\sqrt{A}}{D'_{k-n}},$$

$A$, $E_n$, $D_n$, $E'_{k-n}$, $D'_{k-n}$ étant des nombres entiers, la quantité $x'_{k-n}$ sera égale à la valeur que prendra $-\frac{1}{x_n}$ quand on aura changé le signe du radical $\sqrt{A}$; en conséquence, on a

$$(4)\qquad \frac{E'_{k-n}+\sqrt{A}}{D'_{k-n}}\cdot\frac{E_n-\sqrt{A}}{D_n}=-1;$$

les formules (3) subsistent pour $n=0$ et pour $n=k$, car on a $x_k=x$ et $x'_k=x'$; il en est de même à l'égard de la formule (4), pourvu que l'on supprime l'indice o, quand les lettres D, E, D′, E′ sont affectées de cet indice.

La formule (4) donne

$$(5)\qquad E'_{k-n}=E_n,$$

puis $E_n^2+D_nD'_{k-n}=A$; mais comme on a $E_n^2+D_{n-1}D_n=A$, la précédente égalité se réduit à

$$(6)\qquad D'_{k-n}=D_{n-1}.$$

Les égalités (5) et (6) démontrent la proposition énoncée; il en résulte que si la période des quotients complets de l'une des racines est

$$(7)\quad \frac{E+\sqrt{A}}{D},\quad \frac{E_1+\sqrt{A}}{D_1},\ldots,\quad \frac{E_{k-2}+\sqrt{A}}{D_{k-2}},\quad \frac{E_{k-1}+\sqrt{A}}{D_{k-1}},$$

la période des quotients complets de la deuxième racine sera

$$(8)\quad \frac{E+\sqrt{A}}{D_{k-1}},\quad \frac{E_{k-1}+\sqrt{A}}{D_{k-2}},\ldots,\quad \frac{E_2+\sqrt{A}}{D_1},\quad \frac{E_1+\sqrt{A}}{D}.$$

Comme les périodes (7) et (8) se répètent indéfiniment, les termes qui viennent après ceux que nous venons d'écrire sont respectivement

$$\frac{E+\sqrt{A}}{D},\quad \frac{E+\sqrt{A}}{D_{k-1}},$$

et, d'après la loi de formation des quotients complets, on aura

$$E^2+DD_{k-1}=A.$$

Cette égalité montre que si les fractions continues auxquelles se rapportent les périodes (7) et (8) ne sont pas périodiques simples, les dénominateurs des quotients complets qui termineront les parties non périodiques seront respectivement $D_{k-1}$ et $D$. Il résulte évidemment de cette remarque, que la période des dénominateurs des quotients complets commence un rang plus tôt que la période des numérateurs des mêmes quotients.

**24.** Application a un exemple. — On propose de développer en fraction continue les racines de l'équation

$$27x^2-97x+77=0.$$

Les expressions des racines sont

$$x = \frac{97 + \sqrt{1093}}{54}, \quad x' = \frac{-97 + \sqrt{1093}}{-54};$$

la racine du plus grand carré entier contenu dans 1093 est 33. Voici le résumé du calcul de chaque racine, calcul qui repose sur l'emploi des deux formules

$$E_n = D_{n-1}\, a_{n-1} - E_{n-1},$$

$$D_n = D_{n-2} + (E_{n-1} - E_n)\, a_{n-1},$$

établies au n° 18.

*Première racine.*

$$E = 97,$$

$$D_{-1} = -154, \quad D = 54,$$

$$a = 2,$$

$$E_1 = 11, \quad E_2 = 25, \quad E_3 = 27, \quad E_4 = 29, \quad E_5 = 25 = E_2,$$

$$D_1 = 18, \quad D_2 = 26, \quad D_3 = 14, \quad D_4 = 18, \quad D_5 = 26 = D_2,$$

$$a_1 = 2, \quad a_2 = 2, \quad a_3 = 4, \quad a_4 = 3,$$

les quotients incomplets sont donc

$$2,\ 2\ (2,\ 4,\ 3)\ldots.$$

*Deuxième racine.*

$$E = -97,$$

$$D_{-1} = 154, \quad D = -54,$$

$$a = 1,$$

$$E_1 = 43, \quad E_2 = 27, \quad E_3 = 25, \quad E_4 = 29, \quad E_5 = 27 = E_2,$$

$$D_1 = 14, \quad D_2 = 26, \quad D_3 = 18, \quad D_4 = 14, \quad D_5 = 26 = D_2,$$

$$a_1 = 5, \quad a_2 = 2, \quad a_3 = 3, \quad a_4 = 4,$$

les quotients incomplets sont donc

$$1,\ 5\ (2,\ 3,\ 4)\ldots.$$

Pour que la période soit inverse de celle de la première racine, il faut la faire commencer au quatrième quotient.

25. Théorème V. — *Si a désigne la racine carrée du plus grand carré entier contenu dans un nombre entier donné A qui n'est pas un carré exact, l'irrationnelle $\sqrt{A}$ se développe en une fraction continue périodique mixte dans laquelle la période commence immédiatement après le premier quotient. Le dernier terme de la période des quotients incomplets est égal à $2a$, et les autres termes de cette période forment une suite symétrique dans laquelle deux termes également distants des extrêmes sont égaux entre eux. Enfin les numérateurs et les dénominateurs des quotients complets forment également des suites périodiques dont les périodes sont symétriques.*

En effet, la fraction continue égale à $\sqrt{A}$ ne saurait être périodique simple, puisque les valeurs absolues des deux racines de l'équation $x^2 - A = 0$ sont supérieures à l'unité. D'ailleurs, ces racines étant de signes contraires, il ne peut y avoir qu'un seul quotient avant la première période, dans le développement de $\sqrt{A}$, d'après le corollaire du théorème II. Il résulte de là que l'irrationnelle $\sqrt{A} - a$ se développera en une fraction périodique simple, et la même chose aura lieu aussi à l'égard de $\sqrt{A} + a$, puisque ces deux quantités sont les racines d'une même équation du deuxième degré à coefficients entiers. Cela posé, soient

$$(2a,\ a_1,\ a_2,\ldots,\ a_{k-1})\ (2a\ldots)\ldots$$

les quotients incomplets de la fraction continue égale à $\sqrt{A} + a$, la suite des quotients relatifs à $\sqrt{A} - a$ sera, d'après le théorème III,

$$0\,(a_{k-1},\ a_{k-2},\ldots,\ a_1,\ 2a)\ (a_{k-1}\ldots)\ \ldots$$

Mais du développement de $\sqrt{A} + a$ on passe à celui de $\sqrt{A}$ en retranchant $a$ du premier quotient ; pareillement on passe de $\sqrt{A} - a$ à $\sqrt{A}$ en ajoutant $a$ au premier quotient; donc la suite des quotients incomplets dans le développement de $\sqrt{A}$ peut être représentée de l'une ou de l'autre des deux manières suivantes :

$$a(a_1,\ a_2,\ldots,\ a_{k-1},\ 2a)\ (a_1,\ a_2,\ldots)\ldots,$$
$$a(a_{k-1},\ a_{k-2},\ldots,\ a_1,\ 2a)\ (a_{k-1},\ldots)\ldots;$$

on voit que le dernier quotient de chaque période est égal à $2a$, et que les quotients qui précèdent forment une suite

$$a_1,\ a_2,\ldots,\ a_{k-2},\ a_{k-1}$$

dans laquelle deux termes également éloignés des extrêmes sont égaux entre eux.

D'après le théorème IV, si

$$\frac{a+\sqrt{A}}{1},\quad \frac{E_1+\sqrt{A}}{D_1},\ldots,\quad \frac{E_{k-2}+\sqrt{A}}{D_{k-2}},\quad \frac{E_{k-1}+\sqrt{A}}{D_{k-1}},\ldots$$

est la suite des quotients complets relatifs à $\sqrt{A}+a$, la suite correspondante pour $\frac{1}{\sqrt{A}-a}$ sera

$$\frac{a+\sqrt{A}}{D_{k-1}},\quad \frac{E_{k-1}+\sqrt{A}}{D_{k-2}},\ldots,\quad \frac{E_2+\sqrt{A}}{D_1},\quad \frac{E_1+\sqrt{A}}{1},\ldots;$$

il est évident que ces deux suites coïncideront si l'on efface le premier terme de la première suite; par conséquent on a $E_1 = a$, et, dans chacune des deux suites

$$E_2,\ E_3,\ldots,\qquad E_{k-1},$$
$$D_1,\ D_2,\ D_3,\ldots,\ D_{k-1},$$

les termes également éloignés des extrêmes sont égaux entre eux. Il suit de là que la période des quotients complets obtenus dans le développement de $\sqrt{A}$ peut être représentée par

$$\frac{a+\sqrt{A}}{D_1},\quad \frac{E_2+\sqrt{A}}{D_2},\quad \frac{E_3+\sqrt{A}}{D_3},\ldots,\quad \frac{E_2+\sqrt{A}}{D_1},\quad \frac{a+\sqrt{A}}{1}.$$

26. L'équation $x^2 - A = 0$, à laquelle se rapporte le théorème précédent, appartient à une classe d'équations remarquables qu'il est intéressant d'étudier. Nous nous proposerons, à ce sujet, la question suivante :

Problème. — *Trouver les équations du deuxième degré à coefficients rationnels dont les racines se développent en des fractions continues terminées par les mêmes quotients.*

Si $x$ désigne l'une des racines d'une telle équation, l'autre racine (n° 15) devra être de la forme

$$\frac{ax+b}{a'x+b'},$$

$a, b, a', b'$ étant des entiers positifs ou négatifs liés par la relation

$$(1)\qquad ab' - ba' = \pm 1.$$

Cela posé, soit $-P$ la somme des deux racines, on aura

$$P + x + \frac{ax+b}{a'x+b'} = 0,$$

ou

$$x^2 + \left(P + \frac{a+b'}{a'}\right)x + \frac{Pb'+b}{a'} = 0,$$

ce qui doit être l'équation demandée; mais pour que la somme des racines soit effectivement égale à $-P$, il faut que l'on ait

$$b' = -a,$$

après quoi la condition (1) donne

$$b = -\frac{a^2 \pm 1}{a'}.$$

L'équation demandée est donc

$$(2) \qquad x^2 + Px - \left(P\frac{a}{a'} + \frac{a^2 \pm 1}{a'^2}\right) = 0.$$

P est une quantité rationnelle quelconque, $a$ est un nombre entier quelconque, enfin $a'$ est un diviseur quelconque de $a^2 \pm 1$.

Les fractions continues dans lesquelles se développent les racines de l'équation (2) ont donc nécessairement la même période; d'un autre côté, d'après le théorème III, la période de l'une de ces fractions continues est inverse de la période de l'autre. Il en résulte que chaque période est une suite symétrique ou qu'elle est formée par la juxtaposition de deux suites symétriques, dont l'une peut se réduire à un seul terme. En effet, soit

$$a_0,\ a_1,\ a_2,\ \ldots,\ a_{n-1}$$

la période dont il s'agit; d'après le théorème III, on pourra aussi considérer la période comme étant

$$a_{n-1},\ a_{n-2},\ \ldots,\ a_1,\ a_0.$$

Il peut arriver que les termes de cette seconde suite soient respectivement égaux aux termes qui occupent les mêmes rangs dans la première; dans ce cas, la période est symétrique. Mais pour que les deux suites dont il s'agit puissent être considérées comme périodes de la même fraction continue, il n'est pas nécessaire que les termes de même rang soient égaux, car on est libre de prendre un terme quelconque pour origine de la période. La condition nécessaire et suffisante est que les termes de la suite précédente soient égaux aux termes qui occupent respectivement les mêmes rangs dans la suite

$$a_m,\ a_{m+1},\ \ldots,\ a_{m+n-2},\ a_{m+n-1},$$

$m$ étant un indice indéterminé. Cette condition s'exprimera donc par l'égalité

$$a_{m+k} = a_{n-k-1}$$

qui doit avoir lieu pour toutes les valeurs $0, 1, 2, \ldots, (n-1)$ de l'indice $k$; en conséquence, la période sera composée des deux suites

$$(a_0, a_1, \ldots, a_{m-1})\ (a_m, a_{m+1}, \ldots, a_{n-1})$$

dans chacune desquelles les termes également éloignés des extrêmes sont égaux entre eux.

Remarque I. — Il faut remarquer que les racines de l'équation (2) donnent lieu à des fractions continues qui se terminent par les mêmes quotients, lors même que la quantité P serait irrationnelle. Seulement, dans ce cas, ces fractions continues ne sont plus périodiques, d'après le théorème II.

Remarque II. — Nous savons que l'équation (2) comprend comme cas particulier l'équation $x^2 - A = 0$, où A désigne un nombre entier. Pour la réduire à cette forme, il faut faire $P = 0$ et

$$\frac{a^2 \pm 1}{a'^2} = A \quad \text{ou} \quad a'^2 A - a^2 = \pm 1;$$

ce qui prouve que l'équation indéterminée

$$t^2 - A u^2 = \pm 1$$

admet toujours des solutions entières, si le signe du second membre est convenablement choisi. Nous retrouverons plus loin cette propriété remarquable.

*Comparaison des réduites qui répondent à des quotients complets égaux entre eux, dans une fraction continue périodique.*

**27.** Considérons l'irrationnelle du deuxième degré

$$(1) \qquad x = \frac{E + \sqrt{A}}{D},$$

qui est l'une des racines de l'équation

$$Dx^2 - 2Ex + F = 0;$$

les nombres D, E, F sont des entiers positifs ou négatifs et l'on a

$$E^2 - DF = A.$$

Soit $x'$ l'un quelconque des quotients complets qui se reproduisent périodiquement dans le développement de $x$, on aura

$$(2) \qquad x' = \frac{E' + \sqrt{A}}{D'},$$

E' et D' étant des nombres entiers essentiellement positifs. On peut faire commencer la période de la fraction continue au quotient incomplet contenu dans $x'$, et nous la désignerons par

$$a, a_1, a_2, \ldots, a_{k-1};$$

enfin, nous représenterons par $\frac{\alpha}{6}$ la valeur de la fraction continue formée avec ces mêmes quotients, en sorte que l'on aura

$$(3) \qquad \frac{\alpha}{6} = a + \cfrac{1}{a_1 + \cdots + \cfrac{1}{a_{k-1}}}.$$

Cela posé, nous nous proposons de trouver la loi des réduites

(4) $$\frac{P_0}{Q_0}, \frac{P_1}{Q_1}, \ldots, \frac{P_n}{Q_n}, \ldots$$

de la fraction continue égale à $x$, qui répondent, dans les périodes successives, au quotient complet $x'$.

Si l'on représente généralement par $\frac{P'_m}{Q'_m}$ celle des réduites de $x$ qui précède $\frac{P_m}{Q_m}$, on aura d'abord

(5) $$x = \frac{P_{n-1}x' + P'_{n-1}}{Q_{n-1}x' + Q'_{n-1}},$$

et il est évident que la formule (5) donnera la valeur de $\frac{P_n}{Q_n}$ si l'on y remplace $x'$ par $\frac{\alpha}{6}$; on aura donc

$$\frac{P_n}{Q_n} = \frac{\alpha P_{n-1} + 6 P'_{n-1}}{\alpha Q_{n-1} + 6 Q'_{n-1}}.$$

Le second membre de cette formule est une fraction irréductible; car si l'on retranche ses deux termes l'un de l'autre après les avoir multipliés respectivement par $Q_{n-1}$ et $P_{n-1}$, puis par $Q'_{n-1}$ et $P'_{n-1}$, on obtient pour différences les nombres $\alpha$ et $6$ qui sont premiers entre eux. Il résulte de là que l'on a

(6) $$\begin{cases} P_n = \alpha P_{n-1} + 6 P'_{n-1}, \\ Q_n = \alpha Q_{n-1} + 6 Q'_{n-1}. \end{cases}$$

Si l'on porte dans la formule (5) les valeurs de $P'_{n-1}$ et de $Q'_{n-1}$ tirées des équations (6), il viendra

$$x = \frac{P_n - (\alpha - 6x') P_{n-1}}{Q_n - (\alpha - 6x') Q_{n-1}},$$

d'où l'on tire

(7) $$P_n - Q_n x = (\alpha - 6x')(P_{n-1} - Q_{n-1}x).$$

Donnons à $n$ les valeurs 1, 2, 3, ..., $n$ dans la formule (7), et multiplions entre elles les $n$ égalités ainsi obtenues, on aura

$$(8) \qquad P_n - Q_n x = (P_0 - Q_0 x)(\alpha - 6x')^n.$$

Si l'on fait, pour abréger,

$$(9) \qquad u_1 = \alpha - 6\frac{E'}{D'}, \quad v_1 = \frac{6}{D'},$$

puis que l'on désigne par $u_n$ et $v_n$ deux nombres rationnels définis par l'équation

$$(10) \qquad u_n - v_n\sqrt{A} = (u_1 - v_1\sqrt{A})^n,$$

la formule (8) donnera, en remplaçant $x$ et $x'$ par leurs valeurs (1) et (2),

$$(11) \quad P_n - \frac{E+\sqrt{A}}{D} Q_n = \left(P_0 - \frac{E+\sqrt{A}}{D} Q_0\right)(u_n - v_n\sqrt{A}).$$

Si l'on effectue les calculs, qu'on égale de part et d'autre les parties rationnelles et les parties multipliées par $\sqrt{A}$, qu'on remplace enfin le rapport $\frac{A - E^2}{D}$ par sa valeur $-F$, on aura

$$(12) \quad \begin{cases} P_n = P_0 u_n + (EP_0 - FQ_0) v_n, \\ Q_n = Q_0 u_n + (DP_0 - EQ_0) v_n. \end{cases}$$

Le développement de la formule (10) fera connaître les quantités $u_n$ et $v_n$, après quoi les formules (12) donneront les valeurs de $P_n$ et $Q_n$, et résoudront ainsi le problème que nous nous étions proposé.

**28.** Considérons les expressions des quantités $u_1$ et $v_1$ qui nous sont données par les formules (9). Si l'on représente par $\frac{\alpha'}{6'}$ la réduite qui précède $\frac{\alpha}{6}$ dans le développement du quotient complet $x'$, on aura

$$x' = \frac{\alpha x' + \alpha'}{\beta x' + \beta'}, \quad \text{d'où} \quad \beta x'^2 - (\alpha - \beta')x' - \alpha' = 0;$$

remplaçant $x'$ par sa valeur $\frac{E' + \sqrt{A}}{D'}$, et égalant ensuite à zéro la partie rationnelle, ainsi que la partie multipliée par $\sqrt{A}$, il vient

$$\beta \frac{A + E'^2}{D'^2} - (\alpha - \beta')\frac{E'}{D'} - \alpha' = 0, \quad 2\beta \frac{E'}{D'} - (\alpha - \beta') = 0,$$

d'où

$$(13) \quad \beta \frac{E'}{D'} = \frac{\alpha - \beta'}{2}, \quad A \frac{\beta^2}{D'^2} = \left(\frac{\alpha + \beta'}{2}\right)^2 - (\alpha\beta' - \beta\alpha').$$

Au moyen de ces relations, les formules (9) deviennent

$$(14) \quad u_1 = \frac{\alpha + \beta'}{2}, \quad v_1 \sqrt{A} = \sqrt{\left(\frac{\alpha + \beta'}{2}\right)^2 - (\alpha\beta' - \beta\alpha')^2}$$

et comme la différence $\alpha\beta' - \beta\alpha'$ est égale à $\pm 1$, on aura

$$(15) \quad u_1^2 - A v_1^2 = \pm 1.$$

Nous pouvons conclure de tout cela une propriété remarquable, qui consiste en ce que les quantités $u_1$ et $v_1$ ont les mêmes valeurs, quel que soit le quotient complet à partir duquel on fait commencer la période, pourvu que le nombre des quotients que l'on fait figurer dans cette période reste le même. En effet, supposons que l'on fasse commencer la période au quotient complet qui vient après $x'$, la période des quotients incomplets sera

$$a_1, a_2, \ldots, a_{k-1}, a;$$

désignons par $\frac{\alpha_1}{\beta_1}$ la fraction continue formée avec ces $k$ quotients, et par $\frac{\alpha'_1}{\beta'_1}$ celle qui est formée avec les mêmes quotients, sauf le dernier. Il est évident que l'inverse $\frac{\beta'_1}{\alpha'_1}$ de la seconde fraction est égal à $\frac{\alpha}{\beta} - a$, et que l'inverse $\frac{\beta_1}{\alpha_1}$ de la première est égal à $\frac{\alpha a + \alpha'}{\beta a + \beta'} - a$. On a donc

$$\frac{\beta'_1}{\alpha'_1} = \frac{\alpha - \beta a}{\beta}, \quad \frac{\beta_1}{\alpha_1} = \frac{(\alpha a + \alpha') - a(\beta a + \beta')}{\beta a + \beta'},$$

et, par conséquent,

$$\alpha_1 = \beta a + \beta', \quad \beta'_1 = \alpha - \beta a,$$

d'où l'on tire

$$\alpha_1 + \beta'_1 = \alpha + \beta';$$

on a d'ailleurs

$$\alpha_1 \beta'_1 - \beta_1 \alpha'_1 = \alpha\beta' - \beta\alpha' = \pm 1.$$

Ces dernières formules montrent que les valeurs de $u_1$ et de $v_1$, données par les équations (14), ne changent pas quand, au lieu d'employer la fraction $\frac{\alpha}{\beta}$ qui répond au quotient complet $x'$, on se sert de la fraction analogue $\frac{\alpha_1}{\beta_1}$ relative au quotient complet qui vient après $x'$.

Je dis maintenant que $u_1$ et $v_1$ sont des nombres entiers ou des fractions ayant pour dénominateur 2. La première des formules (14) montre qu'il en est ainsi à l'égard de $u_1$; quant à $v_1$, sa valeur est $\frac{\beta}{D'}$ : soit $\frac{f}{g}$ ce que devient cette fraction lorsqu'on la réduit à sa plus simple expression. Le nombre D' est un multiple de $g$; ensuite les formules (13) montrent que 2E' est divisible par $g$, et que 4A l'est par $g^2$; mais on a vu (n° 18) que D' et E' ne peuvent avoir un diviseur commun $\theta$, dont le carré $\theta^2$ serait un diviseur de A; il en résulte que notre nombre $g$ est nécessairement égal à 1 ou à 2. Si $g$ est égal à 1, $v_1$

est entier, et $u_1$ l'est aussi à cause de la formule (15). Si $g$ est égal à 2, les nombres $u_1$ et $v_1$ ont l'un et l'autre le dénominateur 2; en effet, dans l'hypothèse où nous nous plaçons, D' est pair, et si $u_1$ était entier, E' serait divisible par 2, à cause des formules (9), et A le serait par 4, à cause de la formule (15). Or, il est permis de supposer, comme nous l'avons déjà dit, que les trois nombres $\frac{D'}{2}$, $\frac{E'}{2}$ et $\frac{A}{4}$ ne sont pas tous les trois entiers; donc le nombre $u_1$ ne peut être entier quand $v_1$ est fractionnaire.

Ce que nous venons de dire des nombres $u_1$ et $v_1$ a lieu également, quel que soit $n$ à l'égard des nombres $u_n$ et $v_n$. On voit immédiatement, par la formule (10), que $u_n$ et $v_n$ seront entiers si $u_1$ et $v_1$ sont eux-mêmes entiers. Supposons donc que ces derniers nombres aient le dénominateur 2. Si l'on fait successivement $n = 2$ et $n = 3$, dans la formule (10), il viendra, en ayant égard à la formule (15),

$$u_2 - v_2\sqrt{A} = (2u_1^2 \pm 1) - 2u_1v_1\sqrt{A},$$
$$u_3 - v_3\sqrt{A} = (4u_1^3 \pm 3u_1) - (4u_1^2 \pm 1)v_1\sqrt{A}.$$

On voit que si $u_1$ et $v_1$ sont de la forme $k + \frac{1}{2}$, $k$ étant un entier, $u_2$ et $v_2$ seront de la même forme, tandis que $u_3$ et $v_3$ seront entiers. D'ailleurs, si l'on fait $n = 3\mu + \nu$, $\nu$ étant l'un des nombres 0, 1, 2, on a

$$u_n - v_n\sqrt{A} = (u_{3\mu} - v_{3\mu}\sqrt{A})(u_\nu - v_\nu\sqrt{A}),$$
$$u_{3\mu} - v_{3\mu}\sqrt{A} = (u_3 - v_3\sqrt{A})^\mu;$$

comme $u_3$ et $v_3$ sont entiers, $u_{3\mu}$ et $v_{3\mu}$ le sont aussi; d'ailleurs $u_\nu$ et $v_\nu$ ne peuvent avoir que le dénominateur 2, puisque $\nu$ est $< 3$; donc il en est de même de $u_n$ et de $v_n$. On peut même ajouter que les nombres $u_n$ et $v_n$ sont tous deux entiers ou tous deux fractionnaires. En effet, si l'on multiplie l'équation (10) par celle que l'on obtient en y changeant $\sqrt{A}$ en $-\sqrt{A}$, on aura, à cause de la formule (15),

$$(16) \qquad u_n^2 - A v_n^2 = (\pm 1)^n.$$

Il est évident que si $v_n$ est entier, $u_n$ l'est aussi. Si $v_n$ est fractionnaire, $u_n$ ne peut être entier, car s'il l'était, A serait divisible par 4, d'après la formule (16); alors $u_1$ serait entier d'après la formule (15), et $v_1$ le serait aussi, comme on l'a vu plus haut. Notre hypothèse est donc inadmissible, car $v_n$ ne peut être fractionnaire quand $u_1$ et $v_1$ sont entiers.

Nous avons démontré que les valeurs de $u_1$ et de $v_1$ sont indépendantes du quotient à partir duquel on fait commencer la période de l'irrationnelle $x = \frac{E + \sqrt{A}}{D}$. On peut ajouter que ces quantités sont les mêmes pour les deux irrationnelles $\frac{E + \sqrt{A}}{D}$, $\frac{E - \sqrt{A}}{D}$, racines de la même équation à coefficients entiers. En effet, d'après les formules (14), les valeurs de $u_1$ et de $v_1$ ne dépendent que de la somme $\alpha + \beta'$, puisque la différence $\alpha\beta' - \beta\alpha'$ est égale à $\pm 1$. Or, quand on passe de l'irrationnelle $\frac{E + \sqrt{A}}{D}$ à l'irrationnelle conjuguée $\pm \frac{E - \sqrt{A}}{D}$, les fractions $\frac{\alpha}{\beta}$, $\frac{\alpha'}{\beta'}$ doivent être remplacées respectivement par $\frac{\alpha}{\alpha'}$, $\frac{\beta}{\beta'}$, en sorte que les nombres $\alpha$ et $\beta'$ restent les mêmes; donc $u_1$ et $v_1$ n'éprouvent aucun changement.

**29.** Nous allons examiner actuellement ce qui arrive quand on donne à l'entier $n$ des valeurs négatives dans les formules (10), (11), (12). Si l'on change $n$ en $-n$, la formule (10) devient

$$u_{-n} - v_{-n}\sqrt{A} = \frac{1}{(u_1 - v_1\sqrt{A})^n},$$

ou, à cause de la formule (15),

$$u_{-n} - v_{-n}\sqrt{A} = (\pm 1)^n (u_1 + v_1\sqrt{A})^n = (\pm 1)^n (u_n + v_n\sqrt{A});$$

on a donc

$$(17) \qquad u_{-n} = (\pm 1)^n u_n, \quad v_{-n} = -(\pm 1)^n v_n.$$

D'après cela, on aura, en changeant aussi $n$ en $-n$ dans les formules (12),

$$(18) \qquad \begin{cases} (\pm 1)^n P_{-n} = P_0 u_n - (EP_0 - FQ_0) v_n, \\ (\pm 1)^n Q_{-n} = Q_0 u_n - (DP_0 - EQ_0) v_n. \end{cases}$$

Ces formules (18) définissent les nombres $(\pm 1)^n P_{-n}$, $(\pm 1)^n Q_{-n}$ dont les expressions se déduisent respectivement de celles de $P_n$, $Q_n$ par le changement du signe de $v_n$; en les combinant avec les formules (12), on obtient

$$(\pm 1)^n P_{-n} + P_n = 2P_0 u_n, \quad (\pm 1)^n Q_n + Q_n = 2Q_0 u_n;$$

$2u_n$ étant entier, on voit que $P_{-n}$ et $Q_{-n}$ sont comme $P_n$ et $Q_n$ des nombres entiers.

Si l'on divise les formules (18) par $v_n$ et que l'on fasse usage de la formule (1), il viendra

$$(19) \qquad \begin{cases} \dfrac{(\pm 1)^n P_{-n}}{v_n} = (E - \sqrt{A})(Q_0 x - P_0) + P_0\left(\dfrac{u_n}{v_n} - \sqrt{A}\right), \\ \dfrac{(\pm 1)^n Q_{-n}}{v_n} = D(Q_0 x - P_0) + Q_0\left(\dfrac{u_n}{v_n} - \sqrt{A}\right): \end{cases}$$

or l'équation (16) donne

$$(20) \qquad \frac{u_n}{v_n} - \sqrt{A} = \frac{(\pm 1)^n}{v_n(u_n + v_n\sqrt{A})},$$

d'ailleurs les nombres $u_n$ et $v_n$ croissent indéfiniment avec $n$, donc $\frac{u_n}{v_n}$ a pour limite $\sqrt{A}$ quand $n$ tend vers l'infini. On voit alors, par les formules (19), que les valeurs absolues de $P_{-n}$ et de $Q_{-n}$ croissent aussi indéfiniment avec $n$, et que pour $n = \infty$ on a

$$\lim \frac{P_{-n}}{Q_{-n}} = \frac{E - \sqrt{A}}{D},$$

c'est-à-dire que l'expression $\frac{P_{-n}}{Q_{-n}}$ converge vers l'irrationnelle conjuguée de $x$. Si l'on retranche la seconde équation (19) de la première, après l'avoir multipliée par $\frac{E - \sqrt{A}}{D}$, on trouvera, en faisant usage de la formule (20),

$$(21) \qquad v_n\left[P_{-n} - \frac{E - \sqrt{A}}{D} Q_{-n}\right] = \frac{P_0 - \frac{E - \sqrt{A}}{D} Q_0}{\frac{u_n}{v_n} + \sqrt{A}};$$

multiplions cette équation par la seconde équation (19), et faisons ensuite $n = \infty$, il viendra

$$\lim (\pm 1)^n Q_{-n}\left[P_{-n} - \frac{E - \sqrt{A}}{D} Q_{-n}\right]$$
$$= \frac{D}{2\sqrt{A}}\left(P_0 - \frac{E - \sqrt{A}}{D} Q_0\right)\left(Q_0 \frac{E + \sqrt{A}}{D} - P_0\right).$$

Le second membre de cette formule est égal à

$$\frac{1}{D \times 2\sqrt{A}} [(DP_0 - EQ_0)^2 - AQ_0^2],$$

et par suite (n° 19) égal à

$$\frac{\pm D'}{2\sqrt{A}},$$

puisque la réduite $\frac{P_0}{Q_0}$ de la fraction continue $x$ répond à un quotient complet de dénominateur D'. D'après cela, si l'on désigne par $\varepsilon_n$ une quantité qui s'annule pour $n=\infty$, on aura,

$$(22) \qquad \frac{P_{-n}}{Q_{-n}} - \frac{E-\sqrt{A}}{D} = \frac{\pm\frac{D'}{2\sqrt{A}}+\varepsilon_n}{Q^2_{-n}}.$$

Le rapport $\frac{D'}{2\sqrt{A}}$ est plus petit que 1; donc, pour des valeurs de $n$ suffisamment grandes, le second membre de la formule (22) aura la forme

$$\pm\frac{\theta}{Q^2_{-n}},$$

$\theta$ étant compris entre 0 et 1. Le nombre $\theta$ sera même inférieur à $\frac{1}{2}$ si l'on a $D'<\sqrt{A}$, et alors la fraction $\frac{P_{-n}}{Q_{-n}}$ sera certainement (n° 8) l'une des réduites de la fraction continue dans laquelle se développe l'irrationnelle conjuguée de $x$.

30. Mais il y a plus, et nous allons prouver que si l'on exclut la valeur $n=1$, les fractions $\frac{P_{-n}}{Q_{-n}}$ sont, généralement, les réduites successives qui répondent aux quotients complets égaux à $\frac{(aD'-E')+\sqrt{A}}{D'}$ dans le développement de l'irrationnelle $\pm\frac{E-\sqrt{A}}{D}$ en fraction continue.

Pour démontrer la proposition qui vient d'être énoncée, posons

$$z=\frac{E-\sqrt{A}}{D}, \quad z'=\frac{E'+\sqrt{A}}{\left(\frac{A-E'^2}{D'}\right)};$$

$z'$ et $x'$ sont relativement à $z$ et $x$ des quotients complets correspondants, et leurs développements fournissent des fractions continues périodiques simples, dans lesquelles les périodes sont inverses l'une de l'autre; en outre, $x'$ et $-\frac{1}{z'}$ sont les racines d'une même équation à coefficients entiers; si donc on remplace $x'$ par $-\frac{1}{z'}$, dans la formule

$$x = \frac{P_0 x' + P'_0}{Q_0 x' + Q'_0},$$

le second membre se réduira à $z$, et l'on aura en conséquence

$$z = \frac{-P'_0 z' + P_0}{-Q'_0 z' + Q_0}.$$

Soient $\frac{R}{S}$ une réduite de $z'$ répondant à un quotient complet $\zeta$ et $\frac{R'}{S'}$ la réduite qui précède $\frac{R}{S}$, on aura

$$z' = \frac{R\zeta + R'}{S\zeta + S'},$$

puis

$$z = \frac{(P_0 S - P'_0 R)\zeta + (P_0 S' - P'_0 R')}{(Q_0 S - Q'_0 R)\zeta + (Q_0 S' - Q'_0 R')} = \frac{M\zeta + M'}{N\zeta + N'}.$$

Cela posé, nous supposerons que la réduite $\frac{P_0}{Q_0}$, qui répond au quotient $x'$ dans la fraction continue $x$, soit prise dans la première période, et nous allons chercher combien on doit introduire de quotients incomplets dans la réduite $\frac{R}{S}$ pour que $\frac{M}{N}$ et $\frac{M'}{N'}$ soient deux réduites consécutives de $z$. Il faut d'abord que M et M' aient le même signe, ainsi que N et N', ce qui revient à dire que les fractions $\frac{P_0}{P'_0}$ et $\frac{Q_0}{Q'_0}$ ne doivent être comprises ni l'une ni l'autre entre $\frac{R}{S}$ et $\frac{R'}{S'}$. La réduite $\frac{P_0}{Q_0}$ peut embrasser un ou plusieurs quotients de la période de $x$; mais, par hypothèse, le nombre de ces quotients est au plus égal à $k-1$; il en résulte que si le développement de $\frac{P_0}{P'_0}$ ou de $\frac{Q_0}{Q'_0}$ coïncide, dans les premiers termes, avec le développement de $z'$, cette coïncidence ne pourra persister au delà du $(k-1)^{ième}$ quotient; donc, si l'on introduit $k+1$ quotients dans $\frac{R}{S}$ et, par suite, $k$ dans $\frac{R'}{S'}$, aucune des fractions $\frac{P_0}{P'_0}$, $\frac{Q_0}{Q'_0}$ ne sera comprise entre $\frac{R}{S}$ et $\frac{R'}{S'}$; en conséquence, les rapports $\frac{M}{M'}$ et $\frac{N}{N'}$ seront positifs. Si ces rapports sont supérieurs à l'unité, les fractions $\frac{M}{N}$ et $\frac{M'}{N'}$ seront deux réduites consécutives de $z$; dans le cas contraire, soit $\zeta = c + \frac{1}{\zeta_1}$, $c$ étant l'entier contenu dans $\zeta$, il viendra

$$z = \frac{(Mc + M')\zeta_1 + M}{(Nc + N')\zeta_1 + N},$$

ce qui montre que $\frac{Mc + M'}{Nc + N'}$ et $\frac{M}{N}$ sont alors deux réduites consécutives de $z$. Or, au lieu d'opérer comme nous venons de le faire, il suffit évidemment d'introduire dans $\frac{R}{S}$ un quotient de plus; si donc la réduite $\frac{R}{S}$ embrasse $k+2$ quotients au moins, la fraction $\frac{M}{N}$ sera une réduite de $z$, et elle sera précédée de la réduite $\frac{M'}{N'}$.

Il faut pour notre objet prendre le quotient complet $\zeta$ égal à $z'$; par conséquent, pour que la fraction $\frac{M'}{N'}$ ou

$$\frac{P_0 S' - P'_0 R'}{Q_0 S' - Q'_0 R'}$$

soit une réduite de $z$ répondant au quotient complet qui précède $z'$, il peut être nécessaire d'employer deux périodes de quotients, au moins, pour former la fraction $\frac{R}{S}$, mais deux périodes suffiront toujours si $k$ est supérieur à 1. Lorsque $k$ est égal à 1, la période se réduit à un seul terme $a$; les rapports $\frac{M}{M'}$ et $\frac{N}{N'}$ seront positifs si l'on prend $\frac{R}{S} = a + \frac{1}{a}$, et il est facile de vérifier que ces mêmes rapports seront supérieurs à 1, à moins que l'on n'ait $a = 1$. Dans ce cas particulier d'un seul quotient égal à l'unité, il est nécessaire d'introduire trois quotients au moins dans la réduite $\frac{R}{S}$.

Désignons par $\frac{\mathfrak{P}_n}{\mathfrak{Q}_n}$ la valeur de l'expression précédente, lorsqu'on emploie $n$ périodes de quotients pour former $\frac{R}{S}$; on aura, en remplaçant $P'_0$ et $Q'_0$ par leurs valeurs tirées des formules (6)

$$\mathfrak{P}_n = P_0\left(S' + \frac{\alpha}{6}R'\right) - P_1\frac{R'}{6},$$

$$\mathfrak{Q}_n = Q_0\left(S' + \frac{\alpha}{6}R'\right) - Q_1\frac{R'}{6},$$

ou, en éliminant $P_1$ et $Q_1$ par le moyen des formules (12),

$$\mathfrak{P}_n = P_0\left(S' + \frac{\alpha - u_1}{6}R'\right) - (EP_0 - FQ_0)\frac{v_1}{6}R',$$

$$\mathfrak{Q}_n = Q_0\left(S' + \frac{\alpha - u_1}{6}R'\right) - (DP_0 - EQ_0)\frac{v_1}{6}R'.$$

D'après notre hypothèse, $\frac{R'}{S'}$ est une réduite de $z'$ qui répond au dernier quotient de la $n^{ième}$ période; d'ailleurs $\frac{\beta}{\beta'}$ est la réduite qui répond au même quotient pris dans la première période; donc les valeurs de $R'$ et de $S'$ seront données par les formules (12), si l'on y remplace $P_0$ et $Q_0$ par $\beta$ et $\beta'$, D, E, F par $\frac{A - E'^2}{D'}$, $E'$, $-D'$, et qu'on écrive $n - 1$ au lieu de $n$; on a ainsi

$$R' = \beta u_{n-1} + (E'\beta + D'\beta')v_{n-1},$$
$$S' = \beta' u_{n-1} + \left(\frac{A - E'^2}{D'}\beta - E'\beta'\right)v_{n-1}.$$

En faisant usage des formules (13) et (14), ainsi que des relations

$$u_1 u_{n-1} + A v_1 v_{n-1} = u_n, \quad v_1 u_{n-1} + u_1 v_{n-1} = v_n,$$

qui résultent de l'identité

$$(u_n - v_n\sqrt{A}) = (u_{n-1} - v_{n-1}\sqrt{A})(u_1 - v_1\sqrt{A}),$$

on obtient les valeurs suivantes de $R'$ et $S'$:

$$R' = \frac{\beta}{v_1}v_n, \quad S' = u_n - \frac{\alpha - u_1}{v_1}v_n;$$

les expressions précédentes de $\mathfrak{P}_n$ et de $\mathfrak{Q}_n$ deviennent ensuite

$$\mathfrak{P}_n = P_0 u_n - (EP_0 - FQ_0)v_n,$$
$$\mathfrak{Q}_n = Q_0 u_n - (DP_0 - EQ_0)v_n,$$

et, par conséquent, on a

$$\mathfrak{P}_n = (\pm 1)^n P_{-n}, \quad \mathfrak{Q}_n = (\pm 1)^n Q_{-n},$$

ce qui démontre bien que pour les valeurs de $n$ supérieures à 1, les fractions $\frac{P_{-n}}{Q_{-n}}$ sont les réduites qui répondent aux quotients complets précédant les quotients égaux à $z'$ dans les périodes successives de la fraction continue $z$. Il faut remarquer que la première des réduites $\frac{P_{-n}}{Q_{-n}}$, savoir $\frac{P_{-2}}{Q_{-2}}$, peut répondre à un quotient compris dans la partie non périodique.

31. Le cas de $n = 1$ constitue une exception ; la fraction $\frac{P_{-1}}{Q_{-1}}$ peut être une réduite de $z$ ou de $x$, et dans ce dernier cas elle répond toujours à un quotient compris dans la partie non périodique; il peut arriver aussi que la fraction $\frac{P_{-1}}{Q_{-1}}$ ne fasse partie des réduites d'aucune des fractions continues $x$ et $z$.

Le cas de $n = 2$ fait lui-même exception, comme nous l'avons déjà dit, lorsque les périodes de $x$ et de $z$ se réduisent à un seul quotient égal à l'unité. L'équation

$$5x^2 - 25x + 31 = 0$$

en offre un exemple. Les deux racines sont

$$x = \frac{-25 + \sqrt{5}}{-10}, \quad z = \frac{25 + \sqrt{5}}{10};$$

les réduites $\frac{P_n}{Q_n}$ de $x$ qui répondent aux quotients périodiques sont données par les formules

$$P_n = 7u_n + 11v_n, \quad Q_n = 3u_n + 5v_n,$$

$$u_n + v_n\sqrt{5} = \left(\frac{1 + \sqrt{5}}{2}\right)^n.$$

On tire de là

$$\frac{P_0}{Q_0} = \frac{7}{3}, \quad \frac{P_1}{Q_1} = \frac{9}{4}, \quad \frac{P_2}{Q_2} = \frac{16}{7}, \quad \frac{P_3}{Q_3} = \frac{25}{11}, \quad \frac{P_4}{Q_4} = \frac{41}{18}, \ldots$$

puis, en donnant à $n$ des valeurs négatives,

$$\frac{P_{-1}}{Q_{-1}} = \frac{2}{1}, \quad \frac{P_{-2}}{Q_{-2}} = \frac{5}{2}, \quad \frac{P_{-3}}{Q_{-3}} = \frac{3}{1}, \quad \frac{P_{-4}}{Q_{-4}} = \frac{8}{3}, \dots$$

Dans cette dernière suite, la deuxième fraction n'est une réduite pour aucune des deux racines $x$ et $z$; la première et la troisième fraction sont des réduites de $z$ qui répondent à deux quotients de la partie non périodique, et ce n'est qu'à partir de la quatrième fraction que commencent les réduites relatives aux quotients périodiques.

*Cas de la racine carrée d'un nombre entier.*

**32.** On a, dans ce cas, $E = 0$, $D = 1$, $F = -A$, et la formule (11) se réduit à

$$P_n - Q_n\sqrt{A} = (P_0 - Q_0\sqrt{A})(u_n - v_n\sqrt{A}).$$

Supposons que nos réduites $\frac{P_n}{Q_n}$ soient celles qui répondent aux quotients complets égaux à $a + \sqrt{A}$, $a$ étant le plus grand entier contenu dans $\sqrt{A}$. Alors le premier terme de la période des quotients incomplets sera $2a$; on aura

$$\frac{P_0}{Q_0} = \frac{\alpha}{6} - a, \quad \text{d'où} \quad P_0 = \alpha - 6a, \quad Q_0 = 6;$$

en outre, comme on a ici $E' = a$, $D' = 1$, les formules (9) donneront

$$u_1 = \alpha - 6a = P_0, \quad v_1 = 6 = Q_0;$$

on aura donc

$$P_n - Q_n\sqrt{A} = (P_0 - Q_0\sqrt{A})^{n+1}.$$

Exemple. — Soit $A = 7$. La période des quotients incomplets qui viennent après le premier quotient 2 est 1, 1, 1, 4; la réduite qui répond au dernier quotient de cette période est $\frac{8}{3}$. Posant donc $P_0 = 8$, $Q_0 = 3$, on aura

$$P_n - Q_n\sqrt{7} = (8 - 3\sqrt{7})^{n+1},$$

d'où

$$P_1 - Q_1\sqrt{7} = 127 - 48\sqrt{7},$$
$$P_2 - Q_2\sqrt{7} = 2024 - 765\sqrt{7},$$
$$P_3 - Q_3\sqrt{7} = 32257 - 12192\sqrt{7},$$
$$\cdots\cdots\cdots\cdots\cdots\cdots\cdots\cdots$$

33. On peut conclure de ce qui précède une propriété des réduites qui répondent au dernier quotient complet dans les périodes successives du développement de la racine carrée d'un nombre entier. On a effectivement

$$P_{n-1} - Q_{n-1}\sqrt{A} = (P_0 - Q_0\sqrt{A})^n,$$
$$P_{2n-1} - Q_{2n-1}\sqrt{A} = (P_0 - Q_0\sqrt{A})^{2n},$$

d'où

$$P_{2n-1} - Q_{2n-1}\sqrt{A} = (P_{n-1} - Q_{n-1}\sqrt{A})^2,$$

égalité qui se décompose dans les deux suivantes :

$$P_{2n-1} = P_{n-1}^2 + AQ_{n-1}^2, \quad Q_{2n-1} = 2P_{n-1}Q_{n-1}.$$

Si l'on désigne par $X_n$ la réduite qui répond au quotient $a + \sqrt{A}$ pris dans la $n^{ième}$ période, on aura

$$X_n = \frac{P_{n-1}}{Q_{n-1}}, \quad X_{2n} = \frac{P_{2n-1}}{Q_{2n-1}},$$

et les formules précédentes donneront

$$X_{2n} = \frac{X_n + \frac{A}{X_n}}{2},$$

d'où il suit que la réduite $X_{2n}$ est la moyenne arithmétique des deux quantités $X_n$ et $\frac{A}{X_n}$, dont la moyenne géométrique est $\sqrt{A}$. La formule précédente peut encore se mettre sous la forme

$$X_{2n} = X_n - \frac{X_n^2 - A}{2X_n},$$

et il en résulte que la réduite $X_{2n}$ est précisément la valeur approchée de $\sqrt{A}$ à laquelle conduit la méthode d'approximation de Newton dont il sera parlé plus loin, quand on prend $X_n$ pour une première valeur approchée.

### *Sur l'application de la théorie des fractions continues à l'analyse indéterminée du deuxième degré.*

**34.** Soit

$$x = \frac{E + \sqrt{A}}{D}$$

une racine irrationnelle et positive de l'équation

$$(1) \qquad Dx^2 - 2Ex + F = 0,$$

dans laquelle les coefficients sont des nombres entiers positifs ou négatifs.

On a vu au n° 18 que si $\frac{P_n}{Q_n}$ est une réduite répondant à un quotient complet de dénominateur H; dans le développement de $x$ en fraction continue, on a

$$\frac{1}{D}[(DP_n - EQ_n)^2 - AQ_n^2] = \pm H,$$

ou, en remplaçant A par $E^2 - DF$,

$$DP_n^2 - 2EP_nQ_n + FQ_n^2 = \pm H;$$

le signe + ou — ayant lieu dans le second membre, suivant que $\frac{P_n}{Q_n}$ est une réduite de rang pair ou de rang impair. L'égalité précédente montre que l'une des deux équations indéterminées

$$(2) \qquad Dy^2 - 2Eyz + Fz^2 = +H,$$

$$(3) \qquad Dy^2 - 2Eyz + Fz^2 = -H,$$

sera satisfaite par les valeurs

$$y = P_n, \quad z = Q_n.$$

Supposons que $\frac{P_n}{Q_n}$ soit la réduite qui répond à un quotient complet de dénominateur H pris dans la $(n+1)^{ième}$ période; si le nombre des quotients contenus dans une période est pair, les réduites

$$\frac{P_0}{Q_0}, \quad \frac{P_1}{Q_1}, \quad \frac{P_2}{Q_2}, \ldots,$$

seront toutes de rang impair ou toutes de rang pair; elles fourniront donc une suite infinie de solutions entières pour l'une des deux équations indéterminées (2) et (3). Mais, si la période de la fraction continue $x$ renferme un nombre impair de quotients, les réduites $\frac{P_n}{Q_n}$ seront alternativement de rang pair et de rang impair; en conséquence elles donneront une infinité de solutions entières pour chacune des équations (2) et (3). Il peut arriver qu'il y ait dans la même période plusieurs quotients complets de dénominateur H, et l'on doit alors appliquer à chacun d'eux ce qui vient d'être dit.

Les solutions entières dont il vient d'être question, et qui répondent à un même quotient complet pris dans les diverses périodes de $x$, peuvent être représentées par les formules

$$(4) \qquad \begin{cases} y = P_0 u_n + (EP_0 - FQ_0) v_n, \\ z = Q_0 u_n + (DP_0 - EQ_0) v_n, \end{cases}$$

$u_n$ et $v_n$ désignant ici les mêmes quantités qu'au n° **27**; ces deux formules sont comprises dans la suivante

$$\left(y - \frac{E+\sqrt{A}}{D} z\right) = \left(P_0 - \frac{E+\sqrt{A}}{D} Q_0\right)(u_1 - v_1\sqrt{A})^n,$$

où le radical $\sqrt{A}$ peut être pris avec un signe quelconque; en donnant à ce radical le signe + et le signe — successivement, et en multipliant ensuite les deux équations résultantes, il vient

$$Dy^2 - 2Eyz + Fz^2 = (DP_0^2 - 2EP_0Q_0 + FQ_0^2)(u_1^2 - Av_1^2)^n.$$

Comme $u_1^2 - Av_1^2 = \pm 1$, le second membre de cette égalité ne change pas par le changement de $n$ en $-n$; par conséquent, quand on donnera à $n$ toutes les valeurs entières de $-\infty$ à $+\infty$, les formules (4) fourniront des solutions entières en nombre infini, pour chacune des équations (2) et (3), si la période de $x$ renferme un nombre impair de quotients, et pour une seule de ces équations seulement, si le nombre des quotients contenus dans la période est pair.

Les résultats qui précèdent ont été tirés de la considération de l'une des racines $x$ de l'équation (1); la deuxième racine ne donnerait rien de plus, car en attribuant à $n$ des valeurs négatives dans les formules (4), nous avons fait intervenir, d'après ce qu'on a vu précédemment, les réduites qui naissent du développement de la racine conjuguée de $x$.

**35.** Lorsque le nombre entier H est inférieur à $\sqrt{A}$, l'analyse précédente fait connaître toutes les solutions entières des équations (2) et (3). On a effectivement ce théorème :

Théorème. — *Les nombres* D, E, F, H *étant des entiers et* H *étant* $< \sqrt{A}$, *si les entiers positifs* P *et* Q, *sup-*

*posés premiers entre eux, satisfont à l'équation*

$$Dy^2 - 2Eyz + Fz^2 = \pm H,$$

*la fraction* $\frac{P}{Q}$ *sera nécessairement une réduite de l'une des fractions continues qui représentent les racines de l'équation*

$$Dx^2 - 2Ex + F = 0,$$

*sauf une légère exception dont il sera parlé.*

On a, par hypothèse,

(1) $$DP^2 - 2EPQ + FQ^2 = \pm H,$$

et l'une quelconque des racines de l'équation

$$Dx^2 - 2Ex + F = 0$$

peut être représentée par la formule

(2) $$x = \frac{E + i\sqrt{A}}{D},$$

où $i$ désigne le nombre $\pm 1$ et où A est mis au lieu de $E^2 - DF$. Enfin, si l'on réduit $\frac{P}{Q}$ en fraction continue et que l'on représente par $\frac{P'}{Q'}$ la réduite qui précède $\frac{P}{Q}$, on aura

(3) $$PQ' - QP' = j,$$

$j$ étant égal, à volonté, soit à $+1$, soit à $-1$.

Cela étant, posons

(4) $$x = \frac{Px' + P'}{Qx' + Q'} \quad \text{d'où} \quad x' = \frac{Q'x - P'}{P - Qx};$$

on aura

$$x' + \frac{Q'}{Q} = \frac{j}{Q(P - Qx)} = \frac{jD}{Q[(DP - EQ) - iQ\sqrt{A}]},$$

et, en rendant rationnel le dénominateur du second membre, il viendra

$$x' + \frac{Q'}{Q} = \frac{j\left[(DP - EQ) + iQ\sqrt{A}\right]}{Q(DP^2 - 2EPQ + FQ^2)};$$

cette formule peut être simplifiée par le moyen de l'équation (1); celle-ci donne en effet

$$DP - EQ = kQ\sqrt{A \pm \frac{DH}{Q^2}},$$

le nombre $k$ étant égal à $+1$ ou à $-1$, suivant le signe de DP — EQ. Il vient alors

$$x' + \frac{Q'}{Q} = \frac{j\left(k\sqrt{A \pm \frac{DH}{Q^2}} + i\sqrt{A}\right)}{\pm H};$$

les signes de $i$ et de $j$ étant arbitraires, je prendrai $i = k$ et je choisirai ensuite $j$ de manière que $jk$ ait le signe de $\pm H$; on aura ainsi

$$(5) \qquad x' + \frac{Q'}{Q} = \frac{\sqrt{A \pm \frac{DH}{Q^2}} + \sqrt{A}}{H},$$

formule où les radicaux sont pris positivement.

Nous pouvons supposer D positif; alors, si le second membre de la formule (1) est $+H$, le second membre de la formule (5) sera supérieur à $\frac{2\sqrt{A}}{H}$; il sera donc, d'après l'hypothèse, supérieur à 2; d'ailleurs, la fraction $\frac{Q'}{Q}$ est moindre que 1; donc la valeur de $x'$ sera supérieure à 1, et en conséquence $x'$ sera, d'après la formule (4), un quotient complet, répondant à une réduite égale à $\frac{P}{Q}$, dans le développement de l'irrationnelle $x$ en fraction continue.

Si le second membre de la formule (1) est $-$ H, la conclusion précédente n'est plus légitime en général, mais on voit cependant qu'elle subsiste si Q a une valeur très-grande, car le second membre de la formule (5) différera alors très-peu de $\frac{2\sqrt{A}}{H}$, quantité qui, par hypothèse, est supérieure à 2. Il est facile d'assigner une limite de Q au delà de laquelle le théorème n'est jamais en défaut; à cet effet, écrivons comme il suit la valeur de $x'$ :

$$x' = \left(\frac{2\sqrt{A}}{H} - \frac{Q'+1}{Q}\right) + \left(\frac{1}{Q} + \frac{1}{H}\sqrt{A - \frac{DH}{Q^2}} - \frac{1}{H}\sqrt{A}\right);$$

comme $\sqrt{A}$ est supérieur à H, et que $Q'+1$ est au plus égal à Q, on aura certainement $x' > 1$, si la quantité

$$\frac{1}{Q} + \frac{1}{H}\sqrt{A - \frac{DH}{Q^2}} - \frac{1}{H}\sqrt{A}$$

est positive, c'est-à-dire si l'on a

$$\sqrt{A - \frac{DH}{Q^2}} > \sqrt{A} - \frac{H}{Q};$$

en élevant au carré cette inégalité et effectuant les réductions, il vient

$$Q > \frac{D+H}{2\sqrt{A}}.$$

Lorsque Q surpasse cette limite, la fraction $\frac{P}{Q}$ est l'une des réduites relatives à l'une des racines $x$; mais si l'on a

$$Q < \frac{D+H}{2\sqrt{A}},$$

on ne peut plus rien affirmer en général.

Il faut remarquer que ce cas d'exception ne peut se

présenter que si F est positif, car, dans le cas contraire, l'équation (1) peut se mettre sous la forme

$$-FQ^2 + 2EPQ - DP^2 = +H,$$

et alors $\frac{Q}{P}$ étant une réduite de la fraction continue qui exprime l'une des irrationnelles $\frac{1}{x}$, $\frac{P}{Q}$ sera l'une des réduites de $x$.

36. D'après ce qui précède, si les équations indéterminées

$$y^2 - Az^2 = +H,$$
$$y^2 - Az^2 = -H,$$

dans lesquelles A désigne un entier positif non carré, et où H est un entier inférieur à $\sqrt{A}$, admettent des solutions entières, ces solutions seront toutes fournies par le développement de $\sqrt{A}$ en fraction continue. Par conséquent, si le nombre H ne figure pas parmi les dénominateurs des quotients complets qui forment la première période, aucune des deux équations précédentes n'admettra de solutions.

Le dernier quotient de chaque période ayant l'unité pour dénominateur, l'équation

$$y^2 - Az^2 = +1$$

admet toujours des solutions entières ; il en est de même de l'équation

$$y^2 - Az^2 = -1,$$

quand le nombre des quotients de la période est impair. Mais, lorsque le même nombre est pair, l'équation précédente n'admet aucune solution entière.

Considérons par exemple l'équation

$$y^2 - 29z^2 = \pm H;$$

en développant $\sqrt{29}$ en fraction continue, on trouve les quotients incomplets

$$\sqrt{29},\ \frac{5+\sqrt{29}}{4},\ \frac{3+\sqrt{29}}{5},\ \frac{2+\sqrt{29}}{5},\ \frac{3+\sqrt{29}}{4},\ 5+\sqrt{29},\ldots$$

La période se compose de cinq quotients, et l'équation proposée admettra des solutions si H est égal à l'un des nombres 1, 4, 5. En particulier, comme $\frac{70}{13}$ est la réduite qui répond au dernier quotient de la première période, on voit que les solutions des deux équations

$$y^2 - 29z^2 = -1,$$
$$y^2 - 29z^2 = +1,$$

seront données respectivement par les formules

$$y - z\sqrt{29} = (70 - 13\sqrt{29})^{2n+1},$$
$$y - z\sqrt{29} = (70 - 13\sqrt{29})^{2n};$$

si l'on fait $n = 1$ dans la dernière formule, on obtiendra les plus petits nombres qui satisfont à l'équation

$$y^2 - 29z^2 = 1,$$

savoir :

$$y = 9801, \quad z = 1820.$$

# CHAPITRE III.

## PROPRIÉTÉS GÉNÉRALES DES ÉQUATIONS ALGÉBRIQUES.

### *Des expressions imaginaires.*

37. Conformément à l'usage adopté, nous représenterons par $i$ l'imaginaire $\sqrt{-1}$, et nous appellerons *expression imaginaire* toute expression de la forme

$$A + Bi,$$

où A et B sont des quantités réelles, positives, nulles ou négatives.

Quand nous saurons d'avance que deux quantités réelles $A'$ et $B'$ sont respectivement égales à deux autres A et B, nous dirons que les expressions $A + Bi$ et $A' + B'i$ sont égales.

Il est évident que si l'on a plusieurs égalités de la forme

$$A + Bi = A' + B'i,$$

et qu'on les multiplie membre à membre, en opérant comme si $i$ était une quantité réelle, on obtiendra une égalité dans laquelle les coefficients des mêmes puissances de $i$ seront égaux; l'égalité subsistera donc quand on rabaissera les exposants de $i$ au-dessous de 2, en faisant usage de l'équation $i^2 = -1$.

Considérons l'expression imaginaire $A + Bi$; on peut toujours trouver une quantité *positive* $\rho$ et un arc $a$ tels que l'on ait

$$A = \rho \cos a, \quad B = \rho \sin a.$$

En effet, il suffit de prendre

$$\rho = +\sqrt{A^2 + B^2},$$

puis

$$\cos a = \frac{A}{+\sqrt{A^2 + B^2}}, \quad \sin a = \frac{A}{+\sqrt{A^2 + B^2}}:$$

par conséquent, on peut écrire

$$A + Bi = \rho \cos a + i \rho \sin a,$$

ou, si l'on veut,

$$A + Bi = \rho (\cos a + i \sin a).$$

Quand une expression imaginaire est ainsi ramenée à la forme $\rho (\cos a + i \sin a)$, la quantité positive $\rho$ est dite son *module*; l'arc $a$ est son *argument*.

Le module d'une expression imaginaire donnée est déterminé, mais l'argument ne l'est pas entièrement, car une expression imaginaire ne change pas quand on ajoute à son argument ou qu'on en retranche un nombre quelconque de circonférences.

Les quantités positives et négatives peuvent être considérées comme des expressions imaginaires dont le module est égal à leur valeur absolue et dont l'argument est un nombre pair ou impair de demi-circonférences; car, soit A un nombre positif, on a, quel que soit l'entier $k$,

$$+A = (\cos 2k\pi + i \sin 2k\pi),$$
$$-A = A[\cos(2k+1)\pi + i \sin(2k+1)\pi].$$

Pour que deux expressions imaginaires soient égales, il faut et il suffit que leurs modules soient égaux, et que leurs arguments diffèrent d'un multiple de la circonférence. Supposons, en effet, que les expressions

$$\rho (\cos a + i \sin a) \quad \text{et} \quad \rho' (\cos a' + i \sin a')$$

soient égales, on a

$$\rho \cos a = \rho' \cos a', \quad \rho \sin a = \rho' \sin a',$$

et, si l'on ajoute ces équations, après les avoir élevées au carré, il viendra

$$\rho^2 = \rho'^2 \quad \text{et} \quad \rho = \rho';$$

les modules étant égaux, les arcs $a$ et $a'$ ont même sinus et même cosinus; donc ils ne peuvent différer, s'ils sont inégaux, que par un multiple de la circonférence.

Les arguments de deux expressions imaginaires *conjuguées*, telles que $A + Bi$ et $A - Bi$, ont même cosinus, tandis que leurs sinus sont égaux et de signes contraires; la somme de ces arguments est donc égale à un multiple de la circonférence.

38. Théorème. — *Le produit de deux expressions imaginaires est une expression imaginaire dont le module et l'argument sont respectivement le produit des modules et la somme des arguments des facteurs.*

Considérons d'abord deux expressions imaginaires

$$\cos a + i \sin a \quad \text{et} \quad \cos b + i \sin b$$

ayant l'unité pour module. Si l'on effectue leur produit, il viendra

$$(\cos a + i \sin a)(\cos b + i \sin b)$$
$$= \cos a \cos b + i(\sin a \cos b + \cos a \sin b) + i^2 \sin a \sin b,$$

ou, à cause de $i^2 = -1$,

$$(\cos a + i \sin a)(\cos b + i \sin b)$$
$$= (\cos a \cos b - \sin a \sin b) + i(\sin a \cos b + \cos a \sin b);$$

or, nous savons que l'on a

$$\cos a \cos b - \sin a \sin b = \cos(a + b),$$
$$\sin a \cos b + \cos a \sin b = \sin(a + b);$$

on peut donc écrire

$$(\cos a + i \sin a)(\cos b + i \sin b) = \cos(a + b) + i \sin(a + b).$$

Soient maintenant $\rho(\cos a + i \sin a)$, $\rho'(\cos b + i \sin b)$ deux expressions imaginaires ayant respectivement pour modules $\rho$ et $\rho'$; on a

$$\begin{aligned} &\rho(\cos a + i \sin a) \times \rho'(\cos b + i \sin b) \\ &\quad = \rho\rho' \times (\cos a + i \sin a).(\cos b + i \sin b), \end{aligned}$$

et, par conséquent,

$$\begin{aligned} &\rho(\cos a + i \sin a) \times \rho'(\cos b + i \sin b) \\ &\quad = \rho\rho'[\cos(a + b) + i \sin(a + b)]. \end{aligned}$$

Corollaire I. — *Le quotient de deux expressions imaginaires est une expression imaginaire dont le module et l'argument sont respectivement le quotient des modules et la différence des arguments du dividende et du diviseur.*

Car, soient les deux expressions

$$\rho(\cos a + i \sin a) \quad \text{et} \quad \rho'(\cos b + i \sin b),$$

on a

$$\begin{aligned} &\frac{\rho}{\rho'}[\cos(a - b) + i \sin(a - b)] \times \rho'(\cos b + i \sin b) \\ &\qquad\qquad = \rho(\cos a + i \sin a); \end{aligned}$$

d'où

$$\frac{\rho(\cos a + i \sin a)}{\rho'(\cos b + i \sin b)} = \frac{\rho}{\rho'}[\cos(a - b) + i \sin(a - b)].$$

Corollaire II. — *Le module et l'argument du produit de tant d'expressions imaginaires que l'on voudra sont égaux respectivement au produit des modules et à la somme des arguments des facteurs.*

En effet, pour multiplier les deux premiers facteurs, on multiplie leurs modules et on ajoute leurs arguments.

Pour multiplier ce produit par le troisième facteur, il faut multiplier son module par celui du troisième facteur, et ajouter à son argument celui de ce troisième facteur; et ainsi de suite.

Corollaire III. — *Pour élever une expression imaginaire à une puissance entière et positive de degré m, il faut élever le module à la puissance m, et multiplier l'argument par m.*

Cela résulte immédiatement du corollaire II, en supposant égales entre elles toutes les expressions imaginaires que l'on y considère.

Soit, en particulier, $\cos a + i \sin a$ une expression imaginaire de module 1; on a

$$(\cos a + i \sin a)^m = \cos ma + i \sin ma.$$

C'est dans cette égalité que consiste la formule de Moivre.

39. *Le module de la somme de deux expressions imaginaires est compris entre la somme et la différence des modules des parties.*

En effet, soient les deux expressions imaginaires

$$\rho(\cos a + i \sin a), \quad \rho'(\cos a' + i \sin a'),$$

et posons

$$R(\cos A + i \sin A) = \rho(\cos a + i \sin a) + \rho'(\cos a' + i \sin a'),$$

on aura

$$R \cos A = \rho \cos a + \rho' \cos a',$$
$$R \sin A = \rho \sin a + \rho' \sin a';$$

si l'on ajoute ces égalités après les avoir élevées au carré et que l'on extraie la racine carrée des deux membres de l'égalité résultante, il viendra

$$R = \sqrt{\rho^2 + 2\rho\rho' \cos(a - a') + \rho'^2};$$

on a donc

$$R \leqq \sqrt{(\rho - \rho')^2} \quad \text{ou} \quad \leqq \rho + \rho',$$

$$R \geqq \sqrt{(\rho - \rho')^2} \quad \text{ou} \quad \geqq \pm (\rho - \rho').$$

Il résulte de là que

*Le module de la somme d'un nombre quelconque d'expressions imaginaires ne peut surpasser la somme des modules de ces expressions.*

*Des fonctions entières.*

40. Un polynôme tel que

$$A_0 z^m + A_1 z^{m-1} + \ldots + A_{m-1} z + A_m,$$

dans lequel chaque terme est le produit d'une constante réelle ou imaginaire par une puissance entière d'une variable réelle ou imaginaire $z$, est dit une fonction entière de $z$. Le polynôme étant supposé ordonné par rapport aux puissances de $z$, le degré $m$ du premier terme est le degré de la fonction. Une *équation* est dite *algébrique,* lorsqu'elle peut être mise sous la forme $f(z) = 0$, $f(z)$ désignant une fonction entière de $z$.

Théorème I. — *Si une fonction entière $f(z)$ de $z$ s'annule pour $z = 0$, on peut assigner une quantité positive $r$, telle que, pour toutes les valeurs de $z$ dont le module est compris entre 0 et $r$, le module de $f(z)$ soit constamment inférieur à une quantité donnée* R.

En effet, soit la fonction

$$f(z) = A_0 z^m + A_1 z^{m-1} + \ldots + A_{m-1} z$$

qui s'annule pour $z = 0$, et dans laquelle quelques-uns des coefficients A peuvent être nuls. Désignons par $\rho$ le module de la variable $z$ et par $a$ le module de celui des coefficients $A_0, A_1, \ldots, A_{m-1}$ qui a le plus grand module. Comme le module d'une somme ne peut surpasser la somme des modules des parties, on aura

$$\operatorname{mod} f(z) < a(\rho^m + \rho^{m-1} + \ldots + \rho) \quad \text{ou} \quad < a\frac{\rho - \rho^{m+1}}{1-\rho},$$

et si la valeur de $\rho$ est inférieure à 1, on aura à plus forte raison

$$\operatorname{mod} f(z) < \frac{a\rho}{1-\rho}.$$

Donc, pour que le module de $f(z)$ soit inférieur à R, il suffit que l'on ait

$$\frac{a\rho}{1-\rho} < \mathrm{R} \quad \text{ou} \quad \rho < \frac{\mathrm{R}}{a + \mathrm{R}};$$

et, en conséquence, si l'on pose

$$r = \frac{\mathrm{R}}{a + \mathrm{R}},$$

le module de $f(z)$ sera inférieur à R pour toutes les valeurs de $z$ dont le module est compris entre 0 et $r$.

Corollaire I. — *Si*

$$f(z) = \mathrm{A}_{m-\mu} z^{\mu} + \mathrm{A}_{m-\mu-1} z^{\mu+1} + \ldots + \mathrm{A}_1 z^{m-1} + \mathrm{A}_0 z^m$$

*est une fonction entière de z ordonnée par rapport aux puissances croissantes de z, et que l'on pose*

$$f(z) = \mathrm{A}_{m-\mu} z^{\mu}(1 + \varepsilon),$$

*on pourra assigner une quantité positive r telle, que pour toutes les valeurs de z dont le module est compris entre 0 et r, le module de ε soit constamment inférieur à une quantité positive quelconque donnée* R.

En effet, la fonction que nous désignons par $\varepsilon$ a pour valeur

$$\varepsilon = \frac{A_{m-\mu-1}}{A_{m-\mu}} z + \ldots + \frac{A_1}{A_{m-\mu}} z^{m-\mu-1} + \frac{A_0}{A_{m-\mu}} z^{m-\mu},$$

et il suffit de lui appliquer le précédent théorème pour établir la proposition énoncée.

Dans le cas où la fonction $f(z)$ et la variable $z$ sont réelles, on voit que pour toutes les valeurs de $z$, dont le module est inférieur à une certaine limite, la fonction a constamment le signe de son premier terme.

Corollaire II. — *Si*

$$f(z) = A_0 z^m + A_1 z^{m-1} + \ldots + A_{m-1} z + A_m$$

*est une fonction entière de $z$ ordonnée par rapport aux puissances décroissantes de $z$, et que l'on pose*

$$f(z) = A_0 z^m (1 + \varepsilon),$$

*on pourra assigner une quantité positive $r$ telle, que pour toutes les valeurs de $z$ dont le module est supérieur à $r$, le module de $\varepsilon$ soit constamment inférieur à une quantité positive quelconque donnée* R.

En effet, la fonction désignée par $\varepsilon$ a ici pour valeur

$$\varepsilon = \frac{A_1}{A_0}\frac{1}{z} + \frac{A_2}{A_0}\frac{1}{z^2} + \ldots + \frac{A_{m-1}}{A_0}\frac{1}{z^{m-1}} + \frac{A_m}{A_0}\frac{1}{z^m},$$

et son module sera inférieur à la quantité donnée R pour toutes les valeurs de $\frac{1}{z}$ dont le module est inférieur à une certaine quantité $\frac{1}{r}$ qu'on peut déterminer, c'est-à-dire pour toutes les valeurs de $z$ dont le module est supérieur à $r$.

Dans le cas où la fonction $f(z)$ et la variable $z$ sont réelles, on voit que pour toutes les valeurs de $z$ dont le module est supérieur à une certaine limite, la fonction a constamment le signe de son premier terme.

Corollaire III. — *Le module d'une fonction entière $f(z)$ devient infini en même temps que le module de $z$.*

Ce corollaire résulte immédiatement du précédent. En effet, la fonction $f(z)$ étant ordonnée par rapport aux puissances décroissantes de $z$, soit $A_0 z^m$ son premier terme, et posons

$$\frac{f(z)}{A_0 z^m} = 1 + \varepsilon,$$

on sait que le module de $\varepsilon$ peut devenir aussi petit que l'on voudra, si le module de $z$ est suffisamment grand. Soient $M$, $\rho$, $a$, $\eta$ les modules de $f(z)$, $z$, $A_0$, $\varepsilon$; l'équation précédente nous montre que $\frac{M}{a\rho^n}$ est compris entre $1 - \eta$ et $1 + \eta$, d'où il suit que, quand $\rho$ tend vers l'infini, on a

$$\lim \frac{M}{a\rho^n} = 1.$$

41. Théorème II. — *Une fonction entière $f(z)$ de $z$ est continue.*

En général, une variable $f(z)$ qui dépend d'une autre variable $z$ est dite continue, si le module de la différence

$$f(z+h) - f(z)$$

peut devenir plus petit qu'une quantité quelconque donnée, quand on attribue au module de $h$ une valeur suffisamment petite.

Cela posé, $f(z)$ désignant une fonction entière, ordonnons le polynôme $f(z+h) - f(z)$ suivant les puissances croissantes de $h$; ce polynôme s'annulera pour

$h = 0$, et si l'on désigne par $A_{m-\mu} h^\mu$ le premier de ses termes, on aura, par le corollaire I du n° 40,

$$f(z+h) - f(z) = A_{m-\mu} h^\mu (1+\varepsilon),$$

$\varepsilon$ étant une quantité dont le module peut devenir aussi petit que l'on voudra. Si donc on attribue à $h$ des valeurs dont les modules décroissent indéfiniment, le module de la différence

$$f(z+h) - f(z)$$

prendra des valeurs qui décroîtront aussi indéfiniment, et en conséquence $f(z)$ est une fonction continue.

Corollaire I. — *La variable $z$ et la fonction entière $f(z)$ étant supposées réelles, si l'on attribue à $z$ deux valeurs $z_0$, $z_1$, et que les valeurs correspondantes $f(z_0)$, $f(z_1)$ de $f(z)$ soient de signes contraires, la fonction $f(z)$ s'annulera nécessairement pour une ou plusieurs valeurs de $z$ comprises entre $z_0$ et $z_1$.*

En effet, s'il en était autrement, les valeurs que prend $f(z)$ quand $z$ varie de $z_0$ à $z_1$ seraient comprises, les négatives entre deux limites $-A$ et $-B$, les positives entre deux autres limites $+A'$ et $+B'$; par conséquent, $z$ variant d'une manière continue, il faudrait que $f(z)$ passât brusquement d'une valeur comprise dans le premier intervalle à une valeur comprise dans le second, ce qui est incompatible avec la propriété que possède $f(z)$ d'être continue.

Corollaire II. — *Quelles que soient la variable*

$$z = \rho(\cos\omega + i\sin\omega)$$

*et la fonction entière*

$$f(z) = P + iQ,$$

*si le module ou l'argument de $z$ reste constant, ou si*

*ces deux quantités varient simultanément d'une manière continue, suivant une loi déterminée, aucune des deux quantités* P *et* Q *ne pourra changer de signe sans s'annuler.*

La démonstration est exactement la même que celle du précédent corollaire. Supposons, en effet, que l'argument $\omega$ varie de $\omega_0$ à $\omega_1$, et que $\rho$ soit constant ou qu'il dépende de $\omega$, d'après une loi quelconque, de manière à varier d'une manière continue quand $\omega$ varie lui-même d'une manière continue. Si P ou Q a des valeurs de signes contraires pour $\omega = \omega_0$ et $\omega = \omega_1$ et que cette fonction ne s'annule pas, ses valeurs négatives seront comprises dans un certain intervalle, et la même chose aura lieu à l'égard de ses valeurs positives. La fonction passerait donc brusquement d'une valeur comprise dans le premier de ces intervalles à une valeur comprise dans le second, ce qui est inadmissible.

### *Développement de la fonction entière $f(z+h)$ suivant les puissances de $h$.*

42. Soit

$$f(z) = A_0 z^m + A_1 z^{m-1} + \ldots + A_{m-1} z + A_m,$$

on aura, en remplaçant $z$ par $z+h$,

$$f(z+h) = A_0(z+h)^m + A_1(z+h)^{m-1} + \ldots + A_{m-1}(z+h) + A_m.$$

Si l'on développe les diverses puissances de $z+h$ qui figurent dans cette formule et qu'on ordonne suivant les puissances croissantes de $h$, il est évident que le premier terme sera $f(z)$, et que le coefficient de $h^\mu$ sera

$$\frac{m(m-1)\ldots(m-\mu+1)}{1.2\ldots\mu} A_0 z^{m-\mu} + \ldots + \frac{\mu(\mu-1)\ldots 1}{1.2\ldots\mu} A_{m-\mu}.$$

Nous représenterons par

$$f'(z),\quad f''(z),\ldots,\quad f^{\mu}(z),\ldots,\quad f^{m}(z)$$

les coefficients respectifs de

$$\frac{h}{1},\quad \frac{h^2}{1.2},\ldots,\quad \frac{h^{\mu}}{1.2\ldots\mu},\quad \frac{h^m}{1.2\ldots m},$$

dans le développement de $f(z+h)$, en sorte que l'on aura

$$f(z+h) = f(z) + \frac{h}{1}f'(z) + \frac{h^2}{1.2}f''(z) + \ldots + \frac{h^m}{1.2\ldots m}f^m(z)$$

et

$$f'(z) = m A_0 z^{m-1} + \ldots + \mu A_{m-\mu} z^{\mu-1} + \ldots + A_{m-1},$$
$$f''(z) = m(m-1) A_0 z^{m-2} + \ldots + \mu(\mu-1) A_{m-\mu} z^{\mu-2} + \ldots + 2.A_{m-2},$$
. . . . . . . . . . . . . . . . . . . . . . . . . . . . . . . . . . . . . . . . . . . . . . . . . . .
$$f^{\mu}(z) = m\ldots(m-\mu+1) A_0 z^{m-\mu} + \ldots + \mu(\mu-1)\ldots 2.1\, A_{m-\mu},$$
. . . . . . . . . . . . . . . . . . . . . . . . . . . . . . . . . . . . . . . . . . . . . . . . . . .
$$f^m(z) = m(m-1)\ldots 2.1.A_0.$$

Chacune des fonctions

$$f(z),\quad f'(z),\quad f''(z),\ldots,\quad f^m(z),$$

à partir de la deuxième, se forme d'après la même loi au moyen de la fonction précédente, savoir, en multipliant chaque terme de celle-ci par l'exposant de $z$ qui y figure, et en diminuant ensuite cet exposant d'une unité.

La fonction $f'(z)$ est dite la *dérivée du premier ordre*, ou la *première dérivée*, ou simplement la *dérivée* de $f(z)$. Pareillement $f''(z)$, qui est la dérivée de $f'(z)$, est dite la *dérivée du deuxième ordre* ou la *deuxième dérivée* de $f(z)$, et ainsi de suite jusqu'à $f^m(z)$ qui sera la *dérivée du* $m^{\text{ième}}$ *ordre* ou la $m^{\text{ième}}$ *dérivée* de $f(z)$. Une fonction entière du degré $m$ a ainsi $m$ dérivées successives dont les degrés sont respectivement $m$, $m-1,\ldots, 1, 0$, en sorte que la $m^{\text{ième}}$ dérivée est égale à une simple constante.

D'après ce qui précède, lorsque la variable $z$ reçoit l'accroissement $h$, la fonction $f(z)$ prend un accroissement qui peut être mis sous la forme

$$(1)\qquad f(z+h)-f(z)=hf'(z)+h\varepsilon,$$

en posant, pour abréger,

$$(2)\qquad \varepsilon=\frac{h}{1.2}f''(z)+\frac{h^2}{1.2.3}f'''(z)+\ldots+\frac{h^{m-1}}{1.2..m}f^m(z).$$

On a donc

$$(3)\qquad \frac{f(z+h)-f(z)}{h}=f'(z)+\varepsilon,$$

et comme $\varepsilon$ tend vers zéro en même temps que $h$, on voit que la dérivée d'une fonction entière $f(z)$ est la limite vers laquelle tend le rapport

$$\frac{f(z+h)-f(z)}{h},$$

lorsqu'on fait tendre $h$ vers zéro.

En outre, quelle que soit la valeur attribuée à $z$, on peut assigner une quantité positive $r$ (n° 40, corollaire II) telle que, pour toutes les valeurs de $h$ dont le module est inférieur à $r$, le module de la fonction $\varepsilon$ soit inférieur à une quantité positive donnée $\eta$ aussi petite que l'on voudra.

*Principe fondamental de la théorie des équations.*

43. Lemme. — *Soit*

$$f(z)=A_0z^m+A_1z^{m-1}+\ldots+A_{m-1}z+A_m$$

*une fonction entière d'une variable* $z$, *d'un degré quelconque* $m$, *et dans laquelle les coefficients* $A_0, A_1, \ldots, A_m$

*sont des quantités données réelles ou imaginaires. Si le module de $f(z)$ ne se réduit pas à zéro quand on attribue à $z$ la valeur déterminée $z_0$, réelle ou imaginaire, on pourra trouver une quantité $h$, réelle ou imaginaire, telle que le module de $f(z_0+h)$ soit inférieur au module de $f(z_0)$.*

En effet, $h$ désignant une nouvelle variable, remplaçons $z$ par $z_0+h$, et faisons, pour abréger l'écriture,

$$Z_0 = f(z_0), \quad Z_\mu = \frac{f^\mu(z_0)}{1.2\ldots\mu},$$

il viendra

$$f(z_0+h) = Z_0 + Z_1 h + \ldots + Z_\mu h^\mu + \ldots + Z_m h^m.$$

Par hypothèse, le module de $Z_0$ n'est pas nul; quelques-uns des coefficients $Z_1, Z_2, \ldots$ des puissances de $h$ peuvent être nuls, mais il n'en peut jamais être ainsi du dernier de ces coefficients, c'est-à-dire de $Z_m$ dont la valeur est évidemment égale au coefficient $A_0$ de $z^m$ dans $f(z)$; je représenterai généralement par $Z_n$ le premier des coefficients $Z_1, Z_2, \ldots, Z_m$ dont le module est différent de zéro. D'après cela, la formule précédente, divisée par $f(z_0)$ ou $Z_0$, deviendra

$$\frac{f(z_0+h)}{f(z_0)} = 1 + \frac{Z_n}{Z_0} h^n + \frac{Z_{n+1}}{Z_0} h^{n+1} + \ldots + \frac{Z_m}{Z_0} h^m.$$

Désignons maintenant par $\rho$ et $\omega$ le module et l'argument de la variable $h$, par $C_\mu$ et $\alpha_\mu$, quel que soit $\mu$, le module et l'argument de la quantité $\frac{Z_\mu}{Z_0}$, on aura

$$h = \rho(\cos\omega + i\sin\omega), \quad \frac{Z_\mu}{Z_0} = C_\mu(\cos\alpha_\mu + i\sin\alpha_\mu),$$

et la précédente formule deviendra

$$\frac{f(z_0+h)}{f(z_0)} = 1 + C_n\rho^n[\cos(n\omega+\alpha_n) + i\sin(n\omega+\alpha_n)] + \ldots$$
$$+ C_m\rho^m[\cos(m\omega+\alpha_m) + i\sin(m\omega+\alpha_m)].$$

Cela posé, déterminons l'argument $\omega$ par la condition

$$n\omega + \alpha_n = \pi,$$

d'où

$$\cos(n\omega+\alpha_n) = -1, \quad \sin(n\omega+\alpha_n) = 0,$$

la formule générale qui précède deviendra

$$\frac{f(z_0+h)}{f(z_0)} = (1 - C_n\rho^n)$$
$$+ C_{n+1}\rho^{n+1}[\cos(\overline{n+1}\,\omega + \alpha_{n+1}) + i\sin(\overline{n+1}\,\omega + \alpha_{n+1})] + \ldots$$
$$+ C_m\rho^m[\cos(m\omega+\alpha_m) + i\sin(m\omega+\alpha_m)].$$

Soient R et $R_0$ les modules de $f(z_0+h)$ et de $f(z_0)$, le module du premier membre de notre égalité sera $\frac{R}{R_0}$; quant au module du second membre, on sait qu'il est inférieur ou au plus égal à la somme des modules de ses termes. D'ailleurs $(1 - C_n\rho^n)$ sera égal à son module, si l'on donne à $\rho$ une valeur inférieure à $\frac{1}{\sqrt[n]{C_n}}$; on aura donc, dans cette hypothèse,

$$\frac{R}{R_0} = \text{ou} < (1 - C_n\rho^n) + C_{n+1}\rho^{n+1} + \ldots + C_m\rho^m,$$

ou

$$\frac{R}{R_0} = \text{ou} < 1 - C_n\rho^n\left[1 - \frac{C_{n+1}}{C_n}\rho - \ldots - \frac{C_m}{C_n}\rho^{m-n}\right].$$

La quantité entre crochets a pour limite l'unité quand on fait tendre $\rho$ vers zéro, et nous savons que cette quantité reste positive pour toutes les valeurs de $\rho$ comprises entre zéro et une certaine limite $r$ que l'on peut assigner. Donc, pour toutes les valeurs de $\rho$ supérieures à zéro et inférieures à la plus petite des deux quantités $\frac{1}{\sqrt[n]{C_n}}$ et $r$, on aura

$$\frac{R}{R_0} < 1 \quad \text{ou} \quad R < R_0,$$

ce qui démontre la proposition énoncée.

De ce lemme résulte immédiatement la démonstration du principe fondamental de la théorie des équations, lequel consiste dans le théorème suivant.

44. Théorème I. — *Si $f(z)$ désigne une fonction entière de $z$, d'un degré quelconque $m$, et dans laquelle les coefficients soient des quantités données réelles ou imaginaires, l'équation $f(z) = 0$ a une racine réelle ou imaginaire.*

En effet, si l'on donne à la variable $z$ toute la série des valeurs réelles ou imaginaires, il est évident que le module de $f(z)$, qui est essentiellement positif, ne pourra pas s'abaisser au-dessous d'un certain minimum. Ce minimum ne peut répondre à une valeur infinie du module de $z$, car nous savons que le module de $f(z)$ devient infini en même temps que celui de $z$. On voit alors que le minimum du module de $f(z)$ ne peut être que zéro, car s'il avait une valeur $R_0$ différente de zéro et répondant à la valeur $z_0$ de $z$, on pourrait trouver, d'après le lemme qui précède, une quantité $h$ qui donnerait

$$\text{mod} f(z_0 + h) < R_0,$$

ce qui implique contradiction.

Il existe donc une valeur finie de $z$ telle, que l'on ait $\text{mod} f(z) = 0$; cette valeur est dite une racine de l'équation $f(z) = 0$.

Remarque. — Si l'on remplace la variable $z$ par

$x + iy$, $x$ et $y$ désignant des variables réelles, la fonction $f(z)$ pourra se mettre sous la forme

$$f(z) = f(x+iy) = \varphi(x,y) + i\psi(x,y),$$

$\varphi(x,y)$ et $\psi(x,y)$ désignant des fonctions réelles de $x$, $y$ et de quantités réelles connues.

Le module de $f(z)$ sera la racine carrée de la somme

$$[\varphi(x,y)]^2 + [\psi(x,y)]^2,$$

et il ne pourra s'annuler que si chacune des fonctions $\varphi$ et $\psi$ s'annule. Il s'ensuit que si $\alpha + i\beta$ est une racine de l'équation $f(z) = 0$, les deux équations

$$\varphi(x,y) = 0, \quad \psi(x,y) = 0$$

admettront le système de solutions communes $x = \alpha$, $y = \beta$. Si l'on suppose que $x$ et $y$ représentent des coordonnées rectangulaires, les équations précédentes seront celles de deux courbes; $\alpha$ et $\beta$ seront les coordonnées d'un point commun à ces courbes. On voit que la recherche des racines de l'équation $f(z) = 0$ équivaut à la recherche des points d'intersection réels des deux courbes dont nous venons de parler, et ces points d'intersection sont alors désignés sous le nom de *points racines*.

45. Du théorème fondamental que nous venons d'établir résulte la proposition suivante :

Théorème II. — *Une fonction entière de z du degré m est égale au produit de m facteurs linéaires multiplié par le coefficient de la plus haute puissance de z dans la fonction.*

Soit la fonction

$$f(z) = A_0 z^m + A_1 z^{m-1} + \ldots + A_{m-1} z + A_m,$$

et désignons par $a_1, a_2, \ldots, a_m$, $m$ quantités réelles ou imaginaires quelconques. Divisons $f(z)$ par $z - a_1$

et représentons par $f_1(z)$ le quotient, par $R_1$ le reste de cette division; divisons de même $f_1(z)$ par $z - a_2$ et nommons $f_2(z)$ le quotient, $R_2$ le reste de cette deuxième division; continuons de la même manière jusqu'à ce que nous ayons employé le diviseur $z - a_m$ qui fournira le quotient $f_m(z)$ et le reste $R_m$. Il est évident que les polynômes $f(z)$, $f_1(z)$, $f_2(z)$, ..., sont des degrés respectifs $m$, $m-1$, $m-2$, ..., et que, dans chacun d'eux, le coefficient du premier terme est $A_0$, d'où il suit que $f_m(z)$, qui est du degré zéro, se réduira à $A_0$. On aura, d'après cela,

$$\begin{aligned}
f(z) &= (z - a_1)f_1(z) + R_1, \\
f_1(z) &= (z - a_2)f_2(z) + R_2, \\
f_2(z) &= (z - a_3)f_3(z) + R_3, \\
&\dots\dots\dots\dots\dots\dots \\
f_{m-1}(z) &= (z - a_m)f_m(z) + R_m.
\end{aligned}$$

Si l'on ajoute toutes ces égalités, après les avoir multipliées respectivement par les $m$ facteurs

$$1,\ (z - a_1),\ (z - a_1)(z - a_2), \ldots,\ (z - a_1)\ldots(z - a_{m-1}),$$

et que l'on remplace $f_m(z)$ par sa valeur $A_0$, il viendra

$$\begin{aligned}
f(z) = {} & A_0(z - a_1)(z - a_2)\ldots(z - a_m) \\
& + R_m(z - a_1)\ldots(z - a_{m-1}) + \ldots \\
& + R_3(z - a_1)(z - a_2) + R_2(z - a_1) + R_1.
\end{aligned}$$

Dans cette formule, $a_1, a_2, \ldots, a_m$ désignent des quantités quelconques égales ou inégales entre elles. Mais nous savons que l'équation $f(z) = 0$ a une racine, et nous pouvons supposer que $a_1$ soit cette racine: on aura alors $R_1 = 0$, puisque $R_1$ est la valeur que prend $f(z)$ pour $z = a_1$. Pareillement l'équation $f_1(z) = 0$ a une racine; nous supposerons que $a_2$ soit cette racine et l'on aura $R_2 = 0$. En poursuivant ainsi et en supposant que

$a_3, a_4, \ldots, a_m$ soient respectivement racines des équations $f_2(z) = 0, f_3(z) = 0, \ldots, f_{m-1}(z) = 0$, on aura $R_3 = 0, R_4 = 0, \ldots, R_m = 0$, et la formule précédente deviendra

$$f(z) = A_0(z - a_1)(z - a_2)\ldots(z - a_m).$$

On voit que la fonction $f(z)$ ne peut s'annuler que si l'on donne à $z$ l'une des $m$ valeurs $a_1, a_2, \ldots, a_m$ parmi lesquelles il peut s'en trouver plusieurs égales entre elles ; il s'ensuit que :

*Une équation algébrique du degré m ne peut avoir plus de m racines.*

Si, parmi les quantités $a_1, a_2, \ldots, a_m$ il y en a $\mu$ qui soient égales à $a_1$, $f(z)$ admettra le diviseur $(z - a_1)^\mu$ et l'on dit alors que *l'équation* $f(z) = 0$ *a* $\mu$ *racines égales à* $a_1$. Au moyen de cette convention on peut énoncer la proposition suivante :

*Une équation algébrique a autant de racines qu'il y a d'unités dans le nombre qui exprime son degré.*

Corollaire I. — *Si* $a_1, a_2, \ldots, a_m$ *désignent les m racines de l'équation*

$$A_0 z^m + A_1 z^{m-1} + \ldots + A_{m-1} z + A_m = 0,$$

*la somme des racines est égale à* $-\dfrac{A_1}{A_0}$, *et généralement la somme des produits n à n des m racines est égale à* $(-1)^n \dfrac{A_n}{A_0}$; *en particulier le produit des m racines est* $(-1)^m \dfrac{A_m}{A_0}$.

On obtient effectivement ces égalités en effectuant le produit $A_0(z - a_1)(z - a_2)\ldots(z - a_m)$ qui doit reproduire exactement le premier membre de l'équation proposée, et en écrivant que les coefficients des mêmes puissances de $z$ sont égaux de part et d'autre.

Corollaire II. — *Si les coefficients du polynôme $f(z)$ sont réels, et que parmi les facteurs linéaires de ce polynôme il y en ait $n$ qui soient égaux à $z-(p+iq)$, $q$ étant différent de zéro, il y aura également $n$ facteurs linéaires de $f(z)$ égaux à $z-(p-iq)$; et en conséquence le polynôme $f(z)$ contiendra le facteur réel $[(z-p)^2+q^2]^n$.*

En effet, le polynôme $f(z)$ étant décomposé en facteurs linéaires, on a

$$f(z) = A_0(z-a_1)(z-a_2)\ldots(z-a_m);$$

si, dans cette identité, on change $i$ en $-i$, le premier membre ne changera pas puisque ses coefficients sont réels; on aura donc

$$f(z) = A_0(z-a'_1)(z-a'_2)\ldots(z-a'_m),$$

$a'_n$ désignant généralement ce que devient $a_n$ quand on remplace $i$ par $-i$. Il résulte de là que si, parmi les facteurs linéaires de $f(z)$, il y en a un ou plusieurs qui soient égaux à $z-(p+iq)$, il y aura précisément un même nombre de facteurs égaux à $z-(p-iq)$.

Corollaire III. — *Si la fonction entière $f(z)$ du degré $m$ s'annule pour diverses valeurs de $z$ en nombre supérieur à $m$, les coefficients des diverses puissances de $z$ dans $f(z)$ sont identiquement nuls.*

En effet, le coefficient de la plus haute puissance de $z$ est nul, puisque autrement la fonction $f(z)$ ne pourrait s'annuler que pour $m$ valeurs de $z$. La fonction $f(z)$ se réduit ainsi au degré $m-1$; le coefficient de $z^{m-1}$ doit être nul pour la même raison, et ainsi de suite.

*Limites des modules des racines.*

46. Il est facile d'assigner deux limites entre lesquelles soient compris les modules de toutes les racines réelles ou imaginaires d'une équation. Soit

$$f(z) = 0$$

une équation donnée dont le premier membre a pour valeur

$$f(z) = A_0 z^m + A_1 z^{m-1} + \ldots + A_{m-1} z + A_m.$$

Si l'on pose

$$z = \rho(\cos\omega + i\sin\omega), \quad A_n = a_n(\cos\alpha_n + i\sin\alpha_n),$$

puis

$$P = a_0\rho^m\cos(m\omega + \alpha_0) + \ldots + a_n\rho^n\cos(\overline{m-n}\,\omega + \alpha_n) + \ldots + a_m\cos\alpha_m,$$
$$Q = a_0\rho^m\sin(m\omega + \alpha_0) + \ldots + a_n\rho^n\sin(\overline{m-n}\,\omega + \alpha_n) + \ldots + a_m\sin\alpha_m,$$

le carré du module R de $f(z)$ pourra être mis sous la forme

$$\begin{aligned} R^2 = {} & [P\cos(m\omega + \alpha_0) + Q\sin(m\omega + \alpha_0)]^2 \\ & + [P\sin(m\omega + \alpha_0) - Q\cos(m\omega + \alpha_0)]^2; \end{aligned}$$

si donc on fait

$$\begin{aligned} V & = P\cos(m\omega + \alpha_0) + Q\sin(m\omega + \alpha_0) \\ & = a_0\rho^m + a_1\rho^{m-1}\cos(\omega + \alpha_0 - \alpha_1) + \ldots + a_m\cos(m\omega + \alpha_0 - \alpha_m), \end{aligned}$$

on aura, pour toutes les valeurs de $\rho$ et de $\omega$,

$$R^2 > V^2.$$

Désignons par $a$ le plus grand des modules $a_1, a_2, \ldots, a_m$, et ajoutons à V la quantité

$$a(\rho^{m-1} + \rho^{m-2} + \ldots + 1) = a\frac{\rho^m - 1}{\rho - 1}$$

qui est identiquement nulle, il viendra

$$\frac{a_0\rho^m\left(\rho - 1 - \frac{a}{a_0}\right) + a}{\rho - 1}$$

$$\left\{[a + a_1\cos(\omega + \alpha_0 - \alpha_1)]\rho^{m-1} + \ldots + [a + a_m\cos(m\omega + \alpha_0 - \alpha_m)]\right\}.$$

Pour toutes les valeurs de $\rho$ qui satisfont à l'inégalité

$$\rho > 1 + \frac{a}{a_0},$$

le polynôme V sera supérieur à zéro, et il en sera de même du module R. Donc la quantité $1 + \frac{a}{a_0}$ ou $\frac{a_0 + a}{a_0}$ est une *limite supérieure* des modules des racines de l'équation proposée. Pour avoir une *limite inférieure* des mêmes modules, il suffit de changer $z$ en $\frac{1}{z}$ dans l'équation proposée, et de chercher une limite supérieure des modules de l'équation transformée. Il est évident que si $a'$ désigne le plus grand des modules $a_0, a_1, \ldots, a_{m-1}$, la quantité $\frac{a_m}{a' + a_m}$ sera une limite inférieure des modules des racines.

### *Détermination du produit des facteurs linéaires communs à deux polynômes donnés.*

**47.** Soient

$$U = A_0 z^m + A_1 z^{m-1} + \ldots + A_{m-1} z + A_m,$$
$$V = B_0 z^n + B_1 z^{n-1} + \ldots + B_{n-1} z + B_n$$

deux fonctions entières de $z$, l'une du degré $m$, l'autre du degré $n$, et dont les coefficients sont des quantités quelconques données. Chacune de ces fonctions peut être décomposée en facteurs linéaires, et parmi les facteurs de U il peut s'en trouver quelques-uns qui appartiennent aussi à V. Nous désignerons par D le produit de tous les facteurs linéaires égaux ou inégaux communs à U et à V, et ce produit D sera dit le *plus grand commun diviseur* des polynômes U et V. Dans cette recherche, les coefficients $A_0$ et $B_0$ des plus hautes puissances de $z$, dans U et dans V, ne jouent évidemment aucun rôle, et on peut les réduire à l'unité en divisant les coefficients de U par $A_0$ et ceux de V par $B_0$.

Supposons, pour fixer les idées, que $m$ ne soit pas inférieur à $n$. Si le polynôme V divise U exactement, il sera évidemment le plus grand commun diviseur demandé; mais supposons qu'il n'en soit pas ainsi; désignons par Q le quotient et par R le reste de la division. On aura

$$U = VQ + R;$$

si les coefficients $A_0$ et $B_0$ n'ont pas été réduits à l'unité, l'opération que nous venons d'exécuter a pu introduire des coefficients de forme fractionnaire, ce qui n'a aucun inconvénient au point de vue théorique; mais on pourra les éviter, si l'on veut, dans les applications, en multipliant U par un facteur constant convenablement choisi, avant de commencer la division. Cela posé, tout polynôme qui divise V exactement divise aussi le produit VQ, et s'il divise en même temps l'un des polynômes U et R il divisera aussi le second. Il résulte de là que les polynômes U et V admettent les mêmes diviseurs communs que les polynômes V et R; donc, en particulier, celui des diviseurs communs à U et V qui a le degré le plus élevé coïncide avec celui des diviseurs communs à V et R qui a le plus fort degré; en d'autres termes, le polynôme D que nous cherchons est le plus grand commun diviseur des polynômes V et R.

Nous diviserons donc V par R, et si la division se fait

exactement, R sera le plus grand commun diviseur demandé. S'il n'en est pas ainsi, désignons par $R_1$ le reste de la division de V par R; le raisonnement que nous avons fait plus haut nous prouve que le polynôme demandé D sera le plus grand commun diviseur des polynômes R et $R_1$. On peut continuer de la même manière jusqu'à ce que l'on arrive à un reste $R_\mu$ qui soit indépendant de $z$, et cela ne peut manquer d'arriver puisque les degrés des restes successifs $R, R_1, \ldots, R_{\mu-1}, R_\mu$ forment une suite décroissante. Si ce reste constant $R_\mu$ est zéro, le polynôme demandé D sera égal à $R_{\mu-1}$; mais si le reste constant $R_\mu$ n'est pas nul, les polynômes proposés U et V n'auront pas de diviseur commun, et l'on dit alors qu'ils sont *premiers entre eux*, ou que leur plus grand commun diviseur est l'unité.

De là résulte cette importante proposition :

THÉORÈME I. — *Si deux équations* $U = 0$, $V = 0$ *ont* $\mu$ *racines communes égales ou inégales, on pourra former par de simples divisions algébriques une équation* $D = 0$ *de degré* $\mu$ *qui admettra ces* $\mu$ *racines.*

48. On peut tirer de ce qui précède une autre proposition qu'il convient de remarquer, savoir :

THÉORÈME II. — *Si* U *et* V *sont deux fonctions entières de* $z$, *sans diviseur commun, on pourra trouver deux autres fonctions entières de* $z$, X *et* Y, *telles que l'on ait*

$$UX - VY = 1.$$

En effet, si l'on exécute l'opération nécessaire pour trouver le plus grand commun diviseur de U et de V, on arrivera à un reste $R_\mu$ indépendant de $z$ et différent de zéro. On aura alors une suite d'égalités telles que

$$(1)\quad \begin{cases} U = VQ + R, \\ V = RQ_1 + R_1, \\ R = R_1 Q_2 + R_2, \\ \dots\dots\dots\dots\dots \\ R_{\mu-3} = R_{\mu-2} Q_{\mu-2} + R_{\mu-1}, \\ R_{\mu-2} = R_{\mu-1} Q_{\mu-1} + R_\mu. \end{cases}$$

La dernière de ces égalités peut s'écrire

$$(2)\qquad R_{\mu-2} - R_{\mu-1} Q_{\mu-1} = R_\mu;$$

tirons de l'avant-dernière des égalités (1) la valeur de $R_{\mu-1}$ pour la substituer dans l'égalité (2), il viendra

$$(3)\quad Q_{\mu-1} R_{\mu-3} - (1 + Q_{\mu-2} Q_{\mu-1}) R_{\mu-2} = -R_\mu;$$

considérons pareillement l'égalité qui précède les deux dernières dans le système (1), tirons-en la valeur de $R_{\mu-2}$ pour la substituer dans l'égalité (3), et continuons la même série d'opérations : il est évident qu'on formera de cette manière une suite d'égalités dans lesquelles le second membre sera alternativement $+R_\mu$ et $-R_\mu$ et dont le premier membre sera la différence de deux fonctions consécutives prises dans la suite

$$R_{\mu-3},\ R_{\mu-4},\dots,\ R,\ V,\ U$$

multipliées l'une et l'autre par une fonction entière composée avec les quotients $Q$, $Q_1$, $Q_2$, ... La dernière de ces égalités sera de la forme

$$MU - NV = \pm R_\mu,$$

et, en désignant par X et Y les quotients de M et N par la constante $\pm$ R, on aura

$$UX - VY = 1.$$

### *Des fonctions entières dans lesquelles plusieurs facteurs linéaires sont égaux.*

49. Théorème I. — *Le plus grand commun diviseur entre une fonction entière $f(z)$ et sa dérivée $f'(z)$ est égal au produit des facteurs linéaires multiples qui figurent dans $f(z)$, élevés chacun à une puissance moindre d'une unité.*

La fonction $f(z)$ étant décomposée en facteurs linéaires, soit

$$f(z) = (z - a_1)(z - a_2)\ldots(z - a_m),$$

on sait que la dérivée $f'(z)$ est le coefficient de la première puissance de $h$ dans le développement de la fonction

$$f(z+h) = (z - a_1 + h)(z - a_2 + h)\ldots(z - a_m + h);$$

le quotient $\frac{f'(z)}{f(z)}$ sera donc le coefficient de la première puissance de $h$, dans le développement de

$$\frac{f(z+h)}{f(z)} = \left(1 + \frac{h}{z-a_1}\right)\left(1 + \frac{h}{z-a_2}\right)\cdots\left(1 + \frac{h}{z-a_m}\right),$$

et l'on aura par suite

$$\frac{f'(z)}{f(z)} = \frac{1}{z-a_1} + \frac{1}{z-a_2} + \ldots + \frac{1}{z-a_m}.$$

Si, parmi les racines $a_1, a_2, \ldots, a_m$, il y en a $m_1$ égales à $a_1$, $m_2$ égales à $a_2, \ldots$, $m_n$ égales à $a_n$, il viendra

$$\frac{f'(z)}{f(z)} = \frac{m_1}{z-a_1} + \frac{m_2}{z-a_2} + \ldots + \frac{m_n}{z-a_n},$$

les nombres $m_1, m_2, \ldots, m_n$ dont la somme est $m$ étant égaux ou supérieurs à l'unité. Le second membre de cette égalité se réduit à une fraction dont le dénominateur est

$$\varphi(z) = (z - a_1)(z - a_2)\ldots(z - a_n),$$

et dont le numérateur

$$\psi(z) = m_1(z - a_2)\ldots(z - a_n) + m_2(z - a_1)\ldots(z - a_n) + \ldots$$
$$+ m_n(z - a_1)\ldots(z - a_{n-1})$$

n'est pas divisible par l'un des facteurs de $\varphi(z)$, puisque toutes les parties de $\psi(z)$ contiennent ce facteur à l'exception d'une seule. L'égalité précédente donne

$$f'(z) = \frac{f(z)}{\varphi(z)} \times \psi(z);$$

et, d'après ce que nous venons de dire, elle montre que

$$\frac{f(z)}{\varphi(z)} = (z - a_1)^{m_1 - 1}(z - a_2)^{m_2 - 1}\ldots(z - a_n)^{m_n - 1}$$

est le plus grand commun diviseur des deux polynômes $f(z)$ et $f'(z)$. Le degré de ce plus grand commun diviseur est $m_1 + m_2 + \ldots + m_n - n$ ou $m - n$.

50. Théorème II. — *Si une fonction entière $f(z)$ a des facteurs linéaires multiples, on peut obtenir, par de simples divisions algébriques, le produit des facteurs linéaires qui figurent dans $f(z)$ avec un même exposant.*

D'après ce qui précède, si $f(z)$ et sa dérivée $f'(z)$ n'ont pas de diviseur commun, le polynôme $f(z)$ n'aura que des facteurs linéaires simples. Mais si $f(z)$ et $f'(z)$ ont un plus grand commun diviseur $f_1(z)$, le polynôme $f(z)$ aura au moins des facteurs doubles, et, dans tous les cas, $f_1(z)$ sera le produit des facteurs linéaires de $f(z)$ élevés chacun à une puissance moindre d'une unité. On peut raisonner sur $f_1(z)$, comme nous venons de le faire à l'égard de $f(z)$ ; supposons généralement qu'on trouve un plus grand commun diviseur $f_2(z)$ à $f_1(z)$ et à sa dérivée, qu'on en trouve aussi un $f_3(z)$ à $f_2(z)$ et à sa dérivée, etc., qu'on en trouve un enfin $f_{n-1}(z)$ à $f_{n-2}(z)$ et à sa dérivée, et que ce dernier plus grand commun diviseur soit premier avec sa dérivée. On conclura de là que le polynôme $f(z)$ a des facteurs linéaires multiples de l'ordre $n$, mais qu'il n'en a aucun d'un ordre supérieur à $n$. En outre, si l'on désigne généralement par $Z_\mu$ le produit des facteurs linéaires de $f(z)$ d'ordre $\mu$, pris chacun une fois seulement, il est évident que l'on aura

$$\begin{aligned}
f_{n-1}(z) &= Z_n,\\
f_{n-2}(z) &= Z_n^2 Z_{n-1},\\
f_{n-3}(z) &= Z_n^3 Z_{n-1}^2 Z_{n-2},\\
&\cdots\cdots\cdots\cdots\\
f_2(z) &= Z_n^{n-2} Z_{n-1}^{n-3} \ldots Z_3,\\
f_1(z) &= Z_n^{n-1} Z_{n-1}^{n-2} \ldots Z_3^2 Z_2,\\
f(z) &= Z_n^n Z_n^{n-1} \ldots Z_3^3 Z_2^2 Z_1.
\end{aligned}$$

Si l'on fait

$$\frac{f_{\mu-1}(z)}{f_\mu(z)} = Q_\mu \quad \text{et} \quad f_{n-1}(z) = Q_n,$$

on aura, en divisant chacune des égalités que nous venons d'obtenir par celle qui la précède, et en conservant la première d'entre elles,

$$\begin{aligned}
Q_n &= Z_n,\\
Q_{n-1} &= Z_n Z_{n-1},\\
Q_{n-2} &= Z_n Z_{n-1} Z_{n-2},\\
&\cdots\cdots\cdots\cdots\\
Q_2 &= Z_n Z_{n-1} \ldots Z_{n-2},\\
Q_1 &= Z_n Z_{n-1} \ldots Z_2 Z_1.
\end{aligned}$$

Enfin, en divisant encore chacune de ces équations par

celle qui la précède, il vient

$$Z_n = Q_n, \quad Z_{n-1} = \frac{Q_{n-1}}{Q_n}, \ldots, \quad Z_2 = \frac{Q_2}{Q_3}, \quad Z_1 = \frac{Q_1}{Q_2};$$

d'où il suit que les polynômes $Z_1, Z_2, \ldots, Z_n$ s'obtiendront par de simples divisions.

D'après l'hypothèse que nous avons faite, il y a certainement des facteurs linéaires de l'ordre $n$ dans $f(z)$, mais ceux des ordres inférieurs peuvent faire défaut, et, dans ce cas, les valeurs de $Z_{n-1}$, ou de $Z_{n-2}$, ou etc., doivent se réduire à des constantes.

Corollaire. — *La résolution d'une équation qui a des racines égales se ramène à celle d'une ou de plusieurs équations qui n'ont que des racines simples.*

### *Propriété des dérivées des fonctions entières.*

51. Considérons d'abord une fonction entière $f(z)$ dans laquelle les coefficients soient des quantités réelles, et supposons que la variable $z$ reste réelle. Si l'on donne à cette variable une valeur particulière $z_0$ pour laquelle la dérivée $f'(z)$ ne soit pas nulle, et que l'on pose

$$\frac{f(z_0 + h) - f(z_0)}{h} = f'(z_0) + \varepsilon_0,$$

on pourra (n° 40) assigner une quantité positive $r$ telle, que pour toutes les valeurs de $h$ comprises entre $-r$ et $+r$, le premier membre de la formule précédente ait le signe de $f'(z_0)$. Il s'ensuit que si $f'(z_0)$ est une quantité positive, la fonction $f(z)$ croîtra constamment quand on fera croître $z$ depuis $z_0 - r$ jusqu'à $z_0 + r$. Au contraire, si $f'(z_0)$ est négative, $f(z)$ décroîtra quand $z$ croîtra de $z_0 - r$ à $z_0 + r$. De là résulte la proposition suivante :

Théorème I. — *La fonction entière $f(z)$ supposée*

*réelle croît avec la variable réelle z, tant que la dérivée $f'(z)$ reste positive, et elle décroît quand on fait croître z, tant que la dérivée $f'(z)$ est négative.*

Il faut remarquer que, $z$ croissant de $-\infty$ à $+\infty$, la dérivée $f'(z)$ peut s'annuler une ou plusieurs fois, mais cette circonstance ne peut être l'occasion d'une difficulté. Supposons, par exemple, que $f'(z)$ s'annule pour $z = z_0$, et prenons une quantité $g$ assez petite pour que $z_0$ soit la seule racine de $f'(z) = 0$, comprise entre $z_0 - g$ et $z_0 + g$; désignons en même temps par $h$ une quantité positive inférieure à $g$ et aussi petite d'ailleurs que l'on voudra. Le théorème précédent s'appliquera sans difficulté, quel que soit $h$, aux valeurs de $z$ comprises entre $z_0 - g$ et $z_0 - h$ ou entre $z_0 + h$ et $z_0 + g$; or, ces deux intervalles se succèdent à la limite quand on fait $h = 0$. A l'énoncé qui précède, on peut, si l'on veut, substituer le suivant :

*La fonction entière $f(z)$ supposée réelle croît avec la variable réelle z, tant que la dérivée $f'(z)$ n'est pas négative, et elle décroît quand on fait croître z, tant que la dérivée $f'(z)$ n'est pas positive.*

52. Nous allons établir actuellement un théorème analogue au précédent et qui se rapporte au cas général où les coefficients de la fonction $f(z)$ sont des quantités quelconques réelles ou imaginaires, et où la variable reçoit aussi des valeurs quelconques.

Posons

$$z = \rho(\cos\omega + i\sin\omega),$$

et soit

$$f(z) = A_0 z^m + A_1 z^{m-1} + \ldots + A_m,$$

ou

$$f(z) = A_0 \rho^m(\cos m\omega + i\sin m\omega) + \ldots + A_m.$$

La dérivée $f'(z)$ a pour valeur

$$f'(z) = m\,A_0 z^{m-1} + (m-1)\,A_1 z^{m-2} + \ldots,$$

d'où l'on conclut

$$z f'(z) = m\,A_0 z^m + (m-1)\,A_1 z^{m-1} + \ldots;$$

d'un autre côté, $f(z)$ est une fonction entière de la variable réelle $\rho$, et si, en se plaçant à ce point de vue, on nomme $f_1(z)$ la dérivée de $f(z)$, on aura

$$\rho f_1(z) = m\,A_0 \rho^m (\cos m\omega + i \sin m\omega) + \ldots.$$

La comparaison des deux formules précédentes donne

$$z f'(z) = \rho f_1(z), \quad \text{d'où} \quad f'(z) = \frac{\rho}{z} f_1(z).$$

D'après cela, la formule

$$f(z+h) - f(z) = h f'(z) + h\varepsilon$$

du n° 42 deviendra

$$(1) \qquad f(z+h) - f(z) = \frac{\rho h}{z} f_1(z) + h\varepsilon,$$

$\varepsilon$ désignant toujours une quantité qui s'annule en même temps que $h$.

Cela posé, supposons que l'accroissement $h$ donné à $z$ ne change pas le module de cette variable et qu'il ait seulement pour effet d'accroître l'argument $\omega$ de la quantité $\delta$, on aura

$$\begin{aligned} z + h &= \rho\,[\cos(\omega + \delta) + i \sin(\omega + \delta)] \\ &= \rho(\cos\omega + i\sin\omega)(\cos\delta + i\sin\delta), \end{aligned}$$

d'où d'on tire facilement

$$\frac{h}{z} = \sin\delta\left(i - \operatorname{tang}\frac{1}{2}\delta\right);$$

la formule (1) devient alors

$$f(z+h) - f(z) = \rho \sin\delta\left(i - \operatorname{tang}\frac{1}{2}\delta\right)\left[f_1(z) + \frac{z}{\rho}\varepsilon\right],$$

ou

$$(2)\qquad f(z+h)-f(z)=\rho\sin\delta\,[i f_1(z)+\eta],$$

en posant

$$\eta=-\tang\frac{1}{2}\delta.f_1(z)+\left(i-\tang\frac{1}{2}\delta\right)\frac{z}{\rho}\varepsilon.$$

Le module de $\frac{h}{z}$ est $2\sin\frac{1}{2}\delta$; donc, la valeur de $z$ étant donnée, on pourra prendre $\delta$ assez petit en valeur absolue pour que le module de $h$ soit moindre qu'une quantité donnée quelconque. Dès lors la même chose aura lieu à l'égard de $\varepsilon$, et aussi à l'égard des modules des deux parties qui composent la valeur de $\eta$; donc enfin, si la valeur absolue de $\delta$ est suffisamment petite, le module de $\eta$ sera inférieur à une quantité quelconque donnée $r$. Posons

$$f(z)=P+iQ,$$
$$f(z+h)=(P+\Delta P)+i(Q+\Delta Q),$$
$$f_1(z)=P'+iQ',$$
$$\eta=\alpha+i\beta,$$

l'équation (2) deviendra

$$\Delta P+i\Delta Q=\rho\sin\delta(-Q'+iP')+\rho\sin\delta(\alpha+i\beta),$$

et elle se décomposera dans les deux suivantes :

$$\Delta P=(-Q'+\alpha)\rho\sin\delta,$$
$$\Delta Q=(+P'+\beta)\rho\sin\delta.$$

Puisque le module de $\alpha+\beta i$ est inférieur à $r$ tant que la valeur absolue de $\delta$ reste au-dessous d'une certaine limite, $\alpha$ et $\beta$ seront compris entre $-r$ et $+r$. D'ailleurs $r$ est aussi petit que l'on veut, donc, si $P'$ et $Q'$ ne se réduisent pas à zéro, les quantités $\Delta P$ et $\Delta Q$ seront respectivement de même signe que $-Q'\sin\delta$ et $+P'\sin\delta$. De là résulte le théorème suivant :

Théorème II. — *Soit $f(z)$ une fonction entière de*

*la variable imaginaire* $z = \rho\,(\cos\omega + i\sin\omega)$; *posons* $f(z) = \mathrm{P} + i\mathrm{Q}$, P *et* Q *étant des fonctions réelles et entières de* $\rho$ *qui dépendent aussi de l'argument* $\omega$, *et désignons par* P′, Q′ *les dérivées des polynômes* P *et* Q *prises par rapport au module* $\rho$. *Si l'on attribue à ce module* $\rho$ *une valeur déterminée et que l'on fasse croître l'argument* $\omega$ *de* 0 *à* $2\pi$, *la fonction* Q *croîtra tant que* P′ *sera positive et elle décroîtra tant que* P′ *sera négative. Au contraire, la fonction* P *décroîtra tant que* Q′ *sera positive et elle croîtra tant que* Q′ *sera négative.*

## *Théorème de Cauchy.*

53. La variable imaginaire

$$z = x + iy \tag{1}$$

peut être figurée géométriquement (n° 44) par un point mobile M ayant pour abscisse $x$, et pour ordonnée $y$, relativement à deux axes rectangulaires fixes O$x$ et O$y$. Si $\rho$ et $\omega$ désignent les coordonnées polaires du même point, on aura

$$x = \rho\cos\omega, \quad y = \rho\sin\omega,$$

et, par suite,

$$z = \rho\,(\cos\omega + i\sin\omega), \tag{2}$$

en sorte que $\rho$ est le module et $\omega$ l'argument de la variable imaginaire $z$.

En outre, si $f(z)$ désigne une fonction entière de $z$ d'un degré quelconque $m$ dans laquelle les coefficients soient des quantités réelles ou imaginaires données, on aura, en remplaçant $z$ par la valeur (1),

$$f(z) = \mathrm{P} + i\mathrm{Q},$$

P et Q étant des fonctions réelles et entières des coordonnées $x$ et $y$; d'où il résulte, comme nous l'avons déjà dit, que la recherche des racines de l'équation

$$f(z) = 0$$

équivaut à celle des points, pour lesquels on a simultanément

$$P = 0, \quad Q = 0,$$

et auxquels nous appliquons, pour abréger, la dénomination de *racines*.

Enfin, si le polynôme $f(z)$ est divisible par la $n^{ième}$ puissance de $z - z_0$, sans l'être par une puissance supérieure du même binôme, nous sommes convenu (n° 45) de dire que l'équation $f(z) = 0$ a $n$ racines égales à $z_0$; on a, dans ce cas,

$$f(z_0) = 0, \quad f'(z_0) = 0, \ldots, \quad f^{n-1}(z_0) = 0,$$

mais la dérivée du $n^{ième}$ ordre, $f^n(z)$ ne s'annule pas pour $z = z_0$.

54. Ces notions rappelées, nous nous proposons d'établir ici une proposition importante due à Cauchy et qui constitue l'un des plus beaux théorèmes de l'Algèbre. La démonstration que nous allons présenter sera fondée sur le lemme suivant :

Lemme. — *Soient* $z = x + iy$ *une variable imaginaire et* $f(z) = P + iQ$ *une fonction entière de* $z$, *d'un degré quelconque* $m$, P *et* Q *étant des quantités réelles. Supposons que l'équation* $f(z) = 0$ *ait* $n$ *racines égales à* $x_0 + iy_0$, $n$ *pouvant être égal à* 1, *et considérons le point* G *dont les coordonnées sont* $x_0$ *et* $y_0$, *relativement à deux axes rectangulaires* $Ox$, $Oy$. *Décrivons une circonférence du point* G *comme centre, avec un rayon* $\rho$ *suffisamment petit, et désignons par* $\omega$ *l'angle formé, avec la direction* $Ox$, *par la direction du rayon* GM, *de manière que cet angle soit nul quand* GM *a la direction de* $Ox$ *et qu'il croisse quand le rayon* GM *se meut toujours dans le même sens, en s'élevant de* $Ox$ *vers* $Oy$. *Cela posé, si le point mobile* M, *partant d'une position quelconque, décrit la circonférence entière pour revenir à sa position première, c'est-à-dire si l'angle* $\omega$ *augmente de* $2\pi$, *le rapport* $\frac{P}{Q}$, *qui pour chaque position du point* M *a une valeur déterminée, s'annulera précisément autant de fois qu'il y a d'unités dans le nombre* $2n$, *et, en s'annulant, ce rapport passera toujours d'une valeur positive à une valeur négative.*

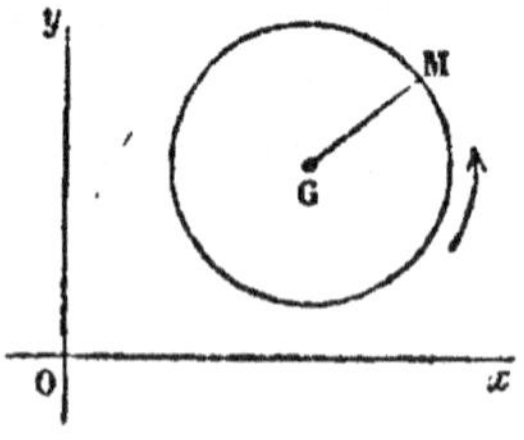


On pourrait ajouter que le rapport $\frac{P}{Q}$ devient infini un nombre de fois égal à $2n$, et qu'à chaque fois il passe d'une valeur négative à une valeur positive; mais nous avons voulu réduire notre lemme à ce qu'il a d'essentiel pour l'objet auquel nous le destinons. Il donnera d'ailleurs le complément dont nous venons de parler, si on l'applique à la fonction $if(z)$. Faisons encore une remarque importante : pour que le rapport $\frac{P}{Q}$ ait en chaque point de la circonférence une valeur déterminée, il suffit que le rayon $\rho$ ne soit pas égal à la distance du point $z_0$ à l'un des autres points racines de l'équation $f(z) = 0$; mais rien ne limite la petitesse de $\rho$ et ce rayon se trouvera assujetti, dans notre démonstration, à être moindre que la plus petite des distances dont nous venons de parler.

Posons

$$z = z_0 + h;$$

comme on a, par hypothèse,

$$f(z_0) = 0, \quad f'(z_0) = 0, \ldots, \quad f^{n-1}(z_0) = 0,$$

et que $f^n(z_0)$ n'est pas nulle, la valeur de $f(z)$ ordonnée suivant les puissances de $h$ sera

$$(1) \qquad f(z) = \frac{f^n(z_0)}{1.2\ldots n} h^n + \ldots + \frac{f^m(z_0)}{1.2\ldots m} h^m.$$

Si l'on désigne par $\rho$ et $\omega$ le module et l'argument de la variable $h$, on aura

$$h = \rho(\cos\omega + i\sin\omega);$$

représentons en outre par $C_\mu$ et $\alpha_\mu$ le module et l'argument de la quantité $\dfrac{f^\mu(z_0)}{1.2\ldots\mu}$, de manière que l'on ait, pour toutes les valeurs $n$, $n+1, \ldots, m$ de $\mu$,

$$\frac{f^\mu(z_0)}{1.2\ldots\mu} = C_\mu(\cos\alpha_\mu + i\sin\alpha_\mu);$$

l'expression de $f(z)$ deviendra

$$(2) \left\{ \begin{array}{l} f(z) = C_n\rho^n[\cos(n\omega + \alpha_n) + i\sin(n\omega + \alpha_n)] + \ldots \\ \qquad + C_m\rho^m[\cos(m\omega + \alpha_m) + i\sin(m\omega + \alpha_m)], \end{array} \right.$$

et l'on aura, en conséquence,

$$(3) \left\{ \begin{array}{l} P = C_n\rho^n\cos(n\omega + \alpha_n) + \ldots + C_m\rho^m\cos(m\omega + \alpha_m), \\ Q = C_n\rho^n\sin(n\omega + \alpha_n) + \ldots + C_m\rho^m\sin(m\omega + \alpha_m); \end{array} \right.$$

on aura aussi, en désignant par Q' la dérivée du polynôme Q par rapport à la variable $\rho$,

$$(4) \quad Q' = nC_n\rho^{n-1}\sin(n\omega + \alpha_n) + \ldots + mC_m\rho^{m-1}\sin(m\omega + \alpha_m).$$

Cela posé, quel que soit l'angle $\omega$, on peut faire

$$(5) \qquad n\omega + \alpha_n = K\frac{\pi}{2} + n\varepsilon,$$

en désignant par K un entier positif ou négatif et par $n\varepsilon$ un angle compris entre $-\frac{\pi}{4}$ et $+\frac{\pi}{4}$. Supposons d'abord que le nombre K soit impair, et posons

$$K = 2k + 1,$$

les formules (3) et (4) deviendront alors

$$(6) \qquad \begin{cases} (-1)^k P = -C_n\rho^n \sin n\varepsilon + \ldots, \\ (-1)^k Q = +C_n\rho^n \cos n\varepsilon + \ldots, \\ (-1)^k Q' = +nC_n\rho^{n-1} \cos n\varepsilon + \ldots. \end{cases}$$

Soit maintenant $\theta$ un angle positif déterminé, inférieur à $\frac{\pi}{4n}$ et aussi petit d'ailleurs que l'on voudra; on pourra (n° 40) assigner une quantité positive $r$ telle, que dans chacun des polynômes

$$\pm C_n\rho^n \sin n\theta + C_{n+1}\rho^{n+1} + \ldots + C_m\rho^m,$$
$$\pm C_n\rho^n \cos n\theta + C_{n+1}\rho^{n+1} + \ldots + C_m\rho^m,$$
$$\pm nC_n\rho^n \cos n\theta + (n+1)C_{n+1}\rho^{n+1} + \ldots + mC_m\rho^m,$$

le module du premier terme soit supérieur au module de la somme de tous les termes suivants, pour toutes les valeurs de $\rho$ comprises entre o et $r$. Nous donnerons à $\rho$ une valeur déterminée au-dessous de la limite $r$, et cette valeur sera le rayon du cercle que nous avons à considérer.

D'après cela, $\varepsilon$ étant compris entre $-\frac{\pi}{4n}$ et $+\frac{\pi}{4n}$, si cet angle tombe en dehors des limites $-\theta$ et $+\theta$, la valeur absolue de $\sin n\varepsilon$ sera supérieure à $\sin n\theta$, et, en conséquence, le module du premier terme du second membre, dans la première des formules (6), surpassera le module de la somme des termes suivants; donc P ne peut s'annuler que si $\varepsilon$ est compris entre $-\theta$ et $+\theta$. Mais pour les valeurs de $\varepsilon$ comprises entre $-\theta$ et $+\theta$, le premier terme du second membre, dans chacune des deux dernières formules (6), est supérieur au module de la somme des termes qui suivent; par conséquent $(-1)^k Q$ et $(-1)^k Q'$ sont positifs. Alors le polynôme $(-1)^k P$ décroît constamment (n° 52) quand $\varepsilon$ croît de $-\theta$ à $+\theta$; ce polynôme a d'ailleurs le signe $+$ pour $\varepsilon = -\theta$, et il a le signe $-$ pour $\varepsilon = +\theta$; donc il s'annule une fois, et seulement une fois, quand $\varepsilon$ croît de $-\theta$ à $+\theta$. On voit aussi que $(-1)^k P$ passe en s'annulant d'une valeur positive à une valeur négative; et comme $(-1)^k Q$ reste positif, on peut dire que le rapport $\frac{P}{Q}$ s'annule une fois en passant du positif au négatif, quand $\varepsilon$ croît de $-\theta$ à $+\theta$.

Si le nombre K est pair et que l'on ait

$$K = 2k,$$

la première des formules (6) devra être remplacée par la suivante :

$$(-1)^k P = + C_n \rho^n \cos n\varepsilon + \ldots;$$

l'angle $\theta$ défini plus haut est inférieur à $\frac{\pi}{4n}$; il en est de même de la valeur absolue de $\varepsilon$; d'où il résulte que $\cos n\varepsilon$ est supérieur à $\sin n\theta$, et, en conséquence, la fonction P ne s'annule pas quand $\varepsilon$ varie de $-\frac{\pi}{4n}$ à $+\frac{\pi}{4n}$.

Maintenant, si, en partant d'une valeur quelconque de $\omega$, on veut décrire la circonférence entière, de manière à revenir au point de départ, il sera nécessaire et suffisant de donner à l'entier K $4n$ valeurs entières consécutives quelconques, $0, 1, 2, 3, \ldots, (4n-1)$, par exemple. A chacune des $2n$ valeurs impaires de K correspondra une valeur de $\varepsilon$ comprise entre $-\theta$ et $+\theta$, pour laquelle le rapport $\frac{P}{Q}$ s'annulera en passant du positif au négatif, ce qui achève la démonstration de la proposition énoncée. Nous aurions pu abréger cette démonstration en prenant $\theta = \frac{\pi}{4n}$; mais le procédé que nous avons suivi a l'avantage de montrer que les valeurs de $n\omega + \alpha_n$ pour lesquelles $\frac{P}{Q}$ s'annule, ont pour limites les multiples impairs de $\frac{\pi}{2}$, quand on fait décroître indéfiniment l'angle $\theta$.

55. Au moyen du lemme que nous venons d'établir et en faisant usage de considérations ingénieuses que nous empruntons à une Note de MM. Sturm et Liouville (*), on démontre très-facilement le théorème de Cauchy qui consiste dans la proposition suivante :

Théorème. — *Soient* $z$ *une variable imaginaire* $x + iy$, $f(z) = P + iQ$ *une fonction entière de cette variable*, P *et* Q *étant des fonctions réelles et entières des variables* $x$ *et* $y$. *Traçons dans le plan des axes rectangulaires* $Ox$, $Oy$ *un contour fermé quelconque qui ne passe par aucun des points racines de l'équation* $f(z) = 0$, *auquel cas le rapport* $\frac{P}{Q}$ *aura, en chaque point du contour, une valeur déterminée. Si l'on suit le contour* ABCD *en partant d'un point quelconque* A *et en marchant toujours dans le même sens* ABCD *jusqu'à ce qu'on soit revenu au point de départ, le rapport* $\frac{P}{Q}$ *prendra diverses valeurs, et il passera par zéro chaque fois que* P *sera nul, tandis qu'il deviendra infini lorsque* Q

(*) *Journal de Mathématiques pures et appliquées*, 1re série, t. I, p. 278.

*s'annulera. Cela posé, soit k le nombre de fois que le rapport* $\frac{P}{Q}$, *en s'évanouissant et en changeant de signe, passe du positif au négatif,* $k'$ *le nombre de fois que le même rapport, en s'évanouissant et en changeant de signe, passe du négatif au positif; le nombre k ne sera jamais inférieur à* $k'$ *et l'excès* $k - k' = \Delta$ *sera toujours égal au double* $2\mu$ *du nombre* $\mu$ *des racines égales ou inégales de l'équation* $f(z) = 0$, *comprises dans la portion du plan limitée par le contour* ABCD.

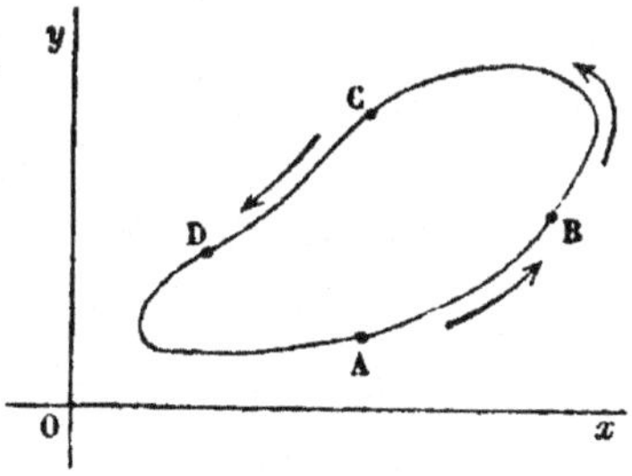


Le contour fermé ABCD est quelconque, convexe ou non convexe; pour bien fixer le sens dans lequel ce contour doit être parcouru, imaginons un cercle d'un rayon aussi petit que l'on voudra, qui touche le contour au point de départ A et qui soit entièrement situé dans l'espace limité par ce contour; en même temps supposons que l'on ait transporté les axes $Ox$ et $Oy$ parallèlement à eux-mêmes au centre du cercle. Si l'on parcourt la circonférence du cercle en marchant de l'axe des $x$ vers l'axe des $y$, lorsqu'on atteindra le point A, la direction du mouvement sur le cercle sera aussi celle du mouvement que nous considérons sur le contour ABCD.

Remarquons encore que, d'après l'énoncé du théorème, on n'a point à considérer les changements de signe que peut offrir le rapport $\frac{P}{Q}$ quand il devient infini; en outre, il peut arriver que ce rapport s'annule sans changer de signe, mais il n'y a point lieu de se préoccuper de cette circonstance. Ajoutons que, pour abréger le discours, l'excès $\Delta$ sera dit l'excès relatif au contour donné ABCD.

La démonstration que nous allons présenter se composera de quatre parties :

1° *Si le théorème énoncé a lieu pour deux contours* ABCA *et* ADBA *qui ont une partie commune* AB, *il a lieu aussi pour le contour total* ADBCA *formé par leur réunion.*

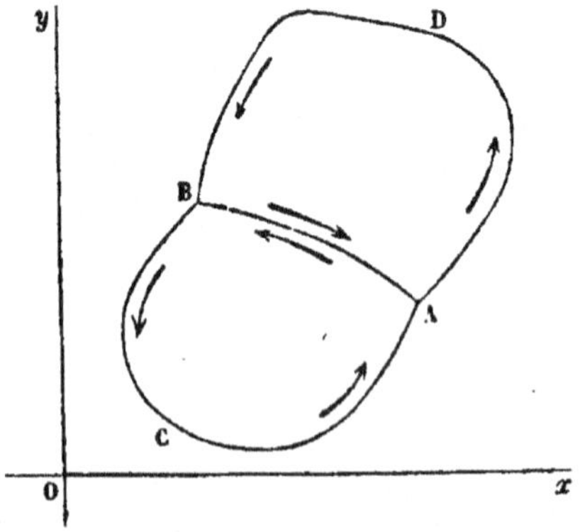


En effet, soient $\mu$ le nombre des racines égales ou inégales comprises dans le contour total ADBCA, et $\Delta$ l'excès relatif à ce contour; soient aussi $\mu'$ et $\Delta'$, $\mu''$ et $\Delta''$ les quantités analogues pour les contours respectifs ABCA et ADBA. On a, par hypothèse,

$$\Delta' = 2\mu', \quad \Delta'' = 2\mu'';$$

mais la somme $\Delta' + \Delta''$ se compose évidemment de l'excès $\Delta$ augmenté de la somme des deux excès qui répondent l'un à la partie AB du contour partiel ABCA et l'autre à la partie BA du second contour ABDA; il est évident que ces deux derniers excès sont égaux et de signes contraires; donc on a

$$\Delta = \Delta' + \Delta'',$$

d'ailleurs

$$\mu = \mu' + \mu'',$$

donc

$$\Delta = 2\mu.$$

Il résulte de là que :

*Si le théorème énoncé a lieu pour un nombre quelconque de contours juxtaposés, il a lieu aussi pour le contour formé par leur réunion.*

2° *Le théorème énoncé a lieu lorsqu'il n'y a aucune racine de l'équation* $f(z) = 0$, *dans l'espace limité par le contour donné. En d'autres termes, si l'on a* $\mu = 0$, *on a aussi* $\Delta = 0$.

En effet, il peut y avoir dans l'intérieur du contour donné comme sur le contour même des points pour lesquels on a soit $P = 0$, soit $Q = 0$; mais, par hypothèse, il n'en existe aucun pour lequel on ait à la fois $P = 0$, $Q = 0$. Il résulte de là que l'on peut toujours décomposer l'espace limité par le contour donné en plusieurs parties telles, que chacune ne renferme dans son intérieur ou sur son contour aucun point pour lequel on ait $P = 0$, ou aucun point pour lequel on ait $Q = 0$. En outre, d'après ce qui précède, le théorème de Cauchy subsistera pour le contour donné, s'il a lieu pour les divers contours partiels dont nous venons de parler; il suffit donc de considérer ces derniers.

Si, dans l'intérieur d'un contour et sur ce contour, on n'a jamais $P = 0$, il est évident que l'on a $\Delta = 0$, puisque le rapport $\frac{P}{Q}$ ne s'annule pas. Si, au contraire, la fonction P s'annule, mais que l'on n'ait jamais $Q = 0$, la fonction Q conservera le même signe aux divers points du contour et le rapport $\frac{P}{Q}$ ne pourra changer de signe qu'en s'évanouissant. D'ailleurs, comme ce rapport reprend sa valeur primitive quand on a parcouru le contour entier, il est évident que s'il s'est annulé $k$ fois en passant du positif au négatif, il s'est annulé pareillement $k$ fois en passant du négatif au positif. On a donc encore $\Delta = 0$.

3° *Le théorème énoncé a lieu lorsque l'équation* $f(z) = 0$ *n'a qu'une seule racine, d'un degré de multiplicité quelconque* $n$, *dans l'espace limité par le contour donné. On a, en conséquence,* $\Delta = 2n$.

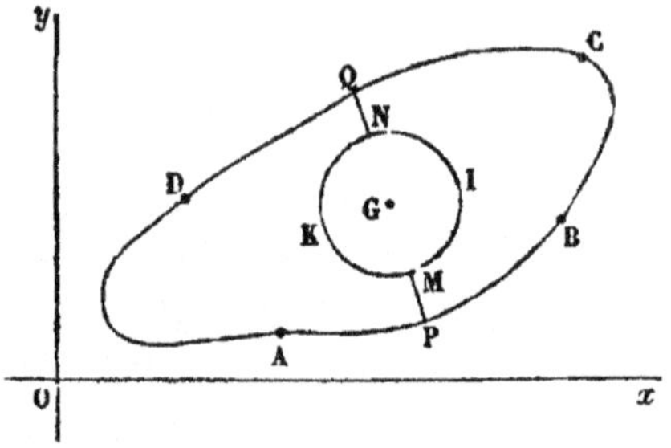


Soient ABCD le contour donné et G le point racine du degré $n$ de multiplicité. Si du point G comme centre, avec un rayon suffisamment petit, on décrit la circonférence MINK, puis que l'on joigne respectivement les deux points M et N de cette circonférence à deux points P et Q du contour donné, le théorème de Cauchy aura lieu, d'après ce qui précède, et d'après le lemme du n° 54, pour les trois contours juxtaposés KNQDAPMK, MINKM et IMPBCQNI; donc il a lieu pour le contour proposé ABCD qui résulte de la réunion des trois précédents. Les deux premiers des contours dont il vient d'être question ont la partie commune NKM, et leur réunion forme le contour NQDAPMIN; celui-ci a, avec le dernier des trois considérés, la partie commune PMINQ, et leur réunion forme le contour ABCD.

4° *Le théorème énoncé a lieu, quel que soit le nombre des points racines compris dans le contour donné.*

En effet, on peut décomposer l'espace limité par le contour en plusieurs parties qui ne contiennent chacune qu'un seul point racine; le théorème aura lieu pour chacun des contours partiels que l'on obtiendra ainsi, et en conséquence il aura également lieu pour le contour proposé qui résulte de leur réunion.

Le théorème de Cauchy est donc complétement démontré.

56. Il faut remarquer que la démonstration précédente ne suppose en aucune façon l'existence du principe d'après lequel toute équation a une racine, et j'ajoute que ce principe n'est qu'un corollaire du théorème de Cauchy, lequel peut être regardé dès lors comme le fondement de la théorie des équations. Voici, en effet, une démonstration nouvelle du principe du n° 44, qui est analogue à celle du lemme du n° 54.

Étant donnée l'équation $f(z) = 0$, traçons deux axes rectangulaires et décrivons de leur origine comme centre un cercle dont le rayon $\rho$ soit aussi grand que l'on voudra. Soit

$$(1) \qquad f(z) = A_0 z^m + A_1 z^{m-1} + \ldots + A_{m-1} z + A_m;$$

si l'on désigne par $C_\mu$ et $\alpha_\mu$ le module et l'argument du coefficient $A_\mu$, et que l'on pose

$$z = \rho(\cos\omega + i\sin\omega),$$

on aura

$$\begin{aligned} f(z) = C_0 \rho^m [\cos(m\omega + \alpha_0) + i\sin(m\omega + \alpha_0)] + \ldots \\ + C_{m-1}[\cos(\omega + \alpha_{m-1}) + i\sin(\omega + \alpha_{m-1})] \\ + C_m(\cos\alpha_m + i\sin\alpha_m); \end{aligned}$$

en faisant, comme précédemment,

$$f(z) = P + iQ,$$

il viendra

$$(2)\quad \begin{cases} P = C_0\rho^m \cos(m\omega + \alpha_0) + \ldots + C_{m-1}\rho\cos(\omega + \alpha_{m-1}) + C_m \cos\alpha_m, \\ Q = C_0\rho^m \sin(m\omega + \alpha_0) + \ldots + C_{m-1}\rho\sin(\omega + \alpha_{m-1}) + C_m \sin\alpha_m, \end{cases}$$

et en désignant par $Q'$ la dérivée de $Q$ par rapport à $\rho$, on aura aussi

$$(3)\quad Q' = m\,C_0\rho^{m-1}\sin(m\omega + \alpha_0) + \ldots + C_{m-1}\sin(\omega + \alpha_{m-1}).$$

Quelle que soit la valeur de $\omega$, on peut faire

$$(4)\qquad m\omega + \alpha_0 = K\frac{\pi}{2} + m\varepsilon,$$

K étant un entier et $m\varepsilon$ étant un angle compris entre $-\frac{\pi}{4}$ et $+\frac{\pi}{4}$. Si K est un nombre impair $2k+1$, les formules (2) et (3) deviendront

$$(5)\qquad \begin{cases} (-1)^k P = -C_0\rho^m \sin m\varepsilon + \ldots, \\ (-1)^k Q = +C_0\rho^m \cos m\varepsilon + \ldots, \\ (-1)^k Q' = +mC_0\rho^{m-1}\cos m\varepsilon + \ldots. \end{cases}$$

Soit $\theta$ un angle positif déterminé, inférieur à $\frac{\pi}{4m}$ et aussi petit d'ailleurs que l'on voudra; on pourra assigner une quantité positive $r$ telle, que dans chacun des polynômes

$$\pm C_0\rho^m \sin m\theta + C_1\rho^{m-1} + \ldots + C_{m-1}\rho + C_m,$$
$$\pm C_0\rho^m \cos m\theta + C_1\rho^{m-1} + \ldots + C_{m-1}\rho + C_m,$$
$$\pm mC_0\rho^{m-1}\cos m\theta + (m-1)C_1\rho^{m-2} + \ldots + C_{m-1},$$

le module du premier terme soit supérieur à la somme des termes suivants, pour toutes les valeurs de $\rho$ supérieures à $r$; nous supposerons que la valeur choisie pour $\rho$ soit supérieure à cette limite.

Cela posé, $\varepsilon$ étant compris entre $-\frac{\pi}{4m}$ et $+\frac{\pi}{4m}$, si cet angle tombe en dehors des limites $-\theta$ et $+\theta$, la valeur absolue de $\sin m\varepsilon$ sera supérieure à $\sin m\theta$, et, en conséquence, le module du premier terme du second membre, dans la première formule (5), surpassera le module de la somme des termes suivants; donc P ne peut s'annuler que si $\varepsilon$ est compris entre $-\theta$ et $+\theta$. Mais, pour les valeurs de $\varepsilon$ comprises entre $-\theta$ et $+\theta$, le premier terme du second membre, dans chacune des deux dernières formules (5), est supérieur au module de la somme des termes qui suivent; par conséquent $(-1)^k Q$ et $(-1)^k Q'$ sont positifs. Alors le polynôme $(-1)^k P$ décroît constamment (n° 52) quand $\varepsilon$ croît de $-\theta$ à $+\theta$; ce polynôme a d'ailleurs le signe $+$ pour $\varepsilon = -\theta$, et il a le signe $-$ pour $\varepsilon = +\theta$; donc il s'annule une fois, et une fois seulement, quand $\varepsilon$ croît de $-\theta$ à $+\theta$. On voit aussi que $(-1)^k P$ passe en s'annulant du positif au négatif, et comme $(-1)^k Q$ reste positif, le rapport $\frac{P}{Q}$ s'annule une fois en passant du positif au négatif.

Si K est un nombre pair $2k$, la première des formules (5) devra être remplacée par

$$(-1)^k P = + C_0 \rho^m \cos m\varepsilon + \ldots,$$

on a évidemment $\cos m\varepsilon > \sin m\theta$, et, en conséquence, la fonction P ne s'annule pas quand $\varepsilon$ varie de $-\frac{\pi}{4m}$ à $+\frac{\pi}{4m}$.

Maintenant si l'on veut décrire la circonférence entière de rayon $\rho$, il sera nécessaire et suffisant de donner à l'entier K, dans la formule (4), $4m$ valeurs consécutives quelconques, par exemple $0, 1, 2, 3, \ldots, (4m-1)$. A chacune des $2m$ valeurs impaires de K répondra une valeur de $\varepsilon$ comprise entre $-\theta$ et $+\theta$, pour laquelle le rapport $\frac{P}{Q}$ s'annulera en passant du positif au négatif. On a donc, pour le cercle considéré, $\Delta = 2m$, et comme le rayon $\rho$ peut être choisi aussi grand que l'on voudra, on voit que :

*Une équation du degré m a précisément m racines.*

### *Transformation des équations.*

57. Le problème général dont il s'agit ici consiste à déduire d'une équation donnée,

$$(1) \qquad f(z) = 0,$$

une nouvelle équation dont les racines aient avec celles de la première une relation donnée. Le cas le plus simple est celui où chaque racine $u$ de l'équation demandée est exprimable par une *fonction* rationnelle donnée d'une racine $z$ de la proposée, c'est-à-dire par une fonction égale au quotient de deux fonctions entières $\varphi(z)$, $\psi(z)$. On a alors

$$(2) \qquad u = \frac{\varphi(z)}{\psi(z)}.$$

Si l'équation proposée est du degré $m$, elle aura $m$ racines $z_0, z_1, \ldots, z_{m-1}$, et il en résultera, pour $u$, $m$ valeurs correspondantes $u_0, u_1, \ldots, u_{m-1}$, d'où l'on peut conclure que l'équation en $u$ doit être, comme la proposée, du degré $m$. Nous reviendrons, dans la deuxième Section de cet ouvrage, sur l'importante question de la transformation des équations; ici nous nous bornerons à examiner le cas particulier où les polynômes $\varphi(z)$ et $\psi(z)$ sont du premier degré; la formule (2) devient alors

$$(3) \qquad u = \frac{az + b}{a'z + b'},$$

$a, b, a', b'$ étant des constantes données. On tire de la

formule (3)

$$z = \frac{b'u - b}{a - a'u}, \tag{4}$$

et en substituant cette valeur de $z$ dans l'équation (1), on obtient l'équation demandée, savoir :

$$f\left(\frac{b'u - b'}{a - a'u}\right) = 0;$$

il ne reste plus qu'à chasser les dénominateurs, pour mettre cette équation sous la forme

$$F(u) = 0, \tag{5}$$

$F(u)$ désignant une fonction entière de $u$.

Il faut remarquer que la transformation exprimée par la formule (3) peut être réalisée en exécutant successivement plusieurs transformations plus simples qui se présentent très-fréquemment dans l'Algèbre. En effet, si $a'$ n'est pas nul, la formule (3) peut être mise sous la forme

$$u = \frac{\dfrac{ba' - ab'}{a'^2}}{z + \dfrac{b'}{a'}} + \frac{a}{a'},$$

et on voit qu'elle résulte de l'élimination de $z'$, $z''$, $z'''$ entre les quatre équations

$$z' = z + \frac{b'}{a'},$$

$$z'' = \frac{1}{z'},$$

$$z''' = \frac{ba' - ab'}{a'^2} z'',$$

$$u = z''' + \frac{a}{a'}.$$

Lorsque $a'$ est nul, la formule (3) résulte de l'élimination de $z'$ entre les deux

$$z' = \frac{a}{b'} z,$$

$$u = z' + \frac{b}{b'}.$$

Il résulte de là que les trois formules

$$u = \alpha z, \quad u = \frac{1}{z}, \quad u = z + \alpha,$$

qui sont comprises dans la formule générale (3), expriment des transformations élémentaires dont la combinaison produit le même effet que la transformation *linéaire* la plus générale.

58. La transformation $u = \alpha z$ a pour objet de former une équation dont les racines soient égales à celles de la proposée multipliées par un nombre donné $\alpha$; l'équation proposée étant $f(z) = 0$, la transformée sera

$$f\left(\frac{u}{\alpha}\right) = 0, \quad \text{ou} \quad f\left(\frac{z}{\alpha}\right) = 0,$$

en écrivant $z$ au lieu de $u$.

On peut toujours supposer que le coefficient de la plus haute puissance de $z$ dans $f(z)$ soit égal à 1; alors si, dans l'équation proposée

$$f(z) = 0, \quad \text{ou} \quad z^m + A_1 z^{m-1} + \ldots + A_{m-1} z + A_m = 0,$$

les coefficients $A_1, A_2, \ldots, A_m$ sont des nombres commensurables ou des expressions algébriques de forme fractionnaire, la transformation précédente permettra de ramener ces coefficients à la forme entière, en disposant convenablement de l'indéterminée $\alpha$. Effectivement, après avoir chassé les dénominateurs, la transformée devient

$$z^m + A_1 \alpha z^{m-1} + A_2 \alpha^2 z^{m-2} + \ldots + A_{m-1} \alpha^{m-1} z + A_m \alpha^m = 0,$$

et il suffira, pour remplir l'objet demandé, de donner à $\alpha$ une valeur telle, que les produits $A_\mu \alpha^\mu$ ne renferment plus de dénominateur.

Il faut remarquer le cas de $\alpha = -1$; alors la transformation a pour objet de changer les signes des racines de l'équation proposée. Pour avoir la transformée en $-z$ de l'équation $f(z) = 0$, il suffit de changer les signes de tous les termes de degrés impairs, ou, si l'on veut, les signes de tous les termes de degrés pairs. En faisant le premier changement, si l'équation est de degré pair, et le deuxième, si l'équation est de degré impair, le premier terme sera toujours le même dans la proposée et dans la transformée.

59. La deuxième des transformations élémentaires dont il a été parlé plus haut, savoir $u = \frac{1}{z}$, a pour objet de former une équation dont les racines soient les inverses des racines de la proposée. Si celle-ci est

$$(1) \qquad A_0 z^m + A_1 z^{m-1} + \ldots + A_{m-1} z + A_m = 0,$$

la transformée s'obtiendra en remplaçant $z$ par $\frac{1}{u}$, ou, si l'on veut, par $\frac{1}{z}$; faisons ce changement, multiplions ensuite par $z^m$, et ordonnons par rapport aux puissances descendantes de $z$, il viendra

$$(2) \qquad A_m z^m + A_{m-1} z^{m-1} + \ldots + A_1 z + A_0 = 0.$$

C'est ici l'occasion de présenter une remarque importante relativement aux racines qui peuvent devenir infinies. Supposons que les coefficients

$$A_0, A_1, A_2, \ldots, A_m$$

dépendent d'une quantité $t$ susceptible de recevoir diverses valeurs, et que, pour la valeur $t = t_0$, les modules des $n$ derniers coefficients deviennent nuls. Alors, parmi les $m$ racines de l'équation (1), il y en a $n$ qui se réduisent à zéro pour $t = t_0$, et par conséquent les modules de leurs inverses deviennent infinis; donc quand $t$ tend vers la limite $t_0$, les modules de $n$ des $m$ racines de l'équation (2) tendent vers l'infini; à la limite, cette équation (2) se réduit au degré $m - n$, et elle n'a plus que $m - n$ racines finies.

60. Il peut arriver que les équations (1) et (2) du numéro précédent coïncident. Dans ce cas, l'équation proposée est dite *réciproque*; l'inverse d'une racine quelconque est aussi une racine.

D'après ce qui précède, si $f(z) = 0$ est une équation réciproque du degré $m$, on aura identiquement

$$f(z) = \lambda z^m f\left(\frac{1}{z}\right),$$

$\lambda$ étant un facteur indépendant de $z$. Faisant $z = +1$, puis $z = -1$, il vient

$$f(1) = \lambda f(1), \quad f(-1) = (-1)^m \lambda f(-1).$$

Si $f(1)$ et $f(-1)$ ne sont pas nuls, c'est-à-dire si $f(z)$ n'est divisible par aucun des binômes $z+1$, $z-1$, on voit que $\lambda = 1$ et que le degré $m$ de l'équation est un nombre pair $2\mu$. L'identité

$$f(z) = z^{2\mu} f\left(\frac{1}{z}\right) \tag{1}$$

montre que l'on a alors

$$\text{(2)} \left\{ \begin{aligned} f(z) = {} & A_0 z^{2\mu} + A_1 z^{2\mu-1} + \ldots \\ & + A_{\mu-1} z^{\mu+1} + A_\mu z^\mu + A_{\mu-1} z^{\mu-1} + \ldots + A_1 z + A_0, \end{aligned} \right.$$

en sorte que les coefficients de deux termes également éloignés des extrêmes sont égaux et de même signe.

Supposons maintenant que $F(z) = 0$ soit une équation réciproque pouvant admettre les racines $+1$ et $-1$, et soit

$$(3) \qquad F(z) = (z-1)^p (z+1)^q f(z),$$

$f(z)$ n'étant pas divisible par $z \pm 1$; il est évident que l'équation $f(z) = 0$ est réciproque, et en conséquence le premier membre $f(z)$ a la forme indiquée par la formule (2). Maintenant, à cause des formules (1) et (3), on a l'identité

$$F(z) = (-1)^p z^{2\mu+p+q} F\left(\frac{1}{z}\right);$$

il en résulte que si $p$ est pair, les coefficients des termes également distants des extrêmes dans $F(z)$ sont encore égaux et de même signe. Mais lorsque $p$ est impair, les coefficients des termes également distants des extrêmes sont égaux et de signes contraires; dans ce dernier cas, lorsque $q$ est impair, l'équation proposée est de degré pair, et le terme du milieu doit avoir un coefficient nul.

**61.** Les équations réciproques sont susceptibles d'*abaissement*, c'est-à-dire que leur résolution peut se ramener à la résolution d'équations de degré moindre. Comme on peut toujours supposer qu'une équation réciproque ait été débarrassée des racines $+1$ et $-1$ qu'elle peut avoir, elle sera nécessairement d'un degré pair $2\mu$, et on pourra lui donner la forme

$$A_0\left(z^\mu + \frac{1}{z^\mu}\right) + A_1\left(z^{\mu-1} + \frac{1}{z^{\mu-1}}\right) + \ldots + A_{\mu-1}\left(z + \frac{1}{z}\right) + A_\mu =$$

Cela posé, si l'on fait

$$z + \frac{1}{z} = x,$$

et généralement

$$V_n = z^n + \frac{1}{z^n},$$

puisque l'on multiplie $V_{n-1} = z^{n-1} + \frac{1}{z^{n-1}}$ par $x = z + \frac{1}{z}$, on trouvera

$$x V_{n-1} = \left(z^n + \frac{1}{z^n}\right) + \left(z^{n-2} + \frac{1}{z^{n-2}}\right),$$

ou

$$V_n = x V_{n-1} - V_{n-2}.$$

On a

$$V_1 = x, \quad V_0 = 2,$$

et en faisant usage de la formule précédente, on pourra exprimer successivement $V_2$, $V_3$, $V_4, \ldots,$ par des fonctions de $x$; il est évident que $V_n$ sera une fonction entière de $x$ du degré $n$. On trouve

$$V_2 = x^2 - 2,$$
$$V_3 = x^3 - 3x,$$
$$V_4 = x^4 - 4x^2 + 2,$$
$$V_5 = x^5 - 5x^3 + 5x,$$
$$\ldots\ldots\ldots\ldots\ldots\ldots$$

D'après cela, l'équation proposée pourra être ramenée à une équation du degré $\mu$ en $x$, et les racines $z$ de la proposée seront données par la formule générale

$$z^2 - xz + 1 = 0, \quad \text{d'où} \quad z = \frac{x}{2} \pm \sqrt{\frac{x^2}{4} - 1}.$$

Il faut remarquer aussi que le premier membre de l'équation proposée est égal au produit

$$(z^2 - x_0 z + 1)(z^2 - x_1 z + 1)\ldots(z^2 - x_{\mu-1} z + 1),$$

$x_0, x_1, \ldots, x_{\mu-1}$ désignant les $\mu$ racines de l'équation en $x$.

62. La transformation $u = z + \alpha$ a pour objet de former une équation dont les racines soient égales à celles de la proposée augmentées d'une quantité donnée $\alpha$; l'équation proposée étant $f(z) = 0$, la transformée sera $f(u - \alpha) = 0$ ou $f(z - \alpha) = 0$, en écrivant $z$ au lieu de $u$. Si l'on ordonne par rapport aux puissances de $z$, cette transformée sera

$$f(-\alpha) + \frac{f'(-\alpha)}{1} z + \frac{f''(-\alpha)}{1.2} z^2 + \ldots + \frac{f^m(-\alpha)}{1.2\ldots m} z^m = 0.$$

On pourra disposer de l'indéterminée $\alpha$ de manière à faire évanouir l'un des termes de cette équation. Ainsi, l'on fera disparaître le terme en $z^{m-1}$ si l'on détermine $\alpha$ par l'équation

$$f^{m-1}(-\alpha) = 0.$$

Supposons par exemple que l'équation proposée soit

$$z^3 + Pz^2 + Qz + R = 0,$$

on a

$$f(z) = z^3 + Pz^2 + Qz + R,$$

$$\frac{f'(z)}{1} = 3z^2 + 2Pz + Q,$$

$$\frac{f''(z)}{1.2} = 3z + P,$$

$$\frac{f'''(z)}{1.2.3} = 1.$$

L'équation $f''(z) = 0$ donne $z = -\frac{P}{3}$; si donc on veut faire disparaître le terme en $z^2$, il faudra prendre $\alpha = \frac{P}{3}$. Les formules précédentes donnent

$$f\left(-\frac{P}{3}\right) = \frac{2P^3}{27} - \frac{PQ}{3} + R = q,$$

$$f'\left(-\frac{P}{3}\right) = -\frac{P^2}{3} + Q = p,$$

et la transformée sera

$$z^3 + pz + q = 0.$$

63. La transformation linéaire générale exprimée par la formule

$$u = \frac{az + b}{a'z + b'} \quad \text{ou} \quad z = \frac{b'u - b}{a - a'u}$$

fournit le moyen, à cause des indéterminées $a, b, \ldots$, de faire disparaître deux termes d'une équation. Considérons par exemple l'équation du troisième degré

$$z^3 + Pz^2 + Qz + R = 0;$$

la transformée en $u$ sera

$$A_0 u^3 + A_1 u^2 + A_2 u + A_3 = 0,$$

en posant, pour abréger,

$$\begin{aligned}
A_0 &= b'^3 - Pa'b'^2 + Qa'^2 b' - Ra'^3,\\
A_1 &= b'[-3bb' + P(ab' + ba') - Qaa']\\
&\quad + a'[Pbb' - Q(ab' + ba') + 3Raa'],\\
A_2 &= -b[-3bb' + P(ab' + ba') - Qaa']\\
&\quad - a[Pbb' - Q(ab' + ba') + 3Raa'],\\
A_3 &= -b^3 + Pab^2 - Qa^2 b + Ra^3.
\end{aligned}$$

Déterminons maintenant les arbitraires $a$ et $a'$ de manière que l'on ait

$$A_1 = 0, \quad A_2 = 0;$$

comme on ne peut admettre que $ab' - ba'$ soit nul, puisqu'alors $u$ ne dépendrait pas de $z$, les deux équations précédentes se réduiront à

$$\begin{aligned}
-3bb' + P(ab' + ba') - Qaa' &= 0,\\
Pbb' - Q(ab' + ba') + 3Raa' &= 0;
\end{aligned}$$

si on les résout par rapport à $bb'$ et $ab' + ba'$, on trouvera

$$\frac{b}{a} \cdot \frac{b'}{a'} = -\frac{3PR - Q^2}{P^2 - 3Q}, \quad \frac{b}{a} + \frac{b'}{a'} = -\frac{PQ - 9R}{P^2 - 3Q};$$

en conséquence, $\frac{b}{a}$ et $\frac{b'}{a'}$ sont les racines de l'équation du deuxième degré

$$(P^2 - 3Q)t^2 - (PQ - 9R)t + (Q^2 - 3PR) = 0.$$

Désignons par $t$ et $t'$ les racines de cette équation et par $f(z)$ le premier membre de l'équation proposée; les quantités $a$ et $a'$ restant indéterminées, nous ferons $a' = a = -1$, la transformée en $u$ se réduit alors à

$$u^3 = \frac{f(t)}{f(t')};$$

ses trois racines seront exprimées par la formule

$$u = \sqrt[3]{\frac{f(t)}{f(t')}},$$

et celles de la proposée seront données par la suivante

$$z = \frac{1 - \sqrt[3]{\frac{f(t)}{f(t')}}}{t - t'\sqrt[3]{\frac{f(t)}{f(t')}}},$$

Cette formule peut être ramenée à une expression plus simple, mais nous n'insisterons pas sur ce sujet qui sera plus tard l'objet d'une étude approfondie; il nous suffit ici d'avoir montré comment la transformation linéaire peut conduire à la résolution générale des équations du troisième degré. Ajoutons que la même transformation fournit aussi la résolution générale des équations du quatrième degré, car elle permet de faire disparaître la première et la troisième puissance de l'inconnue, au moyen d'une équation du troisième degré. La proposée se trouve alors remplacée par une transformée que l'on sait résoudre, puisque celle-ci peut être abaissée au deuxième degré.

# CHAPITRE IV.

## DES ÉQUATIONS SIMULTANÉES ET DE L'ÉLIMINATION.

### *De l'élimination.*

64. Après avoir exposé les propriétés générales des fonctions entières d'une variable et des équations à une seule inconnue, nous devons parler des fonctions entières de plusieurs variables et des équations algébriques simultanées.

Une *fonction entière de plusieurs variables* est un polynôme entier et rationnel relativement à chacune des variables, et l'on nomme *équation algébrique* toute équation qui peut être ramenée à la forme $V = 0$, $V$ désignant une fonction entière.

Un système de $n$ équations algébriques admet, en général, comme on le verra, un nombre limité de solutions, quand le nombre des inconnues est égal à $n$. Mais si ce dernier nombre est seulement $n-1$, les équations proposées n'admettront point de solution, à moins qu'une certaine équation de condition ne soit satisfaite : les procédés par lesquels on parvient à former cette équation de condition constituent ce qu'on nomme l'*élimination*, et l'équation obtenue est dite *équation finale*.

Supposons que l'on ait $n$ équations algébriques entre $n$ inconnues

$$z,\ z_1,\ z_2,\ldots,\ z_{n-1},$$

et que ces $n$ équations soient satisfaites par les valeurs simultanées

$$z = a,\ z_1 = a_1,\ z_2 = a_2,\ldots,\ z_{n-1} = a_{n-1};$$

regardons $z$ comme une quantité connue, les équations proposées ne renfermeront plus que $n-1$ inconnues; elles admettront d'ailleurs un système de solutions communes si l'on donne à $z$ la valeur $a$; donc l'équation finale en $z$ obtenue par l'élimination de $z_1, z_2, \ldots, z_{n-1}$ entre les proposées devra admettre la racine $a$. D'après cela on peut dire que *l'équation finale qui résulte de l'élimination de $n-1$ inconnues $z_1, z_2, \ldots, z_{n-1}$ entre $n$ équations contenant en outre l'inconnue $z$, a pour racines les diverses valeurs de $z$ qui concourent, avec des valeurs convenables des autres inconnues, à former les systèmes de solutions des équations proposées.*

Il faut remarquer que l'élimination n'a pas d'autre objet que la formation de l'équation finale; la résolution d'un système d'équations simultanées constitue un problème distinct. A la vérité, pour traiter ce dernier problème, on peut et on doit même en général faire usage de l'élimination, mais on conçoit aussi que l'on puisse aborder la solution par d'autres voies.

### *Sur le nombre des termes que peut contenir une fonction entière d'un degré donné.*

65. Considérons d'abord une fonction homogène et entière des $n+1$ variables

$$z_1,\ z_2,\ z_3, \ldots,\ z_n,\ z_{n+1},$$

et du degré $m$. Si cette fonction est la plus générale de son degré, elle renfermera tous les termes qui, abstraction faite d'un coefficient constant, seront de la forme

$$z_1^{\alpha_1} z_2^{\alpha_2} \ldots z_n^{\alpha_n} z_{n+1}^{\alpha_{n+1}},$$

la somme des exposants $\alpha_1, \alpha_2, \ldots, \alpha_{n+1}$ étant égale à $m$. Le nombre total des termes dont il s'agit est précisément celui des *combinaisons complètes* $m$ *à* $m$ des $n+1$ lettres

$z_1, z_2, \ldots, z_{n+1}$, combinaisons dans lesquelles une même lettre peut figurer plusieurs fois. On sait que le nombre de ces combinaisons complètes est égal au nombre des *combinaisons simples* de $n+m$ lettres $m$ à $m$, et voici d'ailleurs comment on peut établir l'égalité de ces deux nombres. Supposons que l'on ait écrit toutes les combinaisons complètes des $n+1$ lettres $z_1, z_2, \ldots, z_{n+1}$, $m$ à $m$, de manière que dans chacune d'elles l'indice d'une lettre ne soit jamais supérieur à l'indice de la lettre suivante; désignons par A l'ensemble de toutes ces combinaisons. Supposons que l'on ait formé en même temps toutes les combinaisons simples des $n+m$ lettres $z_1, z_2, \ldots, z_{n+m}$, $m$ à $m$, de manière que dans chaque combinaison les indices des lettres forment une suite croissante, et désignons par B l'ensemble de ces combinaisons. Il est évident que si, dans chaque combinaison B, on retranche respectivement les nombres $0, 1, 2, 3, \ldots, (m-1)$ des indices des lettres successives, on obtiendra une combinaison A; réciproquement, chaque combinaison A se changera en une combinaison B, si l'on augmente respectivement les indices des lettres successives des nombres $0, 1, 2, \ldots, (m-1)$. D'ailleurs, par l'opération dont il vient d'être question, deux combinaisons différentes de l'un des systèmes A et B se changent en deux combinaisons nécessairement distinctes; donc les deux systèmes renferment le même nombre de combinaisons.

Il résulte de là qu'une fonction entière et homogène du degré $m$ dépendant de $n+1$ variables a, dans le cas le plus général,

$$\frac{(n+1)(n+2)\ldots(n+m)}{1.2.3\ldots m}$$

termes. Si, dans cette fonction homogène, on pose $z_{n+1}=1$, on obtiendra la fonction entière la plus générale de $n$ variables et du degré $m$; le nombre total des termes d'une telle fonction est donc aussi représenté par l'expression précédente.

66. Nous désignerons généralement par le symbole $N(n, m)$ le nombre des termes contenus dans la fonction entière la plus générale de $n$ variables et du degré $m$; on aura alors

$$(1) \qquad N(n, m) = \frac{(n+1)(n+2)\ldots(n+m)}{1.2.3\ldots m};$$

le second membre de cette formule ne change pas quand on échange entre elles les lettres $n$ et $m$, car on peut lui donner la forme

$$\frac{1.2\ 3\ \ldots(n+m)}{1.2.3\ldots n \times 1.2.3\ldots m};$$

on a donc aussi

$$(2) \qquad N(n, m) = \frac{(m+1)(m+2)\ldots(m+n)}{1.2.3\ldots n}.$$

L'expression (1) se réduit à 1 pour $n = 0$, et la même chose a lieu à l'égard de l'expression (2), quand on y fait $m = 0$; on a donc

$$(3) \qquad N(0, m) = 1, \quad N(n, 0) = 1,$$

ce qui est conforme à notre définition du symbole $N(n, m)$; on doit admettre que les formules (3) subsistent quand on fait $m = 0$ dans la première, et $n = 0$ dans la seconde, et nous aurons

$$N(0, 0) = 1,$$

ce qui exprime simplement une convention. Enfin, dans ce qui va suivre, l'entier $m$ pourra recevoir des valeurs négatives, et nous conviendrons que, pour de telles valeurs, on a

$$N(n, m) = 0,$$

lors même que $n$ aurait la valeur zéro.

Si l'on remplace $m$ par $m-1$ dans la formule (2), on aura

$$N(n, m-1) = \frac{m(m+1)\ldots(m+n-1)}{1.2.3\ldots n},$$

et, par suite, en supposant $n > 1$,

$$N(n, m) - N(n, m-1) = \frac{(m+1)(m+2)\ldots(m+n-1)}{1.2.3\ldots(n-1)}$$

ou

$$N(n, m) - N(n, m-1) = N(n-1, m).$$

Cette formule a été établie dans l'hypothèse de $m$ positif et de $n > 1$; mais, d'après notre définition du symbole N, on reconnaît qu'elle subsiste quand $m$ est nul ou négatif, et quand $n$ est égal à 1. Si l'on y remplace $m$ successivement par $m$, $m-1$, $m-2$,..., $(m-m_1+1)$, et qu'on ajoute les $m_1$ équations résultantes, il viendra

$$N(n, m) - N(n, m-m_1) = N(n-1, m) + N(n-1, m-1) + \ldots + N(n-1, m-m_1+1),$$

formule qui subsiste évidemment, quel que soit le nombre entier $m_1$ supposé positif.

Si l'on pose

$$(4)\qquad \Delta_{m_1} N(n, m) = N(n, m) - N(n, m-m_1),$$

la formule précédente pourra s'écrire comme il suit

$$(5)\qquad \Delta_{m_1} N(n, m) = \sum_{\mu_1=0}^{\mu_1=m_1-1} N(n-1, m-\mu_1),$$

le signe $\sum$ du second membre indiquant qu'il faut donner successivement à $\mu_1$ les valeurs 0, 1, 2,..., $(m_1-1)$ dans l'expression $N(n-1, m-\mu_1)$, et faire ensuite la somme des résultats.

Soient $m_2, m_3, \ldots, m_k$ des nombres positifs quelconques, et posons encore

$$\left\{\begin{array}{l}\Delta_{m_2}\Delta_{m_1} N(n, m) = \Delta_{m_1} N(n, m) - \Delta_{m_1} N(n, m - m_2),\\ \Delta_{m_3}\Delta_{m_2}\Delta_{m_1} N(n, m) = \Delta_{m_2}\Delta_{m_1} N(n, m) - \Delta_{m_2}\Delta_{m_1} N(n, m - m_3),\\ \ldots\ldots\ldots\ldots\ldots\ldots\ldots\ldots\ldots\ldots\ldots\ldots,\\ \Delta_{m_k}\Delta_{m_{k-1}}\ldots\Delta_{m_1} N(n, m) = \Delta_{m_{k-1}}\ldots\Delta_{m_1} N(n, m) - \Delta_{m_{k-1}}\ldots\Delta_{m_1} N(n, m - m_k).\end{array}\right.$$

Si l'on suppose que $k$ ne soit pas supérieur à $n$, on aura, en appliquant successivement $k$ fois le théorème exprimé par la formule (5),

$$\Delta_{m_k}\Delta_{m_{k-1}}\ldots\Delta_{m_2}\Delta_{m_1} N(n, m) = \sum N(n - k, m - \mu_1 - \mu_2 - \ldots - \mu_k),$$

le signe $\sum$ exprimant qu'il faut faire la somme de toutes les valeurs que prend $N(n - k, m - \mu_1 - \mu_2 - \ldots - \mu_k)$, quand on emploie successivement tous les systèmes de valeurs nulles ou positives des indéterminées $\mu_1, \mu_2, \ldots, \mu_k$ tels que l'on ait

$$\mu_1 < m_1, \quad \mu_2 < m_2, \ldots, \quad \mu_k < m_k.$$

Le nombre des termes contenus dans le second membre de la formule (7) est ainsi égal au produit $m_1 m_2 \ldots m_k$. Si le nombre $k$ est égal à $n$, chacun des termes dont nous venons de parler se réduira à 1 ou à 0. Supposons qu'ils se réduisent tous à 1, la formule (7) donnera

$$(8) \qquad \Delta_{m_n}\Delta_{m_{n-1}}\ldots\Delta_{m_1} N(n, m) = m_1 m_2 \ldots m_n.$$

Mais pour que cette formule (8) subsiste, il faut que la quantité $m - \mu_1 - \mu_2 - \ldots - \mu_n$, qui figure sous le signe $\sum$, dans la formule (7), ne soit jamais négative, et la condition, pour qu'il en soit ainsi, est

$$(9) \quad m = \text{ou} > (m_1 - 1) + (m_2 - 1) + \ldots + (m_n - 1).$$

Si cette condition n'est pas satisfaite, comme les indéterminées $\mu_1$, $\mu_2$,... varient de 0 à $m_1 - 1$, de 0 à $m_2 - 1$,..., respectivement, la somme $\mu_1 + \mu_2 + \ldots + \mu_n$ prendra au moins une fois chacune des $m+1$ valeurs 0, 1, 2,..., $m$; donc, dans le second membre de la formule (7), où l'on suppose $k = n$, il y a plus de $m$ termes égaux à 1, et l'on a alors

$$(10) \qquad \Delta_{m_n}\Delta_{m_{n-1}}\ldots\Delta_{m_1}\mathrm{N}(n, m) > m.$$

67. J'établirai encore ici une inégalité qui nous sera utile dans ce qui va suivre, et que l'on conclut très-facilement des formules (4) et (6). Le nombre que représente le symbole N n'étant jamais négatif, il en est de même des expressions dont la valeur est fournie par la formule (7); alors les formules (4) et (6) nous donnent

$$\mathrm{N}(n, m) > \Delta_{m_1}\mathrm{N}(n, m) > \Delta_{m_2}\Delta_{m_1}\mathrm{N}(n, m) > \ldots.$$

Ainsi on aura généralement

$$\mathrm{N}(n, m) > \Delta_{m_{k-1}}\Delta_{m_{k-2}}\ldots\Delta_{m_1}\mathrm{N}(n, m);$$

en changeant $m$ en $m - m_k$, et en écrivant dans le second membre

$$\mathrm{N}(n, m) - \Delta_{m_k}\mathrm{N}(n, m),$$

au lieu de $\mathrm{N}(n, m - m_k)$, on aura

$$\mathrm{N}(n, m - m_k) > \Delta_{m_{k-1}}\ldots\Delta_{m_1}\mathrm{N}(n, m) - \Delta_{m_k}\ldots\Delta_{m_1}\mathrm{N}(n, m).$$

Cela posé, on a l'identité

$$\mathrm{N}(n, m - m_1) = \mathrm{N}(n, m) - \Delta_{m_1}\mathrm{N}(n, m),$$

et en donnant à $k$ les valeurs 2, 3,..., $k$, dans l'inégalité que nous venons d'obtenir, il vient

$$\mathrm{N}(n, m - m_2) > \Delta_{m_1}\mathrm{N}(n, m) - \Delta_{m_2}\Delta_{m_1}\mathrm{N}(n, m),$$
$$\mathrm{N}(n, m - m_3) > \Delta_{m_2}\Delta_{m_1}\mathrm{N}(n, m) - \Delta_{m_3}\Delta_{m_2}\Delta_{m_1}\mathrm{N}(n, m),$$
$$\ldots\ldots\ldots\ldots\ldots\ldots\ldots\ldots\ldots\ldots\ldots\ldots,$$
$$\mathrm{N}(n, m - m_k) > \Delta_{m_{k-1}}\ldots\Delta_{m_1}\mathrm{N}(n, m) - \Delta_{m_k}\ldots\Delta_{m_1}\mathrm{N}(n, m).$$

Si l'on ajoute ces inégalités avec l'égalité qui les précède, on aura

$$N(n, m - m_1) + N(n, m - m_2) + \ldots + N(n, m - m_k) \\ > N(n, m) - \Delta_{m_k} \ldots \Delta_{m_2} \Delta_{m_1} N(n, m),$$

ce qui est le résultat que nous avions en vue. Il faut remarquer que le signe $>$ n'exclut pas ici l'égalité.

*Du nombre des termes d'une fonction entière, qui ne sont pas divisibles par des puissances données des variables.*

68. Soit V une fonction entière et complète du degré $m$ des $n$ variables

$$z_1, z_2, \ldots, z_n,$$

et cherchons combien il y a, dans le polynôme V, de termes qui ne sont divisibles par aucun des monômes

$$z_1^{m_1}, z_2^{m_2}, \ldots, z_k^{m_k},$$

$m_1, m_2, \ldots, m_k$ étant des exposants entiers quelconques, dont le nombre $k$ est égal ou inférieur à $n$.

Si $m_1$ est inférieur à $m$, la partie de V qui est divisible par $z_1^{m_1}$ est égale au produit de ce monôme par une fonction entière du degré $m - m_1$, laquelle doit être un polynôme complet, car autrement la fonction V ne serait pas complète; donc le nombre des termes de V qui sont divisibles par $z_1^{m_1}$ est

$$N(n, m - m_1),$$

et ce résultat subsiste quand $m_1$ est supérieur à $m$, puisqu'alors l'expression précédente est nulle. Il résulte de là que le nombre des termes de V qui ne sont pas divisibles par $z_1^{m_1}$ est

$$N(n, m) - N(n, m - m_1),$$

ou, d'après notre notation,

$$\Delta_{m_1} N(n, m).$$

Représentons, pour un moment, par $\mathfrak{N}(n, m)$ le nombre des termes de V qui ne sont divisibles par aucun des monômes

$$z_1^{m_1},\ z_2^{m_2}, \ldots,\ z_{k-1}^{m_{k-1}};$$

la partie de V qui est divisible par $z_k^{m_k}$ est le produit de $z_k^{m_k}$ par une fonction entière du degré $m - m_k$, et dans cette fonction il y a $\mathfrak{N}(n, m - m_k)$ termes qui ne sont divisibles par aucun des monômes $z_1^{m_1}, \ldots, z_{k-1}^{m_{k-1}}$; ce nombre exprime aussi combien il y a, dans V, de termes qui ne sont pas divisibles par les mêmes monômes, mais qui le sont par $z_k^{m_k}$. Il résulte de là que le nombre des termes de V qui ne sont divisibles par aucun des monômes

$$z_1^{m_1},\ z_2^{m_2}, \ldots,\ z_{k-1}^{m_{k-1}},\ z_k^{m_k}$$

est égal à

$$\mathfrak{N}(n, m) - \mathfrak{N}(n, m - m_k),$$

ou, si l'on veut, à

$$\Delta_{m_k} \mathfrak{N}(n, m).$$

Mais nous avons vu qu'il y a, dans la fonction V, $\Delta_{m_1} N(n, m)$ termes non divisibles par $z_1^{m_1}$, donc il y en a $\Delta_{m_2} \Delta_{m_1} N(n, m)$ qui ne sont divisibles ni par $z_1^{m_1}$ ni par

$z_2^{m_2}$; pareillement $\Delta_{m_3}\Delta_{m_2}\Delta_{m_1}$ N $(n, m)$ est le nombre des termes non divisibles par l'un des trois monômes $z_1^{m_1}$, $z_2^{m_2}$, $z_3^{m_3}$, et ainsi de suite, en sorte que l'expression

$$\Delta_{m_k}\ldots\Delta_{m_2}\Delta_{m_1}\,\mathrm{N}(n, m)$$

représente le nombre des termes de la fonction V qui n'admettent pour diviseur aucun des monômes

$$z_1^{m_1},\ z_2^{m_2},\ldots,\ z_k^{m_k}.$$

*Réduction d'une fonction entière de plusieurs quantités assujetties à satisfaire à un pareil nombre d'équations données.*

69. Soient

$$(1)\qquad \mathrm{V}_1 = 0,\quad \mathrm{V}_2 = 0,\ldots,\quad \mathrm{V}_k = 0$$

$k$ équations algébriques des degrés respectifs $m_1, m_2, \ldots, m_k$ entre les variables

$$z_1,\ z_2,\ldots,\ z_n,$$

dont le nombre $n$ est au moins égal à $k$.

Nous supposerons non-seulement que ces équations soient complètes, mais encore que les coefficients de chacune d'elles demeurent indéterminés, en sorte qu'il ne puisse exister entre eux aucune relation. Cela posé, nous établirons la proposition suivante : *Soit* S *une fonction entière quelconque des variables* $z_1, z_2, \ldots$, *il sera toujours possible de tirer des équations* (1) *les valeurs des puissances*

$$(2)\qquad z_1^{m_1},\ z_2^{m_2},\ldots,\ z_k^{m_k},$$

*qui seront ainsi exprimées par des fonctions entières ne*

*contenant $z_1$, $z_2$,..., $z_k$ qu'avec des exposants inférieurs à $m_1$, $m_2$,..., $m_k$ respectivement. En outre, par la susbtitution de ces valeurs, on pourra faire disparaître de la fonction S tous les termes divisibles par l'un des monômes* (2).

Cette proposition est évidente quand le nombre $k$ est égal à l'unité; dans ce cas le système (1) se réduit à une seule équation de laquelle on pourra tirer la valeur de $z_1^{m_1}$; la substitution de cette valeur abaissera le degré de S; si ce degré reste supérieur à $m_1$, de nouvelles substitutions pourront évidemment le réduire au-dessous de $m_1$. Au surplus, la réduction peut être opérée immédiatement en divisant S par $V_1$; si l'on désigne par $-T_1$ le quotient de cette division et par S′ le reste qui est de degré inférieur à $m_1$, on aura

$$S + T_1V_1 = S';$$

en sorte que pour atteindre le but proposé, il suffira d'ajouter à S le produit $T_1V_1$.

Lorsque le nombre $k$ est supérieur à 1, si les degrés $m_1$, $m_2$,..., $m_k$ des équations (1) sont égaux entre eux, on voit tout de suite que l'on pourra résoudre ces équations par rapport à $z_1^{m_1}$, $z_2^{m_2}$,..., $z_k^{m_k}$, puisque nous leur supposons la plus grande généralité possible, mais on aperçoit moins facilement, même dans ce cas particulier, la marche qu'il faut suivre pour faire disparaître de la fonction S les termes divisibles par l'un des monômes (2); le procédé est pourtant le même que dans le cas de $k=1$, mais il faut l'appliquer d'une manière convenable, afin qu'aucune des substitutions qu'on exécute ne fasse reparaître des termes déjà disparus par des substitutions précédentes.

Quels que soient le nombre $k$ et les degrés $m_1$, $m_2$,..., $m_k$, je dis qu'on peut trouver des polynômes $T_1$, $T_2$,..., $T_k$

tels que la somme

$$(3)\qquad S + T_1V_1 + T_2V_2 + \ldots + T_kV_k = S'$$

ne renferme plus aucun terme divisible par l'un des monômes (2); j'ajoute qu'en général ces polynômes ne seront pas complétement déterminés et qu'ils pourront en conséquence être choisis de plusieurs manières différentes. En effet, désignons par $m$ le degré de la fonction S et prenons pour $T_1, T_2, \ldots, T_k$ les fonctions entières les plus générales des degrés respectifs

$$m - m_1, \quad m - m_2, \ldots, \quad m - m_k,$$

chacune de ces fonctions devant toutefois être réduite à zéro, lorsque le nombre qui doit exprimer son degré est négatif.

Le nombre des coefficients arbitraires contenus dans le premier membre de la formule (3) sera évidemment

$$(4)\qquad N(m - m_1) + N(m - m_2) + \ldots + N(m - m_k);$$

d'ailleurs ce premier membre est un polynôme complet du degré $m$ qui renferme $N(n, m)$ termes, et parmi ceux-ci il y en a (n° 68)

$$\Delta_{m_k}\Delta_{m_{k-1}}\ldots\Delta_{m_1}N(n, m)$$

qui ne sont divisibles par aucun des monômes (2). Le nombre des termes de l'expression (3) qui sont divisibles par l'un des monômes (2), termes que nous voulons faire disparaître, est donc

$$(5)\qquad N(n, m) - \Delta_{m_k}\Delta_{m_{k-1}}\ldots\Delta_{m_1}N(n, m);$$

or on a vu au n° 67 que le nombre (4) n'est jamais inférieur au nombre (5); donc les arbitraires contenues dans la formule (3) seront toujours en nombre suffisant pour l'évanouissement de tous les termes divisibles par l'un des monômes (2).

La fonction S est quelconque; si on la réduit successivement aux monômes (2), on voit, par ce qui précède, que chacun de ces monômes sera exprimable par une fonction entière qui ne contiendra les variables $z_1, z_2, \ldots, z_k$ qu'avec des exposants inférieurs à $m_1, m_2, \ldots, m_k$ respectivement.

*Élimination de $n - 1$ inconnues entre $n$ équations algébriques. — Théorème de Bezout relatif au degré de l'équation finale.*

70. C'est en partant des considérations qui précèdent que Bezout est parvenu à établir, comme nous allons l'expliquer, le principe fondamental de la théorie de l'élimination.

Soient

$$(1) \qquad V_1 = 0, \quad V_2 = 0, \ldots, \quad V_n = 0$$

$n$ équations algébriques des degrés $m_1, m_2, \ldots, m_n$ respectivement et contenant $n$ inconnues

$$z_1, z_2, \ldots, z_n;$$

nous supposerons, comme au nº 69, que chacune des équations proposées est la plus générale possible, et qu'il n'existe aucune relation entre les coefficients.

Considérons les $n - 1$ premières équations (1); d'après ce qui a été dit au nº 69, on pourra tirer de ces équations les valeurs de

$$z_1^{m_1}, \; z_2^{m_2}, \ldots, \; z_{n-1}^{m_{n-1}},$$

et ces valeurs seront exprimées par des fonctions entières qui ne renfermeront les inconnues $z_1, z_2, \ldots, z_{n-1}$ qu'avec des exposants inférieurs à $m_1, m_2, \ldots, m_{n-1}$ respectivement.

Cela posé, soit $T_n$ un polynôme complet d'un degré

indéterminé que je représenterai par $m - m_n$. Si l'on multiplie par $T_n$ la dernière des équations (1) qui est du degré $m_n$, elle deviendra

$$(2) \qquad T_n V_n = 0,$$

et je dis qu'on peut réaliser l'élimination des $n-1$ inconnues $z_1, z_2, \ldots, z_{n-1}$, par le moyen des arbitraires contenues dans $T_n$ et avec le secours des $n-1$ premières équations (1). Les arbitraires ayant été ainsi déterminées, l'équation (2) deviendra l'équation finale et le nombre $m$ exprimera son degré.

Le premier membre de l'équation (2) est un polynôme complet du degré $m$, et il renferme, en conséquence, $N(n, m)$ termes; mais quand, au moyen des $n-1$ premières équations (1), on aura fait disparaître (n° 69) tous les termes divisibles par l'un des monômes

$$(3) \qquad z_1^{m_1},\ z_2^{m_2}, \ldots,\ z_{n-1}^{m_{n-1}},$$

il n'en restera plus que

$$\Delta_{m_{n-1}} \ldots \Delta_{m_2} \Delta_{m_1} N(n, m);$$

par conséquent, pour que l'élimination puisse s'exécuter, il faut que, par le moyen des arbitraires contenues dans $T_n$, tous ces derniers termes disparaissent, à l'exception des $m+1$ qui ne renferment que la seule inconnue $z_n$. Ainsi le nombre des termes qu'il faut faire évanouir est

$$(4) \qquad \Delta_{m_{n-1}} \ldots \Delta_{m_2} \Delta_{m_1} N(n, m) - (m+1).$$

Le polynôme $T_n$ étant complet et du degré $m - m_n$, il renferme $N(n, m - m_n)$ termes; mais le nombre des coefficients dont on peut disposer pour l'élimination est beaucoup moindre. En effet, il est évident qu'avant d'effectuer le produit $T_n \times V_n$ qui doit former le premier membre de l'équation (2), rien n'empêche de faire disparaître de $T_n$ tous les termes divisibles par l'un des monômes (3); il n'y aura d'arbitraires dans $T_n$ que les coefficients des termes restants dont le nombre est

$$\Delta_{m_{n-1}} \ldots \Delta_{m_2} \Delta_{m_1} N(n, m - m_n),$$

en sorte que, pour plus de simplicité, on doit supposer tous les autres nuls, puisqu'il est possible de les faire disparaître. Enfin, on peut choisir arbitrairement l'un des coefficients du polynôme $T_n$ ainsi réduit, car cela revient à multiplier l'équation (2) par une constante; donc le nombre des arbitraires utiles pour l'élimination est seulement

$$(5) \qquad \Delta_{m_{n-1}} \ldots \Delta_{m_2} \Delta_{m_1} N(n, m - m_n) - 1.$$

On voit d'après cela qu'on pourra faire disparaître les inconnues $z_1, z_2, \ldots, z_{n-1}$ de l'équation (2), en résolvant simplement un système d'équations du premier degré entre un pareil nombre d'inconnues, si les expressions (4) et (5) sont égales entre elles. En écrivant que ces expressions sont égales, il vient

$$m = \Delta_{m_{n-1}} \ldots \Delta_{m_2} \Delta_{m_1} N(n, m) - \Delta_{m_{n-1}} \ldots \Delta_{m_2} \Delta_{m_1} N(n, m - m_n)$$

ou

$$m = \Delta_{m_n} \Delta_{m_{n-1}} \ldots \Delta_{m_2} \Delta_{m_1} N(n, m);$$

or, le second membre de cette formule n'étant pas supérieur à $m$, il est nécessairement égal au produit $m_1 m_2 \ldots m_n$, d'après la formule (8) du n° 66; car la condition (9) que suppose cette formule sera évidemment remplie. On a donc

$$m = m_1 m_2 \ldots m_n,$$

et on peut dès lors énoncer le théorème suivant :

*Le degré de l'équation finale qui résulte de l'élimination de $n - 1$ inconnues entre $n$ équations à $n$ incon-*

*nues est égal au produit des degrés de ces équations, lorsque celles-ci sont complètes et que leurs coefficients demeurent indéterminés.*

71. La démonstration que nous venons de présenter repose sur ce fait, que les coefficients arbitraires du polynôme $T_n$ sont complétement déterminés par les équations du premier degré auxquelles ils doivent satisfaire. Or, bien que le nombre de ces équations soit égal à celui des arbitraires, et que les équations proposées aient la plus grande généralité possible, on pourrait craindre de se trouver ici dans l'un des cas d'incompatibilité dont l'existence est bien connue; il est facile de montrer qu'il n'en peut être ainsi.

En effet, supposons que les équations proposées se réduisent à

$$z_1^{m_1} - a = 0,\quad z_2^{m_2} - z_1 = 0,\quad z_3^{m_3} - z_2 = 0, \ldots,\quad z_n^{m_n} - z_{n-1} = 0,$$

$a$ étant une constante donnée. Dans ce cas, on a

$$V_n = z_n^{m_n} - z_{n-1},$$

et la fonction qui réalise l'élimination peut être déterminée *à priori*. Si, en effet, on pose

$$m = m_1 m_2 \ldots m_n,\quad m' = \frac{m}{m_n},$$

le polynôme $T_n$ aura pour valeur

$$T_n = z_n^{(m'-1)m_n} + z_{n-1} z_n^{(m'-2)m_n} + \ldots + z_{n-1}^{m'-1},$$

car, en employant cette valeur de $T_n$, on a

$$T_n V_n = z_n^m - z_{n-1}^{m'},$$

ou, à cause des $n-1$ premières équations proposées,

$$T_n V_n = z_n^m - a.$$

Il est évident que si l'on applique à ce cas particulier la méthode générale du n° 70, on obtiendra cette même valeur de $T_n$ que nous venons de former; il en résulte que les équations qui déterminent $T_n$ ne peuvent offrir d'impossibilité en général, puisqu'elles n'en présentent pas quand on donne certaines valeurs particulières aux coefficients des équations proposées.

Nous ajouterons encore une remarque fort importante. Le raisonnement du n° 70 a conduit, par l'élimination de $n-1$ inconnues entre $n$ équations, à une équation finale dont le degré est égal au produit des degrés des équations proposées; mais on peut se demander si ce degré ne serait pas susceptible de s'abaisser par l'évanouissement de quelques termes, ou s'il ne serait pas possible, en suivant une voie différente, de déduire des équations proposées une équation finale de degré moindre. Il est aisé de voir qu'il n'en est rien, tant qu'il s'agit d'équations générales; effectivement, dans l'exemple que nous venons de considérer, on reconnaît *à priori* que l'équation finale est

$$z_n^m - a = 0,$$

et son degré est égal au produit des degrés des proposées. Or, ces dernières sont comprises dans les équations générales du n° 70; donc l'équation finale qui en résulte est nécessairement comprise dans l'équation finale qui se rapporte au cas général.

On arrive à la même conclusion en considérant $n$ équations des degrés $m_1, m_2, \ldots, m_n$ respectivement, dont chacune soit décomposable en facteurs linéaires de la forme

$$a_1 z_1 + a_2 z_2 + \ldots + a_n z_n + a,$$

$a_1, a_2, \ldots,$ étant des coefficients indéterminés. Le système de ces équations peut évidemment être remplacé par $m = m_1 m_2 \ldots m_n$ systèmes formés de $n$ équations du premier degré; chacun de ceux-ci fournit une équation finale du premier degré, et le produit des $m$ équations finales ainsi obtenues est l'équation finale relative au système proposé.

Dans les deux cas que nous venons de citer, il est évidemment impossible de tirer des équations proposées une équation en $z_n$,

$$\varphi(z_n) = 0,$$

dont le degré soit inférieur à $m$; donc la même chose est également impossible dans le cas des équations générales.

72. L'analyse que nous venons de développer montre qu'on n'obtiendrait pas la véritable équation finale, dans le cas où le nombre des équations est supérieur à 2, si, au lieu d'éliminer les inconnues à la fois, comme nous l'avons fait, on voulait procéder par éliminations successives. Car supposons le cas de trois équations générales des degrés respectifs $m_1$, $m_2$, $m_3$ entre les inconnues $z_1$, $z_2$, $z_3$. Si l'on élimine $z_1$ entre la première équation et chacune des deux autres, on obtiendra deux équations finales des degrés $m_1 m_2$ et $m_1 m_3$, puis l'élimination de $z_2$ entre ces deux dernières fournirait une équation dont le degré pourrait s'élever jusqu'à $m_1^2 m_2 m_3$, tandis que la vraie équation finale est seulement du degré $m_1 m_2 m_3$. Le cas des équations du premier degré est le seul où l'on puisse procéder par éliminations successives.

*Sur la résolution des équations algébriques simultanées.*

73. Lorsqu'on sait former l'équation finale qui résulte de l'élimination de $n-1$ inconnues entre $n$ équations données, on peut aussi, d'après une remarque due à M. Liouville, déterminer les valeurs des inconnues éli-

minées qui répondent à chaque racine de l'équation finale. C'est ce que nous allons développer.

Reprenons les $n$ équations

$$(1) \qquad V_1 = 0, \quad V_2 = 0, \ldots, \quad V_n = 0,$$

des degrés respectifs $m_1, m_2, \ldots, m_n$ entre les inconnues $z_1, z_2, \ldots, z_n$, et supposons, comme nous l'avons fait jusqu'ici, que ces équations aient la plus grande généralité possible.

Posons

$$(2) \qquad z = \alpha_1 z_1 + \alpha_2 z_2 + \ldots + \alpha_{n-1} z_{n-1} + z_n,$$

$\alpha_1, \alpha_2, \ldots, \alpha_{n-1}$ étant des coefficients indéterminés, et prenons $z$ pour inconnue à la place de $z_n$, il faudra, dans les équations (1), remplacer $z_n$ par la valeur

$$z_n = z - (\alpha_1 z_1 + \alpha_2 z_2 + \ldots + \alpha_{n-1} z_{n-1});$$

cette substitution ne changera pas le degré des équations, et celles-ci deviendront

$$(3) \qquad U_1 = 0, \quad U_2 = 0, \ldots, \quad U_n = 0.$$

Si l'on élimine $z_1, z_2, \ldots, z_{n-1}$ entre les équations (3), on obtiendra une équation finale en $z$ dont le degré $m$ sera

$$m = m_1 m_2 \ldots m_n,$$

et qui contiendra dans ses différents termes les $n-1$ indéterminées $\alpha_1, \alpha_2, \ldots, \alpha_{n-1}$. On peut chasser les dénominateurs qui seraient fonctions de $\alpha_1, \alpha_2, \ldots$ et, en ordonnant le premier membre par rapport à ces indéterminées, l'équation finale en $z$ sera

$$(4) \; f(z) + [\alpha_1 F_1(z) + \alpha_2 F_2(z) + \ldots + \alpha_{n-1} F_{n-1}(z)] + \ldots = 0.$$

On retrouvera l'équation finale relative aux équations proposées en attribuant la valeur zéro aux indéterminées

$\alpha$; on a effectivement alors $z = z_n$, et l'équation (4) se réduit à

$$(5) \qquad f(z_n) = 0;$$

mais l'indétermination des quantités $\alpha$ va nous fournir des résultats plus étendus. Si, dans l'équation (4), on remplace $z$ par sa valeur tirée de la formule (2) et que l'on fasse usage des formules connues

$$f(z) = f(z_n) + \frac{\alpha_1 z_1 + \alpha_2 z_2 + \ldots + \alpha_{n-1} z_{n-1}}{1} f'(z_n) + \ldots,$$
$$F_1(z) = F_1(z_n) + \ldots,$$
$$\ldots\ldots\ldots\ldots\ldots\ldots\ldots\ldots\ldots\ldots\ldots,$$

il viendra, en ordonnant par rapport aux $\alpha$,

$$(6) \quad \left\{ \begin{aligned} & f(z_n) + \{\alpha_1 [z_1 f'(z_n) + F_1(z_n)] + \ldots \\ & \qquad + \alpha_{n-1}[z_{n-1} f'(z_n) + F_{n-1}(z_n)]\} + \ldots = 0. \end{aligned} \right.$$

Cette équation (6) résulte de la combinaison des équations (1) entre elles, et elle est nécessairement satisfaite, quelles que soient les indéterminées $\alpha$, par tous les systèmes de valeurs des inconnues susceptibles de vérifier les équations proposées. Si l'on suppose que ces indéterminées soient nulles à l'exception d'une seule $\alpha_\mu$, le premier membre de la formule (6) se réduira à un polynôme ordonné suivant les puissances de $\alpha_\mu$ et il ne pourra être identiquement nul, à moins que les coefficients des diverses puissances de $\alpha_\mu$ ne soient nuls. Ainsi, en particulier, on aura, outre l'équation (5),

$$z_\mu f'(z_n) + F_\mu(z_n) = 0,$$

pour toutes les valeurs 1, 2, ..., $(n-1)$ de l'indice $\mu$, ce qui donnera

$$(7) \quad z_1 = -\frac{F_1(z_n)}{f'(z_n)}, \quad z_2 = -\frac{F_2(z_n)}{f'(z_n)}, \ldots, \quad z_{n-1} = -\frac{F_{n-1}(z_n)}{f'(z_n)}.$$

Dans le cas particulier où le premier membre de chacune des équations (1) est un produit de facteurs du premier degré à coefficients indéterminés, l'équation (5) n'a point de racines égales, et par suite elle n'en peut avoir dans le cas général. Donc, si l'on remplace $z_n$ par l'une des racines de l'équation finale (5), la dérivée $f'(z_n)$ ne sera pas nulle et les formules (7) ne deviendront point illusoires, à moins que l'on n'attribue des valeurs déterminées aux coefficients des équations proposées.

74. La méthode précédente conduit à d'autres formules qu'il convient de remarquer et qu'on obtient en égalant à zéro les termes que nous n'avons pas considérés dans la formule (6) et qui contiennent en facteur soit une puissance supérieure à la première de l'une des indéterminées $\alpha$, soit un produit de puissances de plusieurs de ces indéterminées. Par exemple, si l'on représente par $F_{\mu,\nu}(z)$ le coefficient de $\alpha_\mu \alpha_\nu$ dans le premier membre de l'équation (4), les indices $\mu$ et $\nu$ pouvant être égaux, et qu'on égale à zéro les coefficients de $\alpha_\mu^2$ et de $\alpha_\mu \alpha_\nu$ dans l'équation (6), il viendra

$$(8)\quad \begin{cases} \dfrac{f''(z_n)}{1.2} z_\mu^2 + \dfrac{F'_\mu(z_n)}{1} z_\mu + F_{\mu,\mu}(z_n) = 0, \\ f''(z_n) z_\mu z_\nu + \left[F'_\mu(z_n) z_\nu + F'_\nu(z_n) z_\mu\right] + F_{\mu,\nu}(z_n) = 0. \end{cases}$$

La seconde de ces formules (8) donne cette valeur de $z_\nu$,

$$(9)\qquad z_\nu = -\frac{z_\mu F'_\nu(z_n) + F_{\mu,\nu}(z_n)}{z_\mu f''(z_n) + F'_\mu(z_n)}.$$

Les formules (8) et (9) sont plus composées que les formules (7), mais quand on passe du cas des équations générales à celui des équations particulières, les formules (7) peuvent devenir illusoires, et dans ce cas les formules (8) et (9) les suppléeront. Celles-ci peuvent à leur tour devenir illusoires et exiger l'emploi d'autres formules qu'on pourrait pareillement tirer de l'équation (6); mais il n'est pas utile d'insister davantage sur ce sujet.

75. Les équations (5) et (7) sont, d'après notre analyse, une conséquence nécessaire des équations proposées; soit $V_\mu = 0$ l'une quelconque de celles-ci, et désignons par $V'_\mu$ le résultat que l'on obtient quand on remplace dans $V_\mu$, $z_1, z_2, \ldots, z_{n-1}$ par les valeurs (7). La fonction $V'_\mu$ sera de la forme

$$V'_\mu = \frac{\Phi_\mu(z_n)}{[f'(z_n)]^{m_\mu}},$$

$\Phi_\mu(z_n)$ étant une fonction entière. Effectuons la division de $\Phi_\mu(z_n)$ par $f(z_n)$ de manière à obtenir un reste $\varphi_\mu(z_n)$ de degré inférieur à $m$, et désignons par $\Psi_\mu(z_n)$ le quotient de cette division, on aura

$$V'_\mu = \frac{f(z_n)\Psi_\mu(z_n) + \varphi_\mu(z_n)}{[f'(z_n)]^{m_\mu}}.$$

Cela posé, puisque les équations (7) résultent des proposées, il en sera de même de l'équation $V'_\mu = 0$, laquelle se réduit à

$$\varphi_\mu(z_n) = 0.$$

Or celle-ci ne peut avoir lieu que si $\varphi_\mu(z_n)$ est identiquement nul, car ce polynôme est au plus du degré $m-1$, et nous savons qu'on ne peut tirer des équations proposées une équation finale en $z_n$ d'un degré inférieur à $m$. La précédente valeur de $V'_\mu$ se réduit donc à

$$V'_\mu = \frac{\Psi_\mu(z_n)}{[f'(z_n)]^{m_\mu}} f(z_n);$$

d'ou il résulte que les équations proposées sont satisfaites par tous les systèmes de valeurs des inconnues tirés des équations (5) et (7); ce qui est la réciproque de la proposition établie au n° 74. Ainsi se trouve démontré cet important théorème :

*Le nombre des systèmes de solutions communes à plusieurs équations renfermant un pareil nombre d'inconnues est égal au produit des degrés de ces équations, lorsque celles-ci sont complètes et que leurs coefficients demeurent indéterminés.*

En particulier, *deux lignes des degrés $m_1$ et $m_2$ se coupent en $m_1 m_2$ points; trois surfaces des degrés $m_1, m_2, m_3$ se coupent en $m_1 m_2 m_3$ points.*

On dit qu'une courbe algébrique plane ou gauche est de l'ordre $m$, lorsqu'elle est rencontrée en $m$ points par un plan quelconque. L'intersection de deux surfaces des degrés $m_1$ et $m_2$ est donc en général une courbe de l'ordre $m_1 m_2$, car le nombre des solutions communes à trois équations des degrés $m_1$, $m_2$ et 1 est $m_1 \times m_2 \times 1$. Ainsi l'intersection de deux surfaces du deuxième degré est en général une courbe du quatrième ordre; mais il peut arriver, dans les cas particuliers, que cette courbe se réduise, soit à une courbe du troisième ordre et à une droite, soit à deux courbes du deuxième ordre, c'est-à-dire à deux coniques.

### *Remarque sur la méthode d'élimination de Bezout. — Méthode d'Euler.*

76. La méthode d'élimination de Bezout, exposée au n° 70, consiste à multiplier l'une des équations proposées,

$$(1) \qquad V_1 = 0, \quad V_2 = 0, \ldots, \quad V_n = 0,$$

par un certain polynôme, et à employer les autres équations pour faire disparaître quelques-uns des termes contenus dans le produit; l'élimination s'achève ensuite en disposant convenablement des arbitraires que renferme le polynôme multiplicateur. Mais, d'après ce qu'on a vu au nº 69, cette manière d'opérer revient à ajouter entre elles toutes les équations, après les avoir multipliées par certains facteurs; donc, si l'on représente par

$$(2) \qquad f(z_n) = 0$$

l'équation finale qui résulte de l'élimination de $z_1, z_2, \ldots, z_{n-1}$ entre les équations (1), on aura identiquement

$$f(z_n) = T_1 V_1 + T_2 V_2 + \ldots + T_n V_n,$$

$T_1, T_2, \ldots, T_n$ étant des fonctions entières des inconnues convenablement choisies.

77. Dans l'*Introduction à l'Analyse infinitésimale*, Euler a indiqué, pour le cas de deux équations, une méthode qui revient au fond à celle de Bezout. Représentons les deux inconnues par $x$ et $y$ et supposons que les équations soient l'une du degré $m$, l'autre du degré $n$; ces équations ayant été ordonnées par rapport à $y$, représentons par

$$V_1 = P\,y^m + Q\,y^{m-1} + R\,y^{m-2} + S\,y^{m-3} + \ldots,$$
$$V_2 = P'y^n + Q'y^{n-1} + R'y^{n-2} + S'y^{n-3} + \ldots,$$

leurs premiers membres. La méthode d'Euler consiste à multiplier respectivement les polynômes $V_1$ et $V_2$ par les facteurs indéterminés

$$M_1 = P'y^{n-1} + A'y^{n-2} + B'y^{n-3} + C'y^{n-4} + \ldots,$$
$$M_2 = P\,y^{m-1} + A\,y^{m-2} + B\,y^{m-3} + C\,y^{m-4} + \ldots,$$

à exprimer ensuite que les coefficients des mêmes puissances de $y$ sont égaux dans les produits $M_1 V_1$, $M_2 V_2$, et à

éliminer enfin les $m+n-2$ indéterminées A, B, ..., A', B', ..., entre les $m+n-1$ équations du premier degré

$$PA' + QP' = P'A + PQ',$$
$$PB' + QA' + RP' = P'B + Q'A + R'P,$$
$$PC' + QB' + RA' + SP' = P'C + Q'B + R'A + S'P,$$
$$\dots\dots\dots\dots\dots\dots\dots\dots\dots\dots\dots\dots$$

ainsi obtenues.

Les $m+n-2$ premières des équations précédentes donnent pour les indéterminées A, B, ..., A', B', ..., des valeurs fractionnaires auxquelles on peut supposer le même dénominateur $\Delta$; les facteurs $M_1$ et $M_2$ auront donc la forme

$$M_1 = \frac{T_1}{\Delta}, \quad M_2 = \frac{-T_2}{\Delta},$$

$T_1$ et $T_2$ étant des fonctions entières de $x$ et $y$, et il est évident que notre équation finale sera

$$T_1V_1 + T_2V_2 = 0.$$

78. S'il s'agit, par exemple, d'éliminer $y$ entre les deux équations du deuxième degré

$$P y^2 + Q y + R = 0,$$
$$P'y^2 + Q'y + R' = 0,$$

on sera ramené par le procédé d'Euler à éliminer A et A' entre les trois équations

$$PA' - P'A = (PQ' - QP'),$$
$$QA' - Q'A = -(RP' - PR'),$$
$$RA' - R'A = 0,$$

ce que l'on peut faire en ajoutant ces équations après les avoir multipliées respectivement par les facteurs

$$QR' - RQ', \quad RP' - PR', \quad PQ' - QP';$$

il vient ainsi

$$(PQ' - QP')(QR' - RQ') - (RP' - PR')^2 = 0.$$

Si l'on tire des équations qui précèdent les valeurs des indéterminées A et A', on en conclura, comme il a été indiqué plus haut, les polynômes par lesquels il faut multiplier les équations proposées, pour obtenir l'équation finale d'après la méthode de Bezout. Ces polynômes sont respectivement

$$-(PQ' - QP')(P'y + Q') - P'(RP' - PR')$$

et

$$+(PQ' - QP')(Py + Q) + P(RP' - PR').$$

Remarquons encore que l'équation finale peut ici s'obtenir immédiatement en résolvant les équations proposées par rapport à $y$ et à $y^2$, ce qui donne

$$y = \frac{RP' - PR'}{PQ' - QP'}, \quad y^2 = \frac{QR' - RQ'}{PQ' - QP'},$$

et en égalant ensuite la seconde expression au carré de la première.

### *Cas de trois équations du deuxième degré à trois inconnues.*

79. Pour donner un exemple des simplifications que comportent les applications de la méthode de Bezout, nous considérerons le cas de trois équations générales du deuxième degré entre les trois inconnues $x, y, z$. Soient

$$(1) \quad \begin{cases} a\,y^2 + 2\,byz + c\,z^2 + 2\,dy + 2\,ez + f = 0, \\ a'y^2 + 2b'yz + c'z^2 + 2d'y + 2e'z + f' = 0, \\ a''y^2 + 2b''yz + c''z^2 + 2d''y + 2e''z + f'' = 0 \end{cases}$$

les équations proposées ordonnées par rapport à $y$ et à $z$; dans chacune d'elles les trois premiers coefficients sont

des constantes, les deux coefficients suivants sont des fonctions linéaires de $x$; enfin le dernier terme est une fonction entière de $x$ du deuxième degré.

Nous poserons

$$(2)\quad \mathrm{H} = a(b'c'' - b''c') + a'(b''c - bc'') + a''(bc' - b'c)$$

et

$$(3)\quad \left\{\begin{aligned}
\mathrm{D} &= d(b'c'' - b''c') + d'(b''c - bc'') + d''(bc' - b'c),\\
\mathrm{E} &= e(b'c'' - b''c') + e'(b''c - bc'') + e''(bc' - b'c),\\
\mathrm{F} &= f(b'c'' - b''c') + f'(b''c - bc'') + f''(bc' - b'c);\\[4pt]
\mathrm{D}' &= d(c'a'' - c''a') + d'(c''a - ca'') + d''(ca' - c'a),\\
\mathrm{E}' &= e(c'a'' - c''a') + e'(c''a - ca'') + e''(ca' - c'a),\\
\mathrm{F}' &= f(c'a'' - c''a') + f'(c''a - ca'') + f''(ca' - c'a);\\[4pt]
\mathrm{D}'' &= d(a'b'' - a''b') + d'(a''b - ab'') + d''(ab' - a'b),\\
\mathrm{E}'' &= e(a'b'' - a''b') + e'(a''b - ab'') + e''(ab' - a'b);\\
\mathrm{F}'' &= f(a'b'' - a''b') + f'(a''b - ab'') + f''(ab' - a'b).
\end{aligned}\right.$$

Alors, en éliminant successivement deux des quantités $y^2, yz, z^2$ entre les équations (1), on obtiendra les suivantes :

$$(4)\quad \left\{\begin{aligned}
\mathrm{H}y^2 + 2\mathrm{D}y + 2\mathrm{E}z + \mathrm{F} &= 0,\\
2\mathrm{H}yz + 2\mathrm{D}'y + 2\mathrm{E}'z + \mathrm{F}' &= 0,\\
\mathrm{H}z^2 + 2\mathrm{D}''y + 2\mathrm{E}''z + \mathrm{F}'' &= 0,
\end{aligned}\right.$$

qui pourront suppléer les proposées ; mais nous leur donnerons une autre forme qui permettra de faciliter les calculs ultérieurs. Si l'on pose, pour abréger l'écriture,

$$(5)\quad \left\{\begin{aligned}
\mathrm{R} &= \mathrm{HF} + 2(\mathrm{D}'\mathrm{E} - \mathrm{DE}') + (\mathrm{E}'^2 - 4\mathrm{EE}''),\\
\mathrm{R}' &= \mathrm{HF}' + 4(\mathrm{D}''\mathrm{E} - \mathrm{DE}'') - 2(\mathrm{D}'\mathrm{E}' - 2\mathrm{D}''\mathrm{E} - 2\mathrm{DE}''),\\
\mathrm{R}'' &= \mathrm{HF}'' + 2(\mathrm{D}''\mathrm{E}' - \mathrm{D}'\mathrm{E}'') + (\mathrm{D}'^2 - 4\mathrm{DD}''),
\end{aligned}\right.$$

et que l'on multiplie les équations (4) par H, on pourra

leur donner la forme suivante :

$$
(6)\left\{\begin{aligned}
&(Hy + E')(Hy + 2D - E') + 2E(Hz + 2E'' - D') + R = 0,\\
&2(Hy + E')(Hz + D') - 8D''E + R' = 0,\\
&(Hz + D')(Hz + 2E'' - D') + 2D''(Hy + 2D - E') + R'' = 0;
\end{aligned}\right.
$$

nous représenterons respectivement par

$$V_1,\ V_2,\ V_3$$

les premiers membres de ces équations (6).

Pour former, d'après la méthode de Bezout, le premier membre de l'équation finale demandée, nous multiplions la fonction $V_2$ par un polynôme indéterminé $T_2$ du sixième degré qui ne renferme aucun terme divisible par $y^2$ ou par $z^2$; les équations $V_1 = 0$, $V_3 = 0$, seront ensuite employées pour faire disparaître du produit $T_2V_2$ tous les termes qui contiendront en facteur $y^2$ ou $z^2$. Construisons, pour cet objet, les formules suivantes :

$$
(7)\left\{\begin{aligned}
(Hz + D')V_1 - 2E\,V_3 = {}&(Hy + E')(Hy + 2D - E')(Hz + D')\\
&- 4D''E(Hy + 2D - E')\\
&+ R(Hz + D') - 2R''E,\\
(Hy + E')V_3 - 2D''V_1 = {}&(Hz + D')(Hz + 2E'' - D')(Hy + E')\\
&- 4D''E(Hz + 2E'' - D')\\
&+ R''(Hy + D') - 2RD'',
\end{aligned}\right.
$$

$$
(8)\left\{\begin{aligned}
&(Hz + D')(Hz + 2E'' - D')V_1 - [2E(Hz + 2E'' - D') + R]V_3\\
&= (Hy + E')(Hy + 2D - E')(Hz + D')(Hz + 2E'' - D')\\
&- 4D''E(Hy + 2D - E')(Hz + 2E'' - D')\\
&- 2RD''(Hy + 2D - E') - 2R''E(Hz + 2E'' - D') - RR'';
\end{aligned}\right.
$$

en égalant à zéro leurs seconds membres, nous obtiendrons les équations nécessaires pour l'évanouissement des termes que nous aurons à faire disparaître.

Nous donnerons au polynôme $T_2$ la forme suivante :

$$(9)\quad \begin{cases} T_2 = 2X(Hy + 2D - E')(Hz + 2E'' - D') \\ \quad + 2(Y + E'X)(Hz + 2E'' - D') \\ \quad + 2(Z + D'X)(Hy + 2D - E') + U, \end{cases}$$

X, Y, Z, U désignant des fonctions entières et indéterminées de $x$; la première de ces fonctions, X, est du quatrième degré; Y et Z sont du cinquième; enfin U est du sixième degré. Il est presque superflu d'ajouter que c'est uniquement pour les convenances du calcul que nous écrivons $Y + E'X$ et $Z + D'X$ au lieu de Y et Z. Comme nous l'avons dit, les formules (7) et (8) seront employées à faire disparaître du produit $T_2V_2$ les termes divisibles par $y^2$ ou par $z^2$; il est facile de voir qu'on produira cet effet en ajoutant au produit $T_2V_2$ les seconds membres des trois formules (7) et (8) respectivement multipliés par les facteurs

$$-4(Z + D'X), \quad -4(Y + E'X), \quad -4X,$$

ce qui revient à ajouter à $T_2V_2$ les produits $T_1V_1$, $T_3V_3$ dans lesquels les facteurs $T_1$, $T_3$ ont pour valeurs

$$(10)\quad \begin{cases} T_1 = -4X(Hz + D')(Hz + 2E'' - D') \\ \quad + 8D''(Y + E'X) - 4(Z + D'X)(Hz + D'), \\ T_3 = -4X[2E(Hz + 2E'' - D') + R] \\ \quad - 4(Y + E'X)(Hy + E') + 8E(Z + D'X). \end{cases}$$

Effectivement, si l'on pose

$$(11)\qquad \Theta = T_1V_1 + T_2V_2 + T_3V_3,$$

puis que l'on fasse, pour abréger,

$$(12)\quad \begin{cases} HP = 4D''R + (2E'' - D')R' - 2E'R'', \\ HQ = 4ER'' + (2D - E')R' - 2D'R, \end{cases}$$

et

$$(13)\quad \left\{\begin{aligned} H^2N &= 4(D'^2-4DD'')R+4(D'E'-2DE''-2D''E)R' \\ &+4(E'^2-4EE'')R''+(R'^2-4RR''), \end{aligned}\right.$$

l'expression (11) de $\Theta$ deviendra

$$(14)\quad \left\{\begin{aligned} \Theta = &(U+R'X)V_2 \\ &+2H(HPX+R'Z-2R''Y)y \\ &+2H(HQX+R'Y-2RZ)z \\ &+H(2PY+2QZ-HNX). \end{aligned}\right.$$

Maintenant, pour que cette expression devienne celle du premier membre de l'équation finale demandée, il faut que, par le moyen des polynômes indéterminés, les termes en $yz$, en $y$ et en $z$ disparaissent de la formule (14). Comme le terme en $yz$ ne figure que dans $V_2$, il nous faut poser

$$(15)\qquad U+R'X=0,$$

et

$$(16)\quad \left\{\begin{aligned} HPX+R'Z-2R''Y &= 0, \\ HQX+R'Y-2RZ &= 0; \end{aligned}\right.$$

l'expression de $\Theta$ se réduit alors à

$$(17)\qquad \Theta = 2HPY+2HQZ-H^2NX.$$

On tire des équations (16)

$$\begin{aligned} (2PR+QR')HX &= -(R'^2-4RR'')Y, \\ (2QR''+PR')HX &= -(R'^2-4RR'')Z; \end{aligned}$$

ces formules montrent que le polynôme X est divisible par $R'^2-4RR''$ qui est une fonction entière de $x$ du quatrième degré; le quotient de la division est donc une constante que l'on peut choisir à volonté. Nous prendrons pour cette constante l'inverse de la quatrième puissance

de H, changée de signe, en sorte que l'on aura

$$(18)\quad \begin{cases} H^4 X = -(R'^2 - 4RR''), \\ H^3 Y = 2PR + QR', \\ H^3 Z = 2QR'' + PR'; \end{cases}$$

les polynômes X, Y, Z étant connus, la formule (15) fera connaître U. Enfin, au moyen des formules précédentes, on obtiendra cette expression de $\Theta$,

$$(19)\quad \Theta = \frac{1}{H^2}[N(R'^2 - 4RR'') + 4(P^2R + PQR' + Q^2R'')],$$

qui fournit la solution de la question proposée.

Les valeurs de P et Q données par les formules (12) renferment en dénominateur la constante H, et la valeur de N tirée de la formule (13) a le dénominateur $H^2$; mais on peut démontrer que ce dénominateur doit disparaître des expressions de P, Q, N, lesquelles sont ainsi des fonctions entières des coefficients des équations (1). Le dénominateur $H^2$ disparaît également de l'expression (19) de $\Theta$, et celle-ci devient alors une fonction entière et homogène du douzième degré, relativement aux dix-huit coefficients des équations proposées; mais nous ne démontrerons pas cette proposition qui s'écarte un peu de notre sujet.

**80.** Il faut remarquer que l'analyse précédente ne donne pas seulement l'équation finale demandée $\Theta = 0$, mais qu'elle fait connaître aussi les valeurs des inconnues $y$ et $z$ qui répondent à chacune des huit racines de cette équation finale. Effectivement, quelles que soient les valeurs *finies* que l'on attribue aux indéterminées X, Y, Z, U, dans la formule (14), l'expression de $\Theta$ que l'on obtiendra se réduira nécessairement à zéro, pour tous les systèmes de valeurs de $x$, $y$, $z$ qui satisfont aux équations proposées. Or, si l'on fait successivement

$$U = o, \quad X = o, \quad Y = \frac{2R}{2H}, \quad Z = \frac{R'}{2H},$$

et

$$U = o, \quad X = o, \quad Y = \frac{R'}{2H}, \quad Z = \frac{2R''}{2H};$$

la formule (14) donnera ces deux valeurs correspondantes de $\Theta$ :

$$\Theta = (R'^2 - 4RR'')y + (2PR + QR'),$$
$$\Theta = (R'^2 - 4RR'')z + (2QR'' + PR'),$$

qui l'une et l'autre sont nulles ; on a donc

$$y = -\frac{2PR + QR'}{R'^2 - 4RR''}, \quad z = -\frac{2QR'' + PR'}{R'^2 - 4RR''},$$

et l'on peut écrire aussi

$$(20) \qquad y = \frac{Y}{HX}, \quad z = \frac{Z}{HX},$$

X, Y, Z désignant ici les fonctions déterminées par les formules (18). Il est évident que si l'on substitue ces valeurs (20) de $y$ et de $z$ dans les premiers membres des équations (6), ceux-ci se réduiront à des fonctions rationnelles de $x$ dont les numérateurs seront divisibles par $\Theta$; au surplus, il est facile de vérifier qu'il en est ainsi, en se servant des formules que nous avons obtenues.

81. Si l'on suppose que $x, y, z$ représentent des coordonnées rectilignes, le problème que nous venons de résoudre coïncidera avec celui qui a pour objet la recherche des points communs à trois surfaces du deuxième degré données. La discussion des cas particuliers de ce problème met en évidence diverses circonstances intéressantes qu'il n'entre pas dans notre plan d'analyser d'une manière complète; mais nous indiquerons succinctement

les principales, afin de faciliter l'intelligence des considérations générales que nous aurons à présenter ensuite.

Les coefficients des équations proposées ne seront plus dans ce qui va suivre des constantes indéterminées, et nous examinerons les cas principaux dans lesquels la fonction $\Theta$ se réduit identiquement à zéro.

Supposons d'abord qu'il n'existe entre les coefficients aucune relation autre que celles qui sont nécessaires pour la réalisation de l'hypothèse où nous nous plaçons. Dans ce cas, la fonction X ne se réduit pas à zéro, et la substitution des valeurs (20) de $y$ et de $z$, dans les premiers membres des équations (6), donne des résultats identiquement nuls; cela exige, comme on le reconnaît aisément, que les fonctions rationnelles substituées à $y$ et à $z$ se réduisent à des fonctions linéaires de $x$, et, par suite, que Y et Z soient divisibles par X. On voit alors que nos trois surfaces ont une droite commune, savoir, celle qui est représentée par les équations (20); mais elles ont aussi d'autres points communs qu'il est facile de déterminer. Effectivement, les formules (20) ont été obtenues en remarquant que, pour toutes les valeurs de $x$, $y$, $z$ qui satisfont aux équations proposées, les deux fonctions entières

$$X\left(y - \frac{Y}{HX}\right), \quad X\left(z - \frac{Z}{HX}\right)$$

s'annulent. En égalant à zéro le second facteur de l'une et de l'autre expression, on retrouve les équations (20); mais on voit que l'on a en outre la solution

$$X = 0, \quad \text{ou} \quad R'^2 - 4RR'' = 0,$$

laquelle fournit les coordonnées $x$ de ceux des points communs aux trois surfaces qui ne se trouvent pas sur la droite commune.

Ainsi, dans le cas qui nous occupe, bien que les équations proposées soient indéterminées, on est conduit à considérer une équation finale qui est, en général, du quatrième degré.

**82.** Supposons maintenant que les coefficients des équations proposées soient tels que l'on ait identiquement, non-seulement $\Theta = 0$, mais encore $X = 0$; comme au numéro précédent, nous exclurons toute relation inutile pour la réalisation de nos hypothèses. Les équations

$$HXy - Y = 0, \quad HXz - Z = 0,$$

obtenues au n° 80, montrent que l'on a identiquement $Y = 0$, $Z = 0$; le cas où les trois fonctions $R$, $R'$, $R''$ se réduisent à zéro sera examiné plus tard, et nous l'excluons en ce moment; alors l'une au moins des fonctions $R$ et $R''$ étant différente de zéro, nous supposerons que $R$ ne soit pas nulle. Enfin l'identité $X = 0$ nous donne

$$R' = 2\lambda R, \quad R'' = \lambda^2 R,$$

et nous distinguerons deux cas, suivant que $\lambda$ est une constante ou une fonction de $x$.

Admettons d'abord la première hypothèse. Les identités $Y = 0$, $Z = 0$, $\Theta = 0$ s'accordent à donner

$$P + \lambda Q = 0;$$

si donc on fait

$$\frac{Q}{2R} = \xi,$$

on aura

$$\frac{P}{2R} = -\lambda\xi,$$

et il viendra, à cause des formules (12),

$$-\lambda H\xi = 2D'' + (2E'' - D')\lambda - E'\lambda^2,$$
$$H\xi = 2E\lambda^2 + (2D - E')\lambda - D',$$

d'où, par l'élimination de $\xi$,

$$D'' + (E'' - D')\lambda + (D - E')\lambda^2 + E\lambda^3 = 0;$$

on voit que $\xi$ est une fonction linéaire de $x$.

Si l'on continue à représenter par $V_1$, $V_2$, $V_3$ les premiers membres des équations (6), on trouvera, au moyen des formules qui précèdent,

$$\frac{1}{2}V_2 - \lambda V_1 = H(Hy + E' - 2\lambda E)(z - \lambda y - \xi),$$

$$V_3 - \frac{\lambda}{2}V_2 = H\left(Hz + D' - \frac{2}{\lambda}D''\right)(z - \lambda y - \xi).$$

On voit par là que les équations $V_1 = 0$, $V_3 = 0$ sont satisfaites par toutes les valeurs de $x, y, z$ qui satisfont aux deux

$$V_2 = 0, \quad z - \lambda y - \xi = 0;$$

la dernière de ces équations est celle d'un plan : donc, les trois surfaces que nous considérons ont une conique commune. Ces surfaces ont aussi deux autres points communs, lesquels appartiennent à la droite représentée par les deux équations

$$Hy + E' - 2\lambda E = 0, \quad Hz + D' - \frac{2}{\lambda}D'' = 0;$$

si l'on tire de celles-ci les valeurs de $y$ et de $z$ pour les substituer dans les équations (6), on trouvera les résultats

$$R = 0, \quad R' = 0, \quad R'' = 0;$$

ces équations sont en général du deuxième degré et l'une quelconque d'entre elles peut être regardée comme l'équation finale qui convient au cas particulier que nous examinons.

Le cas où la constante $\lambda$ se réduit à zéro n'introduit aucune particularité nouvelle. Les fonctions R et R'' sont alors identiquement nulles, et comme nous excluons le cas de $R = 0$, l'hypothèse $\Theta = 0$ exige que l'on ait $D'' = 0$. Alors les lieux que représentent les deux dernières équations (6) ont un plan commun.

83. Supposons que $\lambda$ soit une fonction de $x$, et posons

$$\lambda = \frac{r}{s},$$

$r$ et $s$ étant des fonctions entières premières entre elles. Comme

$$\frac{R'}{R} = 2\frac{r}{s}, \quad \frac{R''}{R} = \frac{r^2}{s^2},$$

on aura

$$R = ks^2, \quad R' = 2krs, \quad R'' = kr^2,$$

d'où il suit que le degré de $r$ ou de $s$ ne peut surpasser l'unité, et comme l'une de ces fonctions au moins ne se réduit pas à une constante, la quantité $k$ sera nécessairement indépendante de $x$.

D'après les résultats obtenus au numéro précédent, on aura

$$D''s^3 + (E'' - D')rs^2 + (D - E')r^2s + Er^3 = 0.$$

Supposons que $s$ ne se réduise pas à une constante; l'identité précédente prouve que E est divisible par $s$, d'ailleurs E est du premier degré; on a donc

$$E = \alpha s,$$

$\alpha$ étant une constante. En substituant à E cette valeur et divisant par $s$, il vient

$$D''s^2 + (E'' - D')rs + (D - E' + \alpha r)r^2 = 0;$$

on voit de même que $D - E' + \alpha r$ est divisible par $s$, et en désignant par $\beta$ une constante, on aura

$$D - E' = -\alpha r + \beta s;$$

puis l'équation précédente divisée par $s$ deviendra

$$D''s + (E'' - D' + \beta r) r = 0;$$

enfin, la fonction $E'' - D' + \beta r$ est encore divisible par $s$ et, en désignant par $\gamma$ une nouvelle constante, on aura

$$E'' - D' = -\beta r + \gamma s,$$

puis

$$D'' = -\gamma r.$$

En résumé, nos hypothèses nous ont donné les résultats

$$E = \alpha s, \quad D - E' = -\alpha r + \beta s,$$
$$E'' - D' = -\beta r + \gamma s, \quad D'' = -\gamma r;$$

et l'on aurait évidemment obtenu les mêmes formules, si l'on avait supposé $r$ fonction de $x$, $s$ pouvant être une constante.

Au lieu de la constante $k$ qui entre en facteur dans les expressions de R, R', R'', nous en introduirons une autre $g$ déterminée par l'équation

$$k = (\beta^2 - 4\alpha\gamma) - g^2, \quad \text{d'où} \quad g = \pm\sqrt{(\beta^2 - 4\alpha\gamma) - k};$$

alors les équations (6) de nos trois surfaces deviendront

$$[Hy + E' + (g+\beta)s][Hy + E' - 2\alpha r - (g-\beta)s] + 2\alpha s[Hz + D' + (g-\beta)r] = 0,$$
$$[Hy + E' + (g+\beta)s](Hz + D') - (g+\beta)s[Hz + D' + (g-\beta)r] = 0,$$
$$[Hz + D' + (g-\beta)r][Hz + D' + 2\gamma s - (g+\beta)r] - 2\gamma r[Hy + E' + (g+\beta)s] = 0.$$

Ces équations sont satisfaites en même temps que les deux

$$Hy + E' + (g+\beta)s = 0,$$
$$Hz + D' + (g-\beta)r = 0,$$

dans lesquelles $g$ a l'une ou l'autre des deux valeurs $\pm\sqrt{(\beta^2 - 4\alpha\gamma) - k}$; les surfaces que nous considérons ont donc deux droites communes non situées dans le même plan. On voit aussi que le reste de l'intersection de deux des trois surfaces se compose de deux autres droites; chacune de celles-ci coupe les deux premières droites en deux points qui sont sur la troisième surface, et en conséquence elle ne peut rencontrer cette troisième surface en d'autres points.

Ainsi, dans le cas dont il s'agit, il n'y a plus d'équation finale.

**84.** Considérons enfin le cas où l'on a identiquement $R = 0$, $R' = 0$, $R'' = 0$. Les premiers membres des équations (6) deviennent alors

$$V_1 = (Hy + E')(Hy + 2D - E') + 2E(Hz + 2E'' - D'),$$
$$V_2 = (Hy + E')(Hz + D') - 4D''E,$$
$$V_3 = (Hz + D')(Hz + 2E'' - D') + 2D''(Hy + 2D - E'),$$

et il en résulte

$$(Hz + D')V_1 - (Hy + 2D - E')V_2 - 2EV_3 = 0,$$
$$(Hy + E')V_3 - (Hz + 2E'' - D')V_2 - 2D''V_1 = 0.$$

La droite qui a pour équations

$$Hy + E' = 0, \quad E = 0$$

appartient aux deux surfaces $V_1$ et $V_2$, et, d'après les identités qui précèdent, le reste de l'intersection de ces deux surfaces appartient à la troisième surface $V_3$. Pareillement, la droite déterminée par les équations

$$Hz + D' = 0, \quad D'' = 0$$

appartient aux surfaces $V_2$ et $V_3$, et le reste de l'intersection est sur $V_1$. Enfin, la droite

$$Hy + 2D - E' = 0, \quad Hz + 2E'' - D' = 0$$

appartient aux surfaces $V_1$ et $V_3$, et le reste de l'intersection appartient à $V_2$. Il résulte de là que les trois surfaces considérées ont une courbe du troisième ordre commune.

Les trois droites qui complètent les intersections des surfaces deux à deux ne se rencontrent pas en général, et en conséquence elles rencontrent la courbe du troisième ordre. Dans le cas qu'on vient d'examiner il n'y a point d'équation finale.

Nous ne pousserons pas plus loin cette discussion, et nous remarquerons en terminant que nous n'avons pu rencontrer le cas où les surfaces données ont une courbe du quatrième ordre commune, parce que nous avons exclu les hypothèses dans lesquelles la constante H se réduit à zéro.

*Sur les équations simultanées dans lesquelles les coefficients ont des valeurs particulières déterminées.*

85. En ne considérant jusqu'à présent que des systèmes formés d'équations générales dans lesquelles les coefficients sont indéterminés, nous nous sommes affranchi de toutes les difficultés auxquelles les cas particuliers peuvent donner naissance. Nous allons présenter ici quelques considérations relatives à ces cas particuliers; mais il n'entre pas dans nos vues d'approfondir en ce moment cette partie importante de la théorie des équations; nous reviendrons sur ce sujet dans la deuxième Section de cet Ouvrage.

Les systèmes formés de plusieurs équations simultanées entre un pareil nombre d'inconnues peuvent être distingués en deux genres, suivant qu'ils admettent un nombre limité ou un nombre illimité de solutions. Dans le premier cas, l'équation finale relative aux équations proposées doit évidemment être comprise dans l'équation finale qui se rapporte au système composé d'équations générales, en même nombre que les proposées, et respectivement de mêmes degrés que celles-ci. Dans le deuxième cas, il n'y a plus, à proprement parler, d'équation finale; cependant, il peut arriver que, parmi les solutions des équations proposées, solutions dont le nombre est, par hypothèse, illimité, il y en ait quelques-unes, en nombre fini, qui se distinguent des autres par une propriété particulière et dont la détermination mérite d'être l'objet d'une recherche spéciale; cette recherche conduira donc à une équation finale d'une nature particulière. Nous avons rencontré un exemple de ce cas (nos 81 et 82) dans le problème qui a pour objet la recherche des points d'intersection de trois surfaces du deuxième degré qui ont une droite commune ou une conique commune.

86. Soient, comme au n° 70,

$$(1) \qquad V_1 = 0, \quad V_2 = 0, \ldots, \quad V_n = 0,$$

$n$ équations générales des degrés $m_1, m_2, \ldots, m_n$ respectivement, entre les $n$ inconnues

$$z_1, \; z_2, \ldots, \; z_n,$$

et

$$(2) \qquad f(z_n) = 0$$

l'équation finale du degré

$$m = m_1 m_2 \ldots m_n,$$

obtenue en éliminant $z_1, z_2, \ldots, z_{n-1}$ entre les équations (1). On aura identiquement, comme on l'a vu,

$$(3) \qquad f(z_n) = T_1 V_1 + T_2 V_2 + \ldots + T_n V_n,$$

$T_1, T_2, \ldots, T_n$ étant des fonctions entières des inconnues. On peut toujours faire en sorte que les coefficients de ces polynômes soient des fonctions entières des coefficients des équations (1), et nous admettrons qu'ils aient été ramenés à cette forme, en sorte que $f(z_n)$ sera une fonction entière de $z_n$ et des coefficients des équations (1). Rappelons encore que la méthode exposée au n° 73 donne le moyen de former les $m$ systèmes de solutions des équations (1) qui répondent respectivement aux $m$ racines de l'équation (2).

Cela posé, donnons aux coefficients

$$A,\ B,\ C, \ldots,$$

des équations (1) les valeurs particulières

$$A^{(0)},\ B^{(0)},\ C^{(0)}, \ldots,$$

et soient

$$(4) \qquad V_1^{(0)} = 0, \quad V_2^{(0)} = 0, \ldots, \quad V_n^{(0)} = 0,$$

ce que deviennent alors les équations (1). Désignons aussi par $f^{(0)}(z_n)$, $T_1^{(0)}, \ldots$, les valeurs que prennent, dans la même hypothèse, les polynômes $f(z_n)$, $T_1, \ldots$; l'équation (2) deviendra

$$(5) \qquad f^{(0)}(z_n) = 0,$$

et l'on aura

$$(6) \quad f^{(0)}(z_n) = T_1^{(0)} V_1^{(0)} + T_2^{(0)} V_2^{(0)} + \ldots + T_n^{(0)} V_n^{(0)}.$$

Supposons d'abord que le premier membre de l'équation (5) ne se réduise pas identiquement à zéro. Il est évident, par la formule (6), que les seules valeurs finies de l'inconnue $z_n$ qui puissent, avec des valeurs convenables des autres inconnues, constituer des systèmes de solutions pour les équations (4), sont les racines de l'équation (5), et celle-ci sera l'équation finale relative au cas particulier que nous considérons.

Dans le passage des équations générales aux équations particulières, le degré de l'équation finale peut s'abaisser par l'évanouissement de quelques-uns des premiers termes de la fonction $f(z_n)$; si ce degré se réduit à $m-\mu$, l'équation finale (2) a $\mu$ racines qui deviennent infinies quand on fait tendre les coefficients A, B, ..., vers les limites $A^{(0)}$, $B^{(0)}$, .... Il est essentiel de tenir compte de ces racines infinies et de ne point abaisser au-dessous de $m$ le nombre des systèmes de solutions des équations proposées. Ces $m$ systèmes de solutions nous sont donnés par les formules des nos 73 et 74; les formules (7) du no 73 suffisent toujours quand l'équation finale (5) n'a pas de racines égales; autrement il faut avoir recours aux formules (8), (9), etc. (no 74). Le cas où l'équation finale acquiert des racines égales mérite d'arrêter notre attention; parmi les $m$ systèmes de solutions des équations (4), il s'en trouve alors plusieurs qui fournissent la même valeur pour l'inconnue $z_n$. Il peut même arriver que $k$ de ces systèmes coïncident entièrement, et, dans ce cas, ils constituent, pour les équations proposées (4), ce qu'on nomme une *solution multiple d'ordre k*.

L'équation finale relative aux équations générales (1) nous donne ainsi la véritable équation finale qui se rapporte aux équations particulières (4); mais quand on veut obtenir celle-ci par une voie directe, il est essentiel de maintenir à chaque racine le degré de multiplicité qui lui convient.

87. Supposons maintenant que la fonction $f(z_n)$ se réduise identiquement à zéro quand on fait $A = A^{(0)}$, $B = B^{(0)}$, .... Nous poserons

$$A = A^{(0)} + \varepsilon A^{(1)}, \quad B = B^{(0)} + \varepsilon B^{(1)}, \quad C = C^{(0)} + \varepsilon C^{(1)}, \ldots;$$

$A^{(1)}$, $B^{(1)}$, $C^{(1)}$, ..., étant, ainsi que $\varepsilon$, des constantes indéterminées, en sorte que la généralité des équations (1) ne sera point altérée. En faisant cette substitution dans les polynômes $V_k$ et $T_k$ et en ordonnant ensuite les résultats par rapport aux puissances croissantes de $\varepsilon$, on aura

$$V_k = V_k^{(0)} + \varepsilon V_k^{(1)},$$

et

$$T_k = T_k^{(0)} + \varepsilon T_k^{(1)} + \varepsilon^2 T_k^{(2)} + \varepsilon^3 T_k^{(3)} + \ldots,$$

$V_k^{(1)}$ et $T_k^{(\mu)}$ étant des polynômes indépendants de $\varepsilon$. La fonction $f(z_n)$ prendra donc la forme

$$f(z_n) = f^{(0)}(z_n) + \varepsilon f^{(1)}(z_n) + \varepsilon^2 f^{(2)}(z_n) + \ldots.$$

Par hypothèse, le terme $f^{(0)}(z_n)$ est nul; quelques-uns des coefficients des puissances de $\varepsilon$ peuvent aussi se réduire à zéro, mais ils ne peuvent pas tous s'évanouir, car l'expression précédente de $f(z_n)$ se rapporte toujours à un système d'équations générales. Désignons par $f^{(\mu)}(z_n)$ le premier des coefficients qui sont différents de zéro, on aura alors identiquement

$$f^{(0)}(z_n) = 0, \quad f^{(1)}(z_n) = 0, \ldots, \quad f^{(\mu-1)}(z_n) = 0,$$

et l'expression de $f(z_n)$ deviendra

$$f(z_n) = \varepsilon^\mu f^{(\mu)}(z_n) + \varepsilon^{\mu+1} f^{(\mu+1)}(z_n) + \ldots;$$

en conséquence, l'équation finale relative au système général (1) prendra la forme

$$f^{(\mu)}(z_n) + \varepsilon f^{(\mu+1)}(z_n) + \ldots = 0.$$

Maintenant, pour passer des équations générales aux équations particulières (4), il suffit de faire tendre $\varepsilon$ vers zéro, et à la limite l'équation finale se réduira à

$$f^{(\mu)}(z_n) = 0.$$

L'analyse qui précède nous conduit donc toujours à une *équation limite*, soit que les équations proposées admettent des solutions en nombre limité, soit que ces équations constituent un système indéterminé, et admettent en conséquence une infinité de solutions.

Lorsque le premier cas a lieu, il y a pour les équations proposées une certaine équation finale

$$\varphi(z_n) = 0,$$

qui est indépendante des quantités arbitraires $A^{(1)}$, $B^{(1)}$, $C^{(1)}$,... et dont le premier membre est évidemment un diviseur de $f^{(\mu)}(z_n)$; on a donc

$$f^{(\mu)}(z_n) = \varphi(z_n)\Phi(z_n),$$

$\Phi(z_n)$ étant une fonction entière de $z_n$ et des arbitraires $A^{(1)}$, $B^{(1)}$,....

Lorsque les équations proposées admettent une infinité de solutions, il n'y a plus d'équation finale; l'équation limite

$$f^{\mu}(z_n) = 0$$

correspond à ce qu'on nomme, dans la Géométrie, une *enveloppe*. Elle fournit les valeurs limites qui conviennent à l'inconnue $z_n$, dans le cas d'un système variable que l'on fait tendre, suivant une loi quelconque, vers un système composé d'équations indéterminées.

88. Les considérations que nous venons de présenter peuvent se résumer par les propositions suivantes :

*Le degré de l'équation finale qui résulte de l'élimination de $n-1$ inconnues entre $n$ équations algébriques quelconques à $n$ inconnues est au plus égal au produit des degrés de ces équations.*

*Dans le passage d'un système d'équations générales à un système d'équations particulières respectivement de mêmes degrés, le degré de l'équation finale peut s'abaisser, soit par l'évanouissement de quelques termes, soit par la suppression d'un facteur.*

Il serait facile d'établir par notre analyse que l'équation finale relative aux équations (4) peut toujours se mettre sous la forme

$$S_1 V_1^{(0)} + S_2 V_2^{(0)} + \ldots + S_n V_n^{(0)} = 0,$$

$S_1, S_2, \ldots, S_n$ étant des fonctions entières. La détermination directe de ces polynômes multiplicateurs, dans les différents cas qui peuvent se présenter, est le problème que Bezout s'est proposé de résoudre, et dont le développement forme l'objet de la *Théorie des équations algébriques*, que nous lui devons. La solution n'est pas exempte de difficultés, et l'application de la théorie est fort laborieuse; aussi nous n'entrerons à ce sujet dans aucuns détails, et nous renverrons à la Section suivante où l'on trouvera l'exposition d'une nouvelle méthode d'élimination.

Il ne sera pas inutile, en terminant, de présenter un exemple simple dans lequel le degré de l'équation finale s'abaisse par la suppression d'un facteur. Je choisirai, à cet effet, le cas de deux équations du deuxième degré que nous avons déjà considéré au n° 78. Les inconnues étant $x$ et $y$, soient

$$(1)\quad \begin{cases} V_1 = Py^2 + Qy + R = 0, \\ V_2 = P'y^2 + Q'y + R' = 0, \end{cases}$$

deux équations générales du deuxième degré; P et P' sont des constantes, Q et Q' sont des fonctions linéaires de $x$, R et R' sont des fonctions entières du deuxième degré. Les facteurs $T_1$, $T_2$, par lesquels il faut multiplier respectivement $V_1$ et $V_2$, ont ici pour valeurs

$$(2)\quad \begin{cases} T_1 = -(PQ' - QP')(P'y + Q') - P'(RP' - PR') \\ T_2 = +(PQ' - QP')(Py + Q) + P(RP' - PR'), \end{cases}$$

et le premier membre de l'équation finale est

$$(3) \quad T_1V_1 + T_2V_2 = (PQ' - QP')(QR' - RQ') - (RP' - PR')^2.$$

Ce premier membre se réduit à zéro, ainsi que les polynômes $T_1$ et $T_2$, lorsqu'on suppose $P = 0$, $P' = 0$. Posons, conformément à ce qui a été dit précédemment,

$$P = \varepsilon p, \quad P' = \varepsilon p',$$

les formules (2) et (3) donneront

$$\frac{T_1}{\varepsilon} = -(pQ' - p'Q)Q' - \varepsilon[(pQ' - p'Q)p'y + p'(p'R - pR')],$$

$$\frac{T_2}{\varepsilon} = +(pQ' - p'Q)Q + \varepsilon[(pQ' - p'Q)py + p(p'R - pR')],$$

et

$$\frac{T_1}{\varepsilon}V_1 + \frac{T_2}{\varepsilon}V_2 = (pQ' - p'Q)(QR' - RQ') - \varepsilon(p'R - pR')^2.$$

Faisons tendre maintenant $\varepsilon$ vers zéro et désignons par $V_1^{(0)}$, $V_2^{(0)}$, $T_1^{(1)}$, $T_2^{(1)}$ les limites de $V_1$, $V_2$, $\frac{T_1}{\varepsilon}$ et $\frac{T_2}{\varepsilon}$, on aura

$$T_1^{(1)} = -(pQ' - p'Q)Q', \quad T_2^{(1)} = +(pQ' - p'Q)Q,$$

et

$$T_1^{(1)}V_1^{(0)} + T_2^{(1)}V_2^{(0)} = (pQ' - p'Q)(QR' - RQ').$$

Si l'on remplace dans cette dernière formule $T_1^{(1)}$ et $T_2^{(1)}$ par leurs valeurs, les deux membres contiendront le facteur $pQ' - p'Q$, et en supprimant ce facteur il viendra

$$-Q'V_1^{(0)} + QV_2^{(0)} = QR' - RQ';$$

l'équation finale se réduit donc à

$$QR' - RQ' = 0,$$

et, comme on le voit, elle s'est abaissée au troisième degré par la suppression d'un facteur.

Si l'on suppose que $x$ et $y$ représentent des coordonnées rectilignes, les équations proposées seront celles de deux coniques. L'équation finale que nous venons d'obtenir fera connaître les abscisses de trois des points d'intersection, mais les deux coniques doivent être regardées comme ayant un quatrième point commun situé à l'infini; l'ordonnée $y$ de ce quatrième point est infinie, mais l'abscisse $x$ est complétement indéterminée.

L'existence de solutions indéterminées se manifeste même chez les équations du premier degré. Effectivement, les deux équations

$$ay + bx + c = 0, \quad a'y + b'x + c' = 0$$

représentent deux droites qui deviennent parallèles lorsqu'on suppose $a = 0$, $a' = 0$. L'ordonnée du point d'intersection est alors infinie, mais l'abscisse est indéterminée.

*Théorème relatif au degré de multiplicité des solutions de deux équations simultanées à deux inconnues.*

89. Il existe à l'égard des solutions multiples d'un système d'équations simultanées un théorème analogue à celui qui concerne les racines multiples des équations à une inconnue. Nous allons établir ici ce théorème en nous bornant au cas de deux équations à deux inconnues $x$ et $y$.

Soient

$$(1) \qquad f(x, y) = 0, \quad F(x, y) = 0$$

deux équations des degrés $m$ et $n$ respectivement et auxquelles nous supposons la plus grande généralité possible. Pour donner à ces équations la solution $x = x_0$, $y = y_0$, il suffira d'assujettir les arbitraires contenues dans $f$ et F aux deux conditions

$$(2) \qquad f(x_0, y_0) = 0, \quad F(x_0, y_0) = 0.$$

Cela étant, ordonnons $f(x, y)$, $F(x, y)$ par rapport à $x - x_0$ et $y - y_0$, puis posons

$$y - y_0 = t(x - x_0):$$

il est évident que les premiers membres des équations (1) prendront la forme

$$(3) \left\{ \begin{array}{l} f(x, y) = (x - x_0)\varphi_1(t) + (x - x_0)^2\varphi_2(t) + \ldots + (x - x_0)^m \varphi_m(t), \\ F(x, y) = (x - x_0)\Phi_1(t) + (x - x_0)^2\Phi_2(t) + \ldots + (x - x_0)^n \Phi_n(t), \end{array} \right.$$

$\varphi_\mu(t)$, $\Phi_\nu(t)$ étant des fonctions entières de $t$, la première du degré $\mu$ et la seconde du degré $\nu$; dans ce qui va suivre, les indices $\mu$ et $\nu$ pourront surpasser $m$ et $n$ respectivement, mais dans ce cas on fera $\varphi_\mu(t) = 0$, $\Phi_\nu(t) = 0$.

Désignons par

$$\psi(x, y) = \varpi_0(t) + (x - x_0)\varpi_1(t) + \ldots + (x - x_0)^s \varpi_s(t)$$

une fonction entière arbitraire, d'un degré quelconque $s$, des deux variables $x$ et $y$ et que nous ordonnons de la même manière que les fonctions $f$ et F. On aura identiquement

$$(4) \quad F(x, y) - f(x, y)\psi(x, y) = (x - x_0)T_1 + (x - x_0)^2 T_2 + \ldots,$$

en posant, pour abréger,

$$\begin{aligned} T_1 &= \Phi_1(t) - \varpi_0(t)\varphi_1(t), \\ T_2 &= \Phi_2(t) - [\varpi_0(t)\varphi_2(t) + \varpi_1(t)\varphi_1(t)], \\ T_3 &= \Phi_3(t) - [\varpi_0(t)\varphi_3(t) + \varpi_1(t)\varphi_2(t) + \varpi_2(t)\varphi_1(t)], \\ &\ldots\ldots\ldots\ldots\ldots\ldots\ldots\ldots\ldots\ldots \\ T_\mu &= \Phi_\mu(t) - [\varpi_0(t)\varphi_\mu(t) + \varpi_1(t)\varphi_{\mu-1}(t) + \ldots + \varpi_{\mu-1}(t)\varphi_1(t)], \\ &\ldots\ldots\ldots\ldots\ldots\ldots\ldots\ldots\ldots\ldots; \end{aligned}$$

et si l'on dispose des arbitraires contenues dans les fonctions $f$ et F, ainsi que de celles contenues dans $\psi$, de manière que l'on ait identiquement

$$(5) \qquad T_1 = 0, \quad T_2 = 0, \ldots, \quad T_{k-1} = 0,$$

la formule (4) deviendra

$$(6) \quad F(x, y) - f(x, y)\psi(x, y) = (x - x_0)^k T_k + (x - x_0)^{k+1} T_{k+1} + \ldots.$$

Cela posé, supposons qu'on veuille donner aux équations proposées la solution $x = x_1$, $y = y_1$; il suffira que le second membre de la première formule (3) et celui de la formule (6) se réduisent à zéro pour $x = x_1$ et $t = \frac{y_1 - y_0}{x_1 - x_0}$; ces valeurs de $x$ et de $t$ devront donc satisfaire aux deux équations

$$\varphi_1(t) + (x - x_0)\varphi_2(t) + \ldots = 0,$$
$$T_k + (x - x_0) T_{k+1} + \ldots = 0.$$

Mais si l'on fait varier $x_1$ et $y_1$ de manière que ces quantités tendent vers les limites $x_0$ et $y_0$, les deux conditions imposées aux arbitraires se réduiront à une seule à la limite, car il suffira que les deux équations

$$\varphi_1(t) = 0, \quad T_k = 0$$

soient satisfaites par la même valeur de $t$; cette valeur sera égale à la limite vers laquelle tend le rapport $\frac{y_1 - y_0}{x_1 - x_0}$ quand $y_1$ et $x_1$ tendent vers $y_0$ et $x_0$. Comme la première des équations précédentes est du premier degré, la condition dont nous venons de parler équivaut à celle de la divisibilité de $T_k$ par $\varphi_1(t)$; enfin, parce que $T_k$ renferme le terme $\varpi_{k-1}(t)\,\varphi_1(t)$ et que les conditions (5) laissent $\varpi_{k-1}(t)$ indéterminée, on peut supposer cette fonction choisie de manière que l'on ait identiquement

$$(7) \qquad T_k = 0.$$

On voit donc que si l'on dispose des quantités qui restent arbitraires de manière à satisfaire à l'équation (7), on augmentera d'une unité (n° 86) le degré de multiplicité de la solution $(x_0, y_0)$.

Il résulte de là que les formules (5) donnent les conditions nécessaires et suffisantes pour que le degré de multiplicité de la solution $(x_0, y_0)$ soit égal à $k$; ces mêmes formules expriment qu'il existe une fonction $\psi(x, y)$ telle, que l'équation (6) ait lieu identiquement. Il faut remarquer que le polynôme $T_k$ n'est pas divisible par $\varphi_1(t)$, à moins que le degré de multiplicité de la solution $(x_0, y_0)$ ne soit supérieur à $k$; en outre il est évident qu'en disposant de la fonction indéterminée $\varpi_{k-1}(t)$, on pourra réduire $T_k$ à une constante différente de zéro.

Remplaçons $t$ par sa valeur $\frac{y - y_0}{x - x_0}$, la formule (6) deviendra

$$(8) \qquad F(x, y) - f(x, y)\psi(x, y) = \chi(x, y),$$

$\chi(x, y)$ étant, d'après ce que nous venons de dire, un polynôme de la forme

$$(9) \qquad \chi(x, y) = G(x - x_0)^k + \sum G_{p,q}(x - x_0)^p(y - y_0)^q;$$

où $G$ et $G_{p,q}$ désignent des coefficients constants et où le signe $\sum$ embrasse un nombre limité de termes dans chacun desquels le degré $p + q$ est supérieur à $k$.

Nous emploierons les caractéristiques $D_x$, $D_y$ pour représenter les dérivées de nos polynômes prises par rapport à $x$ et à $y$ respectivement; ainsi $D_x F(x, y)$, $D_y F(x, y)$ désigneront les dérivées de $F(x, y)$ relativement à $x$ et à $y$. Cela posé, si dans l'identité (8) on remplace $x$ par $x + h$, et qu'on égale les coefficients de la première puissance de $h$ dans les deux membres, il viendra

$$(10) \quad D_x F(x, y) - f(x, y) D_x\psi(x, y) - \psi(x, y) D_x f(x, y) = D_x\chi(x,$$

on aura aussi, en opérant de la même manière à l'égard de $y$,

$$(11)\quad D_y F(x, y) - f(x, y) D_y \psi(x, y) - \psi(x, y) D_y f(x, y) = D_y \chi(x, y).$$

Nous poserons

$$(12)\quad F_1(x, y) = D_y f(x, y) . D_x F(x, y) - D_x f(x, y) . D_y F(x, y),$$

et nous ferons en même temps, pour abréger l'écriture,

$$\psi_1(x, y) = D_y f(x, y) . D_x \psi(x, y) - D_x f(x, y)\ D_y \psi(x, y),$$
$$\chi_1(x, y) = D_y f(x, y) . D_x \chi(x, y) - D_x f(x, y) . D_y \chi(x, y).$$

Alors, en ajoutant entre elles les équations (10) et (11) respectivement multipliées par $+ D_y f(x, y)$ et $- D_x f(x, y)$, on trouvera

$$(13)\qquad F_1(x, y) - f(x, y) \psi_1(x, y) = \chi_1(x, y).$$

Les termes du premier degré en $x - x_0$ et $y - y_0$ dans $f(x, y)$ ont pour somme $(x - x_0) \varphi_1(t)$, et la dérivée de cette somme par rapport à $y$ est égale au coefficient $g$ de $t$ dans $\varphi_1(t)$, coefficient que toute notre analyse suppose différent de zéro. Il en résulte que $\chi_1(x, y)$ contiendra le terme $kg\mathrm{G}(x - x_0)^{k-1}$ avec d'autres termes qui seront tous d'un degré supérieur à $k - 1$ par rapport à $x - x_0$ et $y - y_0$; cette fonction $\chi_1(x, y)$ aura donc la forme

$$(14)\quad \chi_1(x, y) = \mathrm{H}(x - x_0)^{k-1} + \sum \mathrm{H}_{p,q}(x - x_0)^p (y - y_0)^q,$$

H et $\mathrm{H}_{p,q}$ étant des constantes, et la somme $p + q$ étant supérieure à $k - 1$.

Les formules (13) et (14) montrent que $(x_0, y_0)$ est une solution multiple d'ordre $k - 1$ pour les équations simultanées

$$F_1(x, y) = 0, \quad f(x, y) = 0.$$

Ce résultat subsistera lorsqu'on donnera des valeurs particulières aux quantités qui restent arbitraires dans F et dans $f$, lors même que ces valeurs feraient disparaître $t$ de

$\varphi_1(t)$, pourvu cependant que $\varphi_1(t)$ ne se réduise pas à zéro. On évitera effectivement ce cas si l'on reprend l'analyse qui précède après y avoir changé les lettres $x$ et $y$ l'une dans l'autre.

Mais si $\varphi_1(t)$ se réduit identiquement à zéro, la conclusion précédente ne peut pas être maintenue; dans ce cas les deux équations

$$D_x f(x, y) = 0, \quad D_y f(x, y) = 0$$

admettent la solution $x = x_0$, $y = y_0$.

Comme rien ne distingue les équations (1) l'une de l'autre, on peut énoncer le théorème suivant que nous avions en vue :

Théorème. — *Soient* $f(x, y) = 0$, $F(x, y) = 0$ *deux équations simultanées, et* $F_1(x, y)$ *la différence* $D_y f(x, y) D_x F(x, y) - D_x f(x, y) D_y F(x, y)$. *Si les équations proposées admettent la solution* $x = x_0$, $y = y_0$ *avec un degré de multiplicité* $k$, *les équations* $F_1(x, y) = 0$, $f(x, y) = 0$ *admettront la même solution avec un degré de multiplicité précisément égal à* $k - 1$, *à moins que cette solution n'appartienne aux deux équations* $D_x f(x, y) = 0$, $D_y f(x, y) = 0$. *Pareillement les équations* $F_1(x, y) = 0$, $F(x, y) = 0$ *admettront la solution* $x = x_0$, $y = y_0$ *avec le degré de multiplicité* $k - 1$, *à moins que les deux équations* $D_x F(x, y) = 0$, $D_y F(x, y) = 0$ *n'aient cette même solution.*

On voit que, dans tous les cas, une solution multiple des équations $f(x, y) = 0$, $F(x, y) = 0$ satisfait nécessairement à l'équation

$$D_y f(x, y) . D_x F(x, y) - D_x f(x, y) . D_y F(x, y) = 0.$$

90. La proposition que nous venons d'établir comprend le théorème qui se rapporte aux racines multiples des

équations à une seule inconnue, car si on l'applique aux deux équations $f(x) = 0, y = 0$, dont la première a $k$ racines égales à $x_0$, elle indiquera que l'équation $f'(x) = 0$ a $k-1$ racines égales à $x_0$.

Mais le nouveau théorème n'a pas une étendue aussi grande que le premier, car nous avons exclu le cas d'une solution multiple qui satisferait aux quatre équations obtenues en égalant à zéro les dérivées relatives à $x$ et à $y$ des premiers membres des équations proposées. Ce cas est celui dans lequel la solution que l'on considère est une *solution multiple* de chacune des équations prises séparément. En effet, si l'on pose, comme au n° 89,

$$y - y_0 = t(x - x_0),$$

et que la fonction $f(x, y)$ du degré $m$ puisse se mettre sous la forme

$$f(x, y) = (x - x_0)^k \varphi_k(t) + \ldots + (x - x_0)^m \varphi_m(t),$$

$\varphi_k(t)$ étant d'un degré égal à $k$, parmi les racines de l'équation

$$\varphi_k(t) + \ldots + (x - x_0)^{m-k} \varphi_m(t) = 0,$$

il y en aura $k$ qui tendront vers des limites finies quand on fera tendre $x$ vers $x_0$, d'où il résulte que $k$ solutions de l'équation $f(x, y) = 0$ viendront se confondre à la limite avec la solution $(x_0, y_0)$. Si l'on suppose que $x$ et $y$ représentent des coordonnées rectilignes, on pourra dire que le point $(x_0, y_0)$ est un point multiple d'ordre $k$ pour la courbe représentée par l'équation $f(x, y) = 0$.

Nous avons cru utile de faire cette indication, mais nous n'entrerons point dans l'examen des détails du cas singulier dont il vient d'être question. Remarquons seulement que si deux équations

$$f(x, y) = 0, \quad F(x, y) = 0$$

admettent la solution $(x_0, y_0)$ avec le degré de multiplicité $k$, mais que cette solution soit simple pour chaque équation prise séparément, on pourra remplacer l'une des équations par une autre pour laquelle la solution $(x_0, y_0)$ ait le degré de multiplicité $k$. Il est évident en effet qu'à la dernière des deux précédentes équations on peut substituer la suivante

$$F(x, y) - f(x, y)\psi(x, y) = 0,$$

qui remplira la condition requise si l'on détermine la fonction $\psi(x, y)$ comme on l'a expliqué au numéro précédent.

*Application de la théorie du plus grand commun diviseur à la recherche des solutions communes à deux équations à deux inconnues.*

91. La théorie du plus grand commun diviseur fournit une méthode très-simple pour ramener la résolution de deux équations à deux inconnues à celle d'un ou de plusieurs systèmes dans lesquels l'une des équations ne renferme qu'une seule inconnue. Nous allons exposer ici cette méthode.

Soient

$$(1) \qquad V_1 = 0, \quad V_2 = 0$$

deux équations algébriques entre les inconnues $x$ et $y$. Si les polynômes $V_1$ et $V_2$ sont décomposables en facteurs, de manière que l'on ait

$$V_1 = V_1^{(1)} V_1^{(2)} \ldots V_1^{(\mu)}, \quad V_2 = V_2^{(1)} V_2^{(2)} \ldots V_2^{(\nu)},$$

il est évident que la recherche des solutions du système (1) se ramènera à celle des solutions des $\mu\nu$ systèmes

$$(2) \qquad V_1^{(i)} = 0, \quad V_2^{(j)} = 0,$$

les indices supérieurs $i$ et $j$ pouvant recevoir les valeurs $1, 2, \ldots, \mu$ et $1, 2, \ldots, \nu$ respectivement.

Si les équations qui composent l'un des systèmes (2) rentrent l'une dans l'autre, ce système sera indéterminé et la même chose aura lieu à l'égard du système proposé.

Si les équations (2) ne renferment l'une et l'autre qu'une seule inconnue, $x$ par exemple, elles seront incompatibles et elles ne fourniront aucune solution des équations proposées, à moins que leurs premiers membres n'aient un diviseur commun. Alors, si l'on prend l'une des valeurs de $x$ qui annulent ce diviseur commun, avec une valeur arbitraire de $y$, on satisfera évidemment aux équations (1); ce cas est compris dans le précédent.

Si les équations (2) renferment seulement, l'une l'inconnue $x$, l'autre l'inconnue $y$, chacune d'elles aura autant de racines qu'il y a d'unités dans son degré, et en combinant successivement chaque racine $x$ avec chaque racine $y$, on obtiendra tous les systèmes de solutions des équations (2).

Enfin, si, l'une des équations (2) renfermant les deux inconnues, l'autre n'en contient qu'une seule, $x$ par exemple, celle-ci admettra une ou plusieurs racines, et la première équation fournira une ou plusieurs valeurs de $y$ correspondantes à chaque racine $x$. La recherche des solutions des équations simultanées (2) n'offre donc alors que les difficultés du problème de la résolution d'une équation à une inconnue.

En général, avant de procéder à la recherche des solutions des équations proposées (1), il conviendra de débarrasser leurs premiers membres des facteurs fonctions de $x$ ou fonctions de $y$ que ces polynômes peuvent admettre. On appliquera à cet effet la méthode du n° 47; par exemple, pour avoir les facteurs de $V_1$ qui ne dépendent que de $x$, on ordonnera ce polynôme par rapport à $y$, ensuite on cherchera le plus grand commun diviseur de deux des coefficients, puis le plus grand commun diviseur entre ce premier plus grand commun diviseur et un troisième coefficient, et ainsi de suite. Cette opération ayant été exécutée, on sera ramené, d'après ce qui précède, au cas de deux équations dont les premiers membres n'ont aucun diviseur fonction d'une seule inconnue.

**92.** On est naturellement conduit, comme on va le voir, à appliquer la méthode du plus grand commun diviseur dans la recherche des solutions communes à deux équations.

Soient

$$V_1 = 0, \quad V_2 = 0 \tag{1}$$

les équations proposées entre les inconnues $x$ et $y$. Conformément à ce qui a été dit au numéro précédent, nous admettrons que les polynômes $V_1$ et $V_2$ n'ont aucun diviseur commun ; ces polynômes ayant été ordonnés par rapport aux puissances décroissantes de $y$, supposons que le degré de $V_1$ par rapport à $y$ ne soit pas inférieur au degré de $V_2$. Divisons $V_1$ par $V_2$, et désignons par $Q_1$ le quotient, par $V_3$ le reste de la division ; on aura

$$V_1 = V_2 Q_1 + V_3.$$

Si la division n'a introduit aucun dénominateur fonction de $x$, $Q_1$ et $V_3$ seront des fonctions entières ; par suite, les valeurs simultanées de $x$ et de $y$ qui annulent $V_2$ donneront

$$V_1 = V_3,$$

et, en conséquence, le système proposé (1) admettra les mêmes solutions que le système formé des équations

$$V_2 = 0, \quad V_3 = 0, \tag{2}$$

qui est évidemment plus simple.

Supposons, d'après cela, que l'on opère sur les polynômes $V_1$ et $V_2$, comme s'il était question de chercher leur plus grand commun diviseur ; on sera conduit à une suite d'égalités telles que

$$\begin{aligned} V_1 &= V_2 \; Q_1 + V_3, \\ V_2 &= V_3 \; Q_2 + V_4, \\ &\ldots\ldots\ldots\ldots, \\ V_{n-2} &= V_{n-1} Q_{n-2} + V_n; \end{aligned}$$

$V_3, V_4, \ldots, V_n$ sont des fonctions entières de $y$ dont les degrés formeront une suite décroissante, et la dernière fonction $V_n$ est indépendante de $y$. Si aucune des divisions qu'on vient d'exécuter n'a introduit de diviseurs fonctions de $x$, en sorte que $Q_1, Q_2, \ldots, Q_n$ soient des fonctions entières de $x$ et de $y$, ainsi que $V_3, V_4, \ldots, V_n$, il est évident que les solutions du système (1) seront les mêmes que celles du système

$$(3) \qquad V_{n-1} = 0, \quad V_n = 0,$$

dans lequel l'une des équations ne renferme que l'inconnue $x$, et celle-ci sera l'équation finale qui résulte de l'élimination de $y$ entre les proposées.

Mais, le plus souvent, la recherche du plus grand commun diviseur des polynômes $V_1$ et $V_2$ introduit des dénominateurs fonctions de $x$ ; dans ce cas, les conclusions précédentes ne subsistent pas. Si, par exemple, la division de $V_1$ par $V_2$ introduit de tels dénominateurs, le quotient $Q_1$ sera de la forme $\frac{N}{D}$, N et D étant des fonctions entières ; on aura

$$V_1 = V_2 \frac{N}{D} + V_3,$$

et l'égalité $V_1 = V_3$ n'aura plus lieu nécessairement pour les valeurs de $x$ et $y$ qui annulent $V_2$, parce que le dénominateur D peut alors se réduire aussi à zéro. Toutefois, on évitera les dénominateurs fonctions de $x$, si, avant de commencer la division, on multiplie le polynôme $V_1$ par une fonction entière X de $x$, convenablement choisie; on aura alors

$$XV_1 = V_2 Q_1 + V_3.$$

Les solutions des équations $V_1 = 0$, $V_2 = 0$ sont comprises parmi celles des équations $V_2 = 0$, $V_3 = 0$; mais ces dernières admettent en outre les solutions des équations $X = 0$, $V_2 = 0$; donc, quand on remplacera le système (1) par le système (2), on ne supprimera aucune des véritables solutions, mais on pourra en introduire qui soient étrangères à la question.

Il était important d'éviter ces solutions étrangères introduites par la méthode du plus grand commun diviseur. M. Labatie a fait connaître en 1832 un théorème que nous allons exposer et qui remplit cet objet de la manière la plus heureuse.

*Théorème de M. Labatie.*

93. *Soient* $V_1$ *et* $V_2$ *deux fonctions entières de* $x$ *et de* $y$ *qui n'ont pas de diviseur commun et qui ne renferment aucun facteur indépendant de* $y$; *ordonnons* $V_1$ *et* $V_2$ *par rapport à* $y$ *et opérons sur ces polynômes comme s'il était question de chercher leur plus grand commun diviseur, en ayant soin : 1° de multiplier chaque dividende par une fonction entière de* $x$, *choisie de manière à éviter les dénominateurs fonctions de cette inconnue; 2° de débarrasser chaque reste des facteurs indépendants de* $y$ *qu'il peut avoir, avant de le prendre pour diviseur.*

*Soient* $u_1, u_2, \ldots, u_n$ *les multiplicateurs ainsi employés,* $Q_1, Q_2, \ldots, Q_n$ *les quotients obtenus dans les divisions successives, et* $V_3 v_1$, $V_4 v_2, \ldots, V_{n+1} v_{n-1}$, $v_n$ *les restes de ces divisions ; le dernier reste* $v_n$ *est indépendant de* $y$, *et, dans ceux qui le précèdent,* $v_1, v_2, \ldots, v_{n-1}$ *désignent des facteurs fonctions de* $x$ *seule, de manière que* $V_3, V_4, \ldots, V_{n+1}$ *ne renferment aucun facteur indépendant de* $y$.

*Soient encore* $d_1$ *le plus grand commun diviseur de* $u_1$ *et de* $v_1$, $d_2$ *celui de* $\frac{u_1 u_2}{d_1}$ *et de* $v_2$, $d_3$ *celui de* $\frac{u_1 u_2 u_3}{d_1 d_2}$ *et de* $v_3, \ldots, d_n$ *celui de* $\frac{u_1 u_2 \ldots u_n}{d_1 d_2 \ldots d_{n-1}}$ *et de* $v_n$.

*Cela posé, on obtiendra toutes les solutions communes des deux équations*

$$(1)\qquad V_1 = 0, \quad V_2 = 0,$$

*sans aucune solution étrangère, en prenant les solutions de chacun des* $n$ *systèmes*

$$(2)\qquad \begin{bmatrix} V_2 = 0 \\ \frac{v_1}{d_1} = 0 \end{bmatrix}, \quad \begin{bmatrix} V_3 = 0 \\ \frac{v_2}{d_2} = 0 \end{bmatrix}, \quad \begin{bmatrix} V_4 = 0 \\ \frac{v_3}{d_3} = 0 \end{bmatrix}, \ldots, \quad \begin{bmatrix} V_{n+1} = 0 \\ \frac{v_n}{d_n} = 0 \end{bmatrix}.$$

On a les égalités

$$(3)\qquad \left\{ \begin{aligned} u_1 V_1 &= V_2 Q_1 + V_3 v_1, \\ u_2 V_2 &= V_3 Q_2 + V_4 v_2, \\ u_3 V_3 &= V_4 Q_3 + V_5 v_3, \\ &\ldots\ldots\ldots\ldots, \\ u_{n-1} V_{n-1} &= V_n Q_{n-1} + V_{n+1} v_{n-1}, \\ u_n \; V_n &= V_{n+1} Q_n + v_n, \end{aligned} \right.$$

qui seront toutes comprises dans la suivante :

$$u_\mu V_\mu = V_{\mu+1} Q_\mu + V_{\mu+2} v_\mu,$$

si l'on attribue à $\mu$ toutes les valeurs $1, 2, \ldots, n$ et que l'on prenne $V_{n+2}$ égale à l'unité.

Les multiplicateurs $u_\mu$ peuvent être choisis de manière que $u_\mu$ et $v_\mu$ n'aient aucun diviseur commun; par exemple, si le plus grand commun diviseur $d_1$ de $u_1$ et de $v_1$ ne se réduit pas à l'unité, le produit $V_2 Q_1$ sera divisible par $d_1$, d'après la première des égalités (3), et ce produit s'annulera si l'on prend pour $x$ l'une des racines de l'équation $d_1 = 0$; mais le polynôme $V_2$ ne peut être nul, puisqu'il n'a aucun diviseur indépendant de $y$; donc il faut que $Q_1$ s'annule, et en conséquence $Q_1$ est divisible par $d_1$, quel que soit $y$. Il résulte de là, qu'au lieu du multiplicateur $u_1$, on aurait pu choisir $\frac{u_1}{d_1}$; dans les applications du théorème de M. Labatie, il conviendra toujours d'adopter les multiplicateurs les plus simples, cependant la démonstration que nous allons présenter ne suppose point que l'on ait pris cette précaution.

Si, entre les $\mu - 1$ premières des égalités (3), on élimine $V_2, V_3, \ldots, V_{\mu-1}$, il est évident que le produit $u_1 u_2 \ldots u_{\mu-1} V_1$ se trouvera exprimé par la somme des polynômes $V_\mu$, $V_{\mu+1}$, multipliés chacun par une fonction entière, et il est facile de voir que si l'on divise par $d_1 d_2 \ldots d_{\mu-1}$ l'égalité ainsi obtenue, elle prendra la forme

$$(4) \quad \frac{u_1 u_2 \ldots u_{\mu-1}}{d_1 d_2 \ldots d_{\mu-1}} V_1 = G_{\mu-1} V_\mu + G_{\mu-2} V_{\mu+1} \frac{v_{\mu-1}}{d_{\mu-1}},$$

$G_{\mu-1}$ et $G_{\mu-2}$ désignant des fonctions entières. D'abord, pour $\mu = 2$, cette formule devient

$$\frac{u_1}{d_1} V_1 = G_1 V_2 + G_0 V_3 \frac{v_1}{d_1},$$

et elle coïncidera avec la première des égalités (3), si l'on divise celle-ci par $d_1$, et que l'on pose

$$(5) \qquad G_0 = 1, \quad G_1 = \frac{Q_1}{d_1};$$

cette valeur de $G_1$ est entière, car, ainsi que nous l'avons montré plus haut, $Q_1$ est divisible par $d_1$. D'après cela, pour établir la formule (4), il suffit de montrer que si elle a lieu pour une valeur de $\mu$, elle subsiste encore pour la même valeur augmentée de 1. A cet effet, multiplions la formule (4) par $\frac{u_\mu}{d_\mu}$ et remplaçons ensuite $u_\mu V_\mu$ par sa valeur tirée des égalités (3), savoir :

$$u_\mu V_\mu = V_{\mu+1} Q_\mu + V_{\mu+2} v_\mu;$$

si l'on pose, pour abréger,

$$(6) \qquad G_\mu = \frac{G_{\mu-1} Q_\mu}{d_\mu} + \frac{G_{\mu-2} u_\mu v_{\mu-1}}{d_{\mu-1} d_\mu},$$

il viendra

$$\frac{u_1 u_2 \ldots u_{\mu-1} u_\mu}{d_1 d_2 \ldots d_{\mu-1} d_\mu} V_1 = G_\mu V_{\mu+1} + G_{\mu-1} V_{\mu+2} \frac{v_\mu}{d_\mu}:$$

par hypothèse, $G_{\mu-1}$ est une fonction entière; donc, à cause de la précédente égalité, le produit $G_\mu V_{\mu+1}$ est pareillement une fonction entière, ce qui exige que $G_\mu$ le soit aussi, puisque $V_{\mu+1}$ n'a pas de facteurs indépendants de $y$. La formule précédente se déduit de la formule (4) en remplaçant $\mu$ par $\mu+1$, donc notre assertion se trouve justifiée. En même temps, on voit que les fonctions $G_2$, $G_3, \ldots$, seront données successivement par la formule (6), en partant des valeurs connues de $G_0$ et de $G_1$.

Le polynôme $V_2$ est lié aux fonctions $V_\mu$ et $V_{\mu+1}$ par une relation analogue à la formule (4). On a effectivement :

$$(7) \qquad \frac{u_1 u_2 \ldots u_{\mu-1}}{d_1 d_2 \ldots d_{\mu-1}} V_2 = H_{\mu-1} V_\mu + H_{\mu-2} V_{\mu+1} \frac{v_{\mu-1}}{d_{\mu-1}},$$

$H_{\mu-1}$ et $H_{\mu-2}$ désignant des fonctions entières. Cette formule se déduit de la formule (4) en changeant dans celle-ci $V_1$ en $V_2$ et en remplaçant la lettre G par H; donc le raisonnement qui a servi pour établir la formule (4) prouve que si notre nouvelle assertion s'applique à une valeur de $\mu$, elle subsiste pour la même valeur augmentée de 1. Le même raisonnement montre encore que l'on a

$$(8) \qquad H_\mu = \frac{H_{\mu-1} Q_\mu}{d_\mu} + \frac{H_{\mu-2} u_\mu v_{\mu-1}}{d_{\mu-1} d_\mu}.$$

Or la formule (7) se réduit à une identité, pour $\mu = 2$, si l'on fait

$$(9) \qquad H_0 = 0, \quad H_1 = \frac{u_1}{d_1};$$

donc elle est générale, et en partant des valeurs (9) de $H_0$ et de $H_1$, la formule (8) déterminera toutes les fonctions entières $H_\mu$.

En retranchant les égalités (6) et (8) l'une de l'autre, après les avoir multipliées respectivement par $H_{\mu-1}$ et $G_{\mu-1}$, on obtient

$$H_{\mu-1} - H_\mu G_{\mu-1} = -\frac{u_\mu v_{\mu-1}}{d_{\mu-1} d_\mu}(G_{\mu-1} H_{\mu-2} - H_{\mu-1} G_{\mu-2});$$

remplaçons $\mu$ successivement par 2, 3,..., $\mu$ et multiplions entre elles les $\mu - 1$ égalités résultantes, il viendra

$${}_{\mu-1} - H_\mu G_{\mu-1} = (-1)^{\mu-1}(G_1 H_0 - H_1 G_0) \frac{u_2 u_3 \ldots u_\mu}{d_2 d_3 \ldots d_\mu} \frac{v_1 v_2 \ldots v_{\mu-1}}{d_1 d_2 \ldots d_{\mu-1}},$$

ou, à cause des formules (5) et (9),

$$(10) \quad G_\mu H_{\mu-1} - H_\mu G_{\mu-1} = (-1)^\mu \frac{u_1 u_2 \ldots u_\mu}{d_1 d_2 \ldots d_\mu} \cdot \frac{v_1 v_2 \ldots v_{\mu-1}}{d_1 d_2 \ldots d_{\mu-1}}.$$

Enfin, si l'on retranche les formules (4) et (7) l'une de l'autre, après avoir multiplié la première par $H_{\mu-1}$

et la seconde par $G_{\mu-1}$, il viendra

$$\frac{u_1 u_2 \ldots u_{\mu-1}}{d_1 d_2 \ldots d_{\mu-1}} (H_{\mu-1} V_1 - G_{\mu-1} V_2)$$

$$= -(G_{\mu-1} H_{\mu-2} - G_{\mu-2} H_{\mu-1}) V_{\mu+1} \frac{v_{\mu-1}}{d_{\mu-1}};$$

et ayant égard à la formule (10), on aura simplement

$$(11) \qquad H_{\mu-1} V_1 - G_{\mu-1} V_2 = (-1)^{\mu} \frac{v_1}{d_1} \frac{v_2}{d_2} \cdots \frac{v_{\mu-1}}{d_{\mu-1}} V_{\mu+1};$$

en particulier pour $\mu = n + 1$, on a

$$(12) \qquad H_n V_1 - G_n V_2 = (-1)^{n+1} \frac{v_1}{d_1} \frac{v_2}{d_2} \cdots \frac{v_n}{d_n}.$$

Les formules (4), (7), (11) et (12), que nous venons de tirer des égalités (3), fournissent immédiatement la démonstration du théorème de M. Labatie.

En effet, les fonctions $\frac{u_1 u_2 \ldots u_{\mu-1}}{d_1 d_2 \ldots d_{\mu-1}}$ et $\frac{v_{\mu-1}}{d_{\mu-1}}$ n'ayant aucun diviseur commun, les formules (4) et (7) montrent que les valeurs de $x$ et de $y$ qui annulent $V_\mu$ et $\frac{v_{\mu-1}}{d_{\mu-1}}$ annulent nécessairement $V_1$ et $V_2$; donc, en premier lieu, *toutes les solutions des divers systèmes* (2) *sont des solutions des équations* (1).

En second lieu, si des valeurs simultanées de $x$ et de $y$ annulent $V_1$ et $V_2$, la valeur de $x$ annulera, d'après la formule (12), l'une au moins des fonctions $\frac{v_1}{d_1}, \frac{v_2}{d_2}, \ldots, \frac{v_n}{d_n}$. Si la première de ces fonctions s'annule, les valeurs de $x$ et de $y$ que nous considérons seront des solutions du premier système (2); supposons généralement que $\frac{v_\mu}{d_\mu}$ soit la première fonction qui s'annule; alors la formule (11) montre que $V_{\mu+1}$ doit s'annuler, et en conséquence les valeurs de $x$ et de $y$ qui, par hypothèse, satisfont aux équations (1), satisferont également à celui des systèmes (2) qui occupe le $\mu^{ième}$ rang. Donc : *toutes les solutions des équations* (1) *satisfont à l'un au moins des systèmes* (2), ce qui achève la démonstration du théorème énoncé.

Remarque. — Le théorème de M. Labatie donne les diverses solutions des équations proposées, avec le degré de multiplicité qui leur convient; mais cette proposition nouvelle ne me paraît pas avoir une importance assez grande pour que je m'arrête à en présenter la démonstration.

**94.** Le théorème qui précède se rapporte exclusivement aux solutions finies et déterminées des équations proposées. Pour avoir les systèmes de solutions déterminées dans lesquelles la valeur de $y$ est infinie, il suffit d'ordonner les équations par rapport aux puissances décroissantes de $y$, et de chercher le plus grand commun diviseur entre les coefficients du premier terme de l'une et de l'autre équation. On égalera ce plus grand commun diviseur à zéro, et les racines de l'équation obtenue seront les valeurs cherchées de $x$.

On procédera d'une manière semblable pour trouver les solutions dans lesquelles la valeur de $x$ est infinie.

### *Application de l'élimination à la transformation des équations.*

**95.** Le problème que l'on a en vue, dans la transformation des équations, peut être énoncé de la manière suivante :

*Étant donnée une équation* $f(z) = 0$ *du degré* $m$,

*dont les racines sont représentées par* $z_1, z_2, \ldots, z_m$, *former une équation* $F(u) = 0$ *dont chaque racine* $u$ *s'exprime par une fonction rationnelle donnée* $\varphi(z_1, z_2, \ldots, z_\mu)$ *de* $\mu$ *racines de la proposée.*

Il est évident que la solution de ce problème s'obtiendra en éliminant les $\mu$ quantités $z_1, z_2, \ldots, z_\mu$ entre les $\mu + 1$ équations

$$f(z_1) = 0, \quad f(z_2) = 0, \ldots, \quad f(z_\mu) = 0,$$
$$u = \varphi(z_1, z_2, \ldots, z_\mu).$$

En traitant la question à ce point de vue, chacune des racines $z_1, z_2, \ldots, z_\mu$ est considérée comme ayant $m$ valeurs différentes, et, par suite, $u$ doit avoir en général $m^\mu$ valeurs distinctes; l'équation finale en $u$ sera donc du degré $m^\mu$. Il en résulte que si l'on s'impose la condition que les quantités $z_1, z_2, \ldots, z_\mu$ soient distinctes, sauf le cas où la proposée aurait des racines égales, on obtiendra une transformée qui sera compliquée de solutions étrangères à la question. On peut cependant, dans chaque cas, diriger le calcul de l'élimination de manière à éviter ces solutions étrangères, mais le plus souvent il est préférable de résoudre le problème de la transformation par une autre méthode qui sera exposée dans la Section II. Nous nous bornerons ici à présenter deux exemples.

96. Problème I. — *Étant donnée une équation* $f(z) = 0$ *du degré* $m$, *former une équation* $F(u) = 0$ *dont les racines soient les sommes prises deux à deux des racines de la première équation.*

Désignons par $z$ et par $z_1$ une racine quelconque de l'équation $f(z) = 0$. D'après ce qui a été dit plus haut, l'équation en $u$ sera le résultat de l'élimination de $z$ et $z_1$ entre

$$f(z) = 0, \quad f(z_1) = 0, \quad u = z + z_1,$$

ou le résultat de l'élimination de $z$ entre les deux

$$f(z) = 0, \quad f(u - z) = 0.$$

Mais ce système peut lui-même être remplacé par le suivant,

$$f(z) = 0, \quad f(u - z) - f(z) = 0,$$

dans lequel la deuxième équation a pour premier membre le produit de deux fonctions entières, savoir :

$$\frac{f(u - z) - f(z)}{u - 2z} \quad \text{et} \quad u - 2z.$$

Il s'ensuit que l'équation finale en $u$, relative aux deux équations qui précèdent, sera le produit des deux équations finales qui se rapportent respectivement aux deux systèmes

$$(1) \qquad f(z) = 0, \quad \frac{f(u - z) - f(z)}{u - 2z} = 0,$$

et

$$(2) \qquad f(z) = 0, \quad u - 2z = 0.$$

L'équation qui résulte de l'élimination de $u$ entre les équations de ce dernier système est

$$f\left(\frac{u}{2}\right) = 0,$$

et elle a pour racines les doubles $z + z$, $z_1 + z_1, \ldots$ des racines de l'équation proposée. Comme on a

$$\frac{f(u - z) - f(z)}{u - 2z} = f'(z) + \frac{u - 2z}{1 . 2} f''(z) + \ldots + \frac{(u - 2z)^{m-1}}{1 . 2 \ldots m} f^m(z),$$

on voit que l'équation demandée s'obtiendra par l'élimination de $u$ entre les deux équations

$$(3)\quad f(z)=0,\quad f'(z)+\frac{u-2z}{1.2}f''(z)+\ldots+\frac{(u-2z)^{m-1}}{1.2\ldots m}f^m(z)=0;$$

quant au degré de cette équation, on voit *à priori* qu'il doit être égal au nombre des combinaisons de $m$ choses deux à deux, c'est-à-dire égal à $\frac{m(m-1)}{2}$.

S'il s'agit de l'équation du deuxième degré

$$f(z)=z^2+pz+q=0,$$

on aura

$$f'(z)=2z+p,\quad f''(z)=2.$$

La deuxième des équations (3) se réduit à

$$u+p=0,$$

et, comme elle ne renferme pas $z$, elle n'est autre que l'équation demandée; ce résultat est évident.

Dans le cas du troisième degré, la méthode générale est susceptible de simplification. Car, soit l'équation

$$f(z)=z^3+pz^2+qz+r=0,$$

et désignons par $z$, $z_1$, $z_2$ les trois racines. Si l'on fait $z_1+z_2=u$, on aura $z=-u-p$, et, par suite,

$$f(-u-p)=0;$$

cette équation est précisément la transformée demandée.

97. Problème II. — *Étant donnée une équation $f(z)=0$ du degré $m$, former une équation $F(u)=0$, dont les racines soient les différences deux à deux des racines de la proposée.*

Désignons comme précédemment par $z$ et par $z_1$ une racine quelconque de l'équation $f(z)=0$; l'équation en $u$ s'obtiendra en éliminant $z$ et $z_1$ entre

$$f(z)=0,\quad f(z_1)=0,\quad u=z_1-z,$$

ou, en éliminant $z$ entre les deux

$$f(z) = 0, \quad f(u+z) = 0.$$

Ce système peut être remplacé par le suivant :

$$f(z) = 0, \quad f(u+z) - f(z) = 0,$$

lequel se décompose en deux autres, savoir :

(1) $$f(z) = 0, \quad \frac{f(u+z) - f(z)}{u} = 0,$$

(2) $$f(z) = 0, \quad u = 0.$$

Les systèmes de solutions du système (2) sont formés d'une quelconque des racines $z$ de la proposée et d'une valeur nulle de $u$; quant aux équations (1), elles peuvent être écrites sous la forme

$$f(z) = 0, \quad f'(z) + \frac{u}{1.2} f''(z) + \ldots + \frac{u^{m-1}}{1.2\ldots m} f^m(z) = 0;$$

elles donneront pour équation finale la transformée $F(u) = 0$ que l'on cherche, et celle-ci n'aura de racines nulles que si la proposée a des racines égales.

On reconnaît *à priori* que le degré de l'équation demandée est égal au nombre des arrangements de $m$ choses deux à deux, c'est-à-dire égal à $m(m-1)$; en outre, il est évident que les $m(m-1)$ racines de cette équation formeront des couples tels que $z - z_1 = u_1$, $z_1 - z = -u_1$ de deux racines égales et de signes contraires, en sorte que son premier membre sera le produit de $\frac{m(m-1)}{2}$ facteurs de la forme $u^2 - u_1^2$, et il ne renfermera que des puissances paires de $u$. L'équation $F(u) = 0$ s'abaissera donc au degré $\frac{m(m-1)}{2}$ en posant $u^2 = v$; l'équation en $v$ est dite l'*équation aux carrés des différences* des racines de la proposée.

Exemple. — Appliquons ce qui précède à l'équation du troisième degré

(1) $$z^3 + Pz^2 + Qz + R = 0.$$

Si l'on remplace $z$ par $z - \frac{P}{3}$, et que l'on pose (n° 62)

$$p = -\frac{P^2}{3} + Q, \quad q = \frac{2P^3}{27} - \frac{PQ}{3} + R,$$

cette équation se réduira à

(2) $$z^3 + pz + q = 0.$$

Les racines de l'équation (2) sont égales à celles de l'équation (1) augmentées d'une même quantité; donc, pour l'une et l'autre équation, l'équation aux différences est la même. On obtiendra celle-ci en éliminant $z$ entre l'équation (2) et l'équation

(3) $$3z^2 + 3uz + (u^2 + p) = 0.$$

Le moyen le plus simple de faire cette élimination consiste à retrancher les équations (2) et (3) l'une de l'autre après avoir multiplié la première par 3 et la seconde par $z$, ce qui donne

(4) $$3uz^2 + (u^2 - 2p)z - 3q = 0;$$

à tirer des équations (3) et (4) les valeurs de $z$ et $z^2$, savoir :

$$z = -\frac{u^3 + pu + 3q}{2(u^2 + p)}, \quad z^2 = \frac{u^4 - pu^2 + 9qu - 2p^2}{6(u^2 + p)}.$$

et à égaler la seconde expression au carré de la première. Posant ensuite

$$u^2 = v,$$

on obtiendra l'équation aux carrés des différences demandée, qui est

$$v^3 + 6pv^2 - 3p^2v + (4p^3 + 27q^2) = 0.$$

Remarque. — Soit $f(z)$ une fonction entière de $z$, à coefficients réels; si l'on pose $z = x + y\sqrt{-1}$ et que l'on fasse

$$f(x + y\sqrt{-1}) = \varphi(x, y) + \sqrt{-1}\,\psi(x, y),$$

$\varphi$ et $\psi$ étant des fonctions réelles, on aura aussi

$$f(x - y\sqrt{-1}) = \varphi(x, y) - \sqrt{-1}\,\psi(x, y).$$

Cela étant, si l'on considère les équations simultanées

$$\varphi(x, y) = 0, \quad \psi(x, y) = 0,$$

et que l'on élimine successivement entre elles les inconnues $x$ et $y$, il est évident que l'équation finale en $x$ ne sera autre chose que l'équation aux demi-sommes des racines de la proposée, tandis que l'équation finale en $y$ sera l'équation aux quotients par $2\sqrt{-1}$ des différences des mêmes racines. Effectivement, les deux équations qui précèdent équivalent aux deux suivantes :

$$f(x + y\sqrt{-1}) = 0, \quad f(x - y\sqrt{-1}) = 0,$$

qui expriment que $x + y\sqrt{-1}$ et $x - y\sqrt{-1}$ sont des racines de $f(z) = 0$.

### *Sur la recherche des diviseurs des fonctions entières d'une variable.*

98. Toute fonction entière $f(z)$ d'une variable $z$ est le produit de facteurs linéaires de la forme $z - z_1$; la recherche de ces facteurs linéaires équivaut à la résolution de l'équation $f(z) = 0$, car la condition pour que $z - z_1$ soit un diviseur de $f(z)$ est $f(z_1) = 0$. Si la fonction $f(z)$ est du degré $m$, elle admettra évidemment autant de diviseurs du degré $\mu$ que l'on peut former de combinaisons avec les $m$ facteurs linéaires pris $\mu$ à $\mu$; ce nombre

de combinaisons est égal à

$$M = \frac{m(m-1)\ldots(m-\mu+1)}{1.2\ldots\mu}.$$

Pour trouver les diviseurs dont il s'agit, on effectuera la division de la fonction $f(z)$ par un polynôme $\varphi(z)$ du degré $\mu$, dans lequel les coefficients soient indéterminés, et on égalera à zéro le reste du degré $\mu - 1$ que l'on aura obtenu; on formera ainsi $\mu$ équations qui serviront à déterminer les $\mu$ coefficients du polynôme $f(z)$. Si l'on veut avoir l'équation de laquelle dépend l'un de ces coefficients, il faudra procéder à l'élimination de tous les autres, et l'on trouvera une équation finale dont le degré devra être égal à M. A chacune des M racines de cette équation finale correspondra un diviseur de degré $\mu$ du polynôme $f(z)$, en sorte que les valeurs des coefficients éliminés devront être déterminés complétement par le moyen des équations de condition.

Lorsqu'on a $\mu = 1$ ou $\mu = m - 1$, le nombre M est égal à $m$; mais dans tout autre cas on a $M > m$, en sorte qu'en général la recherche des diviseurs d'un degré différent de 1 ou de $m - 1$ dépend d'une équation dont le degré est supérieur à celui de la proposée.

Au lieu de procéder comme nous venons de l'indiquer, on peut écrire que le polynôme donné $f(z)$ est le produit de deux polynômes $\varphi(z)$, $\psi(z)$ des degrés $\mu$ et $m - \mu$ respectivement, et dans lesquels tous les coefficients soient indéterminés; on formera ainsi $m$ équations de condition entre les $m$ coefficients indéterminés, et l'on obtiendra ensuite, par l'élimination, l'équation de laquelle dépend l'un des coefficients du polynôme $\varphi(z)$.

Soit le diviseur

$$\varphi(z) = z^{\mu} + \alpha_1 z^{\mu-1} + \alpha_2 z^{\mu-2} + \ldots + \alpha_{\mu-1} z + \alpha_{\mu},$$

il est évident que $-\alpha_1$ est la somme de $\mu$ racines de l'équation $f(z) = 0$; donc l'équation finale de laquelle dépend $-\alpha_1$ coïncidera avec l'équation aux sommes des racines de $f(z) = 0$, prises $\mu$ à $\mu$. Ainsi, en particulier, pour avoir l'équation aux sommes des racines deux à deux d'une équation $f(z) = 0$, il suffira d'exprimer que $z^2 - uz + q$ est un diviseur de $f(z)$; on trouvera ainsi deux équations de condition entre $u$ et $q$, et par l'élimination de $q$ on conclura l'équation demandée.

**99.** Bien que la recherche des diviseurs du deuxième degré d'un polynôme $f(z)$ dépende toujours d'une équation de degré supérieur au degré de $f(z)$, il existe un cas remarquable dans lequel cette équation s'abaisse et devient ainsi plus facile à résoudre que l'équation $f(z) = 0$. Le cas dont je parle est celui où le polynôme $f(z)$ est du quatrième degré.

Soit

$$f(z) = z^4 + Pz^3 + Qz^2 + Rz + S,$$

et désignons par

$$z^2 + pz + q$$

un diviseur de $f(z)$. La quantité $p$ dépendra d'une équation du sixième degré, mais je dis que si l'on fait disparaître le deuxième terme de cette équation, le quatrième et le sixième disparaîtront aussi, en sorte que l'équation transformée ne renfermera que des puissances paires de la nouvelle inconnue $p'$, et qu'elle s'abaissera au troisième degré en posant $p'^2 = \nu$.

En effet, désignons par $z_1$, $z_2$, $z_3$, $z_4$ les quatre racines de l'équation $f(z) = 0$. Les six racines de l'équation en $p$ seront

$$-z_1 - z_2, \quad -z_1 - z_3, \quad -z_1 - z_4,$$

$$-z_2 - z_3, \quad -z_2 - z_4, \quad -z_3 - z_4,$$

et leur somme sera égale à $-3(z_1+z_2+z_3+z_4)$, c'est-à-dire égale à $+3P$. Pour faire disparaître le terme du cinquième degré dans l'équation en $p$, il faut donc poser

$$p = p' + \frac{1}{2}P,$$

d'où

$$p' = -\frac{1}{2}P + p = \frac{1}{2}(z_1+z_2+z_3+z_4) + p.$$

Les six valeurs de $p'$ seront donc

$$\frac{1}{2}(-z_1 - z_2 + z_3 + z_4),$$

$$\frac{1}{2}(-z_1 + z_2 - z_3 + z_4),$$

$$\frac{1}{2}(-z_1 + z_2 + z_3 - z_4),$$

$$\frac{1}{2}(+z_1 - z_2 - z_3 + z_4),$$

$$\frac{1}{2}(+z_1 - z_2 + z_3 - z_4),$$

$$\frac{1}{2}(+z_1 + z_2 - z_3 - z_4),$$

et l'on voit que ces valeurs sont égales deux à deux et de signes contraires, comme nous l'avions annoncé.

Ce qui précède conduit à une conséquence importante, ainsi qu'on le verra dans la suite de cet Ouvrage.

### *Sur l'abaissement des équations.*

**100.** Une équation $f(z) = 0$ est susceptible d'abaissement lorsqu'elle ne renferme que des puissances de $z$ dont l'exposant est divisible par un même nombre $n$; effectivement, si le degré est désigné par $mn$, l'équation s'abaissera au degré $m$ en posant $z^n = x$; nous avons vu aussi comment on peut toujours abaisser le degré des équations réciproques. Enfin, on produira l'abaissement d'une équation toutes les fois que l'on parviendra, par une voie quelconque, à décomposer son premier membre en deux facteurs. Cela arrivera, par exemple, si l'on sait que l'équation $f(z) = 0$ a des racines communes avec une autre équation $F(z) = 0$, à moins qu'elle n'ait toutes ses racines communes avec celle-ci.

Nous sommes ici conduit à présenter une définition qui a une grande importance dans l'Algèbre.

Définition. — *Une fonction entière $f(z)$ est dite irréductible, lorsqu'elle n'admet aucun diviseur rationnel.*

*Une équation est dite irréductible quand son premier membre est une fonction irréductible.*

Mais il nous reste à expliquer ici ce que nous entendons par *diviseur rationnel,* et en général par *quantité rationnelle.*

Si les coefficients de la fonction $f(z)$ sont des nombres rationnels, un diviseur rationnel est simplement celui dans lequel tous les coefficients sont des nombres rationnels.

Pour embrasser tous les cas, supposons que les coefficients de $f(z)$ soient des *fonctions rationnelles de quantités quelconques*, qu'on regarde comme *connues;* nous nommerons diviseur rationnel de $f(z)$ tout diviseur, fonction entière de $z$, dont les coefficients sont des fonctions rationnelles des quantités connues. Généralement, toute fonction rationnelle des quantités connues sera dite une quantité rationnelle. Dans le cas d'une fonction dont les coefficients demeurent indéterminés, les quantités connues ne sont autre chose que les coefficients eux-mêmes.

La définition qui précède s'étend d'elle-même à une fonction entière de plusieurs variables.

Il faut remarquer qu'une fonction entière ou une équation peut être réductible ou irréductible, suivant la nature des quantités regardées comme connues. Par exemple, l'équation $z^2 - 2 = 0$ est irréductible, tant qu'on ne regarde comme *quantités connues* que les nombres rationnels; mais si parmi ces quantités on fait figurer les racines carrées des nombres rationnels, l'équation se réduira, car son premier membre se décomposera dans les deux facteurs $z - \sqrt{2}$ et $z + \sqrt{2}$.

Théorème. — *Si $f(z) = 0$ est une équation irréductible, $F(z)$ une fonction rationnelle, et que l'équation $F(z) = 0$ admette une racine $z_1$ de $f(z) = 0$, elle admettra aussi toutes les autres.*

Soit, en effet,

$$F(z) = \frac{\varphi(z)}{\psi(z)},$$

$\varphi$ et $\psi$ désignant des fonctions entières; la racine $z_1$ sera, par hypothèse, commune aux équations

$$f(z) = 0, \quad \varphi(z) = 0;$$

et cela exige que le polynôme $\varphi(z)$ soit divisible par $f(z)$, car autrement il y aurait un diviseur commun à ces polynômes, et l'équation $f(z) = 0$ ne serait pas irréductible. Soit donc

$$\varphi(z) = f(z)\,\varpi(z),$$

on aura

$$F(z) = \frac{\varpi(z)}{\psi(z)} f(z),$$

et, par conséquent, l'équation $F(z) = 0$ admettra toutes les racines de $f(z) = 0$.

101. Il est quelquefois possible d'abaisser une équation

dont deux racines sont liées entre elles par une relation donnée, et la voie de l'élimination peut être employée à cet effet.

Soit effectivement

$$(1) \qquad f(z) = 0$$

une équation du degré $m$, dont $z, z_1, \ldots, z_{m-1}$ désignent les $m$ racines, et supposons que l'on ait entre deux de ces racines la relation

$$\varphi(z, z_1) = 0,$$

dans laquelle $\varphi$ désigne une fonction entière. On pourra éliminer $z_1$ entre cette équation et l'équation

$$f(z_1) = 0,$$

et l'on obtiendra ainsi l'équation finale en $z$,

$$(2) \qquad F(z) = 0.$$

Si l'équation proposée est irréductible, la fonction $F(z)$ sera divisible par $f(z)$ d'après le théorème du nº 100, et l'équation précédente ne sera d'aucun usage. Mais si l'équation proposée est réductible, il pourra arriver que quelques-unes des racines de l'équation (1) n'appartiennent point à l'équation (2); dans ce cas, les polynômes $f(z)$ et $F(z)$ auront un plus grand commun diviseur $\psi(z)$ différent de $f(z)$, et l'on pourra en conséquence décomposer la fonction $f(z)$ en deux facteurs l'un et l'autre rationnels, dans le sens qui a été indiqué au numéro précédent.

Supposons, par exemple, que l'équation

$$f(z) = 0$$

ait deux racines $z$ et $z_1$ dont la somme soit égale à une quantité donnée $a$. On cherchera le plus grand commun diviseur $\psi(z)$ des polynômes $f(z)$ et $f(a - z)$, et on décomposera ainsi $f(z)$ en deux facteurs. S'il n'y a que deux racines $z$ et $z_1$ qui soient liées par la relation $z+z_1=a$, le polynôme $\psi(z)$ sera évidemment du second degré; il sera d'un degré supérieur à 2, s'il existe plusieurs couples de racines telles, que la somme des racines de chaque couple soit égale à $a$; enfin il sera du premier degré, si l'équation proposée a une racine égale à $\frac{1}{2}a$, et qu'il n'existe point de couples de racines dont la somme soit égale à $a$. Le plus grand commun diviseur entre $f(z)$ et $f(a-z)$ peut être égal à l'un ou à l'autre de ces polynômes, et cela arrivera nécessairement si la fonction $f(z)$ est irréductible; dans ce cas, l'équation proposée ne change pas quand on change $z$ en $a-z$, et je dis qu'elle est susceptible d'abaissement. En effet, posons

$$z=\frac{a}{2}+u$$

et

$$f(z)=f\left(\frac{a}{2}+u\right)=\mathrm{F}(u);$$

on aura

$$f(a-z)=f\left(\frac{a}{2}-u\right)=\mathrm{F}(-u),$$

donc l'équation transformée

$$\mathrm{F}(u)=0$$

ne changera pas par le changement de $u$ en $-u$. Si l'on supprime les racines nulles que cette équation peut avoir, elle ne renfermera plus que des puissances paires de $u$ et on l'abaissera en posant $u^2=v$.

Le cas d'une équation $f(z)=0$ dont deux racines sont liées par la relation $zz_1=a$ donne lieu à une discussion toute semblable.

Il ne sera pas inutile de présenter en terminant

l'exemple d'une équation irréductible dont deux racines soient liées entre elles par une relation simple. L'équation

$$f(z) = z^3 + z^2 - 2z - 1 = 0,$$

qui a pour racines les doubles des cosinus des arcs $\frac{2\pi}{7}$, $\frac{4\pi}{7}$, $\frac{6\pi}{7}$, est dans ce cas; $z$, $z_1$ et $z_2$ désignant les trois racines, on a

$$z_1 = \frac{-1}{1+z}, \quad z_2 = -\left(1 + \frac{1}{z}\right),$$

et si l'on forme les expressions de $f(z_1)$, $f(z_2)$, on trouvera

$$f(z_1) = -\frac{1}{(1+z)^3} f(z), \quad f(z_2) = \frac{1}{z^3} f(z).$$

Nous nous sommes borné au cas où l'on a une relation entre deux racines de l'équation proposée. Si l'on avait, entre $\mu$ racines, $\mu$ étant $> 2$, la relation

$$\varphi(z, z_1, z_2, \ldots, z_{\mu-1}) = 0,$$

on pourrait éliminer $\mu - 1$ racines en faisant intervenir $\mu - 1$ des $\mu$ équations

$$f(z) = 0, \quad f(z_1) = 0, \ldots, \quad f(z_{\mu-1}) = 0,$$

et il en résulterait diverses équations finales qui auraient nécessairement des racines communes avec la proposée. Mais, comme dans le cas particulier que nous avons examiné précédemment, ces équations ne seront d'aucun usage si l'équation proposée est irréductible.

# CHAPITRE V.

## PROPRIÉTÉS DES RACINES DE L'UNITÉ.

*Propriétés des racines de l'équation binôme $z^m = 1$.*
*Des racines primitives et de leur nombre.*

**102.** Nous compléterons la théorie générale contenue dans les deux Chapitres précédents, en exposant ici les propriétés des racines de l'unité dont nous ferons un fréquent usage dans la suite de cet Ouvrage.

THÉORÈME I. — *Les racines communes à deux équations binômes, telles que*

$$z^m = 1, \quad z^n = 1,$$

*sont également racines de l'équation*

$$z^\theta = 1,$$

*où $\theta$ désigne le plus grand commun diviseur des nombres $m$ et $n$.*

Supposons, en effet, que l'on ait à la fois

$$\alpha^m = 1 \quad \text{et} \quad \alpha^n = 1;$$

soit $m > n$, et désignons par $q$ le quotient, par $r$ le reste de la division de $m$ par $n$, en sorte que $m = nq + r$; on aura

$$\alpha^{nq+r} = 1 \quad \text{ou} \quad \alpha^{nq}.\alpha^r = 1.$$

Mais, à cause de $\alpha^n = 1$, on a aussi $\alpha^{nq} = 1$; donc

$$\alpha^r = 1.$$

D'où l'on conclut que si $r, r', r'', \ldots, \theta$ sont les restes auxquels conduit la recherche du plus grand commun diviseur des entiers $m$ et $n$, on aura

$$\alpha^r = 1, \quad \alpha^{r'} = 1, \ldots, \quad \alpha^\theta = 1,$$

et, par conséquent, toute racine commune, $\alpha$, aux deux équations proposées, est aussi racine de

$$z^\theta = 1.$$

Il est évident d'ailleurs que, réciproquement, les racines de cette dernière équation appartiennent aux deux équations proposées.

On peut aussi démontrer le précédent théorème en déterminant le plus grand commun diviseur des binômes $z^m - 1$, $z^n - 1$ (n° 47); on reconnaît immédiatement que ce plus grand commun diviseur est $z^\theta - 1$.

Il résulte de là que si $m$ et $n$ sont premiers entre eux, les deux équations

$$z^m = 1, \quad z^n = 1$$

n'ont d'autre racine commune que l'unité, et que, si $m$ est un nombre premier, l'équation

$$z^m = 1$$

n'a de racine commune autre que l'unité, avec aucune équation de même forme et de degré moindre.

Théorème II. — *Si $\alpha$ désigne une racine quelconque de l'équation binôme*

$$z^m = 1,$$

*toute puissance de $\alpha$ sera aussi racine de la même équation.*

L'équation

$$\alpha^m = 1$$

entraîne, en effet,

$$\alpha^{mk} = 1, \quad \text{ou} \quad (\alpha^k)^m = 1,$$

et, par conséquent, tous les termes de la série

$$\alpha,\ \alpha^2,\ \alpha^3,\ldots$$

sont racines de l'équation proposée.

A cause de $\alpha^m = 1$, on a aussi

$$\alpha^{m+1} = \alpha,\quad \alpha^{m+2} = \alpha^2,\ldots;$$

d'où il suit que la série précédente contient au plus, comme cela doit être, $m$ quantités distinctes, savoir :

$$\alpha,\ \alpha^2,\ \alpha^3,\ldots,\ \alpha^{m-1},\ \alpha^m \text{ ou } 1.$$

Lorsque $m$ est un nombre *premier* et que $\alpha$ n'est pas égal à l'unité, les $m$ termes de la série précédente sont différents; car si l'on avait, par exemple,

$$\alpha^{n+n'} = \alpha^{n'},$$

$n'$ et $n+n'$ étant inférieurs à $m$, on aurait, en divisant par $\alpha^{n'}$,

$$\alpha^n = 1;$$

ce qui ne peut être, puisque l'équation $z^m = 1$ n'a aucune racine commune autre que l'unité avec $z^n = 1$. Il en résulte cette proposition :

Théorème III. — *Si $m$ est un nombre premier, et que $\alpha$ soit une racine quelconque de l'équation*

$$z^m = 1,$$

*autre que l'unité, les $m$ racines de cette équation seront représentées par*

$$\alpha,\ \alpha^2,\ \alpha^3,\ldots,\ \alpha^{m-1},\ \alpha^m.$$

Cette proposition n'a plus lieu quand $m$ est un nombre composé, et qu'on prend pour $\alpha$ une racine quelconque de

$$z^m = 1;$$

mais elle aura lieu évidemment, d'après ce qui précède,

si l'on prend pour $\alpha$ une racine qui n'appartienne en même temps à aucune équation $z^n = 1$ de degré $n$ inférieur à $m$.

Cela posé, nous appellerons *racines primitives* de l'équation binôme

$$z^m = 1$$

celles des racines de cette équation qui n'appartiennent à aucune équation de degré moindre et de même forme, telle que

$$z^n = 1.$$

Si $m$ est premier, toute racine de $z^m = 1$, autre que 1, est une racine primitive; et, dans tous les cas, chaque racine primitive jouit de la propriété de pouvoir donner toutes les racines par ses diverses puissances.

**103.** Nous allons démontrer actuellement qu'il existe des racines primitives pour toute équation binôme, de degré non premier, et nous déterminerons en même temps le nombre de ces racines.

Considérons d'abord le cas où le degré de l'équation binôme

$$z^m = 1$$

est une puissance d'un nombre premier $p$, et soit

$$m = p^\mu;$$

toute racine non primitive de l'équation

$$z^{p^\mu} = 1$$

doit appartenir à une équation telle que

$$z^\theta = 1,$$

où $\theta$ désigne un diviseur de $p^\mu$ : mais tout diviseur de $p^\mu$, autre que $p^\mu$ lui-même, doit diviser $p^{\mu-1}$; donc les racines de l'équation précédente, et, par suite, toutes les racines *non primitives* de la proposée, doivent appartenir à l'équation

$$z^{p^{\mu-1}} = 1.$$

D'ailleurs toutes les racines de cette dernière appartiennent évidemment à la proposée; le nombre des racines non primitives de celle-ci est donc $p^{\mu-1}$, et, par conséquent, celui des racines primitives est

$$p^\mu - p^{\mu-1}, \text{ ou } p^\mu\left(1 - \frac{1}{p}\right), \text{ ou } m\left(1 - \frac{1}{p}\right).$$

Nous allons faire connaître la manière dont sont formées les racines primitives de l'équation

$$(1) \qquad z^{p^\mu} = 1.$$

Soient $\theta_1$ une racine quelconque de l'équation

$$z^p = 1,$$

$\theta_2$ une racine quelconque de

$$z^p = \theta_1,$$

$\theta_3$ une racine quelconque de

$$z^p = \theta_2,$$

et ainsi de suite, jusqu'à ce qu'on obtienne une dernière équation

$$z^p = \theta_{\mu-1},$$

dont nous désignerons par $\theta_\mu$ une racine quelconque. Si l'on fait

$$(2) \qquad \alpha = \theta_1\theta_2\ldots\theta_{\mu-1}\theta_\mu,$$

cette expression de $\alpha$ aura $p^\mu$ valeurs, puisque $\theta_1$ a $p$ valeurs, qu'à chacune d'elles correspondent $p$ valeurs de

$\theta_2$, etc., et elle donnera précisément les $p^\mu$ racines de l'équation (1).

On voit d'abord que les valeurs de $\alpha$ satisfont à l'équation (1), car on a

$$\theta_1^p = 1,\ \theta_2^{p^2} = 1,\ \theta_3^{p^3} = 1,\ \ldots,\ \theta_{\mu-1}^{p^{\mu-1}} = 1,\ \theta_\mu^{p^\mu} = 1,$$

et par suite,

$$\alpha^{p^\mu} = 1.$$

Il suffit donc de démontrer que les $p^\mu$ valeurs de $\alpha$ sont distinctes. Supposons que deux de ces valeurs soient égales entre elles, que l'on ait, par exemple,

$$(3) \qquad \theta_1\theta_2\theta_3\ldots\theta_{\mu-1}\theta_\mu = \theta'_1\theta'_2\theta'_3\ldots\theta'_{\mu-1}\theta'_\mu;$$

en élevant cette égalité à la puissance $p$, et se rappelant que

$$(4) \qquad \begin{cases} \theta_1^p = 1, & \theta_2^p = \theta_1, \ldots, & \theta_\mu^p = \theta_{\mu-1}, \\ \theta_1'^p = 1, & \theta_2'^p = \theta'_1, \ldots, & \theta_\mu'^p = \theta'_{\mu-1}, \end{cases}$$

on aura

$$(5) \qquad \theta_1\theta_2\theta_3\ldots\theta_{\mu-1} = \theta'_1\theta'_2\theta'_3\ldots\theta'_{\mu-1}.$$

Des égalités (3) et (5) on tire

$$\theta_\mu = \theta'_\mu;$$

en opérant sur l'égalité (5) comme nous venons de faire sur l'égalité (3), on obtiendra

$$\theta_{\mu-1} = \theta'_{\mu-1},$$

et, en continuant ainsi, on arrivera à cette conséquence: que l'égalité (3) ne peut exister à moins que les quantités $\theta_1, \theta_2, \ldots, \theta_\mu$ ne soient respectivement égales aux quantités $ϐ'_1, ϐ'_2, \ldots, ϐ'_\mu$. D'où il suit que la formule (2) donnera effectivement toutes les racines de l'équation (1).

Cherchons maintenant quelles sont celles de ces racines qui sont primitives. Comme nous l'avons déjà remarqué, les racines non primitives de l'équation (1) sont celles qui satisfont à l'équation

$$z^{p^{\mu-1}} = 1.$$

Supposons donc que l'on ait

$$(ϐ_1 ϐ_2 ϐ_3 \ldots ϐ_{\mu-1} ϐ_\mu)^{p^{\mu-1}} = 1;$$

en supprimant les facteurs égaux à l'unité, cette équation se réduit à

(6) $$ϐ_\mu^{p^{\mu-1}} = 1.$$

Mais des égalités (4) on déduit

$$ϐ_\mu^{p^{\mu-1}} = ϐ_{\mu-1}^{p^{\mu-2}} = ϐ_{\mu-2}^{p^{\mu-3}} = \ldots = ϐ_2^p = ϐ_1;$$

par suite, l'équation (6) exige que

$$ϐ_1 = 1.$$

Par où l'on voit que la valeur de $\alpha$ donnée par la formule (2) sera une racine primitive ou non primitive de l'équation (1), suivant que $ϐ_1$ sera différent de 1 ou égal à 1.

De ce qui précède on peut conclure la proposition suivante :

Théorème IV. — *La résolution de l'équation binôme $z^m = 1$, dont le degré m est une puissance $\mu$ d'un nombre premier p, se ramène à déterminer une racine $ϐ_1$ autre que l'unité de l'équation $z^p = 1$, une racine $ϐ_2$ quelconque de l'équation $z^p = ϐ_1$, puis une racine quelconque $ϐ_3$ de $z^p = ϐ_2$, etc.*

Car on aura, par ce moyen, une racine primitive de l'équation proposée, laquelle donnera toutes les autres par ses diverses puissances.

**104.** Considérons maintenant le cas général où le degré $m$ de l'équation binôme

$$(1) \qquad z^m = 1$$

est un nombre composé quelconque; décomposons ce nombre en ses facteurs premiers, et soit

$$m = p^\mu q^\nu \ldots r^\lambda,$$

$p, q, \ldots, r$ désignant des nombres premiers quelconques inégaux.

Écrivons les équations

$$(2) \qquad z^{p^\mu} = 1, \quad z^{q^\nu} = 1, \ldots, \quad z^{r^\lambda} = 1;$$

désignons par $\beta$ une racine quelconque de la première, par $\gamma$ une racine quelconque de la seconde, etc., par $\delta$ une racine quelconque de la dernière, et posons

$$(3) \qquad \alpha = \beta\gamma \ldots \delta.$$

Cette expression de $\alpha$ a $m$ valeurs, puisque $\beta, \gamma, \ldots, \delta$ ont respectivement $p^\mu, q^\nu, \ldots, r^\lambda$ valeurs; je dis que ce sont précisément les $m$ racines de l'équation (1).

Il est d'abord évident que la précédente valeur de $\alpha$ satisfait à l'équation (1), car on a

$$\beta^{p^\mu} = 1, \quad \gamma^{q^\nu} = 1, \ldots, \quad \delta^{r^\lambda} = 1,$$

et, par suite,

$$\beta^m = 1, \quad \gamma^m = 1, \ldots, \quad \delta^m = 1;$$

d'où

$$\alpha^m = 1.$$

Il reste à prouver que les $m$ valeurs de $\alpha$ sont différentes.

Supposons que deux de ces valeurs soient égales, que l'on ait, par exemple,

$$\beta'\gamma'\ldots\delta' = \beta''\gamma''\ldots\delta'';$$

comme les quantités $\beta'$, $\gamma'$, ..., $\delta'$ ne sont pas toutes égales respectivement à $\beta''$, $\gamma''$, ..., $\delta''$, admettons que $\beta'$ diffère de $\beta''$, et élevons l'égalité précédente à la puissance $q^\nu\ldots r^\lambda$, on aura

$$(\beta'\gamma'\ldots\delta')^{q^\nu\ldots r^\lambda} = (\beta''\gamma''\ldots\delta'')^{q^\nu\ldots r^\lambda},$$

et, en supprimant les facteurs égaux à 1,

$$\beta'^{q^\nu\ldots r^\lambda} = \beta''^{q^\nu\ldots r^\lambda};$$

mais $\beta'$ et $\beta''$ étant deux racines distinctes de l'équation $z^{p^\mu} = 1$, elles peuvent s'exprimer par deux puissances d'une même racine primitive $\beta$; posons donc

$$\beta' = \beta^{n+n'}, \quad \beta'' = \beta^{n'},$$

$n'$ et $n$ étant $< p^\mu$. Alors la dernière égalité deviendra

$$\beta^{(n+n')q^\nu\ldots r^\lambda} = \beta^{n'q^\nu\ldots r^\lambda},$$

ou, simplement,

$$\beta^{nq^\nu\ldots r^\lambda} = 1;$$

d'où il suit que $\beta$ est une racine commune aux deux équations

$$z^{p^\mu} = 1, \quad z^{nq^\nu\ldots r^\lambda} = 1,$$

et qu'elle satisfait, en conséquence, à l'équation

$$z^\theta = 1,$$

$\theta$ désignant le plus grand commun diviseur à $p^\mu$ et $nq^\nu\ldots r^\lambda$. Mais ce plus grand commun diviseur $\theta$ est, au plus, égal à $n$, et, par suite, il est inférieur à $p^\mu$; donc $\beta$ ne serait pas, comme nous l'avons supposé, une racine primitive de $z^{p^\mu} = 1$.

On voit par là que la formule (3) donnera bien les $m$ racines de l'équation (1).

Cela posé, je dis que si $\beta, \gamma, \ldots, \delta$ désignent des racines primitives de celles des équations (2) auxquelles elles appartiennent respectivement, la valeur de $\alpha$ donnée par la formule (3) sera une racine primitive de l'équation (1).

Si, en effet, le contraire a lieu, $\alpha$ satisfera à une équation

$$z^\theta = 1,$$

dont le degré $\theta$ sera un diviseur de $m$, et il y aura au moins un facteur premier, parmi ceux de $m$, qui entrera dans $\theta$ un moins grand nombre de fois que dans $m$ : supposons que le facteur premier $p$ soit dans ce cas, $\theta$ divisera $p^{\mu-1} q^\nu \ldots r^\lambda$, et, par suite, $\alpha$ sera racine de l'équation

$$(4) \qquad z^{p^{\mu-1} q^\nu \ldots r^\lambda} = 1;$$

on aura donc

$$(\beta\gamma \ldots \delta)^{p^{\mu-1} q^\nu \ldots r^\lambda} = 1.$$

Mais

$$\gamma^{q^\nu} = 1 \ldots, \quad \delta^{r^\lambda} = 1,$$

donc

$$\beta^{p^{\mu-1} q^\nu \ldots r^\lambda} = 1;$$

d'où il suit que $\beta$ est racine de l'équation (4) ; or elle l'est aussi de la première des équations (2); d'ailleurs, le plus grand commun diviseur entre les degrés de ces deux équations est $p^{\mu-1}$; donc $\beta$ est racine de l'équation

$$z^{p^{\mu-1}} = 1;$$

mais cela est contre l'hypothèse, puisque $\beta$ représente une racine primitive de la première des équations (2).

Il résulte de là que si l'on ne prend pour $\beta, \gamma \ldots, \delta$ que des racines primitives de la première, de la seconde, etc., de la dernière des équations (2), la formule (3) ne donnera que des racines primitives pour l'équation (1). Il est d'ailleurs facile de voir que si $\beta$, ou $\gamma, \ldots$, ou $\delta$ n'est pas une racine primitive de celle des équations (2) à laquelle elle appartient, la valeur de $\alpha$ donnée par la formule (3) ne sera pas non plus une racine primitive de l'équation (1). Supposons, en effet, que $\beta$ ne soit pas une racine primitive de $z^{p^\mu} = 1$; on aura alors

$$\beta^{p^{\mu-1}} = 1, \quad \gamma^{q^\nu} = 1 \ldots, \quad \delta^{r^\lambda} = 1,$$

et, par suite,

$$(\beta\gamma \ldots \delta)^{p^{\mu-1} q^\nu \ldots r^\lambda} = 1;$$

ce qui montre que $\alpha$ ou $\beta\gamma \ldots \delta$ satisfait à une équation binôme de degré inférieur à $m$.

On peut conclure de ce qui précède le nombre des racines primitives de l'équation (1). En effet, le nombre des racines primitives $\beta$ est, comme on l'a vu précédemment, $p^\mu\left(1 - \frac{1}{p}\right)$; celui des racines primitives $\gamma$ est de même $q^\nu\left(1 - \frac{1}{q}\right)$; etc.; donc le nombre des racines primitives $\alpha$ de l'équation (1) est

$$p^\mu q^\nu \ldots r^\lambda \left(1 - \frac{1}{p}\right)\left(1 - \frac{1}{q}\right) \cdots \left(1 - \frac{1}{r}\right),$$

ou

$$m\left(1 - \frac{1}{p}\right)\left(1 - \frac{1}{q}\right) \cdots \left(1 - \frac{1}{r}\right).$$

On peut aussi énoncer la proposition suivante :

Théorème V. — *La résolution de l'équation binôme $z^m = 1$, où $m$ est un nombre composé quelconque, se ramène à la résolution des équations de même forme, et qui ont respectivement pour degrés les nombres pre-*

*miers ou puissances de nombres premiers qui divisent le nombre m.*

**105.** L'expression du nombre des racines primitives de l'équation $z^m = 1$, que nous avons obtenue, est précisément celle du nombre $\varphi(m)$ qui indique combien il y a de nombres premiers à $m$ et non supérieurs à $m$. Au reste, quand on admet l'existence d'une racine primitive $\alpha$, il est facile d'établir que le nombre total de ces racines est $\varphi(m)$.

Soit $e$ un entier inférieur à $m$; si $e$ est premier à $m$, $\alpha^e$ sera racine primitive de $z^m = 1$; en effet, si le contraire avait lieu, on aurait

$$(\alpha^e)^n = 1, \quad \text{ou} \quad \alpha^{ne} = 1,$$

$n$ étant $< m$, ce qui exige que $\frac{ne}{m}$ soit entier, puisque $\alpha$ est racine primitive; cette conséquence est inadmissible, car $e$ est premier à $m$, et $n$ est inférieur au même nombre.

Si $e$ et $m$ ont un diviseur commun $\theta$, $\frac{em}{\theta}$ sera un multiple de $m$, et l'on aura

$$(\alpha^e)^{\frac{m}{\theta}} = 1;$$

donc $\alpha^e$ sera racine de l'équation $z^{\frac{m}{\theta}} = 1$, et, par suite, elle n'est pas racine primitive de la proposée.

**106.** Soient $\alpha, \beta, \gamma, \ldots, \omega$ les $m$ racines de l'équation

$$z^m = 1.$$

Si $r$ désigne une racine primitive de la même équation, les mêmes racines pourront être représentées par

$$r, \; r^2, \; r^3, \ldots, \; r^{m-1}, \; r^m \text{ ou } 1;$$

on aura donc, en représentant par $\mu$ un nombre positif

quelconque,

$$\alpha^\mu + \beta^\mu + \ldots + \omega^\mu = 1 + r^\mu + r^{2\mu} + \ldots + r^{(m-1)\mu} = \frac{1 - r^{m\mu}}{1 - r^\mu},$$

Le second membre de cette formule est nul si $\mu$ n'est pas divisible par $m$; on a donc, dans cette hypothèse,

$$\alpha^\mu + \beta^\mu + \ldots + \omega^\mu = 0;$$

si au contraire $\mu$ est divisible par $m$, chacune des puissances $\alpha^\mu$, $\beta^\mu, \ldots, \omega^\mu$ est égale à 1, et, par suite,

$$\alpha^\mu + \beta^\mu + \ldots + \omega^\mu = m.$$

Ainsi, on aura en particulier

$$\begin{array}{l}
\alpha + \beta + \gamma + \ldots\ldots\ldots\ldots + \omega = 0, \\
\alpha^2 + \beta^2 + \gamma^2 + \ldots\ldots\ldots\ldots + \omega^2 = 0, \\
\ldots\ldots\ldots\ldots\ldots\ldots\ldots\ldots, \\
\ldots\ldots\ldots\ldots\ldots\ldots\ldots\ldots, \\
\alpha^{m-1} + \beta^{m-1} + \gamma^{m-1} + \ldots\ldots + \omega^{m-1} = 0, \\
\alpha^m + \beta^m + \gamma^m + \ldots\ldots\ldots\ldots + \omega^m = m.
\end{array}$$

Rappelons enfin que les racines de l'équation $z^m = 1$ peuvent être exprimées par le moyen des fonctions circulaires. Effectivement, si l'on désigne par $2\pi$ la circonférence dont le rayon est 1, et que l'on fasse

$$\varphi = \frac{2\pi}{m},$$

les $m$ racines de l'équation proposée seront données par la formule

$$z = \cos\mu\varphi + i\sin\mu\varphi,$$

où il suffira d'attribuer à $\mu$ $m$ valeurs entières consécutives.

107. L'équation binôme plus générale

$$y^m = a$$

se ramènera à la forme

$$z^m = 1,$$

si l'on pose

$$y = z\sqrt[m]{a},$$

$\sqrt[m]{a}$ désignant l'une quelconque des quantités qui ont $a$ pour puissance $m^{\text{ième}}$.

On peut démontrer, à l'égard de ces extractions de racines $m^{\text{ièmes}}$, un théorème tout semblable à celui qui concerne les racines $m^{\text{ièmes}}$ de l'unité, lorsque $m$ est un nombre composé.

Supposons d'abord que $m$ soit le produit de deux nombres premiers entre eux $p$ et $q$ : on aura

$$\sqrt[m]{a} = a^{\frac{1}{pq}};$$

or on peut toujours trouver deux entiers $\xi$ et $\upsilon$ (nº 13) tels, que l'on ait

$$p\xi + q\upsilon = 1,$$

puisque $p$ et $q$ sont premiers entre eux : on aura donc

$$\sqrt[m]{a} = a^{\frac{p\xi+q\upsilon}{pq}} = a^{\frac{\xi}{q}} \cdot a^{\frac{\upsilon}{p}} = \sqrt[q]{a^\xi} \cdot \sqrt[p]{a^\upsilon}.$$

Ainsi l'extraction d'une racine de degré $pq$ se ramène toujours, lorsque $p$ et $q$ sont premiers entre eux, à l'extraction de deux racines, l'une du degré $p$, l'autre du degré $q$.

On a, par exemple, quel que soit $a$,

$$\sqrt[6]{a} = \sqrt{a} \cdot \sqrt[3]{\frac{1}{a}}.$$

Et, en général, si

$$m = p.q\ldots r,$$

$p, q, \ldots, r$ désignant des nombres quelconques premiers entre eux, deux à deux, on pourra écrire

$$\sqrt[m]{a} = \sqrt[p]{a^\xi} \cdot \sqrt[q]{a^\upsilon} \ldots \sqrt[r]{a^\omega},$$

formule dans laquelle $\xi$, $\upsilon, \ldots$, $\omega$ sont des nombres entiers positifs ou négatifs.

*Application de la méthode d'abaissement des équations réciproques à l'équation binôme.*

**108.** Soit l'équation

$$(1) \qquad z^m - 1 = 0;$$

si $m$ est un nombre impair $2\mu + 1$, et que l'on divise l'équation (1) par $z - 1$, il viendra

$$(2) \qquad z^{2\mu} + z^{2\mu-1} + \ldots + z^2 + z + 1 = 0;$$

on pourra transformer cette équation (2) (n° 61) en une autre du degré $\mu$, en la divisant par $z^\mu$, et en posant ensuite

$$z + \frac{1}{z} = x;$$

l'équation (2), divisée par $z^\mu$, devient

$$V_\mu + V_{\mu-1} + \ldots + V_2 + V_1 + 1 = 0,$$

en faisant, comme au n° 61,

$$V_n = z^n + \frac{1}{z^n};$$

nous représenterons par $U_\mu$ son premier membre, en sorte que l'on aura

$$(3) \qquad U_\mu = V_\mu + V_{\mu-1} + \ldots + V_2 + V_1 + 1.$$

Lorsque le degré $m$ est un nombre pair $2n$, l'équation (1) se décompose dans les deux suivantes :

$$z^n - 1 = 0, \quad z^n + 1 = 0;$$

la seconde se ramène à la première en changeant $z$ en $-z$, lorsque $n$ est impair; mais si $n$ est un nombre pair $2\mu$, on pourra lui donner la forme

$$z^\mu + \frac{1}{z^\mu} = 0,$$

et, en posant $z + \frac{1}{z} = x$, elle deviendra $V_\mu = 0$.

Ainsi l'équation (1) peut toujours se ramener à des équations telles que

$$(4) \qquad V_\mu = 0, \quad U_\mu = 0,$$

dont les premiers membres sont des fonctions entières de $x$ du degré $\mu$.

Chacune de ces équations a ses $\mu$ racines réelles. En effet, les modules des racines des équations

$$z^{2\mu} + 1 = 0, \quad \frac{z^{2\mu+1} - 1}{z - 1} = 0$$

sont égaux à l'unité; soit donc $\cos\varphi + i\sin\varphi$ l'expression générale des racines de l'une de ces équations, les racines de l'équation (4) correspondante seront

$$(\cos\varphi + i\sin\varphi) + (\cos\varphi + i\sin\varphi)^{-1} = 2\cos\varphi.$$

On a vu au n° 61 que les trois fonctions $V_n$, $V_{n-1}$, $V_{n-2}$ sont liées par la relation

$$(5) \qquad V_n = xV_{n-1} - V_{n-2}$$

qui peut servir à former successivement les polynômes $V_2$, $V_3$, ..., en partant des valeurs

$$(6) \qquad V_0 = 2, \quad V_1 = x.$$

Il existe une relation pareille entre les trois fonctions $U_n$,

$U_{n-1}$, $U_{n-2}$; en effet, si l'on ajoute les égalités

$$\begin{aligned}
V_n &= xV_{n-1} - V_{n-2},\\
V_{n-1} &= xV_{n-2} - V_{n-3},\\
&\dots\dots\dots\dots,\\
V_2 &= xV_1 - V_0,
\end{aligned}$$

il viendra, en ayant égard aux formules (6),

$$U_n = xU_{n-1} - U_{n-2}, \tag{7}$$

et cette formule permettra de calculer successivement les polynômes $U_2$, $U_3$, ..., en partant des valeurs

$$U_0 = 1, \quad U_1 = x + 1. \tag{8}$$

**109.** Si l'on pose

$$z = \cos\varphi + i\sin\varphi, \tag{1}$$

on aura

$$x = z + \frac{1}{z} = 2\cos\varphi, \tag{2}$$

$$V_n = z^n + \frac{1}{z^n} = 2\cos n\varphi; \tag{3}$$

changeons $\varphi$ en $\varphi_1$, et désignons par $x^{(1)}$, $V_n^{(1)}$ ce que deviennent alors $x$ et $V_n$, on aura

$$\frac{V_n^{(1)} - V_n}{x^{(1)} - x} = \frac{\sin n\dfrac{\varphi_1 - \varphi}{2}}{\sin\dfrac{\varphi_1 - \varphi}{2}} \cdot \frac{\sin n\dfrac{\varphi_1 + \varphi}{2}}{\sin\dfrac{\varphi_1 + \varphi}{2}}.$$

Si l'on fait tendre $\varphi_1$ vers $\varphi$, le second membre de cette formule tendra vers la limite $n\dfrac{\sin n\varphi}{\sin\varphi}$; d'ailleurs $x^{(1)} - x$ tendant vers zéro, le premier membre a pour limite la dérivée $V'_n$ du polynôme $V_n$; on a donc

$$V'_n = n\frac{\sin n\varphi}{\sin\varphi}, \tag{4}$$

ou

$$V'_n = n \frac{z^n - \frac{1}{z^n}}{z - \frac{1}{z}}.$$

Si l'on désigne de même par $V'^{(1)}_n$ ce que devient $V'_n$ quand on change $\varphi$ en $\varphi_1$, on aura

$$\frac{V'^{(1)}_n - V'_n}{x^{(1)} - x} = \frac{n}{2\sin\varphi_1 \sin\varphi} \frac{\frac{\sin n\varphi_1}{\sin\varphi_1} - \frac{\sin n\varphi}{\sin\varphi}}{\cos\varphi_1 - \cos\varphi};$$

le second membre de cette formule est égal à l'expression

$$\frac{\sin(n+1)\frac{\varphi_1 - \varphi}{2}}{\sin\frac{\varphi_1 - \varphi}{2}} \frac{\sin(n-1)\frac{\varphi_1 + \varphi}{2}}{\sin\frac{\varphi_1 + \varphi}{2}} - \frac{\sin(n-1)\frac{\varphi_1 - \varphi}{2}}{\sin\frac{\varphi_1 - \varphi}{2}} \frac{\sin(n+1)\frac{\varphi_1 + \varphi}{2}}{\sin\frac{\varphi_1 + \varphi}{2}},$$

multipliée par $\frac{n}{4\sin\varphi \sin\varphi_1}$, et quand $\varphi_1$ tend vers la limite $\varphi$, il tend vers la limite

$$\frac{n(n+1)\sin(n-1)\varphi - n(n-1)\sin(n+1)\varphi}{4\sin^3\varphi},$$

ou

$$\frac{n}{2} \frac{\cos\varphi}{\sin^2\varphi} \frac{\sin n\varphi}{\sin\varphi} - \frac{n^2}{2\sin^2\varphi}\cos n\varphi;$$

si donc on désigne par $V''_n$ la deuxième dérivée du polynôme $V_n$, on aura

$$(5) \qquad V''_n = \frac{n}{2} \frac{\cos\varphi}{\sin^2\varphi} \frac{\sin n\varphi}{\sin\varphi} - \frac{n^2}{2\sin^2\varphi}\cos n\varphi.$$

Si l'on remplace, dans cette formule (5), $\cos n\varphi$ et $\frac{\sin n\varphi}{\sin\varphi}$ par les valeurs tirées des formules (3) et (4), qu'on mette ensuite $\frac{x}{2}$ au lieu de $\cos\varphi$, il viendra

$$(6)\qquad (x^2-4)V''_n + xV'_n - n^2V_n = 0;$$

cette équation remarquable permet de former facilement l'expression générale du polynôme $V_n$.

Effectivement, on reconnaît immédiatement par les formules (5) et (6) du n° 108 que $V_n$ est un polynôme du degré $n$ dont le premier terme a pour coefficient l'unité, et qui ne renferme que des puissances de $x$ dont les exposants sont pairs ou impairs, suivant que $n$ est pair ou impair. On peut donc poser

$$V_n = A_0x^n + A_1x^{n-2} + \ldots + A_{p-1}x^{n-2p+2} + A_px^{n-2p} + \ldots,$$

le premier coefficient $A_0$ étant égal à 1.

On tire de là

$$V'_n = nA_0x^{n-1} + \ldots + (n-2p)A_px^{n-2p-1} + \ldots,$$

$$V''_n = n(n-1)A_0x^{n-2} + \ldots + (n-2p+2)(n-2p+1)A_{p-1}x^{n-2p}$$
$$+ (n-2p)(n-2p-1)A_px^{n-2p-2} + \ldots,$$

et, en substituant dans l'équation (6) les valeurs de $V_n$, $V'_n$ et $V''_n$, le coefficient de $x^{n-2p}$ sera

$$\left.\begin{array}{r}(n-2p)(n-2p-1)\\ +(n-2p)\\ -n^2\end{array}\right| A_p - 4(n-2p+2)(n-2p+1)A_{p-1}$$

ou

$$-4p(n-p)A_p - 4(n-2p+2)(n-2p+1)A_{p-1};$$

mais ce coefficient doit être nul, on a donc

$$A_p = -\frac{(n-2p+2)(n-2p+1)}{p(n-p)}A_{p-1}.$$

Cette relation conduit aisément à l'expression générale

de $A_p$; car, le coefficient $A_0$ de $x^n$ étant égal à 1, on a

$$A_p = -\frac{(n-2p+2)(n-2p+1)}{p(n-p)} A_{p-1},$$

$$A_{p-1} = -\frac{(n-2p+4)(n-2p+3)}{(p-1)(n-p+1)} A_{p-2},$$

$$\ldots\ldots\ldots\ldots\ldots\ldots\ldots\ldots,$$

$$A_2 = -\frac{(n-2)(n-3)}{2.(n-2)} A_1,$$

$$A_1 = -\frac{n(n-1)}{1.(n-1)}.$$

En multipliant toutes ces égalités et supprimant les facteurs communs, il vient

$$A_p = (-1)^p \frac{n(n-p-1)(n-p-2)\ldots(n-2p+2)(n-2p+1)}{1.2.3\ldots p}:$$

la valeur de $V_n$ est donc

$$(7)\quad \begin{cases} V_n = x^n - nx^{n-2} + \dfrac{n(n-3)}{1.2}x^{n-4} - \dfrac{n(n-4)(n-5)}{1.2.3}x^{n-6} + \ldots \\ + (-1)^p \dfrac{n(n-p-1)(n-p-2)\ldots(n-2p+2)(n-2p+1)}{1.2.3\ldots p} x^{n-2p} + \ldots \end{cases}$$

On peut obtenir de diverses manières l'expression du polynôme $V_n$ que nous venons de former; la méthode que nous avons adoptée ici a l'avantage de pouvoir être employée utilement dans un assez grand nombre de questions analogues.

On tire de la formule (7)

$$(8)\quad \frac{1}{n}V'_n = x^{n-1} - \frac{n-2}{1}x^{n-3} + \frac{(n-3)(n-4)}{1.2}x^{n-5} - \ldots,$$

et si l'on remplace dans les formules (7) et (8) $x$, $V_n$ $V'_n$ par les valeurs tirées des formules (2), (3), (4), on obtiendra les valeurs de $\cos n\varphi$ et de $\dfrac{\sin n\varphi}{\sin\varphi}$ exprimées par des fonctions entières de $\cos\varphi$, savoir :

$$(9)\quad \begin{cases} \cos n\varphi = 2^{n-1}\cos^n\varphi - 2^{n-3}\,n\cos^{n-2}\varphi + 2^{n-5}\,\dfrac{n(n-3)}{1.2}\cos^{n-4}\varphi - \ldots \\ + (-1)^p\,2^{n-2p-1}\,\dfrac{n(n-p-1)(n-p-2)\ldots(n-2p+1)}{1.2.3\ldots p}\cos^{n-2p}\varphi \end{cases}$$

et

$$(10)\quad \begin{cases} \dfrac{\sin n\varphi}{\sin\varphi} = 2^{n-1}\cos^{n-1}\varphi - 2^{n-3}\,\dfrac{n-2}{1}\cos^{n-3}\varphi \\ + 2^{n-5}\,\dfrac{(n-3)(n-4)}{1.2}\cos^{n-5}\varphi - \ldots \\ + (-1)^p\,2^{n-2p-1}\,\dfrac{(n-p-1)(n-p-2)\ldots(n-2p)}{1.2.3\ldots p}\cos^{n-2p-1}\varphi + \ldots. \end{cases}$$

Enfin, en changeant $\varphi$ en $\frac{\pi}{2} - \varphi$, dans les formules (9) et (10), on en obtiendra deux autres qui feront connaître, en fonction rationnelle de $\sin\varphi$, $\cos n\varphi$ et $\frac{\sin n\varphi}{\cos\varphi}$ si $n$ est pair, $\frac{\cos n\varphi}{\cos\varphi}$ et $\sin n\varphi$ si $n$ est impair.

L'expression du polynôme $V_n$ conduit facilement à celle de $U_n$. Effectivement, nous avons trouvé

$$\frac{1}{n}V'_n = \frac{z^n - \dfrac{1}{z^n}}{z - \dfrac{1}{z}};$$

en effectuant la division, il vient

$$\frac{1}{n}V'_n = z^{n-1} + z^{n-3} + z^{n-5} + \ldots,$$

on aura aussi, en changeant $n$ en $n+1$,

$$\frac{1}{n+1}V'_{n+1} = z^n + z^{n-2} + z^{n-4} + \ldots,$$

et en ajoutant,

$$\frac{1}{n+1}V'_{n+1} + \frac{1}{n}V'_n = z^n + z^{n-1} + \ldots + z^2 + z + 1,$$

c'est-à-dire

$$U_n = \frac{1}{n+1}V'_{n+1} + \frac{1}{n}V'_n;$$

on aura donc, par la formule (8),

$$(11)\left\{\begin{aligned} U_n &= x^n + x^{n-1} - \frac{n-1}{1}x^{n-2} - \frac{n-2}{1}x^{n-3} \\ &+ \frac{(n-2)(n-3)}{1.2}x^{n-4} + \frac{(n-3)(n-4)}{1.2}x^{n-5} - \ldots \\ &+ (-1)^p\frac{(n-p)\ldots(n-2p+1)}{1.2\ldots p}x^{n-2p} \\ &+ (-1)^p\frac{(n-p-1)\ldots(n-2p)}{1.2\ldots p}x^{n-2p-1} + \ldots. \end{aligned}\right.$$

*Démonstration d'une propriété remarquable de l'équation $\frac{z^p-1}{z-1}=0$, où $p$ désigne un nombre premier.*

**110.** Lorsque $p$ est un nombre premier, l'équation

$$\frac{z^p-1}{z-1}=0$$

est irréductible. Cette importante propriété est utile dans un grand nombre de questions, et nous nous proposons de l'établir ici. La démonstration que nous allons présenter est due à Eisenstein; elle repose sur les deux lemmes suivants :

Lemme I. — *Si une fonction entière $X$ de $x$ à coefficients entiers est décomposable en deux facteurs rationnels $X_1$, $X_2$, de manière que l'on ait*

$$X = X_1 X_2,$$

*tous les coefficients des polynômes* $X_1$ *et* $X_2$ *seront entiers, ou, s'ils ne le sont pas, on pourra trouver deux entiers* $m$ *et* $n$ *tels, que tous les coefficients des polynômes* $\frac{m}{n}X_1$ *et* $\frac{n}{m}X_2$ *soient entiers.*

Supposons, en effet, que les coefficients des polynômes $X_1$ et $X_2$ ne soient pas tous entiers. Réduisons les termes de chaque polynôme au même dénominateur, puis désignons par $D_1$, $D_2$ les deux dénominateurs obtenus, et par $\alpha$ un nombre premier quelconque; on pourra écrire

$$X_1 = \frac{P_1\alpha + Q_1}{D_1}, \quad X_2 = \frac{P_2\alpha + Q_2}{D_2},$$

$P_1\alpha$ ou $P_2\alpha$ désignant, dans le numérateur de $X_1$ ou $X_2$, la somme des termes divisibles par $\alpha$, tandis que $Q_1$ ou $Q_2$ désigne la somme des termes non divisibles par $\alpha$; on aura, d'après cela,

$$X = \frac{P_1P_2\alpha^2 + (P_1Q_2 + P_2Q_1)\alpha + Q_1Q_2}{D_1D_2}.$$

Supposons maintenant que $\alpha$ soit l'un des facteurs premiers de $D_1$; $X$ étant entier, il faut que $Q_1Q_2$ soit divisible par $\alpha$; cela exige que l'un des polynômes $Q_1$ et $Q_2$ se réduise à zéro; car, autrement, le premier terme du produit $Q_1\,Q_2$, supposé ordonné, serait divisible par $\alpha$, ce qui est impossible, puisque aucun des termes de $Q_1$ et de $Q_2$ n'est divisible par $\alpha$. D'ailleurs $Q_1$ n'est pas nul, car on peut admettre que la fraction qui représente la valeur de $X_1$ soit réduite à sa plus simple expression; donc il faut que $Q_2$ soit nul.

On peut conclure de là que si les fonctions $X_1$ et $X_2$ ne sont pas entières relativement aux coefficients, et qu'on réduise les termes de chacune de ces fonctions au même dénominateur, tout facteur premier $\alpha$ qui se trouve au dénominateur de l'une des fonctions se trouve au numérateur de l'autre. En supprimant ce facteur $\alpha$, on obtient deux nouvelles fonctions qui ont encore pour produit X, et auxquelles on peut appliquer le même raisonnement; et ainsi de suite. Il résulte évidemment de là qu'on peut trouver deux entiers $m$ et $n$ tels, que tous les coefficients des polynômes $\frac{m}{n}X_1$ et $\frac{n}{m}X_2$ soient entiers, et la fonction X, qui a pour valeur

$$X = \frac{m}{n}X_1 \times \frac{n}{m}X_2,$$

sera décomposée en deux facteurs ayant pour coefficients des nombres entiers.

**Lemme II.** — *Si dans un polynôme X de degré quelconque, le terme le plus élevé en $x$ a pour coefficient l'unité, que tous les autres coefficients soient des entiers divisibles par un nombre premier $p$, et enfin que le terme indépendant de $x$ soit égal à $\pm p$, l'équation*

$$X = 0$$

*sera irréductible.*

En effet, si cette équation n'est pas irréductible, on aura

$$X = (x^\mu + a_1 x^{\mu-1} + \ldots + a_{\mu-1}x + a_\mu)(x^\nu + b_1 x^{\nu-1} + \ldots + b_{\nu-1}x + b_\nu),$$

$a_1, a_2, \ldots, b_1, b_2, \ldots$ étant des coefficients entiers et $\mu$, $\nu$ étant des exposants entiers égaux ou supérieurs à 1 dont la somme $\mu + \nu$ est égale au degré de X. Le dernier terme de X étant égal à $\pm p$, on a $a_\mu b_\nu = \pm p$; en outre, comme $p$ est premier, l'un des nombres $a_\mu$, $b_\nu$ doit être égal à $\pm 1$ et l'autre à $\pm p$; nous supposerons

$$a_\mu = \pm 1, \quad b_\nu = \pm p.$$

On a identiquement, par hypothèse,

$$X = x^{\mu+\nu} + p\chi(x)$$

ou

$$(x^\mu + \ldots + a_{\mu-1}x \pm 1)(x^\nu + \ldots + b_{\nu-1}x \pm p) = x^{\mu+\nu} + p\chi(x),$$

$\chi(x)$ étant un polynôme à coefficients entiers; on peut supprimer le terme $\pm p$ dans le second facteur du premier membre, et il vient alors

$$x^\mu + \ldots + a_{\mu-1}x \pm 1)(x^\nu + \ldots + b_{\nu-2}x^2 + b_{\nu-1}x) = x^{\mu+\nu} + p\chi_1(x),$$

$\chi_1(x)$ étant un polynôme à coefficients entiers. Le terme le moins élevé en $x$, dans le premier membre, est $\pm b_{\nu-1}x$; donc il faut que $b_{\nu-1}$ soit divisible par $p$; on peut alors supprimer le terme $b_{\nu-1}x$ dans le second facteur du premier membre; il vient alors

$$(x^\mu + \ldots + a_{\mu-1}x \pm 1)(x^\nu + \ldots + b_{\nu-2}x^2) = x^{\mu+\nu} + p\chi_2(x).$$

En continuant ce raisonnement, on voit que tous les coefficients $b_1, b_2, \ldots, b_\nu$ sont divisibles par $p$, et l'on a, en conséquence,

$$(x^\mu + a_1 x^{\mu-1} + \ldots + a_{\mu-1}x \pm 1)x^\nu = x^{\mu+\nu} + p\chi_\nu(x),$$

$\chi_\nu(x)$ étant encore un polynôme à coefficients entiers. Or cela est impossible, puisque le coefficient de $x^\nu$ dans le premier membre de la formule précédente est égal à $\pm 1$; donc l'équation

$$X = 0$$

est irréductible.

Théorème. — *L'équation*

$$\frac{z^p - 1}{z - 1} = 0,$$

*où $p$ désigne un nombre premier, est irréductible.*

En effet, posons $z = x + 1$; l'équation que nous considérons deviendra

$$\frac{(x+1)^p - 1}{x} = 0$$

ou

$$x^{p-1} + px^{p-2} + \frac{p(p-1)}{1.2}x^{p-3} + \ldots + \frac{p(p-1)}{1.2}x + p = 0.$$

Cette équation en $x$ est irréductible, d'après le lemme qui précède; donc la proposée est elle-même irréductible.

Les deux lemmes démontrés plus haut suffisent pour établir le théorème plus général que voici :

*Si $p$ est un nombre premier et que $\mu$ soit un entier quelconque, l'équation*

$$f(z) = \frac{z^{p^\mu} - 1}{z^{p^{\mu-1}} - 1} = 0$$

*est irréductible.*

En effet, posons $z = x + 1$; on aura

$$z^p = x^p + 1 + p\chi_1(x), \ldots, \quad z^{p^n} = x^{p^n} + 1 + p\chi_n(x), \ldots,$$

$\chi_1(x), \ldots, \chi_n(x), \ldots,$ étant des polynômes à coefficients entiers. On aura donc aussi

$$f(x+1) = x^{p^{\mu-1}(p-1)} + p\chi(x),$$

les coefficients de $\chi(x)$ étant entiers. On a d'ailleurs, pour $z = 1$,

$$f(1) = p;$$

donc, d'après le lemme II, l'équation $f(x+1) = 0$ est irréductible; par suite, la proposée $f(z) = 0$ est elle-même irréductible.

# CHAPITRE VI.

## DE LA SÉPARATION DES RACINES DES ÉQUATIONS NUMÉRIQUES.

---

### *De la résolution numérique des équations.*

**111.** La résolution numérique des équations, dont nous allons nous occuper, comprend deux problèmes distincts, savoir : la *séparation* des racines et le *calcul numérique* de ces racines. Les propositions que nous développerons dans ce Chapitre se rapportent exclusivement au premier des deux problèmes dont nous venons de parler.

On dit qu'une racine réelle d'une équation est *séparée*, lorsque l'on connaît deux nombres qui la comprennent et qui ne comprennent entre eux aucune autre racine. Quant aux racines imaginaires, leur séparation sera effectuée lorsque, conformément aux idées qui ont été développées dans le Chapitre III, on sera parvenu à renfermer chacune d'elles dans un contour fermé qui n'embrasse aucune autre racine. La définition qui précède ne suppose pas que les diverses racines soient simples; cependant, dans le cas des racines multiples, la séparation n'est complète que si le degré de multiplicité de chaque racine est déterminé. Au surplus, cette remarque n'a qu'une médiocre importance au point de vue des applications; car la résolution d'une équation qui a des racines multiples se ramène toujours (n° 50) à celle d'une ou de plusieurs équations qui n'ont que des racines simples.

Dans ce qui va suivre, nous supposerons toujours

les polynômes que nous aurons à considérer ordonnés par rapport aux puissances décroissantes de la variable. En outre, il ne sera question que d'équations à coefficients réels, à moins que nous n'avertissions du contraire.

### *Limites des racines réelles d'une équation à coefficients réels.*

**112.** Le procédé général que nous avons fait connaître au n° 46 pour obtenir une limite supérieure et une limite inférieure des modules des racines, donne en particulier des limites des racines réelles. Mais, quand on ne considère que ces dernières, on peut obtenir souvent des limites plus resserrées.

Soit

$$f(x) = A_0 x^m + A_1 x^{m-1} + \ldots + A_n x^{m-n} + \ldots + A_{m-1} x + A_m$$

une fonction entière de la variable $x$, dans laquelle les coefficients soient des quantités *réelles* données, et proposons-nous de trouver une *limite supérieure* des racines positives de l'équation

$$f(x) = 0,$$

c'est-à-dire une quantité supérieure à la plus grande racine positive.

Le coefficient $A_0$ étant supposé positif, si tous les coefficients qui suivent sont positifs, l'équation n'aura point de racines positives ; soit donc $A_n$ le premier des coefficients négatifs, et désignons par A la valeur absolue de celui de ces coefficients négatifs qui a la plus grande valeur absolue. Comme la quantité

$$-A\frac{x^{m-n+1}-1}{x-1} + A(x^{m-n} + x^{m-n-1} + \ldots + x + 1)$$

est identiquement nulle, on peut l'ajouter à l'expression de $f(x)$ et celle-ci devient alors

$$f(x) = \frac{A_0 x^{m-n+1}\left[x^{n-1}(x-1) - \frac{A}{A_0}\right]}{x-1} + A_1 x^{m-1} + \ldots + A_{n-1} x^{m-n+1}$$
$$+ (A + A_n) x^{m-n} + \ldots + (A + A_{m-1}) x + (A + A_m).$$

Cette formule montre que l'on a $f(x) > 0$, pour toutes les valeurs de $x$ qui satisfont à la condition

$$x^{n-1}(x-1) > \frac{A}{A_0},$$

et, par suite, pour toutes les valeurs de $x$, telles que

$$(x-1)^n > \frac{A}{A_0}.$$

On tire de là, si $n = 1$,

$$x > 1 + \frac{A}{A_0},$$

et si $n$ est supérieur à 1,

$$x > 1 + \sqrt[n]{\frac{A}{A_0}}:$$

la quantité $1 + \frac{A}{A_0}$ ou $1 + \sqrt[n]{\frac{A}{A_0}}$ est donc une limite supérieure des racines positives.

Pour avoir une limite inférieure des racines positives, on changera $x$ en $\frac{1}{x}$ et l'on déterminera comme précédemment une limite supérieure des racines positives de l'équation transformée. Enfin, pour avoir des limites des racines négatives, il suffira de changer $x$ en $-x$ et de chercher des limites pour les racines positives de la transformée.

113. La méthode précédente se résume, comme on le

voit, par une règle uniforme qui est applicable dans tous les cas; mais cette règle fournit souvent des limites fort éloignées des racines extrêmes; aussi le procédé suivant doit-il être employé de préférence.

Supposons d'abord que le premier membre de l'équation proposée $f(x) = 0$ se compose d'un ou de plusieurs termes positifs suivis de termes tous négatifs, et soit $n$ le degré du dernier terme positif; on pourra écrire

$$f(x) = \varphi(x) - \psi(x) = x^n \left[ \frac{\varphi(x)}{x^n} - \frac{\psi(x)}{x^n} \right],$$

$\varphi(x)$ et $\psi(x)$ désignant des polynômes dans lesquels tous les coefficients sont positifs. Par hypothèse, la première des fonctions

$$\frac{\varphi(x)}{x^n}, \quad \frac{\psi(x)}{x^n}$$

ne renferme que des puissances positives de $x$, et il n'y a, dans la seconde, que des puissances négatives. La première de ces fonctions est donc croissante avec $x$, tandis que la seconde est décroissante. Il résulte de là que si l'inégalité

$$f(x) > 0$$

est satisfaite pour une valeur de $x$, elle le sera aussi pour les valeurs plus grandes. Par conséquent, pour avoir une limite supérieure des racines positives, il suffira de substituer à $x$ une série de nombres croissants, à partir de zéro, et le premier de ces nombres qui donnera un résultat positif sera la limite cherchée.

Maintenant, considérons une équation quelconque $f(x) = 0$; le premier terme que nous supposons positif peut être suivi d'un ou de plusieurs autres termes positifs; réunissons à ces termes tous ceux qui sont négatifs pour en composer un polynôme $F(x)$; on aura

$$f(x) = F(x) + \varphi(x),$$

$\varphi(x)$ ne renfermant que des termes positifs et $F(x)$ étant une fonction du genre que nous venons de considérer plus haut. Il suffira évidemment, pour remplir l'objet demandé, de chercher une valeur de $x$ qui rende $F(x)$ positive, ce à quoi l'on parviendra en substituant à $x$, dans $F(x)$, une série de valeurs croissantes à partir de zéro.

On peut encore arriver au résultat cherché, en partageant le premier membre de l'équation proposée en divers groupes, formés chacun d'un ou de plusieurs termes positifs suivis de termes négatifs de degrés moindres, et en cherchant une valeur de $x$ qui rende positifs les polynômes contenus dans ces différents groupes.

Nous n'avons eu ici en vue que la recherche d'une limite supérieure des racines positives; mais, d'après ce qui a été dit au numéro précédent, c'est à ce problème que se ramène la détermination des autres limites.

Exemple. — Considérons l'équation

$$x^5 - 45x^4 + 72x^3 + 36x^2 - 928x - 147 = 0.$$

On peut décomposer le premier membre dans les deux parties suivantes

$$x^4(x - 45), \quad 72x^3 + 36x^2 - 928x - 147.$$

Pour $x = 45$, la première partie est nulle, et la deuxième partie est évidemment positive; donc 45 est une limite supérieure des racines positives de l'équation proposée. La méthode du n° 112 donnerait 929 pour limite.

En changeant $x$ en $\frac{1}{x}$, on obtient la transformée

$$1 - 45x + 72x^2 + 36x^3 - 928x^4 - 147x^5 = 0;$$

le premier membre de cette équation, changé de signe, peut être décomposé dans les deux parties

$$147x^5 + 928x^4 - 36x^3 - 72x^2, \quad 45x - 1,$$

qui sont positives toutes deux pour $x = \frac{1}{3}$, d'où il résulte que 3 est une limite inférieure des racines positives de la proposée.

Si l'on change $x$ en $-x$ dans la proposée et dans la transformée en $\frac{1}{x}$, on obtient deux nouvelles équations dont les premiers membres peuvent s'écrire comme il suit :

$$x(x^4 + 45x^3 + 72x - 36x - 928) + 147,$$
$$x^3(147x^2 - 928x - 36) + 72x^2 + 45x + 1;$$

le premier polynôme est positif pour $x =$ ou $> 3$, et le second pour $x =$ ou $> 7$.

Il résulte de là que les racines positives de l'équation proposée sont comprises entre 3 et 45, et que les racines négatives le sont entre $-\frac{1}{7}$ et $-3$.

**114.** Méthode de Newton. — Cette méthode, dont l'emploi offre souvent quelque avantage, repose sur la proposition suivante.

*Soient*

$$f(x),\ f'(x), \ldots, f^m(x)$$

*la suite formée par une fonction entière du degré m et ses dérivées successives. Si pour une valeur a attribuée à x, ces fonctions sont positives, elles le seront aussi pour toute valeur a + h de x supérieure à a.*

Il suffit évidemment de considérer la première fonction $f(x)$, et la proposition énoncée résulte immédiatement de l'égalité

$$f(a+h) = f(a) + \frac{h}{1} f'(a) + \frac{h^2}{1.2} f''(a) + \ldots + \frac{h^m}{1.2\ldots m} f^m(a);$$

tous les termes du second membre étant par hypothèse positifs, on a

$$f(a+h) > 0.$$

Il suit évidemment de là que l'équation $f(x) = 0$ n'a aucune racine supérieure à $a$.

D'après cette proposition, pour avoir une limite supérieure des racines de l'équation $f(x) = 0$, on formera la suite

$$f(x),\ f'(x),\ f''(x), \ldots, f^m(x).$$

On déterminera un nombre $x_0$ qui rende $f^{m-1}(x)$ positive, ce qui est facile, puisque cette fonction est du premier degré. Si aucune des fonctions qui précèdent $f^{m-1}(x)$ n'est négative pour $x = x_0$, on pourra prendre $x_0$ pour la limite cherchée. Si, au contraire, en remontant la suite que nous considérons, on rencontre une fonction qui soit négative pour $x = x_0$, on prendra une valeur $x_1$ supérieure à $x_0$ qui rende la même fonction positive. Pareillement, si, pour cette valeur $x_1$, l'une des fonctions qui précèdent celle dont nous venons de parler est négative, on prendra une valeur $x_2 > x_1$ pour laquelle la même fonction soit positive, et ainsi de suite. On arrivera infailliblement par ce procédé à une valeur de $x$ pour laquelle la fonction $f(x)$ sera positive ainsi que toutes ses dérivées : cette valeur sera la limite cherchée.

Après ce qui a été dit au n° **112**, il est presque superflu d'ajouter que la méthode précédente peut être appliquée à la recherche de la limite inférieure des racines positives, ainsi qu'à celle des limites des racines négatives.

Exemple. — Reprenons l'équation qui a été considérée

au numéro précédent. On a

$$f(x) = x^5 - 45x^4 + 72x^3 + 36x^2 - 928x - 147,$$

$$\frac{f'(x)}{1} = 5x^4 - 180x^3 + 216x^2 + 72x - 928,$$

$$\frac{f''(x)}{1.2} = 10x^3 - 270x^2 + 216x + 36,$$

$$\frac{f'''(x)}{1.2.3} = 10x^2 - 180x + 72,$$

$$\frac{f^{\text{iv}}(x)}{1.2.3.4} = 5x - 45.$$

La valeur $x = 9$ annule $f^{\text{iv}}(x)$, mais toute valeur supérieure rend cette fonction positive; la dérivée précédente, $f'''(x)$, est positive pour $x = 18$, mais la même valeur rend $f''(x)$ négative. Cette dernière fonction devient positive pour $x = 27$, et $f'(x)$, qui est alors négative, devient positive pour $x = 36$. La valeur $x = 36$ rend $f(x)$ négative, mais $f(x)$ devient positif pour $x = 44$. On peut donc prendre 44 pour limite supérieure des racines positives.

### *Théorème relatif aux résultats de la substitution de deux nombres quelconques à l'inconnue.*

**115.** Théorème. — *Soient $f(x) = 0$ une équation à coefficients réels, $x_0$ et X deux quantités réelles quelconques. Le nombre des racines de l'équation $f(x) = 0$ comprises entre les quantités $x_0$ et X est pair ou impair suivant que les résultats $f(x_0)$, $f(X)$, obtenus en substituant $x_0$ et X à $x$ dans le polynôme $f(x)$, sont de même signe ou de signes contraires; zéro est regardé comme un nombre pair. En particulier, si $f(x_0)$ et $f(X)$ sont de signes contraires, l'équation $f(x) = 0$ a au moins une racine comprise entre $x_0$ et X.*

En effet, supposons le polynôme $f(x)$ décomposé en facteurs linéaires. Nous savons que si, parmi ces facteurs, il y en a $\mu$ égaux à $x-(p+q\sqrt{-1})$, il y en a aussi $\mu$ qui sont égaux à $x-(p-q\sqrt{-1})$; le produit de ces $2\mu$ facteurs est la puissance de degré $\mu$ du polynôme $(x-p)^2+q^2$ lequel reste positif pour toutes les valeurs de $x$. Si donc on désigne par $F(x)$ le produit de tous les facteurs linéaires imaginaires de $f(x)$, on aura

$$f(x)=F(x)(x-x_1)(x-x_2)\ldots(x-x_n),$$

$F(x)$ restant toujours positif. On a, d'après cela,

$$\frac{f(x_0)}{f(X)}=\frac{F(x_0)}{F(X)}\cdot\frac{x_0-x_1}{X-x_1}\,\frac{x_0-x_2}{X-x_2}\cdots\frac{x_0-x_n}{X-x_n};$$

le premier facteur $\dfrac{F(x_0)}{F(X)}$ est positif, et l'un des facteurs suivants tels que $\dfrac{x_0-x_\mu}{X-x_\mu}$ ne peut être négatif que si la racine $x_\mu$ est comprise entre $x_0$ et X. Donc la valeur de $\dfrac{f(x_0)}{f(X)}$ est positive ou négative, suivant que l'équation $f(x)=0$ a un nombre pair ou un nombre impair de racines comprises entre $x_0$ et X. Dans le premier cas, $f(x_0)$ et $f(X)$ sont de même signe; dans le deuxième cas, ces quantités sont de signes contraires.

Corollaire I. — *Toute équation de degré impair a au moins une racine réelle de signe contraire à son dernier terme.*

On suppose, dans cet énoncé, que le premier terme de l'équation proposée $f(x)=0$ a un coefficient positif. Si le dernier terme de cette équation est négatif et que l'on nomme X une limite supérieure des racines positives de l'équation $f(x)=0$, les résultats $f(X)$, $f(0)$ seront de signes contraires; il y a donc une racine positive, et s'il y en a plusieurs, elles sont en nombre impair. Si le dernier terme de l'équation $f(x) = 0$ est positif, on changera $x$ en $-x$, et la transformée étant écrite de manière que son premier terme ait un coefficient positif, le dernier terme sera négatif; on rentre dans le premier cas.

Corollaire II. — *Toute équation de degré pair dont le dernier terme est négatif a au moins une racine positive et au moins une racine négative.*

On suppose encore ici que le premier terme de l'équation proposée $f(x) = 0$ ait un coefficient positif. Si l'on nomme X une limite supérieure des racines positives de l'équation $f(x) = 0$, les quantités $f(X)$, $f(0)$ seront de signes contraires, donc l'équation a un nombre impair de racines positives, et par conséquent elle en a au moins une. Ce raisonnement s'applique aussi à l'équation $f(-x) = 0$; donc la proposée $f(x) = 0$ a un nombre impair de racines négatives.

## *Théorème de Descartes.*

116. On dit que deux termes consécutifs d'une fonction entière $f(x)$ à coefficients réels offrent une *variation*, quand ils ont des signes contraires; deux termes consécutifs qui ont le même signe offrent une *permanence*. Cela posé, l'importante proposition connue sous le nom de *théorème de Descartes* repose sur le lemme suivant.

Lemme. — *Si $f(x)$ désigne une fonction entière et que $a$ soit une quantité positive, le nombre des variations contenues dans le produit $(x - a) f(x)$ surpassera d'une unité au moins, et toujours d'un nombre impair, le nombre des variations de $f(x)$.*

En effet, ordonnons la fonction $f(x)$ par rapport aux

puissances décroissantes de $x$ et posons

$$f(x) = (P_0 x^m + \ldots) - (P_1 x^{m_1} + \ldots) + (P_2 x^{m_2} + \ldots) - \ldots + (-1)^n (P_n x^{m_n} + \ldots),$$

en écrivant entre parenthèses tous les termes consécutifs qui ont le même signe; le nombre des variations de $f(x)$ est évidemment égal à $n$. Multiplions $f(x)$ par $x - a$, et écrivons d'abord le produit par $x$, il viendra

$$xf(x) = (P_0 x^{m+1} + \ldots) - (P_1 x^{m_1+1} + \ldots) + (P_2 x^{m_2+1} + \ldots) - \ldots + (-1)^n (P_n x^{m_n+1} + \ldots).$$

Pour déduire de ce résultat la valeur du produit $(x - a)f(x)$, il faut lui ajouter $-af(x)$. Or, je dis qu'après cette addition les signes des termes dont les degrés sont respectivement $m+1$, $m_1+1$, $m_2+1, \ldots$, $m_n+1$ seront restés les mêmes. Cela est évident pour le premier de ces termes, puisque le produit $-af(x)$ n'est que du degré $m$. Quant au terme du degré $m_1+1$, il pourra être modifié, parce que $-af(x)$ peut renfermer un terme du même degré; mais ce terme, s'il existe, est le produit par $-a$ du dernier des termes contenus dans la première parenthèse de $f(x)$, et, par conséquent, il est négatif; donc le signe du terme de degré $m_1+1$ dans $xf(x)$ ne sera pas changé. Pareillement, si $-af(x)$ peut donner un terme du degré $m_2+1$, ce terme est nécessairement le produit par $-a$ du dernier des termes contenus dans la deuxième parenthèse de $f(x)$, et il a le signe $+$, comme le terme semblable du produit $xf(x)$. Il est évident que le même raisonnement s'applique à ceux des termes suivants que nous considérons. Mais le dernier terme de $-af(x)$ est de signe contraire au terme de degré $m_n+1$ qui figure dans $xf(x)$, et il ne peut se réduire avec aucun de ceux contenus dans ce produit. Donc, dans le produit $(x-a)f(x)$, lès termes dont les degrés sont $m+1$, $m_1+1$, $m_2+1$,..., $m_n+1$ et le dernier terme auront alternativement les signes + et —; il y a par conséquent au moins $n+1$ variations dans ce produit. Il peut y en avoir davantage; mais comme, en passant d'un signe + à un signe — ou inversement, on rencontre nécessairement un nombre impair de variations, il est évident que si le produit $(x-a)f(x)$ a plus de $n+1$ variations, il en aura $2k+n+1$, $2k$ désignant un nombre pair.

**117.** Le lemme que nous venons d'établir nous donne immédiatement le théorème de Descartes, qui consiste dans la proposition suivante :

Théorème. — *Dans une équation quelconque, le nombre des racines positives ne peut pas surpasser le nombre des variations du premier membre; et quand il est moindre, la différence est toujours un nombre pair.*

En effet, soit $f(x)=0$ l'équation proposée. Décomposons le polynôme $f(x)$ en ses facteurs linéaires; désignons par $F(x)$ le produit des facteurs qui répondent aux racines imaginaires ou négatives, et soient $a_1$, $a_2$,..., $a_\nu$ les racines positives. On aura

$$f(x)=F(x)(x-a_1)(x-a_2)\ldots(x-a_\nu).$$

L'équation $F(x)=0$ n'ayant pas de racines positives, le premier et le dernier terme de $F(x)$ sont de même signe, et en conséquence le nombre des variations de ce polynôme est un nombre pair $2k$ qui peut se réduire à zéro.

Le polynôme $F(x)$ ayant $2k$ variations, le produit $F(x)(x-a_1)$ en aura $2k_1+1$, d'après la proposition précédente, $k_1$ étant égal ou supérieur à $k$. Pareillement, le produit $F(x)(x-a_1)(x-a_2)$ aura $2k_2+2$ variations, et ainsi de suite, de manière que le dernier produit, qui est égal à $f(x)$, aura $2k_\nu + \nu$ variations, $k_\nu$ étant un entier positif ou nul.

Corollaire. — *Dans une équation quelconque, le nombre des racines négatives ne peut pas surpasser le nombre des variations de l'équation transformée en $-x$, et quand il est moindre la différence est toujours un nombre pair.*

**118.** Le théorème de Descartes a pour complément la proposition suivante, qui n'en est au surplus qu'une conséquence.

Théorème. — *Si une équation a toutes ses racines réelles, le nombre des racines positives est égal au nombre des variations, et le nombre des racines négatives est égal au nombre des variations de la transformée en $-x$.*

Considérons les différences entre le degré de chaque terme d'une équation de degré $m$ et le degré du terme suivant. Parmi ces différences, il peut y en avoir qui soient des nombres impairs : je les désignerai par

$$2k_1 + 1,\quad 2k_2 + 1, \ldots,\quad 2k_\mu + 1;$$

quant aux différences qui sont égales à des nombres pairs, je distinguerai celles qui répondent à deux termes de signes contraires de celles qui se rapportent à deux termes de même signe. Je désignerai les premières par

$$2h_1 + 2,\quad 2h_2 + 2, \ldots,\quad 2h_\nu + 2,$$

tandis que les autres seront représentées par

$$2g_1,\quad 2g_2, \ldots,\quad 2g_\rho.$$

Comme il y a $\mu + \nu + \rho$ différences, le nombre des termes de l'équation est égal à $\mu + \nu + \rho + 1$, et il est évident qu'il manque à celle-ci, pour qu'elle soit *complète,* un nombre de termes qui sera égal à $2S + \nu - \rho$, si l'on fait, pour abréger,

$$= (k_1 + k_2 + \ldots + k_\mu) + (h_1 + h_2 + \ldots + h_\nu) + (g_1 + g_2 + \ldots + g_\rho).$$

En ajoutant le nombre des termes contenus dans l'équation proposée avec le nombre de ceux qui lui manquent pour qu'elle soit complète, on aura évidemment une somme égale à $m + 1$; donc

$$(1) \qquad m = \mu + 2\nu + 2S.$$

Désignons maintenant par V le nombre des variations de l'équation proposée, par V′ le nombre des variations de la transformée en $-x$, et cherchons la valeur de $V + V'$. Considérons d'abord deux termes consécutifs dans lesquels la différence des degrés soit un nombre impair $2k + 1$; il est clair que si ces deux termes offrent une variation dans la proposée, ils présenteront une permanence dans la transformée en $-x$, et inversement; donc, les deux termes ne donnent qu'une unité dans $V + V'$, et comme il y a, par hypothèse, $\mu$ couples de termes du même genre, ces termes fourniront $\mu$ unités à la somme $V + V'$. Considérons en second lieu deux termes consécutifs de signes contraires et dans lesquels la différence des degrés soit un nombre pair $2h + 2$; ces deux termes donnent une variation dans la transformée aussi bien que dans la proposée, et comme il y a $\nu$ couples de pareils termes, ils apporteront $2\nu$ unités dans la somme $V + V'$. Enfin, si l'on considère deux termes de même signe et dans lesquels la différence des degrés soit un nombre pair $2g$, ces termes ne donneront aucune variation dans la transformée en $-x$ et ils ne fourniront rien à la somme $V + V'$. On a donc, d'après cela,

$$(2) \qquad V + V' = \mu + 2\nu,$$

et par conséquent la formule (1) peut s'écrire

$$(3) \qquad m = V + V' + 2S.$$

Si l'on désigne par P le nombre des racines positives de l'équation, par P′ le nombre des racines négatives et par 2I le nombre des racines imaginaires, on aura aussi

$$(4) \qquad m = P + P' + 2I;$$

et la comparaison des formules (3) et (4) donnera

$$(5) \qquad 2I = (V - P) + (V' - P') + 2S.$$

Si l'équation proposée a toutes ses racines réelles, I est nul; d'ailleurs aucun des nombres $V - P$, $V' - P'$ ne peut être négatif; donc on a, non-seulement

$$(6) \qquad P = V, \quad P' = V',$$

mais encore

$$(7) \qquad S = 0.$$

Les formules (6) démontrent la proposition énoncée; la formule (5) nous fait connaître en outre une limite du nombre des racines imaginaires. On en tire effectivement

$$I = \text{ ou } > S;$$

d'où il résulte qu'une équation a toujours des racines imaginaires lorsqu'il manque plus d'un terme entre deux termes de signes contraires, et lorsqu'il manque même un seul terme entre deux termes de même signe.

Corollaire I. — *Si une équation a toutes ses racines réelles et positives, l'équation est complète et elle ne présente que des variations.*

Car le nombre des variations doit être égal au degré $m$ de l'équation, et celle-ci renferme en conséquence $m + 1$ termes.

COROLLAIRE II. — *Si l'équation $f(x) = 0$ a toutes ses racines réelles et que $a$ soit une quantité positive, le produit $(x - a) f(x)$ ne renferme qu'une variation de plus que $f(x)$.*

Car, dans chacune des équations

$$f(x) = 0, \quad (x - a) f(x) = 0,$$

le nombre des racines positives est égal au nombre des variations du premier membre. La deuxième équation ayant une seule racine positive de plus que la première, elle a aussi une seule variation de plus que celle-ci.

**119.** Le théorème de Descartes conduit encore à une autre proposition sur laquelle nous croyons devoir appeler l'attention, parce qu'elle est le point de départ de recherches nouvelles dont nous aurons à parler ensuite. Cette proposition est la suivante :

THÉORÈME. — *Soient $f(x) = 0$ une équation du degré $m$ dont les $m$ racines sont réelles, et $f'(x)$, $f''(x), \ldots, f^m(x)$ les $m$ dérivées successives du polynôme $f(x)$. Si, dans la suite des $m + 1$ fonctions*

$$f(x), \quad f'(x), \quad f''(x), \ldots, \quad f^m(x)$$

*on substitue successivement deux quantités réelles quelconques $\alpha$ et $\beta > \alpha$, et si, après chaque substitution, on compte les variations de signes que présente la suite des résultats, le nombre des variations perdues en passant de $x = \alpha$ à $x = \beta$ sera précisément égal au nombre des racines de l'équation $f(x) = 0$ comprises entre $\alpha$ et $\beta$.*

En effet, posons successivement $x = x' + \alpha$ et $x = x' + \beta$. Le nombre des racines de la proposée qui sont supérieures à $\alpha$ sera égal au nombre des racines positives de la transformée $f(x' + \alpha) = 0$, et, en conséquence, égal au nombre des variations du polynôme $f(x'+\alpha)$, puisque toutes les racines sont supposées réelles. Pareillement le nombre des racines de la proposée qui sont supérieures à $\beta$ sera égal au nombre des racines positives de $f(x'+\beta)=0$, et, par suite, égal au nombre des variations de $f(x'+\beta)$. D'où il suit que l'équation $f(x)=0$ a précisément autant de racines comprises entre $\alpha$ et $\beta$ qu'il y a d'unités dans l'excès du nombre des variations de $f(x'+\alpha)$ sur le nombre des variations de $f(x'+\beta)$. Mais on a

$$f(x'+x)=f(x)+f'(x)\frac{x'}{1}+f''(x)\frac{x'^2}{1.2}+\ldots+f^m(x)\frac{x'^m}{1.2\ldots m},$$

donc l'excès dont nous venons de parler est égal à la différence entre le nombre des variations que présente la suite

$$f(x),\quad f'(x),\quad f''(x),\ldots,\quad f^m(x),$$

pour $x=\alpha$, et le nombre des variations que présente la même suite pour $x=\beta$.

### *Théorème de Budan.*

**120.** La proposition précédente cesse d'être exacte, lorsque l'équation $f(x)=0$ n'a pas toutes ses racines réelles. Mais, en cherchant à en modifier l'énoncé de manière à embrasser tous les cas, Budan est parvenu à un théorème remarquable que nous allons exposer après avoir établi préalablement un lemme fort important sur lequel nous aurons à nous appuyer.

Lemme. — *Si $f(x)$ désigne une fonction entière de $x$ ayant pour dérivée $f'(x)$, et que l'on fasse croître $x$ de $-\infty$ à $+\infty$, chaque fois que le rapport $\frac{f(x)}{f'(x)}$ s'annulera, il passera toujours d'une valeur négative à une valeur positive.*

En effet, soit $a$ une valeur de $x$ pour laquelle $f(x)$ s'annule. Si $m$ est le degré de cette fonction et que l'on représente par $f'(x), f''(x), \ldots, f^m(x)$ ses dérivées successives, on aura

$$f(a+u) = f(a) + \frac{u}{1} f'(a) + \ldots + \frac{u^n}{1.2\ldots n} f^n(a) + \ldots + \frac{u^m}{1.2\ldots m} f^m(a),$$

$$f'(a+u) = f'(a) + \frac{u}{1} f''(a) + \ldots + \frac{u^{n-1}}{1.2\ldots(n-1)} f^n(a) + \ldots + \frac{u^{m-1}}{1.2\ldots(m-1)} f^m(a);$$

comme il peut arriver que la valeur $x = a$ annule $f'(x)$ et quelques-unes des dérivées suivantes, je désignerai généralement par $f^n(x)$ la première de ces dérivées qui ne s'annulent pas pour $x = a$. Alors, en divisant l'une par l'autre les deux équations précédentes, on aura

$$\frac{f(a+u)}{f'(a+u)} = \frac{u}{n} \cdot \frac{f^n(a) + \ldots + \dfrac{u^{m-n}}{(n+1)\ldots m} f^m(a)}{f^n(a) + \ldots + \dfrac{u^{m-n}}{n\ldots(m-1)} f^m(a)};$$

la fraction qui multiplie $\frac{u}{n}$, dans le second membre, a pour limite l'unité quand $u$ tend vers zéro; donc, pour des valeurs de $u$ positives ou négatives dont le module est suffisamment petit, les quantités

$$u \quad \text{et} \quad \frac{f(a+u)}{f'(a+u)}$$

seront de même signe; il résulte de là que si $h$ désigne une quantité positive suffisamment petite, et que l'on fasse croître $u$ de $-h$ à $+h$, le rapport

$$\frac{f(a+u)}{f'(a+u)},$$

d'abord négatif, s'annulera en même temps que $u$ et deviendra ensuite positif.

COROLLAIRE. — *Si le polynôme $f(x)$ et ses $n-1$ premières dérivées s'annulent pour $x=a$, et que $h$ désigne une quantité positive suffisamment petite, la suite des $n+1$ fonctions*

$$f(x),\quad f'(x),\quad f''(x),\ldots,\quad f^n(x)$$

*présentera $n$ variations pour $x=a-h$, et elle n'offrira que des permanences pour $x=a+h$.*

En effet, deux fonctions consécutives de cette suite sont de signes contraires pour $x=a-h$, et elles sont de même signe pour $x=a+h$.

**121.** THÉORÈME DE BUDAN. — *Étant donnée une équation quelconque $f(x)=0$ de degré $m$, si dans les $m+1$ fonctions*

$$(1)\qquad f(x),\quad f'(x),\quad f''(x),\ldots,\quad f^m(x)$$

*on substitue deux quantités réelles quelconques $\alpha$ et $6>\alpha$, et si, après chaque substitution, on compte les variations de signe que présente la suite des résultats, le nombre des racines de $f(x)=0$ comprises entre $\alpha$ et $6$ ne peut jamais surpasser celui des variations perdues de $x=\alpha$ à $x=6$, et, quand il est moindre, la différence est toujours un nombre pair* (*).

En effet, quand on fait croître $x$ d'une manière continue de $\alpha$ à $6$, la suite des signes des fonctions (1) ne peut

(*) Ce théorème est souvent attribué à Fourier, qui l'avait sans aucun doute rencontré dans ses recherches; mais la priorité appartient réellement à Budan qui communiqua en 1811 à l'Académie des Sciences la démonstration complète du théorème. L'énoncé que nous adoptons ne diffère que dans la forme de celui donné par Budan, et il est tel que Fourier l'a présenté dans son *Analyse des équations*, publiée après sa mort, en 1831, par les soins de Navier.

éprouver de modifications qu'à l'instant où $x$ atteint et dépasse une valeur qui annule quelqu'une de ces fonctions; supposons donc que, pour $x=a$, une ou plusieurs des fonctions (1) s'annulent. Parmi ces fonctions qui s'annulent, pour $x=a$, il peut y en avoir plusieurs qui soient consécutives; soient donc généralement

(2) $$f^{\mu}(x),\quad f^{\mu+1}(x),\ldots,\quad f^{\mu+n-1}(x)$$

$n$ fonctions consécutives qui s'annulent pour $x=a$, le nombre $n$ pouvant se réduire à l'unité. L'indice $\mu$ peut être zéro, auquel cas $f^{\mu}(x)$ représente la fonction $f(x)$; mais le dernier indice $\mu+n-1$ ne peut être égal à $m$, car la fonction $f^{m}(x)$ est une constante différente de zéro.

Cela posé, considérons la portion de la suite (1) qui comprend les fonctions (2) et la fonction suivante, savoir :

(3) $$f^{\mu}(x),\quad f^{\mu+1}(x),\ldots,\quad f^{\mu+n-1}(x),\quad f^{\mu+n}(x);$$

d'après le corollaire du lemme qui précède, si $h$ désigne une quantité positive suffisamment petite, les $n+1$ fonctions de la suite (3) offriront $n$ variations pour $x=a-h$, tandis qu'elles ne présenteront que des permanences pour $x=a+h$. Appliquons successivement ce résultat aux cas de $\mu=0$ et de $\mu>0$.

Dans le cas de $\mu=0$, on peut dire que : *si les $n$ premiers termes de la suite* (1) *s'annulent pour $x=a$, c'est-à-dire si l'équation $f(x)=0$ a $n$ racines égales à $a$, la portion de la suite* (1) *qui embrasse les $n+1$ premiers termes perd $n$ variations, quand on passe de $x=a-h$ à $x=a+h$.*

Dans le cas de $\mu>0$, joignons aux fonctions (3) celle qui les précède dans la suite (1), on aura les $n+2$ fonctions

(4) $$f^{\mu-1}(x),\quad f^{\mu}(x),\quad f^{\mu+1}(x),\ldots,\quad f^{\mu+n-1}(x),\quad f^{\mu+n}($$

Si $n$ est un nombre pair $2k$, l'équation $f^{\mu}(x) = 0$ a $2k$ racines égales à $a$, et, en conséquence, $f^{\mu}(x)$ ne change pas de signe, quand $x$ varie de $a - h$ à $a + h$; d'ailleurs $f^{\mu-1}(x)$ conserve aussi le même signe; donc la suite (4) perdra $2k$ variations quand on passera de $a - h$ à $a + h$. Si, au contraire, $n$ est un nombre impair $2k + 1$, l'équation $f^{\mu}(x) = 0$ a $2k + 1$ racines égales à $a$, et $f^{\mu}(x)$ change de signe quand $x$ varie de $a - h$ à $a + h$; comme $f^{\mu-1}(x)$ conserve le même signe, il s'ensuit que la suite des deux fonctions $f^{\mu-1}(x)$, $f^{\mu}(x)$ perdra ou gagnera une variation dans le passage de $a - h$ à $a + h$, et, par conséquent, la suite (4) perdra dans ce cas $(2k + 1) \pm 1$, c'est-à-dire $2k$ ou $2k + 2$ variations. On peut donc dire que : *si $n$ termes consécutifs de la suite* (1), *ne comprenant pas le premier terme, s'annulent pour $x = a$, la portion de la suite* (1) *qui embrasse ces $n$ termes avec celui qui les précède et celui qui les suit perd un nombre pair de variations, quand on passe de $a - h$ à $a + h$; ce nombre de variations perdues peut se réduire à zéro quand $n = 1$; mais, pour $n > 1$, il est positif.*

Il résulte de là que, $x$ croissant de $\alpha$ à $\beta$, chaque fois que cette variable atteint et dépasse une valeur $a$ qui annule quelques-unes des fonctions (1), cette suite perd $\nu + 2k$ variations, $k$ étant un entier positif ou nul, et le nombre $\nu$, qui peut aussi se réduire à zéro, étant précisément égal au nombre des racines de l'équation $f(x) = 0$ qui sont égales à $a$. Si donc N désigne le nombre total des racines réelles égales ou inégales comprises entre $\alpha$ et $\beta$, le nombre des variations perdues en passant de $x = \alpha$ à $x = \beta$ sera égal à N ou égal à N augmenté d'un nombre pair.

Corollaire — *Si l'équation $f(x) = 0$ a N racines*

*comprises entre* $\alpha$ *et* $\beta$, *et que la suite* (1) *perde* $N + 2K$ *variations dans le passage de* $x = \alpha$ *à* $x = \beta$, *l'équation a au moins* $2K$ *racines imaginaires.*

En effet, désignons par $N_0$ le nombre des racines comprises entre $-\infty$ et $\alpha$, par $N'$ celui des racines comprises entre $\beta$ et $+\infty$. Soient aussi $N_0 + 2K_0$, $N' + 2K'$ les nombres de variations perdues dans la suite (1) quand on passe de $x = -\infty$ à $x = \alpha$ et de $x = \beta$ à $x = +\infty$. Il est évident que pour $x = -\infty$ la suite (1) présente $m$ variations, tandis qu'elle n'a que des permanences pour $x = \infty$ ; on a donc

$$N_0 + N + N' + 2K_0 + 2K + 2K' = m;$$

le nombre $2I$ des racines imaginaires est égal à $m - (N_0 + N + N')$, et l'on a conséquemment

$$I = K_0 + K + K', \quad \text{d'où} \quad I = \text{ ou } > K.$$

**122.** Nous présenterons ici deux remarques au sujet du théorème de Budan.

Quand on applique ce théorème, il peut arriver que l'un des nombres $\alpha$ et $\beta$ qu'il faut substituer à $x$ annule quelques-unes des fonctions de la suite (1). On sauve cette difficulté en substituant $\alpha + h$ au lieu de $\alpha$ et $\beta - h$ au lieu de $\beta$, $h$ désignant comme précédemment une quantité positive suffisamment petite. Aucun calcul ne sera d'ailleurs nécessaire, car supposons que l'hypothèse $x = \alpha$ annule les termes de la suite (3) à l'exception du dernier, nous savons que cette suite (3) n'offre que des permanences pour $x = \alpha + h$. Si c'est, au contraire, l'hypothèse $x = \beta$ qui annule les fonctions dont nous venons de parler, la suite (3) ne présentera que des variations pour $x = \beta - h$.

Le théorème de Descartes peut être regardé comme un corollaire de celui de Budan. Supposons, en effet, que l'on veuille appliquer ce dernier théorème en prenant $\alpha = 0$, $6 = +\infty$. Pour $x = +\infty$, la suite des fonctions (1) ne présente que des permanences, et pour $x = 0$ ces fonctions se réduisent aux coefficients de l'équation $f(x) = 0$, en faisant abstraction de certains multiplicateurs numériques et essentiellement positifs. A la vérité, l'hypothèse $x = 0$ peut annuler quelques-unes des fonctions (1), et cela arrive nécessairement si l'équation proposée manque de quelques termes. Mais supposons qu'au lieu de substituer zéro, on ait substitué successivement $-h$ et $+h$; comme le nombre des variations perdues en passant de $-h$ à $+h$ est pair, si, comme on le suppose, l'équation proposée n'a pas de racines nulles, il est permis de ne tenir aucun compte de celles des fonctions (1) qui s'annulent pour $x = 0$, lorsque l'on applique le théorème de Budan en prenant $\alpha = +h$ et $6 = +\infty$, ou, ce qui revient au même, en prenant $\alpha = 0$, $6 = +\infty$. Il résulte donc du théorème de Budan que : *si l'équation* $f(x) = 0$ *a* N *racines positives, la suite des coefficients des termes contenus dans le premier membre offrira* N + 2K *variations,* K *étant un entier positif ou nul;* ce qui est précisément le théorème de Descartes.

## *Théorème de Rolle.*

**123.** La proposition connue sous le nom de *théorème de Rolle* est utile dans quelques circonstances, et elle se rattache directement à la théorie que nous exposons. Aussi croyons-nous devoir la présenter ici.

Théorème. — *Si a et b désignent deux racines consécutives de l'équation $f(x) = 0$, en sorte que cette équation n'ait aucune autre racine comprise entre a et b, l'équation $f'(x) = 0$, obtenue en égalant à zéro la dérivée de $f(x)$, a au moins une racine comprise entre a* *et $b$, et quand elle en a plusieurs, le nombre de ces racines est impair.*

En effet, si l'on suppose $b > a$ et que l'on désigne par $h$ une quantité positive suffisamment petite, le premier des deux rapports

$$\frac{f(a+h)}{f'(a+h)}, \quad \frac{f(b-h)}{f'(b-h)}$$

sera positif, tandis que le second sera négatif (n° **120**). D'ailleurs les numérateurs $f(a+h)$ et $f(b-h)$ sont de même signe, puisque l'équation proposée n'a pas de racine entre $a+h$ et $b-h$; donc les dénominateurs $f'(a+h)$, $f'(b-h)$ sont de signes contraires, et, en conséquence, l'équation $f'(x)=0$ a un nombre impair de racines comprises entre $a+h$ et $b-h$, ou entre $a$ et $b$. Il faut remarquer que ce théorème subsiste, lors même que $a$ ou $b$ serait une racine multiple de l'équation proposée.

Corollaire I. — *Deux racines consécutives $\alpha$ et $\beta$ de l'équation $f'(x)=0$ ne peuvent comprendre entre elles plus d'une racine de l'équation $f(x)=0$.*

Car si l'équation $f(x)=0$ avait deux racines $a$ et $b$ comprises entre $\alpha$ et $\beta$, l'équation $f'(x)=0$ aurait au moins une racine $\gamma$ comprise entre $a$ et $b$; cette racine serait donc comprise, à plus forte raison, entre $\alpha$ et $\beta$, ce qui est contre l'hypothèse.

Corollaire II. — *Si l'équation $f(x)=0$ de degré $m$ a toutes ses $m$ racines réelles, l'équation $f'(x)=0$ a également toutes ses racines réelles, et deux racines consécutives de la seconde équation comprennent toujours une racine de la première.*

Désignons par

$$(1) \qquad a_1,\ a_2,\ a_3,\ \ldots,\ a_n$$

les racines de l'équation $f(x) = 0$, rangées par ordre de grandeur à partir de la plus petite, et par

$$m_1,\ m_2,\ m_3,\ldots,\ m_n,$$

les degrés de multiplicité de ces racines; on aura

$$m = m_1 + m_2 + \ldots + m_n.$$

Cela posé, d'après le théorème des racines multiples, l'équation $f'(x) = 0$ a $m_1 - 1$ racines égales à $a_1$, elle en a $m_2 - 1$ égales à $a_2,\ldots,\ m_n - 1$ égales à $a_n$; le nombre de ces racines est $m - n$. En outre, d'après le théorème de Rolle, l'équation $f'(x) = 0$ a au moins une racine comprise dans chacun des $n - 1$ intervalles que forment deux termes consécutifs de la suite (1); elle ne peut d'ailleurs en avoir plus d'une dans chaque intervalle, puisque le nombre total de ses racines est $m - 1$.

Soient

$$b_1,\ b_2,\ldots,\ b_{n-1}$$

les $n - 1$ racines de $f'(x) = 0$ dont nous venons de parler et qui sont respectivement comprises dans les $n - 1$ intervalles formés par deux termes consécutifs de la suite (1). Il est évident que les termes de cette suite (1) seront compris respectivement dans les $n$ intervalles formés par la suite

$$(2) \qquad -\infty,\ b_1,\ b_2,\ldots,\ b_{n-1},\ +\infty;$$

les termes de la suite (2) *séparent* donc les racines (1) de l'équation proposée.

**124.** Exemple. — Pour donner un exemple des applications du théorème de Rolle, nous établirons une propriété importante que possède une classe de fonctions qui se présentent dans diverses recherches mathématiques.

Posons, pour abréger,

$$f(x) = \frac{(x^2 - 1)^n}{1.2\ldots n.2^n},$$

et désignons par

$$f'(x),\ f''(x),\ldots,\ f^{\mu}(x),\ldots$$

les dérivées successives du polynôme $f(x)$; la fonction que j'ai en vue et que je désignerai par $X_n$ est définie par la formule

$$X_n = f^n(x).$$

La fonction $f(x)$ étant un polynôme de degré $2n$, sa $n^{ième}$ dérivée, $f^n(x)$ ou $X_n$ sera un polynôme du degré $n$. Cela posé, je dis que l'équation

$$X_n = 0$$

a ses $n$ racines réelles inégales et comprises entre $-1$ et $+1$.

Pour établir cette proposition, il suffit d'appliquer $n$ fois de suite le théorème de Rolle à l'équation

$$f(x) = 0.$$

Cette équation a $n$ racines égales à $-1$ et $n$ racines égales à $+1$; donc l'équation

$$f'(x) = 0$$

aura $n-1$ racines égales à $-1$, $n-1$ racines égales à $+1$, et une racine $a_1$ comprise entre $-1$ et $+1$. De là il résulte que l'équation

$$f''(x) = 0$$

a $n-2$ racines égales à $-1$, $n-2$ racines égales à $+1$, une racine $b_1$ entre $-1$ et $a_1$, et une racine $b_2$ comprise entre $a_1$ et $+1$.

Il n'est pas nécessaire de pousser plus loin ce raisonnement, pour reconnaître que l'équation $f^n(x) = 0$ ou

$X_n = 0$ a ses $n$ racines réelles inégales est comprise entre $-1$ et $+1$, ainsi que nous l'avions annoncé.

**125.** On peut tirer du théorème de Rolle les conditions de la réalité de toutes les racines d'une équation de degré donné; mais, devant bientôt faire connaître une méthode beaucoup plus simple qui remplira le même objet, nous n'aborderons point ici cette question générale, et nous nous bornerons à appliquer le théorème à la détermination du nombre des racines réelles d'une équation *trinôme,* telle que

$$f(x) = x^m + px^n + q = 0,$$

dans laquelle nous supposerons les exposants $m$ et $n$ impairs.

Le nombre total des variations contenues dans cette équation et dans sa transformée en $-x$ est égal à 1 ou à 3; le nombre des racines réelles est donc lui-même égal à 1 ou à 3; il s'agit de distinguer ces deux cas. La dérivée $f'(x)$ a ici pour valeur

$$f'(x) = mx^{n-1}\left(x^{m-n} + \frac{np}{m}\right);$$

si $p$ est positif, l'équation $f'(x) = 0$ ne peut avoir d'autre racine réelle que zéro, donc la proposée ne peut pas avoir dans ce cas trois racines réelles. Si $p$ est négatif, et que l'on désigne par $b$ le radical

$$\sqrt[m-n]{-\frac{np}{m}},$$

l'équation $f'(x) = 0$ admettra les racines $-b$ et $+b$, indépendamment des racines nulles qu'elle peut avoir et qui sont, par hypothèse, en nombre pair. Alors, si la proposée a trois racines réelles, $-b$ sera comprise entre les deux plus petites, tandis que $+b$ le sera entre les deux plus grandes; donc ces trois racines seront respectivement comprises dans les trois intervalles que forme la suite

$$-\infty, \quad -b, \quad +b, \quad +\infty,$$

ce qui exige que l'on ait

$$f(-b) > 0, \quad f(+b) < 0.$$

Réciproquement, si ces conditions sont remplies, l'équation proposée aura nécessairement (n° 115) une racine comprise entre $-\infty$ et $-b$, une deuxième entre $-b$ et $+b$, une troisième enfin entre $+b$ et $+\infty$. En remettant au lieu de $b$ sa valeur, on trouve que nos deux conditions deviennent

$$-\left(-\frac{np}{m}\right)^{\frac{m}{m-n}} < \frac{nq}{m-n} < +\left(-\frac{np}{m}\right)^{\frac{m}{m-n}},$$

et elles peuvent s'exprimer par une inégalité unique, en écrivant que la puissance $(m-n)^{ième}$ de la quantité intermédiaire est inférieure à la puissance $(m-n)^{ième}$ de l'une des quantités extrêmes. On obtient ainsi la condition demandée,

$$\left(\frac{nq}{m-n}\right)^{m-n} + \left(\frac{np}{m}\right)^{m} < 0;$$

on voit qu'elle n'est jamais satisfaite quand $p$ est $> 0$. Si le premier membre de cette inégalité se réduit à zéro, l'équation proposée a encore trois racines réelles, mais il est évident que deux de ces racines sont égales entre elles.

Si l'on a

$$m = 3, \quad n = 1,$$

l'équation proposée devient

$$x^3 + px + q = 0,$$

ce qui est la forme à laquelle peut être ramenée toute équation du troisième degré (n° 62). Quant à la condition de réalité des trois racines, elle devient

$$\frac{q^2}{4} + \frac{p^3}{27} < 0, \quad \text{ou} \quad 4p^3 + 27q^2 < 0.$$

*Théorème de Sturm.*

126. Parmi les problèmes que l'on rencontre dans la théorie des équations, l'un des plus importants est celui qui a pour objet la découverte d'une règle à l'aide de laquelle on puisse déterminer *le nombre exact des racines réelles d'une équation qui sont comprises entre deux nombres donnés.*

La proposition du n° 119 nous a donné la solution de ce problème, pour ce qui concerne les équations dont toutes les racines sont réelles, et les recherches de Budan ont eu pour objet, comme on l'a vu, de tirer des mêmes principes un critérium qui pût s'appliquer à tous les cas. Mais, malgré son utilité incontestable, le beau théorème auquel ce géomètre est parvenu ne donne pas une solution complète de la question que nous venons de poser.

L'Algèbre offrait ainsi une lacune regrettable, mais cette lacune se trouva comblée de la manière la plus heureuse par le fameux théorème de Sturm. Ce grand géomètre communiqua à l'Académie des Sciences, en 1829, la démonstration de son théorème, qui constitue l'une des plus brillantes découvertes dont se soit enrichie l'analyse mathématique.

127. Le théorème de Sturm consiste dans la proposition suivante :

Théorème. — *Étant donnée l'équation* $V = 0$ *dont le premier membre est une fonction entière d'un degré quelconque* $m$ *de l'inconnue* $x$, *et qui n'a pas de ra-*

*cines égales, soit $V_1$ la dérivée du polynôme V. Effectuons la division de V par $V_1$, jusqu'à ce que nous soyons arrivé à un reste de degré inférieur au degré de $V_1$, changeons les signes de tous les termes de ce reste et désignons par $V_2$ ce qu'il devient alors. Divisons de même $V_1$ par $V_2$, et après avoir changé les signes des termes du reste, nous aurons un nouveau polynôme $V_3$ dont le degré sera inférieur au degré de $V_2$. Divisons pareillement $V_2$ par $V_3$ et continuons la même série d'opérations, comme s'il s'agissait de déterminer le plus grand commun diviseur des polynômes V et $V_1$, mais en ayant soin de changer les signes de chaque reste avant de le prendre pour diviseur. L'équation proposée n'ayant pas de racines égales, nous arriverons après un certain nombre $\mu - 1$ de divisions à un reste numérique différent de zéro, et nous représenterons par $V_\mu$ ce reste changé de signe. Nous obtiendrons ainsi une suite de $\mu + 1$ fonctions*

$$(1) \qquad V,\ V_1,\ V_2,\ \ldots,\ V_{\mu-1},\ V_\mu$$

*dont les degrés, par rapport à $x$, formeront une suite décroissante.*

*Cela posé, soient $\alpha$ et $\beta > \alpha$ deux quantités réelles quelconques données, et substituons successivement $\alpha$ et $\beta$ à $x$ dans les fonctions (1). Le nombre des racines réelles de l'équation $V = 0$, comprises entre $\alpha$ et $\beta$, sera précisément égal à l'excès du nombre des variations que présente la suite des signes des $\mu + 1$ fonctions (1) pour $x = \alpha$, sur le nombre des variations que présente la suite des signes des mêmes fonctions pour $x = \beta$.*

Désignons par

$$Q_1,\ Q_2,\ \ldots,\ Q_{\mu-1}$$

les quotients que l'on obtient en divisant V par $V_1$, $V_1$

par $V_2, \ldots, V_{\mu-2}$ par $V_{\mu-1}$; on aura cette suite d'égalités:

$$(2)\qquad \left\{\begin{array}{l} V = V_1 Q_1 - V_2, \\ V_1 = V_2 Q_2 - V_3, \\ V_2 = V_3 Q_3 - V_4, \\ \ldots\ldots\ldots\ldots\ldots\ldots\ldots, \\ V_{\mu-2} = V_{\mu-1} Q_{\mu-1} - V_\mu, \end{array}\right.$$

qui conduisent aux deux conséquences suivantes :

1° *Dans la suite* (1), *deux fonctions consécutives ne peuvent s'annuler pour la même valeur de* $x$.

En effet, si l'on avait $V_{k-1} = 0$, $V_k = 0$, pour une certaine valeur de $x$, la relation

$$(3)\qquad V_{k-1} = V_k Q_k - V_{k+1}$$

montre que l'on aurait en même temps $V_{k+1} = 0$. On conclut de là que si une même valeur de $x$ annulait deux fonctions consécutives, elle annulerait aussi toutes les suivantes, ce qui est impossible, puisque la dernière fonction $V_\mu$ est une constante différente de zéro.

2° *Si, pour une valeur de* $x$, *l'une des fonctions de la suite* (1), *autre que la première, s'annule, la fonction précédente et la fonction suivante sont de signes contraires.*

En effet, si l'on a $V_k = 0$, l'égalité (3) donne

$$V_{k-1} = - V_{k+1}.$$

Faisons maintenant croître $x$ d'une manière continue entre les limites $\alpha$ et $\beta$; la suite des signes des fonctions (1) ne pourra être modifiée qu'à l'instant où $x$ atteindra et dépassera une valeur qui annule une ou plusieurs des fonctions de la suite (1). Soit $a$ l'une de ces valeurs, et supposons d'abord que parmi les fonctions

$$V_k,\ V_l, \ldots$$

qui s'annulent pour $x = a$, la première V ne soit pas comprise.

Si $h$ désigne une quantité positive suffisamment petite, les équations $V_{k-1} = 0$, $V_{k+1} = 0$ n'auront aucune racine entre $a - h$ et $a + h$, et, en conséquence, chacune des fonctions $V_{k-1}$, $V_{k+1}$ conservera le même signe quand on fera croître $x$ de $a - h$ à $a + h$. Ces fonctions étant de signes contraires pour $x = a$, comme nous l'avons dit plus haut, elles sont pareillement de signes contraires pour $x = a - h$, ainsi que pour $x = a + h$; donc la portion de la suite (1) qui comprend les trois fonctions

$$V_{k-1},\ V_k,\ V_{k+1}$$

offre une variation unique pour $x = a - h$, ainsi que pour $x = a + h$; ceci s'applique évidemment à chacune des portions de la suite (1) qui sont formées par l'une des fonctions $V_k$, $V_l$,... et les deux qui la comprennent. On peut conclure de là que la suite des signes des fonctions (1) ne perd ni ne gagne aucune variation quand $x$ croît de $a - h$ à $a + h$.

Supposons maintenant que $x$, croissant de $\alpha$ à $\beta$, atteigne une valeur $a$ qui annule la fonction V, et pour laquelle quelques-unes des autres fonctions de la suite (1), telles que

$$V_k,\ V_l, \ldots,$$

puissent aussi s'annuler. Le raisonnement qui précède montre que la portion de la suite (1) formée avec l'une de ces dernières fonctions et les deux qui la comprennent présente une variation unique pour $x = a - h$, ainsi que pour $x = a + h$. D'ailleurs, d'après le lemme du n° 120, le rapport $\frac{V}{V_1}$ passe du négatif au positif quand $x$ croît de $a - h$ à $a + h$; ce qui revient à dire que les deux fonctions V, $V_1$ offrent une variation pour $x = a - h$, et une permanence pour $x = a + h$; donc, dans le passage de $x = a - h$ à $x = a + h$, la suite entière des fonctions (1) perd une variation et n'en perd qu'une seule.

En résumé, si $x$ croît d'une manière continue depuis $\alpha$ jusqu'à $\beta$, le nombre des variations de la suite des fonctions (1) n'éprouve de modification que quand $x$ atteint et dépasse une racine de l'équation $V = 0$, et chaque fois que $x$ atteint et dépasse une telle racine, il y a une variation perdue, dans la suite des fonctions (1); ce qui démontre le théorème énoncé.

128. Sturm a fait lui-même sur son théorème des remarques importantes que nous reproduisons ici.

1° Dans les divisions successives qui servent à trouver les fonctions $V_2, V_3, \ldots$, il est permis de multiplier ou de diviser les dividendes ou les diviseurs par des nombres positifs quelconques; les fonctions (1) se trouveront alors multipliées par des facteurs positifs, ce qui ne changera point leurs signes. Mais il faut éviter de supprimer ou d'introduire des facteurs négatifs.

2° La condition que la dernière des fonctions (1), savoir $V_\mu$, est une constante, n'intervient pas dans la démonstration que nous avons présentée du théorème; cette démonstration suppose seulement que $V_\mu$ ne change pas de signe quand $x$ varie de $\alpha$ à $\beta$. Il résulte de là que si, parmi les fonctions (1), il s'en trouve une $V_k$ qui n'ait aucune racine comprise entre $\alpha$ et $\beta$, on pourra arrêter la suite (1) à cette fonction et faire abstraction de toutes celles qui suivent.

3° Il peut arriver que l'une des limites $\alpha$, $\beta$ annule une ou plusieurs des fonctions de la suite (1); mais il ne saurait résulter de cette circonstance aucun embarras pour compter le nombre des variations. Il suffira effectivement, dans ce cas, de substituer $\alpha - h$ au lieu de $\alpha$ ou $6 + h$ au lieu de $6$, $h$ désignant une quantité aussi petite que l'on voudra. Supposons que la fonction V s'annule, soit pour $x = \alpha$, soit pour $x = 6$. Ainsi que nous l'avons vu, les deux fonctions V, $V_1$ offriront, dans le premier cas, une variation pour $x = \alpha - h$, et une permanence, dans le deuxième cas, pour $x = 6 + h$. Quant aux fonctions qui suivent, si l'une d'elles s'annule pour $x = \alpha$ ou pour $x = 6$, nous avons vu que pour une valeur de $x$ très-peu différente de $\alpha$ ou de $6$, la suite formée par cette fonction et les deux qui la comprennent offre toujours une variation unique.

**129.** Le théorème de Sturm s'applique sans modification aux équations qui ont des racines multiples, pourvu que l'on fasse abstraction du degré de multiplicité de ces racines.

En effet, soit $X = 0$ une équation qui a des racines multiples, et désignons par $X_1$ la dérivée du polynôme X. Opérons sur les fonctions X et $X_1$, comme s'il était question de chercher leur plus grand commun diviseur, en ayant soin de changer le signe de chaque reste, ainsi que le prescrit l'énoncé du théorème. On obtiendra ainsi la suite de fonctions

$$(1) \qquad X,\ X_1,\ X_2,\ \ldots,\ X_{\mu-1},\ X_\mu,$$

dans laquelle le dernier terme ne sera plus constant; mais trois fonctions consécutives seront encore liées entre elles par une égalité de la forme

$$X_{k-1} = X_k Q_k - X_{k+1},$$

où $Q_k$ désigne une fonction entière.

Soit D le produit des facteurs linéaires communs à X et à $X_1$; il est évident que les fonctions (1) pourront être divisées exactement par D, et si l'on désigne par

$$(2) \qquad V,\ V_1,\ V_2,\ \ldots,\ V_{\mu-1},\ V_\mu$$

les quotients de ces divisions, la dernière des fonctions (2) sera une constante, en outre trois fonctions consécutives de cette suite seront liées entre elles par la relation

$$V_{k-1} = V_k Q_k - V_{k+1};$$

enfin, d'après le lemme du n° 120, le rapport $\frac{V}{V_1} = \frac{X}{X_1}$ passera toujours, en s'annulant, d'une valeur négative à une valeur positive. En conséquence, on peut appliquer aux fonctions (2) le raisonnement entier du n° 127, et il en résulte que si $\beta$ est $> \alpha$, l'équation $V = 0$ ou $X = 0$ a autant de racines comprises entre $\alpha$ et $\beta$ qu'il y a de variations perdues dans la suite des signes des fonctions (2), lorsque $x$ croît de $\alpha$ à $\beta$. Enfin, comme les fonctions (1) s'obtiennent en multipliant les fonctions (2) par un même polynôme D, il est permis de substituer les unes aux autres.

### *Des conditions de réalité de toutes les racines d'une équation de degré donné.*

130. Pour avoir le nombre total des racines réelles d'une équation donnée $V = 0$, il suffit de former, conformément au théorème de Sturm, la suite des fonctions

$$(1) \qquad V,\ V_1,\ V_2,\ \ldots,\ V_{\mu-1},\ V_\mu,$$

et d'y substituer successivement deux limites L, L' entre lesquelles toutes les racines réelles soient comprises; mais comme, pour une valeur de $x$ dont le module est suffisamment grand, une fonction entière a toujours le signe de son premier terme, et que nous n'avons à nous préoccuper que du signe des résultats des substitutions, on peut prendre, pour plus de commodité, $-\infty$ et $+\infty$ au lieu de L et de L'. Soient donc $k$ le nombre des variations contenues dans la suite des fonctions (1), pour $x = -\infty$; $k'$ le nombre des variations de la même suite pour $x = +\infty$, le nombre des racines réelles de l'équation $V = 0$ sera $k - k'$.

Si l'on veut avoir séparément le nombre des racines positives et celui des racines négatives, il faudra en outre substituer zéro à $x$ dans la suite (1), ce qui réduira chacune des fonctions à son dernier terme; soit $k_1$ le nombre des variations de la suite (1) pour $x = 0$, l'équation proposée aura $k_1 - k'$ racines positives et $k - k_1$ racines négatives.

**131.** Supposons maintenant que l'on veuille connaître les conditions qui doivent être remplies pour que l'équation $V = 0$, du degré $m$, ait ses $m$ racines réelles et inégales. Il faut et il suffit, pour qu'il en soit ainsi, que la suite des fonctions (1) perde $m$ variations quand $x$ croît de $-\infty$ à $+\infty$; cela exige d'abord que cette suite ait au moins $m+1$ termes, or elle ne peut en avoir davantage, donc le nombre $\mu$ est égal à $m$, et les fonctions (1) sont respectivement des degrés

$$m,\ m-1,\ m-2,\ldots,\ 1,\ 0.$$

En outre, la suite des signes des $m+1$ fonctions (1) doit renfermer $m$ variations pour $x = -\infty$, et elle n'en doit plus offrir aucune pour $x = +\infty$; il est évident que cela revient à dire que le coefficient du premier terme, dans chacune des fonctions (1), doit être positif.

On peut énoncer, d'après cela, la proposition suivante :

*Pour qu'une équation du degré m ait ses m racines réelles et inégales, il faut et il suffit que la suite formée* *conformément à l'énoncé du théorème de Sturm se compose de $m+1$ fonctions, et que, dans chacune de ces fonctions, le coefficient du premier terme soit positif.*

Comme, dans les deux premières des fonctions dont nous venons de parler, le coefficient du premier terme est toujours positif, la proposition précédente indique seulement $m-1$ conditions pour la réalité de toutes les racines. Mais il se peut que ces conditions rentrent les unes dans les autres; le nombre $m-1$ ne doit donc être regardé que comme une limite supérieure.

Exemple. — Prenons pour exemple l'équation du troisième degré

$$x^3+px+q=0;$$

pour éviter les dénominateurs, dans les deux divisions que nous avons à exécuter, je multiplie les dividendes respectivement par 3 et $4p^2$; on a alors

$$\begin{aligned}
V &= x^3+px+q, \quad \text{ou} \quad 3x^3+3px+3q,\\
V_1 &= 3x^2+p, \quad \text{ou} \quad 12p^2x^2+4p^3,\\
V_2 &= -2px-3q,\\
V_3 &= -4p^3-27q^2.
\end{aligned}$$

Les conditions de réalité des trois racines sont donc

$$-p>0, \quad -4p^3-27q^2>0;$$

mais la première condition est comprise dans la seconde; celle-ci peut s'écrire

$$4p^3+27q^2<0;$$

c'est la même que nous avons déjà obtenue par une autre voie, au n° 125.

### *Extension de la méthode de Sturm.*

**132.** Les fonctions dont le théorème de Sturm prescrit l'emploi peuvent être quelquefois suppléées, ainsi que l'a remarqué l'illustre auteur, par d'autres fonctions qui remplissent le même objet.

Soient

(1) $$V,\ V_1,\ V_2,\ldots,\ V_\mu$$

$\mu+1$ fonctions entières d'une variable $x$ qui satisfont aux conditions suivantes :

1° *Que la dernière fonction* $V_\mu$ *ne change pas de signe quand* $x$ *varie entre deux limites données* $\alpha$ *et* $\beta>\alpha$;

2° *Que deux fonctions consécutives ne puissent s'annuler pour une même valeur de* $x$ *comprise entre* $\alpha$ *et* $\beta$;

3° *Que si une fonction autre que la première s'annule pour une valeur de* $x$ *comprise entre* $\alpha$ *et* $\beta$, *les deux fonctions qui la comprennent aient alors des valeurs de signes contraires;*

4° *Que le rapport* $\frac{V}{V_1}$ *passe toujours du négatif au positif chaque fois qu'il s'annule, quand* $x$ *croît de* $\alpha$ *à* $\beta$.

Il est évident que ces conditions sont les seules que nous ayons fait intervenir dans la démonstration du n° 127; on peut donc affirmer que, dans notre hypothèse, le nombre des racines réelles de l'équation $V=0$ comprises entre $\alpha$ et $\beta$ est égal au nombre des variations perdues par la suite (1) dans le passage de $x=\alpha$ à $x=\beta$.

Supposons que la dernière des quatre conditions que nous venons de mentionner soit remplacée par la condition contraire, savoir : *Que le rapport* $\frac{V}{V_1}$ *passe toujours du positif au négatif en s'annulant, quand* $x$ *croît de* $\alpha$ *à* $\beta$. Les trois premières conditions étant maintenues, il est évident que le nombre des racines réelles de l'équation $V = 0$ comprises entre $\alpha$ et $\beta$ sera égal au nombre des variations gagnées par la suite (1), quand $x$ croît de $\alpha$ à $\beta$.

C'est uniquement pour fixer les idées que nous avons supposé $\beta > \alpha$; les mêmes choses ont lieu dans le cas de $\beta < \alpha$, seulement les variations *perdues* deviennent des variations *gagnées*, et inversement.

133. Supposons maintenant que les trois premières des quatre conditions précédentes existent seules, et que l'on ait constaté chez la suite (1) une perte ou un gain de $k$ variations dans le passage de $x = \alpha$ à $x = \beta$, $\alpha$ et $\beta$ étant des quantités quelconques données. Il est évident que si l'on fait varier $x$ dans le même sens, depuis $x = \alpha$ jusqu'à $x = \beta$, le nombre des variations de la suite (1) ne pourra être modifié qu'à l'instant où $x$ atteindra et dépassera une valeur qui annule la première fonction V. Donc, la perte ou le gain de $k$ variations ne peut avoir lieu que si l'équation $V = 0$ a au moins $k$ racines réelles entre $\alpha$ et $\beta$.

En outre, si l'on désigne par $\Delta$ l'excès du nombre de fois que le rapport $\frac{V}{V_1}$, en s'évanouissant et en changeant de signe, passe du positif au négatif, sur le nombre de fois que le même rapport, en s'évanouissant et en changeant de signe, passe du négatif au positif, on aura nécessairement

$$\Delta = \pm k,$$

le signe + ayant lieu dans le cas où la suite (1) gagne $k$ variations quand on passe de $x = \alpha$ à $x = \beta$, et le signe — dans le cas où la même suite perd $k$ variations.

Désignons aussi par $\Delta'$ l'excès du nombre de fois que le rapport $\frac{V_1}{V}$ s'annule en passant du positif au négatif sur le nombre de fois que le même rapport s'annule en passant du négatif au positif, quand $x$ varie de $\alpha$ à $\beta$. Comme $V$ et $V_2$ sont, par hypothèse, de signes contraires, chaque fois que $V_1$ s'annule, les deux rapports $\frac{V_1}{V}$ et $\frac{V_1}{V_2}$ passent, l'un du positif au négatif, l'autre du négatif au positif; si donc on représente par $k'$ le nombre des variations gagnées ou perdues par la suite

(2) $$V_1,\ V_2,\ldots,\ V_\mu,$$

dans le passage de $x = \alpha$ à $x = \beta$, on aura, comme plus haut,

$$-\Delta' = \pm k'.$$

Comparons maintenant les nombres $k$ et $k'$. La suite (2) se déduit de la suite (1) en supprimant dans celle-ci le premier terme; donc, si le rapport $\frac{V}{V_1}$ a le même signe pour $x = \alpha$ et pour $x = \beta$, on aura $k' = k$, et, par suite,

$$\Delta' = -\Delta;$$

si $\frac{V}{V_1}$ a le signe $+$ pour $x = \alpha$ et le signe $-$ pour $x = \beta$, on aura $k' = k \pm 1$, le signe supérieur ayant lieu quand il y a gain de variations dans le passage de $x = \alpha$ à $x = \beta$, et l'inférieur dans le cas contraire; on a donc

$$\Delta' = -\Delta + 1;$$

enfin, si $\frac{V}{V_1}$ a le signe $-$ pour $x = \alpha$, et le signe $+$ pour $x = \beta$, on a encore $k' = k \pm 1$; mais ici le signe supérieur a lieu dans le cas d'une perte de variations, et le signe inférieur dans le cas contraire; il en résulte que

$$\Delta' = -\Delta - 1.$$

Ainsi, en résumé, l'excès $\Delta'$ est égal à $-\Delta$, à $-\Delta + 1$

ou à $-\Delta-1$; le premier cas a lieu quand $\frac{V}{V_1}$ a le même signe pour $x=\alpha$ et pour $x=\beta$; le deuxième cas quand le même rapport est positif pour $x=\alpha$ et négatif pour $x=\beta$; le troisième cas, enfin, quand $\frac{V}{V_1}$ est négatif pour $x=\alpha$ et positif pour $x=\beta$. On trouvera plus loin une application importante de ce résultat.

Si le nombre $k$ est égal au degré $m$ de la fonction V, l'équation $V=0$ a toutes ses racines réelles; en outre, quand $x$ croît constamment ou décroît constamment de $\alpha$ à $\beta$, le rapport $\frac{V}{V_1}$, chaque fois qu'il s'annule, passe toujours du positif au négatif, ou toujours du négatif au positif. Il suit de là que le raisonnement dont nous avons fait usage (n° **123**) pour établir le théorème de Rolle est applicable à la fonction $V_1$, comme si cette fonction était la dérivée de V; en conséquence, deux racines de l'équation $V=0$ comprennent nécessairement une racine de l'équation $V_1=0$. Si cette dernière équation est du degré $m-1$, elle aura toutes ses racines réelles, et ces racines sépareront celles de l'équation $V=0$.

**134.** Pour bien faire sentir l'importance des considérations qui précèdent, je les appliquerai à un exemple remarquable, celui de la fonction dont nous nous sommes déjà occupé au n° **124** et que nous avons représentée par $X_n$.

Cette fonction $X_n$ est la $n^{\text{ième}}$ dérivée de la fonction

$$\frac{(x^2-1)^n}{1.2\ldots n\times 2^n},$$

ou

$$\frac{1}{1.2\ldots n.2^n}\left[x^{2n}-\frac{n}{1}x^{2n-2}+\ldots+(-1)^k\frac{n(n-1)\ldots(n-k+1)}{1.2\ldots k}x^{2n-2k}+\ldots\right.$$

on a donc

$$X_n = \frac{2n(2n-1)\ldots(n+1)}{2.4.6\ldots 2n} x^n - \ldots$$

$$+ (-1)^k \frac{(2n-2k)(2n-2k-1)\ldots(n+1-2k)}{(2.4\ldots 2k)[2.4\ldots(2n-2k)]} x^{n-2k} + \ldots.$$

Le polynôme $X_n$ est du degré $n$; il ne renferme que des puissances de $x$ de même parité et il n'a que des variations. Dans le cas de $n=1$, il se réduit à un seul terme, savoir :

(1) $$X_1 = x;$$

pour $n=2$, on a

(2) $$X_2 = \frac{3}{2}x^2 - \frac{1}{2}.$$

Si, dans l'expression de $X_n$, on change $n$ en $n-2$, il viendra

$$X_{n-2} = \frac{(2n-4)\ldots(n-1)}{2.4.6\ldots(2n-4)} x^{n-2} - \ldots$$

$$-(-1)^k \frac{(2n-2k-2)\ldots(n+1-2k)}{[2.4\ldots(2k-2)][2.4\ldots(2n-2k-2)]} x^{n-2k} + \ldots,$$

et l'on vérifie très-facilement que la somme

$$nX_n + (n-1)X_{n-2}$$

est égale au produit de la fonction $X_{n-1}$ par $(2n-1)x$; on a donc

(3) $$nX_n - (2n-1)xX_{n-1} + (n-1)X_{n-2} = 0.$$

Cette formule servira à définir $X_0$ en y faisant $n=2$ et en substituant les valeurs de $X_1$ et $X_2$ écrites plus haut; on trouve ainsi

(4) $$X_0 = 1.$$

Cela posé, considérons la suite des fonctions

$$(5)\qquad X_n,\ X_{n-1},\ X_{n-2},\ldots,\ X_1,\ X_0;$$

la dernière de ces fonctions est constante; et, d'après la formule (3), deux fonctions consécutives ne peuvent être nulles pour une même valeur de $x$; car si elles s'évanouissaient, la dernière fonction $X_0$ serait nulle, ce qui n'a pas lieu; en outre, quand l'une des fonctions X, autre que la première, s'annule, les fonctions qui la comprennent sont de signes contraires, d'après la formule (3). Enfin, cette même formule (3) jointe aux formules (1) et (2) montre que l'on a

$$X_m = (-1)^m \quad \text{pour} \quad x = -1,$$
$$X_m = +1 \quad \text{pour} \quad x = +1;$$

donc, quand on fait croître $x$ de $-1$ à $+1$, la suite (5) perd $n$ variations, d'où l'on peut conclure que :

1° L'équation $X_n = 0$ a ses $n$ racines réelles inégales et comprises entre $-1$ et $+1$;

2° Les racines de l'équation $X_{n-1} = 0$ séparent celles de l'équation $X_n = 0$;

3° Si $\alpha$ et $\beta > \alpha$ sont deux nombres compris entre $-1$ et $+1$, le nombre des variations de l'équation $X_n = 0$ comprises entre $\alpha$ et $\beta$ sera égal au nombre des variations perdues par la suite (5), dans le passage de $x = \alpha$ à $x = \beta$.

On serait arrivé aux mêmes résultats en considérant, au lieu des fonctions (5), la suite

$$(6)\qquad X_n,\ X'_n,\ X''_n,\ldots,\ X^{(n)}_n,$$

formée par la fonction $X_n$ et ses dérivées successives. On a effectivement les relations suivantes, qu'il est facile de vérifier au moyen de l'expression de $X_n$ écrite plus haut :

$$(7)\qquad (1-x^2)X_n'' - 2xX_n' + n(n+1)X_n = 0,$$

et

$$(8)\qquad \begin{cases} (1-x^2)X_n^{(\mu)} - 2(\mu-1)xX_n^{(\mu-1)} \\ \qquad + \left[\frac{1}{2}(\mu-1)(\mu-2) + n(n+1)\right]X_n^{(\mu-2)} = 0. \end{cases}$$

On voit, par ces relations, que, dans la suite (6), deux fonctions consécutives ne peuvent pas s'annuler en même temps, et que, si l'une d'elles s'évanouit pour une valeur de $x$ comprise entre $-1$ et $+1$, la fonction qui précède et celle qui suit ont des valeurs de signes contraires. Ces mêmes relations montrent que, pour $x=-1$, la suite (6) n'offre que des variations, tandis qu'elle n'a que des permanences pour $x=+1$; on peut donc tirer les mêmes conséquences que nous avons formulées plus haut. Cette conclusion s'accorde avec la proposition du n° 119, puisque l'équation $X_n = 0$ a toutes ses racines réelles.

**135.** On peut encore démontrer très-simplement, par la méthode de Sturm, la réalité des racines des équations en $x$ que nous avons obtenues dans le Chapitre précédent en appliquant la transformation $z + \frac{1}{z} = x$ aux deux équations

$$z^{2n} + 1 = 0, \quad z^{2n} + z^{2n-1} + \ldots + z^2 + z + 1 = 0.$$

*Application de la méthode de Sturm à la détermination du nombre qui exprime combien une équation quelconque a de racines réelles ou imaginaires dans l'intérieur d'un contour donné.*

**136.** Soit $f(z) = P + iQ$ une fonction entière de la variable imaginaire $z = x + iy$, dans laquelle les coefficients sont des quantités quelconques données réelles ou imaginaires; $i$ désigne, comme à l'ordinaire, l'imaginaire $\sqrt{-1}$, P et Q sont des fonctions réelles des variables réelles $x$ et $y$.

Pour connaître le nombre $\mu$ des racines de l'équation

$$f(z) = 0,$$

comprise dans un contour donné, il suffit, d'après le théorème de Cauchy (n° 55), de chercher l'excès $\Delta$ relatif à ce contour; on a effectivement

$$\Delta = 2\mu,$$

si l'on suppose qu'il n'y ait aucun point racine sur le contour lui-même. Rappelons encore que si, partant d'un point quelconque, on décrit le contour donné, comme il a été indiqué au n° 55, le nombre $\Delta$ est égal à l'excès du nombre de fois que le rapport $\frac{P}{Q}$, en s'évanouissant et en changeant de signe, passe du positif au négatif, sur le nombre de fois que le même rapport, en s'évanouissant et en changeant de signe, passe du négatif au positif.

Quel que soit le contour donné, on peut le partager en plusieurs parties telles que AB, et il est évident que l'ex-

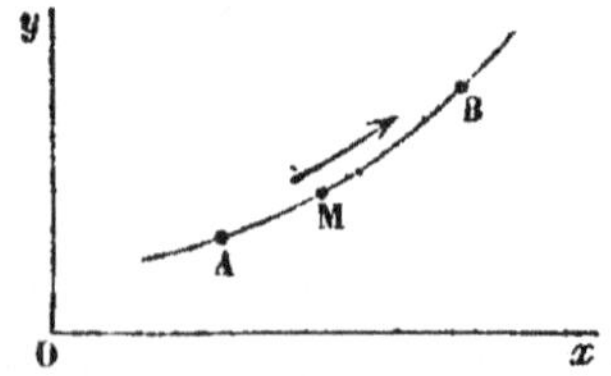


cès $\Delta$ relatif au contour total sera égal à la somme des excès qui se rapportent aux diverses parties dans lesquelles ce contour a été divisé.

Si les coordonnées $x$ et $y$, pour la portion AB du contour donné, sont exprimables par des fonctions rationnelles d'une variable $t$, en sorte que l'on ait

$$x=\frac{\varphi(t)}{\Phi(t)},\quad y=\frac{\psi(t)}{\Psi(t)},$$

$\varphi$, $\Phi$, $\psi$, $\Psi$ étant des fonctions entières, on pourra déterminer l'excès positif ou négatif $\Delta$ qui se rapporte à la portion de contour AB par une règle très-simple que Sturm a fait connaître (*). Soient $t_0$ la valeur de $t$ qui se rapporte au point A et T celle qui est relative au point B. Quand on décrit l'arc AB en marchant de A vers B, la variable $t$ a ainsi la valeur initiale $t_0$ et la valeur finale T, mais dans l'intervalle elle peut varier d'une manière quelconque et repasser plusieurs fois par les mêmes valeurs. Remplaçons $x$ et $y$ par leurs valeurs fonctions de $t$, le rapport $\frac{P}{Q}$ deviendra une fonction rationnelle de $t$, et l'on aura

$$\frac{P}{Q}=\frac{V}{V_1},$$

V et $V_1$ désignant des fonctions entières de $t$, sans diviseur commun. Cela posé, voici en quoi consiste la règle de Sturm :

*Si le degré de* V *n'est pas inférieur au degré de* $V_1$, *on divisera* V *par* $V_1$, *et on poussera l'opération jusqu'à ce que l'on obtienne un reste* $-V_2$ *de degré inférieur au degré de* $V_1$ ; *on divisera pareillement* $V_1$ *par* $V_2$, *ce qui donnera un reste* $-V_3$ ; *on divisera encore* $V_2$ *par* $V_3$, *et on continuera la même série d'opérations jusqu'à ce que l'on arrive à un dernier reste* $-V_\mu$ *indépendant de t. On obtiendra ainsi la suite de fonctions*

$$V,\ V_1,\ V_2,\ldots,\ V_{\mu-1},\ V_\mu;$$

(*) *Journal de Mathématiques pures et appliquées*, 1re série, t. I.

*on comptera le nombre des variations que présente la suite des signes de ces fonctions pour $t = T$, ainsi que le nombre des variations qu'elle présente pour $t = t_0$; l'excès du premier nombre sur le second sera précisément l'excès cherché $\Delta$.*

*Si le degré de $V$ est inférieur au degré de $V_1$, on opérera de la même manière; seulement, dans la première division, on prendra $V_1$ pour dividende et $V$ pour diviseur; on obtiendra ainsi la suite*

$$V_1,\ V,\ V_2,\ V_3,\ldots,\ V_\mu;$$

*on comptera le nombre des variations de cette suite pour $t = T$, ainsi que le nombre de ses variations pour $t = t_0$, et si l'on désigne par $k$ l'excès du premier nombre sur le second, on aura $\Delta = -k$, ou $\Delta = -k + 1$, ou $\Delta = -k - 1$, savoir : 1° $\Delta = -k$, quand les termes $V_1$, $V$ offrent une variation ou une permanence pour $t = t_0$ ainsi que pour $t = T$; 2° $\Delta = -k + 1$, quand les termes $V_1$, $V$ offrent une permanence pour $t = t_0$ et une variation pour $t = T$; 3° enfin, $\Delta = -k - 1$, quand les termes $V_1$, $V$ offrent une variation pour $t = t_0$, et une permanence pour $t = T$.*

Cette proposition devient évidente après les développements que nous avons présentés au n° 133.

137. Si le contour que l'on considère est une circonférence de rayon R dont le centre soit placé au point qui a $x_0$ et $y_0$ pour coordonnées, on pourra faire

$$x = x_0 + R\,\frac{1 - t^2}{1 + t^2},\quad y = y_0 + R\,\frac{2t}{1 + t^2},$$

et pour décrire la circonférence entière, en marchant toujours dans le même sens, il suffira de faire croître $t$ de $-\infty$ à $+\infty$.

Le cas le plus simple est celui où le contour donné est un rectangle dont les côtés sont parallèles aux axes coordonnés; on cherche alors séparément la valeur de l'excès $\Delta$ qui se rapporte à chaque côté. Dans ce cas, l'une des coordonnées $x, y$ est constante, et le rapport $\frac{P}{Q}$ est une fonction rationnelle de la deuxième coordonnée; on peut donc prendre celle-ci pour la variable $t$ que nous avons introduite.

Soit le rectangle ABDC, et supposons que l'on ait res-

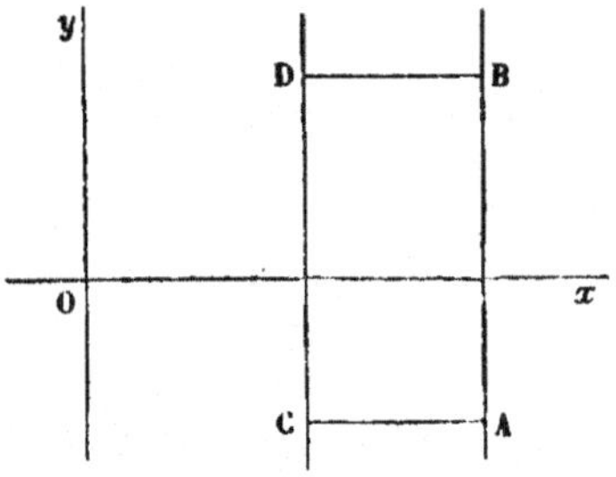


pectivement

$$x = x_0 \quad \text{et} \quad x = X$$

pour les côtés parallèles CD et AB,

$$y = y_0 \quad \text{et} \quad y = Y$$

pour les côtés CA et DB. Représentons par

$$(a_0 + ib_0)(x + iy)^m + (a_1 + ib_1)(x + iy)^{m-1} + \ldots$$

le premier membre de l'équation proposée. On peut toujours ramener le coefficient du premier terme à l'unité ou à $i$; mais nous ne ferons point cette simplification et nous supposerons que $a_0$ ne soit pas nul quand $m$ est pair et que $b_0$ ne le soit pas quand $m$ est impair. Cela posé, la fonction P étant ordonnée par rapport aux puissances décroissantes de $y$, son premier terme sera $\pm a_0 y^m$ dans le cas de $m$ pair, et il sera $\pm b_0 y^m$ dans le cas de $m$ impair. Donc, si l'on attribue à $y$ une valeur positive ou négative déterminée, dont le module soit suffisamment grand, le rapport $\frac{P}{Q}$ ne s'annulera pour aucune valeur de $x$ comprise entre $x_0$ et $X$; en conséquence, si l'on suppose $y_0 = -\infty$, $Y = +\infty$, l'excès relatif à chacune des portions CA, BD du contour sera nul. D'ailleurs, l'excès relatif au côté DC est égal et de signe contraire à l'excès qui se rapporte au même côté CD changé de sens, et, en conséquence, on a la proposition suivante :

*Soient z une variable imaginaire $x + iy$ et*

$$f(z) = \varphi(x, y) + i\psi(x, y)$$

*une fonction entière de z. Soit $k_0$ l'excès du nombre de fois que le rapport $\frac{\varphi(x_0 y)}{\psi(x_0 y)}$ s'annule en passant du positif au négatif sur le nombre de fois que le même rapport s'annule en passant du négatif au positif, quand y varie de $-\infty$ à $+\infty$; soit aussi K la quantité analogue relative au rapport $\frac{\varphi(X, y)}{\psi(X, y)}$, et désignons par $\mu$ le nombre des racines de l'équation $f(z) = 0$ comprises entre les deux parallèles qui répondent à $x = x_0$, $x = X$; on aura*

$$\mu = \frac{K - k_0}{2}.$$

Il est presque superflu d'ajouter qu'on peut déterminer d'une manière semblable le nombre des racines comprises entre deux parallèles à l'axe des $x$.

*Premières recherches sur la séparation des racines réelles des équations numériques. Emploi du théorème de Sturm.*

138. Une équation, dans laquelle quelques-uns des coefficients sont imaginaires, peut être mise sous la forme

$\varphi(x) + i\psi(x) = 0$, $\varphi(x)$ et $\psi(x)$ étant des polynômes à coefficients réels, et les racines réelles doivent évidemment satisfaire aux deux équations $\varphi(x) = 0$, $\psi(x) = 0$, ainsi qu'à l'équation obtenue en égalant à zéro le plus grand commun diviseur des polynômes $\varphi(x)$ et $\psi(x)$; il en résulte que la recherche dont nous avons à nous occuper doit être bornée aux équations à coefficients réels. En outre, il n'y a évidemment lieu de considérer que les équations qui n'ont pas de racines égales.

La première idée qui se présente pour séparer les racines d'une équation $f(x) = 0$, d'un degré quelconque $m$, et qui n'a pas de racines égales, est de déterminer (n° 112) deux limites $l$ et $L > l$, entre lesquelles les racines réelles soient toutes comprises, et de substituer à $x$, dans le polynôme $f(x)$, une suite de nombres croissants

$$(1) \qquad l,\ l_1,\ l_2, \ldots,\ l_n,$$

commençant à la limite inférieure $l$ et se terminant à un terme $l_n$ égal ou supérieur à L. Deux termes consécutifs de cette suite, s'ils fournissent des résultats de signes contraires, comprendront entre eux au moins une racine (n° 115), mais, si ces résultats sont de même signe, on ne pourra plus rien conclure en général. Toutefois, la séparation des racines sera entièrement effectuée, s'il arrive que le nombre des intervalles dans chacun desquels les substitutions indiquent l'existence d'une racine, soit égal au degré $m$ de l'équation; la même chose aura lieu aussi, si, le nombre $\mu$ de ces intervalles étant inférieur à $m$, on a constaté, par le théorème de Descartes, ou autrement, que l'équation ne peut avoir plus de $\mu$ racines réelles.

Mais le procédé dont il est question prendra le caractère d'une méthode générale conduisant infailliblement, dans tous les cas, à la séparation des racines réelles, si nous y ajoutons une règle pour former la suite (1) de telle manière que deux termes consécutifs ne puissent comprendre plus d'une racine. Or, il est évident qu'on réalisera cette condition en faisant coïncider la suite (1) avec une progression par différence

$$(2) \qquad l,\ l+h,\ l+2h, \ldots,\ l+nh,$$

dans laquelle la différence $h$ soit inférieure à la différence de deux racines réelles quelconques de l'équation $f(x)=0$; tout est donc ramené à déterminer cette quantité $h$. On y arrive par le moyen de l'équation *aux carrés des différences* (nº 97) des racines de l'équation $f(x)=0$. Supposons que l'on ait calculé cette équation, qui est, comme on sait, du degré $\frac{m(m-1)}{2}$ et que l'on ait déterminé une limite inférieure $\lambda$ de ses racines positives. La différence de deux racines quelconques de la proposée sera supérieure à $\sqrt{\lambda}$, et, en conséquence, il suffira de prendre pour $h$ une quantité positive égale ou inférieure à $\sqrt{\lambda}$. La différence $h$ ainsi déterminée peut être un nombre inférieur à 1, et l'on doit chercher à éviter les substitutions de nombres fractionnaires; on y parviendra au moyen de la transformation $x = hx'$ qui sert à diviser par $h$ la racine de la proposée. En faisant cette transformation et en choisissant $l$ de manière que $\frac{l}{h}$ soit un nombre entier, on n'aura à substituer que des nombres entiers dans l'équation en $x'$.

**139.** La méthode que nous venons d'exposer est communément attribuée à Lagrange, mais il est juste de dire, et l'illustre géomètre le reconnaît lui-même, que Waring avait indiqué antérieurement, dans ses *Miscellanea*, l'usage de l'équation aux carrés des différences pour la séparation des racines. Cette méthode fait connaître d'une manière certaine le nombre des racines réelles, en même temps qu'elle opère leur séparation; mais on aperçoit sans peine combien l'application en est laborieuse, en considérant d'une part le grand nombre de substitutions que l'on peut avoir à effectuer, et d'autre part la longueur du calcul nécessaire pour former l'équation aux carrés des différences. Cependant Cauchy a montré qu'on peut éviter ce dernier calcul, et que, pour être en mesure d'assigner une valeur de la quantité $h$, il suffit de connaître le dernier terme de l'équation aux carrés des différences, lequel peut être calculé séparément par diverses méthodes dont on trouvera le développement dans la Section II de cet Ouvrage. En effet, soient $a, b, c, \ldots, f, g$ les $m$ racines de l'équation $f(x) = 0$; le dernier terme de l'équation aux carrés des différences sera égal, abstraction faite du signe, à l'expression

$$V = (a-b)^2(a-c)^2\ldots(a-g)^2\ldots(f-g)^2.$$

Cette valeur de V étant supposée connue, soit $\nu$ son module, en sorte que $\nu = \pm V$; désignons aussi par $\rho$ une limite *supérieure* des modules des racines de l'équation proposée (n° 46). Les modules des différences

$$a-c, \ldots, a-g, \ldots, f-g$$

seront inférieurs à $2\rho$ (n° 39); si donc on suppose que les racines $a$ et $b$ soient réelles, l'égalité précédente donnera

$$\nu < (a-b)^2(2\rho)^{m(m-1)-2} \quad \text{d'où} \quad (a-b)^2 > \frac{\nu}{(2\rho)^{m(m-1)-2}};$$

si donc on prend

$$h = \text{ou} < \frac{\sqrt{\nu}}{(2\rho)^{\frac{m(m-1)}{2}-1}},$$

la quantité $h$ sera certainement plus petite que la différence de deux racines réelles quelconques. On verra dans la Section II que si le coefficient du premier terme de l'équation proposée est égal à 1 et que les autres coefficients soient des nombres entiers, la quantité $\nu$ est toujours un nombre entier; on pourra donc, dans ce cas, se dispenser de calculer $\nu$ et l'on prendra

$$h = \text{ou} < \frac{1}{(2\rho)^{\frac{m(m-1)}{2}-1}}.$$

Ce perfectionnement, apporté par Cauchy, a sans doute de l'importance, mais il ne fait pourtant disparaître qu'une partie des inconvénients de la méthode.

**140.** Nous ne pouvons nous dispenser d'indiquer ici l'usage de l'équation aux carrés des différences pour former les conditions de réalité de toutes les racines de l'équation proposée $f(x) = 0$. Si cette dernière équation a toutes ses racines réelles, il est évident que toutes les racines de l'équation aux carrés des différences seront réelles et positives; donc cette équation sera complète et elle n'offrira que des variations. Si au contraire l'équation $f(x) = 0$ n'a pas toutes ses racines réelles, soient $\alpha \pm i\beta$ deux racines imaginaires conjuguées, l'équation aux carrés des différences admettra la racine négative $-4\beta^2$ et, si elle est complète, elle offrira nécessairement quelques permanences, d'après le théorème de Descartes. Donc :

*Pour qu'une équation ait toutes ses racines réelles, il faut et il suffit que l'équation aux carrés des différences soit complète et ne présente que des variations.*

Ce théorème donne ainsi $\frac{m(m-1)}{2}$ conditions, mais quelques-unes de ces conditions devront être satisfaites d'elles-mêmes ou rentreront dans les autres, car on a vu au nº **131** que le nombre total des conditions distinctes ne peut pas surpasser $m - 1$.

**141.** Plusieurs géomètres, après Lagrange, ont cherché à éviter l'emploi de l'équation aux carrés des différences; mais nous n'avons à signaler aucun résultat essentiel, jusqu'à la découverte du théorème de Budan. Ce théorème a une grande importance dans la théorie des équations, et il permet d'effectuer très-simplement, dans la plupart des cas, la séparation des racines. Mais avant de développer cette application importante du théorème de Budan, je dois parler de la méthode si remarquable qui nous est donnée par le théorème de Sturm, et qui résout de la manière la plus complète et la plus élégante le problème que nous avons en vue. Effectivement, quand on aura formé les fonctions dont ce théorème indique l'usage, on substituera à l'inconnue une suite de nombres croissants

$$\alpha,\ \beta,\ \gamma,\ \delta,\ldots,\ \omega,$$

et le théorème fera connaître combien il y a de racines dans l'intervalle que forment entre eux deux termes consécutifs de cette suite. S'il y a une seule racine dans l'un des intervalles, cette racine sera séparée; si, au contraire, il y a plusieurs racines, on substituera des nombres intermédiaires, et l'on arrivera infailliblement ainsi à achever la séparation. Il est à peine nécessaire d'ajouter qu'on devra prendre pour termes extrêmes de la suite précédente deux nombres au delà desquels il n'y ait plus de racines réelles.

Les nombres à substituer peuvent être pris arbitrairement; mais dans les applications il conviendra en général de choisir d'abord les nombres

$$\ldots,-100,\ -10,\ -1,\ 0,\ +1,\ +10,\ +100,\ldots,$$

dont la substitution se fera sans difficulté. Si les substitutions indiquent l'existence d'une ou de plusieurs racines dans un intervalle, entre 1 et 10 par exemple, on substituera les nombres 2, 3, ... jusqu'à 9, ce qui donnera la partie entière des racines comprises entre 1 et 10. S'il y a plusieurs racines dans l'un de ces nouveaux intervalles, par exemple entre 3 et 4, on substituera les nombres 3,1; 3,2, ..., et ainsi de suite.

On voit que ce procédé donne non-seulement la séparation des racines, ce qui est l'objet que nous nous proposons, mais qu'il permet à la rigueur de calculer chaque racine avec un degré d'approximation quelconque.

Il importe de remarquer le cas où l'on sait d'avance que toutes les racines de l'équation proposée sont réelles. Dans ce cas, on peut se dispenser d'employer le théorème de Sturm, ou plutôt on appliquera ce théorème, en prenant pour suite de fonctions, conformément à la proposition du n° 119, celle qui est formée du premier membre de l'équation proposée et de ses dérivées successives.

**142.** Exemple I. — Supposons qu'on demande de séparer les racines de l'équation

$$x^4 + x^3 - 4x^2 - 4x + 1 = 0.$$

En supprimant certains facteurs numériques positifs, l'application du théorème de Sturm donnera les fonctions suivantes :

$$\begin{aligned}
V &= x^4 + x^3 - 4x^2 - 4x + 1,\\
V_1 &= 4x^3 + 3x^2 - 8x - 4\\
V_2 &= 7x^2 + 8x - 4,\\
V_3 &= 4x + 5\\
V_4 &= 1;
\end{aligned}$$

ces fonctions sont au nombre de cinq, et leurs premiers

termes sont positifs, donc l'équation proposée a ses quatre racines réelles. Les règles des nos 113 et 114 indiquent que les racines sont toutes comprises entre $-2$ et $+2$, ce qui s'accorde avec les résultats des substitutions.

La substitution des nombres

$$-2, \quad -1, \quad 0, \quad +1, \quad +2,$$

dans la suite des fonctions V, donne les résultats suivants :

| $x$ | V | $V_1$ | $V_2$ | $V_3$ | $V_4$ |
|---|---|---|---|---|---|
| $-2$ | + | − | + | − | + |
| $-1$ | + | + | − | + | + |
| $0$ | + | − | − | + | + |
| $+1$ | − | − | + | + | + |
| $+2$ | + | + | + | + | + |

Il y a deux variations perdues dans le passage de $-2$ à $-1$, une dans le passage de $0$ à $1$ et une dans le passage de $1$ à $2$; l'équation proposée a donc deux racines entre $-2$ et $-1$, une racine entre $0$ et $1$ et une autre $1$ et $2$. Il reste à séparer les deux racines comprises entre $-1$ et $-2$. Or, d'après le tableau précédent, on voit que la première des fonctions V est positive pour $x=-2$, ainsi que pour $x=-1$, et l'on trouve qu'elle est négative pour $x=-\frac{3}{2}$; donc les deux racines négatives sont comprises, l'une entre $-1$ et $-1,5$, l'autre entre $-1,5$ et $-2$.

Exemple II. — Prenons pour deuxième exemple l'équation

$$x^6 + x^5 - x^4 - x^3 + x^2 - x + 1 = 0;$$

on trouve, dans ce cas,

$$V = x^6 + x^5 - x^4 - x^3 + x^2 - x + 1,$$
$$V_1 = 6x^5 + 5x^4 - 4x^3 - 3x^2 + 2x - 1,$$
$$V_2 = 17x^4 + 14x^3 - 27x^2 + 32x - 35,$$
$$V_3 = -792x^3 + 2052x^2 - 2058x + 127,$$
$$V_4 = -5180552x^2 + 4923200x + 10048623.$$

On reconnaît, par la méthode du n° **114**, que l'équation proposée ne peut avoir de racines réelles en dehors des limites $-0,6$ et $+1$. Or l'équation $V_4 = 0$ a ses deux racines réelles, mais l'une d'elles est comprise entre $-1$ et $-0,6$, l'autre entre $+1$ et $+2$; donc il est inutile, pour notre objet, de calculer $V_5$ et $V_6$. La suite des signes des fonctions

$$V, \quad V_1, \quad V_2, \quad V_3, \quad V_4,$$

est, pour $x = -0,6$,

$$+ \quad - \quad + \quad + \quad +,$$

et, pour $x = +1$, cette suite devient

$$+ \quad + \quad + \quad - \quad +;$$

il y a, dans les deux cas, deux variations; donc l'équation proposée n'a point de racines réelles.

### *Méthode de Fourier pour la séparation des racines.*

**143.** La méthode de Sturm ne laisse rien à désirer sous le rapport de la perfection théorique; malheureusement le calcul des fonctions dont cette méthode exige l'emploi peut devenir très-pénible, même dans des cas fort simples; ainsi, dans le second des exemples que nous venons de présenter, le nombre constant $V_6$ qui terminerait la suite complète des fonctions n'a pas moins de quarante-quatre chiffres. Aussi est-il plus avantageux, dans un grand nombre de cas, de se borner à l'emploi du théorème de Budan. Ainsi que nous l'avons dit déjà, Fourier avait trouvé de son côté ce théorème, et il a montré dans son *Analyse des équations* comment on peut en tirer parti pour effectuer la séparation des racines réelles d'une équation, et obtenir en même temps le nombre exact de ces racines. Nous allons indiquer ici cette méthode de Fourier; mais, afin d'apporter plus de clarté dans notre exposition, nous commencerons par établir une proposition dont nous aurons à faire usage.

LEMME. — *Soient $f(x)$ une fonction entière de la variable $x$, et $f'(x)$, $f''(x)$ les deux premières dérivées de $f(x)$. Si l'on fait croître $x$ entre deux limites $x_0$ et $X$ qui ne comprennent aucune racine de l'équation $f'(x)=0$, la fonction $\varphi(x)=x-\dfrac{f(x)}{f'(x)}$ croîtra tant que $f(x)$ et $f''(x)$ seront de même signe, et elle décroîtra tant que $f(x)$ et $f''(x)$ seront de signes contraires.*

On a effectivement

$$\varphi(x)=x-\frac{f(x)}{f'(x)},$$

$$\varphi(x+u)=x+u-\frac{f(x)+uf'(x)+\ldots}{f'(x)+uf''(x)+\ldots},$$

d'où

$$\frac{\varphi(x+u)-\varphi(x)}{u}=\frac{f(x)f''(x)+\varepsilon}{f'^2(x)+\eta},$$

$\varepsilon$ et $\eta$ désignant des quantités qui s'évanouissent avec $u$; il résulte de là que si $h$ désigne une quantité positive dont le module soit suffisamment petit, la quantité

$$\frac{\varphi(x+u)-\varphi(x)}{u}$$

aura le signe de $\frac{f(x)f''(x)}{f'^2(x)}$ ou le signe de $f(x)f''(x)$ pour toutes les valeurs de $u$ comprises entre $-h$ et $+h$, pourvu que $f'(x)$ ne soit pas nulle. En conséquence, si $x$ croît de $x_0$ à X et que ces limites ne comprennent aucune racine de l'équation $f'(x)=0$, la fonction $\varphi(x)$ croîtra ou décroîtra suivant que $f(x)$ et $f''(x)$ seront de même signe ou de signes contraires, ce qui est la proposition énoncée.

Corollaire I. — *Si l'équation $f(x)=0$ a deux racines réelles comprises entre les limites $\alpha$ et $\beta>\alpha$, mais qu'elle n'en ait pas un plus grand nombre; si, en outre, l'équation $f''(x)=0$ n'a aucune racine entre les mêmes limites, on aura*

$$\frac{f(\beta)}{f'(\beta)}-\frac{f(\alpha)}{f'(\alpha)}<\beta-\alpha.$$

En effet, soient $x'$ et $x''>x'$ les racines de $f(x)=0$ comprises entre $\alpha$ et $\beta$; comme $f''(x)$ ne peut changer de signe, quand $x$ varie entre ces limites, la fonction $f'(x)$ est constamment croissante ou constamment décroissante, et il en résulte que l'équation $f'(x)=0$ ne peut avoir qu'une seule racine entre $\alpha$ et $\beta$; d'ailleurs cette racine existe d'après le théorème de Rolle, et elle est comprise entre $x'$ et $x''$. D'après la proposition du n° 120, les rapports $\frac{f(x)}{f'(x)}$, $\frac{f'(x)}{f''(x)}$ sont négatifs quand $x$ croît de $\alpha$ à $x'$, tandis qu'ils sont positifs quand $x$ croît de $x''$ à $\beta$; donc dans l'un et l'autre cas, $f(x)$ et $f''(x)$ sont de même signe, et, par conséquent, la fonction

$$\varphi(x)=x-\frac{f(x)}{f'(x)}$$

est croissante. On a donc

$$\varphi(\alpha)<\varphi(x'),\quad \varphi(x'')<\varphi(\beta).$$

D'ailleurs on a

$$\varphi(x') = x', \quad \varphi(x'') = x'';$$

d'où

$$\varphi(x') < \varphi(x'');$$

donc, à plus forte raison,

$$\varphi(\alpha) < \varphi(\beta),$$

ou

$$\frac{f(\beta)}{f'(\beta)} - \frac{f(\alpha)}{f'(\alpha)} < \beta - \alpha,$$

ce qui est le résultat annoncé.

Corollaire II. — *Si l'équation $f'(x) = 0$ a une racine $x_1$ entre $\alpha$ et $\beta > \alpha$, et que les équations $f(x) = 0$, $f''(x) = 0$ n'aient aucune racine entre ces limites; si, en outre, les fonctions $f(x)$, $f''(x)$ sont de même signe, pour les valeurs de $x$ comprises entre $\alpha$ et $\beta$, l'inégalité*

$$\frac{f(\beta)}{f'(\beta)} - \frac{f(\alpha)}{f'(\alpha)} < \beta - \alpha$$

*pourra avoir lieu, mais elle cessera nécessairement de subsister si l'on augmente $\alpha$ ou que l'on diminue $\beta$ d'une quantité convenable.*

D'après notre hypothèse, la fonction $\varphi(x)$ croît quand $x$ augmente de $\alpha$ à $x_1$ ou de $x_1$ à $\beta$. Il s'ensuit que si l'on fait décroître $x$ de $\beta$ à $x_1$, la fonction

$$\varphi(\alpha) - \varphi(x)$$

croîtra depuis la valeur initiale $\varphi(\alpha) - \varphi(\beta)$ jusqu'à $+\infty$. Pareillement, si l'on fait croître $x$ de $\alpha$ à $x_1$, la fonction

$$\varphi(x) - \varphi(\beta)$$

croîtra aussi depuis $\varphi(\alpha) - \varphi(\beta)$ jusqu'à $+\infty$. Si donc $\alpha'$ et $\beta'$ désignent des valeurs comprises entre $\alpha$ et $x_1$,

$x_1$ et $\beta$ respectivement et suffisamment approchées de $x_1$, on aura

$$\varphi(\alpha) - \varphi(\beta') > 0, \quad \varphi(\alpha') - \varphi(\beta) > 0,$$

c'est-à-dire

$$\frac{f(\beta')}{f'(\beta')} - \frac{f(\alpha)}{f'(\alpha)} > \beta' - \alpha,$$

$$\frac{f(\beta)}{f'(\beta)} - \frac{f(\alpha')}{f'(\alpha')} > \beta - \alpha'.$$

**144.** Cela posé, soit $f(x) = 0$ une équation donnée du degré $m$, et considérons la suite

$$(1) \qquad f(x),\ f'(x),\ f''(x), \ldots,\ f^{m-1}(x),\ f^m(x)$$

formée par la fonction $f(x)$ et ses dérivées successives. Pour effectuer la séparation des racines, on procédera de la même manière que par la méthode de Sturm, et l'on substituera à $x$, comme nous l'avons indiqué au n° **141**, une suite de nombres croissants

$$\alpha,\ \beta,\ \gamma, \ldots,\ \omega$$

compris entre les limites des racines.

Si, dans le passage $x = \alpha$ à $x = \beta$, la suite des signes des fonctions (1) ne perd aucune variation, l'équation $f(x) = 0$ n'aura aucune racine réelle comprise entre $\alpha$ et $\beta$. S'il y a une seule variation perdue, l'équation $f(x) = 0$ aura une seule racine entre $\alpha$ et $\beta$, et cette racine sera séparée.

S'il y a deux variations perdues en passant de $x = \alpha$ à $x = \beta$, il peut arriver que l'équation $f(x) = 0$ ait deux racines entre $\alpha$ et $\beta$ ou qu'elle n'en ait aucune; on a vu que, si le dernier cas a lieu, l'équation a nécessairement deux racines imaginaires. Nous allons indiquer comment on peut distinguer ces deux cas l'un de l'autre, lorsque la perte de deux variations se manifeste dans la portion de la suite (1) qui est formée par les trois premières fonctions

$$(2) \qquad f(x),\ f'(x),\ f''(x).$$

Comme le théorème de Budan s'applique à l'une quelconque des fonctions de la suite (1), il résulte de notre hypothèse que l'équation $f''(x) = 0$ n'a aucune racine comprise entre $\alpha$ et $\beta$. Si donc on a

$$\frac{f(\beta)}{f'(\beta)} - \frac{f(\alpha)}{f'(\alpha)} > \quad \text{ou} \quad = \beta - \alpha,$$

on sera certain, d'après le lemme du n° **143** (corollaire I), que l'équation $f(x) = 0$ ne peut pas avoir deux racines réelles entre $\alpha$ et $\beta$. Lorsque l'inégalité précédente n'est point satisfaite, il faut substituer dans $f(x)$ et $f'(x)$ un nombre $a$ compris entre $\alpha$ et $\beta$; si $f(a)$ est de signe contraire à $f(\alpha)$ et $f(\beta)$, il y aura deux racines réelles comprises l'une entre $\alpha$ et $a$, l'autre entre $a$ et $\beta$; mais si $f(a)$ est de même signe que $f(\alpha)$ et $f(\beta)$, on connaîtra, par les substitutions faites dans la suite (2), quel est celui des deux intervalles de $\alpha$ à $a$ ou de $a$ à $\beta$ dans lequel il peut exister deux racines. On appliquera alors à ce nouvel intervalle ce qui a été dit du premier, et après quelques essais du même genre, on arrivera généralement à connaître la nature des deux racines; ceci suppose bien entendu que l'équation proposée n'a pas de racines égales.

**145.** Considérons maintenant le cas général, et désignons par $\Delta_n$ le nombre des variations perdues par la suite

$$f^n(x), \ldots, f^{m-1}(x), f^m(x),$$

dans le passage de $x = \alpha$ à $x = \beta$. Ce nombre $\Delta_n$ est ce que Fourier nomme l'*indice* relatif à $f^n(x)$; l'indice relatif à $f(x)$ sera donc représenté par $\Delta_0$, et celui qui se rapporte à la dernière fonction $f^m(x)$ sera zéro, en sorte que la série

(3) $$\Delta_0,\ \Delta_1,\ \Delta_2, \ldots, \Delta_{m-1},\ 0,$$

comprendra les indices des $m+1$ fonctions (1); il est évident que, dans cette suite, deux termes consécutifs sont égaux entre eux ou ne diffèrent que d'une unité; ainsi l'on a

$$\Delta_i = \Delta_{i+1} - 1, \quad \text{ou} \quad = \Delta_{i+1} \quad \text{ou} \quad \Delta_{i+1} + 1.$$

Nous avons examiné plus haut le cas de $\Delta_0 = 0$ et celui de $\Delta_0 = 1$; dans le premier cas l'équation $f(x) = 0$ n'a aucune racine entre $\alpha$ et $\beta$; dans le second cas, l'équation a une seule racine entre les mêmes limites. Il importe de remarquer que si l'on a $\Delta_0 = 1$, on peut, en diminuant l'intervalle de $\alpha$ à $\beta$, faire en sorte que $\Delta_1 = 0$; en effet, $f(x) = 0$ n'a qu'une seule racine $x'$ entre $\alpha$ et $\beta$, et, par suite, elle ne peut avoir, avec sa dérivée, aucune racine commune comprise entre $\alpha$ et $\beta$; donc, en remplaçant les limites $\alpha$ et $\beta$ par deux autres suffisamment rapprochées, on pourra toujours faire en sorte que l'équation $f'(x) = 0$ n'ait aucune racine dans le nouvel intervalle; alors la suite (1) ne perdant qu'une seule variation, on aura $\Delta_1 = 0$.

Supposons actuellement que $\Delta_0 = 2$ ou $\Delta_0 > 2$ Parcourons la suite (3) en partant de la gauche, jusqu'à ce que nous trouvions un indice égal à 1 : soit $\Delta_n$ ce premier indice égal à l'unité; la méthode que nous allons développer a pour objet de reculer successivement l'indice $\Delta_n$ vers la gauche de la suite (3), ou, ce qui revient au même, de diminuer le nombre $n$ qui marque le rang de l'indice. L'indice $\Delta_{n-1}$ qui précède $\Delta_n$ ne peut être égal à 1, par hypothèse, donc il est 0 ou 2; mais si l'on avait $\Delta_{n-1} = 0$, comme $\Delta_0$ est au moins égal à 2, en remontant la suite (3) à partir de $\Delta_{n-1}$, on rencontrerait nécessairement un indice égal à 1, ce qui est contraire à l'hypothèse; ainsi l'on a $\Delta_{n-1} = 2$, en sorte que le premier indice $\Delta_n$ égal à 1 est nécessairement précédé d'un indice égal à 2. Or, si ce même indice n'est pas suivi d'un indice $\Delta_{n+1}$ égal à zéro, on pourra toujours, comme on l'a vu plus haut, trouver deux limites $\alpha'$, $\beta'$ comprises entre $\alpha$ et $\beta$ et qui ne comprennent aucune racine de l'équation $f^{n+1}(x) = 0$; l'intervalle de $\alpha$ à $\beta$ sera alors partagé en trois autres, savoir : celui de $\alpha$ à $\alpha'$, celui de $\alpha'$ à $\beta'$ et celui de $\beta'$ à $\beta$. L'équation $f^n(x) = 0$ n'a aucune racine dans le premier et dans le troisième intervalle; donc, pour chacun de ceux-ci, l'indice $\Delta_n$ est zéro, et, en conséquence, le premier indice égal à 1 est reculé vers la gauche de la suite (3). A l'égard de l'intervalle dont $\alpha'$ et $\beta'$ sont les limites, il peut arriver que $\Delta_n$ ne soit plus le premier indice égal à 1; dans ce cas, ce premier indice se trouvera reculé vers la gauche. Mais il peut arriver aussi que $\Delta_n$ demeure le premier indice égal à 1, et alors on a simultanément

$$\Delta_{n-1} = 2, \quad \Delta_n = 1, \quad \Delta_{n+1} = 0.$$

Tant que ce dernier cas ne se présentera pas, on pourra reculer le premier indice 1 vers la gauche de la suite (3), jusqu'à ce que cet indice y occupe le premier rang, et on se trouvera dès lors dans le cas de $\Delta_0 = 1$ qui est celui d'une seule racine comprise dans l'intervalle dont on s'occupe.

Ainsi nous n'avons plus à considérer que le cas où le premier indice $\Delta_n$ égal à 1 est précédé d'un indice égal à 2, et suivi d'un indice égal à 0. L'équation $f^{n-1}(x) = 0$ peut alors avoir deux racines réelles entre $\alpha$ et $\beta$, mais elle peut aussi n'en avoir aucune; on distinguera ces deux cas l'un de l'autre, au moyen de la règle exposée au n° 144. En même temps cette règle donnera le moyen de séparer les racines, si elles sont réelles et inégales; l'une d'elles sera comprise entre $\alpha$ et un certain nombre $a$, la seconde entre $a$ et $6$; à chacun de ces nouveaux intervalles répondra une série d'indices dans laquelle le premier terme égal à 1 se trouvera reculé vers la gauche au delà de $\Delta_n$. Si l'équation $f^{n-1}(x) = 0$ n'a aucune racine réelle entre $\alpha$ et $6$, on reconnaît, en se reportant à la démonstration du théorème de Budan, que chacune des équations

$$(4)\quad f^{n-2}(x) = 0,\quad f^{n-3}(x) = 0, \ldots,\quad f'(x) = 0,\quad f(x) = 0,$$

a deux racines imaginaires. En effet, il résulte de nos hypothèses que l'équation $f^n(x) = 0$ a une racine entre $\alpha$ et $6$, laquelle, substituée dans $f^{n-1}(x)$ et dans $f^{n+1}(x)$, donne des résultats de même signe; donc la suite des trois fonctions

$$f^{n-1}(x),\quad f^n(x),\quad f^{n+1}(x)$$

perd deux variations dans le passage de $x = \alpha$ à $x = 6$. En conséquence, cette circonstance introduit dans les indices

$$\Delta_0,\ \Delta_1, \ldots,\ \Delta_{n-1}$$

une partie égale à 2 que l'on peut supprimer, car chaque indice n'exprime autre chose, dans cette théorie, qu'une limite supérieure du nombre de racines réelles que peut avoir l'équation correspondante, dans l'intervalle considéré. Alors on aura, après cette suppression de deux unités,

$$\Delta_{n-1} = 0,$$

en sorte que le premier indice égal à 1 se trouvera reculé vers la gauche.

Il peut arriver que l'équation $f^{n-1}(x) = 0$ ait deux racines égales comprises entre $\alpha$ et $6$; il est facile de voir que la conclusion est la même que dans le cas de deux racines imaginaires, à moins que l'équation proposée n'ait des racines égales. Si la racine double dont nous nous occupons appartient à chacune des équations (4), la proposée aura $n+1$ racines égales à cette racine.

**146.** Exemple I. — Je choisirai pour premier exemple l'équation

$$x^6 + x^5 - x^4 - x^3 + x^2 - x + 1 = 0,$$

déjà considérée au n° **142**. On a

$$\begin{aligned}
f(x) &= x^6 + x^5 - x^4 - x^3 + x^2 - x + 1,\\
\frac{f'(x)}{1} &= 6x^5 + 5x^4 - 4x^3 - 3x^2 + 2x - 1,\\
\frac{f''(x)}{1.2} &= 15x^4 + 10x^3 - 6x^2 - 3x + 1,\\
\frac{f'''(x)}{1.2.3} &= 20x^3 + 10x^2 - 4x - 1,\\
\frac{f^{\text{iv}}(x)}{1.2.3.4} &= 15x^2 + 5x - 1,\\
\frac{f^{\text{v}}(x)}{1.2.3.4.5} &= 6x + 1,\\
\frac{f^{\text{vi}}(x)}{1.2.3.4.5.6} &= 1.
\end{aligned}$$

Les racines réelles de l'équation $f(x) = 0$ sont comprises entre $-1$ et $+1$; substituons les nombres

$$-1,\quad -\frac{1}{2},\quad 0,\quad +\frac{1}{2},\quad +1$$

dans la suite

$$f(x),\ f'(x),\ f''(x),\ f'''(x),\ f^{\text{iv}}(x),\ f^{\text{v}}(x),\ f^{\text{vi}}(x),$$

on obtiendra les résultats suivants :

| $x$ | $f(x)$ | $f'(x)$ | $f''(x)$ | $f'''(x)$ | $f^{\text{IV}}(x)$ | $f^{\text{V}}(x)$ | $f^{\text{VI}}(x)$ |
|---|---|---|---|---|---|---|---|
| $-1$ | + | − | + | − | + | − | + |
| $-\frac{1}{2}$ | + | − | + | + | + | − | + |
| 0 | + | − | + | − | − | + | + |
| $+\frac{1}{2}$ | + | − | + | + | + | + | + |
| $+1$ | + | + | + | + | + | + | + |

Il y a deux variations perdues de $-1$ à $-\frac{1}{2}$, deux autres de 0 à $\frac{1}{2}$, deux enfin de $\frac{1}{2}$ à 1.

On reconnaît immédiatement qu'il n'y a point de racines réelles entre $\frac{1}{2}$ et 1, parce que l'on a

$$f\left(\frac{1}{2}\right)=\frac{39}{64},\quad f'\left(\frac{1}{2}\right)=-\frac{48}{64},$$

$$f(1)=1,\qquad f'(1)=5,$$

ce qui donne

$$\frac{f(1)}{f'(1)}-\frac{f\left(\frac{1}{2}\right)}{f'\left(\frac{1}{2}\right)}>1-\frac{1}{2}.$$

Pour l'intervalle de 0 à $\frac{1}{2}$, la série des indices est

$$2,\ 2,\ 2,\ 1,\ 1,\ 0,\ 0;$$

le premier indice 1 étant suivi d'un autre indice égal à 1,

il nous faut resserrer nos limites. La substitution de $\frac{1}{4}$ donne les résultats

$$+ - + - + + +,$$

d'où il suit qu'il n'y a aucune variation perdue de o à $\frac{1}{4}$; il suffit de considérer l'intervalle de $\frac{1}{4}$ à $\frac{1}{2}$; la série des indices qui répondent à cet intervalle est

$$2,\ 2,\ 2,\ 1,\ 0,\ 0,\ 0;$$

comme on a

$$f''\left(\frac{1}{4}\right) = \frac{13}{128},\quad f'''\left(\frac{1}{4}\right) = -\frac{51}{8},$$

$$f''\left(\frac{1}{2}\right) = \frac{3}{8},\quad f'''\left(\frac{1}{2}\right) = 12,$$

d'où

$$\frac{f''\left(\frac{1}{2}\right)}{f'''\left(\frac{1}{2}\right)} - \frac{f''\left(\frac{1}{4}\right)}{f'''\left(\frac{1}{4}\right)} > \frac{1}{2} - \frac{1}{4},$$

on conclut que l'équation $f''(x) = 0$ n'a pas de racine entre $\frac{1}{4}$ et $\frac{1}{2}$; donc la proposée elle-même n'en a pas dans cet intervalle (n° 145).

Enfin, la série des indices pour l'intervalle de $-1$ à $-\frac{1}{2}$ est encore

$$2,\ 2,\ 2,\ 1,\ 0,\ 0,\ 0;$$

on a

$$f''(-1) = 6,\qquad f'''(-1) = -42,$$

$$f''\left(-\frac{1}{2}\right) = \frac{31}{8},\quad f'''\left(-\frac{1}{2}\right) = 6,$$

d'où

$$\frac{f''\left(-\frac{1}{2}\right)}{f'''\left(-\frac{1}{2}\right)} - \frac{f''(-1)}{f'''(-1)} > -\frac{1}{2} + 1,$$

ce qui montre que l'équation $f''(x) = 0$ n'a pas de racine entre $-\frac{1}{2}$ et $-1$; la proposée elle-même n'en a donc aucune dans cet intervalle.

Ainsi les six racines de notre équation sont imaginaires, comme nous l'avons déjà reconnu à l'aide du théorème de Sturm.

Exemple II. — Je considérerai encore l'équation

$$x^6 - 12x^5 + 60x^4 + 123x^2 + 4567x - 89012 = 0,$$

traitée par Fourier. On a ici

$$f(x) = x^6 - 12x^5 + 60x^4 + 123x^2 + 4567x - 89012,$$

$$\frac{f'(x)}{1} = 6x^5 - 60x^4 + 240x^3 + 246x + 4567,$$

$$\frac{f''(x)}{1.2} = 15x^4 - 120x^3 + 360x^2 + 123,$$

$$\frac{f'''(x)}{1.2.3} = 20x^3 - 120x^2 + 240x,$$

$$\frac{f^{\text{IV}}(x)}{1.2.3.4} = 15x^2 - 60x + 60,$$

$$\frac{f^{\text{V}}(x)}{1.2.3.4.5} = 6x - 12,$$

$$\frac{f^{\text{VI}}(x)}{1.2.3.4.5.6} = 1.$$

Soit $\varepsilon$ une quantité positive aussi petite que l'on voudra. En substituant les nombres

$$\ldots -10, \quad -1, \quad -\varepsilon, \quad +\varepsilon, \quad +1, \quad +10, \ldots$$

on obtient les résultats suivants :

| $x$ | $f(x)$ | $f'(x)$ | $f''(x)$ | $f'''(x)$ | $f^{\text{IV}}(x)$ | $f^{\text{V}}(x)$ | $f^{\text{VI}}(x)$ |
|---|---|---|---|---|---|---|---|
| $-10$ | $+$ | $-$ | $+$ | $-$ | $+$ | $-$ | $+$ |
| $-1$ | $-$ | $-$ | $+$ | $-$ | $+$ | $-$ | $+$ |
| $-\varepsilon$ | $-$ | $+$ | $+$ | $-$ | $+$ | $-$ | $+$ |
| $+\varepsilon$ | $-$ | $+$ | $+$ | $+$ | $+$ | $-$ | $+$ |
| $+1$ | $-$ | $+$ | $+$ | $+$ | $+$ | $-$ | $+$ |
| $+10$ | $+$ | $+$ | $+$ | $+$ | $+$ | $+$ | $+$ |

Comme il y a six variations perdues dans le passage de $-10$ à $+10$, les racines réelles sont toutes comprises entre ces limites.

De $-10$ à $-1$, il y a une variation perdue; il y a donc, entre ces limites, une racine unique qui est ainsi séparée.

De $-\varepsilon$ à $+\varepsilon$ il y a deux variations perdues, ce qui indique deux racines imaginaires. Enfin, de $+1$ à $+10$ il y a trois variations perdues, donc il y a entre ces limites une ou trois racines réelles.

La série des indices relatifs à l'intervalle de 1 à 10 est

$$3,\ 2,\ 2,\ 2,\ 2,\ 1,\ 0;$$

on a ici

$$\frac{f^{\text{IV}}(10)}{f^{\text{V}}(10)} - \frac{f^{\text{IV}}(1)}{f^{\text{V}}(1)} = 4 + \frac{1}{2} < 9;$$

ce résultat montre que l'intervalle de 1 à 10 est trop considérable pour qu'on puisse reconnaître la nature des racines par une seule opération. Mais avant de diminuer cet intervalle, il convient d'examiner si l'équation $f^{\text{IV}}(x) = 0$ n'aurait pas deux racines égales comprises entre 1 et 10. On reconnaît effectivement que $x - 2$ est un diviseur de $f^{\text{IV}}(x)$ et de $f^{\text{V}}(x)$; d'ailleurs ce binôme ne divise pas toutes les fonctions $f'''(x), \ldots, f(x)$ qui précèdent $f^{\text{IV}}(x)$; donc on pourra retrancher 2 des cinq premiers indices. On obtiendra ainsi la nouvelle série

$$1,\ 0,\ 0,\ 0,\ 0,\ 1,\ 0,$$

qui montre que la séparation des racines est terminée. Ainsi l'équation proposée n'a que deux racines réelles, l'une entre $-1$ et $-10$, l'autre entre $+1$ et $+10$.

### *Séparation des racines imaginaires.*

**147.** Si $f(z)$ désigne une fonction entière de la variable imaginaire $z = x + iy$, dans laquelle les coefficients soient des quantités données réelles ou imaginaires, on pourra effectuer la séparation des racines de l'équation $f(z) = 0$, en faisant usage de la proposition que nous avons établie au n° 137.

Effectivement, si l'on trace deux axes de coordonnées rectangulaires $ox$ et $oy$, puis qu'on mène à l'un des axes, celui des $y$ par exemple, des parallèles qui répondent aux abscisses

$$x_0,\ x_1,\ x_2, \ldots,$$

on pourra déterminer, par le théorème du n° 137, le nombre des racines comprises entre deux parallèles consécutives. S'il n'y a qu'une seule racine dans l'un des espaces ainsi déterminés, cette racine sera séparée, conformément à la définition du n° 111; s'il y a plusieurs racines comprises entre deux parallèles consécutives, on pourra achever la séparation par le moyen de parallèles intermédiaires, à moins que plusieurs racines n'aient la même partie réelle.

On connaîtra ainsi deux limites aussi rapprochées l'une de l'autre que l'on voudra, entre lesquelles sera comprise la partie réelle $x$ de chaque racine. Si l'on veut avoir en même temps des limites de la valeur correspondante ou des valeurs correspondantes de $y$, on y parviendra en menant des parallèles à l'axe des $x$; celles-ci, avec les deux parallèles à l'axe des $y$ qui comprennent les points racines que l'on considère, détermineront divers rectangles, et le théorème du n° 136 fera connaître quels sont ceux de ces rectangles qui renferment les racines dont on s'occupe.

# CHAPITRE VII.

## DU CALCUL DES RACINES DES ÉQUATIONS NUMÉRIQUES.

### *Recherche des racines commensurables des équations à coefficients rationnels.*

**148.** Le calcul des racines d'une équation numérique offre d'autant plus de difficultés que le degré de l'équation est plus élevé. Aussi, lorsqu'une équation donnée n'est pas irréductible et que l'on sait effectuer la décomposition de son premier membre en plusieurs facteurs, il faut commencer par opérer cette réduction. En particulier, toute équation qui a des racines multiples devra être remplacée par une ou plusieurs autres qui n'aient que des racines simples; cette suppression des racines égales n'est pas seulement utile, elle est souvent indispensable, ainsi qu'on a pu s'en convaincre en étudiant les théories que nous avons développées dans le précédent Chapitre.

Lorsqu'il s'agit d'une équation dans laquelle les coefficients sont des nombres rationnels et que cette équation a des racines commensurables, on peut les obtenir par une méthode très-simple que nous allons exposer. Les racines commensurables étant connues, si leur nombre est égal au degré de l'équation, celle-ci sera résolue; dans le cas contraire, on pourra les supprimer par le moyen de la division, et l'on sera ramené à une équation plus simple. Cette détermination des racines commensurables doit, comme on le voit, précéder toute autre recherche.

**149.** Lorsque les coefficients d'une équation sont rationnels, on peut chasser les dénominateurs qu'ils peuvent contenir; ces coefficients deviennent alors des nombres entiers. Cela posé, la recherche de toutes les racines commensurables se ramène à celle des racines entières, au moyen de la proposition suivante :

THÉORÈME. — *Lorsque le premier terme d'une équation a pour coefficient l'unité et que les autres coefficients sont des nombres entiers, l'équation ne peut avoir pour racines commensurables que des nombres entiers.*

En effet, soit l'équation

$$f(x) = x^m + A_1 x^{m-1} + \ldots + A_{m-1} x + A_m = 0,$$

dans laquelle les coefficients $A_1, \ldots, A_m$ sont des entiers. Substituons à $x$ une fraction irréductible quelconque $\frac{a}{b}$, on aura

$$b^{m-1} f\left(\frac{a}{b}\right) = \frac{a^m}{b} + A_1 a^{m-1} + A_2 b a^{m-2} + \ldots + A_m b^{m-1};$$

or, pour que $\frac{a}{b}$ fût racine de l'équation $f(x) = 0$, il faudrait que l'on eût

$$\frac{a^m}{b} = - A_1 a^{m-1} - \ldots - A_m b^{m-1},$$

ce qui est impossible, puisque le second membre est un nombre entier, tandis que le premier membre est une fraction irréductible; donc l'équation proposée ne peut avoir une racine fractionnaire.

D'après cette proposition, pour avoir toutes les racines rationnelles d'une équation à coefficients entiers, il suffira de transformer l'équation proposée en une autre (n° 38) dans laquelle le coefficient du premier terme soit l'unité, les autres coefficients étant entiers, et de déterminer les racines entières de la transformée.

Soit

$$A_0 x^m + A_1 x^{m-1} + \ldots + A_{m-1} x + A_m = 0$$

l'équation proposée; on posera $x = \frac{z}{\alpha}$ (n° 58), et la transformée sera

$$z^m + \frac{A_1 \alpha}{A_0} z^{m-1} + \frac{A_2 \alpha^2}{A_0} z^{m-2} + \ldots + \frac{A_m \alpha^m}{A_0} = 0,$$

le nombre entier $\alpha$ devant être choisi de manière que les expressions

$$\frac{A_1 \alpha}{A_0}, \quad \frac{A_2 \alpha^2}{A_0}, \ldots, \quad \frac{A_m \alpha^m}{A_0}$$

se réduisent à des nombres entiers. Il est évident qu'on satisfera à cette condition en prenant $\alpha = A_0$, mais on remplira souvent l'objet demandé en donnant à $\alpha$ une valeur inférieure à $A_0$. Quand les racines entières de la transformée en $z$ auront été obtenues, en les divisant par $\alpha$, on aura les racines commensurables de la proposée.

**150.** Il nous reste à indiquer comment on déterminera les racines entières d'une équation

$$(1) \qquad f(x) = A_0 x^m + A_1 x^{m-1} + \ldots + A_{m-1} x + A_m = 0,$$

dans laquelle les coefficients $A_0, A_1, \ldots, A_m$ sont des nombres entiers sans diviseur commun.

Dire que $a$ est une racine de cette équation, c'est dire que le premier membre $f(x)$ est exactement divisible par $x - a$; représentons le quotient de la division par

$$\varphi(x) = -B_0 x^{m-1} - B_1 x^{m-2} - \ldots - B_{m-2} x - B_{m-1},$$

on aura

$$(2) \qquad f(x) = (x - a)\,\varphi(x),$$

et si $a$ est un nombre entier, il est évident que les coefficients du polynôme $\varphi(x)$ seront aussi des nombres entiers.

En effectuant le produit indiqué dans le second membre de la précédente égalité, et en écrivant que les coefficients des mêmes puissances de $x$ dans les deux membres sont égaux entre eux, on trouve :

$$\begin{array}{lll}
A_m = a B_{m-1}, & & B_{m-1} = \dfrac{A_m}{a}, \\[2ex]
A_{m-1} = a B_{m-2} - B_{m-1}, & & B_{m-2} = \dfrac{A_{m-1} + B_{m-1}}{a}, \\[2ex]
A_{m-2} = a B_{m-3} - B_{m-2}, & \text{d'où} & B_{m-3} = \dfrac{A_{m-2} + B_{m-2}}{a}, \\[2ex]
\ldots\ldots\ldots\ldots, & & \ldots\ldots\ldots\ldots, \\[2ex]
A_1 = a B_0 - B_1, & & B_1 = \dfrac{A_1 + B_0}{a}, \\[2ex]
A_0 = - B_0, & & 0 = A_0 + B_0,
\end{array}$$

et réciproquement, si les relations précédentes sont satisfaites, la formule (2) aura lieu identiquement. Donc, pour que le nombre entier $a$ soit une racine de l'équation proposée, il faut et il suffit que les valeurs précédentes de $B_{m-1}$, $B_{m-2}, \ldots$, $B_0$ soient des nombres entiers, et que le dernier de ces nombres soit égal à $-A_0$. Ainsi les conditions auxquelles on reconnaîtra qu'un nombre entier positif ou négatif est racine d'une équation sont les suivantes :

*Il faut et il suffit qu'il divise exactement le dernier terme de l'équation; qu'il divise la somme obtenue en ajoutant le quotient de cette division avec le coefficient de la première puissance de l'inconnue, qu'il divise la somme obtenue en ajoutant le quotient de cette deuxième division avec le coefficient de la deuxième puissance de l'inconnue; et ainsi de suite, jusqu'à ce qu'on arrive à ajouter un dernier quotient avec le coefficient du pre-*

*mier terme de l'équation, ce qui devra donner une somme égale à zéro.*

On peut disposer de la manière suivante l'opération qu'on exécute pour essayer un nombre $a$ :

$$\begin{array}{c|c|c|c|c||c} A_0 & A_1 & \ldots\ldots & A_{m-1} & A_m & a \\ & -B_0 & \ldots\ldots & -B_{m-2} & -B_{m-1} & \end{array}$$

Les coefficients de l'équation ayant été écrits sur une première ligne horizontale, on divise le dernier coefficient $A_m$ par $a$ et on écrit au-dessous de ce coefficient le quotient obtenu $-B_{m-1}$ changé de signe. On divise ensuite par $a$ le coefficient $A_{m-1}$ augmenté du premier quotient $B_{m-1}$ et l'on écrit au-dessous de $A_{m-1}$ le deuxième quotient obtenu $-B_{m-2}$ changé de signe. On continue de la même manière jusqu'à ce que l'on ait écrit au-dessous du coefficient $A_1$ le quotient changé de signe $-B_0$ obtenu en divisant par $a$ la somme $A_1 + B_1$. Si l'une des divisions ne se fait pas exactement, ou si la somme $A_0 + B_0$ n'est pas nulle, le nombre essayé $a$ n'est pas racine. Dans le cas contraire, le calcul qu'on vient d'exécuter fournit les coefficients du quotient $\dfrac{f(x)}{x-a}$; et, pour trouver les autres racines entières, il suffit d'appliquer la même règle à ce quotient, et ainsi de suite.

Les nombres qu'il faut ainsi essayer sont les diviseurs du dernier terme de l'équation pris avec les signes $+$ et $-$; toutefois on devra rejeter ceux des nombres ainsi obtenus qui tomberaient en dehors des limites des racines et ceux qu'on peut avoir reconnus comme n'étant pas des racines. Par exemple, si $a$ est une racine entière, l'identité (2), savoir :

$$\frac{f(x)}{x-a} = \varphi(x),$$

donnera

$$\frac{f(\pm 1)}{a \mp 1} = -\varphi(\pm 1);$$

d'ailleurs les coefficients de $\varphi(x)$ étant entiers, $\varphi(\pm 1)$ est un nombre entier. Donc : *le nombre entier a ne peut être une racine de l'équation $f(x) = 0$ si $f(\pm 1)$ n'est pas divisible par $a \mp 1$.*

Quant aux résultats $f(\pm 1)$ de la substitution de $\pm 1$ à $x$, ils s'obtiennent par de simples additions ou soustractions entre les coefficients de $f(x)$ ; on peut donc reconnaître immédiatement si l'équation proposée admet les racines $+1$ et $-1$.

Exemple. — Soit l'équation

$$f(x) = x^4 - 34x^3 + 29x^2 + 212x - 300 = 0,$$

on a

$$f(+1) = -92, \quad f(-1) = -450;$$

en conséquence $+1$ et $-1$ ne sont pas racines. On reconnaît immédiatement que toutes les racines réelles sont comprises entre $-6$ et $+6$ ; les seuls diviseurs de 300 qu'il y ait lieu d'essayer sont donc $\pm 2$, $\pm 3$, $\pm 4$, $\pm 5$, mais il faut rejeter $+3$ parce que $f(-1)$ n'est pas divisible par 4, ainsi que $-2$, $\pm 4$ et $-5$, parce que ces nombres diminués de 1 ne sont pas des diviseurs de $f(+1)$ ; on devra donc se borner à l'essai des nombres $+2$, $-3$, $+5$ et on disposera le calcul comme il suit :

| | | | | | | |
|---|---|---|---|---|---|---|
| +1 | 0 | −34 | +29 | +212 | −300 | 2 |
| | +1 | +2 | −30 | −31 | +150 | 2 |
| | | +1 | +4 | −22 | −75 | −3 |
| | | | +1 | +1 | −25 | |

L'essai du diviseur 2 ayant réussi, on doit renouveler cet essai qui réussit encore ; la troisième ligne du tableau qui précède renferme les coefficients du quotient $\frac{f(x)}{(x-2)^2}$, et comme le dernier de ces coefficients n'est pas divisible par 2, on passe au diviseur $-3$, qui est racine; enfin l'essai du diviseur 5 ne réussit pas, et il en résulte que l'équation proposée n'a que trois racines commensurables, savoir deux racines égales à $+2$ et une racine égale à $-3$. La dernière ligne du tableau donne les coefficients du quotient $\frac{f(x)}{(x-2)^2(x-3)}$, lequel est ainsi $x^2+x-25$, et la résolution de la proposée est ramenée à celle de l'équation du deuxième degré $x^2+x-25=0$.

## *Théorie des différences.*

**151.** Lorsqu'on veut effectuer la séparation des racines réelles d'une équation, ou que l'on se propose de resserrer les limites entre lesquelles se trouve comprise une racine déjà séparée, on est conduit à calculer les résultats de la substitution de divers nombres à l'inconnue, dans certaines fonctions entières de cette inconnue. Dès que le nombre de ces substitutions devient un peu considérable, il est indispensable de diriger le calcul d'une manière régulière et méthodique, ce à quoi l'on parvient par le moyen de l'*algorithme des différences* que nous allons exposer ici.

Soit

$$(1) \qquad u_0,\ u_1,\ u_2,\ \ldots,\ u_n \ldots$$

une suite limitée ou illimitée de quantités assujetties à une loi quelconque. Si l'on retranche chacune de ces quantités de celle qui la suit immédiatement, on formera une nouvelle suite que nous représenterons par

$$(2) \qquad \Delta u_0,\ \Delta u_1,\ \Delta u_2,\ \ldots,\ \Delta u_n\ \ldots$$

Les quantités (2) sont dites les *différences premières* ou

les *différences du premier ordre* des quantités (1), et l'on a, pour toutes les valeurs de l'entier $\mu$,

$$\Delta u_\mu = u_{\mu+1} - u_\mu.$$

Si l'on opère sur la suite (2), comme nous venons de le faire sur la suite (1), on formera une troisième suite que nous représenterons par

$$(3) \qquad \Delta^2 u_0, \quad \Delta^2 u_1, \quad \Delta^2 u_2, \ldots, \quad \Delta^2 u_n \ldots.$$

Ces quantités (3) sont les différences premières des quantités (2); elles sont dites aussi *différences deuxièmes* ou *différences du deuxième ordre* des quantités (1), et l'on a, quel que soit $\mu$,

$$\Delta^2 u_\mu = \Delta u_{\mu+1} - \Delta u_\mu.$$

Si la suite (1) renferme un nombre illimité de termes, on pourra poursuivre indéfiniment la même série d'opérations et on formera de cette manière une infinité de suites nouvelles qui comprendront les *différences troisièmes* ou *du troisième ordre* des quantités (1), celles du *quatrième ordre*, et ainsi de suite; on aura généralement, quel que soit $n$,

$$\Delta^{n+1} u_\mu = \Delta^n u_{\mu+1} - \Delta^n u_\mu.$$

Mais, si la suite (1) ne renferme qu'un nombre limité $m+1$ de quantités, il est évident qu'il n'y aura que $m$ différences premières, $m-1$ différences deuxièmes, et généralement $m-n+1$ différences du $n^{\text{ième}}$ ordre; ainsi, dans l'ordre $m$, il n'y aura plus qu'une seule différence.

On peut avoir à considérer des suites de quantités illimitées dans les deux sens, telles que

$$\ldots \quad u_{-3}, \quad u_{-2}, \quad u_{-1}, \quad u_0, \quad u_1, \quad u_2, \quad u_3, \ldots.$$

Nos définitions n'exigent, pour ce cas, aucune modification, et l'on aura toujours

$$\Delta u_\mu = u_{\mu+1} - u_\mu, \qquad \Delta^{n+1} u_\mu = \Delta^n u_{\mu+1} - \Delta^n u_\mu$$

pour toutes les valeurs positives, nulle ou négatives de l'indice $\mu$.

**152. Expression générale des différences d'un ordre quelconque.** — Nous nous proposons de donner ici l'expression générale de $\Delta^n u_0$ en fonctions des quantités (1). On a d'abord

$$\Delta u_0 = u_1 - u_0, \tag{4}$$

puis

$$\Delta u_1 = u_2 - u_1,$$

et, en retranchant l'égalité (4) de cette dernière, il viendra

$$\Delta^2 u_0 = u_2 - 2u_1 + u_0. \tag{5}$$

Comme $u_0$, $u_1$, $u_2$ peuvent être considérés comme trois termes consécutifs quelconques de la suite proposée, il est évident que l'on aura aussi

$$\Delta^2 u_1 = u_3 - 2u_2 + u_1,$$

et, en retranchant l'égalité (5) de la précédente, on obtiendra

$$\Delta^3 u_0 = u_3 - 3u_2 + 3u_1 - u_0. \tag{6}$$

On aperçoit aisément, sans qu'il soit nécessaire de poursuivre ces opérations, que l'on doit avoir, quel que soit $n$,

$$\left\{\begin{aligned} \Delta^n u_0 = u_n - \frac{n}{1} u_{n-1} + \frac{n(n-1)}{1.2} u_{n-2} - \ldots \\ - (-1)^n \frac{n}{1} u_1 + (-1)^n u_0, \end{aligned}\right. \tag{7}$$

les coefficients numériques du second membre de cette expression n'étant autre chose que ceux de la puissance $n^{\text{ième}}$ d'un binôme pris alternativement avec les signes + et —. La formule (7) étant vérifiée dans le cas de $n = 1$, il suffit, pour en démontrer l'exactitude, d'établir que si elle a lieu pour une valeur quelconque de $n$, elle subsiste pour la même valeur augmentée d'une unité. Supposons donc que la formule (7) ait lieu pour $n=\mu$; en l'appliquant aux $\mu+1$ premiers termes de la suite proposée, puis aux $\mu+1$ termes qui suivent le premier $u_0$, on aura

$$\Delta^\mu u_0 = u_\mu - \frac{\mu}{1} u_{\mu-1} + \frac{\mu(\mu-1)}{1.2} u_{\mu-2} - \ldots - (-1)^\mu \frac{\mu}{1} u_1 + (-1)^\mu u_0,$$

$$\Delta^\mu u_1 = u_{\mu+1} - \frac{\mu}{1} u_\mu + \frac{\mu(\mu-1)}{1.2} u_{\mu-1} - \ldots - (-1)^\mu \frac{\mu}{1} u_2 + (-1)^\mu u_1;$$

si l'on retranche la première de ces égalités de la seconde, et que l'on ait égard à l'identité

$$(8)\quad \left\{\begin{aligned} &\frac{\mu(\mu-1)\ldots(\mu-k+1)}{1.2\ldots k} + \frac{\mu(\mu-1)\ldots(\mu-k+2)}{1.2\ldots(k-1)} \\ &= \frac{(\mu+1)\mu(\mu-1)\ldots(\mu-k+2)}{1.2\ldots k}, \end{aligned}\right.$$

il viendra

$$\Delta^{\mu+1} u_0 = u_{\mu+1} - \frac{\mu+1}{1} u_\mu + \frac{(\mu+1)\mu}{1.2} u_{\mu-1} - \ldots + (-1)^{\mu+1} u_0,$$

ce qui est précisément le résultat fourni par la formule (7), quand on fait dans celle-ci $n=\mu+1$.

153. Expression du terme général d'une suite en fonction du premier terme et de ses différences. — On a, d'abord,

$$(9)\qquad u_1 = u_0 + \Delta u_0,$$

puis

$$\Delta u_1 = \Delta u_0 + \Delta^2 u_0,$$

et, en ajoutant cette égalité à l'égalité (9), il vient

$$(10)\qquad u_2 = u_0 + 2\Delta u_0 + \Delta^2 u_0;$$

on peut appliquer à la suite (2) des différences premières la proposition exprimée par la formule précédente, ce qui donne

$$\Delta u_2 = \Delta u_0 + 2\Delta^2 u_0 + \Delta^3 u_0;$$

cette formule étant ajoutée à la formule (10), il vient

$$(11) \qquad u_3 = u_0 + 3\Delta u_0 + 3\Delta^2 u_0 + \Delta^3 u_0.$$

Ces résultats nous permettent d'écrire immédiatement la formule générale suivante :

$$(12) \quad u_n = u_0 + \frac{n}{1}\Delta u_0 + \frac{n(n-1)}{1.2}\Delta^2 u_0 + \ldots + \frac{n}{1}\Delta^{n-1} u_0 + \Delta^n u_0,$$

dans laquelle les coefficients numériques sont ceux du développement de la $n^{ième}$ puissance d'un binôme. Cette formule est vérifiée dans le cas de $n = 1$, et, pour en démontrer la généralité, il suffira d'établir que si elle a lieu pour une valeur quelconque $\mu$ de $n$, elle subsiste pour $n = \mu + 1$.

La formule (12) ayant lieu par hypothèse pour $n = \mu$, nous pouvons l'appliquer non-seulement à la suite (1), mais aussi à la suite (2) que forment les différences premières ; on a donc

$$u_\mu = u_0 + \frac{\mu}{1}\Delta u_0 + \frac{\mu(\mu-1)}{1.2}\Delta^2 u_0 + \ldots + \Delta^\mu u_0,$$

$$\Delta u_\mu = \Delta u_0 + \frac{\mu}{1}\Delta^2 u_0 + \frac{\mu(\mu-1)}{1.2}\Delta^3 u_0 + \ldots + \frac{\mu}{1}\Delta^\mu u_0 + \Delta^{\mu+1} u_0;$$

ajoutant ces égalités et ayant égard à la formule (8), il vient

$$u_{\mu+1} = u_0 + \frac{\mu+1}{1}\Delta u_0 + \frac{(\mu+1)\mu}{1.2}\Delta^2 u_0 + \ldots + \Delta^{\mu+1} u_0,$$

ce qui est le résultat que donne la formule (12) quand on y fait $n = \mu + 1$.

**154. Différences des fonctions entières.** — Soit

$$u = f(x)$$

une fonction entière de $x$. Donnons à $x$ les valeurs successives

$$\ldots\; x_0 - h,\; x_0,\; x_0 + h,\; x_0 + 2h, \ldots,\; x_0 + nh, \ldots,$$

qui forment une progression arithmétique dans laquelle la différence constante est égale à $h$, et désignons par

$$\ldots\; u_{-1},\; u_0,\; u_1,\; u_2, \ldots,\; u_n \ldots$$

les valeurs correspondantes de $u$. Ces valeurs, ainsi que leurs différences du premier, du deuxième, etc., ordre, seront données par les formules

$$\left\{\begin{aligned} u &= f(x),\\ \Delta u &= f(x+h) - f(x),\\ \Delta^2 u &= f(x+2h) - 2f(x+h) + f(x),\\ &\ldots\ldots\ldots\ldots\ldots\ldots, \end{aligned}\right.$$

où il suffira de substituer successivement à $x$ les valeurs ... $(x_0 - h)$, $x_0$, $(x_0 + h)$,... Les quantités $\Delta u$, $\Delta^2 u$,... seront dites les *différences première, deuxième,* etc., de la fonction $u$.

Théorème. — *La différence $m^{ième}$ d'une fonction entière de $x$, du degré $m$, est constante.*

Soit

$$u = f(x) = A_0 x^m + A_1 x^{m-1} + \ldots + A_{m-1} x + A_m$$

une fonction entière du degré $m$; on aura

$$\begin{aligned} \Delta u &= f(x+h) - f(x)\\ &= hf'(x) + \frac{h^2}{1.2} f''(x) + \ldots + \frac{h^m}{1.2\ldots m} f^m(x); \end{aligned}$$

le second membre de cette formule est une fonction entière de $x$ du degré $m-1$, dans laquelle le coefficient de $x^{m-1}$ est évidemment $m A_0 h$; on a donc

$$\Delta u = m A_0 h x^{m-1} + \ldots,$$

ce qui montre que la différence $\Delta u$ d'une fonction entière $u$ du degré $m$ est une fonction entière du degré $m-1$, et que le premier terme de $\Delta u$ s'obtient en multipliant par $h$ la dérivée du premier terme de $u$. Cette proposition nous donne immédiatement les résultats suivants :

$$\Delta^2 u = m(m-1) A_0 h^2 x^{m-2} + \ldots,$$
$$\Delta^3 u = m(m-1)(m-2) A_0 h^3 x^{m-3} + \ldots,$$
$$\ldots\ldots\ldots\ldots\ldots\ldots\ldots\ldots,$$
$$\Delta^m u = m(m-1)\ldots 2.1 A_0 h^m;$$

on voit que la différence $m^{\text{ième}}$ $\Delta^m u$ est indépendante de $x$, et qu'elle s'obtient en multipliant par $h^m$ la $m^{\text{ième}}$ dérivée de $u$, ce qui démontre le théorème énoncé.

Il résulte de là que les différences de $u$ des ordres supérieurs à $m$ sont nulles.

**155.** Substitution de nombres équidistants dans une fonction entière. — La proposition que nous venons d'établir conduit à une conséquence très-importante qui remplit l'objet principal que nous avions en vue, et que l'on peut énoncer comme il suit :

*Si l'on doit substituer à $x$ une suite de nombres équidistants*

$$\ldots x_0 - 2h,\ x_0 - h,\ x_0,\ x_0 + h,\ x_0 + 2h, \ldots$$

*dans une fonction entière $u = f(x)$ du degré $m$, il suffira de calculer directement les résultats de la substitution de $m$ termes consécutifs de la suite, après quoi on obtiendra les résultats de la substitution de tous les autres nombres par de simples additions.*

En effet, considérons le tableau suivant dans lequel on trouve la série des valeurs que prennent la fonction $u$ et toutes ses différences jusqu'à celle de l'ordre $m$, quand on donne à $x$ toute la série des valeurs $\ldots x_0 - h$, $x_0$, $x_0 + h, \ldots$.

| $x$ | $u$ | $\Delta u$ | $\Delta^2 u$ | ...... | $\Delta^{m-1} u$ | $\Delta^m u$ |
|---|---|---|---|---|---|---|
| ...... | ... | ..... | ..... | ...... | ...... | ...... |
| $x_0 - h$ | $u_{-1}$ | $\Delta u_{-1}$ | $\Delta^2 u_{-1}$ | ...... | $\Delta^{m-1} u_{-1}$ | $\Delta^m u_{-1}$ |
| $x_0$ | $u_0$ | $\Delta u_0$ | $\Delta^2 u_0$ | ...... | $\Delta^{m-1} u_0$ | $\Delta^m u_0$ |
| $x_0 + h$ | $u_1$ | $\Delta u_1$ | $\Delta^2 u_1$ | ...... | $\Delta^{m-1} u_1$ | $\Delta^m u_1$ |
| $x_0 + 2h$ | $u_2$ | $\Delta u_2$ | $\Delta^2 u_2$ | ...... | $\Delta^{m-1} u_2$ | $\Delta^m u_2$ |
| ...... | ... | ..... | ..... | ...... | ...... | ...... |

Pour construire ce tableau nous calculons directement les $m$ valeurs de $u$ qui répondent à $m$ valeurs consécutives de $x$, et nous les inscrivons en regard de ces valeurs dans la colonne qui est intitulée $u$. Nous formons ensuite les différences successives de cette suite de $m$ termes, jusqu'à l'ordre $m - 1$, et nous écrivons les résultats dans les colonnes respectives intitulées $\Delta u$, $\Delta^2 u, \ldots$, $\Delta^{m-1} u$; nous avons ainsi $m - 1$ termes dans la colonne $\Delta u$, $m - 2$ dans la colonne $\Delta^2 u, \ldots$, 1 terme seulement dans la colonne $\Delta^{m-1} u$. Mais la différence $\Delta^m u$ est constante et sa valeur est connue d'avance; on peut donc former la dernière colonne du tableau et la prolonger indéfiniment en haut et en bas. Cela fait, on a tout ce qu'il faut pour prolonger les diverses colonnes du tableau aussi loin que l'on voudra, soit en haut, soit en bas. En effet, chaque terme de l'une des colonnes marquées $u$, $\Delta u, \ldots$, est égal à celui qui est au-dessus de lui, augmenté du terme qui correspond à ce dernier dans la colonne suivante, ou égal à celui qui est au-dessous de lui dans la même colonne, diminué du terme qui lui correspond dans la colonne suivante. Il résulte évidemment de là que si l'on a inscrit $k$ termes dans l'une quelconque des colonnes, il suffira de connaître un seul terme de la colonne précédente, pour pouvoir inscrire dans celles-ci $k$ nouveaux termes.

**156.** Détermination d'une fonction entière du degré $m$ au moyen des valeurs de cette fonction qui répondent a $m+1$ valeurs équidistantes de la variable. — Soit $u = f(x)$ une fonction entière du degré $m$, et désignons par

$$u_0,\ u_1,\ u_2, \ldots,\ u_m$$

les valeurs que prend cette fonction quand on donne à $x$ les $m+1$ valeurs

$$x_0,\ x_0+h, \ldots,\ x_0+mh.$$

On a, pour toutes les valeurs $1, 2, \ldots, m$ de $n$,

$$u_n = u_0 + \frac{n}{1}\Delta u_0 + \frac{n(n-1)}{1.2}\Delta^2 u_0 + \ldots + \frac{n(n-1)\ldots(n-k+1)}{1.2\ldots k}\Delta^k u_0 + \ldots;$$

tous les termes du second membre de cette formule, à partir du deuxième, s'obtiennent en donnant à $k$ les valeurs $1, 2, 3, \ldots, n$ dans l'expression

$$\frac{n(n-1)\ldots(n-k+1)}{1.2\ldots k}\Delta^k u_0,$$

mais comme cette expression se réduit évidemment à zéro, pour les valeurs $n+1, n+2, \ldots, m$ de $k$, on peut écrire

$$= u_0 + \frac{n}{1}\Delta u_0 + \frac{n(n-1)}{1.2}\Delta^2 u_0 + \ldots + \frac{n(n-1)\ldots(n-m+1)}{1.2\ldots m}\Delta^m u_0.$$

Si l'on remplace, dans le second membre de cette formule, $n$ par $\frac{x-x_0}{h}$, on formera la fonction suivante :

$$u_0+\left(\frac{x-x_0}{h}\right)\frac{\Delta u_0}{1}+\left(\frac{x-x_0}{h}\right)\left(\frac{x-x_0}{h}-1\right)\frac{\Delta^2 u_0}{1.2}+\ldots$$
$$+\left(\frac{x-x_0}{h}\right)\ldots\left(\frac{x-x_0}{h}-m+1\right)\frac{\Delta^m u_0}{1.2\ldots m},$$

qui se réduit évidemment à $u_n$ pour $x=x_0+nh$, et en la retranchant de $f(x)$, on obtiendra une fonction entière du degré $m$ qui sera nulle pour les $m+1$ valeurs $x_0$, $x_0+h, \ldots$, $x_0+mh$ de $x$ : or cela ne peut avoir lieu que si la fonction dont il s'agit est identiquement nulle ; on a donc

$$(1)\left\{\begin{aligned} f(x)=u_0&+\frac{x-x_0}{1}\frac{\Delta u_0}{h}+\frac{(x-x_0)(x-x_0-h)}{1.2}\frac{\Delta^2 u_0}{h^2}+\ldots\\ &+\frac{(x-x_0)(x-x_0-h)\ldots(x-x_0-\overline{m-1}h)}{1.2.3\ldots m}\frac{\Delta^m u_0}{h^m}.\end{aligned}\right.$$

Cette formule subsiste quel que soit $h$ ; si l'on fait tendre $h$ vers zéro et que l'on représente par $u_0^{(k)}$ la limite de $\frac{\Delta^k u_0}{h^k}$ pour $h=0$, on aura

$$(2)\ f(x)=u_0+\frac{x-x_0}{1}u_0^{(1)}+\frac{(x-x_0)^2}{1.2}u_0^{(2)}+\ldots+\frac{(x-x_0)^m}{1.2\ldots m}u_0^{(m)},$$

d'où il résulte que $u_0^{(k)}$ est la valeur de la $k^{\text{ième}}$ dérivée de $f(x)$ pour $x=x_0$, en sorte que l'on a

$$f^k(x)=\lim\frac{\Delta^k f(x)}{h^k},\quad \text{pour } h=0.$$

157. Limites des racines réelles d'une équation. — Lorsqu'on substitue des nombres équidistants dans le premier membre d'une équation $f(x)=0$, en suivant la

marche indiquée au n° 155, les résultats obtenus suffisent pour faire connaître deux limites entre lesquelles sont comprises toutes les racines réelles.

En effet, soient

$$x_0;\ x_0+h, \ldots,\ x_0+(m-1)h$$

$m+1$ termes consécutifs quelconques de la série des valeurs substituées, et supposons $h$ positive. Si les quantités $u_0$, $\Delta u_0, \ldots, \Delta^m u_0$ qui répondent à $x_0$ sont toutes positives, la formule (1) montre que l'on a $f(x)>0$ pour toutes les valeurs de $x$ égales ou supérieures à $x_0+(m-1)h$; cette quantité est donc une limite supérieure des racines. Pareillement, si les quantités $u_0$, $\Delta u_0$, $\Delta^2 u_0, \ldots, \Delta^m u_0$ sont alternativement positives et négatives, on aura constamment $f(x)>0$, ou constamment $f(x)<0$, pour les valeurs de $x$ égales ou inférieures à $x_0$; donc, dans ce cas, $x_0$ est une limite inférieure des racines.

158. Substitution de nombres intermédiaires. — Quand on a calculé les résultats de la substitution des termes de la progression par différence

$$\ldots x_0-h,\ x_0,\ x_0+h, \ldots$$

dans une fonction entière de $x$, si l'on veut avoir les résultats de la substitution des termes d'une nouvelle progression telle que

$$\ldots x_0-h',\ x_0,\ x_0+h',\ x_0+2h', \ldots,$$

on peut y parvenir en profitant des calculs déjà exécutés.

Supposons, par exemple, $h'=\frac{h}{10}$ et posons $x=x_0+\frac{nh}{10}$, la formule (1) du n° 156 donnera

$$f\left(x_0+\frac{nh}{10}\right)=u_0+N^{(1)}\Delta u_0+N^{(2)}\Delta^2 u_0+\ldots+N^{(m)}\Delta^m u_0,$$

en faisant, pour abréger,

$$\mathrm{N}^{(k)} = \frac{n(n-10)(n-20)\ldots[n-10(k-1)]}{1.2.3\ldots k.10^k}.$$

Nous emploierons la caractéristique $\delta$ pour représenter les différences d'une fonction quelconque de la variable $n$ relatives à un accroissement de $n$ égal à 1. Alors $\mathrm{N}^{(k)}$ étant une fonction entière de $n$ du degré $k$, sa différence $k^{\text{ième}}$ sera constante; on aura ainsi

$$\delta^k f\left(x_0 + \frac{nh}{10}\right) = \delta^k \mathrm{N}^{(k)}.\Delta^k u_0 + \delta^k \mathrm{N}^{(k+1)}.\Delta^{k+1} u_0 + \ldots \\ + \delta^k \mathrm{N}^{(m)}.\Delta^m u_0.$$

Si l'on fait $n = 0$ et que l'on désigne par $\delta^k \mathrm{N}_0^{(\mu)}$ ce que devient alors $\delta^k \mathrm{N}^{(\mu)}$, la formule précédente donnera

$$\delta^k u_0 = \delta^k \mathrm{N}_0^{(k)}.\Delta^k u_0 + \delta^k \mathrm{N}_0^{(k+1)}.\Delta^{k+1} u_0 + \ldots + \delta^k \mathrm{N}_0^{(m)}.\Delta^m u_0.$$

Au moyen de cette dernière formule on peut calculer $\delta u_0, \delta^2 u_0, \ldots, \delta^m u_0$, et avec ces valeurs on construira le tableau relatif aux substitutions nouvelles. On obtient ainsi les résultats suivants :

$$\begin{aligned}
\delta u_0 &= 0{,}1\,\Delta u_0 - 0{,}045\,\Delta^2 u_0 + 0{,}0285\,\Delta^3 u_0 - 0{,}0206625\,\Delta^4 u_0 \\
&\quad + 0{,}01611675\,\Delta^5 u_0 - \ldots, \\
\delta^2 u_0 &= 0{,}01\,\Delta^2 u_0 - 0{,}009\,\Delta^3 u_0 \\
&\quad + 0{,}007725\,\Delta^4 u_0 - 0{,}0066975\,\Delta^5 u_0 + \ldots, \\
\delta^3 u_0 &= 0{,}001\,\Delta^3 u_0 - 0{,}00135\,\Delta^4 u_0 + 0{,}0014625\,\Delta^5 u_0 - \ldots, \\
\delta^4 u_0 &= 0{,}0001\,\Delta^4 u_0 - 0{,}00018\,\Delta^5 u_0 + \ldots, \\
\delta^5 u_0 &= 0{,}00001\,\Delta^5 u_0 - \ldots,
\end{aligned}$$

qui suffisent jusqu'au cinquième degré inclusivement.

## *Application à un exemple.*

159. Considérons l'équation du troisième degré

$$x^3 - 7x + 7 = 0 \ (*);$$

les théories exposées dans le Chapitre précédent indiquent que cette équation a trois racines réelles, l'une négative supérieure à $-4$, et les deux autres positives comprises entre 1 et 2; on arrive facilement aux mêmes résultats dans le cas dont il s'agit, par le moyen des substitutions. Substituons d'abord des nombres entiers; les trois nombres

$$-1, \ 0, \ +1$$

donnent les résultats

$$+13, \ +7, \ +1,$$

d'où l'on tire les différences premières

$$-6, \ -6,$$

et la différence deuxième

$$0;$$

la différence troisième étant constante et égale à 6, nous formerons avec les résultats qui précèdent le tableau suivant:

---

(*) Cette équation est l'une de celles que Lagrange a choisies pour exemples dans la *Résolution des équations numériques*; elle se déduit de l'équation $z^3 + z^2 - 2z - 1 = 0$ que nous avons considérée au n° 101, au moyen de la transformation $z = \dfrac{x-2}{x-1}$.

| $x$ | $u$ | $\Delta u$ | $\Delta^2 u$ | $\Delta^3 u$ |
|---|---|---|---|---|
| .... | .... | .... | .... | .... |
| $-4$ | $-29$ | $+30$ | $-18$ | $+6$ |
| $-3$ | $+1$ | $+12$ | $-12$ | $+6$ |
| $-2$ | $+13$ | $0$ | $-6$ | $+6$ |
| $-1$ | $+13$ | $-6$ | $0$ | $+6$ |
| $0$ | $+7$ | $-6$ | $+6$ | $+6$ |
| $+1$ | $+1$ | $0$ | $+12$ | $+6$ |
| $+2$ | $+1$ | $+12$ | $+18$ | $+6$ |
| $+3$ | $+13$ | .... | .... | .... |
| ... | .... | .... | .... | .... |

Les valeurs de $u$, $\Delta u, \ldots$, qui répondent à $x = 1$, sont positives ; donc $1 + 2$ ou $3$ est une limite supérieure des racines ; pareillement les valeurs de $u$, $\Delta u, \ldots$, qui répondent à $x = -4$, sont alternativement positives et négatives ; donc $-4$ est une limite inférieure des racines. L'inspection du tableau montre que la racine négative est comprise entre $-4$ et $-3$, mais elle ne fait rien connaître à l'égard des deux autres racines ; remarquons cependant que si nous n'avions aucun renseignement sur la nature de ces racines, les résultats précédents nous porteraient à penser qu'elles doivent être comprises, si elles sont réelles, entre $1$ et $2$, et nous serions ainsi conduits à opérer de nouvelles substitutions dans l'intervalle de ces deux limites, comme la méthode de Sturm ou celle de Fourier en démontre la nécessité.

Nous substituerons donc en deuxième lieu des nombres croissants par dixième entre $1$ et $2$. Les formules du n° 158 donnent

$$\delta u_0 = 0{,}1\,\Delta u_0 - 0{,}045\,\Delta^2 u_0 + 0{,}0285\,\Delta^3 u_0,$$
$$\delta^2 u_0 = 0{,}01\,\Delta^2 u_0 - 0{,}009\,\Delta^3 u_0,$$
$$\delta^3 u_0 = 0{,}001\,\Delta^3 u_0.$$

Si donc on prend $x_0 = 1$, on aura, d'après le tableau qui précède,

$$u_0 = +1, \quad \Delta u_0 = 0, \quad \Delta^2 u_0 = +12, \quad \Delta^3 u_0 = +6,$$

d'où

$$\delta u_0 = -0,369, \quad \delta^2 u_0 = +0,066, \quad \delta^3 u_0 = 0,006.$$

Nous remettons la caractéristique $\Delta$ au lieu de $\delta$, et nous construisons le tableau qui suit en partant des données

$$x = 1,0, \quad u = +1,000, \quad \Delta u = -0,369,$$
$$\Delta^2 u = +0,066, \quad \Delta^3 u = +0,006.$$

| $x$ | $u$ | $\Delta u$ | $\Delta^2 u$ | $\Delta^3 u$ |
|---|---|---|---|---|
| 1,0 | + 1,000 | − 0,369 | + 0,066 | + 0,006 |
| 1,1 | + 0,631 | − 0,303 | + 0,072 | + 0,006 |
| 1,2 | + 0,328 | − 0,231 | + 0,078 | + 0,006 |
| 1,3 | + 0,097 | − 0,153 | + 0,084 | + 0,006 |
| 1,4 | − 0,056 | − 0,069 | + 0,090 | + 0,006 |
| 1,5 | − 0,125 | + 0,021 | + 0,096 | + 0,006 |
| 1,6 | − 0,104 | + 0,117 | + 0,102 | + 0,006 |
| 1,7 | + 0,013 | + 0,219 | + 0,108 | + 0,006 |
| 1,8 | + 0,232 | + 0,327 | + 0,114 | ........ |
| 1,9 | + 0,559 | + 0,441 | ........ | ........ |
| 2,0 | + 1,000 | ........ | ........ | ........ |

On voit que l'équation proposée a deux racines positives, l'une entre 1,3 et 1,4, l'autre entre 1,6 et 1,7.

Si l'on veut resserrer les limites de chaque racine, il faudra substituer des nombres croissant par centième. En prenant $x_0 = 1,3$ on a, d'après le tableau précédent,

$$u_0 = +0,097, \quad \Delta u_0 = -0,153, \quad \Delta^2 u_0 = +0,084, \quad \Delta^3 u_0 = 0,006,$$

et on en conclut

$$\delta u_0 = -0,018909, \quad \delta^2 u_0 = +0,000786, \quad \delta^3 u_0 = 0,000006;$$

prenant, en second lieu, $x_0 = 1,6$, on a

$u_0 = -0,104$, $\Delta u_0 = +0,117$, $\Delta^2 u_0 = +0,102$, $\Delta^3 u_0 = 0,006$,

ce qui donne

$\delta u_0 = +0,007281$, $\delta^2 u_0 = +0,000966$, $\delta^3 u_0 = 0,000006$.

Au moyen de ces résultats, on peut construire les deux nouveaux tableaux qui suivent, dans lesquels on a rétabli la caractéristique $\Delta$ au lieu de $\delta$.

| $x$ | $u$ | $\Delta u$ | $\Delta^2 u$ | $\Delta^3 u$ |
|---|---|---|---|---|
| 1,30 | +0,097000 | −0,018909 | +0,000786 | +0,000006 |
| 1,31 | +0,078091 | −0,018123 | +0,000792 | +0,000006 |
| 1,32 | +0,059968 | −0,017331 | +0,000798 | +0,000006 |
| 1,33 | +0,042637 | −0,016533 | +0,000804 | +0,000006 |
| 1,34 | +0,026104 | −0,015729 | +0,000810 | .......... |
| 1,35 | +0,010375 | −0,014919 | .......... | .......... |
| 1,36 | −0,004544 | .......... | .......... | .......... |

| $x$ | $u$ | $\Delta u$ | $\Delta^2 u$ | $\Delta^3 u$ |
|---|---|---|---|---|
| 1,60 | −0,104000 | +0,007281 | +0,000966 | +0,000006 |
| 1,61 | −0,096719 | +0,008247 | +0,000972 | +0,000006 |
| 1,62 | −0,088472 | +0,009219 | +0,000978 | +0,000006 |
| 1,63 | −0,079253 | +0,010197 | +0,000984 | +0,000006 |
| 1,64 | −0,069056 | +0,011181 | +0,000990 | +0,000006 |
| 1,65 | −0,057875 | +0,012171 | +0,000996 | +0,000006 |
| 1,66 | −0,045704 | +0,013167 | +0,001002 | +0,000006 |
| 1,67 | −0,032537 | +0,014169 | +0,001008 | +0,000006 |
| 1,68 | −0,018368 | +0,015177 | +0,001014 | .......... |
| 1,69 | −0,003191 | +0,016191 | .......... | .......... |
| 1,70 | +0,013000 | .......... | .......... | .......... |

On voit que la première racine est comprise entre 1,35

et 1,36, la seconde entre 1,69 et 1,70; il est évident qu'en poursuivant la même marche on pourrait calculer chacune de ces racines avec une approximation aussi grande que l'on voudrait.

### *Méthode d'approximation de Newton.*

**160.** Lorsqu'une racine d'une équation est séparée, on peut resserrer indéfiniment, comme on vient de le voir, les limites qui la comprennent, ce qui permet d'obtenir la racine avec l'approximation dont on a besoin. Mais le calcul devient de plus en plus laborieux; aussi n'emploie-t-on habituellement la voie des substitutions que pour déterminer les deux ou trois premiers chiffres, après quoi l'on a recours, pour achever le calcul, à des méthodes plus expéditives. Parmi ces méthodes, on doit remarquer surtout celle qui est due à Newton et que nous allons exposer.

Soit l'équation du degré $m$

$$f(x) = 0,$$

et supposons que l'on connaisse une première valeur approchée $a$ de l'une des racines; si l'on désigne par $a+u$ la valeur exacte de cette racine, on aura

$$f(a+u) = 0$$

ou

$$f(a) + \frac{u}{1}f'(a) + \frac{u^2}{1.2}f''(a) + \ldots + \frac{u^m}{1.2\ldots m}f^m(a) = 0;$$

d'où l'on tire

$$(1) \quad u = -\frac{f(a)}{f'(a)} - \frac{f''(a)}{f'(a)}\frac{u^2}{1.2} - \ldots - \frac{f^m(a)}{f'(a)}\frac{u^m}{1.2\ldots m}.$$

Si l'on néglige les puissances de $u$ qui figurent dans le second membre de cette formule, on aura, avec une approximation d'autant plus grande que $u$ sera plus petit,

$$(2) \qquad u = -\frac{f(a)}{f'(a)},$$

et si l'on fait

$$b = a - \frac{f(a)}{f'(a)},$$

$b$ sera une nouvelle valeur approchée de la racine. On peut appliquer le même procédé en partant de cette valeur $b$, et on en conclura une troisième valeur approchée

$$c = b - \frac{f(b)}{f'(b)},$$

et ainsi de suite.

Telle est la méthode de Newton ; elle permet, en général, d'obtenir promptement une très-grande approximation, et il est aisé d'apprécier, dans chaque cas, le degré de rapidité avec lequel cette approximation augmente, en estimant la grandeur des termes négligés dans le passage des équations rigoureuses telles que (1) aux égalités approchées dont on fait usage.

**161.** Exemple. — Soit l'équation $x^3 - 7x + 7 = 0$ déjà considérée au n° 159. Nous avons vu que l'une des racines est comprise entre 1,35 et 1,36; appliquons la méthode de Newton au calcul de cette racine, en partant de la valeur approchée $a = 1,35$; l'équation (1) devient ici

$$u = -\frac{f(a)}{f'(a)} - \frac{f''(a)}{2f'(a)}u^2 - \frac{f'''(a)}{6f'(a)}u^3,$$

et l'on a

$$\begin{aligned} f(x) &= x^3 - 7x + 7, & f(a) &= +0,010375, \\ f'(x) &= 3x^2 - 7, & f'(a) &= -1,5325, \\ \frac{1}{2}f''(x) &= 3x, & \frac{1}{2}f''(a) &= +4,05, \\ \frac{1}{6}f'''(x) &= 1, & \frac{1}{6}f'''(a) &= +1; \end{aligned}$$

comme $u$ est $< 0,01$, il est facile de voir que, dans la précédente expression de $u$, la somme des termes en $u^2$ et en $u^3$ est positive et inférieure à 0,0003; si donc on pose

$$u = \frac{0,010375}{1,5325} = 0,0067\ldots,$$

l'erreur commise sera moindre que cette limite. Nous prendrons pour deuxième valeur approchée

$$b = 1,3568;$$

et l'on aura

$$\begin{aligned} f(b) &= 0,00014\,15864\,32, \\ f'(b) &= -1,47728\,128, \\ \frac{1}{2}f''(b) &= +4,0704, \\ \frac{1}{6}f'''(b) &= +1; \end{aligned}$$

on voit, à la simple inspection de ces formules, que $f(x)$ devient négative pour $x = b + 0,0001$, d'où il résulte que la racine dont nous nous occupons est comprise entre 1,3568 et 1,3569. Si l'on désigne cette racine par $b + u$, on aura

$$u = -\frac{f(b)}{f'(b)} - \frac{f''(b)}{2f'(b)}u^2 - \frac{f'''(b)}{2f''(b)}u^3;$$

la somme des deux derniers termes du second membre est positive et inférieure à 0,0000003, donc la formule

$$u = -\frac{f(b)}{f'(b)} = \frac{0,00014\,15864\,32}{1,47728\,128} = 0,00009\,584\ldots$$

donnera la valeur de $u$ à trois unités près du huitième ordre décimal, en sorte que la racine demandée a pour valeur

$$1,35689\,58$$

avec sept décimales exactes.

### *Complément de la méthode de Newton.*

**162.** La méthode de Newton ne laisse rien à désirer sous le rapport de la simplicité, mais elle exige que l'on discute dans chaque cas le degré d'exactitude des résultats qu'elle fournit, et ainsi elle ne remplit pas la condition qu'on doit imposer à toute méthode d'approximation, savoir, de donner simultanément une limite inférieure et une limite supérieure de la quantité qu'on veut évaluer. Mais il est facile, comme on va le voir, de combler cette lacune sans altérer l'essence de la méthode.

Soient $\alpha$ et $\beta > \alpha$ deux nombres qui comprennent une seule racine $x_0$ de l'équation

$$(1) \qquad f(x) = 0.$$

Comme nous supposons que cette équation n'a pas de racines égales, on peut admettre que les équations $f'(x) = 0$, $f''(x) = 0$ n'ont aucune racine comprise entre $\alpha$ et $\beta$; s'il en était autrement, il faudrait resserrer les limites qui comprennent la racine $x_0$. Lorsqu'on applique la méthode de Fourier à la détermination de ces limites, on est assuré que notre condition se trouve remplie, quand la suite des *indices* que l'on forme, conformément à cette méthode, commence par les nombres 1, 0, 0.

D'après notre hypothèse, $f(x)$ change une fois de signe quand $x$ croît de $\alpha$ à $\beta$, mais $f'(x)$ et $f''(x)$ conservent le même signe. Considérons la fonction

$$(2) \qquad \varphi(x) = x - \frac{f(x)}{f'(x)},$$

dont nous nous sommes déjà occupé au nº **143** et qui est croissante ou décroissante suivant que $f(x)$ et $f''(x)$ sont de même signe ou de signes contraires.

Si $f(x)$ et $f''(x)$ sont de même signe pour $x=\alpha$, la fonction $\varphi(x)$ sera croissante de $x=\alpha$ à $x=x_0$ et elle sera décroissante de $x=x_0$ à $x=6$; le maximum de $\varphi(x)$ est donc $\varphi(x_0)$ ou $x_0$, et l'on a

$$x_0 > \varphi(\alpha) \quad \text{et} \quad x_0 > \varphi(6),$$

ou

$$x_0 > \alpha - \frac{f(\alpha)}{f'(\alpha)} \quad \text{et} \quad x_0 > 6 - \frac{f(6)}{f'(6)}.$$

Si, au contraire, $f(x)$ et $f''(x)$ sont de signes contraires pour $x=\alpha$, la fonction $\varphi(x)$ décroîtra de $x=\alpha$ à $x=x_0$ et elle croîtra de $x=x_0$ à $x=6$, en sorte que $\varphi(x_0)$ ou $x_0$ sera alors un minimum; on aura donc

$$x_0 < \alpha - \frac{f(\alpha)}{f'(\alpha)} \quad \text{et} \quad x_0 < 6 - \frac{f(6)}{f'(6)}.$$

Il résulte de là qu'en appliquant la méthode de Newton à l'une ou à l'autre des deux limites $\alpha$ et $6$, on obtient dans tous les cas des résultats qui sont tous deux en deçà ou au delà de la racine et qui, en conséquence, ne peuvent fournir qu'une limite unique.

Pour avoir une seconde limite, je considérerai la fonction

$$(3) \qquad \psi(x) = \varphi(x) - \mathrm{M}(x - x_0)^2,$$

où M désigne une constante de même signe que le rapport $\frac{f''(x)}{f'(x)}$ et dont la valeur absolue soit au moins égale à la moitié de la plus grande des valeurs absolues que prend le même rapport, quand $x$ croît de $\alpha$ à $6$; d'après cela on pourra écrire

$$(4) \qquad \frac{f''(x)}{f'(x)} = 2\mathrm{M}\Theta,$$

$\Theta$ étant une fonction de $x$ dont la valeur reste comprise entre o et 1, pour les valeurs de $x$ comprises entre $\alpha$ et $\beta$; je poserai en outre

$$(5) \qquad \frac{f(x)}{f'(x)} = \Lambda(x - x_0).$$

Nous avons vu (n° 143) que l'on a

$$\frac{\varphi(x+h) - \varphi(x)}{h} = \frac{f(x)f''(x)}{f'^2(x)} + \varepsilon,$$

$\varepsilon$ étant une quantité qui s'annule avec $h$; il en résulte que si l'on fait, pour abréger l'écriture,

$$\psi'(x) = \frac{f(x)f''(x)}{f'^2(x)} - 2M(x - x_0),$$

la formule (3) donnera

$$\frac{\psi(x+h) - \psi(x)}{h} = \psi'(x) + \eta,$$

$\eta$ désignant une quantité qui s'évanouit avec $h$.

En vertu des formules (4) et (5), la valeur de $\psi'(x)$ peut s'écrire comme il suit :

$$(6) \qquad \psi'(x) = -2M(1 - \Lambda\Theta)(x - x_0);$$

et il est évident que la fonction $\psi(x)$ est croissante ou décroissante entre les limites $x = \alpha$, $x = \beta$, suivant que $\psi'(x)$ est positive ou négative.

Cela posé, si $f(x)$ et $f''(x)$ sont de même signe pour $x = \alpha$, on a, comme on l'a vu plus haut, $\varphi(x) < x_0$ pour les valeurs de $x$ comprises entre $\alpha$ et $x_0$; cette inégalité équivaut à $\Lambda < 1$; d'ailleurs, dans le cas que nous examinons, M est négatif, car $f(x)$ et $f'(x)$ sont de signes contraires pour $x = \alpha$; donc l'expression (6) de $\psi'(x)$ est négative, et $\psi(x)$ décroît quand $x$ croît de $\alpha$ à $x_0$; on a, par suite, $\psi(x_0) < \psi(\alpha)$ ou

$$x_0 < \psi(\alpha).$$

M étant $< 0$, si l'on remplace $x_0$ par $\beta$ dans le second membre de cette inégalité, on aura à plus forte raison

$$x_0 < \alpha - \frac{f(\alpha)}{f'(\alpha)} - M(\beta - \alpha)^2.$$

Si $f(x)$ et $f''(x)$ sont de signes contraires pour $x = \alpha$, ces fonctions seront de même signe pour $x = \beta$; dans ce cas, on a, pour les valeurs de $x$ comprises entre $x_0$ et $\beta$, $\varphi(x) > x_0$, ce qui équivaut à $\Lambda < 1$. Mais ici, M est positif; par conséquent $\psi'(x)$ est négative et $\psi(x)$ est une fonction décroissante. On a donc $\psi(x_0) > \psi(\beta)$ ou

$$x_0 > \psi(\beta);$$

en remplaçant $x_0$ par $\alpha$ dans $\psi(\beta)$, on aura, à plus forte raison,

$$x_0 > \beta - \frac{f(\beta)}{f'(\beta)} - M(\beta - \alpha)^2.$$

Ce qui précède conduit à la règle suivante :

*Soient $\alpha$ et $\beta > \alpha$ deux nombres qui comprennent une seule racine $x_0$ de l'équation $f(x) = 0$ et qui ne comprennent aucune racine des équations $f'(x) = 0$, $f''(x) = 0$; $2M$ un nombre qui ait le signe du rapport $\frac{f''(x)}{f'(x)}$ et dont le module soit égal ou supérieur au plus grand des modules que prend le même rapport quand $x$ varie entre $\alpha$ et $\beta$. Si l'on désigne par $a$ celle des deux limites $\alpha$, $\beta$ pour laquelle les fonctions $f(x)$, $f''(x)$ sont de même signe, et par $b$ celle pour laquelle les mêmes fonctions sont de signes contraires, on aura ces nouvelles limites de la racine $x_0$,*

$$a_1 = a - \frac{f(a)}{f'(a)}, \quad b_1 = a - \frac{f(a)}{f'(a)} - M(a - b)^2,$$

*dont la première est précisément celle de Newton. Si la*

*fonction $f''(x)$ varie dans le même sens, entre les limites $a$ et $b$, auquel cas $f'''(x)$ conserve le même signe, on pourra former le nombre M en divisant celle des deux quantités $\frac{1}{2}f''(a)$, $\frac{1}{2}f''(b)$ qui a la plus grande valeur absolue, par celle des deux $f'(a)$, $f'(b)$ qui a la plus petite valeur absolue.*

Le nombre M étant calculé comme nous venons de l'indiquer, il est nécessaire, pour notre objet, que la valeur absolue du produit $M(a-b)$ soit inférieure à l'unité; si le contraire avait lieu, il serait indispensable de resserrer les limites de la racine, avant d'appliquer la méthode. Supposons que la valeur absolue de M soit comprise entre $\frac{1}{10^{k-1}}$ et $\frac{1}{10^k}$, $k$ étant un entier positif, nul ou négatif, et que $\frac{1}{10^n}$ soit la différence des limites primitives $\alpha$ et $\beta$ ou $a$ et $b$. Au moyen de ces limites $a$ et $b$ on calculera, comme on vient de le dire, les nouvelles limites $a_1$, $b_1$, puis de celles-ci on en conclura deux autres $a_2$, $b_2$, et ainsi de suite; si l'on pose généralement

$$a_\mu - b_\mu = \pm \varepsilon_\mu,$$

en sorte que $\varepsilon_\mu$ représente la valeur absolue de la différence des limites $a_\mu$, $b_\mu$, on aura

$$\varepsilon = \frac{1}{10^n}, \quad \varepsilon_1 < \frac{1}{10^{2n+k}}, \quad \varepsilon_2 < \frac{1}{10^{4n+3k}}, \ldots$$

formules qui mettent en évidence la loi des approximations successives.

163. Exemple. — Considérons l'équation

$$x^3 - 2x - 5 = 0,$$

qui a une racine positive unique, et proposons-nous d'évaluer cette racine. On a ici

$$f(x) = x^3 - 2x - 5,$$
$$f'(x) = 3x^2 - 2$$
$$\frac{1}{2}f''(x) = 3x;$$

on aperçoit de suite que $f(x)$ est négative pour $x = 2$ et qu'elle est positive pour $x = 2,1$; d'ailleurs $f''(x)$ est positive. Nous ferons, conformément à notre règle,

$$a = 2,1, \quad b = 2;$$

la fonction $\frac{f''(x)}{2f'(x)} = \frac{3x}{3x^2 - 2}$ est constamment décroissante et elle est égale 0,6 pour $x = 2$; on peut donc poser $M = 0,6$. Les nouvelles limites ont pour valeurs

$$a_1 = 2,1 - \frac{0,061}{11,23}, \quad b_1 = a_1 - 0,006,$$

et on peut prendre

$$a_1 = 2,095.$$

On a ensuite

$$a_2 = 2,095 - \frac{0,00500\,7375}{11,16707\,5}, \quad b_2 = a_2 - 0,00002\,2,$$

et l'on peut faire, en arrêtant le calcul à la cinquième décimale,

$$a_2 = 2,09456.$$

Appliquons une dernière fois la méthode de Newton; on aura

$$a_3 = 2,09456 - \frac{0,00011\,50686\,90816}{11,1615447808},$$
$$b_3 = a_3 - 0,00000\,00003;$$

en faisant la division indiquée, on pourra compter sur

les neuf premières décimales, et l'on aura pour la racine demandée

$$x_0 = 2,09455\,1481$$

à une unité près du neuvième ordre décimal, par défaut.

### *Méthode d'approximation de Lagrange.*

**164.** La méthode de Lagrange a pour objet le développement des racines en fraction continue.

Soit l'équation

$$(1)\quad f(x) = A_0 x^m + A_1 x^{m-1} + A_2 x^{m-2} + \ldots + A_{m-1} x + A_m = 0,$$

et supposons qu'on ait constaté l'existence d'une ou de plusieurs racines positives comprises entre les entiers consécutifs $a$ et $a+1$; le cas des racines négatives se ramènera à celui des racines positives, en changeant $x$ en $-x$ dans l'équation proposée. On fera, conformément à ce qui a été dit au n° **1**,

$$x = a + \frac{1}{x_1}$$

et on obtiendra la transformée en $x_1$

$$(2)\quad f_1(x_1) = A_0^{(1)} x_1^m + A_1^{(1)} x_1^{m-1} + \ldots + A_{m-1}^{(1)} x_1 + A_m^{(1)} = 0;$$

cette transformée aura autant de racines positives supérieures à 1 que la proposée a de racines entre $a$ et $a+1$; considérons l'une d'elles et supposons qu'elle soit comprise entre les entiers consécutifs $a_1$ et $a_1+1$, on posera

$$x_1 = a_1 + \frac{1}{x_2}$$

et l'on aura la nouvelle transformée

$$(3)\quad f_2(x_2) = A_0^{(2)} x_2^m + A_1^{(2)} x_2^{m-1} + \ldots + A_{m-1}^{(2)} x_2 + A_m^{(2)} = 0,$$

laquelle aura autant de racines positives supérieures à 1 que la proposée a de racines comprises entre $a+\frac{1}{a_1}$ et $a+\frac{1}{a_1+1}\cdot$ On peut poursuivre indéfiniment ces opérations et chacune des racines de la proposée qui sont comprises entre $a$ et $a+1$ se trouvera exprimée par une fraction continue

$$a+\cfrac{1}{a_1+\cfrac{1}{a_2+\ldots}},$$

dont les réduites $\frac{P_1}{Q_1}, \frac{P_2}{Q_2}, \ldots,$ fourniront des valeurs de plus en plus approchées.

Quant aux transformées successives (2), (3), etc., chacune d'elles se déduit de la précédente par une règle uniforme; on a effectivement

$$\begin{aligned} f_\mu(x_\mu) &= f_\mu\left(a_\mu+\frac{1}{x_{\mu+1}}\right) \\ &= f_\mu(a_\mu)+\frac{1}{x_{\mu+1}}f'_\mu(a_\mu)+\ldots+\frac{1}{x^m_{\mu+1}}\frac{f^m_\mu(a_\mu)}{1.2\ldots m}, \end{aligned}$$

et la transformée en $x_{\mu+1}$ sera

$$x^m_{\mu+1}f_\mu(a_\mu)+x^{m-1}_{\mu+1}\frac{f'_\mu(a_\mu)}{1}+\ldots+\frac{f^m_\mu(a_\mu)}{1.2\ldots m}=0;$$

ainsi, l'on aura

$$A_0^{(\mu+1)}=f_\mu(a_\mu),\quad A_1^{(\mu+1)}=\frac{f'_\mu(a_\mu)}{1},\ldots,\quad A_m^{(\mu+1)}=\frac{f^m_\mu(a_\mu)}{1.2\ldots m}.$$

Remarquons enfin qu'on peut toujours faire en sorte, si on le juge à propos, que l'équation proposée n'ait qu'une seule racine comprise entre deux entiers consécutifs; car il suffira, pour atteindre ce but, de multiplier toutes les racines de cette équation par un nombre convenablement choisi : alors chacune des transformées (2), (3), etc., n'aura qu'une seule racine positive et supérieure à 1.

**165.** La méthode précédente serait d'une longueur rebutante dans la plupart des cas, si, en la proposant, Lagrange n'avait indiqué un procédé très-simple qui permet de déterminer sans tâtonnement la suite des quotients $a, a_1, a_2, \ldots$, lorsque quelques-uns des premiers termes sont connus. Voici en quoi consiste ce procédé.

Soit $\frac{P_n}{Q_n}$ la $(n+1)^{ième}$ réduite de la fraction continue formée avec les quotients $a, a_1, \ldots$ (n° 2); la racine $x$ dont cette fraction est le développement aura pour valeur

$$(1) \qquad x = \frac{P_n x_n + P_{n-1}}{Q_n x_n + Q_{n-1}};$$

on tire de là

$$x_n = \frac{Q_{n-1} x - P_{n-1}}{P_n - Q_n x},$$

ou, à cause de

$$P_n Q_{n-1} - Q_n P_{n-1} = (-1)^n,$$

$$x_n + \frac{Q_{n-1}}{Q_n} = \frac{(-1)^n}{Q_n(P_n - Q_n x)}.$$

Si l'on remplace $x$ par chacune des racines $x, x', x'', \ldots$ de la proposée, il est évident que la formule précédente donnera les racines correspondantes $x_n, x'_n, x''_n, \ldots$ de la transformée en $x_n$; on aura donc aussi

$$x'_n + \frac{Q_{n-1}}{Q_n} = \frac{(-1)^n}{Q_n(P_n - Q_n x')},$$

$$x''_n + \frac{Q_{n-1}}{Q_n} = \frac{(-1)^n}{Q_n(P_n - Q_n x'')},$$

$$\ldots\ldots\ldots\ldots\ldots\ldots\ldots,$$

et en ajoutant ces dernières égalités, il viendra

$$(x'_n + x''_n + x'''_n + \ldots) + (m-1)\frac{Q_{n-1}}{Q_n} = \frac{(-1)^n}{Q_n(P_n - Q_n x')} + \frac{(-1)^n}{Q_n(P_n - Q_n x'')} + \frac{(-1)^n}{Q_n(P_n - Q_n x''')} + \ldots.$$

Mais, dans la transformée en $x_n$, savoir

$$A_0^{(n)} x_n^m + A_1^{(n)} x_n^{m-1} + \ldots = 0,$$

la somme des racines est $-\frac{A_1^{(n)}}{A_0^{(n)}}$; on peut donc remplacer $x'_n + x''_n + \ldots$ par $-x_n - \frac{A_1^{(n)}}{A_0^{(n)}}$, dans l'égalité précédente, et si l'on fait en outre, pour abréger,

$$\Delta = \frac{1}{\frac{P_n}{Q_n} - x'} + \frac{1}{\frac{P_n}{Q_n} - x''} + \frac{1}{\frac{P_n}{Q_n} - x'''} + \ldots,$$

il viendra

$$(2) \qquad x_n = (m-1)\frac{Q_{n-1}}{Q_n} - \frac{A_1^{(n)}}{A_0^{(n)}} + \frac{(-1)^{n-1}\Delta}{Q_n^2};$$

enfin si l'on pose

$$(3) \qquad \xi_n = (m-1)\frac{Q_{n-1}}{Q_n} - \frac{A_1^{(n)}}{A_0^{(n)}},$$

on aura

$$x_n = \xi_n + \frac{(-1)^{n-1}\Delta}{Q_n^2}.$$

Par conséquent, dès qu'on sera arrivé à une réduite $\frac{P_n}{Q_n}$ telle, que l'on ait

$$(4) \qquad Q_n > \sqrt{\pm k\Delta},$$

l'erreur commise en prenant

$$(5) \qquad x_n = \xi_n$$

sera moindre que $\frac{1}{k}$ en valeur absolue, et si $k$ a une valeur suffisamment grande, on connaîtra directement, par la formule (3), le quotient entier $a_n$ contenu dans $x_n$. Ceci suppose que $\Delta$ est connue; mais il est évident qu'une valeur médiocrement approchée de cette quantité suffit pour notre objet. Or, les réduites $\frac{P_n}{Q_n}$ s'approchent rapidement de $x$, et $\Delta$ diffère d'autant de moins de la quantité

$$M = \frac{1}{x - x'} + \frac{1}{x - x''} + \frac{1}{x - x'''} + \ldots$$

que $n$ est plus grand; on a d'ailleurs (n° 49)

$$\frac{f'(X)}{f(X)} - \frac{1}{X - x} = \frac{1}{X - x'} + \frac{1}{X - x''} + \frac{1}{X - x'''} + \ldots;$$

et, pour $X = x + h$, le premier membre de cette formule se réduit, à cause de $f(x) = 0$, à

$$\frac{\frac{1}{2} f''(x) + \ldots}{f'(x) + \frac{h}{1.2} f''(x) + \ldots},$$

expression qui tend vers la limite $\frac{f''(x)}{2f'(x)}$ quand $h$ tend vers zéro. On a donc

$$M = \frac{f''(x)}{2f'(x)},$$

et à la condition (4) on pourra substituer la suivante

$$(6) \qquad Q_n > \sqrt{\pm k M}.$$

Désignons par $\xi$ la valeur approchée de $x$ qui répond à $x_n = \xi_n$; on aura, d'après la formule (1),

$$\xi = \frac{P_n \xi_n + P_{n-1}}{Q_n \xi_n + Q_{n-1}},$$

d'où

$$(7) \qquad x - \xi = \frac{-\Delta}{Q_n^4\left(x_n + \frac{Q_{n-1}}{Q_n}\right)\left(\xi_n + \frac{Q_{n-1}}{Q_n}\right)};$$

le second membre de cette formule (7) diffère peu de la quantité

$$\frac{-M}{a_n^2 Q_n^4},$$

laquelle donne ainsi la mesure de l'erreur commise quand on prend $\xi$ pour valeur approchée de $x$.

On peut conclure de là que si le développement en fraction continue est assez avancé, la formule (3) donnera non-seulement le quotient incomplet $a_n$, mais encore quelques-uns des quotients suivants, et on obtiendra ceux-ci en poussant le développement de $\xi_n$ en fraction continue jusqu'à une certaine limite qu'il est facile d'évaluer approximativement. Pour cela, supposons qu'on ait réduit $\xi_n$ en fraction continue et que l'on ait écrit les quotients obtenus à la suite de ceux qui ont été déjà trouvés; prolongeons au moyen de ces quotients la suite des réduites, et soit $\frac{P}{Q}$ l'une d'elles. Il est évident que $\frac{P}{Q}$ sera l'une des réduites de $\xi$; si donc on nomme $\alpha$ le quotient complet qui lui correspond et que $\frac{P'}{Q'}$ soit la réduite qui précède $\frac{P}{Q}$, on aura

$$\xi = \frac{P\alpha + P'}{Q\alpha + Q'} = \frac{P}{Q} \pm \frac{1}{Q(Q\alpha + Q')};$$

la formule (7) deviendra donc

$$x - \frac{P}{Q} = \frac{\pm 1}{Q(Q\alpha + Q')} + \frac{-\Delta}{Q_n^4\left(x_n + \frac{Q_{n-1}}{Q_n}\right)\left(\xi_n + \frac{Q_{n-1}}{Q_n}\right)},$$

ou, à peu près,

$$x - \frac{P}{Q} = \frac{\pm 1}{\alpha Q^2} + \frac{-M}{a_n^2 Q_n^4}. \tag{8}$$

Soit maintenant $\beta$ un nombre quelconque, et supposons le dénominateur Q de $\frac{P}{Q}$ tel que

$$Q < \frac{a_n Q_n^2}{\sqrt{\pm \beta M}}; \tag{9}$$

le second membre de la formule (8) sera inférieur en valeur absolue à

$$\left(\frac{1}{\alpha} + \frac{1}{\beta}\right)\frac{1}{Q^2},$$

il sera donc inférieur à $\frac{1}{2Q^2}$ si l'on a

$$\frac{1}{\alpha} + \frac{1}{\beta} < \frac{1}{2} \quad \text{ou} \quad \beta > \frac{2\alpha}{\alpha - 2},$$

et, dans ce cas, $\frac{P}{Q}$ sera certainement l'une des réduites de $x$ (nº 8).

On voit par là qu'à partir de la réduite $\frac{P_n}{Q_n}$, le développement de $\xi_n$ fournit les quotients nécessaires pour prolonger la suite des réduites, jusqu'à ce qu'elles aient environ deux fois autant de chiffres que celle d'où l'on est parti. Il faut cependant remarquer que cette conclusion peut être en défaut quand le quotient qui suit celui auquel on s'arrête n'est pas supérieur à 2.

166. Exemple. — Considérons l'équation

$$x^3 - 7x + 7 = 0$$

ue nous avons déjà plusieurs fois prise pour exemple.

On a

$$f(x) = x^3 - 7x + 7,$$
$$f'(x) = 3x^2 - 7,$$
$$\frac{1}{2}f''(x) = 3x,$$
$$\frac{1}{6}f'''(x) = 1.$$

L'équation proposée a deux racines comprises entre 1 et 2; nous poserons

$$x = 1 + \frac{1}{x_1},$$

et nous aurons la transformée

$$x_1^3 - 4x_1^2 + 3x_1 + 1 = 0;$$

celle-ci a une racine comprise entre 1 et 2 et une autre entre 2 et 3; nous considérerons d'abord cette dernière racine et nous ferons

$$x_1 = 2 + \frac{1}{x_2};$$

on a

$$f_1(x_1) = x_1^3 - 4x_1^2 + 3x_1 + 1,$$
$$f_1'(x_1) = 3x_1^2 - 8x_1 + 3,$$
$$\frac{1}{2}f_1''(x_1) = 3x_1 - 4,$$
$$\frac{1}{6}f_1'''(x_1) = 1;$$

en remplaçant $x_1$ par 2 dans ces formules, on aura les coefficients de la transformée en $x_2$; celle-ci est

$$x_2^3 + x_2^2 - 2x_2 - 1 = 0.$$

La racine positive $x_2$ est comprise entre 1 et 2, on fera donc

$$x_2 = 1 + \frac{1}{x_3};$$

on a

$$f_2(x_2) = x_2^3 + x_2^2 - 2x_2 - 1,$$
$$f_2'(x_2) = 3x_2^2 + 2x_2 - 2,$$
$$\frac{1}{2}f_2''(x_2) = 3x_2 + 1,$$
$$\frac{1}{6}f_2'''(x_2) = 1,$$

et la transformée en $x_3$ sera

$$x_3^3 - 3x_3^2 - 4x_3 - 1 = 0.$$

La racine positive est comprise entre 4 et 5, on fera donc

$$x_3 = 4 + \frac{1}{x_4};$$

on a

$$f_3(x_3) = x_3^3 - 3x_3^2 - 4x_3 - 1,$$
$$f_3'(x_3) = 3x_3^2 - 6x_3 - 4,$$
$$\frac{1}{2}f_3''(x_3) = 3x_3 - 3,$$
$$\frac{1}{6}f_3'''(x_3) = 1,$$

d'où résulte la transformée en $x_4$

$$x_4^3 - 20x_4^2 - 9x_4^2 - 1 = 0.$$

Maintenant l'opération est plus avancée qu'il n'est nécessaire pour pouvoir appliquer le procédé abrégé de Lagrange, et déterminer les quotients sans tâtonnement. Formons d'abord les réduites qui répondent aux quotients que nous avons obtenus

| 1 | 2 | 1 | 4 | |
|---|---|---|---|---|
| $\frac{1}{0}$ | $\frac{1}{1}$ | $\frac{3}{2}$ | $\frac{4}{3}$ | $\frac{19}{14}$ |

La formule (2) du n° 165 donne, en l'appliquant ici au cas de $n = 4$,

$$x_4 = 2\frac{3}{14} + \frac{20}{1} - \frac{\Delta}{14^2};$$

la quantité $\Delta$ diffère peu de M ou de $\frac{1}{2}\frac{f''(x)}{f'(x)}$, et il est aisé de s'assurer que M est inférieur à 3. La somme des deux fractions $\frac{3}{7} + \frac{20}{1}$ fournit le cinquième quotient 20; en outre, on a

$$x = \frac{19x_4 + 4}{14x_4 + 3},$$

et si l'on prend pour $x_4$ la valeur

$$\frac{3}{7} + 20 = \frac{143}{7},$$

on obtiendra une valeur de $x$, savoir :

$$\frac{2745}{2023},$$

dont l'erreur sera environ $\frac{3}{20^2 . 14^4} = 0,0000002$, et, par conséquent, si l'on réduit cette fraction en décimales, on obtiendra un résultat dans lequel les six premiers chiffres décimaux seront exacts; on trouve

$$\frac{2745}{2023} = 1,35689569\ldots,$$

et les six premières décimales sont effectivement celles que nous avons obtenues au n° 161.

Si l'on veut poursuivre le développement en fraction continue, on fera

$$x_4 = 20 + \frac{1}{x_5},$$

et on formera la réduite $\frac{384}{283}$, qui répond au quotient $x_4$; puis, des équations

$$f_4(x_4) = x_4^3 - 20x_4^2 - 9x_4 - 1,$$
$$f'_4(x_4) = 3x_4^2 - 40x_4 - 9,$$
$$\frac{1}{2}f''_4(x_4) = 3x_4 - 20,$$
$$\frac{1}{6}f'''_4(x_4) = 1,$$

on conclura la transformée en $x_5$, savoir

$$181x_5^3 - 391x_5^2 - 40x_5 - 1 = 0;$$

la formule (2) du n° 165 donnera ensuite

$$x_5 = 2\frac{14}{283} + \frac{391}{181} + \frac{\Delta}{283^2};$$

d'où il résulte que le sixième quotient est égal à 2; en outre, on a

$$x = \frac{384x_5 + 19}{283x_5 + 14},$$

et si l'on prend pour $x_5$ la valeur

$$\frac{28}{283} + \frac{391}{181} = \frac{115721}{51223},$$

on aura une valeur approchée de $x$ dont l'erreur sera inférieure à

$$\frac{3}{4 \times 283^4}.$$

Si l'on applique la même méthode au calcul des deux autres racines de l'équation proposée, on obtiendra les résultats suivants :

$$\begin{array}{r|l}
x'^3 - 7x' + 7 = 0, & x' = 1 + \dfrac{1}{x'_1}, \\
x_1'^3 - 4x_1'^2 + 3x'_1 + 1 = 0, & x'_1 = 1 + \dfrac{1}{x'_2}, \\
x_2'^3 - 2x_2'^2 - x'_2 + 1 = 0, & x'_2 = 2 + \dfrac{1}{x'_3}, \\
x_3'^3 - 3x_3'^2 - 4x'_3 - 1 = 0, & x'_3 = 4 + \dfrac{1}{x'_4}; \\
x_4'^3 - 20x_4'^2 - 9x'_4 - 1 = 0, & x'_4 = x_4;
\end{array}$$

$$\begin{array}{r|l}
x''^3 - 7x'' + 7 = 0, & -x'' = 3 + \dfrac{1}{x''_1}, \\
x_1''^3 - 20x_1''^2 - 9x''_1 - 1 = 0, & x''_1 = x_4.
\end{array}$$

On voit que les trois racines $x$, $x'$, $x''$ conduisent à une même transformée, et, en conséquence, les fractions continues qui expriment ces racines se terminent par les mêmes quotients ; on a

$$x = 1 + \cfrac{1}{2 + \cfrac{1}{1 + \cfrac{1}{4 + \cfrac{1}{x_4}}}}, \qquad x' = 1 + \cfrac{1}{1 + \cfrac{1}{2 + \cfrac{1}{4 + \cfrac{1}{x_4}}}},$$

$$-x'' = 3 + \frac{1}{x_4},$$

$x_4$ désignant la racine positive de l'équation

$$x_4^3 - 20x_4^2 - 9x_4 - 1 = 0.$$

Nous étudierons dans la suite de cet Ouvrage les équations qui possèdent cette propriété remarquable.

167. Dans un Mémoire qui fait partie du tome I^er du

*Journal de Mathématiques pures et appliquées*, M. Vincent a fait connaître une belle propriété des fractions continues, et il en a déduit, pour le calcul des racines réelles des équations, une méthode qui procède à la fois de celle de Lagrange et de celle de Newton; nous croyons devoir établir ici la proposition sur laquelle repose cette méthode.

THÉORÈME. — *Étant donnée une équation $f(x) = 0$ qui n'a pas de racines égales, si l'on fait successivement*

$$x = a + \frac{1}{x_1}, \quad x_1 = a_1 + \frac{1}{x_2}, \quad x_2 = a_2 + \frac{1}{x_3}, \dots,$$

*$a, a_1, a_2, \dots,$ étant une suite illimitée de nombres entiers positifs quelconques, après un certain nombre de transformations, il arrivera toujours que les transformées successives n'auront que des permanences ou qu'elles n'offriront qu'une seule variation.*

*Le second cas se présentera si l'une des racines de l'équation proposée est la limite de la fraction continue*

$$(1) \qquad a + \cfrac{1}{a_1 + \cfrac{1}{a_2 + \dots}},$$

*le premier cas aura lieu au contraire si aucune des racines n'est égale à cette limite.*

Pour démontrer ce théorème, formons les réduites de la fraction continue (1), et désignons par $\frac{P_n}{Q_n}$ celle qui occupe le $(n+1)^{\text{ième}}$ rang; le quotient qui répond à la réduite $\frac{P_n}{Q_n}$ étant $x_n$, il est évident que l'on obtiendra directement la $n^{\text{ième}}$ transformée en posant, dans l'équation $f(x) = 0$,

$$(2) \qquad x = \frac{P_n x_n + P_{n-1}}{Q_n x_n + Q_{n-1}},$$

formule d'où l'on tire

$$(3)\qquad x_n = \frac{P_{n-1} - Q_{n-1}x}{Q_n x - P_n}.$$

Soient $\alpha$, $\beta$, $\gamma$,... les racines de l'équation proposée, et $\alpha_n$, $\beta_n$, $\gamma_n$,... les racines de la transformée; cette transformée sera, en écrivant $x$ au lieu de $x_n$,

$$(x - \alpha_n)(x - \beta_n)(x - \gamma_n)\ldots = 0,$$

et chacune des racines $\alpha_n$, $\beta_n$,... sera liée à la racine $\alpha$, $\beta$,... correspondante par la relation (2) ou (3); on a donc

$$(4)\qquad \alpha_n = \frac{Q_{n-1}}{Q_n} \frac{\dfrac{P_{n-1}}{Q_{n-1}} - \alpha}{\alpha - \dfrac{P_n}{Q_n}}.$$

Si $\alpha$ est réelle et que les réduites $\frac{P_n}{Q_n}$ convergent vers cette racine, il est évident que $\alpha_n$ sera une quantité positive; mais si les réduites $\frac{P_n}{Q_n}$ ont une limite différente de $\alpha$, quand $n$ sera suffisamment grand, les différences

$$\frac{P_{n-1}}{Q_{n-1}} - \alpha, \quad \frac{P_n}{Q_n} - \alpha$$

seront de même signe, et en conséquence la quantité $\alpha_n$ sera négative.

Si $\alpha$ est imaginaire, soit

$$\alpha = p + q\sqrt{-1}, \quad \alpha_n = p_n + q_n\sqrt{-1},$$

on aura

$$p_n + q_n\sqrt{-1} = -\frac{Q_{n-1}}{Q_n} \frac{\dfrac{P_{n-1}}{Q_{n-1}} - p - q\sqrt{-1}}{\dfrac{P_n}{Q_n} - p - q\sqrt{-1}},$$

et, en changeant $\sqrt{-1}$ en $-\sqrt{-1}$,

$$p_n - q_n\sqrt{-1} = -\frac{Q_{n-1}}{Q_n}\,\frac{\dfrac{P_{n-1}}{Q_{n-1}} - p + q\sqrt{-1}}{\dfrac{P_n}{Q_n} - p + q\sqrt{-1}};$$

en ajoutant entre elles les deux formules précédentes on obtient

$$2p_n = -\frac{Q_{n-1}}{Q_n}\left(\frac{\dfrac{P_{n-1}}{Q_{n-1}} - p - q\sqrt{-1}}{\dfrac{P_n}{Q_n} - p - q\sqrt{-1}} + \frac{\dfrac{P_{n-1}}{Q_{n-1}} - p + q\sqrt{-1}}{\dfrac{P_n}{Q_n} - p + q\sqrt{-1}}\right)$$

ou

$$p_n = -\frac{Q_{n-1}}{Q_n}\,\frac{q^2 + \left[\dfrac{1}{2}\left(\dfrac{P_n}{Q_n} + \dfrac{P_{n-1}}{Q_{n-1}}\right) - p\right]^2 - \dfrac{1}{4}\left(\dfrac{P_n}{Q_n} - \dfrac{P_{n-1}}{Q_{n-1}}\right)^2}{\left(\dfrac{P_n}{Q_n} - p\right)^2 + q^2};$$

pour les valeurs de $n$ qui surpassent une certaine limite, la quantité $\frac{1}{4}\left(\frac{P_n}{Q_n} - \frac{P_{n-1}}{Q_{n-1}}\right)^2$ sera inférieure à $q^2$, et l'on voit que $p_n$ sera négative.

Si donc $n$ est suffisamment grand et que la fraction continue (1) ne représente pas le développement d'une racine de la proposée, la $n^{ième}$ transformée n'aura que des racines de la forme $-g$ ou $-g \pm h\sqrt{-1}$, $g$ étant positif. Les facteurs du premier membre qui répondent aux racines réelles seront de la forme $x + g$ et les facteurs réels du deuxième degré qui répondent à deux racines imaginaires conjuguées auront la forme

$$x^2 + 2gx + (g^2 + h^2);$$

il est évident que le premier membre de notre transformée, qui est le produit de tous ces facteurs, n'aura que des permanences.

Il convient de remarquer que les racines réelles ou imaginaires des diverses transformées tendent de plus en plus vers l'égalité. Effectivement, si l'on divise la formule (4) par celle qu'on en déduit en changeant $\alpha$ et $\alpha_n$ en $\beta$ et $\beta_n$, on aura

$$\frac{\alpha_n}{\beta_n} = \frac{\frac{P_{n-1}}{Q_{n-1}} - \alpha}{\frac{P_n}{Q_n} - \alpha} \cdot \frac{\frac{P_n}{Q_n} - \beta}{\frac{P_{n-1}}{Q_{n-1}} - \beta},$$

et comme $\frac{P_{n-1}}{Q_{n-1}}$ et $\frac{P_n}{Q_n}$ tendent vers la même limite, on voit que l'on a

$$\lim \frac{\alpha_n}{\beta_n} = 1.$$

On arrive au même résultat en considérant la différence $\alpha_n - \beta_n$ qui a pour valeur

$$\alpha_n - \beta_n = \frac{1}{Q_n^2} \frac{(-1)^n(\alpha - \beta)}{\left(\alpha - \frac{P_n}{Q_n}\right)\left(\beta - \frac{P_n}{Q_n}\right)};$$

ainsi, en particulier, si la proposée et les transformées successives ont des racines imaginaires, la partie imaginaire de ces racines tendra vers zéro.

Supposons maintenant que la fraction continue (1) tende vers l'une des racines $\alpha$ de l'équation proposée. Alors la $n^{ième}$ transformée aura une racine positive unique, $\alpha_n$, si $n$ est suffisamment grand; il est d'ailleurs évident que tout ce que nous venons de dire précédemment s'appliquera à l'équation $\frac{f(x)}{x - \alpha} = 0$. Par conséquent, dans le cas qui nous occupe, les racines de la transformée de rang $n$, autres que la racine positive $\alpha_n$, pourront être représentées par

$$-g(1 + \varepsilon_1), \quad -g(1 + \varepsilon_2), \quad \ldots, \quad -g(1 + \varepsilon_{m-1}),$$

$g$ étant un nombre positif, et $\varepsilon_1, \varepsilon_2, \ldots, \varepsilon_{m-1}$ désignant des quantités réelles ou imaginaires dont les modules peuvent devenir plus petits que toute quantité donnée. Le produit des facteurs linéaires qui répondent à ces racines sera donc

$$(5) \qquad (x+g)^{m-1} + (E_1 g x^{m-2} + E_2 g^2 x^{m-3} + \ldots + E_{m-1} g^{m-1}),$$

$E_1, E_2, \ldots, E_{m-1}$ étant des coefficients réels qui peuvent devenir moindres que tout nombre donné. Posons

$$(x+g)^{m-1} = G_0 x^{m-1} + G_1 g x^{m-2} + \ldots + G_{m-2} g^{m-2} x + G_{m-1} g^{m-1};$$

on aura

$$G_0 = 1, \quad G_{m-1} = 1,$$

et

$$\frac{G_{k+1}}{G_k} = \frac{m}{k+1} - 1;$$

l'expression (5) se réduit alors à

$$(6) \qquad G_0 x^{m-1} + (G_1 + E_1) g x^{m-2} + \ldots + (G_{m-1} + E_{m-1}) g^{m-1},$$

et l'on pourra faire

$$\frac{G_{k+1} + E_{k+1}}{G_k + E_k} = \frac{G_{k+1}}{G_k} + e_{k+1} = \frac{m}{k+1} - 1 + e_{k+1},$$

$e_{k+1}$ étant un nombre réel qui peut devenir moindre que toute quantité donnée en prenant $n$ suffisamment grand. Désignons maintenant par $(\lambda - 1)g$ la racine positive de notre transformée; il est évident que cette transformée s'obtiendra en égalant à zéro le produit du polynôme (6) par $x - (\lambda - 1)g$; on a, à cause de $G_0 = 1$,

$$(7) \left\{ \begin{aligned} & x^m + \left(\frac{m}{1} + e_1 - \lambda\right) G_0 g x^{m-1} + \left(\frac{m}{2} + e_2 - \lambda\right)(G_1 + E_1) g^2 x^{m-2} + \ldots \\ & \quad + \left(\frac{m}{m-1} + e_{m-1} - \lambda\right)(G_{m-2} + E_{m-2}) g^{m-1} x \\ & \quad - (\lambda - 1)(G_{m-1} + E_{m-1}) g^m = 0. \end{aligned} \right.$$

Le premier terme de cette équation a le signe + et le

dernier terme a le signe —; d'ailleurs, les quantités $e_1$, $e_2, \ldots$, $E_1$, $E_2, \ldots$ peuvent être supposées aussi petites que l'on voudra, et si le coefficient de l'un des termes compris entre le premier et le dernier est nul ou négatif, il est évident que tous les coefficients qui suivent seront négatifs. L'équation (7) n'a donc qu'une seule variation, ce qui achève la démonstration du théorème énoncé.

Ainsi que l'a montré M. Vincent, le théorème précédent suffit pour opérer la séparation des racines, sans que l'on soit obligé d'en déterminer le nombre *à priori*, ou de leur assigner des limites, pourvu qu'afin de s'épargner des essais inutiles on fasse un usage convenable du théorème de Budan; mais nous renverrons au Mémoire de l'auteur, pour le développement de cette méthode.

### *Du calcul des racines imaginaires.*

**168.** La méthode qui a été exposée au n° **147** permet non-seulement de séparer les racines imaginaires d'une équation, mais encore de resserrer indéfiniment les limites qui comprennent, soit la partie réelle de chaque racine, soit la partie multipliée par l'imaginaire $i$ ou $\sqrt{-1}$.

Lorsqu'une racine imaginaire est ainsi connue avec une certaine approximation, on peut en obtenir des valeurs de plus en plus approchées au moyen de la méthode de Newton, qui n'est en aucune façon bornée au cas des racines réelles. Effectivement, si $z_0$ est une première valeur approchée d'une racine simple $z$ de l'équation

$$(1) \qquad f(z) = 0,$$

et que $z_0 + u$ soit la valeur exacte de cette racine, on pourra poser

$$f(z_0) + uf'(z_0) + \frac{u^2}{1.2}f''(z_0) + \ldots = 0,$$

d'où

$$u = -\frac{f(z_0)}{f'(z_0)} - \frac{f''(z_0)}{f'(z_0)}\frac{u^2}{1.2} - \ldots,$$

et on aura, avec une approximation d'autant plus grande que le module de $u$ sera plus petit,

$$u = -\frac{f(z_0)}{f'(z_0)};$$

mais il sera nécessaire d'examiner, dans chaque cas, le degré d'exactitude que peut fournir la précédente formule, et cette discussion ne sera pas toujours exempte de difficultés.

Posons

$$z = x + iy, \quad f(z) = \varphi(x, y) + i\psi(x, y),$$

et désignons par $x_0 + iy_0$ la valeur approchée $z_0$ de laquelle on part : le problème dont nous nous occupons a pour objet de calculer l'une des solutions réelles $(x, y)$ des équations simultanées

$$(2) \qquad \varphi(x, y) = 0, \quad \psi(x, y) = 0,$$

connaissant des valeurs approchées $x_0$ et $y_0$, de $x$ et $y$; or je dis que la même méthode peut être appliquée aux équations (2), quels que soient les polynômes $\varphi(x, y)$ et $\psi(x, y)$. Désignons en effet par

$$x = x_0 + \xi, \quad y = y_0 + \eta$$

les valeurs de $x$ qu'on se propose de calculer : on aura, en employant ici la notation dont nous avons déjà fait usage au n° 89,

$$\varphi(x, y) = \varphi(x_0, y_0) + \xi D_x\varphi(x_0, y_0) + \eta D_y\varphi(x_0, y_0) + \ldots,$$
$$\psi(x, y) = \psi(x_0, y_0) + \xi D_x\psi(x_0, y_0) + \eta D_y\psi(x_0, y_0) + \ldots;$$

si donc $\xi$ et $\eta$ sont des quantités assez petites pour qu'on puisse négliger leurs carrés et leur produit, on aura approximativement

$$\xi D_x\varphi(x_0, y_0) + \eta D_y\varphi(x_0, y_0) = -\varphi(x_0, y_0),$$
$$\xi D_x\psi(x_0, y_0) + \eta D_y\psi(x_0, y_0) = -\psi(x_0, y_0),$$

d'où

$$\xi = -\frac{\varphi(x_0, y_0) D_y\psi(x_0, y_0) - \psi(x_0, y_0) D_y\varphi(x_0, y_0)}{D_x\varphi(x_0, y_0) D_y\psi(x_0, y_0) - D_y\varphi(x_0, y_0) D_x\psi(x_0, y_0)},$$
$$\eta = -\frac{\psi(x_0, y_0) D_x\varphi(x_0, y_0) - \varphi(x_0, y_0) D_x\psi(x_0, y_0)}{D_x\varphi(x_0, y_0) D_y\psi(x_0, y_0) - D_y\varphi(x_0, y_0) D_x\psi(x_0, y_0)};$$

il est évident que ces formules ne pourront être d'aucun usage, si la solution que l'on considère est une solution multiple des équations (2).

**169.** La méthode que nous venons d'indiquer exige des calculs très-laborieux, et, au lieu de l'employer, il sera souvent plus simple de recourir à l'élimination, comme on va le voir dans l'exemple suivant. Proposons-nous de calculer les racines de l'équation

$$(1) \qquad z^4 - z + 1 = 0$$

qui toutes les quatre sont imaginaires. Si l'on pose $z = x + y\sqrt{-1}$, cette équation se décomposera dans les deux suivantes :

$$(2) \qquad (y^2 - x^2)^2 - 4x^2(y^2 - x^2) - (4x^4 + x - 1) = 0,$$
$$(3) \qquad y[4x(y^2 - x^2) + 1] = 0,$$

et en supprimant de l'équation (3) le facteur $y$, on aura

$$(4) \qquad y^2 - x^2 = -\frac{1}{4x};$$

portant ensuite cette valeur de $y^2 - x^2$ dans l'équation (2), il viendra

$$64x^6 - 16x^2 - 1 = 0;$$

enfin, si l'on pose

$$(5) \qquad x = \frac{\sqrt{t}}{2},$$

cette dernière équation deviendra

$$t^3 - 4t - 1 = 0.$$

Les substitutions donnent les résultats suivants :

| $t$ | $t^3 - 4t - 1$ |
|---|---|
| 2 | − 1 |
| 3 | + 16 |
| 2,1 | − 0,139 |
| 2,2 | + 0,848 |
| 2,11 | − 0,046069 |
| 2,12 | + 0,048128 |

d'où il suit que la seule racine positive $t$ est comprise entre 2,11 et 2,12. Une première application de la méthode de Newton donne les nouvelles limites 2,1149 et 2,1150; une deuxième application fournit la valeur 2,11490754 avec huit décimales exactes. La formule (5) donne ensuite, avec le même degré d'approximation,

$$x = \pm 0,72713603;$$

enfin la formule (4) donne les valeurs

$$y = \pm 0,43001425,$$
$$y = \pm 0,93409929;$$

on a ainsi, pour les racines demandées,

$$z = +\ 0,72713603\ldots \pm 0,43001425\ldots\sqrt{-1},$$
$$z = -\ 0,72713603\ldots \pm 0,93409929\ldots\sqrt{-1}.$$

# SECTION II.

## LES FONCTIONS SYMÉTRIQUES.

# SECTION II.

## LES FONCTIONS SYMÉTRIQUES.

# CHAPITRE PREMIER.

## THÉORIE DES FONCTIONS SYMÉTRIQUES.

### *Des fonctions symétriques.*

**170.** Lorsqu'une fonction de plusieurs quantités ne change pas quand on échange entre elles, de toutes les manières possibles, les quantités qu'elle renferme, cette fonction est dite *symétrique*. Nous ne nous occuperons ici que des fonctions symétriques *rationnelles*.

Les coefficients d'une équation algébrique sont des fonctions symétriques des racines de cette équation; ce sont même les fonctions symétriques les plus simples, en ce sens que chaque racine n'y figure qu'au premier degré. S'il s'agit, en effet, de l'équation

$$x^m + p_1 x^{m-1} + p_2 x^{m-2} + \ldots + p_{m-1} x + p_m = 0,$$

et que $a$, $b$, $c$, ..., $k$, $l$ désignent les $m$ racines, on sait que l'on a

$$\begin{aligned} a + b + c + \ldots + k + l &= -p_1, \\ ab + ac + \ldots + kl &= p_2, \\ \ldots\ldots\ldots\ldots\ldots\ldots & \ldots\ldots, \\ abc\ldots kl &= \pm p_m. \end{aligned}$$

Nous allons montrer comment on peut trouver l'expression d'une fonction symétrique et rationnelle quelconque des racines d'une équation, et cette recherche nous conduira à ce théorème important :

*Toute fonction rationnelle et symétrique des racines d'une équation peut s'exprimer rationnellement par les coefficients de cette équation.*

Examinons d'abord à quoi peut se réduire la recherche de la fonction rationnelle et symétrique la plus générale. Toute fonction rationnelle non entière est le quotient de deux fonctions entières, en sorte qu'il n'y a lieu de s'occuper que des fonctions symétriques entières. En outre, toute fonction symétrique entière non homogène est la somme de plusieurs fonctions symétriques homogènes; tout est donc ramené à établir des règles pour calculer les fonctions symétriques rationnelles entières et homogènes; enfin, une pareille fonction symétrique entière et homogène peut contenir des termes où les exposants des lettres, tout en ayant la même somme, ne soient pas égaux chacun à chacun : dans ce cas, la fonction est la somme de deux ou d'un plus grand nombre de fonctions symétriques de même degré, mais différentes, et que nous calculerons séparément. De tout cela il résulte que nous pouvons nous borner à considérer les fonctions symétriques rationnelles, entières et homogènes, telles que les exposants des lettres soient les mêmes dans deux termes quelconques; toute fonction de cette espèce sera définie si l'on donne un seul de ses termes, ainsi que toutes les lettres qui entrent dans sa composition. Cela posé, nous appellerons *fonction symétrique simple* ou *du premier ordre*, une fonction symétrique rationnelle, entière et homogène, dont chaque terme ne contient qu'une seule lettre; *fonction symétrique double* ou *du deuxième ordre,* celle dont chaque terme renferme deux lettres, et ainsi de suite. Les fonctions symétriques simples de plusieurs quantités ne sont autre chose, comme on le voit, que les sommes des puissances semblables de ces quantités.

*Formules de Newton pour le calcul des sommes de puissances semblables des racines d'une équation.*

**171.** Soit l'équation

$$x^m + p_1 x^{m-1} + p_2 x^{m-2} + \ldots + p_{m-1} x + p_m = 0,$$

que nous représenterons aussi, pour abréger, par

$$X = 0,$$

et dont nous désignerons par $a$, $b$, $c$, ..., $k$, $l$ les $m$ racines. Soit, en outre, $X'$ la dérivée de la fonction $X$; on aura

$$X' = mx^{m-1} + (m-1) p_1 x^{m-2} + \ldots + 2 p_{m-2} x + p_{m-1}.$$

On a aussi, par un théorème connu (n° 49),

$$X' = \frac{X}{x-a} + \frac{X}{x-b} + \ldots + \frac{X}{x-l};$$

et l'on trouve, par la division,

$$\frac{X}{x-a} = \begin{array}{r|r|r|r} x^{m-1} + a & x^{m-2} + a_2 & x^{m-3} + a_3 & x^{m-1} + \ldots + a^{m-1} \\ + p_1 & + p_1 a & + p_1 a^2 & + p_1 a^{m-2} \\ & + p_2 & + p_2 a & + p_2 a^{m-3} \\ & & + p_3 & + \ldots\ldots \\ & & & + p_{m-2} a \\ & & & + p_{m-1}. \end{array}$$

Si, dans cette dernière équation, on remplace $a$ successivement par chacune des autres racines, et qu'on fasse généralement

$$s_n = a^n + b^n + c^n + \ldots + k^n + l^n,$$

on aura, en ajoutant tous les résultats, la valeur suivante de $X'$,

$$
X' = mx^{m-1} + \left.\begin{array}{r} s_1 \\ +mp_1 \end{array}\right| x^{m-2} + \left.\begin{array}{r} s_2 \\ +p_1 s_1 \\ +mp_2 \end{array}\right| x^{m-3} + \left.\begin{array}{r} s_3 \\ +p_1 s_2 \\ +p_2 s_1 \\ +mp_3 \end{array}\right| x^{m-4} + \ldots + \begin{array}{l} s_{m-1} \\ +p_1 s_{m-2} \\ +p_2 s_{m-3} \\ +\ldots\ldots \\ +p_{m-2} s_1 \\ +mp_{m-1}. \end{array}
$$

La comparaison de cette valeur de $X'$ avec celle écrite plus haut fournit les relations suivantes :

$$
(1)\quad \left\{\begin{array}{l}
s_1 + p_1 = 0, \\
s_2 + p_1 s_1 + 2p_2 = 0, \\
s_3 + p_1 s_2 + p_2 s_1 + 3p_3 = 0, \\
\ldots\ldots\ldots\ldots\ldots\ldots\ldots\ldots \\
s_{m-1} + p_1 s_{m-2} + p_2 s_{m-3} + \ldots + p_{m-2} s_1 + (m-1) p_{m-1} = 0.
\end{array}\right.
$$

La première de ces formules fait connaître $s_1$ ou la somme des racines, la deuxième fait connaître $s_2$ ou la somme des carrés des racines, et ainsi de suite, jusqu'à la dernière qui fait connaître $s_{m-1}$. On trouve de cette manière

$$
\begin{array}{l}
s_1 = -p_1, \\
s_2 = p_1^2 - 2p_2, \\
s_3 = -p_1^3 + 3p_1 p_2 - 3p_3, \\
s_4 = p_1^4 - 4p_1^2 p_2 + 4p_1 p_3 + 2p_2^2 - 4p_4, \\
s_5 = -p_1^5 + 5p_1^3 p_2 - 5p_1^2 p_3 - 5(p_2^2 - p_4) p_1 + 5(p_2 p_3 - p_5), \\
\ldots\ldots\ldots\ldots\ldots\ldots\ldots\ldots\ldots\ldots\ldots\ldots
\end{array}
$$

Voici maintenant comment on peut obtenir les sommes de puissances semblables, dont le degré surpasse $m-1$, et celles dont le degré est négatif. Soit $n$ un nombre entier positif, nul ou négatif, et multiplions l'équation proposée par $x^n$ ; elle deviendra

$$x^{m+n} + p_1 x^{m+n-1} + p_2 x^{m+n-2} + \ldots + p_{m-1} x^{n+1} + p_m x^n = 0.$$

Remplaçons successivement $x$ par chacune des racines $a$, $b$, $c$, etc., et ajoutons tous les résultats ; on aura

$$s_{m+n} + p_1 s_{m+n-1} + p_2 s_{m+n-2} + \ldots + p_{m-1} s_{n+1} + p_m s_n = 0.$$

En donnant à $n$ les valeurs 0, 1, 2, etc., et observant que $s_0 = m$, on obtient les relations suivantes :

$$(2)\quad \begin{cases} s_m \;\; + p_1 s_{m-1} + p_2 s_{m-2} + \ldots + p_{m-1} s_1 + m p_m = 0, \\ s_{m+1} + p_1 s_m \;\; + p_2 s_{m-1} + \ldots + p_{m-1} s_2 + p_m s_1 = 0, \\ s_{m+2} + p_1 s_{m+1} + p_2 s_m \;\; + \ldots + p_{m-1} s_3 + p_m s_2 = 0, \\ \ldots\ldots\ldots\ldots\ldots\ldots\ldots\ldots\ldots\ldots\ldots\ldots \end{cases}$$

Les sommes $s_1, s_2, \ldots, s_{m-1}$ étant connues par les formules (1), la première des formules (2) déterminera $s_m$, la deuxième $s_{m+1}$, et ainsi de suite.

Il importe de remarquer que les valeurs des sommes $s_1$, $s_2$, etc., ne contiennent dans leur expression aucun dénominateur, et que si les coefficients $p_1$, $p_2$, etc., sont des nombres entiers, les sommes $s_1$, $s_2$, etc., sont aussi des nombres entiers.

Réciproquement, si l'on connaît $m$ sommes de puissances semblables, par exemple $s_1, s_2, \ldots, s_m$, on pourra déterminer les coefficients $p_1$, $p_2$, etc., à l'aide des formules (1) et (2), qui ont été données, pour la première fois, par Newton.

Pour calculer les sommes de puissances semblables des racines à exposants négatifs, il suffit de donner au nombre $n$, que nous avons introduit, les valeurs successives $-1$, $-2$, $-3$, etc. ; mais à l'égard de ces sommes de puissances négatives, le moyen le plus aisé de les trouver consiste à changer $x$ en $\frac{1}{x}$ dans l'équation proposée, et à calculer ensuite les sommes de puissances semblables à exposants positifs, des racines de l'équation transformée.

On peut remarquer qu'en appliquant les formules (1) et (2) au cas de l'équation binôme $x^m - 1 = 0$, on retrouve immédiatement les résultats que nous avons obtenus au n° 106, par une voie différente.

*Usage de la division algébrique pour le même objet.*

**172.** On peut employer, pour calculer les sommes des puissances semblables des racines d'une équation, une autre méthode qui n'exige qu'une simple division algébrique. Soit toujours

$$X = 0$$

une équation ayant pour racines $a, b, c, \ldots, k, l$. Si $X'$ représente la dérivée de $X$, on a, comme précédemment,

$$\frac{X'}{X} = \frac{1}{x-a} + \frac{1}{x-b} + \ldots + \frac{1}{x-l}.$$

La fonction $\frac{1}{x-a}$ est développable en une série convergente ordonnée suivant les puissances négatives et décroissantes de $x$, pour toutes les valeurs de $x$ dont le module est supérieur au module de $a$; on trouve, par la division,

$$\frac{1}{x-a} = \frac{1}{x} + \frac{a}{x^2} + \frac{a^2}{x^3} + \ldots;$$

donc, en remplaçant successivement $a$ par chacune des autres racines, et ajoutant ensemble tous les résultats, on aura

$$\frac{X'}{X} = \frac{m}{x} + \frac{s_1}{x^2} + \frac{s_2}{x^3} + \ldots,$$

ou

$$\frac{xX'}{X} = m + \frac{s_1}{x} + \frac{s_2}{x^2} + \ldots.$$

Pour le calcul numérique, il sera plus commode d'éviter les exposants négatifs : on changera alors $x$ en $\frac{1}{z}$, et la fraction $\frac{xX'}{X}$ prendra la forme $\frac{Z_1}{Z}$, $Z_1$ et $Z$ étant des fonctions entières de $z$; on aura

$$\frac{Z_1}{Z} = m + s_1 z + s_2 z^2 + \dots,$$

et l'on obtiendra toutes les sommes $s_1$, $s_2$, etc., par la division des polynômes $Z_1$ et $Z$ que l'on ordonnera suivant les puissances croissantes de $z$.

On peut trouver de la même manière les sommes $s_{-1}$, $s_{-2}$, etc., des puissances semblables à exposants négatifs. Effectivement, la fonction $\frac{1}{x-a}$ est développable en série convergente ordonnée suivant les puissances croissantes de $x$, pour toutes les valeurs de $x$ dont le module est inférieur au module $a$, et l'on trouve, par la division,

$$\frac{1}{x-a} = -\left(\frac{1}{a} + \frac{x}{a^2} + \frac{x^2}{a^3} + \dots\right);$$

donc, en remplaçant successivement $a$ par chacune des autres racines et en ajoutant les résultats, on aura

$$\frac{-X'}{X} = s_{-1} + s_{-2} x + s_{-3} x^2 + \dots.$$

On obtiendra donc les sommes $s_{-1}$, $s_{-2}$, etc., en ordonnant les polynômes $-X'$ et $X$ suivant les puissances croissantes de $x$ et en effectuant ensuite la division du premier polynôme par le second.

Le principal avantage de cette seconde méthode fondée sur la division algébrique consiste en ce que l'on peut en déduire facilement, comme on le verra plus loin, l'expression générale de $s_n$ ou de $s_{-n}$ en fonction des coefficients de l'équation proposée. Les formules de Newton ne conduiraient que péniblement au même résultat.

*Détermination des fonctions symétriques doubles, triples, etc., des racines d'une équation.*

**173.** Les formules établies au n° **171** permettent de calculer successivement les fonctions symétriques doubles, triples, etc., des racines d'une équation.

Soient $a, b, c, \ldots, k, l$ les $m$ racines d'une équation

$$X = 0$$

de degré $m$, et considérons une fonction symétrique double, dont un terme soit $a^\alpha b^\beta$; la fonction dont il s'agit étant déterminée quand on en connaît un terme, nous la représenterons, pour abréger, par $\sum a^\alpha b^\beta$, et nous continuerons de désigner par $s_\alpha$ la somme des puissances $\alpha^{\text{ièmes}}$ de toutes les racines.

Cela posé, si l'on multiplie entre elles les deux sommes $s_\alpha$ et $s_\beta$, on obtiendra un produit qui sera évidemment la somme des deux quantités $s_{\alpha+\beta}$ et $\sum a^\alpha b^\beta$; on a donc

$$(1) \qquad \sum a^\alpha b^\beta = s_\alpha s_\beta - s_{\alpha+\beta}.$$

On voit que toute fonction double $\sum a^\alpha b^\beta$ est exprimable, sous forme rationnelle et entière, par les coefficients de l'équation proposée, puisque $s_\alpha$, $s_\beta$ et $s_{\alpha+\beta}$ le sont; en outre, si les coefficients de l'équation sont des nombres entiers, $\sum a^\alpha b^\beta$ sera aussi un nombre entier.

La formule (1) n'a plus lieu quand $\beta = \alpha$; on voit, en effet, que si $\beta$ devient égal à $\alpha$, les termes de $\sum a^\alpha b^\beta$ seront égaux deux à deux, en sorte que cette quantité se réduira à $2\sum a^\alpha b^\alpha$; on a donc

$$(2) \qquad \sum a^\alpha b^\alpha = \frac{1}{2}\left[(s_\alpha)^2 - s_{2\alpha}\right].$$

En remplaçant $s_\alpha$ et $s_{2\alpha}$ par leurs valeurs, on obtiendra une expression de $\sum a^\alpha b^\alpha$ qui ne contiendra plus le dénominateur 2. Cette proposition n'est pas évidente, mais nous ne nous arrêterons pas ici à l'établir, parce qu'elle résultera, comme on le verra plus bas, des méthodes proposées par Waring et par Cauchy, pour la détermination des fonctions symétriques des racines d'une équation.

Une fonction symétrique triple, qui renferme le terme $a^\alpha b^\beta c^\gamma$, pourra être représentée par $\sum a^\alpha b^\beta c^\gamma$. Si l'on multiplie la fonction double $\sum a^\alpha b^\beta$ par $s_\gamma$, on trouvera pour produit

$$\sum a^\alpha b^\beta c^\gamma + \sum a^{\alpha+\gamma} b^\beta + \sum a^\alpha b^{\beta+\gamma};$$

on a donc

$$\sum a^\alpha b^\beta c^\gamma = s_\gamma \sum a^\alpha b^\beta - \sum a^{\alpha+\gamma} b^\beta - \sum a^\alpha b^{\beta+\gamma}.$$

Cette formule fait connaître la fonction triple $\sum a^\alpha b^\beta c^\gamma$, car le second membre ne contient que des fonctions doubles que l'on sait calculer. Si l'on veut avoir l'expression de la fonction triple, au moyen des sommes de puissances semblables, il suffira de remplacer les fonctions doubles par leurs valeurs connues; on trouvera ainsi

$$(3)\quad \sum a^\alpha b^6 c^\gamma = s_\alpha s_6 s_\gamma - s_{\alpha+6} s_\gamma - s_{\alpha+\gamma} s_6 - s_{6+\gamma} s_\alpha + 2 s_{\alpha+6+\gamma},$$

et l'on voit que les fonctions triples s'exprimeront comme les fonctions simples et doubles, sous forme rationnelle et entière, par les coefficients de l'équation proposée.

La formule (3) ne subsiste pas, si deux des exposants ou tous les trois deviennent égaux entre eux; mais on peut en déduire aisément les valeurs des deux fonctions

$$\sum a^\alpha b^\alpha c^\gamma \quad \text{et} \quad \sum a^\alpha b^\alpha c^\alpha.$$

On voit, en effet, que si $6$ devient égal à $\alpha$, $\sum a^\alpha b^6 c^\gamma$ se réduit à $2 \sum a^\alpha b^\alpha c^\gamma$ et à $2.3 \sum a^\alpha b^\alpha c^\alpha$, si en même temps $\gamma$ devient égal à $\alpha$; on a donc

$$(4)\quad \sum a^\alpha b^\alpha c^\gamma = \frac{1}{2}\left(s_\alpha^2 s_\gamma - s_{2\alpha} s_\gamma - 2 s_{\alpha+\gamma} s_\alpha + 2 s_{2\alpha+\gamma}\right)$$

et

$$(5)\quad \sum a^\alpha b^\alpha c^\alpha = \frac{1}{6}\left(s_\alpha^3 - 3 s_{2\alpha} s_\alpha + 2 s_{3\alpha}\right).$$

En suivant la même marche, on calculera successivement les fonctions du quatrième ordre, puis celles du cinquième, et ainsi de suite. Il est presque superflu d'ajouter que quand on aura calculé, en général, l'expression d'une fonction symétrique entière et homogène du $n^{\text{ième}}$ ordre, si $\mu$ exposants deviennent égaux entre eux, il faudra diviser par $1.2.3\ldots\mu$ la valeur qu'on aura trouvée.

On voit par là que toute fonction symétrique entière et homogène des racines d'une équation peut s'exprimer rationnellement par les coefficients de cette équation, et que la même chose a lieu, d'après les remarques faites précédemment, pour une fonction rationnelle et symétrique quelconque.

### *Méthode de Waring pour calculer une fonction symétrique rationnelle et entière des racines d'une équation.*

**174.** Waring a indiqué, dans ses *Meditationes algebraicæ* (*), une méthode par laquelle on peut former directement l'expression d'une fonction symétrique et entière quelconque des racines d'une équation en fonction des coefficients de cette équation. Nous allons faire connaître ici cette méthode, qui, dans un très-grand nombre de circonstances, devra être préférée à celle que nous venons d'exposer.

Soit l'équation

$$x^m + p_1 x^{m-1} + p_2 x^{m-2} + \ldots + p_{m-1} x + p_m = 0,$$

dont les $m$ racines sont

$$a,\ b,\ c,\ldots,\ k,\ l,$$

et supposons qu'il s'agisse de trouver la valeur d'une fonction symétrique et entière V de ces racines.

Pour plus de clarté, il convient d'imaginer que l'on ait ordonné la fonction V de la manière que nous allons indiquer. Désignons par $\alpha$ l'exposant de la plus haute puissance à laquelle se trouve élevée chaque racine, et, en

(*) *Editio tertia*, p. 13.

particulier, la racine $a$ dans V; par $\beta$ l'exposant de la plus haute puissance à laquelle se trouve élevée la racine $b$ dans la partie de V qui contient le facteur $a^\alpha$; par $\gamma$ l'exposant de la plus haute puissance à laquelle se trouve élevée $c$ dans la partie de V qui renferme le facteur $a^\alpha b^\beta$; et ainsi de suite, en sorte que $\lambda$ désignera finalement l'exposant de la plus haute puissance de $l$ dans la partie de V qui contient le facteur $a^\alpha b^\beta c^\gamma \ldots k^\varkappa$. D'après cela, la fonction V contiendra un terme de la forme

$$\mathrm{A} a^\alpha b^\beta c^\gamma \ldots k^\varkappa l^\lambda,$$

auquel nous assignerons le premier rang; A est une constante donnée; il se peut que quelques-uns des exposants

$$\alpha,\ \beta,\ \gamma, \ldots,\ \varkappa,\ \lambda$$

soient nuls; en outre, chacun de ces exposants peut être égal, mais non supérieur au précédent. Je dis, par exemple, qu'on ne peut avoir $\gamma > \beta$; en effet, la fonction symétrique V qui renferme le terme $\mathrm{A} a^\alpha b^\beta c^\gamma \ldots k^\varkappa l^\lambda$ contient aussi le terme $\mathrm{A} a^\alpha b^\gamma c^\beta \ldots k^\varkappa l^\lambda$, qui se déduit du premier en permutant les lettres $b$ et $c$; or, si l'on avait $\gamma > \beta$, $b^\beta$ ne serait pas, comme nous l'avons supposé, la plus haute puissance de $b$ contenue dans la partie de V qui renferme le facteur $a^\alpha$; donc on a nécessairement $\gamma < \beta$ ou $\gamma = \beta$. Ce raisonnement s'applique évidemment aux autres exposants.

Le premier terme de la fonction V ayant été fixé comme il vient d'être dit, nous appliquerons la même règle à la détermination du rang de chacun des autres termes, et nous écrirons

$$\mathrm{V} = \mathrm{A} a^\alpha b^\beta c^\gamma \ldots k^\varkappa l^\lambda + \ldots.$$

Cela posé, on a

$$(-1)\,p_1 = \sum a,$$

$$(-1)^2 p_2 = \sum ab,$$

$$(-1)^3 p_3 = \sum abc,$$

$$\ldots\ldots\ldots\ldots\ldots\ldots,$$

$$(-1)^{m-1} p_{m-1} = \sum abc\ldots k,$$

$$(-1)^m p_m = abc\ldots kl.$$

Si l'on élève ces égalités aux puissances

$$\alpha - \beta,\quad \beta - \gamma,\ldots,\quad \varkappa - \lambda,\quad \lambda$$

respectivement, qu'on en fasse ensuite le produit et qu'on multiplie enfin de part et d'autre par A, le premier membre de l'égalité résultante sera

$$A\,(-1)^{\alpha+\beta+\gamma+\ldots+\lambda}\, p_1^{\alpha-\beta}\, p_2^{\beta-\gamma}\ldots p_{m-1}^{\varkappa-\lambda}\, p_m^{\lambda}.$$

Nous le représenterons, pour abréger, par P; quant au second membre, il sera une fonction symétrique des lettres $a, b, c, \ldots, k, l$, et, si nous l'ordonnons de la même manière que V, il est évident que son premier terme sera $A a^\alpha b^\beta c^\gamma \ldots k^\varkappa l^\lambda$; on aura ainsi

$$P = A a^\alpha b^\beta c^\gamma \ldots k^\varkappa l^\lambda + \ldots.$$

En retranchant la seconde des fonctions symétriques V et P de la première, on obtient une nouvelle fonction symétrique $V_1$ telle que

$$V - P = V_1.$$

Si l'on opère sur $V_1$ comme on a opéré sur V, on obtiendra une troisième fonction symétrique $V_2$ telle que

$$V_1 - P_1 = V_2;$$

$P_1$ désigne une quantité analogue à P, et qui est, comme celle-ci, le produit d'une constante par diverses puissances des coefficients $p_1, p_2, \ldots, p_m$.

En poursuivant ces opérations, on voit qu'on obtiendra une suite de fonctions symétriques,

$$V_1,\ V_2,\ V_3, \ldots,\ V_{\mu-1},\ V_\mu,$$

telles que

$$\begin{aligned}
V - P &= V_1,\\
V_1 - P_1 &= V_2,\\
V_2 - P_2 &= V_3,\\
&\ldots\ldots\ldots\ldots,\\
V_{\mu-2} - P_{\mu-2} &= V_{\mu-1},\\
V_{\mu-1} - P_{\mu-1} &= V_\mu;
\end{aligned}$$

chacune des quantités $P, P_1, \ldots, P_\mu$ est le produit d'une constante par diverses puissances des coefficients $p_1, p_2, \ldots, p_m$. En outre, si l'on imagine une fonction entière U formée des premiers termes des fonctions $V, V_1, \ldots, V_\mu$ et ordonnée de la même manière que ces fonctions, il est évident, d'après le procédé que nous avons suivi, que le premier terme de l'une quelconque des fonctions $V_1, V_2, \ldots, V_\mu$ occupera, dans U, un rang supérieur au rang du premier terme de la fonction précédente. Or, le nombre des termes susceptibles d'occuper, dans U, un rang supérieur à celui d'un terme donné est nécessairement limité; donc, dans la recherche des fonctions $V_1, V_2, \ldots$, on finira toujours par arriver à une constante, et alors l'opération sera terminée. Supposons, d'après cela, que $V_\mu$ se réduise à une constante; il viendra, en ajoutant les égalités précédentes,

$$V = P + P_1 + P_2 + \ldots + P_{\mu-1} + V_\mu,$$

formule qui fera connaître l'expression de la fonction

symétrique proposée V en fonction des coefficients $p_1$, $p_2, \ldots, p_m$.

On peut conclure de là que toute fonction entière et symétrique V des racines d'une équation est exprimable rationnellement par les coefficients de l'équation, proposition que nous avons déjà établie (n° 173); mais on voit, en outre, que si les coefficients de l'équation sont des nombres entiers, ainsi que ceux qui multiplient les différents termes de V, la valeur de cette fonction V sera également un nombre entier.

175. Exemple I. — *Étant donnée l'équation*

$$x^m + p_1 x^{m-1} + p_2 x^{m-2} + \ldots + p_{m-1} x + p_m = 0,$$

*dont a, b, c, d, e, f,..., k, l sont les racines, on demande la valeur de la fonction symétrique*

$$V = \sum a^3 b^2 c.$$

Posons, conformément à la théorie précédente,

$$P = p_1 p_2 p_3 = \sum a . \sum ab . \sum abc$$

$$= \sum a^3 b^2 c + 3 \sum a^3 bcd + 3 \sum a^2 b^2 c^2 + 8 \sum a^2 b^2 cd$$

$$+ 22 \sum a^2 bcde + 60 \sum abcdef,$$

on aura

$$V - P = V_1 = -3 \sum a^3 bcd - 3 \sum a^2 b^2 c^2 - 8 \sum a^2 b^2 cd$$

$$- 22 \sum a^2 bcde - 60 \sum abcdef;$$

faisons, en second lieu,

$$P_1 = -3 p_1^2 p_4 = -3 \left[\sum a\right]^2 \sum abcd$$

$$= -3 \sum a^3 bcd - 6 \sum a^2 b^2 cd - 27 \sum a^2 bcde - 90 \sum abcdef,$$

on aura

$$V_1 - P_1 = V_2 = -3\sum a^2b^2c^2 - 2\sum a^2b^2cd$$
$$+ 5\sum a^2bcde + 30\sum abcdef;$$

faisons, en troisième lieu,

$$P_2 = -3p_3^2 = -3\left[\sum abc\right]^2$$
$$= -3\sum a^2b^2c^2 - 6\sum a^2b^2cd - 18\sum a^2bcde - 60\sum abcdef,$$

on aura

$$V_2 - P_2 = V_3 = 4\sum a^2b^2cd + 23\sum a^2bcde + 90\sum abcdef;$$

faisons, en quatrième lieu,

$$P_3 = 4p_2p_4 = 4\sum ab\sum abcd$$
$$= 4\sum a^2b^2cd + 16\sum a^2bcde + 60\sum abcdef,$$

on aura

$$V_3 - P_3 = V_4 = 7\sum a^2bcde + 30\sum abcdef;$$

faisons, en cinquième lieu,

$$P_4 = 7p_1p_5 = 7\sum a\sum abcde$$
$$= 7\sum a^2bcde + 42\sum abcdef,$$

on aura

$$V_4 - P_4 = V_5 = -12\sum abcdef;$$

si enfin l'on fait

$$P_5 = -12p_6 = -12\sum abcdef,$$

on aura

$$V_5 - P_5 = V_6 = 0.$$

Ici l'opération est terminée et l'on a cette valeur de V,

$$V = p_1 p_2 p_3 - 3p_1^2 p_4 - 3p_3^2 + 4p_2 p_4 + 7p_1 p_5 - 12 p_6.$$

176. Exemple II. — *Étant donnée l'équation*

$$x^m + p_1 x^{m-1} + p_2 x^{m-2} + \ldots + p_{m-1} x + p_m = 0,$$

*dont a, b, c,..., k, l sont les racines, on demande la valeur de la fonction symétrique*

$$\sum a^2 b^2 \ldots f^2 g \ldots h;$$

*$\mu$ est le nombre des racines qui entrent au carré dans chaque terme, et $\nu$ le nombre de celles qui entrent à la première puissance.*

Désignons la fonction proposée par la notation $F(\mu, \nu)$, et, plus généralement, représentons par $F(\mu - n, \nu + 2n)$ la fonction symétrique de même genre que la proposée et dans laquelle chaque terme contient $\mu - n$ racines au carré et $\nu + 2n$ racines à la première puissance.

Cela posé, on doit former, d'après notre théorie, les $\mu + 1$ égalités suivantes :

$$\begin{aligned}(-1)^\nu p_\mu p_{\nu+\mu} &= F(\mu, \nu) + \frac{\nu+2}{1} F(\mu - 1, \nu + 2)\\ &+ \frac{(\nu+4)(\nu+3)}{1.2} F(\mu - 2, \nu + 4) + \ldots\\ &+ \frac{(\nu+2n)(\nu+2n-1)\ldots(\nu+n+1)}{1.2\ldots n} F(\mu - n, \nu + 2n) + \ldots\\ &+ \frac{(\nu+2\mu)\ldots(\nu+\mu+1)}{1.2\ldots\mu} F(0, \nu + 2\mu);\end{aligned}$$

$$(-1)^\nu p_{\mu-1} p_{\nu+\mu+1} = \mathrm{F}(\mu-1, \nu+2)$$
$$+ \frac{\nu+4}{1}\mathrm{F}(\mu-2, \nu+4) + \frac{(\nu+6)(\nu+5)}{1.2}\mathrm{F}(\mu-3, \nu+6)\ldots$$
$$+ \frac{(\nu+2n)\ldots(\nu+n+2)}{1.2\ldots(n-1)}\mathrm{F}(\mu-n, \nu+2n) + \ldots$$
$$+ \frac{(\nu+2\mu)\ldots(\nu+\mu+2)}{1.2\ldots(\mu-1)}\mathrm{F}(0, \nu+2\mu),$$

. . . . . . . . . . . . . . . . . . . . . . . . . . . . . . . . . . . . . . . . . . . ;

$$(-1)^\nu p_{\mu-n} p_{\nu+\mu+n} = \mathrm{F}(\mu-n, \nu+2n) + \ldots$$
$$+ \frac{(\nu+2\mu)\ldots(\nu+\mu+n+1)}{1.2\ldots(\mu-n)}\mathrm{F}(0, \nu+2\mu)$$

. . . . . . . . . . . . . . . . . . . . . . . . . . . . . . . . . . . . . . . . . . . ;

$$(-1)^\nu p_1 p_{\nu+2\mu-1} = \mathrm{F}(1, \nu+2\mu-2) + \frac{\nu+2\mu}{1}\mathrm{F}(0, \nu+2\mu),$$
$$(-1)^\nu p_{\nu+2\mu} = \mathrm{F}(0, \nu+2\mu),$$

où la quantité $p_i$ doit être regardée comme nulle si l'indice $i$ est supérieur à $m$.

Ajoutons toutes ces égalités après les avoir multipliées respectivement par les facteurs

$$1, \lambda_1, \lambda_2, \ldots, \lambda_n, \ldots, \lambda_\mu,$$

et supposons ces facteurs choisis de manière que les quantités

$$\mathrm{F}(\mu-1, \nu+2), \quad \mathrm{F}(\mu-2, \nu+4), \ldots, \quad \mathrm{F}(0, \nu+2\mu)$$

soient éliminées du résultat; il viendra

$$\mathrm{F}(\mu, \nu) = (-1)^\nu \left( \begin{array}{l} p_\mu p_{\nu+\mu} + \lambda_1 p_{\mu-1} p_{\nu+\mu+1} + \ldots \\ \quad + \lambda_n p_{\mu-n} p_{\nu+\mu+n} + \ldots + \lambda_\mu p_{\nu+2\mu} \end{array} \right).$$

Nous allons chercher maintenant les valeurs des facteurs $\lambda_1, \lambda_2, \ldots, \lambda_\mu$. Les équations qui déterminent ces facteurs s'obtiennent en donnant à $n$ les $\mu$ valeurs 1, 2, 3,..., $\mu$ dans la suivante :

$$\lambda_n + \frac{\nu+2n}{1}\lambda_{n-1} + \frac{(\nu+2n)(\nu+2n-1)}{1.2}\lambda_{n-2}$$
$$+ \frac{(\nu+2n)(\nu+2n-1)(\nu+2n-2)}{1.2.3}\lambda_{n-3} + \ldots$$
$$+ \frac{(\nu+2n)(\nu+2n-1)\ldots(\nu+2n-r+1)}{1.2\ldots r}\lambda_{n-r} + \ldots$$
$$+ \frac{(\nu+2n)\ldots(\nu+n+1)}{1.2\ldots n} = 0;$$

mais cette équation peut s'écrire d'une autre manière. Posons, pour abréger,

$$\theta_\rho = \frac{(\nu+2\rho)(\nu+\rho-1)}{(\nu+2\rho-2)\rho},$$

et

$$A_\rho = \frac{n-\rho}{(\nu+2n-2\rho)n}\,\frac{(\nu+2n)(\nu+2n-1)\ldots(\nu+2n-\rho)}{1.2.3\ldots\rho},$$

on aura

$$\frac{\nu+2n}{1} = \theta_n + A_1,$$

et généralement

$$\frac{(\nu+2n)(\nu+2n-1)\ldots(\nu+2n-r+1)}{1.2.3\ldots r} = A_{r-1}\theta_{n-r+1} + A_r.$$

D'après cela, notre équation devient, en remarquant que $A_n$ est nul,

$$(\lambda_n + \theta_n\lambda_{n-1}) + A_1(\lambda_{n-1} + \theta_{n-1}\lambda_{n-2}) + A_2(\lambda_{n-2} + \theta_{n-2}\lambda_{n-3}) + \ldots$$
$$+ A_{n-2}(\lambda_2 + \theta_2\lambda_1) + A_{n-1}(\lambda_1 + \theta_1) = 0.$$

En donnant successivement à $n$ les valeurs, 1, 2, 3,..., $n$, on obtient $n$ équations, d'où l'on tire immédiatement

$$\lambda_1 + \theta_1 = 0,\quad \lambda_2 + \theta_2\lambda_1 = 0,\quad \lambda_3 + \theta_3\lambda_2, \ldots,\quad \lambda_n + \theta_n\lambda_{n-1} = 0,$$

ou

$$\lambda_1 = -(\nu + 2),$$

$$\lambda_2 = -\frac{(\nu+4)(\nu+1)}{(\nu+2).2}\lambda_1,$$

$$\lambda_3 = -\frac{(\nu+6)(\nu+2)}{(\nu+4).3}\lambda_2,$$

$$\ldots\ldots\ldots\ldots\ldots\ldots,$$

$$\lambda_n = -\frac{(\nu+2n)(\nu+n-1)}{(\nu+2n-2).n}\lambda_{n-1}.$$

En multipliant ces égalités membre à membre, il vient

$$\lambda_n = (-1)^n \frac{(\nu+1)(\nu+2)\ldots(\nu+n-1)}{1.2\ldots(n-1)} \cdot \frac{\nu+2n}{n},$$

ce qui permet d'écrire immédiatement la valeur de la fonction symétrique cherchée $F(\mu, \nu)$.

Il faut remarquer que notre procédé est en défaut dans le cas de $\nu = 0$, mais la formule qui fait connaître $\lambda_n$ ne cesse pas toutefois d'être exacte. Dans le cas dont il s'agit, les valeurs de $\theta_\rho$ et de $A_\rho$ deviennent

$$\theta_\rho = 1; \quad A_\rho = \frac{(2n-1)(2n-2)\ldots(2n-\rho)}{1.2\ldots\rho};$$

on voit que $A_n$ n'est pas nul, comme dans le cas général, et qu'il est ici égal à $A_{n-1}$. L'équation entre $\lambda_n$, $\lambda_{n-1}, \ldots, \lambda_1$ peut alors s'écrire ainsi :

$$(\lambda_n + \lambda_{n-1}) + A_1(\lambda_{n-1} + \lambda_{n-2}) + \ldots + A_{n-2}(\lambda_2 + \lambda_1) \\ + A_{n-1}(\lambda_1 + 2) = 0;$$

en remplaçant successivement $n$ par $1, 2, \ldots, n$, on obtient $n$ équations, d'où l'on tire

$$\lambda_1 + 2 = 0, \quad \lambda_2 + \lambda_1 = 0, \quad \lambda_3 + \lambda_2 = 0, \ldots \quad \lambda_n + \lambda_{n-1} = 0,$$

et, par suite,

$$\lambda_n = (-1)^n.2;$$

on a donc cette valeur de $F(\mu, o)$,

$$F(\mu, o) = p_\mu^2 - 2p_{\mu-1}p_{\mu+1} + 2p_{\mu-2}p_{\mu+2} - \ldots \pm 2p_1p_{2\mu-1} \mp 2p_{2\mu}.$$

## *Méthode de Cauchy.*

177. Cauchy a publié, dans ses anciens *Exercices de Mathématiques* (4$^e$ année, p. 103), une méthode nouvelle et fort élégante pour obtenir la valeur d'une fonction symétrique et entière des racines d'une équation. Cette méthode consiste à éliminer successivement de l'expression de la fonction symétrique qu'on veut évaluer chacune des racines de l'équation proposée; elle repose sur la proposition suivante :

Soit V une fonction symétrique et entière des racines $a, b, c, \ldots, i, k, l$ d'une équation

$$x^m + p_1x^{m-1} + p_2x^{m-2} + \ldots + p_{m-1}x + p_m = o,$$

que nous représenterons aussi, pour abréger, par

$$X = o;$$

et supposons qu'ayant éliminé de l'expression de V, par un moyen quelconque, toutes les racines excepté $a$, on ait mis la valeur de cette fonction sous la forme d'un polynôme entier et rationnel ordonné par rapport aux puissances de $a$, que l'on ait, par exemple,

$$V = A_0a^\mu + A_1a^{\mu-1} + \ldots + A_{\mu-1}a + A_\mu,$$

$A_0$, $A_1$, etc., étant des quantités composées rationnellement avec les coefficients de l'équation proposée; je dis que si l'on divise cette expression de V par le polynôme

$$A = a^m + p_1a^{m-1} + p_2a^{m-2} + \ldots + p_{m-1}a + p_m,$$

obtenu en remplaçant $x$ par $a$ dans X, le reste de la division ne contiendra pas $a$, et sera précisément la valeur de la fonction V.

En effet, si Q et R désignent le quotient et le reste de la division V par A, on aura $V = AQ + R$, et comme A est nul,

$$V = R.$$

D'ailleurs, ce reste R est au plus du degré $m-1$ en $a$; nous le représenterons par

$$q_0 a^{m-1} + q_1 a^{m-2} + \ldots + q_{m-2} a + q_{m-1},$$

et l'on aura

$$V = q_0 a^{m-1} + q_1 a^{m-2} + \ldots + q_{m-2} a + q_{m-1}.$$

Mais V étant une fonction symétrique, on peut changer les lettres $a$ et $b$ l'une en l'autre, ainsi que $a$ et $c$, etc.; et comme, par ces changements, $q_0$, $q_1$, etc., conservent leurs valeurs, il s'ensuit que l'équation

$$q_0 x^{m-1} + q_1 x^{m-2} + \ldots + q_{m-2} x + (q_{m-1} - V) = 0$$

sera satisfaite en remplaçant $x$ par l'une quelconque des $m$ racines $a, b, \ldots, k, l$; ce qui est impossible, à moins que les coefficients ne soient tous nuls, car cette équation n'est que du degré $m-1$; on aura donc, en particulier,

$$q_{m-1} - V = 0$$

ou

$$V = q_{m-1},$$

comme nous l'avions annoncé.

La démonstration précédente suppose que les $m$ racines $a, b, c, \ldots, k, l$ sont inégales; mais les conclusions précédentes ne subsistent pas moins, si quelques-unes de ces racines sont égales entre elles. Nous emploierons, pour justifier cette assertion, un raisonnement dont on fait un fréquent usage en analyse.

Si l'équation $X = 0$ a des racines égales, on considérera d'abord à sa place une équation $X_1 = 0$, dont toutes les racines seront inégales, et qu'on obtiendra en faisant subir des modifications insensibles aux coefficients de $X$; par exemple, si l'équation $X = 0$ a trois racines égales à $a$, et que les autres racines soient différentes, on prendra

$$X_1 = \frac{X(x-a-h)(x-a-h')}{(x-a)^2}.$$

Le polynôme $X_1$ ne diffère de $X$ qu'en ce que deux des trois racines égales à $a$ sont remplacées par $a+h$ et $a+h'$: on voit aisément, sans qu'il soit nécessaire d'insister davantage, comment on devrait choisir le polynôme $X_1$, si, outre les trois racines égales à $a$, l'équation proposée avait plusieurs racines égales à $b$, à $c$, etc. Cela posé, substituant l'équation $X_1 = 0$ à $X = 0$, et conservant d'ailleurs les notations précédentes, on arrivera à l'équation

$$V = q_{m-1},$$

et cette équation aura lieu, quelque petites que soient les quantités $h$, $h'$, etc.; elle aura donc lieu aussi à la limite, quand on fera $h = 0$, $h' = 0$, etc.

178. Voici maintenant la méthode donnée par Cauchy, pour calculer la valeur d'une fonction symétrique et entière $V$ des racines $a, b, c, \ldots, i, k, l$ de l'équation

$$X = x^m + p_1 x^{m-1} + p_2 x^{m-2} + \ldots + p_m = 0.$$

Divisons $X$ par $x-a$, et désignons par $X_1$ le quotient; divisons de même $X_1$ par $x-b$, et désignons par $X_2$ le quotient, puis $X_2$ par $x-c$, et soit $X_3$ le quotient, et continuons ainsi d'enlever de $X$ tous les facteurs linéaires jusqu'à $x - k$ inclusivement, en sorte que $X_{m-1}$ ne contiendra plus que le seul facteur $x - l$. Cela posé, considérons les $m$ équations

$$X = 0, \quad X_1 = 0, \quad X_2 = 0, \ldots, \quad X_{m-1} = 0.$$

La première n'est autre que la proposée, et elle a pour racines $a, b, c, \ldots, k, l$; la seconde a pour racines $b, c, \ldots, k, l$, et ses coefficients sont exprimés sous forme entière en fonction de $a$ et des coefficients de la proposée; la troisième a pour racines $c, \ldots, k, l$, et ses coefficients sont exprimés sous forme entière en fonction de $b$ et des coefficients de la précédente, c'est-à-dire en fonction de $a$, $b$ et des coefficients de la proposée; et, en général, les coefficients de l'une quelconque de ces équations sont exprimés sous forme entière en fonction des coefficients de la proposée et des racines qui n'appartiennent pas à l'équation que l'on considère. Désignons enfin par A la valeur de X pour $x = a$, par B la valeur de $X_1$ pour $x = b$, par C celle de $X_2$ pour $x = c$, et ainsi de suite, en sorte que I sera la valeur de $X_{m-3}$ pour $x = i$, K celle de $X_{m-2}$ pour $x = k$, et L celle de $X_{m-1}$ pour $x = l$; on aura

$$A = 0, \quad B = 0, \quad C = 0, \ldots, \quad I = 0, \quad K = 0, \quad L = 0.$$

Cela posé, V est une fonction symétrique, non-seulement des racines de l'équation $X = 0$, mais aussi des racines de l'une quelconque des équations

$$X = 0, \quad X_1 = 0, \ldots, \quad X_{m-3} = 0, \quad X_{m-2} = 0, \quad X_{m-1} = 0.$$

Nous allons faire voir comment, en s'appuyant sur cette remarque, on peut, à l'aide du théorème fondamental démontré plus haut, éliminer successivement chaque racine de l'expression de V.

D'abord l'équation $L = 0$, où $l$ entre au premier degré,

permet de chasser immédiatement $l$ de l'expression de V. Considérant alors V comme fonction symétrique des deux racines $k$ et $l$ de l'équation $X_{m-2} = 0$, dont l'une $l$ est déjà éliminée, on l'ordonnera par rapport à $k$, et on la divisera par K, conformément à ce qui a été dit plus haut; le reste de la division ne contiendra pas $k$ et sera la valeur de V débarrassée des racines $k$ et $l$. On considérera alors V comme fonction symétrique des trois racines $i$, $k$, $l$ de l'équation $X_{m-3} = 0$, dont les deux dernières n'entrent plus dans son expression, et l'ayant ordonnée par rapport à $i$, on la divisera par I à l'effet d'éliminer $i$; le reste de la division ne contiendra pas $i$ et sera la valeur de V débarrassée des trois racines $i$, $k$, $l$. On continuera de la même manière, jusqu'à ce qu'on ait éliminé de V chacune des racines $a$, $b$, $c$,..., $i$, $k$, $l$; on aura alors la valeur de cette fonction exprimée par les coefficients de l'équation proposée.

Il importe de remarquer que l'expression définitive de V s'obtient par de simples divisions, et que les premiers termes des polynômes A, B, C,..., I, K, L, qui servent successivement de diviseurs, ont tous l'unité pour coefficient : par conséquent, ces divisions n'introduiront aucun dénominateur; en sorte que si l'expression primitive de V est entière, non-seulement par rapport aux racines $a$, $b$, $c$,..., $i$, $k$, $l$, qui y entrent symétriquement, mais encore par rapport aux coefficients $p_1$, $p_2$, etc., qui peuvent eux-mêmes y figurer, l'expression définitive de V sera aussi entière par rapport à ces coefficients; enfin, si ces mêmes coefficients sont des nombres entiers, V sera pareillement un nombre entier. Ce résultat important, que nous n'avions pas établi complétement par notre première méthode, mais qui résulte immédiatement de la méthode de Waring, se déduit aussi, comme on voit, de la méthode de Cauchy.

### *Application de la méthode de Cauchy à un exemple.*

**179**. Nous allons appliquer la méthode de Cauchy à la détermination du produit des carrés de toutes les différences des racines d'une équation donnée, prises deux à deux. Cet exemple suffira pour montrer comment on peut, par des artifices convenables, simplifier dans certains cas l'emploi de la méthode.

Soient toujours $a, b, c, \ldots, k, l$ les $m$ racines de l'équation

$$(1) \quad X = x^m + p_1 x^{m-1} + p_2 x^{m-2} + \ldots + p_{m-1} x + p_m = 0;$$

soient aussi

$$V = (a-b)^2 (a-c)^2 \ldots (k-l)^2$$

et

$$V_1 = (b-c)^2 (b-d)^2 \ldots (k-l)^2;$$

$V$ sera le produit des carrés des différences des racines de l'équation (1), prises deux à deux, et $V_1$ le produit des carrés des différences des racines de l'équation

$$\frac{X}{x-a} = 0,$$

ou

$$(2) \quad \left.\begin{array}{l} x^{m-1} + p_1 \\ \quad + a \end{array}\right| \left.\begin{array}{l} x^{m-2} + p_2 \\ \quad + p_1 a \\ \quad + a^2 \end{array}\right| \begin{array}{l} x^{m-3} + \ldots + p_{m-1} = 0, \\ \quad + p_{m-2} a \\ \quad + \ldots\ldots\ldots \\ \quad + a^{m-1}. \end{array}$$

Cela posé, on a

$$V = V_1 (a-b)^2 (a-c)^2 \ldots (a-k)^2 (a-l)^2.$$

Mais le produit $(a-b)(a-c)\ldots(a-k)(a-l)$ est égal (n° 49) à la valeur que prend la dérivée du polynôme $X$ pour $x = a$, c'est-à-dire égal à

$$ma^{m-1} + (m-1)p_1 a^{m-2} + \ldots + p_{m-1};$$

donc on aura

$$V = V_1[ma^{m-1} + (m-1)p_1 a^{m-2} + \ldots + p_{m-1}]^2.$$

D'après cela, si nous admettons qu'on sache former la valeur de la fonction V pour une équation du degré $m-1$, on pourra également trouver la valeur de cette fonction pour une équation du degré $m$. Effectivement, par hypothèse, on sait exprimer la valeur de $V_1$ par les coefficients de l'équation (2), c'est-à-dire en fonction de $a$ et des coefficients de la proposée; donc la fonction V pourra elle-même être mise sous la forme d'un polynôme ordonné par rapport aux puissances de $a$, et, en divisant ce polynôme par le premier membre de l'équation proposée, dans lequel on aura remplacé $x$ par $a$, le reste de la division donnera la valeur cherchée de V. Or on sait calculer la fonction de V pour une équation du deuxième degré; on pourra donc calculer cette fonction pour l'équation du troisième degré, puis pour celle du quatrième, et ainsi de suite.

*Cas de l'équation du troisième degré.* — L'équation proposée est

$$x^3 + px^2 + qx + r = 0,$$

et l'on a

$$V = (a-b)^2(a-c)^2(b-c)^2,$$
$$V_1 = (b-c)^2,$$
$$V = V_1(a-b)^2(a-c)^2;$$

$V_1$ étant relatif à l'équation du deuxième degré

$$x^2 + \left.\begin{matrix} p \\ +a \end{matrix}\right| x + \begin{matrix} q \\ +pa \\ +a^2 \end{matrix} = 0.$$

On a immédiatement

$$V_1 = (p+a)^2 - 4(q + pa + a^2) = -3a^2 - 2pa + (p^2 - 4q);$$

d'ailleurs

$$(a-b)(a-c) = 3a^2 + 2pa + q,$$

par suite,

$$\begin{aligned} V &= (-3a^2 - 2pa + p^2 - 4q)(3a^2 + 2pa + q)^2 \\ &= -27a^6 - 54pa^5 \begin{array}{l} -27p^2 \\ -54q \end{array}\Bigg| a^4 \begin{array}{l} +4p^3 \\ -72pq \end{array}\Bigg| a^3 \begin{array}{l} +4p^4 \\ -18p^2q \\ -27q^2 \end{array}\Bigg| a^2 \begin{array}{l} +4p^3q \\ -18pq^2 \end{array}\Bigg| a \begin{array}{l} +p^2q^2 \\ -4q^3 \end{array} \end{aligned}$$

Divisant cette valeur de V par $a^3 + pa^2 + qa + r$, on trouve pour quotient

$$-27a^3 - 27pa^2 - 27qa + (4p^3 + 27r - 18pq),$$

et pour reste,

$$-4q^3 - 27r^2 + 18pqr + p^2q^2 - 4p^3r,$$

ce qui est précisément la valeur de V que nous cherchons. On trouvera dans le Chapitre suivant une méthode plus expéditive pour résoudre la même question.

*Formation de l'équation de laquelle dépend une fonction rationnelle et non symétrique des racines d'une équation donnée.*

**180.** Soient $a, b, c, \ldots, k, l$ les $m$ racines d'une équation donnée $X = 0$, et

$$V = F(a, b, c, \ldots)$$

une fonction rationnelle donnée de ces racines, ou de quelques-unes d'entre elles. La théorie des fonctions symétriques conduit à une méthode très-simple et très-élégante pour former l'équation dont V dépend. Nous allons développer ici cette méthode.

Si la fonction V contient $n$ des $m$ racines, le plus grand nombre de valeurs qu'elle puisse prendre quand on échange les lettres $a, b, c, \ldots, k, l$ les unes dans les autres, de toutes les manières possibles, sera évidemment égal au nombre des arrangements de $m$ lettres $n$ à $n$, c'est-à-dire égal à

$$m(m-1)(m-2)\ldots(m-n+1).$$

Mais il peut arriver que le nombre des valeurs distinctes de V soit beaucoup moindre; nous désignerons par $\mu$ ce nombre de valeurs, et par

$$V_1,\ V_2,\ V_3,\ldots,\ V_\mu$$

les $\mu$ valeurs de V. L'équation en V sera alors

$$(V-V_1)(V-V_2)\ldots(V-V_\mu)=0$$

ou

$$V^\mu+P_1V^{\mu-1}+P_2V^{\mu-2}+\ldots+P_{\mu-1}V+P_\mu=0,$$

en posant

$$V_1+V_2+\ldots+V_\mu=-P_1,$$
$$V_1V_2+\ldots\ldots\ldots\ldots=P_2,$$
$$\ldots\ldots\ldots\ldots\ldots\ldots\ldots,$$
$$V_1V_2\ldots V_\mu=(-1)^\mu P_\mu.$$

Or les quantités $P_1$, $P_2$,..., $P_\mu$ sont des fonctions symétriques des quantités $V_1$, $V_2$, etc., et, par suite, elles sont aussi des fonctions symétriques des racines $a$, $b$, $c$, etc., de l'équation proposée; on pourra donc calculer les coefficients de l'équation en V par l'une des méthodes que nous avons exposées.

Nous avons admis comme évident que toute fonction symétrique des quantités $V_1$, $V_2$, etc., est aussi une fonction symétrique des racines $a$, $b$, $c$, etc. Voici, au surplus, un moyen très-facile de le démontrer.

Par hypothèse, les quantités

$$(1)\qquad V_1,\ V_2,\ldots,\ V_\mu$$

sont toutes distinctes, et ce sont les seules valeurs que V puisse avoir. Faisons subir aux lettres

$$a,\ b,\ c,\ldots,\ k,\ l$$

une permutation quelconque, et supposons que $V_1$ se change en $V'_1$, $V_2$ en $V'_2$, etc.; les quantités

$$(2)\qquad V'_1,\ V'_2,\ldots,\ V'_\mu$$

devront toutes se trouver dans la série $V_1$, $V_2$, etc., puisque cette dernière comprend toutes les valeurs de V; je dis, en outre, que tous les termes de la série (2) sont différents, et que, par suite, cette série coïncide avec la série (1) : on ne peut avoir, par exemple, $V'_1 = V'_2$, car $V_1$ et $V_2$ ne diffèrent de $V'_1$ et $V'_2$ qu'en ce que les quantités dont ces fonctions dépendent y sont désignées par des lettres différentes, et l'égalité $V'_1 = V'_2$ entraînerait, en conséquence, $V_1 = V_2$, ce qui est contre l'hypothèse. Il résulte de là que, si l'on fait subir aux lettres $a$, $b$, $c$, etc., un changement quelconque, les quantités $V_1$, $V_2$, etc., ne feront que s'échanger les unes dans les autres; par suite, une fonction symétrique de ces fonctions ne sera pas changée, et elle sera aussi symétrique relativement aux quantités $a, b, c,\ldots, k, l$.

On peut dans bien des cas simplifier le calcul de l'équation en V; on en verra un exemple dans la recherche de l'équation qui a pour racines les carrés des différences des racines d'une équation donnée, prises deux à deux.

### *Équation aux carrés des différences.*

**181**. Soient toujours $a, b, c,\ldots, k, l$ les $m$ racines de l'équation $X = 0$, et posons

$$V = (a-b)^2;$$

l'équation en V sera du degré $\frac{m(m-1)}{2}=\mu$, qui est le nombre des combinaisons de $m$ lettres deux à deux, puisque la fonction V est symétrique par rapport aux deux lettres qu'elle contient. Soit

$$V^\mu + P_1 V^{\mu-1} + P_2 V^{\mu-2} + \ldots = 0$$

cette équation, dans laquelle les coefficients $P_1$, $P_2$, etc., sont des fonctions symétriques des racines de l'équation proposée. Les valeurs de $P_1$, $P_2$, etc., seront données par les formules de Newton, si l'on connaît les sommes des puissances semblables $S_1, S_2, \ldots, S_\mu$ des racines de l'équation en V; tout est donc ramené à calculer ces dernières sommes en fonction des coefficients de l'équation proposée, ou en fonction des sommes $s_1$, $s_2$, etc., des puissances semblables de ses racines, puisque les sommes $s_1$, $s_2$, etc, s'expriment par les coefficients, au moyen des formules de Newton.

Voici le procédé indiqué par Lagrange pour calculer les sommes $S_1$, $S_2$, etc., relatives à l'équation en V, au moyen des sommes $s_1$, $s_2$, etc., qui se rapportent à l'équation proposée.

Posons

$$\varphi(x) = (x-a)^{2n} + (x-b)^{2n} + \ldots + (x-l)^{2n};$$

si l'on donne à $x$ successivement les valeurs $a, b, c, \ldots, k, l$, et que l'on ajoute tous les résultats, on aura

$$\begin{aligned}\varphi(a) + \varphi(b) + \ldots + \varphi(l) = &(a-b)^{2n} + \ldots + (a-l)^{2n}\\ &+ (b-a)^{2n} + \ldots + (b-l)^{2n}\\ &+ \ldots\ldots\ldots\ldots\ldots\ldots\\ &+ (l-a)^{2n} + (l-b)^{2n} \ldots\ldots\end{aligned}$$

Or le second membre de cette équation est évidemment égal à $2S_n$; donc

$$2S_n = \varphi(a) + \varphi(b) + \ldots + \varphi(l).$$

D'un autre côté, en développant les différents termes de $\varphi(x)$, on trouve

$$\varphi(x) = x^{2n} - 2nax^{2n-1} + \frac{2n(2n-1)}{1.2}a^2x^{2n-2} - \ldots + a^{2n}$$
$$+ x^{2n} - 2nbx^{2n-1} + \frac{2n(2n-1)}{1.2}b^2x^{2n-2} - \ldots + b^{2n}$$
$$+ \ldots\ldots\ldots\ldots\ldots\ldots\ldots\ldots\ldots\ldots$$
$$+ x^{2n} - 2nlx^{2n-1} + \frac{2n(2n-1)}{1.2}l^2x^{2n-2} - \ldots + l^{2n},$$

ou

$$\varphi(x) = mx^{2n} - 2ns_1x^{2n-1} + \frac{2n(2n-1)}{1.2}s_2x^{2n-2} - \ldots + s_{2n}.$$

Remplaçant $x$ successivement par $a$, $b$, $c$,..., $l$, et ajoutant tous les résultats, on aura la valeur suivante de $\varphi(a) + \varphi(b) + \ldots + \varphi(l)$ ou de $2S_n$,

$$2S_n = ms_{2n} - 2ns_1s_{2n-1} + \frac{2n(2n-1)}{1.2}s_2s_{2n-2} - \ldots + ms_{2n}.$$

Les termes à égale distance des extrêmes sont égaux dans le second membre; par suite, on a cette valeur de $S_n$,

$$S_n = ms_{2n} - 2ns_1s_{2n-1} + \frac{2n(2n-1)}{1.2}s_2s_{2n-2} - \ldots$$
$$\pm \frac{1}{2}\frac{2n(2n-1)\ldots(n+1)}{1.2.3\ldots n}s_ns_n.$$

En donnant à $n$ les valeurs successives 1, 2, 3,..., $\mu$, on connaîtra les sommes $S_1$, $S_2$,..., $S_\mu$ dont on a besoin; on achèvera ensuite le calcul, comme nous l'avons indiqué précédemment.

*Cas de l'équation du troisième degré.* — Prenons pour exemple l'équation du troisième degré

$$x^3 + px^2 + qx + r = 0,$$

et soit

$$V^3 + PV^2 + QV + R = 0,$$

l'équation aux carrés des différences.

On trouve

$$s_1 = -p,$$
$$s_2 = p^2 - 2q,$$
$$s_3 = -p^3 + 3pq - 3r,$$
$$s_4 = p^4 - 4p^2q + 4pr + 2q^2,$$
$$s_5 = -p^5 + 5p^3q - 5p^2r - 5pq^2 + 5qr,$$
$$s_6 = p^6 - 6p^4q + 6p^3r + 9p^2q^2 - 12pqr - 2q^3 + 3r^2;$$

puis

$$S_1 = 3s_2 - s_1^2 = 2p^2 - 6q,$$
$$S_2 = 3s_4 - 4s_1s_3 + 3s_2^2 = 2p^4 - 12p^2q + 18q^2,$$
$$S_3 = 3s_6 - 6s_1s_5 + 15s_2s_4 - 10s_3^2$$
$$= 2p^6 - 18p^4q - 12p^3r + 57p^2q^2 + 54pqr - 66q^3 - 81r^2,$$

et enfin

$$P = -S_1 = -2p^2 + 6q,$$
$$Q = -\frac{S_2 + PS_1}{2} = p^4 - 6p^2q + 9q^2,$$
$$R = -\frac{S_3 + PS_2 + QS_1}{3} = 4p^3r - p^2q^2 - 18pqr + 4q^3 + 27r^2.$$

On suivrait une marche toute semblable pour former l'équation aux sommes deux à deux des racines d'une équation donnée.

*Sur la forme des fonctions rationnelles d'une ou de plusieurs racines d'une équation.*

**182.** La méthode générale dont nous venons de nous occuper s'applique avec le même succès, que V soit ou non une fonction entière des racines $a$, $b$, $c$, etc.: mais on peut facilement démontrer qu'une fonction rationnelle d'une ou de plusieurs racines d'une équation peut toujours, si elle n'est pas entière, être remplacée par une fonction entière équivalente.

Nous commencerons par établir le théorème suivant, relatif aux fonctions rationnelles d'une seule racine.

Théorème. — *Toute fonction rationnelle et non entière d'une racine $a$ d'une équation*

$$f(x) = 0 \tag{1}$$

*de degré $m$ est équivalente à une fonction entière d'un degré inférieur à $m$.*

Soit, en effet, la fonction rationnelle $\frac{\varphi(a)}{\psi(a)}$, où $\varphi$ et $\psi$ désignent des fonctions entières; on aura identiquement

$$\frac{\varphi(a)}{\psi(a)} = \varphi(a) \cdot \frac{\psi(b)\psi(c)\ldots\psi(l)}{\psi(a)\psi(b)\ldots\psi(l)}, \tag{2}$$

$b, c, \ldots, l$ désignant les autres racines de l'équation (1). Le dénominateur $\psi(a)\psi(b)\ldots\psi(l)$ du second membre est une fonction symétrique et entière des racines de l'équation (1), et il peut en conséquence s'exprimer rationnellement par les coefficients de cette équation. Pareillement le facteur $\psi(b)\psi(c)\ldots\psi(l)$ du numérateur est une fonction symétrique et entière des racines de l'équation

$$\frac{f(x)}{x-a} = 0,$$

et on peut l'exprimer sous forme rationnelle et entière, en fonction des coefficients de cette équation, c'est-à-dire en fonction de $a$ et des coefficients de l'équation (1). D'après cela, l'égalité (2) prendra la forme

$$\frac{\varphi(a)}{\psi(a)} = \varphi(a) \cdot \theta(a),$$

où $\theta(a)$ désigne un polynôme entier et rationnel, par rapport à $a$. En effectuant le produit des polynômes $\varphi$ et $\theta$, notre fraction deviendra

$$\frac{\varphi(a)}{\psi(a)} = A_0 + A_1 a + A_2 a^2 + \ldots + A_\mu a^\mu,$$

et je dis qu'on peut supposer le degré $\mu$ inférieur à $m$. En effet, de l'équation $f(a) = 0$ on peut tirer la valeur de $a^m$ qui sera exprimée par un polynôme du degré $m - 1$; en multipliant par $a$ cette valeur de $a^m$, on aura $a^{m+1}$, qui sera exprimée par un polynôme du degré $m$, mais qu'on pourra abaisser au degré $m - 1$, en remplaçant $a^m$ par la valeur trouvée précédemment. En continuant ainsi, on exprimera chaque puissance de $a$, à partir de la $m^{ième}$, par un polynôme du degré $m - 1$, et, par suite, on pourra chasser de l'expression de $\frac{\varphi(a)}{\psi(a)}$ que nous avons trouvée, toutes les puissances de $a$ supérieures à la $(m - 1)^{ième}$. Mais on peut aussi opérer comme il suit : Si $\mu$ est $> m$, on divisera le polynôme $A_0 + A_1 a + \ldots$ par $f(a)$, et en désignant par Q le quotient, par $\varpi(a)$ le reste qui est de degré inférieur à $m$, on aura

$$\frac{\varphi(a)}{\psi(a)} = A_0 + A_1 a + \ldots = f(a) \times Q + \varpi(a);$$

d'ailleurs $f(a)$ étant nulle, on aura simplement

$$\frac{\varphi(a)}{\psi(a)} = \varpi(a),$$

où $\varpi$ désigne un polynôme de degré $m - 1$ au plus.

**183.** Quoique la démonstration précédente ne laisse rien à désirer sous le rapport de la rigueur et de la clarté, nous en présenterons une seconde qui aura l'avantage de nous fournir un procédé plus facile pour trouver la forme entière qui convient à une fonction fractionnaire donnée.

Soit toujours $\frac{\varphi(a)}{\psi(a)}$ la fraction donnée, $a$ étant une racine de $f(x)=0$. On peut supposer $\psi(a)$ de degré inférieur à $m$, car si le contraire avait lieu, on ferait disparaître de $\psi(a)$ les puissances de $a$ supérieures à la $(m-1)^{ième}$ par l'un des procédés indiqués précédemment.

Cela posé, opérons sur les polynômes $f(a)$ et $\psi(a)$, comme s'il était question de trouver leur plus grand commun diviseur; on aura cette suite d'égalités :

$$\begin{aligned}
f(a) &= \psi(a)\,Q_1 + R_1,\\
\psi(a) &= R_1 Q_2 + R_2,\\
R_1 &= R_2 Q_3 + R_3,\\
&\dots\dots\dots\dots,\\
R_{n-2} &= R_{n-1} Q_n + R_n,
\end{aligned}$$

où $R_n$ ne contient plus la quantité $a$. Or, $f(a)$ étant nul, on aura

$$\begin{aligned}
R_1 &= -Q_1\,\psi(a),\\
R_2 &= (1+Q_1 Q_2)\,\psi(a),\\
R_3 &= -(Q_1+Q_3+Q_1 Q_2 Q_3)\,\psi(a),\\
&\dots\dots\dots\dots;
\end{aligned}$$

la dernière de ces égalités sera de la forme

$$R_n = \theta(a).\psi(a),$$

$\theta(a)$ désignant un polynôme entier et rationnel par rapport à $a$, et on en tire

$$\psi(a) = \frac{R_n}{\theta(a)};$$

on a donc

$$\frac{\varphi(a)}{\psi(a)} = \frac{\varphi(a).\theta(a)}{R_n}.$$

Cette valeur de $\frac{\varphi(a)}{\psi(a)}$ est entière par rapport à $a$, puisque $R_n$ ne contient pas $a$, et, si elle renferme des puissances de $a$ supérieures à la $(m-1)^{ième}$, on pourra les faire disparaître par le procédé que nous avons indiqué au n° **182**.

A la vérité, cette méthode semble en défaut dans le cas où les polynômes $\psi(x)$ et $f(x)$ ont un diviseur commun; car, dans ce cas, la quantité désignée par $R_n$ est nulle, ainsi que $\theta(a)$ : mais alors on pourra enlever de $f(x)$, par une simple division, tous les facteurs linéaires qui sont dans $\psi(x)$, et parmi lesquels ne se trouve pas $x-a$, car autrement $\psi(a)$ serait nul. En désignant par $f_1(x)$ le résultat ainsi obtenu, $a$ sera racine de $f_1(x)=0$, et le polynôme $\psi(x)$ étant dès lors premier avec $f_1(x)$, on pourra appliquer la méthode.

Il résulte de ce qui précède que la fonction rationnelle la plus générale d'une racine d'une équation de degré $m$ est une fonction entière du degré $m-1$, renfermant par conséquent $m$ coefficients arbitraires.

Exemple. — Toute fonction rationnelle d'une racine $a$ de l'équation du troisième degré

$$x^3+px^2+qx+r=0$$

peut être mise sous la forme

$$A+Ba+Ca^2;$$

mais il est souvent préférable de prendre une forme fractionnaire dans laquelle les deux termes soient linéaires, et cela est toujours possible; car si l'on divise l'un par l'autre les polynômes $a^3+pa^2+qa+r$ et $Ca^2+Ba+A$, dont le premier est nul, on aura un quotient et un reste du premier degré en $a$, d'où il résulte que la fonction $A+Ba+Ca^2$ peut être mise sous la forme $\dfrac{Ma+N}{a+P}$.

**184. Extension aux fonctions rationnelles de plusieurs racines d'une équation.** — La méthode précédente a surtout l'avantage de pouvoir être appliquée aux fonctions rationnelles de plusieurs racines d'une équation. On a, en effet, ce théorème :

*Toute fonction rationnelle non entière de plusieurs racines d'une équation peut être remplacée par une fonction entière des mêmes racines.*

Rien ne sera changé à nos raisonnements, si la fonction $\frac{\varphi(a)}{\psi(a)}$, que nous avons considérée, renferme d'autres racines $b$, $c$, etc., de l'équation $f(x) = 0$, et cette fonction pourra se mettre sous la forme $A_0 a + A_1 a^2 + \ldots$, $A_0$ et $A_1$ étant des fonctions rationnelles de racines parmi lesquelles ne se trouve pas $a$. A leur tour, on pourra rendre ces fonctions $A_0$, $A_1$, etc., entières par rapport à une autre racine $b$, puis par rapport à une troisième, et ainsi de suite.

### *Méthode d'élimination fondée sur la théorie des fonctions symétriques.*

**185.** Parmi les applications que l'on peut faire de la théorie des fonctions symétriques, on doit regarder comme l'une des plus importantes la méthode d'élimination que nous allons exposer.

Considérons deux équations, des degrés $m$ et $n$ respectivement, contenant deux ou un plus grand nombre de variables $x$, $y$, etc., et entre lesquelles il s'agit d'éliminer $y$. Nous supposerons ces équations complètes, et leurs coefficients entièrement indéterminés, et les ordonnant par rapport à $y$, nous les représenterons par

$$(1) \qquad y^m + p_1 y^{m-1} + p_2 y^{m-2} + \ldots + p_{m-1} y + p_m = 0,$$

$$(2) \qquad y^n + q_1 y^{n-1} + q_2 y^{n-2} + \ldots + q_{n-1} y + q_n = 0,$$

Les coefficients $p_1$, $p_2$, etc., $q_1$, $q_2$, etc., sont des fonctions entières de $x$, etc.

Désignons par $a$, $b$, $c$,..., $k$, $l$ les $m$ racines de l'équation (1); ces racines dépendent de $x$ et des autres variables, s'il y en a; en les substituant à $y$, dans le premier membre de l'équation (2), on aura les $m$ résultats

$$(3)\quad \begin{cases} a^n + q_1 a^{n-1} + q_2 a^{n-2} + \ldots + q_{n-1} a + q_n, \\ b^n + q_1 b^{n-1} + q_2 b^{n-2} + \ldots + q_{n-1} b + q_n, \\ c^n + q_1 c^{n-1} + q_2 c^{n-2} + \ldots + q_{n-1} c + q_n, \\ \ldots\ldots\ldots\ldots\ldots\ldots\ldots\ldots\ldots\ldots, \\ l^n + q_1 l^{n-1} + q_2 l^{n-2} + \ldots + q_{n-1} l + q_n. \end{cases}$$

Cela posé, si l'on forme le produit de tous ces résultats, et que l'on désigne par V ce produit, il est facile de voir que

$$V = 0$$

sera l'équation finale résultant de l'élimination de $y$ entre les deux équations proposées. En effet, l'équation finale qui résulte de l'élimination de $y$ entre deux équations est simplement la condition nécessaire pour que ces deux équations aient une racine commune, et il est bien évident que la condition nécessaire et suffisante pour que les équations (1) et (2) aient une racine commune est que l'un des résultats (3), ou leur produit V, soit nul.

D'ailleurs, V est une fonction symétrique et entière des racines de l'équation (1), qui contient, en outre, rationnellement les coefficients de l'équation (2); on pourra donc exprimer cette fonction rationnellement par les coefficients des équations (1) et (2).

**186.** La méthode précédente conduit facilement au théorème de Bezout, relatif au degré de l'équation finale.

Nous supposerons, comme précédemment, que les deux équations (1) et (2), l'une du degré $m$, l'autre du degré $n$, soient complètes, et que leurs coefficients soient dans une complète indépendance. Alors les quantités $p_1$ et $q_1$ sont des fonctions entières du premier degré par rapport aux variables $x$, etc., qui figurent dans les équations proposées; pareillement, $p_2$, $q_2$ sont du deuxième degré, et, en général, le degré des coefficients de $y$ dans les équations (1) et (2) sera indiqué par leur indice. Cela posé, je dis que :

*Le degré de l'équation finale qui résulte de l'élimination d'une variable $y$, entre deux équations complètes dont les coefficients sont indéterminés et indépendants les uns des autres, est précisément égal au produit des degrés des deux équations.*

Considérons, en effet, un terme quelconque du produit des expressions (3), par exemple

$$q_{n-\alpha} q_{n-6} \cdots q_{n-\lambda} a^{\alpha} b^{6} \ldots l^{\lambda};$$

ce terme se trouvera dans V, ainsi que la fonction symétrique dont il fait partie. V est donc la somme d'expressions de la forme

$$q_{n-\alpha} q_{n-6} \cdots q_{n-\lambda} \sum a^{\alpha} b^{6} \ldots l^{\lambda},$$

en observant qu'il faut remplacer $q_{n-\alpha}$ par 1, si $\alpha = n$, et de même pour les autres. Or, d'après ce qui a été dit plus haut, le facteur $q_{n-\alpha} q_{n-6} \cdots q_{n-\lambda}$ est du degré $(n-\alpha)+(n-6)+\ldots+(n-\lambda)$ ou $mn-(\alpha+6+\ldots+\lambda)$ par rapport aux variables $x$, etc.; si donc nous faisons voir que le second facteur $\sum a^{\alpha} b^{6} \ldots l^{\lambda}$ est, par rapport à ces mêmes variables $x$, etc., du degré $\alpha+6+\ldots+\lambda$, il s'ensuivra que le terme de V que nous considérons est du degré $mn$, et que V est lui-même de ce degré. Les coefficients $p_1$, $p_2$, etc., de l'équation (1) étant, par rapport à $x$, etc., d'un degré égal à leur indice, il en sera de même des sommes de puissances semblables $s_1$, $s_2$, etc., de ses racines; cela résulte immédiatement des formules de Newton. Ainsi, le degré d'une fonction symétrique simple telle que $s_\alpha$ est le même, soit que l'on considère $s_\alpha$ comme fonction de $a$, $b$, etc., soit qu'on la considère comme fonction de $x$, etc. Enfin, $\sum a^\alpha b^6 \ldots l^\lambda$ peut s'exprimer en fonction des sommes $s_\alpha$ par une formule entière qui est du degré $\alpha + 6 + \ldots + \lambda$ par rapport aux racines $a$, $b$, etc., et qui est, par conséquent, aussi du même degré par rapport à $x$, etc. Le théorème est donc démontré.

Nous avons admis comme évident que les termes de degré $mn$, qui se trouvent dans V, ne peuvent se détruire, tant qu'on laisse indéterminés les coefficients des équations (1) et (2). On peut, au surplus, mettre ce fait hors de doute en se référant, comme nous l'avons fait au n° 71, au cas particulier de deux équations dont les premiers membres sont décomposables en facteurs linéaires.

187. Si les coefficients des équations (1) et (2) ont des valeurs déterminées, on pourra toujours leur appliquer le raisonnement du n° 185, pourvu que ces équations contiennent la plus haute puissance de l'inconnue qu'on élimine. On est ainsi conduit à la proposition suivante, qui est générale :

*Le degré de l'équation finale résultant de l'élimination d'une inconnue entre deux équations qui en contiennent plusieurs est au plus égal au produit des degrés de ces équations.*

Ce dernier théorème subsiste lors même que les équations proposées manquent de la plus haute puissance de l'inconnue qu'on élimine.

Soient, en effet, deux équations entre deux variables $x$ et $y$, ayant respectivement $m$ et $n$ pour degrés et manquant du terme le plus élevé en $y$. En considérant $x$ et $y$ comme des coordonnées rectilignes, ces deux équations appartiendront à deux courbes, et le degré de l'équation finale résultant de l'élimination de $y$ sera égal au nombre des points d'intersection réels ou imaginaires de ces courbes. Par conséquent, ce nombre ne changera évidemment pas, si l'on rapporte les deux courbes à d'autres axes de coordonnées; mais alors les nouvelles équations de ces deux courbes se déduisent des anciennes, en remplaçant $x$ et $y$ par des fonctions linéaires $ax + by$, $a'x + b'y$, et elles contiendront évidemment, l'une un terme en $y^m$, l'autre un terme en $y^n$, à cause de l'indétermination de $b$ et $b'$; le degré de l'équation finale en $x$ résultant de l'élimination de $y$ entre ces nouvelles équations sera donc au plus égal à $mn$ : par suite, le nombre des points d'intersection des deux courbes ne pourra surpasser $mn$, et il en sera de même du degré de l'équation finale qui résulterait de l'élimination de $y$ entre les deux proposées.

La même démonstration s'applique au cas où les deux équations proposées contiennent, outre $x$ et $y$, d'autres variables $u$, $z$, .... En effet, si l'on pose

$$z = kx, \quad u = k'x, \ldots,$$

et que l'on considère $k$, $k'$, etc., comme des paramètres, le raisonnement précédent s'appliquera aux deux équations proposées qui ne renferment plus que $x$ et $y$. Par où l'on voit que l'équation finale en $x$, $z$, $u$, etc., résultant de l'élimination de $y$, sera au plus du degré $mn$, si l'on y remplace $z$, $u$, etc., par $kx$, $k'x$, etc., et cela, quels que soient $k$, $k'$, etc.; mais cette substitution ne change évidemment pas son degré, lequel ne pourra donc, en aucun cas, surpasser $mn$.

On verra plus loin qu'on peut fixer avec précision, dans chaque cas particulier, le degré de l'équation finale qui résulte de l'élimination d'une inconnue entre deux équations données.

188. Quand on opère l'élimination dans le but d'obtenir les systèmes de solutions de deux équations à deux inconnues, il faut déterminer en outre les valeurs de l'inconnue éliminée qui répondent à chaque racine de l'équation finale; on a vu au n° 73 comment on doit diriger le calcul pour remplir cet objet. Au reste, comme l'équation finale en $x$ exprime que les équations proposées ont une racine commune $y$, on peut déterminer celle-ci par le procédé suivant qu'Abel a fait connaître dans le tome XVII des *Annales de Mathématiques* de Gergonne.

Soient les deux équations

$$(1) \quad f(y) = y^m + p_1 y^{m-1} + p_2 y^{m-2} + \ldots + p_{m-1} y + p_m = 0,$$

$$(2) \quad F(y) = y^n + q_1 y^{n-1} + q_2 y^{n-2} + \ldots + q_{n-1} y + q_n = 0,$$

qui ont une racine commune $y_1$, mais qui n'ont que cette seule racine commune, et proposons-nous de la calculer.

Désignons par $y_1, y_2, \ldots, y_n$ les $n$ racines de l'équation (2), et portons-les dans le premier membre de l'équation (1) $f(y)$; on aura ces $n$ résultats

$$f(y_1), \quad f(y_2), \quad f(y_3), \ldots, \quad f(y_n),$$

dont le premier est nul. Faisons ensuite les produits $n-1$ à $n-1$ de ces $n$ quantités, et désignons généralement par $R_\mu$ celui de ces produits qui ne contient pas le facteur $f(y_\mu)$; les quantités

$$R_1, \quad R_2, \quad R_3, \ldots, \quad R_n$$

seront toutes nulles, à l'exception de la première. Ces quantités sont exprimables rationnellement, la première en fonction de $y_1$, la seconde en fonction de $y_2$, etc., la dernière en fonction de $y_n$; en effet, $R_\mu$ est une fonction symétrique des quantités $y_1, y_2, \ldots, y_n$, excepté $y_\mu$, c'est-à-dire une fonction symétrique des racines de l'équation

$$\frac{F(y)}{y - y_\mu} = 0,$$

ou

$$y^{n-1} + \begin{array}{l|} q_1 \\ + y_\mu \end{array}\; y^{n-2} + \begin{array}{l|} q_2 \\ + q_1 y_\mu \\ + y_\mu^2 \end{array}\; y^{n-3} + \ldots = 0;$$

$R_\mu$ pourra donc s'exprimer sous forme rationnelle et entière en fonction de $y_\mu$ et des quantités connues qui entrent dans les équations (1) et (2), de la manière suivante:

$$R_\mu = \rho_0 + \rho_1 y_\mu + \rho_2 y_\mu^2 + \ldots + \rho_p y_\mu^p.$$

En outre, par l'un des procédés indiqués aux nos 182 et 183, on pourra chasser de l'expression de $R_\mu$ toutes les puissances de $y_\mu$ supérieures à la $(n-1)^{ième}$, en sorte que la valeur de $R_\mu$ aura finalement cette forme :

$$(3) \qquad R_\mu = \rho_0 + \rho_1 y_\mu + \rho_2 y_\mu^2 + \ldots + \rho_{n-1} y_\mu^{n-1}.$$

On voit que l'équation

$$\rho_{n-1} y^{n-1} + \rho_{n-2} y^{n-2} + \ldots + \rho_1 y + \rho_0 = 0$$

a les $n-1$ racines $y_2, y_3, \ldots, y_n$; on a donc

$$y_2 + y_3 + \ldots + y_n = -\frac{\rho_{n-2}}{\rho_{n-1}};$$

on a d'ailleurs

$$y_1 + y_2 + y_3 + \ldots + y_n = -q_1,$$

et, par la soustraction, on obtient la valeur demandée de $y_1$, savoir :

$$y_1 = \frac{\rho_{n-2}}{\rho_{n-1}} - q_1.$$

On voit qu'il suffit, pour avoir $y_1$, de calculer dans $R_\mu$ les coefficients de $y_\mu^{n-1}$ et de $y_\mu^{n-2}$.

*Théorème de Lagrange sur les conditions nécessaires pour que deux équations aient plusieurs racines communes.*

189. C'est ici l'occasion de mentionner un beau théorème que Lagrange a démontré dans son célèbre Mémoire inséré parmi ceux de l'Académie de Berlin pour 1770 et 1771, et qui est relatif aux conditions nécessaires pour que deux équations aient plusieurs racines communes.

L'objet de ce théorème est de faire connaître les conditions pour que deux équations algébriques aient deux, trois, etc., racines communes, quand on connaît la condition pour qu'elles en aient une. Voici en quoi il consiste.

Théorème. — Si $V = 0$ *exprime la condition pour que deux équations algébriques*

$$(1) \quad f(x) = x^m + p_1 x^{m-1} + p_2 x^{m-2} + \ldots + p_{m-1} x + p_m = 0,$$
$$(2) \quad F(x) = x^n + q_1 x^{n-1} + q_2 x^{n-2} + \ldots + q_{n-1} x + q_n = 0$$

*aient une racine commune,* V *étant une fonction entière des coefficients* $p_1, p_2, \ldots, q_1, q_2, \ldots,$ *et que l'on désigne par* $D^\mu_{p_m} V$, $D^\nu_{q_n} V$ *les dérivées d'ordre* $\mu$ *et d'ordre* $\nu$ *du polynôme* V, *prises la première par rapport à* $p_m$, *et la deuxième par rapport à* $q_n$, *les conditions nécessaires pour deux racines communes seront*

$$V = 0 \quad \text{et} \quad D_{p_m} V = 0,$$

*ou bien*

$$V = 0 \quad \text{et} \quad D_{q_\mu} V = 0;$$

*pareillement, les conditions nécessaires pour trois racines communes seront*

$$V = 0, \quad D_{p_m} V = 0, \quad D^2_{p_m} V = 0,$$

*ou bien*

$$V = 0, \quad D_{q_\mu} V = 0, \quad D^2_{q_\mu} V = 0,$$

*et ainsi de suite; en sorte qu'on formera les conditions nécessaires pour* $\mu$ *racines communes, en joignant à l'équation* $V = 0$ *nécessaire pour une seule racine commune les* $\mu - 1$ *équations obtenues en égalant à zéro les* $\mu - 1$ *premières dérivées du polynôme* $V$, *prises par rapport au dernier terme de l'une des deux équations proposées.*

Tel est l'énoncé que Lagrange a donné de son théorème; mais il est nécessaire d'ajouter quelques mots sur la manière dont cet énoncé doit être entendu. Ainsi les équations

$$V = 0, \quad D_{p_m} V = 0, \quad D^2_{p_m} V = 0, \ldots, \quad D^{\mu-1}_{p_m} V = 0$$

expriment simplement les conditions nécessaires et suffisantes pour que $\mu$ racines de l'équation (2) satisfassent à l'équation (1), en sorte que si l'équation (2) a des racines égales, il sera possible de satisfaire aux $\mu$ équations de condition écrites plus haut, sans que les premiers membres des équations (1) et (2) aient un diviseur commun du degré $\mu$, ce qui serait la condition nécessaire pour que les équations (1) et (2) eussent réellement $\mu$ racines communes. Pareillement les équations

$$V = 0, \quad D_{q_\mu} V = 0, \quad D^2_{q_\mu} V = 0, \ldots, \quad D^{\mu-1}_{q_\mu} V = 0$$

expriment les conditions nécessaires pour que $\mu$ racines de l'équation (1) satisfassent à l'équation (2), en sorte que si l'équation (1) a des racines multiples, on pourra satisfaire aux équations de condition précédentes, sans que les équations (1) et (2) aient réellement $\mu$ racines communes.

Il faut remarquer, en outre, que le dernier terme $p_m$ ou $q_n$, par rapport auxquel sont prises les dérivées de V, doit être considéré comme un paramètre indéterminé dont tous les autres coefficients sont indépendants.

Cela posé, passons à la démonstration du théorème. Soient $a$, $b$, $c$,..., $k$, $l$ les $n$ racines de l'équation (2), et posons

$$V = f(a)f(b)\ldots f(k)f(l);$$

V est une fonction symétrique des racines de l'équation (2), dans laquelle les coefficients sont des fonctions entières des coefficients de l'équation (1); on pourra donc l'exprimer par une fonction entière des coefficients des équations (1) et (2).

Les racines $a$, $b$, $c$,..., $k$, $l$ étant indépendantes de $p_m$, les quantités $f(a)$, $f(b)$,..., $f(l)$ sont des fonctions linéaires de $p_m$ et leurs dérivées sont toutes égales à l'unité; donc $D_{p_m} V$ est égale à la somme des produits $m-1$ à $m-1$ des quantités

$$f(a),\quad f(b),\ldots,\quad f(k),\quad f(l);$$

pareillement $\frac{1}{1.2} D^2_{p_m} V$ est égale à la somme des produits $m-2$ à $m-2$ des mêmes quantités, et généralement $\frac{1}{1.2\ldots i} D^i_{p_m} V$ est égale à la somme de leurs produits $m-i$ à $m-i$.

Par conséquent, l'équation qui a pour racines les $n$

quantités

$$f(a),\quad f(b),\ldots,\quad f(k),\quad f(l)$$

est

$$X^n - \frac{D_{p_m}^{n-1} V}{1.2\ldots(n-1)} X^{n-1} + \ldots \mp \frac{D_{p_m}^3 V}{1.2.3} X^3$$

$$\pm \frac{D_{p_m}^2 V}{1.2} X^2 \mp \frac{D_{p_m} V}{1} X \pm V = 0.$$

Or, pour que $\mu$ racines de l'équation (2) satisfassent à l'équation (1), il faut et il suffit que l'équation en X ait $\mu$ racines nulles, c'est-à-dire que l'on ait

$$V = 0,\quad D_{p_m} V = 0,\quad D_{p_m}^2 V = 0,\ldots,\quad D_{p_m}^{\mu-1} V = 0,$$

ce qui démontre le théorème énoncé.

La démonstration qui précède est plus claire et plus précise que celle qui a été donnée par Lagrange. Il semble effectivement au premier abord, par le raisonnement de l'auteur, qu'il soit permis, dans l'énoncé du théorème, de substituer aux dérivées de V, prises par rapport au dernier terme de l'une des équations proposées, les dérivées prises par rapport à un coefficient quelconque, ou même par rapport à un paramètre dont un ou plusieurs de ces coefficients seraient fonctions. Mais il est aisé de voir qu'on obtiendrait de cette manière des équations de condition trop générales.

Par exemple, $p_{m-i}$ étant le coefficient de $x^i$ dans $f(x)$, et tous les autres coefficients étant indépendants de $p_{m-i}$, les équations

$$V = 0,\quad D_{p_{m-i}} V = 0$$

peuvent avoir lieu, quoique les équations (1) et (2) n'aient qu'une seule racine commune. En effet, $f(a), f(b),\ldots, f(l)$ sont des fonctions linéaires de $p_{m-i}$ et leurs dérivées par rapport à $p_{m-i}$ ont respectivement pour valeurs $a^i$, $b^i, \ldots, l^i$; donc, à cause de

$$V = f(a)f(b)\ldots f(l),$$

on aura

$$D_{p_{m-i}} V = a^i f(b)\ldots f(l) + b^i f(a)\ldots f(l) + \ldots.$$

Il est évident, d'après cela, que les équations de condition

$$V = 0, \quad D_{p_{m-i}} V = 0$$

seront vérifiées si chacune des équations proposées a une racine nulle.

Exemple. — Appliquons le théorème de Lagrange aux deux équations

$$x^3 + p_1 x^2 + p_2 x + p_3 = 0,$$
$$x^2 + q_1 x + q_2 = 0.$$

En appelant $a$ et $b$ les racines de la seconde équation, on a

$$\begin{aligned} V &= (a^3 + p_1 a^2 + p_2 a + p_3)(b^3 + p_1 b^2 + p_2 b + p_3) \\ &= q_2^3 - q_1 q_2^2 p_1 + (q_1^2 q_2 - 2q_2^2)p_2 - (q_1^3 - 3q_1 q_2)p_3 + q_2^2 p_1^2 \\ &\quad - q_1 q_2 p_1 p_2 + (q_1^2 - 2q_2)p_1 p_3 + q_2 p_2^2 - q_1 p_2 p_3 + p_3^2, \end{aligned}$$

et

$$D_{p_3} V = -q_1^3 + 3q_1 q_2 + (q_1^2 - 2q_2)p_1 - q_1 p_2 + 2p_3.$$

La condition, pour que les équations proposées aient une racine commune, est $V = 0$; par suite, les conditions pour deux racines communes seront

$$V = 0, \quad D_{p_3} V = 0.$$

En éliminant $p_3$ entre celles-ci, il vient

$$(q_1^2 - 4q_2)(q_1^2 - q_2 - q_1 p_1 + p_2)^2 = 0;$$

cette dernière se décompose en deux autres. Si l'on prend

$$q_1^2 - 4q_2 = 0,$$

on exprimera que les deux racines de l'équation du second degré sont égales entre elles, et ces racines satisferont à l'équation du troisième degré en vertu de la condition $V = 0$. Si l'on prend, au contraire,

$$q_1^2 - q_2 - q_1 p_1 + p_2 = 0,$$

l'équation $D_{p_3} V = 0$ se réduit à

$$q_1 q_2 - q_2 p_1 + p_3 = 0.$$

Les deux équations précédentes expriment les conditions nécessaires et suffisantes pour que la première des équations proposées soit divisible par la seconde.

### *Méthode de Tschirnaüs, pour faire disparaître autant de termes que l'on veut d'une équation.*

**190.** On peut rattacher à la théorie qui nous occupe la méthode élégante que Tschirnaüs a donnée dans les *Actes de Leipsick* pour 1683, et qui sert à faire disparaître d'une équation autant de termes que l'on veut. Cette méthode consiste à transformer l'équation proposée en une autre dont la racine soit une fonction rationnelle de celle de la proposée, ou, si l'on veut, une fonction entière de degré inférieur à celui de l'équation proposée, car c'est à cette forme (n° 182) que peut se ramener la fonction rationnelle la plus générale.

Soit

$$(1) \qquad x^m + p_1 x^{m-1} + p_2 x^{m-2} + \ldots + p_{m-1} x + p_m = 0$$

une équation du degré $m$, et posons

$$(2) \qquad y = a_0 + a_1 x + a_2 x^2 + \ldots + a_{n-1} x^{n-1} + a_n x^n,$$

$a_0$, $a_1$, etc., désignant des indéterminées, $n$ un entier inférieur à $m$. L'équation finale en $y$, qui résulte de l'élimination de $x$ entre les équations (1) et (2), sera évidemment du degré $m$, puisque $y$ a autant de valeurs que $x$. Cette élimination peut se faire par les fonctions symétriques, de la manière suivante : en élevant l'équation (2) aux différentes puissances 2, 3,..., $m$, et en ayant soin de rabaisser les exposants de $x$ au-dessous de $m$, à l'aide de l'équation (1), on obtiendra une suite d'équations de la forme

$$(3)\quad \begin{cases} y^2 = b_0 + b_1 x + b_2 x^2 + \ldots + b_{m-1} x^{m-1}, \\ y^3 = c_0 + c_1 x + \ldots\ldots\ldots + c_{m-1} x^{m-1}, \\ \ldots\ldots\ldots\ldots\ldots\ldots\ldots\ldots\ldots, \\ y^m = k_0 + k_1 x + \ldots\ldots\ldots + k_{m-1} x^{m-1}. \end{cases}$$

$b_0$, $b_1$, etc., sont des fonctions homogènes et entières du deuxième degré des indéterminées $a_0$, $a_1$, etc.; pareillement $c_0$, $c_1$, etc., sont des fonctions homogènes et entières du troisième degré de $a_0$, $a_1$, etc., et ainsi de suite. Si, maintenant, $s_1$, $s_2$, etc., désignent les sommes de puissances semblables des racines de l'équation (1); $S_1$, $S_2$, etc., celles des puissances semblables des racines de l'équation en $y$, les équations (2) et (3) donneront

$$(4)\quad \begin{cases} S_1 = ma_0 + a_1 s_1 + a_2 s_2 + \ldots + a_{n-1} s_{n-1} + a_n s_n, \\ S_2 = mb_0 + b_1 s_1 + b_2 s_2 + \ldots\ldots\ldots + b_{m-1} s_{m-1}, \\ \ldots\ldots\ldots\ldots\ldots\ldots\ldots\ldots\ldots\ldots\ldots \\ S_m = mk_0 + k_1 s_1 + k_2 s_2 + \ldots\ldots\ldots + k_{m-1} s_{m-1}. \end{cases}$$

Connaissant ainsi les sommes de puissances semblables des racines de l'équation en $y$, on pourra former cette équation.

On peut y arriver encore de la manière suivante. On résoudra les équations (3) par rapport aux puissances $x^1$, $x^2$,..., $x^{m-1}$, et l'on portera leurs valeurs dans l'équation (2). Ce procédé a l'avantage de donner la valeur de $x$ exprimée rationnellement en $y$, en sorte qu'on connaîtra chaque racine de l'équation proposée, quand on aura résolu l'équation finale en $y$.

Représentons par

$$(5) \qquad y^m + q_1 y^{m-1} + q_2 y^{m-2} + \ldots + q_{m-1} y + q_m = 0$$

cette équation en $y$, où $q_1$, $q_2$,..., $q_m$ sont fonctions entières des indéterminées $a_0$, $a_1$, etc., et qui exprime la condition pour que les équations (1) et (2) aient une racine commune. Je dis que de cette seule équation (5) on peut déduire la valeur de $x$ qui correspond à chaque valeur de $y$, et même la valeur d'une puissance quelconque de $x$. En effet, désignons par Y ce que devient le second membre de la formule (2) quand on y remplace le coefficient $a_\mu$ par $a_\mu + h$, et soit

$$(6) \qquad Y^m + Q_1 Y^{m-1} + Q_2 Y^{m-2} + \ldots + Q_{m-1} Y + Q_m = 0$$

l'équation de laquelle dépend Y. Chaque coefficient $Q_i$ est une fonction entière de $a_\mu + h$, et si on l'ordonne suivant les puissances de $h$, on aura évidemment

$$Q_i = q_i + h\, D_{a_\mu} q_i + \frac{h^2}{1.2} D^2_{a_\mu} q_i + \ldots,$$

$D_{a_\mu} q_i$, $D^2_{a_\mu} q_i$,... représentant les dérivées successives du polynôme $q_i$ par rapport à $a_\mu$; on a d'ailleurs

$$Y = y + hx^\mu.$$

Si l'on porte ces valeurs dans l'équation (6), celle-ci deviendra identique, quel que soit $h$, quand on attribuera à $x$ et à $y$ leurs valeurs simultanées; en conséquence, les coefficients des diverses puissances de $h$ doivent être nuls. En égalant à zéro la partie indépendante de $h$, on retrouve l'équation (5), et si l'on égale à zéro les coefficients de la première puissance de $h$, il viendra

$$[my^{m-1} + (m-1)q_1 y^{m-2} + \ldots + q_{m-1}]x^{\mu} + \ldots \\ + D_{a_\mu}(y^m + q_1 y^{m-1} + \ldots + q_{m-1}y + q_m) = 0,$$

et, par suite,

$$x^{\mu} = \frac{D_{a_\mu}(y^m + q_1 y^{m-1} + \ldots + q_{m-1}y + q_m)}{my^{m-1} + (m-1)q_1 y^{m-2} + \ldots + q_{m-1}};$$

on aura, en particulier,

$$x = -\frac{D_{a_1}(y^m + q_1 y^{m-1} + \ldots + q_{m-1}y + q_m)}{my^{m-1} + (m-1)q_1 y^{m-2} + \ldots + q^{m-1}}.$$

On voit donc qu'il suffira de résoudre l'équation (5) pour avoir résolu par cela même l'équation (1).

Cela posé, on peut disposer des indéterminées $a_0$, $a_1$, etc., de manière à faire évanouir $n$ termes de l'équation en $y$; par exemple, si l'on veut faire disparaître les $n$ termes qui suivent le premier, il suffira de poser

$$S_1 = 0, \quad S_2 = 0, \ldots, \quad S_n = 0.$$

Or, en se reportant aux équations (4), on voit que $S_1$ est du premier degré par rapport à $a_0$, $a_1$, etc., que $S_2$ est du deuxième degré, $S_3$ du troisième, etc., $S_n$ du $n^{\text{ième}}$. Donc, d'après le théorème de Bezout (n° 70), la détermination de ces indéterminées, dont l'une peut être prise arbitrairement, dépend d'une équation du degré

$$1.2.3\ldots n;$$

et, si l'on voulait faire disparaître de l'équation (5) tous les termes, à l'exception du premier et du dernier, le problème dépendrait d'une équation du degré

$$1.2.3\ldots(m-1).$$

C'est aussi à la résolution d'une équation de ce degré que

se trouverait ramenée celle de l'équation proposée, car l'équation (5) n'ayant alors que deux termes pourrait être immédiatement résolue.

**191.** La transformation de Tschirnaüs donne la résolution algébrique des équations du troisième et du quatrième degré. En effet, soit d'abord l'équation du troisième degré

$$x^3 + px^2 + qx + r = 0;$$

on posera

$$y = a_0 + a_1 x + a_2 x^2,$$

et l'on formera l'équation finale en $y$, savoir

$$y^3 + Py^2 + Qy + R = 0.$$

On déterminera les rapports de deux des quantités $a_0$, $a_1$, $a_2$ à la troisième, au moyen des équations $P = 0$, $Q = 0$, qui sont, l'une du premier degré, l'autre du deuxième; on pourra donc résoudre ces équations et exprimer les rapports dont il s'agit en fonction des coefficients de la proposée. L'équation en $y$ se réduisant alors à

$$y^3 + R = 0,$$

on en tirera ces trois valeurs

$$y = \sqrt[3]{-R}, \quad y = \alpha\sqrt[3]{-R}, \quad y = 6\sqrt[3]{-R},$$

$\alpha$ et $6$ désignant les racines cubiques imaginaires de l'unité. Connaissant ainsi les trois valeurs de $y$, on aura facilement, par ce que nous avons dit plus haut, les trois valeurs de $x$. D'après la proposition du n° 182, la transformation que nous venons d'effectuer revient à celle dont nous nous sommes occupé au n° 63.

Soit enfin l'équation du quatrième degré

$$x^4 + px^3 + qx^2 + rx + s = 0;$$

on posera, comme précédemment,

$$y = a_0 + a_1 x + a_2 x^2,$$

et l'on aura une équation en $y$ telle que

$$y^4 + Py^3 + Qy^2 + Ry + S = 0.$$

On déterminera deux des quantités $a_0$, $a_1$, $a_2$ au moyen des équations $P = 0$, $R = 0$, qui sont, l'une du premier degré, l'autre du troisième ; on pourra donc résoudre ces équations et exprimer deux des inconnues en fonction de la troisième et des coefficients de la proposée. L'équation en $y$, se réduisant à

$$y^4 + Qy^2 + S = 0,$$

elle pourra être résolue, car elle s'abaisse au deuxième degré en posant $y^2 = z$. Connaissant les quatre valeurs de $y$, on formera immédiatement les expressions des quatre racines de l'équation proposée.

### *Application de la méthode de Tschirnaüs à l'équation du cinquième degré.*

**192.** M. Jerrard, géomètre anglais, a démontré qu'on peut faire disparaître d'une équation quelconque le deuxième, le troisième et le quatrième terme en résolvant une seule équation du troisième degré. Nous allons établir ici ce résultat important ; à cet effet nous commencerons par démontrer la proposition suivante :

Théorème. — *Une fonction homogène et entière du second degré de $n$ variables est la somme des carrés de $\nu$ fonctions linéaires ; le nombre $\nu$ étant égal ou inférieur à $n$.*

Soit V une fonction homogène et entière du second

degré des $n$ variables.

$$x_0,\ x_1,\ x_2,\ldots,\ x_{n-1}.$$

Si $n=1$, la fonction V ne dépend que de la seule variable $x_0$, et elle est de la forme $\varepsilon_0 x_0^2$ ou $(x_0\sqrt{\varepsilon})^2$, $\varepsilon_0$ étant un coefficient numérique.

Dans le cas de $n>1$, si V renferme le carré de l'une des variables, $x_0$ par exemple, et qu'on l'ordonne par rapport à $x_0$, on aura une expression de la forme

$$V=\varepsilon_0 x_0^2+2Px_0+Q;$$

$\varepsilon_0$ est une constante, P est une fonction linéaire des $n-1$ variables $x_1, x_2,\ldots, x_{n-1}$; enfin Q est une fonction entière et homogène du second degré des mêmes variables. Si donc on pose

$$X_0=x_0+\frac{P}{\varepsilon_0},\quad V_1=Q-\frac{P^2}{\varepsilon_0},$$

on aura

$$V=\varepsilon_0 X_0^2+V_1,\quad \text{ou}\quad V=(X_0\sqrt{\varepsilon_0})^2+V_1,$$

$V_1$ étant une fonction entière et homogène du second degré, mais qui ne renferme que $n-1$ variables, au plus.

Si la fonction V ne contient aucun carré et qu'on l'ordonne par rapport aux deux variables $x_0$ et $x_1$, on aura

$$V=\varepsilon x_0 x_1+Px_0+Qx_1+R,$$

ou

$$V=\varepsilon_0\left(x_0+\frac{Q}{\varepsilon_0}\right)\left(x_1+\frac{P}{\varepsilon_0}\right)+R-\frac{PQ}{\varepsilon_0},$$

et si l'on pose

$$X_0=\frac{1}{2}\left(x_0+x_1+\frac{P+Q}{\varepsilon_0}\right),\quad X_1=\frac{1}{2}\left(x_0-x_1-\frac{P-Q}{\varepsilon_0}\right),$$

puis

$$V_2 = R - \frac{PQ}{\varepsilon_0},$$

il viendra

$$V = \varepsilon_0 (X_0^2 - X_1^2) + V_2$$

ou

$$V = (X_0 \sqrt{\varepsilon_0})^2 + (X_1 \sqrt{-\varepsilon_0})^2 + V_2;$$

$X_0$ et $X_1$ sont des fonctions linéaires qui peuvent renfermer les $n$ variables $x_0, x_1, \ldots, x_{n-1}$; et $V_2$ est une fonction entière et homogène du second degré qui ne renferme, au plus, que $n - 2$ variables.

Ainsi la fonction V, qui dépend de $n$ variables, est ramenée à la fonction $V_1$, qui n'en renferme que $n - 1$ au plus, ou à la fonction $V_2$, qui n'en contient pas plus de $n - 2$, en mettant à part un carré dans le premier cas et deux dans le second; on peut opérer de la même manière sur la nouvelle fonction, et, en poursuivant ainsi, on mettra V sous la forme suivante :

$$V = \varepsilon_0 X_0^2 + \varepsilon_1 X_1^2 + \ldots + \varepsilon_{\nu-1} X_{\nu-1}^2,$$

ou

$$V = (X_0 \sqrt{\varepsilon_0})^2 + (X_1 \sqrt{\varepsilon_1})^2 + \ldots + (X_{\nu-1} \sqrt{\varepsilon_{\nu-1}})^2,$$

$\varepsilon_0, \varepsilon_1, \ldots, \varepsilon_{\nu-1}$ désignant des coefficients numériques, et $X_0, X_1, \ldots, X_{\nu-1}$ des fonctions linéaires des variables $x_0, x_1, \ldots, x_{n-1}$.

Il est évident que le nombre $\nu$ est égal ou inférieur à $n$, et que l'on a $\nu = n$ quand les coefficients numériques de V sont des quantités indéterminées.

Exemple. — Si l'on applique la méthode précédente à la fonction

$$V = Ax^2 + A'y^2 + A''z^2 + 2Byz + 2B'xz + 2B''xy$$

des trois variables $x, y, z$, dans laquelle les coefficients numériques A, A',... demeurent indéterminés, on trouvera

$$V = \alpha X^2 + \beta Y^2 + \gamma Z^2,$$

en faisant, pour abréger,

$$X = Ax + B''y + B'z,$$
$$Y = (AA' - B''^2)y + (AB - B'B'')z, \quad Z = z,$$

et

$$\alpha = \frac{1}{A}, \quad \beta = \frac{1}{A(AA' - B''^2)},$$
$$\gamma = \frac{AA'A'' + 2BB'B'' - AB^2 - A'B'^2 - A''B''^2}{AA' - B''^2}.$$

**193.** Passons maintenant à la démonstration du théorème que nous avons en vue. Soit l'équation

$$x^m + p_1 x^{m-1} + p_2 x^{m-2} + \ldots + p_{m-1} x + p_m = 0,$$

et posons

$$y = a_0 + a_1 x + a_2 x^2 + a_3 x^3 + a_4 x^4.$$

Soit aussi

$$y^m + q_1 y^{m-1} + q_2 y^{m-2} + q_3 y^{m-3} + \ldots + q_{m-1} y + q_m = 0$$

l'équation en $y$. D'après ce qu'on a vu au n° 190, la somme des puissances $\rho^{\text{ièmes}}$ des racines de l'équation en $y$ est une fonction homogène et entière du degré $\rho$ des cinq quantités $a_0$, $a_1$, $a_2$, $a_3$, $a_4$; par suite, les coefficients $q_1$, $q_2, \ldots, q_m$ sont aussi des fonctions entières et homogènes des mêmes quantités, et les degrés de ces fonctions $q$ sont précisément égaux à leurs indices. Cela posé, pour faire disparaître le second, le troisième et le quatrième terme de l'équation en $y$, il faut faire

$$q_1 = 0, \quad q_2 = 0, \quad q_3 = 0.$$

La première de ces équations est linéaire; tirons-en la valeur de $a_0$ en fonction de $a_1$, $a_2$, $a_3$, $a_4$ pour la porter dans les deux autres, et supposons que celles-ci deviennent

$$q'_2 = 0, \quad q'_3 = 0.$$

Les premiers membres de ces équations sont des fonctions homogènes des degrés 2 et 3 respectivement des quatre quantités $a_1$, $a_2$, $a_3$, $a_4$. Or, d'après le théorème du n° 192, l'équation $q'_2 = 0$ peut se mettre sous la forme

$$f^2 + g^2 + h^2 + k^2 = 0,$$

$f$, $g$, $h$, $k$ étant des fonctions linéaires, et cette équation sera satisfaite en posant

$$f^2 + g^2 = 0, \quad h^2 + k^2 = 0,$$

ou

$$f = g\sqrt{-1}, \quad h = k\sqrt{-1}.$$

Ces deux dernières équations sont linéaires; si l'on en tire les valeurs de $a_1$ et de $a_2$ pour les porter dans l'équation $q'_3 = 0$, celle-ci deviendra

$$q''_3 = 0,$$

et son premier membre $q''_3$ sera une fonction homogène et du troisième degré des deux quantités $a_3$ et $a_4$. L'une de ces quantités peut être prise arbitrairement et l'autre dépend, comme on voit, d'une équation du troisième degré; les quantités $a_3$ et $a_4$ étant déterminées, on en conclura les valeurs de $a_0$, $a_1$, $a_2$, et l'équation en $y$ deviendra

$$y^m + q_4 y^{m-4} + \ldots + q_{m-1} y + q_m = 0.$$

Par la même transformation on peut faire disparaître le deuxième, le troisième et le cinquième terme d'une équation quelconque; seulement, la détermination des arbitraires $a_0$, $a_1$, $a_2$, $a_3$, $a_4$ exige la résolution d'une équation du quatrième degré au lieu de celle d'une équation du troisième degré.

Enfin, si à la transformation de Tschirnaüs on joint la transformation qui consiste à remplacer l'inconnue par son inverse, on voit que, par le moyen d'une seule équation du troisième ou du quatrième degré, il est possible de faire disparaître d'une équation quelconque les trois termes qui précèdent le dernier ou bien les deux qui précèdent le dernier avec celui qui précède le dernier de quatre rangs. Et, dans le cas particulier de l'équation du cinquième degré, il est clair qu'on peut faire disparaître ainsi trois termes quelconques entre le premier et le dernier. Ainsi, par la transformation dont il s'agit, l'équation du cinquième degré peut toujours être ramenée à l'une quelconque des quatre formes

$$x^5 + px + q = 0,$$
$$x^5 + px^2 + q = 0,$$
$$x^5 + px^3 + q = 0,$$
$$x^5 + px^4 + q = 0.$$

# CHAPITRE II.

## FORMULES GÉNÉRALES RELATIVES A LA THÉORIE DES FONCTIONS SYMÉTRIQUES.

### *Formule de Lagrange.*

**194.** Lagrange a fait connaître dans les *Mémoires de l'Académie de Berlin* pour 1768, et plus tard dans le *Traité de la résolution des équations numériques*, Note XI, une formule remarquable qui donne immédiatement l'expression de la somme des puissances semblables, d'un degré quelconque, des racines d'une équation. Nous allons établir ici cette formule en supposant avec l'illustre auteur que l'on ait mis l'équation proposée sous la forme

$$u - x + f(x) = 0, \tag{1}$$

$u$ désignant une constante et $f(x)$ étant une fonction entière

$$A_0 + A_1 x + A_2 x^2 + A_3 x^3 + \ldots,$$

dont nous représenterons la dérivée par $f'(x)$, conformément à l'usage (*).

On sait (n° 172) que si $a, b, c, \ldots, l$ sont les racines de l'équation (1), la somme

$$\frac{1}{a^{n+1}} + \frac{1}{b^{n+1}} + \frac{1}{c^{n+1}} + \ldots + \frac{1}{l^{n+1}}$$

(*) Dans ce Chapitre et dans les suivants nous supposerons connus les principes fondamentaux du calcul différentiel et du calcul intégral, et nous ferons usage des notations généralement admises pour représenter les dérivées et les différentielles.

sera le coefficient de $x^n$ dans le développement de la fonction

$$\frac{1 - f'(x)}{u - x + f(x)},$$

en série ordonnée suivant les puissances croissantes de $x$.

Soit la fonction plus générale

$$\frac{\varphi(x)}{u - x + f(x)},$$

où $\varphi(x)$ désigne un polynôme ayant pour valeur

$$\varphi(x) = B_0 + B_1 x + B_2 x^2 + B_3 x^3 + \ldots,$$

et cherchons le coefficient de $x^n$ dans le développement de cette fonction. Si l'on commence par développer suivant les puissances croissantes de $f(x)$, il viendra

$$(2)\quad \frac{\varphi(x)}{u - x + f(x)} = \frac{\varphi(x)}{u - x} - \frac{\varphi(x) f(x)}{(u - x)^2} + \frac{\varphi(x)[f(x)]^2}{(u - x)^3} - \ldots,$$

et la série contenue dans le second membre de cette formule sera convergente pour toutes les valeurs de $x$ telles que le module de $\dfrac{f(x)}{u - x}$ soit inférieur à l'unité.

Considérons d'abord le premier terme du second membre, on a

$$\frac{1}{u - x} = \frac{1}{u} + \frac{x}{u^2} + \frac{x^2}{u^3} + \ldots,$$

et si l'on multiplie de part et d'autre par le polynôme $\varphi(x)$, on trouvera que le coefficient de $x^n$ dans le développement de $\dfrac{\varphi(x)}{u - x}$ a pour valeur

$$\frac{B_0}{u^{n+1}} + \frac{B_1}{u^n} + \frac{B_2}{u^{n-1}} + \ldots + \frac{B_n}{u},$$

ou

$$\frac{B_0 + B_1 u + B_2 u^2 + \ldots + B_n u^n}{u^{n+1}};$$

en sorte que ce coefficient pourra être représenté par

$$\frac{\varphi(u)}{u^{n+1}},$$

pourvu qu'on ne retienne que les termes qui contiennent $u$ en dénominateur.

Considérons maintenant un terme quelconque du second membre de l'équation (2), celui qui contient la puissance $i$ de $f(x)$ et qui a pour valeur

$$(-1)^i \frac{\varphi(x)[f(x)]^i}{(u-x)^{i+1}}.$$

D'après ce qui a été dit plus haut, le coefficient de $x^n$ dans le développement de

$$\frac{\varphi(x)[f(x)]^i}{u-x}$$

est égal à

$$\frac{\varphi(u)[f(u)]^i}{u^{n+1}},$$

pourvu qu'on ne retienne que les termes qui contiennent $u$ en dénominateur. On a donc, avec cette restriction,

$$\frac{\varphi(x)[f(x)]^i}{u-x} = \sum \frac{\varphi(u)[f(u)]^i}{u^{n+1}} x^n,$$

le signe $\sum$ s'étendant à toutes les valeurs entières nulle ou positives de $n$. Et, comme la différentiation relative à $u$ ne peut introduire de puissances négatives de $u$ dans les termes qui n'en contiennent pas, on aura, en prenant les dérivées d'ordre $i$ des deux membres de l'égalité précédente,

$$1.2\ldots i(-1)^i \frac{\varphi(x)[f(x)]^i}{(u-x)^{i+1}} = \sum \frac{d^i \frac{\varphi(u)[f(u)]^i}{u^{n+1}}}{du^i} x^n,$$

d'où il suit que le coefficient de $x^n$ dans le développement de

$$(-i)^i \frac{\varphi(x)[f(x)]^i}{(u-x)^{i+1}}$$

sera représenté par l'expression

$$\frac{1}{1.2\ldots i}\,\frac{d^i\,\dfrac{\varphi(u)[f(u)]^i}{u^{n+1}}}{du^i}$$

où il ne faut retenir que les termes qui contiennent $u$ en dénominateur.

D'après cela, si l'on représente par

$$P_0 + P_1 x + P_2 x^2 + P_3 x^3 + \ldots$$

le développement de la fonction

$$\frac{\varphi(x)}{u-x+f(x)},$$

on aura

$$P_n = \frac{\varphi(u)}{u^{n+1}} + \frac{d\,\dfrac{\varphi(u)f(u)}{u^{n+1}}}{du} + \frac{1}{1.2}\,\frac{d^2\,\dfrac{\varphi(u)[f(u)]^2}{u^{n+1}}}{du^2} + \ldots,$$

pourvu, nous le répétons, qu'on ne retienne que les termes qui contiennent $u$ en dénominateur.

Supposons que la fonction $\varphi(x)$ soit de la forme

$$\varphi(x) = \psi(x)[1-f'(x)],$$

et faisons, pour abréger,

$$\Psi(u) = \frac{\psi(u)}{u^{n+1}},$$

la valeur de $P_n$ sera

$$P_n = \Psi(u) - \Psi(u)f'(u) + \frac{d\Psi(u)f(u)}{du} - \frac{d\Psi(u)f(u)f'(u)}{du}$$
$$+ \frac{1}{1.2}\,\frac{d^2\Psi(u)[f(u)]^2}{du^2} - \frac{1}{1.2}\,\frac{d^2\Psi(u)[f(u)]^2 f'(u)}{du^2} + \ldots.$$

Or on a, en faisant $\frac{d\Psi(u)}{du} = \Psi'(u)$,

$$\frac{d\Psi(u)f(u)}{du} = \Psi(u)f'(u) + \Psi'(u)f(u);$$

on a aussi

$$\frac{1}{1.2\ldots i}\frac{d\Psi(u)[f(u)]^i}{du} = \frac{1}{1.2\ldots(i-1)}\Psi(u)[f(u)]^{i-1}f'(u) + \frac{1}{1.2\ldots i}\Psi'(u)[f(u)]^i,$$

et, en différentiant $i-1$ fois,

$$\frac{1}{1.2\ldots i}\frac{d^i\Psi(u)[f(u)]^i}{du^i} = \frac{1}{1.2\ldots(i-1)}\frac{d^{i-1}\Psi(u)[f(u)]^{i-1}f'(u)}{du^{i-1}} + \frac{1}{1.2\ldots i}\frac{d^{i-1}\Psi'(u)[f(u)]^i}{du^{i-1}};$$

au moyen de ces formules de réduction la valeur de $P_n$ devient

$$P_n = \Psi(u) + \Psi'(u)f(u) + \frac{1}{1.2}\frac{d\Psi'(u)[f(u)]^2}{du} + \frac{1}{1.2.3}\frac{d^2\Psi'(u)[f(u)]^3}{du^2} + \ldots.$$

Considérons d'abord le cas où la fonction $\psi(x)$ se réduit à l'unité; on a

$$\Psi(u) = \frac{1}{u^{n+1}};$$

d'ailleurs $P_n$ devient l'expression de la somme

$$\frac{1}{a^{n+1}} + \frac{1}{b^{n+1}} + \ldots + \frac{1}{l^{n+1}};$$

on a donc, en mettant partout $n$ au lieu de $n+1$ et en

désignant par $\left(\frac{1}{u^n}\right)'$ la dérivée de $\frac{1}{u^n}$,

$$(3)\quad \left\{\begin{aligned} &\frac{1}{a^n}+\frac{1}{b^n}+\frac{1}{c^n}+\ldots+\frac{1}{l^n}=\frac{1}{u^n}+\left(\frac{1}{u^n}\right)'f(u)\\ &\quad+\frac{1}{1.2}\,\frac{d\left(\frac{1}{u^n}\right)'[f(u)]^2}{du}+\frac{1}{1.2.3}\,\frac{d^2\left(\frac{1}{u^n}\right)'[f(u)]^3}{du^2}+\ldots,\end{aligned}\right.$$

où l'on ne doit retenir que les termes qui contiennent $u$ en dénominateur.

Le cas où $\psi(x)$ est une fonction entière quelconque d'un degré $\nu$ inférieur à $n$ conduit à une formule plus générale; mais celle-ci se déduit immédiatement de la formule (3). Car soit

$$\psi(x)=C_0+C_1x+C_2x^2+\ldots+C_\nu x^\nu,$$

on aura

$$\Psi(u)=\frac{\psi(u)}{u^n}=\frac{C_0}{u^n}+\frac{C_1}{u^{n-1}}+\ldots+\frac{C_\nu}{u^{n-\nu}},$$

et la formule (3) nous donnera

$$(4)\quad \left\{\begin{aligned} &\Psi(a)+\Psi(b)+\ldots+\Psi(l)=\Psi(u)+\Psi'(u)f(u)\\ &\quad+\frac{1}{1.2}\,\frac{d\Psi'(u)[f(u)]^2}{du}+\frac{1}{1.2.3}\,\frac{d^2\Psi'(u)[f(u)]^3}{du^2}+\ldots,\end{aligned}\right.$$

en continuant, bien entendu, à ne retenir que les termes qui contiennent $u$ en dénominateur.

**195.** Supposons que la série contenue dans le second membre de la formule (4) reste convergente, quand on ne rejette aucun de ses termes, et désignons par le symbole $[\Psi]$ la somme vers laquelle elle converge; représentons aussi par $-\varepsilon_n[\Psi]$ la somme des termes qui ne renferment pas $u$ en dénominateur. Alors la formule (4) deviendra

$$(5)\quad \Psi(a)+\Psi(b)+\ldots+\Psi(l)=[\Psi](1+\varepsilon_n),$$

et l'on aura

$$(6)\quad \begin{cases} [\Psi] = \Psi(u) + \Psi'(u) f(u) + \dfrac{1}{1.2} \dfrac{d\Psi'(u)[f(u)]^2}{du} + \dots \\ \qquad + \dfrac{1}{1.2\dots k} \dfrac{d^{k-1}\Psi'(u)[f(u)]^k}{du^{k-1}} + \dots . \end{cases}$$

Les séries dont le type est indiqué par la formule (6) possèdent une propriété remarquable dont Lagrange a pu déduire, comme nous allons l'indiquer, la formule célèbre à laquelle son nom est demeuré attaché.

Remplaçons la fonction $\Psi(u)$ par une autre fonction de la même forme $\Pi(u)$, dans le second membre de la formule (6), et désignons par $[\Pi]$ ce que devient alors ce second membre; on aura

$$(7)\quad \begin{cases} [\Pi] = \Pi(u) + \Pi'(u) f(u) + \dfrac{1}{1.2} \dfrac{d\Pi'(u)[f(u)]^2}{du} + \dots \\ \qquad + \dfrac{1}{1.2\dots k} \dfrac{d^{k-1}\Pi'(u)[f(u)]^k}{du^{k-1}} + \dots . \end{cases}$$

Multiplions l'une par l'autre les séries contenues dans les seconds membres des formules (6) et (7), et réunissons en un même groupe les produits partiels dont les facteurs occupent, dans les séries dont ils font partie, des rangs marqués par des nombres ayant la même somme. Le premier terme du produit obtenu sera $\Psi(u)\Pi(u)$ et le deuxième terme sera

$$\Pi(u)\Psi'(u) f(u) + \Psi(u)\Pi'(u) f(u) = \frac{d\Psi(u)\Pi(u)}{du} f(u);$$

le terme général sera égal à l'expression

$$\begin{aligned} &\Pi(u) \frac{d^{k-1}\Psi'(u)[f(u)^k]}{du^{k-1}} + \frac{k}{1}\Pi'(u) f(u) \frac{d^{k-2}\Psi'(u)[f(u)]^{k-1}}{du^{k-2}} \\ &\quad + \frac{k(k-1)}{1.2} \frac{d\Pi'(u)[f(u)]^2}{du} \frac{d^{k-3}\Psi'(u)[f(u)]^{k-2}}{du^{k-3}} + \dots \\ &\quad + \frac{d^{k-1}\Pi'(u)[f(u)]^k}{du^{k-1}} \Psi(u), \end{aligned}$$

multipliée par $\frac{1}{1.2\ldots k}$, ou, comme il est facile de s'en assurer, égal à

$$\frac{1}{1.2\ldots k}\;\frac{d^{k-1}\dfrac{d\Pi(u)\Psi(u)}{du}[f(u)]^k}{du^{k-1}}\;(*).$$

Maintenant, si les séries (6) et (7) restent convergentes quand on réduit chacun de leurs termes à son module, la série nouvelle que nous venons de former sera aussi convergente, par un théorème connu, et elle aura pour somme le produit des sommes des deux premières séries. D'ailleurs elle se déduit de la série (6) ou (7), comme on vient

---

(*) La réduction dont il s'agit ici résulte de la formule qui sert à exprimer la différentielle d'un ordre quelconque du produit de deux fonctions. Si $u$ et $v$ désignent deux fonctions d'une variable indépendante $x$, on a,

$$d^\mu(uv) = ud^\mu v + \frac{\mu}{1}du\,d^{\mu-1}v + \frac{\mu(\mu-1)}{1.2}d^2u\,d^{\mu-2}v + \ldots;$$

mais, $t$ étant une fonction quelconque de $x$, on peut écrire aussi

$$(a)\quad \left\{\begin{aligned} d^\mu(uv) &= ud^\mu v + \frac{\mu}{1}(t\,du)d^{\mu-1}\frac{v}{t} + \ldots \\ &+ \frac{\mu(\mu-1)\ldots(\mu-k+1)}{1.2\ldots k}d^{k-1}(t^k du)\,d^{\mu-k}\frac{v}{t^k} + \ldots \\ &+ d^{\mu-1}(t^\mu du).\frac{v}{t^\mu}. \end{aligned}\right.$$

Cette formule se vérifie immédiatement quand $\mu = 1$; pour établir sa généralité il suffit donc de montrer que si elle a lieu pour les valeurs $1, 2, \ldots m$ de $\mu$, elle subsiste pour $\mu = m+1$. Dans cette hypothèse, si l'on fait $\mu = m-i$ et qu'on écrive $t$ au lieu de $u$, $\frac{v}{t^{i+1}}$ au lieu de $v$, on aura

$$(b)\quad \left\{\begin{aligned} d^{m-i}\frac{v}{t^i} &= td^{m-i}\frac{v}{t^{i+1}} + \frac{m-i}{1}(t\,dt)\,d^{m-i-1}\frac{v}{t^{i+2}} \\ &+ \frac{(m-i)(m-i-1)}{1.2}d(t^2dt)\,d^{m-i-2}\frac{v}{t^{i+3}} + \ldots \\ &+ d^{m-i-1}(t^{m-i}dt).\frac{v}{t^{m+1}}. \end{aligned}\right.$$

Cela posé, si l'on différentie la formule ($a$), après y avoir fait $\mu = m$, on de le voir, en remplaçant dans celle-ci $\Psi(u)$ ou $\Pi(u)$ par le produit $\Pi(u)\Psi(u)$; donc on a

$$(8)\qquad [\Psi\Pi] = [\Psi][\Pi],$$

et si l'on pose

$$\Pi(u)\Psi(u) = \Phi(u), \quad \Pi(u) = \frac{\Phi(u)}{\Psi(u)},$$

on déduira de la formule précédente

$$(9)\qquad \frac{[\Phi]}{[\Psi]} = \left[\frac{\Phi}{\Psi}\right].$$

Posons

$$\Psi(u) = \frac{1}{u^n}, \quad \Phi(u) = \frac{1}{u^{n-m}}, \quad \text{d'où} \quad \frac{\Phi(u)}{\Psi(u)} = u^m,$$

$n$ et $n-m$ étant des entiers positifs, on aura, par la formule (5),

$$\frac{1}{a^n} + \frac{1}{b^n} + \ldots + \frac{1}{l^n} = [\Psi](1+\varepsilon_n),$$

et de même

$$\frac{1}{a^{n-m}} + \frac{1}{b^{n-m}} + \ldots + \frac{1}{l^{n-m}} = [\Phi](1+\varepsilon_{n-m});$$

---

trouvera, en faisant usage de la formule ($b$), que le coefficient de $d^{m-k+1}\dfrac{v}{t^k}$ se compose des deux parties suivantes :

$$1^\circ \qquad \frac{m(m-1)\ldots(m-k+1)}{1.2\ldots k}\, d^{k-1}(t^k du);$$

$$2^\circ \quad \frac{m(m-1)\ldots(m-k+2)}{1.2\ldots(k-1)}\Big[du\, d^{k-2}(t^{k-1}dt) + \frac{k-1}{1} d(t\,du)\, d^{k-3}(t^{k-2}dt) + \ldots + d^{k-1}(t^{k-1}du).t\Big].$$

Dans la seconde partie, le facteur entre crochets a pour valeur $d^{k-1}(t^k du)$, car ce facteur n'est autre chose que le second membre de la formule ($a$) quand on remplace $\mu$ par $k-1$, $u$ par $t$ et $v$ par $t^{k-1}du$. La somme des deux parties dont nous venons de parler est donc

$$\frac{(m+1)m(m-1)\ldots(m-k+2)}{1.2\ldots k}\, d^{k-1}(t^k du),$$

d'où l'on conclut que la formule ($a$) subsiste pour $\mu = m+1$.

la formule (9) deviendra alors

$$a^m \frac{1+\left(\frac{a}{b}\right)^n+\ldots+\left(\frac{a}{l}\right)^n}{1+\left(\frac{a}{b}\right)^{n-m}+\ldots+\left(\frac{a}{l}\right)^{n-m}} \cdot \frac{1+\varepsilon_{n-m}}{1+\varepsilon_n} = \left[\frac{\Phi}{\Psi}\right].$$

Supposons que le module de la racine $a$ soit inférieur au module de chacune des autres racines, et faisons tendre $n$ vers l'infini, $m$ restant constant; les rapports $\left(\frac{a}{b}\right)^n$, $\left(\frac{a}{b}\right)^{n-m}\cdots$ tendront vers zéro, et si les quantités $\varepsilon_n$, $\varepsilon_{n-m}$ s'évanouissent aussi pour $n=\infty$, on aura

$$a^m = \left[\frac{\Phi}{\Psi}\right],$$

c'est-à-dire

$$(10)\quad \left\{\begin{aligned} a^m = u^m + \frac{d(u^m)}{du} f(u) + \frac{1}{1.2} \frac{d\frac{d(u^m)}{du}[f(u)]^2}{du} + \ldots \\ + \frac{1}{1.2\ldots k} \frac{d^{k-1}\frac{d(u^m)}{du}[f(u)]^k}{du} + \ldots; \end{aligned}\right.$$

enfin, si l'on désigne par $F(u)$ une fonction de $u$, telle que

$$F(u) = \alpha_0 u^m + \alpha_1 u^{m-1} + \ldots,$$

on déduira immédiatement de l'équation (10) la formule due à Lagrange, savoir :

$$(11)\quad \left\{\begin{aligned} F(a) = F(u) + F'(u) f(u) + \frac{1}{1.2} \frac{dF'(u)[f(u)]^2}{du} + \ldots \\ + \frac{1}{1.2\ldots k} \frac{d^{k-1}F'(u)[f(u)]^k}{du^{k-1}} + \ldots. \end{aligned}\right.$$

Si l'on prend $F(u)=u$, la formule (11) donnera le développement en série de celle des racines qui a le plus petit module.

Le résultat qui précède montre que si l'on cesse de rejeter les termes qui ne contiennent pas $u$ en dénominateur, dans la formule (4), il faudra réduire le premier membre à celui de ses termes qui se rapporte à la racine de module minimum.

L'analyse que nous venons de développer est extrêmement élégante, mais on aperçoit aussi combien elle est défectueuse; elle indique effectivement que certaines conditions sont nécessaires pour l'exactitude de la formule obtenue, mais elle ne donne aucun critérium pour reconnaître les cas dans lesquels ces conditions sont remplies : nous reviendrons sur ce sujet à la fin de ce Chapitre.

*Expression de la somme des puissances semblables des racines d'une équation, en fonction des coefficients.*

**196.** Nous allons appliquer la théorie que nous venons d'exposer à la détermination de la somme des puissances semblables des racines d'une équation en fonction des coefficients. Soit

$$(1) \qquad x^m + p_1 x^{m-1} + p_2 x^{m-2} + \ldots + p_{m-1} x + p_m = 0$$

l'équation proposée. Nous désignerons par $a, b, c, \ldots, l$ ses racines, et nous poserons

$$s_n = a^n + b^n + c^n + \ldots + l^n.$$

Si l'on change $x$ en $\frac{1}{x}$, l'équation (1) devient

$$(2) \qquad -\frac{1}{p_1} - x - \left(\frac{p_2}{p_1} x^2 + \frac{p_3}{p_1} x^3 + \ldots + \frac{p_m}{p_1} x^m\right) = 0,$$

ou

$$u - x + f(x) = 0,$$

en mettant $u$ au lieu de $-\frac{1}{p_1}$, dans le premier terme, et en faisant

$$f(x) = -\left(\frac{p_2}{p_1}x^2 + \frac{p_3}{p_1}x^3 + \ldots + \frac{p_m}{p_1}x^m\right).$$

Les racines de l'équation (2) sont les inverses de celles de l'équation (1), on aura donc, d'après la formule (3) du n° 194,

$$(3)\quad \begin{cases} s_n = \dfrac{1}{u^n} - n\dfrac{1}{u^{n+1}}f(u) \\ \quad - \dfrac{n}{1.2}\dfrac{d\dfrac{1}{u^{n+1}}[f(u)]^2}{du} - \dfrac{n}{1.2.3}\dfrac{d^2\dfrac{1}{u^{n+1}}[f(u)]^3}{du^2} - \ldots, \end{cases}$$

série dans laquelle le terme général est

$$(4)\qquad -\frac{n}{1.2.3\ldots i}\,\frac{d^{i-1}\dfrac{1}{u^{n+1}}[f(u)]^i}{du^{i-1}},$$

et où il faut retenir seulement les termes qui contiennent $u$ en dénominateur. Cherchons à quoi se réduit l'expression (4).

Conformément à l'usage adopté par plusieurs géomètres, nous conviendrons que le symbole $\Gamma(\mu+1)$ représentera le produit des $\mu$ premiers nombres entiers dans le cas de $\mu$ entier positif, et que le même symbole se réduira à l'unité dans le cas de $\mu = 0$; ainsi l'on aura

$$\Gamma(\mu+1) = 1.2.3\ldots\mu \quad \text{et} \quad \Gamma(1) = 1.$$

Cela posé, on a

$$f(u) = -\left(\frac{p_2}{p_1}u^2 + \frac{p_3}{p_1}u^3 + \ldots + \frac{p_m}{p_1}u^m\right),$$

et, en élevant à la puissance $i$,

$$[f(u)]^i = (-1)^i \sum \frac{\Gamma(i+1)}{\Gamma(\lambda_2+1)\ldots\Gamma(\lambda_{m+1})}\,\frac{p_2^{\lambda_2}\ldots p_m^{\lambda_m}}{p_1^{\lambda_2+\ldots+\lambda_m}}\,u^{2\lambda_2+\ldots+m\lambda_m};$$

le signe sommatoire $\sum$ s'étend à toutes les valeurs entières positives ou nulles des exposants $\lambda_2, \lambda_3, \ldots, \lambda_m$, assujettis seulement à vérifier l'équation de condition

$$(5) \qquad \lambda_2 + \lambda_3 + \ldots + \lambda_m = i.$$

Si l'on multiplie cette valeur de $[f(u)]^i$ par $\dfrac{-nu^{-n-1}}{\Gamma(i+1)}$, et qu'on détermine le nombre $\lambda_1$ par la condition

$$(6) \qquad \lambda_1 + 2\lambda_2 + 3\lambda_3 \ldots + m\lambda_m = n,$$

il viendra

$$-\frac{n}{1.2\ldots i}\frac{1}{u^{n+1}}[f(u)]^i$$
$$= (-1)^{i-1}\sum \frac{n}{\Gamma(\lambda_2+1)\ \ldots\Gamma(\lambda_m+1)}\frac{p_2^{\lambda_2}\ldots p_m^{\lambda_m}}{p_1^{\lambda_2+\ldots+\lambda_m}}u^{-(\lambda_1+1)},$$

et comme nous n'avons à tenir compte, dans le second membre, que des termes qui contiennent $u$ en dénominateur, on voit que le nombre $\lambda_1$ ne devra recevoir aucune valeur négative. Si l'on prend les dérivées d'ordre $i-1$, par rapport à $u$, des deux membres de l'égalité précédente, il viendra, en ayant égard à la condition (5),

$$(7) \quad \left\{ \begin{aligned} &-\frac{n}{1.2\ldots i}\frac{d^{i-1}\frac{1}{u^{n+1}}[f(u)]^i}{du^{i-1}} \\ &= \sum \frac{n\Gamma(\lambda_1+\lambda_2+\ldots\lambda_m)}{\Gamma(\lambda_1+1)\ldots\Gamma(\lambda_m+1)}\frac{p_2^{\lambda_2}\ldots p_m^{\lambda_m}}{p_1^{\lambda_2+\ldots+\lambda_m}}\frac{1}{u^{\lambda_1+\ldots+\lambda_m}}. \end{aligned} \right.$$

Le second membre de cette égalité (7) exprime la somme des termes du premier membre qui contiennent $u$ en dénominateur; ces termes sont les seuls qu'il faille retenir; le signe $\sum$ s'étend à toutes les valeurs entières nulles ou positives des exposants $\lambda_1, \lambda_2, \ldots, \lambda_m$ susceptibles de vérifier les équations de condition (5) et (6). En faisant successivement

$$i = 2,\ 3,\ 4, \ldots,$$

l'équation (7) fera connaître la partie à conserver dans les différents termes du second membre de l'équation (3), à partir du troisième. Mais je dis, de plus, que le second membre de l'équation (7) exprimera, pour $i = 1$, la partie à conserver dans le deuxième terme de la valeur de $s_n$, et que, pour $i = 0$, ce même second membre se réduira au premier terme $\frac{1}{u_n}$ de la valeur de $s_n$. En effet, pour $i = 1$, les exposants $\lambda_2, \lambda_3, \ldots, \lambda_m$ sont nuls, à l'exception de l'un d'eux, qui est égal à 1; si c'est $\lambda_\rho$ qui est égal à 1, $\lambda_1$ est égal à $n - \rho$ d'après la condition (6); le second membre de l'équation (7) se réduit alors à

$$n \sum \frac{p_\rho}{p_1} \frac{1}{u^{n+1-\rho}},$$

où le signe $\sum$ s'étend aux valeurs de $\rho$ depuis $\rho = 2$ jusqu'à $\rho = m$ si $m$ est moindre que $n$, et jusqu'à $\rho = n$ si $m$ est plus grand que $n$. On voit que l'expression précédente représente la somme des termes de $- n \frac{1}{u^{n+1}} f(u)$, qui contiennent $u$ en dénominateur.

Enfin, pour $i = 0$, les exposants $\lambda_2, \lambda_3, \ldots, \lambda_m$ sont tous nuls; $\lambda_1$ se réduit à $n$ à cause de la relation (6), et, à cause de $n\Gamma(n) = \Gamma(n+1)$, le second membre de l'équation (7) se réduit au terme unique $\frac{1}{u^n}$, qui est le premier terme du second membre de l'équation (3).

Le second membre de l'équation (7) ne renferme pas explicitement l'indice $i$; donc, d'après ce qui précède, ce second membre exprimera la partie à conserver dans les différents termes qui composent le second membre de l'équation (3), pourvu que l'on fasse abstraction de la condition (5) et qu'on n'ait égard qu'à la condition (6). Ainsi l'on a

$$s_n = \sum \frac{n\Gamma(\lambda_1 + \lambda_2 + \ldots + \lambda_m) p_2^{\lambda_2} \ldots p_m^{\lambda_m}}{\Gamma(\lambda_1 + 1) \ldots \Gamma(\lambda_m + 1) p_1^{\lambda_2 + \ldots + \lambda_m}} \frac{1}{u^{\lambda_1 + \ldots + \lambda_m}},$$

ou, en remettant $-\frac{1}{p_1}$ au lieu de $u$,

$$(8) \quad s_n = \sum \frac{(-1)^{\lambda_1+\lambda_2+\ldots+\lambda_m} n\Gamma(\lambda_1+\lambda_2+\ldots+\lambda_m)}{\Gamma(\lambda_1+1)\Gamma(\lambda_2+1)\ldots\Gamma(\lambda_m+1)} p_1^{\lambda_1} p_2^{\lambda_2} \ldots p_m^{\lambda_m},$$

le signe $\sum$ s'étendant, nous le répétons, à toutes les valeurs entières nulles et positives des exposants $\lambda_1, \lambda_2, \ldots, \lambda_m$ susceptibles de vérifier la condition

$$\lambda_1 + 2\lambda_2 + 3\lambda_3 + \ldots + m\lambda_m = n.$$

La formule (8) fait ainsi connaître immédiatement, en fonction des coefficients, la somme des puissances $n^{\text{ièmes}}$ des racines d'une équation; elle a été donnée par Waring, dans ses *Meditationes algebraicæ* (*). Waring ne fait pas connaître la méthode qui l'a conduit à sa formule, et il se borne à en vérifier l'exactitude.

### *Application à l'équation du deuxième degré.*

**197.** Écrivons l'équation du deuxième degré sous la forme

$$x^2 - px + q = 0.$$

Pour avoir la somme des puissances $n^{\text{ièmes}}$ des racines, il faudra faire, dans la formule (8) du numéro précédent,

$$p_1 = -p, \quad p_m = p_2 = q;$$

---

(*) *Editio tertia*, p. 1.

si l'on pose, en outre, $\lambda_2 = \mu$, on aura $\lambda_1 = n - 2\mu$. On trouve alors cette valeur de $s_n$,

$$s_n = \sum \frac{(-1)^\mu n \Gamma(n-\mu)}{\Gamma(n-2\mu+1)\Gamma(\mu+1)} p^{n-2\mu} q^\mu,$$

le signe $\sum$ s'étendant aux valeurs de $\mu$

$$0, 1, 2, \ldots,$$

jusqu'au plus grand entier contenu dans $\frac{n}{2}$. En remplaçant les $\Gamma$ par leurs valeurs, il vient

$$s_n = p^n - np^{n-2}q + \frac{n(n-3)}{1.2} p^{n-4} q^2 - \ldots$$
$$+ (-1)^\mu \frac{n(n-\mu-1)(n-\mu-2)\ldots(n-2\mu+1)}{1.2\ldots\mu} p^{n-2\mu} q^\mu + \ldots.$$

On déduit immédiatement de ce résultat la valeur du polynôme que nous avons désigné par $V_n$ au n° 109. En effet, $V_n$ est une fonction entière de $x$ définie par les deux équations

$$V_n = z^n + \frac{1}{z^n}, \quad z + \frac{1}{z} = x.$$

Il s'ensuit que $V_n$ est la somme des puissances $n^{\text{ièmes}}$ des racines de l'équation

$$(t-z)\left(t - \frac{1}{z}\right) = 0, \quad \text{ou} \quad t^2 - xt + 1 = 0;$$

par conséquent la valeur de $V_n$ se déduira de celle de $s_n$ écrite plus haut, en faisant $p = x$ et $q = 1$; il vient ainsi

$$V_n = x^n - nx^{n-2} + \frac{n(n-3)}{1.2} x^{n-4} - \ldots$$
$$+ (-1)^\mu \frac{n(n-\mu-1)\ldots(n-2\mu+1)}{1.2\ldots\mu} x^{n-2\mu} + \ldots,$$

formule qui coïncide avec celle que nous avons obtenue au n° 109 par une analyse différente.

*Sur l'expression d'une fonction symétrique d'ordre quelconque des racines d'une équation, en fonction des sommes de puissances semblables des racines.*

198. Waring a donné, dans ses *Meditationes algebraicæ* (*), une formule qui fait connaître l'expression d'une fonction symétrique d'ordre quelconque des racines d'une équation, en fonction des sommes de puissances semblables des racines. Nous allons établir ici cette formule remarquable.

Soient

$$x_1,\ x_2,\ x_3,\dots,\ x_m$$

les $m$ racines d'une équation de degré $m$, et

$$\alpha_1,\ \alpha_2,\dots,\ \alpha_i$$

des entiers positifs ou négatifs.

Nous conserverons les notations dont nous avons fait usage dans le Chapitre précédent, en sorte que $s_{\alpha_1}$ représentera la somme des puissances de degré $\alpha_1$ de toutes les racines et que le symbole

$$\sum x_1^{\alpha_1} x_2^{\alpha_2} \dots x_i^{\alpha_i}$$

désignera la fonction symétrique d'ordre $i$, dont tous les termes se déduisent de $x_1^{\alpha_1} x_2^{\alpha_2} \dots x_i^{\alpha_i}$, en faisant toutes les permutations possibles des racines. Nous supposerons d'abord que les exposants $\alpha$ soient inégaux, et alors on

---

(*) *Editio tertia*, p. 8.

aura

$$
(1)\left\{\begin{aligned}
&\sum x_1^{\alpha_1} x_2^{\alpha_2} \ldots x_i^{\alpha_i} = s_{\alpha_i} \sum x_1^{\alpha_1} x_2^{\alpha_2} \ldots x_{i-1}^{\alpha_{i-1}} \\
&- \sum x_1^{\alpha_1+\alpha_i} x_2^{\alpha_2} \ldots x_{i-1}^{\alpha_{i-1}} - \sum x_1^{\alpha_1} x_2^{\alpha_2+\alpha_i} \ldots x_{i-1}^{\alpha_{i-1}} \ldots \\
&- \sum x_1^{\alpha_1} x_2^{\alpha_2} \ldots x_{i-1}^{\alpha_{i-1}+\alpha_i}.
\end{aligned}\right.
$$

Cette formule permet de calculer les fonctions symétriques d'ordre $i$ quand on sait former celles de l'ordre $i-1$; on en déduit

$$\sum x_1^{\alpha_1} x_2^{\alpha_2} = s_{\alpha_1} s_{\alpha_2} - s_{\alpha_1+\alpha_2},$$

$$
\begin{aligned}
&\sum x_1^{\alpha_1} x_2^{\alpha_2} x_3^{\alpha_3} = s_{\alpha_1} s_{\alpha_2} s_{\alpha_3} \\
&- (s_{\alpha_1} s_{\alpha_2+\alpha_3} + s_{\alpha_2} s_{\alpha_1+\alpha_3} + s_{\alpha_3} s_{\alpha_1+\alpha_2}) + 2 s_{\alpha_1+\alpha_2+\alpha_3},
\end{aligned}
$$

$$
\begin{aligned}
&\sum x_1^{\alpha_1} x_2^{\alpha_2} x_3^{\alpha_3} x_4^{\alpha_4} = s_{\alpha_1} s_{\alpha_2} s_{\alpha_3} s_{\alpha_4} \\
&-\left(\begin{aligned} & s_{\alpha_1} s_{\alpha_2} s_{\alpha_3+\alpha_4} + s_{\alpha_1} s_{\alpha_3} s_{\alpha_2+\alpha_4} + s_{\alpha_1} s_{\alpha_4} s_{\alpha_2+\alpha_3} \\ & + s_{\alpha_2} s_{\alpha_3} s_{\alpha_1+\alpha_4} + s_{\alpha_2} s_{\alpha_4} s_{\alpha_1+\alpha_3} + s_{\alpha_3} s_{\alpha_4} s_{\alpha_1+\alpha_2} \end{aligned}\right) \\
&+2\left(\begin{aligned} & s_{\alpha_1} s_{\alpha_2+\alpha_3+\alpha_4} + s_{\alpha_2} s_{\alpha_1+\alpha_3+\alpha_4} \\ & + s_{\alpha_3} s_{\alpha_1+\alpha_2+\alpha_4} + s_{\alpha_4} s_{\alpha_1+\alpha_2+\alpha_3} \end{aligned}\right) \\
&+ (s_{\alpha_1+\alpha_2} s_{\alpha_3+\alpha_4} + s_{\alpha_1+\alpha_3} s_{\alpha_2+\alpha_4} + s_{\alpha_1+\alpha_4} s_{\alpha_2+\alpha_3}) \\
&- 2.3\, s_{\alpha_1+\alpha_2+\alpha_3+\alpha_4},
\end{aligned}
$$

. . . . . . . . . . . . . . . . . . . . . . . . . . . . . . . . . . . . . . . . .

On peut écrire ces formules d'une manière plus abrégée et découvrir la loi de leur formation en faisant usage de la notation suivante : partageons les $i$ indices

$$\alpha_1, \ \alpha_2, \ldots, \ \alpha_i$$

en divers groupes. Soient $\lambda_1$ le nombre des groupes qui contiennent un seul indice, $\lambda_2$ le nombre des groupes qui contiennent deux indices,..., $\lambda_i$ le nombre des groupes contiennent $i$ indices; on aura

$$\lambda_1 + 2\lambda_2 + 3\lambda_3 + \ldots + i\lambda_i = i;$$

on voit que $\lambda_i$ doit être égal à zéro ou à l'unité, et si $\lambda_i = 1$, tous les autres $\lambda$ sont nuls. Cela posé, ajoutons entre eux les indices $\alpha$ de chaque groupe et désignons par

$$\mathfrak{G}_1,\ \mathfrak{G}_2, \ldots,\ \mathfrak{G}_\mu$$

les sommes obtenues; enfin considérons le produit

$$s_{\mathfrak{G}_1} s_{\mathfrak{G}_2} \ldots s_{\mathfrak{G}_\mu},$$

faisons toutes les permutations des indices $\alpha_1, \alpha_2, \ldots, \alpha_i$ qui font acquérir à ce produit toutes les valeurs distinctes dont il est susceptible, ajoutons tous les résultats et désignons par

$$\mathrm{T}(\lambda_1,\ \lambda_2, \ldots,\ \lambda_i)$$

la somme obtenue qui sera une fonction symétrique des indices $\alpha$.

D'après cette notation, les formules écrites plus haut deviennent

$$(2)\quad \left\{ \begin{aligned} &\sum x_1^{\alpha_1} x_2^{\alpha_2} = \mathrm{T}(2, 0) - \mathrm{T}(0, 1), \\ &\sum x_1^{\alpha_1} x_2^{\alpha_2} x_3^{\alpha_3} = \mathrm{T}(3, 0, 0) - \mathrm{T}(1, 1, 0) + 2\mathrm{T}(0, 0, 1), \\ &\sum x_1^{\alpha_1} x_2^{\alpha_2} x_3^{\alpha_3} x_4^{\alpha_4} = \mathrm{T}(4, 0, 0, 0) - \mathrm{T}(2, 1, 0, 0) \\ &\qquad\qquad + 2\mathrm{T}(1, 0, 1, 0) - 2.3\mathrm{T}(0, 0, 0, 1), \\ &\sum x_1^{\alpha_1} x_2^{\alpha_2} x_3^{\alpha_3} x_4^{\alpha_4} x_5^{\alpha_5} = \mathrm{T}(5,0,0,0,0) - \mathrm{T}(3,1,0,0,0) \\ &\qquad\qquad + 2\mathrm{T}(2,0,1,0,0) + \mathrm{T}(1,2,0,0,0) \\ &\qquad\qquad - 2.3\mathrm{T}(1,0,0,1,0) - 2\mathrm{T}(0,1,1,0,0) \\ &\qquad\qquad + 2.3.4\mathrm{T}(0,0,0,0,1), \\ &\ldots\ldots\ldots\ldots\ldots\ldots\ldots\ldots\ldots\ldots \end{aligned} \right.$$

et il est aisé de vérifier qu'on a généralement

$$(3)\quad \left\{\begin{aligned} &\sum x_1^{\alpha_1} x_2^{\alpha_2} x_3^{\alpha_3} \ldots x_i^{\alpha_i} \\ &= \sum (-1)^{i-\lambda_1-\lambda_2-\ldots-\lambda_i} \Gamma(2)^{\lambda_2} \Gamma(3)^{\lambda_3} \ldots \Gamma(i)^{\lambda_i} \mathrm{T}(\lambda_1, \lambda_2, \ldots, \lambda_i), \end{aligned}\right.$$

le signe $\sum$ du second membre s'étendant à toutes les valeurs de $\lambda_1, \lambda_2, \ldots, \lambda_i$ qui satisfont à la condition

$$\lambda_1 + 2\lambda_2 + 3\lambda_3 + \ldots + i\lambda_i = i,$$

et le symbole $\Gamma(\mu)$ désignant, comme au n° 196, le produit des $\mu - 1$ premiers nombres entiers.

Au moyen des formules (2) on vérifie l'exactitude de la formule (3) pour $i = 2, 3, 4, 5$; donc, pour établir la généralité de celle-ci, il suffit de prouver que si elle a lieu pour $i = k$, elle a lieu aussi pour $i = k + 1$. Admettons que l'on ait

$$(4)\quad \left\{\begin{aligned} &\sum x_1^{\alpha_1} x_2^{\alpha_2} \ldots x_k^{\alpha_k} \\ &= \sum (-1)^{k-\lambda_1-\lambda_2-\ldots-\lambda_k} \Gamma(2)^{\lambda_2} \Gamma(3)^{\lambda_3} \ldots \Gamma(k)^{\lambda_k} \mathrm{T}(\lambda_1, \lambda_2, \ldots, \lambda_k), \end{aligned}\right.$$

le signe $\sum$ du second membre s'étendant à toutes les valeurs des entiers $\lambda$, pour lesquelles on a

$$\lambda_1 + 2\lambda_2 + 3\lambda_3 + \ldots + k\lambda_k = k.$$

Il est évident que l'expression de

$$\sum x_1^{\alpha_1} x_2^{\alpha_2} \ldots x_k^{\alpha_k} x_{k+1}^{\alpha_{k+1}}$$

sera formée de termes tels que

$$\mathrm{T}(\lambda_1, \lambda_2, \ldots, \lambda_k, \lambda_{k+1}),$$

où l'on aura

$$\lambda_1 + 2\lambda_2 + 3\lambda_3 + \ldots + k\lambda_k + (k+1)\lambda_{k+1} = k + 1;$$

nous allons chercher à déterminer les coefficients qui multiplient ces différents termes.

Supposons d'abord que $\lambda_1$ ne soit pas nul, ce qui exige que $\lambda_{k+1}$ le soit; on aura

$$(\lambda_1 - 1) + 2\lambda_2 + 3\lambda_3 + \ldots + k\lambda_k = k.$$

Cela posé, le terme en

$$T(\lambda_1, \lambda_2, \ldots, \lambda_k, 0),$$

que nous considérons, proviendra en partie [formule (1)] de la multiplication de $s_{\alpha_{k+1}}$ par $\sum x_1^{\alpha_1} x_2^{\alpha_2} \ldots x_k^{\alpha_k}$, et comme les termes de ce produit ne peuvent évidemment se réduire avec ceux qui proviennent du changement de $\alpha_1$ en $\alpha_1 + \alpha_{k+1}$, ou de $\alpha_2$ en $\alpha_2 + \alpha_{k+1}$, ou, etc., il est clair que le coefficient de

$$T(\lambda_1, \lambda_2, \ldots, \lambda_k, 0)$$

dans $\sum x_1^{\alpha_1} x_2^{\alpha_2} \ldots x_{k+1}^{\alpha_{k+1}}$ sera égal au coefficient de

$$T(\lambda_1 - 1, \lambda_2, \ldots, \lambda_k)$$

dans $\sum x_1^{\alpha_1} x_2^{\alpha_2} \ldots x_k^{\alpha_k}$, c'est-à-dire égal à

$$(-1)^{k+1-\lambda_1-\lambda_2-\ldots-\lambda_k} \Gamma(2)^{\lambda_2} \Gamma(3)^{\lambda_3} \ldots \Gamma(k)^{\lambda_k};$$

ce résultat est conforme à celui qu'on déduit de la formule (3) quand on y fait $i = k + 1$.

Considérons maintenant le terme en

$$T(0, \lambda_2, \ldots, \lambda_g, \lambda_{g+1}, \ldots, \lambda_k, 0),$$

dans $\sum x_1^{\alpha_1} x_2^{\alpha_2} \ldots x_k^{\alpha_k} x_{k+1}^{\alpha_{k+1}}$. Ce terme provient tout entier [formule (1)] des résultats que l'on obtient en changeant, dans $-\sum x_1^{\alpha_1} x_2^{\alpha_2} \ldots x_k^{\alpha_k}$, $\alpha_1$ en $\alpha_1 + \alpha_{k+1}$, ou

$\alpha_2$ en $\alpha_2 + \alpha_{k+2}$, ou, etc. Les termes de l'expression de $-\sum x_1^{\alpha_1} x_2^{\alpha_2} \ldots x_k^{\alpha_k}$ qui concourent ainsi à former le terme que nous considérons sont évidemment de la forme

$$\mathrm{T}(0, \lambda_2, \ldots, \lambda_g + 1, \lambda_{g+1} - 1, \ldots, \lambda_k),$$

où $g$ peut avoir toutes les valeurs telles, que $\lambda_{g+1}$ ne soit pas nul, et le coefficient correspondant sera, d'après la formule (4),

$$(-1)^{k+1-\lambda_1-\lambda_2-\ldots-\lambda_k}\Gamma(2)^{\lambda_2}\Gamma(3)^{\lambda_3}\ldots\Gamma(g)^{\lambda_g+1}\Gamma(g+1)^{\lambda_{g+1}-1}\ldots\Gamma(k)^{\lambda_k}.$$

Or, chacun des termes de

$$\mathrm{T}(0, \lambda_2, \ldots, \lambda_g + 1, \lambda_{g+1} - 1, \ldots, \lambda_k)$$

contient, d'après sa définition même, un ou plusieurs facteurs de la forme

$$s_{\alpha_1+\alpha_2+\ldots},$$

où le nombre des indices $\alpha$ est égal à $g$; si, dans les facteurs de ce genre, on remplace successivement $\alpha_1$ par $\alpha_1 + \alpha_{k+1}$, puis $\alpha_2$ par $\alpha_2 + \alpha_{k+1}$, puis, etc., et qu'on réunisse ensuite tous les résultats, chaque terme sera répété $g$ fois dans la somme. Il s'ensuit que le terme en

$$\mathrm{T}(0, \lambda_2, \ldots, \lambda_g + 1, \lambda_{g+1} - 1, \ldots, \lambda_k)$$

donnera, dans $\sum x_1^{\alpha_1} x_2^{\alpha_2} \ldots x_k^{\alpha_k} x_{k+1}^{\alpha_{k+1}}$, une partie des termes contenus dans l'expression

$$\mathrm{T}(0, \lambda_2, \ldots, \lambda_g, \lambda_{g+1}, \ldots, \lambda_k, 0),$$

et que ceux-ci auront pour coefficient

$$g(-1)^{k+1-\lambda_1-\lambda_2-\ldots-\lambda_k}\Gamma(2)^{\lambda_2}\ldots\Gamma(g)^{\lambda_g+1}\Gamma(g+1)^{\lambda_{g+1}-1}\ldots\Gamma(k)^{\lambda_k},$$

ou

$$(-1)^{k+1-\lambda_1-\lambda_2-\ldots-\lambda_k}\Gamma(2)^{\lambda_2}\ldots\Gamma(g)^{\lambda_g}\Gamma(g+1)^{\lambda_{g+1}}\ldots\Gamma(k)^{\lambda_k},$$

à cause de $g\Gamma(g) = \Gamma(g+1)$. Les termes qui peuvent naître des diverses valeurs dont $g$ est susceptible ne pouvant se réduire entre eux, le coefficient de

$$T(0, \lambda_2, \lambda_3, \ldots, \lambda_k, 0)$$

dans $\sum x_1^{\alpha_1} x_2^{\alpha_2} \ldots x_k^{\alpha_k} x_{k+1}^{\alpha_{k+1}}$ sera

$$(-1)^{k+1-\lambda_2-\ldots-\lambda_k}\Gamma(2)^{\lambda_2}\Gamma(3)^{\lambda_3}\ldots\Gamma(k)^{\lambda_k}.$$

Ce résultat est conforme à celui qu'on déduit de la formule (3) en y faisant $i = k+1$.

Considérons enfin le terme en

$$T(0, 0, 0, \ldots, 0, 1)$$

dans $\sum x_1^{\alpha_1} x_2^{\alpha_2} \ldots x_k^{\alpha_k} x_{k+1}^{\alpha_{k+1}}$. Il se forme au moyen du seul terme

$$(-1)^k\Gamma(k)\,T(0, 0, 0, \ldots, 0, 1)$$

de $-\sum x_1^{\alpha_1} x_2^{\alpha_2} \ldots x_k^{\alpha_k}$. Il faut effectivement, pour cela, ajouter successivement $\alpha_{k+1}$ à chacun des indices qui entrent dans ce terme, et réunir tous les $k$ résultats qui sont évidemment égaux entre eux. On voit alors, à cause de $k\Gamma(k) = \Gamma(k+1)$, que le terme considéré a pour valeur

$$(-1)^k\Gamma(k+1)\,T(0, 0, 0, \ldots, 0, 1),$$

ce qui achève de démontrer l'exactitude de la formule (3).

**199.** Il est aisé de trouver le nombre N des termes contenus dans la fonction que nous avons désignée par

$$T(\lambda_1, \lambda_2, \ldots, \lambda_i).$$

Effectivement chacun de ces termes correspond à une certaine distribution des indices

$$\alpha_1, \alpha_2, \ldots, \alpha_i$$

en $\lambda_1 + \lambda_2 + \ldots + \lambda_i$ groupes, et $\lambda_k$ désigne généralement le nombre des groupes qui renferment $k$ indices. Écrivons, sur une même ligne, tous les indices $\alpha$ de manière que ceux qui appartiennent à un même groupe se trouvent placés à côté les uns des autres, en commençant par les groupes d'une seule lettre, mettant ensuite les groupes de deux lettres, et ainsi de suite. On pourra former, de cette manière, N permutations ou arrangements des $i$ indices qui correspondront respectivement aux N termes de T. Si maintenant on fait dans chacun de ces N arrangements toutes les permutations possibles des indices qui composent chaque groupe, sans altérer l'ordre des groupes et sans faire passer aucun indice d'un groupe à un autre, le nombre total des arrangements qu'on obtiendra sera égal à

$$N\Gamma(2)^{\lambda_1}\Gamma(3)^{\lambda_2}\ldots\Gamma(i)^{\lambda_{i-1}}\Gamma(i+1)^{\lambda_i}$$

Enfin, si dans chacun des arrangements ainsi formés, on permute entre eux, de toutes les manières possibles, d'abord les $\lambda_1$ groupes qui contiennent chacun un indice, puis les $\lambda_2$ groupes qui contiennent deux indices, puis, etc., sans altérer l'ordre des indices qui composent un même groupe, le nombre de tous les arrangements ainsi obtenus sera

$$N\Gamma(2)^{\lambda_1}\Gamma(3)^{\lambda_2}\ldots\Gamma(i+1)^{\lambda_i}\Gamma(\lambda_1+1)\Gamma(\lambda_2+1)\ldots\Gamma(\lambda_i+1).$$

Or il est évident qu'en opérant ainsi on a formé toutes les $\Gamma(i+1)$ permutations des $i$ indices sans en omettre ou en répéter aucune. Le nombre précédent est donc égal à $\Gamma(i+1)$, et, par suite, on a

$$N = \frac{\Gamma(i+1)}{\Gamma(2)^{\lambda_1}\Gamma(3)^{\lambda_2}\ldots\Gamma(i+1)^{\lambda_i}\Gamma(\lambda_1+1)\Gamma(\lambda_2+1)\ldots\Gamma(\lambda_i+1)}.$$

**200.** La formule (3) suppose que les $i$ indices

$$\alpha_1,\ \alpha_2,\ldots,\ \alpha_i$$

sont inégaux. Supposons maintenant que parmi ces indices il y en ait $\mu_1$ égaux à $\alpha_1$, $\mu_2$ égaux à $\alpha_2, \ldots$, enfin $\mu_k$ égaux à $\alpha_k$; il est évident que le second membre de la formule (3) devra être divisé par

$$\Gamma(\mu_1+1)\,\Gamma(\mu_2+1)\ldots\Gamma(\mu_k+1),$$

ainsi que nous l'avons déjà dit au n° 173.

Supposons, en particulier, que les $i$ indices soient égaux à un même nombre $\alpha$ : on devra diviser le second membre de l'équation (3) par $\Gamma(i+1)$; d'ailleurs, chacun des N termes de

$$\mathrm{T}(\lambda_1, \lambda_2, \ldots, \lambda_i)$$

se réduit à

$$s_{\alpha}^{\lambda_1}\, s_{2\alpha}^{\lambda_2} \ldots s_{i\alpha}^{\lambda_i},$$

donc cette fonction a pour valeur

$$\frac{\Gamma(i+1)}{\Gamma(2)^{\lambda_1}\Gamma(3)^{\lambda_2}\ldots\Gamma(i+1)^{\lambda_i}\,\Gamma(\lambda_1+1)\,\Gamma(\lambda_2+1)\ldots\Gamma(\lambda_i+1)}\, s_{\alpha}^{\lambda_1}\, s_{2\alpha}^{\lambda_2}\ldots s_{i\alpha}^{\lambda_i}$$

ou

$$\frac{\Gamma(i+1)}{1^{\lambda_1}.2^{\lambda_2}\ldots i^{\lambda_i}\,\Gamma(2)^{\lambda_1}\Gamma(3)^{\lambda_2}\ldots\Gamma(i)^{\lambda_i}\,\Gamma(\lambda_1+1)\,\Gamma(\lambda_2+1)\ldots\Gamma(\lambda_i+1)}\, s_{\alpha}^{\lambda_1}\, s_{2\alpha}^{\lambda_2}\ldots s_{i\alpha}^{\lambda_i};$$

la formule (3) donne alors

$$(5)\quad \left\{\begin{aligned} &\sum (x_1 x_2 \ldots x_i)^{\alpha} \\ &= \sum \frac{(-1)^{i-\lambda_1-\lambda_2-\ldots-\lambda_i}}{1^{\lambda_1}.2^{\lambda_2}\ldots i^{\lambda_i}\,\Gamma(\lambda_1+1)\,\Gamma(\lambda_2+1)\ldots\Gamma(\lambda_i+1)}\, s_{\alpha}^{\lambda_1}\, s_{2\alpha}^{\lambda_2}\ldots s_{i\alpha}^{\lambda_i},\end{aligned}\right.$$

le signe $\sum$ du second membre s'étendant, comme précédemment, aux valeurs nulles ou positives des entiers $\lambda_1$, $\lambda_2, \ldots, \lambda_i$ susceptibles de vérifier la condition

$$\lambda_1 + 2\lambda_2 + \ldots + i\lambda_i = i.$$

### *Détermination des coefficients d'une équation en fonction des sommes de puissances semblables des racines.*

**201.** L'analyse précédente donne immédiatement l'expression des coefficients d'une équation en fonction des sommes de puissances semblables des racines.

Soit l'équation

$$x^m + p_1 x^{m-1} + p_2 x^{m-2} + \ldots + p_{m-1} x + p_m = 0,$$

et représentons, comme précédemment, par

$$x_1,\ x_2, \ldots,\ x_m$$

ses $m$ racines. On a

$$p_i = (-1)^i \sum x_1 x_2 \ldots x_i;$$

par suite, la formule (5) du n° 200 donnera, en y faisant $\alpha = 1$,

$$p_i = \sum \frac{(-1)^{\lambda_1+\lambda_2+\ldots+\lambda_i}}{1^{\lambda_1}.2^{\lambda_2}.3^{\lambda_3}\ldots i^{\lambda_i}\,\Gamma(\lambda_1+1)\,\Gamma(\lambda_2+1)\ldots\Gamma(\lambda_i+1)}\, s_1^{\lambda_1} s_2^{\lambda_2}\ldots s_i^{\lambda_i},$$

le signe $\sum$ s'étendant toujours aux valeurs nulles et positives des exposants $\lambda$ qui vérifient la condition

$$\lambda_1 + 2\lambda_2 + \ldots + i\lambda_i = i.$$

En faisant $i = 1, 2, 3, 4$, etc., on trouve

$$p_1 = -s_1,$$

$$p_2 = \frac{1}{2} s_1^2 - \frac{1}{2} s_2,$$

$$p_3 = -\frac{1}{2.3} s_1 + \frac{1}{2} s_1 s_2 - \frac{1}{3} s_2,$$

$$p_4 = \frac{1}{2.3.4} s_1^4 - \frac{1}{2.2} s_1^2 s_2 + \frac{1}{3} s_1 s_3 + \frac{1}{2^2.2} s_2^2 - \frac{1}{4} s_4,$$

. . . . . . . . . . . . . . . . . . . . . . . . . . . . . . . . . . . .

Il est aisé de vérifier ces résultats au moyen des formules de Newton.

### *Méthode nouvelle pour former le dernier terme de l'équation aux carrés des différences.*

**202.** Le produit des carrés des différences des racines d'une équation prises deux à deux, ou, ce qui revient au même, le *dernier terme de l'équation aux carrés des différences*, est une fonction entière des coefficients de l'équation proposée, qui possède plusieurs propriétés remarquables et qu'on a occasion de considérer dans diverses questions d'analyse supérieure. Nous avons fait connaître au n° 179 le procédé de Cauchy, par lequel on peut calculer la fonction dont il s'agit, pour une équation de degré $m$, lorsqu'on connaît la valeur de cette même fonction pour une équation de degré $m-1$. Je me propose ici d'indiquer un procédé nouveau et d'une grande simplicité pour résoudre la même question.

Soit l'équation de degré $m$

$$(1)\quad x^m + p_1 x^{m-1} + p_2 x^{m-2} + p_3 x^{m-3} + \ldots + p_{m-1} x + p_m = 0,$$

et désignons par $V_m$ le dernier terme de l'équation aux carrés des différences des racines. Il résulte de la théorie des fonctions symétriques, que $V_m$ est une fonction entière des coefficients $p_1$, $p_2, \ldots$, $p_m$, et que chacun des termes de cette fonction renfermera $m(m-1)$ dimensions, si l'on considère chaque coefficient $p$ comme ayant autant de dimensions que son indice contient d'unités. D'après cela, la valeur de $V_m$ ordonnée par rapport aux puissances décroissantes de $p_m$ aura la forme

$$(2)\quad V_m = A_1 p_m^{m-1} + A_2 p_m^{m-2} + A_3 p_m^{m-3} + \ldots + A_{m-1} p_m + A_m,$$

$A_1$, $A_2, \ldots$, $A_m$ étant des fonctions entières de $p_1$, $p_2, \ldots$, $p_{m-1}$, dont la première est une simple constante.

Désignons par $V_{m-1}$ le dernier terme de l'équation aux carrés des différences des racines de l'équation

$$(3) \quad x^{m-1} + p_1 x^{m-2} + p_2 x^{m-3} + \ldots + p_{m-2} x + p_{m-1} = 0.$$

Lorsque $p_m$ est nul, la fonction $V_m$ se réduit à $A_m$; d'un autre côté, l'équation (1) se déduit alors de l'équation (3) en multipliant celle-ci par $x$, c'est-à-dire en y introduisant une racine nulle. Il s'ensuit évidemment que l'on a

$$A_m = p_{m-1}^2 V_{m-1}.$$

Cela posé, il est évident que la fonction $V_m$ ne changera pas, si l'on augmente chaque racine de l'équation (1) d'une même quantité $h$; or, par ce changement, les coefficients $p_1, p_2, \ldots, p_m$ prennent des accroissements

$$\Delta p_1, \ \Delta p_2, \ldots, \ \Delta p_{m-1}, \ \Delta p_m$$

qui s'évanouissent avec $h$, et dont les termes qui contiennent $h$ à la première puissance sont respectivement

$$mh, \ (m-1)p_1 h, \ (m-2)p_2 h, \ldots, \ 2p_{m-2}h, \ p_{m-1}h.$$

L'accroissement correspondant $\Delta V_m$ de $V_m$, savoir :

$$\Delta V_m = \frac{dV_m}{dp_1}\Delta p_1 + \frac{dV_m}{dp_2}\Delta p_2 + \ldots + \frac{dV_m}{dp_m}\Delta p_m + \ldots$$

est nul, quel que soit $h$, et, par conséqúent, le coefficient de la première puissance de $h$ est identiquement nul; on a donc

$$m\frac{dV_m}{dp_1} + (m-1)p_1\frac{dV_m}{dp_2} + (m-2)p_2\frac{dV_m}{dp_3} + \ldots + p_{m-1}\frac{dV_m}{dp_m} = 0.$$

On peut obtenir, d'une autre manière, cette équation qui va nous conduire à la valeur de $V_m$. Si, en effet, on fait disparaître le second terme de l'équation (1) et qu'on exprime, par le moyen des différentielles partielles, que $V_m$ est une fonction des coefficients de l'équation transformée, on retrouvera l'équation que nous venons de former.

Nous écrirons, pour abréger, cette équation de la manière suivante :

$$\frac{dV_m}{d\zeta} = 0,$$

en feignant que $p_1, p_2, \dots, p_m$ soient des fonctions d'une variable $\zeta$, qui aient respectivement pour dérivées

$$\frac{dp_1}{d\zeta} = m, \quad \frac{dp_2}{d\zeta} = (m-1)p_1, \dots, \quad \frac{dp_{m-1}}{d\zeta} = 2p_{m-2}, \quad \frac{dp_m}{d\zeta} = p_{m-1}.$$

En différentiant l'équation (2) par rapport à la variable fictive $\zeta$, se rappelant que $A_1$ est une constante dont la dérivée est nulle, il vient

$$\begin{aligned} &= p_{m-1}\left[(m-1)A_1 p_m^{m-2} + (m-2)A_2 p_m^{m-3} + \dots + 2A_{m-2}p_m + A_{m-1}\right] \\ &+ \frac{dA_2}{d\zeta}p_m^{m-2} + \frac{dA_3}{d\zeta}p_m^{m-3} + \dots + \frac{dA_{m-2}}{d\zeta}p_m^2 + \frac{dA_{m-1}}{d\zeta}p_m + \frac{dA_m}{d\zeta}. \end{aligned}$$

Or, $\frac{dV_m}{d\zeta}$ est identiquement nul ; on a donc, en égalant à zéro les coefficients des puissances de $p_m$,

$$\begin{aligned} p_{m-1}A_{m-1} + \frac{dA_m}{d\zeta} &= 0, \\ 2p_{m-1}A_{m-2} + \frac{dA_{m-1}}{d\zeta} &= 0, \\ 3p_{m-1}A_{m-3} + \frac{dA_{m-2}}{d\zeta} &= 0, \\ \dots\dots\dots\dots\dots\dots &, \\ (m-3)p_{m-1}A_3 + \frac{dA_4}{d\zeta} &= 0, \\ (m-2)p_{m-1}A_2 + \frac{dA_3}{d\zeta} &= 0, \\ (m-1)p_{m-1}A_1 + \frac{dA_2}{d\zeta} &= 0. \end{aligned}$$

Si l'on connaît $V_{m-1}$, la valeur de $A_m$ s'en déduit immédiatement, comme on l'a vu plus haut, et les équations précédentes donneront ensuite successivement $A_{m-1}$, $A_{m-2}$, etc.; en sorte que la valeur de $V_m$ se déduit de celle de $V_{m-1}$ par de simples différentiations.

**203.** Exemple. — On a

$$V_2 = p_1^2 - 4p_2;$$

supposons qu'on veuille avoir $V_3$. On posera

$$V_3 = A_1 p_3^2 + A_2 p_3 + A_3,$$

et si l'on fait

$$\frac{dp_1}{d\zeta} = 3, \quad \frac{dp_2}{d\zeta} = 2p_1,$$

on aura

$$p_2 A_2 + \frac{dA_3}{d\zeta} = 0, \quad 2p_2 A_1 + \frac{dA_2}{d\zeta} = 0.$$

On a d'abord cette valeur de $A_3$, savoir,

$$A_3 = p_2^2(p_1^2 - 4p_2) = p_1^2 p_2^2 - 4p_2^3;$$

on en déduit

$$\frac{dA_3}{d\zeta} = -18p_1 p_2^2 + 4p_1^3 p_2,$$

et, par suite,

$$A_2 = 18p_1 p_2 - 4p_1^3;$$

on trouve enfin

$$\frac{dA_2}{d\zeta} = 54p_2,$$

et, par suite,

$$A_1 = -27.$$

On a donc

$$V_3 = -27p_3^2 + (18p_1 p_2 - 4p_1^3)p_3 + p_1^2 p_2^2 - 4p_2^3.$$

Supposons encore qu'on veuille avoir $V_4$. On posera

$$V_4 = A_1 p_4^3 + A_2 p_4^2 + A_3 p_4 + A_4,$$

puis

$$\frac{dp_1}{d\zeta} = 4, \quad \frac{dp_2}{d\zeta} = 3p_1, \quad \frac{dp_3}{d\zeta} = 2p_2,$$

et

$$p_3 A_3 + \frac{dA_4}{d\zeta} = 0, \quad 2p_3 A_2 + \frac{dA_3}{d\zeta} = 0, \quad 3p_3 A_1 + \frac{dA_2}{d\zeta} = 0.$$

On a d'abord

$$A_4 = -27p_3^4 + 18p_1p_2p_3^3 - 4p_1^3p_3^3 + p_1^2p_2^2p_3^2 - 4p_2^3p_3^2,$$

d'où

$$\frac{dA_4}{d\zeta} = -144p_2p_3^3 + 6p_1^2p_3^3 + 80p_1p_2^2p_3^2 - 18p_1^3p_2p_3^2$$
$$+ 4p_1^2p_2^3p_3 - 26p_2^4p_3,$$

et, par suite,

$$A_3 = 144p_2p_3^2 - 6p_1^2p_3^2 - 80p_1p_2^2p_3 + 18p_1^3p_2p_3$$
$$- 4p_1^2p_2^3 - 16p_2^4,$$

d'où

$$\frac{dA_3}{d\zeta} = 384p\ p_3^2 + 256p_2^2p_3 - 288p_1^2p_2p_3 + 54p_1^4p_3,$$

et, par suite,

$$A_2 = -192p_1p_3 - 128p_2^2 + 144p_1^2p_2 - 27p_1^4,$$

d'où

$$\frac{dA_2}{d\zeta} = -768p_3,$$

et, par suite,

$$A_1 = 256,$$

ce qui achève de déterminer la valeur de $V_4$.

Dans le cas particulier du quatrième degré, on peut mettre sous une forme commode pour le calcul arithmétique l'expression du produit des carrés des différences des racines. Prenons l'équation proposée sous la forme

$$ax^4 + 4bx^3 + 6cx^2 + 4dx + e = 0,$$

et soient

$$I = ae - 4bd + 3c^2,$$
$$J = ace + 2bcd - ad^2 - eb^2 - c^3.$$

On aura, en désignant les quatre racines par $\alpha, \beta, \gamma, \delta$,

$$a^6 \times (\alpha - \beta)^2 (\alpha - \gamma)^2 (\alpha - \delta)^2 (\beta - \gamma)^2 (\beta - \delta)^2 (\gamma - \delta)^2 \\ = 16(I^3 - 27J^2).$$

C'est M. Cayley qui, le premier, a trouvé cette formule.

*Démonstration nouvelle de la formule de Lagrange.*

**204.** La formule de Lagrange a fait l'objet des recherches d'un grand nombre de géomètres; Cauchy, en particulier, est revenu à plusieurs reprises sur cette formule, et il en a donné diverses démonstrations. Mais, dans ces derniers temps, M. Eugène Rouché a fait une étude nouvelle et plus complète de la question, et il a publié dans le XXXIX^e Cahier du *Journal de l'École Polytechnique* une démonstration qui ne laisse rien à désirer sous le double rapport de la rigueur et de la simplicité; nous croyons utile d'exposer ici l'analyse de M. Rouché.

Les développements qui vont suivre ne se rapportent pas seulement aux équations algébriques; ils s'appliquent également aux équations transcendantes. Rappelons à ce sujet que si $f(z)$ désigne une fonction quelconque *bien déterminée* de la variable $z$, qui s'annule pour $z = z_1$, et si, $\mu$ étant un entier positif, la fonction

$$\frac{f(z)}{(z - z_1)^\mu} = F(z)$$

a une valeur finie différente de zéro pour $z = z_1$, la racine $z_1$ de l'équation $f(z) = 0$ a *le degré de multiplicité* $\mu$; les règles du calcul différentiel montrent que dans ce cas les $\mu - 1$ premières dérivées de la fonction $f(z)$ s'annulent pour $z = z_1$, tandis que la dérivée suivante prend une valeur différente de zéro.

**205.** Soit $f(z)$ une fonction *bien déterminée* de la variable

$$z = \rho(\cos\omega + i\sin\omega) = \rho e^{\omega i},$$

$i$ désignant ici l'imaginaire $\sqrt{-1}$. Si l'on attribue au module $\rho$ une valeur déterminée, la fonction $f(z)$ ne dépendra plus que de l'argument $\omega$; donnons alors à $\omega$ les $n$ valeurs

$$0,\quad \frac{2\pi}{n},\quad 2\frac{2\pi}{n},\ldots,\quad (n-1)\frac{2\pi}{n},$$

et désignons par $z_0, z_1, \ldots, z_{n-1}$ les valeurs de $z$ qui répondent à ces arguments, la moyenne arithmétique des valeurs correspondantes de $f(z)$, savoir

$$\frac{f(z_0) + f(z_1) + \ldots + f(z_{n-1})}{n}$$

tendra vers une certaine limite quand le nombre $n$ tendra vers l'infini; cette limite sera dite la *valeur moyenne de* $f(z)$ correspondante au module $\rho$.

Considérons, par exemple, la fonction

$$f(z) = z^m,$$

$m$ étant un entier positif ou négatif; la valeur de

$$\frac{z_0^m + z_1^m + \ldots + z_{n-1}^m}{n}$$

est

$$\frac{\rho^m}{n}\left[1 + e^{\frac{2m\pi i}{n}} + e^{\frac{4m\pi i}{n}} + \ldots + e^{\frac{2(n-1)m\pi i}{n}}\right] = \frac{\rho^m}{n}\,\frac{e^{2m\pi i} - 1}{e^{\frac{2m\pi i}{n}} - 1};$$

dès que le nombre variable $n$ sera supérieur à $m$, le dénominateur de cette expression ne pourra s'annuler, car $m$ est, par hypothèse, différent de zéro; d'ailleurs le numérateur est nul, puisque $m$ est un entier; donc la moyenne arithmétique des $n$ valeurs de $z^m$ considérées, est nulle dès que $n$ surpasse $m$. Il s'ensuit que la valeur moyenne de la fonction $z^m$ est égale à zéro. Quand le nombre $m$ est zéro, la fonction $f(z)$ se réduit à l'unité et dans ce cas sa valeur moyenne est elle-même égale à 1.

On peut conclure de ce qui précède la proposition suivante qui nous sera utile :

Théorème. — *Si, pour une valeur déterminée $\rho$ du module de la variable $z$, la fonction $f(z)$ est développable en une série convergente ordonnée par rapport aux puissances entières positives et négatives de $z$, le coefficient d'une puissance entière quelconque $z^k$, dans le développement, est égal à la valeur moyenne du quotient $\frac{f(z)}{z^k}$.*

En effet, supposons que pour une valeur $\rho$ du module de $z$ on ait, quel que soit l'argument $\omega$,

$$f(z) = \sum_{m=-\infty}^{m=+\infty} A_m z^m,$$

on pourra écrire

$$\frac{f(z)}{z^k} = \sum_{m=-\infty}^{m=+\infty} A_m z^{m-k},$$

ou, si l'on veut,

$$\frac{f(z)}{z^k} = \sum_{m=-M}^{m=+M} A_m z^{m-k} + \varepsilon,$$

$\varepsilon$ désignant une quantité qui tend vers zéro quand l'entier M tend vers l'infini. Prenons les valeurs moyennes des deux membres de cette égalité; tous les termes compris sous le signe $\sum$ donneront des valeurs moyennes nulles, à l'exception de celui qui répond à $m = k$ et qui aura $A_k$ pour valeur moyenne. Si donc on désigne par $\eta$ la valeur moyenne de $\varepsilon$, et qu'on représente par $\mathfrak{M}\dfrac{f(z)}{z^k}$ celle de $\dfrac{f(z)}{z^k}$, on aura

$$\mathfrak{M}\frac{f(z)}{z^k} = A_k + \eta;$$

mais il est évident que $\eta = 0$, car $\eta$ est la limite que prend, pour $n = \infty$, la moyenne arithmétique

$$\frac{\varepsilon_0 + \varepsilon_1 + \ldots + \varepsilon_{n-1}}{n}$$

des $n$ valeurs de $\varepsilon$; le module de $\eta$ est donc inférieur à la moyenne des modules des quantités $\varepsilon$, et, par suite, inférieur au plus grand des modules de ces quantités. D'ailleurs celui-ci s'annule pour $M = \infty$ et, en conséquence, le module de $\eta$ se réduit en même temps à zéro. On a donc

$$\mathfrak{M}\frac{f(z)}{z^k} = A_k.$$

**206.** Lorsqu'on attribue une valeur déterminée au module $\rho$ de la variable $z$, et que l'on donne à l'argument $\omega$ toutes les valeurs comprises entre $0$ et $2\pi$, le module de la fonction $f(z)$ prend diverses valeurs. La plus grande de ces valeurs a reçu de Cauchy la dénomination de *module maximum*; le module maximum de $f(z)$ est donc une fonction du module de la variable $z$.

Par exemple, soit

$$f(z) = \frac{(ae^{\alpha i} + z)^m}{z},$$

$ae^{\alpha i}$ désignant une constante et $m$ un nombre entier; le module de $f(z)$ sera la racine carrée de l'expression

$$\frac{1}{\rho^2}\left[\left(ae^{\alpha i}+\rho e^{\omega i}\right)\left(ae^{-\alpha i}+\rho e^{-\omega i}\right)\right]^m,$$

ou

$$\frac{1}{\rho^2}\left[a^2+2a\rho\cos(\omega-\alpha)+\rho^2\right]^m,$$

et il est évident que le maximum de cette expression répond à $\omega=\alpha$; il s'ensuit que le module maximum de la fonction $f(z)$ a ici pour valeur

$$\frac{(a+\quad)^m}{\rho}.$$

Cela posé, on a la proposition suivante :

Théorème. — *Le module de la valeur moyenne d'une fonction $f(z)$ est inférieur au module maximum de cette fonction.*

En effet, la valeur moyenne $\mathfrak{M}f(z)$ de la fonction $f(z)$ est la limite vers laquelle tend l'expression

$$\frac{f(z_0)+f(z_1)+\ldots+f(z_{n-1})}{n},$$

quand $n$ tend vers l'infini; le module de la somme qui figure au numérateur est inférieur à la somme des modules des parties, et en conséquence il est inférieur, quel que soit $n$, à $n$ fois le module maximum. Donc le module de $\mathfrak{M}f(z)$ est moindre que le module maximum.

Corollaire. — *Lorsque, pour une valeur donnée du module $\rho$ de la variable imaginaire $z$, une fonction $f(z)$ est développable en une série convergente ordonnée suivant les puissances entières positives et négatives de $z$,* *le module du coefficient de $\frac{1}{z}$, dans le développement, est inférieur au module maximum du produit $zf(z)$.*

En effet, d'après le théorème du n° 205, le coefficient de $\frac{1}{z}$ dans le développement de $f(z)$ est égal à la valeur moyenne du produit $zf(z)$, et, d'après le précédent théorème, le module de ce coefficient est inférieur au module maximum de $zf(z)$.

**207.** Ces notions préliminaires étant établies, considérons une équation de la forme

$$z = t\varphi(x+z),$$

dans laquelle $t$ et $x$ désignent deux constantes quelconques réelles ou imaginaires, et où $\varphi$ représente une fonction bien déterminée qui reste continue pour toutes les valeurs de $z$ dont le module est inférieur à une certaine limite R. Nous établirons d'abord, d'après M. Rouché, le théorème suivant :

Théorème I. — *Si la fonction $\varphi(x+z)$ est bien déterminée et continue pour toutes les valeurs de $z$ dont le module est inférieur à R, et si la constante $t$ est telle, que le module maximum de la fonction*

$$\frac{t\varphi(x+z)}{z}$$

*soit moindre que l'unité pour une valeur $r$ du module $\rho$ de $z$ inférieure à R, l'équation*

$$z = t\varphi(x+z)$$

*aura une racine unique de module inférieur à $r$.*

En effet, soit $m$ le nombre des racines $z_1, z_2, \ldots, z_m$ de cette équation, dont les modules sont inférieurs à $r$; on aura

$$(1)\quad z - t\varphi(x+z) = (z-z_1)(z-z_2)\ldots(z-z_m)\psi(z),$$

en désignant par $\psi(z)$ une fonction bien déterminée, qui reste continue et qui ne s'annule pour aucune valeur de $z$ dont le module est inférieur à $r$; on tire de là

$$\log\left[1 - \frac{t\varphi(x+z)}{z}\right] - \log\psi(z) = \log(z-z_1) + \ldots$$
$$+ \log(z-z_m) - \log z,$$

et, en différentiant,

$$(2)\quad \frac{d\log\left[1 - \frac{t\varphi(x+z)}{z}\right]}{dz} - \frac{d\log\psi(z)}{dz} = \frac{1}{z-z_1} + \ldots + \frac{1}{z-z_m} - \frac{1}{z}.$$

Donnons maintenant à la variable $z$ le module $r$; le module de $\dfrac{t\varphi(x+z)}{z}$ étant alors moindre que l'unité, par hypothèse, on a

$$\log\left[1 - \frac{t\varphi(x+z)}{z}\right] = -\frac{t\varphi(x+z)}{z} - \frac{1}{2}\left[\frac{t\varphi(x+z)}{z}\right]^2$$
$$- \frac{1}{3}\left[\frac{t\varphi(x+z)}{z}\right]^3 - \ldots;$$

d'ailleurs la fonction $\varphi(x+z)$ est développable, ainsi que chacune de ses puissances, en une série convergente ordonnée suivant les puissances entières et positives de $z$; donc la fonction

$$\log\left[1 - \frac{t\varphi(x+z)}{z}\right]$$

peut être développée suivant les puissances entières positives et négatives de $z$. La même chose aura lieu aussi, par un théorème connu, à l'égard de la fonction

$$\frac{d\log\left[1 - \frac{t\varphi(x+z)}{z}\right]}{dz},$$

et il est évident que, dans le développement de cette dernière fonction, il n'y aura pas de terme en $\frac{1}{z}$.

D'un autre côté, la fonction

$$\frac{d \log \psi(z)}{dz} = \frac{\psi'(z)}{\psi(z)}$$

est évidemment développable par la formule de Maclaurin, suivant les puissances entières et positives de $z$, puisque le module $r$ de $z$ est inférieur à R; donc il n'y a aucun terme en $\frac{1}{z}$ dans le développement du premier membre de la formule (2).

Passons au second membre; comme on a

$$\frac{1}{z - z_1} = \frac{1}{z} \frac{1}{1 - \frac{z_1}{z}} = \frac{1}{z} + \frac{z_1}{z^2} + \ldots,$$

. . . . . . . . . . . . . . . . . . . . ,

il est évident que le coefficient de $\frac{1}{z}$, dans ce second membre, est égal à $m - 1$; ce coefficient doit être nul, et l'on a en conséquence

$$m = 1.$$

208. La démonstration de la formule de Lagrange est contenue dans le théorème suivant, qui fait connaître en même temps quelle est celle des racines dont la formule fournit le développement.

Théorème II. — *Les mêmes choses étant posées que dans le théorème I, si l'on désigne par* $z_1$ *la racine de l'équation*

$$z - t\varphi(x + z) = 0,$$

*dont le module est inférieur à* $r$, *et par* $\mathrm{F}(x + z)$ *une* *fonction bien déterminée et continue pour les valeurs de $z$ dont le module n'est pas supérieur à $r$, la quantité $F(x+z_1)$ sera développable en série convergente par la formule*

$$F(x+z_1) = F(x) + \frac{t}{1} F'(x)\varphi(x) + \frac{t^2}{1.2} \frac{dF'(x)[\varphi(x)]^2}{dx} + \ldots$$
$$+ \frac{t^n}{1.2\ldots n} \frac{d^{n-1}F'(x)[\varphi(x)]^n}{dx^{n-1}} + \ldots.$$

En effet, l'équation

$$z - t\varphi(x+z) = 0$$

n'ayant qu'une seule racine $z_1$ de module inférieur à $r$, on a, par le numéro précédent,

$$(1) \quad \log\left[1 - \frac{t\varphi(x+z)}{z}\right] - \log\psi(z) = \log\left(1 - \frac{z_1}{z}\right),$$

et, en multipliant par la dérivée $F'(x+z)$ de $F(x+z)$, il vient

$$(2) \begin{cases} F'(x+z)\log\left[1 - \frac{t\varphi(x+z)}{z}\right] - F'(x+z)\log\psi(z) \\ \quad = F'(x+z)\log\left(1 - \frac{z_1}{z}\right). \end{cases}$$

Donnons à $z$ le module $r$, développons les deux membres suivant les puissances de $z$, et égalons entre eux les coefficients de $\frac{1}{z}$.

Considérons d'abord le premier membre. La partie $F'(x+z)\log\psi(z)$ ne contiendra aucun terme en $\frac{1}{z}$, car $\log\psi(z)$ est développable suivant les puissances entières positives de $z$, comme on l'a vu au numéro précédent, et la même chose a lieu à l'égard de la fonction $F'(x+z)$ qui, en vertu de notre hypothèse, est développable par la formule de Maclaurin. Quant à la première partie, le module de $\frac{t\varphi(x+z)}{z}$ étant inférieur à 1, elle peut être mise sous la forme

$$-\mathrm{F}'(x+z)\left[\frac{t}{z}\varphi(x+z)+\frac{t^2}{2z^2}[\varphi(x+z)]^2+\ldots\right.$$
$$\left.+\frac{t^n}{nz^n}[\varphi(x+z)]^n+\ldots\right].$$

Le coefficient de $z^{n-1}$ dans le développement de

$$\mathrm{F}'(x+z)[\varphi(x+z)]^n,$$

suivant la formule de Maclaurin, est égal à

$$\frac{1}{1.2\ldots(n-1)}\,\frac{d^{n-1}\mathrm{F}'(x)[\varphi(x)]^n}{dx^{n-1}},$$

expression qu'il faut réduire à

$$\mathrm{F}'(x)\,\varphi(x)$$

lorsque $n=1$; d'où il résulte que, dans le développement du terme

$$-\frac{t^n}{nz^n}\mathrm{F}'(x+z)[\varphi(x+z)]^n,$$

le coefficient de $\frac{1}{z}$ a pour valeur

$$-\frac{t^n}{1.2\ldots n}\,\frac{d^{n-1}\mathrm{F}'(x)[\varphi(x)]^n}{dx^{n-1}};$$

en outre, d'après la proposition établie au n° 206, le module de ce coefficient est inférieur à

$$pr\frac{q^n}{n},$$

$p$ étant le module maximum de $\mathrm{F}'(x+z)$ et $q$ celui de $\frac{t\varphi(x+z)}{z}$. D'après cela, dans le développement du premier membre de la formule (2), le coefficient de $\frac{1}{z}$ est la somme de la série

$$-\left[\frac{t}{1}F'(x)\varphi(x)+\frac{t^2}{1.2}\frac{dF'(x)[\varphi(x)]^2}{dx}+\ldots \right.$$
$$\left.+\frac{t^n}{1.2\ldots n}\frac{d^{n-1}F'(x)[\varphi(x)]^n}{dx^{n-1}}+\ldots\right],$$

et cette série est convergente, car les modules de ses termes sont inférieurs à ceux de la série

$$pr\left(\frac{q}{1}+\frac{q^2}{2}+\frac{q^3}{3}+\ldots\right)$$

dans laquelle $q$ est $< 1$, par hypothèse; il est évident que cette dernière série est convergente et a pour somme

$$-pr\log(1-q).$$

Considérons maintenant le second membre de la formule (2); $z$ ayant le module $r$, chacun des facteurs qui le composent est développable en série convergente, par la formule de Maclaurin, et l'on a

$$F'(x+z)\log\left(1-\frac{z_1}{z}\right)=-\left[F'(x)+\frac{z}{1}F''(x)+\frac{z^2}{1.2}F'''(x)+\ldots\right]$$
$$\times\left(\frac{z_1}{z}+\frac{z_1^2}{2z^2}+\frac{z_1^3}{3z^3}+\ldots\right).$$

Dans ce produit le coefficient de $\frac{1}{z}$ est évidemment la somme de la série

$$-\left[\frac{z_1}{1}F'(x)+\frac{z_1^2}{1.2}F''(x)+\frac{z_1^3}{1.2.3}F'''(x)+\ldots\right];$$

le module de $z_1$ étant inférieur à $r$, cette série est convergente et elle a pour somme, d'après la formule de Maclaurin, la différence

$$-[F(x+z_1)-F(x)].$$

De tout cela nous pouvons conclure que l'on a

$$F(x+z_1) = F(x) + \frac{t}{1} F'(x)\varphi(x) + \frac{t^2}{1.2} \frac{dF'(x)[\varphi(x)]^2}{dx} + \ldots,$$

comme nous l'avions annoncé.

209. Si l'on fait croître le module $\rho$ de la variable $z$ depuis o jusqu'à $\infty$, le module maximum de la fonction

$$\frac{\varphi(x+z)}{z},$$

qui est infini pour $\rho = 0$, ira d'abord en décroissant, et s'il ne redevient pas infini pour quelques valeurs finies de $\rho$, il finira par croître au delà de toute limite, en même temps que $\rho$, à moins que $\varphi(x+z)$ ne soit une fonction linéaire de $z$. En effet, la fonction $\varphi(x+z)$ restant bien déterminée et continue pour toutes les valeurs de $z$, supposons que le module maximum de $\frac{\varphi(x+z)}{z}$ ne puisse surpasser une quantité donnée $\frac{1}{t}$; le module maximum de

$$\frac{t\varphi(x+z)}{z}$$

sera dès lors inférieur à 1, quelque grand que soit le module de $z$, et il s'ensuivrait (n° 207) que l'équation

$$z = t\varphi(x+z)$$

n'aurait qu'une seule racine, ce qui ne peut avoir lieu que dans le cas où $\varphi(x+z)$ est une fonction linéaire.

Il résulte de là que $\rho$ croissant à partir de zéro, le module maximum de la fonction

$$\frac{\varphi(x+z)}{z}$$

passera nécessairement par un minimum. Posons

$$(1) \qquad \frac{\varphi(x+z)}{z} = \psi(z) = \mathrm{P}e^{\Omega i};$$

le module P et l'argument $\Omega$ seront des fonctions continues de $\rho$ et de $\omega$; la valeur de $\omega$ qui répond au maximum de P, pour une valeur donnée de $\rho$, satisfera donc à l'équation

$$(2) \qquad \frac{d\mathrm{P}}{d\omega} = 0.$$

P devient alors une fonction de $\rho$ seul, puisque la variable $\omega$ qui y figure est une fonction déterminée de $\rho$, et, dans le cas du minimum de P, on doit avoir

$$\frac{d\mathrm{P}}{d\rho} + \frac{d\mathrm{P}}{d\omega}\frac{d\omega}{d\rho} = 0,$$

condition qui se réduit à

$$(3) \qquad \frac{d\mathrm{P}}{d\rho} = 0,$$

en vertu de l'équation (2).

Cela posé, comme on a

$$\frac{dz}{d\rho} = e^{\omega i} = \frac{z}{\rho}, \quad \frac{dz}{d\omega} = i\rho e^{\omega i} = iz,$$

si l'on différentie l'équation (1) d'abord par rapport à $\rho$, et ensuite par rapport à $\omega$, on aura

$$(4) \qquad \left\{ \begin{aligned} z\psi'(z) &= \rho\frac{d\mathrm{P}}{d\rho}e^{\Omega i} + i\rho \mathrm{P}e^{\Omega i}\frac{d\Omega}{d\rho}, \\ z\psi'(z) &= i\frac{d\mathrm{P}}{d\omega}e^{\Omega i} - \mathrm{P}e^{\Omega i}\frac{d\Omega}{d\omega}; \end{aligned} \right.$$

retranchant ces identités l'une de l'autre et supprimant le

facteur $e^{\Omega i}$, il vient

$$\rho\frac{dP}{d\rho}+i\rho P\frac{d\Omega}{d\rho}=i\frac{dP}{d\omega}-P\frac{d\Omega}{d\omega},$$

d'où l'on conclut

$$\frac{dP}{d\omega}=\rho P\frac{d\Omega}{d\rho},\quad \rho\frac{dP}{d\rho}=-P\frac{d\Omega}{d\omega}. \tag{5}$$

En vertu de ces formules (5), les équations (2) et (3) ne peuvent avoir lieu que si les seconds membres des formules (4) s'évanouissent; par conséquent la valeur de $z$ qui répond à la plus petite valeur du module maximum satisfait à l'équation

$$\psi'(z)=0,$$

ou

$$z\varphi'(x+z)-\varphi(x+z)=0.$$

Désignons par $\zeta$ cette valeur de $z$, et posons

$$\frac{\varphi(x+\zeta)}{\zeta}=\varphi'(x+\zeta)=\frac{1}{\tau},$$

la quantité $\zeta$ sera une racine commune aux deux équations

$$z-\tau\varphi(x+z)=0,$$
$$1-\tau\varphi'(x+z)=0,$$

et, par suite, elle sera une racine double de l'équation

$$z-\tau\varphi(x+z)=0.$$

Désignons alors par $t$ une constante dont le module soit inférieur au module de $\tau$, et attribuons à la variable $z$ le module de la constante $\zeta$; il est évident que le module maximum de $\frac{t\varphi(x+z)}{z}$ sera égal au module de $\frac{t}{\tau}$, il sera donc moindre que 1. En conséquence l'équation

$$z-t\varphi(x+z)=0$$

aura une racine unique de module inférieur au module de $\zeta$, et le théorème du n° 208 pourra être appliqué à cette racine.

**210.** Si l'on pose $z = u - x$, l'équation

$$z - t\varphi(x + z) = 0$$

se transformera dans la suivante,

$$u = x + t\varphi(u),$$

et, d'après les développements qui précèdent, on peut énoncer la proposition suivante :

Théorème. — *Soient* $\varphi(u)$ *une fonction bien déterminée qui reste continue, et* T *le plus petit des modules qu'il faille attribuer à* $t$, *pour que l'équation*

$$u = x + t\varphi(u)$$

*ait deux racines égales. Tant que le module de* $t$ *restera inférieur à* T, *celle des racines* $u$ *de la même équation qui a le plus petit module sera développable en série convergente ordonnée suivant les puissances entières et positives de* $t$; *la même chose aura lieu aussi pour toute fonction continue de la même racine* $u$.

On a (n° 208), si $F(u)$ est une fonction continue,

$$F(u) = F(x) + \frac{t}{1} F'(x)\varphi(x) + \frac{t^2}{1.2} \frac{dF'(x)[\varphi(x)]^2}{dx} + \frac{t^n}{1.2\ldots n} \frac{d^{n-1}F'(x)[\varphi(x)]^n}{dx^{n-1}} + \ldots,$$

ce qui est précisément la formule de Lagrange, sous la forme que cet illustre géomètre a adoptée. Si la fonction $F(u)$ se réduit à $u$, il vient

$$u = x + \frac{t}{1}\varphi(x) + \frac{t^2}{1.2} \frac{d[\varphi(x)]^2}{dx} + \ldots + \frac{t^n}{1.2\ldots n} \frac{d^{n-1}[\varphi(x)]^n}{dx^{n-1}} + \ldots.$$

La forme que M. Rouché a donnée à la formule de Lagrange (nº 208) est souvent préférable dans les applications à celle que nous venons de présenter; au reste, on passe de l'une à l'autre forme par un simple changement de variable (*).

### *Applications de la formule de Lagrange.*

**211.** Considérons l'équation trinôme

(1) $$u = x + tu^m.$$

Pour que cette équation ait deux racines égales, il faut qu'elle ait une racine commune avec sa dérivée

(2) $$1 = mtu^{m-1}.$$

L'élimination de $t$ entre ces deux équations donne

$$u = \frac{mx}{m-1}.$$

et l'équation (2) donne, pour $t$, la valeur correspondante

$$\frac{(m-1)^{m-1}}{m^m x^{m-1}}.$$

Donc, pour toutes les valeurs de $t$ dont le module est inférieur au module de $\frac{(m-1)^{m-1}}{m^m x^{m-1}}$, celle des racines de l'équation (1) qui a le plus petit module est développable en série convergente ordonnée par rapport aux puissances entières de $t$. Le développement sera, d'après

(*) Dans son Mémoire sur la série de Lagrange, M. Rouché a établi aussi une autre formule plus générale, et de laquelle il a tiré une démonstration très-simple de la formule par laquelle Waring a exprimé la somme des puissances semblables des racines d'une équation algébrique. Je renverrai pour ces développements au Mémoire de l'auteur.

la formule de Lagrange,

$$u = x + x^m t + \frac{2m}{1.2} x^{2m-1} t^2 + \frac{3m(3m-1)}{1.2} x^{3m-2} t^3 + \ldots$$
$$+ \frac{nm(nm-1)\ldots(nm-n+2)}{1.2.3\ldots n} x^{nm-n+1} t^n + \ldots.$$

Le terme général $u_n$ de cette série a pour valeur

$$u_n = \frac{nm(nm-1)\ldots(nm-n+2)}{1.2.3\ldots n} x^{nm-n+1} t^n,$$

et l'on en déduit

$$\frac{u_{n+1}}{u_n} = \frac{1}{n+1} \frac{(nm+m)(nm+m-1)\ldots(nm+1)}{(nm-n+2)\ldots(nm-n+m)} x^{m-1} t.$$

La limite de ce rapport, pour $n = \infty$, est

$$\frac{m^m x^{m-1}}{(m-1)^{m-1}} t,$$

et l'on vérifie de cette manière que la série est convergente, si le module de $t$ est inférieur au module de

$$\frac{(m-1)^{m-1}}{m^m x^{m-1}}.$$

**212.** L'emploi de la formule de Lagrange est souvent avantageux pour obtenir le développement en série des fonctions explicites; j'en présenterai ici deux exemples.

Supposons d'abord qu'on demande de développer en série ordonnée suivant les puissances entières de $t$ la fonction

$$\frac{1}{\sqrt{1-2tx+t^2}},$$

dans laquelle $x$ désigne une quantité réelle donnée dont le module est inférieur à l'unité.

Je considérerai à cet effet l'équation du deuxième degré

$$(1)\qquad u = x + t\,\frac{u^2-1}{2},$$

dont les racines sont données par la formule

$$(2)\qquad u = \frac{1 \pm \sqrt{1-2tx+t^2}}{t}.$$

Pour que l'équation (1) ait deux racines égales, il faut que l'on ait

$$1 - 2tx + t^2 = 0,$$

d'où l'on tire

$$t = x + \sqrt{1-x^2}\sqrt{-1};$$

$x$ étant réelle et comprise entre $-1$ et $+1$, le module de ces deux valeurs de $t$ est égal à l'unité; donc, pour toutes les valeurs de $t$ dont le module est inférieur à 1, celle des racines de l'équation (1) qui a le plus petit module est développable en série convergente ordonnée suivant les puissances entières et positives de $t$. Si nous supposons que la quantité $t$ soit réelle et comprise entre $-1$ et $+1$, on aura, d'après la formule de Lagrange,

$$\frac{1-\sqrt{1-2tx+t^2}}{t} = x + \frac{x^2-1}{2}\,\frac{t}{1} + \frac{d\left(\frac{x^2-1}{2}\right)^2}{dx}\,\frac{t^2}{1.2} + \ldots$$
$$+ \frac{d^{n-1}\left(\frac{x^2-1}{2}\right)^n}{dx^{n-1}}\,\frac{t^n}{1.2\ldots n} + \ldots,$$

et, si l'on différentie par rapport à $x$ les deux membres de cette formule, il viendra

$$\frac{1}{\sqrt{1-2tx+t^2}} = 1 + X_1 t + X_2 t^2 + \ldots + X_n t^n + \ldots,$$

en posant, pour abréger,

$$X_n = \frac{1}{1.2\ldots n\,2^n}\,\frac{d^n(x^2-1)^n}{dx^n};$$

on voit que cette fonction $X_n$ est précisément celle dont nous nous sommes occupés aux n$^{os}$ **124** et **134**.

**213.** Supposons enfin qu'on veuille développer la fonction

$$\frac{(\zeta - t)^m}{(1-t)^{m+1}}$$

suivant les puissances croissantes de $t$.

En appliquant la formule de Lagrange à l'équation

$$(1) \qquad z = \zeta + t f(z),$$

où $z$ désigne une fonction des variables $\zeta$ et $t$, et $f(z)$ une fonction quelconque de $z$, il vient

$$F(z) = \sum \frac{t^n}{1.2\ldots n} \frac{d^{n-1}[F'(\zeta) f(\zeta)^n]}{d\zeta^{n-1}},$$

et, en différentiant par rapport à $\zeta$,

$$(2) \qquad F'(z)\frac{dz}{d\zeta} = \sum \frac{t^n}{1.2\ldots n} \frac{d^n[F'(\zeta) f(\zeta)^n]}{d\zeta^n}.$$

Maintenant soient

$$F'(z) = z^m \quad \text{et} \quad f(z) = z - 1,$$

l'équation (1) donnera

$$z = \frac{\zeta - t}{1 - t}, \quad \frac{dz}{d\zeta} = \frac{1}{1-t},$$

et, par suite, la formule (2) deviendra

$$\frac{(\zeta - t)^m}{(1-t)^{m+1}} = \sum \frac{t^n}{1.2\ldots n} \frac{d^n \zeta^m (\zeta - 1)^n}{d\zeta^n}.$$

# CHAPITRE III.

## DIGRESSION SUR LA DÉCOMPOSITION DES FRACTIONS RATIONNELLES ET SUR LES SÉRIES RÉCURRENTES.

### *Théorie de la décomposition des fractions rationnelles en fractions simples.*

**214.** La théorie de la *décomposition des fractions rationnelles* est si importante, et ses applications dans l'analyse mathématique sont tellement variées, que je crois utile de la présenter ici avec tous les développements qu'elle comporte.

Nous commencerons par établir qu'une fraction rationnelle $\frac{F(x)}{f(x)}$, dont les deux termes sont des polynômes quelconques premiers entre eux, est décomposable en une partie entière (qui peut être nulle), et en plusieurs *fractions simples* à numérateurs constants, ayant pour dénominateurs les diverses puissances des facteurs linéaires qui divisent le polynôme $f(x)$. Nous démontrerons ensuite qu'une fraction rationnelle n'est décomposable ainsi que d'une seule manière, et nous indiquerons enfin le moyen d'effectuer la décomposition.

**215.** Théorème I. — *Si $a$ désigne une racine de l'équation $f(x) = 0$, $\alpha$ son degré de multiplicité, en sorte que l'on ait*

$$f(x) = (x-a)^\alpha f_1(x),$$

*$f_1(x)$ étant un polynôme non divisible par $x - a$, la*

*fraction rationnelle* $\frac{F(x)}{f(x)}$, *supposée irréductible, pourra toujours être décomposée en deux parties de la manière suivante :*

$$\frac{F(x)}{f(x)} = \frac{A}{(x-a)^\alpha} + \frac{F_1(x)}{(x-a)^{\alpha-1} f_1(x)},$$

A *étant une constante, et* $F_1(x)$ *un polynôme entier.*

En effet, on a identiquement, quel que soit A,

$$\frac{F(x)}{f(x)} = \frac{F(x)}{(x-a)^\alpha f_1(x)} = \frac{A}{(x-a)^\alpha} + \frac{F(x) - A f_1(x)}{(x-a)^\alpha f_1(x)},$$

et pour que le deuxième terme du second membre ne contienne à son dénominateur que la puissance $\alpha - 1$ du facteur $x - a$, il faut et il suffit que le numérateur $F(x) - A f_1(x)$ s'annule pour $x = a$. Posons donc

$$F(a) - A f_1(a) = 0,$$

on aura

$$A = \frac{F(a)}{f_1(a)};$$

cette valeur de A sera finie et différente de zéro, puisque $f_1(a)$ et $F(a)$ ne sont pas nuls : si l'on fait alors

$$F(x) - A f_1(x) = (x-a) F_1(x),$$

on aura

$$\frac{F(x)}{f(x)} = \frac{A}{(x-a)^\alpha} + \frac{F_1(x)}{(x-a)^{\alpha-1} f_1(x)};$$

ce qu'il fallait démontrer.

Corollaire. — *Si l'on a*

$$f(x) = (x-a)^\alpha (x-b)^\beta \ldots (x-l)^\lambda,$$

$a, b, \ldots, l$ *étant des quantités distinctes et* $\alpha, \beta, \ldots, \lambda$

*des entiers positifs, la fraction rationnelle* $\frac{F(x)}{f(x)}$ *pourra être décomposée de la manière suivante :*

$$\begin{aligned}\frac{F(x)}{f(x)} = & \frac{A}{(x-a)^{\alpha}} + \frac{A_1}{(x-a)^{\alpha-1}} + \ldots + \frac{A_{\alpha-1}}{x-a} \\ & + \frac{B}{(x-b)^{6}} + \frac{B_1}{(x-b)^{6-1}} + \ldots + \frac{B_{6-1}}{x-b} \\ & \ldots\ldots\ldots\ldots\ldots\ldots\ldots\ldots \\ & + \frac{L}{(x-l)^{\lambda}} + \frac{L_1}{(x-l)^{\lambda-1}} + \ldots + \frac{L_{\lambda-1}}{x-l} + E(x),\end{aligned}$$

$A, A_1, \ldots, B, B_1, \ldots, L, L_1, \ldots,$ *étant des constantes finies, et* $E(x)$ *une fonction entière.*

En effet, en posant comme précédemment

$$f(x) = (x-a)^{\alpha} f_1(x),$$

on a, par notre théorème,

$$\frac{F(x)}{(x-a)^{\alpha} f_1(x)} = \frac{A}{(x-a)^{\alpha}} + \frac{F_1(x)}{(x-a)^{\alpha-1} f_1(x)},$$

$$\frac{F_1(x)}{(x-a)^{\alpha-1} f_1(x)} = \frac{A_1}{(x-a)^{\alpha-1}} + \frac{F_2(x)}{(x-a)^{\alpha-2} f_1(x)},$$

$$\ldots\ldots\ldots\ldots\ldots\ldots\ldots\ldots,$$

$$\frac{F_{\alpha-1}(x)}{(x-a) f_1(x)} = \frac{A_{\alpha-1}}{x-a} + \frac{F_{\alpha}(x)}{f_1(x)},$$

$A, A_1, \ldots, A_{\alpha-1}$ étant des constantes finies et déterminées, et $F_1(x), F_2(x), \ldots, F_{\alpha}(x)$ des fonctions entières. Il faut remarquer que la constante $A$ n'est jamais égale à zéro, mais les quantités $A_1, A_2, \ldots, A_{\alpha-1}$ peuvent être nulles, car l'un des polynômes $F_1(x), F_2(x), \ldots$ peut être divisible par $x - a$; en ajoutant les égalités qui précèdent, il vient

$$\frac{F(x)}{f(x)} = \frac{F(x)}{(x-a)^\alpha f_1(x)} = \frac{A}{(x-a)^\alpha} + \frac{A_1}{(x-a)^{\alpha-1}} + \ldots + \frac{A_{\alpha-1}}{x-a} + \frac{F_\alpha(x)}{f_1(x)}.$$

Si l'on pose

$$f_1(x) = (x-b)^\beta f_2(x),$$

et que l'on opère sur la fraction $\frac{F_\alpha(x)}{f_1(x)}$ comme nous venons de le faire sur $\frac{F(x)}{f(x)}$, on obtiendra une expression de la forme

$$\frac{F_\alpha(x)}{f_1(x)} = \frac{F_\alpha(x)}{(x-b)^\beta f_2(x)} = \frac{B}{(x-b)^\beta} + \frac{B_1}{(x-b)^{\beta-1}} + \ldots + \frac{B_{\beta-1}}{x-b} + \frac{F_{\alpha+\beta}(x)}{f_2(x)},$$

et, par suite,

$$\frac{F(x)}{f(x)} = \frac{A}{(x-a)^\alpha} + \frac{A_1}{(x-a)^{\alpha-1}} + \ldots + \frac{A_{\alpha-1}}{x-a}$$
$$+ \frac{B}{(x-b)^\beta} + \frac{B_1}{(x-b)^{\beta-1}} + \ldots + \frac{B_{\beta-1}}{x-b} + \frac{F_{\alpha+\beta}(x)}{f_2(x)},$$

$B$, $B_1$,... étant des constantes déterminées et $F_{\alpha+\beta}(x)$ une fonction entière.

En continuant ainsi, on obtiendra évidemment la formule qu'il s'agissait d'établir.

**216.** Théorème II. — *Une fraction rationnelle n'est décomposable que d'une seule manière en une partie entière et en fractions simples.*

Supposons qu'on ait trouvé ces deux valeurs d'une même fraction rationnelle $\frac{F(x)}{f(x)}$,

$$\frac{A}{(x-a)^\alpha} + \ldots + \frac{B}{(x-b)^\beta} + \ldots + E(x)$$

et

$$\frac{A'}{(x-a)^{\alpha'}}+\ldots+\frac{B'}{(x-b)^{6'}}+\ldots+E'(x);$$

on aura

$$\frac{A}{(x-a)^{\alpha}}+\ldots+E(x)=\frac{A'}{(x-a)^{\alpha'}}+\ldots+E'(x).$$

Cela posé, $\alpha$ et $\alpha'$ étant respectivement les exposants des plus hautes puissances de $x-a$, dans les deux membres, je dis que $\alpha=\alpha'$ et $A=A'$. Supposons, en effet, que $\alpha$ et $\alpha'$ soient inégaux et que $\alpha$ soit $>\alpha'$; tirons de l'équation précédente la valeur de $\frac{A}{(x-a)^{\alpha}}$, et réduisons tous les autres termes au même dénominateur; on aura

$$\frac{A}{(x-a)^{\alpha}}=\frac{\varphi(x)}{(x-a)^{\alpha-1}\psi(x)},$$

ou

$$A=(x-a)\frac{\varphi(x)}{\psi(x)},$$

$\varphi$ et $\psi$ désignant des polynômes dont le second n'est pas divisible par $x-a$. D'ailleurs, A est une constante; il faut donc qu'elle soit nulle, car l'équation précédente donne $A=0$ pour $x=a$. Si donc A n'est pas nul, on ne peut supposer $\alpha>\alpha'$, et l'on ferait voir de même que, si A' n'est pas nul, on ne peut supposer non plus $\alpha<\alpha'$; on a donc $\alpha=\alpha'$.

Je dis maintenant que $A=A'$; en effet, de la formule qui exprime l'égalité des deux valeurs de $\frac{F(x)}{f(x)}$, on tirera, $\alpha'$ étant égal à $\alpha$,

$$\frac{A-A'}{(x-a)^{\alpha}}=\frac{\varphi(x)}{(x-a)^{\alpha-1}\psi(x)},$$

ou

$$A - A' = (x - a)\frac{\varphi(x)}{\psi(x)},$$

$\varphi$ et $\psi$ étant, comme précédemment, des polynômes dont le second n'est pas divisible par $x - a$; la différence $A - A'$ est donc nulle, car pour $x = a$, le second membre de la formule précédente se réduit à zéro.

Les termes qui renferment la plus haute puissance de $x - a$ en dénominateur, dans les deux valeurs de la fraction rationnelle, étant égaux entre eux, on pourra les supprimer et les deux restes seront égaux. En raisonnant de même sur ces deux restes, on voit que les termes qui contiennent en dénominateur la plus haute puissance du même binôme $x - a$, ou d'un autre binôme, sont aussi égaux entre eux; et en continuant ainsi, on reconnaît que les fractions simples des deux valeurs de $\frac{F(x)}{f(x)}$ sont égales chacune à chacune : il en résulte, par conséquent, l'égalité des parties entières $E(x)$ et $E'(x)$.

Corollaire. — *La partie entière qui figure dans la valeur d'une fraction rationnelle* $\frac{F(x)}{f(x)}$ *décomposée en fractions simples est égale au quotient entier de la division de* $F(x)$ *par* $f(x)$.

Car si l'on désigne par $E(x)$ le quotient et par $\varphi(x)$ le reste de cette division, on aura

$$\frac{F(x)}{f(x)} = E(x) + \frac{\varphi(x)}{f(x)};$$

le numérateur de la fraction $\frac{\varphi(x)}{f(x)}$ étant de degré inférieur au dénominateur, cette fraction s'annule pour $x = \infty$, et en conséquence elle ne peut renfermer de partie entière.

*Cas d'une fraction rationnelle dont le dénominateur n'a que des facteurs simples.*

**217.** Soit

$$f(x) = (x - a)(x - b)\ldots(x - l),$$

$a, b, \ldots, l$ étant des quantités différentes; si $F(x)$ désigne un polynôme quelconque, on aura, par ce qui précède,

$$(1) \qquad \frac{F(x)}{f(x)} = \frac{A}{x-a} + \frac{B}{x-b} + \ldots + \frac{L}{x-l} + E(x),$$

$A, B, \ldots, L$ étant des constantes déterminées et $E(x)$ une fonction entière.

Ainsi que nous l'avons déjà dit, le polynôme $E(x)$ peut être obtenu en effectuant la division de $F(x)$ par $f(x)$; il reste à déterminer les constantes $A, B, \ldots, L$. L'équation (1) devient, en multipliant par $f(x)$,

$$F(x) = \frac{Af(x)}{x-a} + \frac{Bf(x)}{x-b} + \ldots + \frac{Lf(x)}{x-l} + E(x)f(x).$$

Cette égalité a lieu identiquement; si l'on y fait $x = a$, tous les termes du second membre s'évanouiront à l'exception du premier qui se réduira à $Af'(a)$, ainsi qu'on le reconnaît sur la formule

$$f(x) = \frac{(x-a)}{1} f'(a) + \frac{(x-a)^2}{1.2} f''(a) + \ldots.$$

On a, en conséquence,

$$F(a) = Af'(a), \quad \text{d'où} \quad A = \frac{F(a)}{f'(a)};$$

d'ailleurs $a$ est l'une quelconque des racines de l'équation $f(x) = 0$; donc

$$(2) \qquad A = \frac{F(a)}{f'(a)}, \quad B = \frac{F(b)}{f'(b)}, \ldots, \quad L = \frac{F(l)}{f'(l)},$$

et la formule (1) devient

$$(3)\quad \frac{F(x)}{f(x)} = \frac{F(a)}{f'(a)(x-a)} + \frac{F(b)}{f'(b)(x-b)} + \ldots + \frac{F(l)}{f'(l)(x-l)} + E(x).$$

Si le degré de $F(x)$ est inférieur au degré $m$ de $f(x)$, la partie entière $E(x)$ se réduit à zéro, et on a simplement

$$(4)\quad \frac{F(x)}{f(x)} = \frac{F(a)}{f'(a)(x-a)} + \frac{F(b)}{f'(b)(x-b)} + \ldots + \frac{F(l)}{f'(l)(x-l)}.$$

Soit

$$F(x) = P_0 x^{m-1} + P_1 x^{m-2} + \ldots + P_{m-2} x + P_{m-1}.$$

Si l'on multiplie la formule (4) par $f(x)$ et qu'on ordonne le second membre par rapport aux puissances décroissantes de $x$, le coefficient de $x^{m-1}$ sera évidemment

$$\frac{F(a)}{f'(a)} + \frac{F(b)}{f'(b)} + \ldots + \frac{F(l)}{f'(l)},$$

et cette somme sera égale à $P_0$; on a donc

$$(5)\qquad \sum \frac{F(x)}{f'(x)} = P_0,$$

le signe $\sum$ indiquant qu'il faut remplacer $x$ par chacune des $m$ racines de l'équation $f(x) = 0$, et faire la somme des résultats. Si la fonction $F(x)$ est au plus du degré $m-2$, la quantité $P_0$ est nulle et on a dans ce cas

$$(6)\qquad \sum \frac{F(x)}{f'(x)} = 0,$$

formule qui est utile dans plusieurs circonstances.

### *Méthodes pour effectuer la décomposition d'une fraction rationnelle, dans le cas général.*

**218.** Le théorème I du n° **215**, par lequel on démontre la possibilité de la décomposition, donne aussi le moyen de l'effectuer. En effet, si l'on fait

$$f(x) = (x-a)^\alpha f_1(x),$$

nous avons vu que l'on a

$$\frac{F(x)}{f(x)} = \frac{A}{(x-a)^\alpha} + \frac{F_1(x)}{(x-a)^{\alpha-1} f_1(x)},$$

en posant

$$A = \frac{F(a)}{f_1(a)} \quad \text{et} \quad F_1(x) = \frac{F(x) - \frac{F(a)}{f_1(a)} f_1(x)}{x-a};$$

on a ainsi l'une des fractions simples demandées, et, pour trouver les autres, il suffira d'appliquer le même théorème à la fraction complémentaire

$$\frac{F_1(x)}{(x-a)^{\alpha-1} f_1(x)}.$$

Dans le cas où l'équation $f(x) = 0$ n'a que des racines simples, on retrouve facilement de cette manière la formule établie au numéro précédent; mais, ce cas excepté, l'emploi du procédé dont il vient d'être question exige des calculs assez pénibles.

**219.** On peut aussi employer la méthode des coefficients indéterminés dont nous avons déjà fait usage au n° 217. Soit la fraction rationnelle

$$\frac{F(x)}{f(x)},$$

que nous supposons irréductible et dont le dénominateur est divisible par la puissance $\alpha^{\text{ième}}$ du binôme $x - a$, mais ne l'est pas par une puissance supérieure. Pour trouver les fractions simples qui répondent à la racine $a$, on posera

$$\frac{F(x)}{f(x)} = \frac{A}{(x-a)^\alpha} + \frac{A_1}{(x-a)^{\alpha-1}} + \ldots + \frac{A_{\alpha-1}}{x-a} + \frac{(x-a)^\alpha F_\alpha(x)}{f(x)},$$

conformément au théorème I. Si l'on multiplie cette formule par $f(x)$ et qu'on remplace $x$ par $a+h$, on aura

$$F(a+h)=A\frac{f(a+h)}{h^\alpha}+A_1\frac{f(a+h)}{h^{\alpha-1}}+\ldots+A_{\alpha-1}\frac{f(a+h)}{h}+h^\alpha F_\alpha(a+h);$$

or on a

$$F(a+h)=F(a)+h\frac{F'(a)}{1}+\ldots+h^{\alpha-1}\frac{F^{\alpha-1}(a)}{1.2\ldots(\alpha-1)}+\ldots,$$

$$f(a+h)=h^\alpha\frac{f^\alpha(a)}{1.2\ldots\alpha}+h^{\alpha+1}\frac{f^{\alpha+1}(a)}{1.2\ldots(\alpha+1)}+\ldots,$$

et en portant ces valeurs dans la formule précédente, on obtient

$$\begin{aligned}
&F(a)+h\frac{F'(a)}{1}+\ldots+h^{\alpha-1}\frac{F^{\alpha-1}(a)}{1.2\ldots(\alpha-1)}+\ldots\\
&=A\left[\frac{f^\alpha(a)}{1.2\ldots\alpha}+h\frac{f^{\alpha+1}(a)}{1.2\ldots(\alpha+1)}+\ldots\right]\\
&+A_1\left[h\frac{f^\alpha(a)}{1.2\ldots\alpha}+h^2\frac{f^{\alpha+1}(a)}{1.2\ldots(\alpha+1)}+\ldots\right]\\
&+\ldots\ldots\ldots\ldots\ldots\ldots\\
&+A_{\alpha-1}\left[h^{\alpha-1}\frac{f^\alpha(a)}{1.2\ldots\alpha}+\ldots\right]+h^\alpha F_\alpha(a+h).
\end{aligned}$$

Cette formule a lieu quel que soit $h$, et si on égale de part et d'autre les coefficients des mêmes puissances de $h$, jusqu'à celles de degré $\alpha-1$, on aura

$$(2)\quad\left\{\begin{aligned}
&A\frac{f^\alpha(a)}{1.2\ldots\alpha}=F(a),\\
&A_1\frac{f^\alpha(a)}{1.2\ldots\alpha}+A\frac{f^{\alpha+1}(a)}{1.2\ldots(\alpha+1)}=\frac{F'(a)}{1},\\
&A_2\frac{f^\alpha(a)}{1.2\ldots\alpha}+A_1\frac{f^{\alpha+1}(a)}{1.2\ldots(\alpha+1)}+A\frac{f^{\alpha+2}(a)}{1.2\ldots(\alpha+2)}=\frac{F''(a)}{1.2},\\
&\ldots\ldots\ldots\ldots\ldots\ldots\\
&A_{\alpha-1}\frac{f^\alpha(a)}{1.2\ldots\alpha}+A_{\alpha-2}\frac{f^{\alpha+1}(a)}{1.2\ldots(\alpha+1)}+\ldots+A\frac{f^{2\alpha-1}(a)}{1.2\ldots(2\alpha-1)}=\frac{F^{\alpha-1}(a)}{1.2\ldots(\alpha-1)}
\end{aligned}\right.$$

Ces relations permettent de calculer successivement A, $A_1, \ldots, A_{\alpha-1}$, et les valeurs de ces coefficients seront finies et déterminées, car $f^{\alpha}(a)$ est, par hypothèse, différente de zéro. On peut obtenir par ce procédé les fractions simples qui répondent aux diverses racines de l'équation $f(x) = 0$; quant à la partie entière, on la trouvera, comme nous l'avons déjà dit, en divisant $F(x)$ par $f(x)$.

**220.** Enfin, on peut effectuer la décomposition par un procédé qui n'exige que la division algébrique. En effet, si l'on pose, comme nous l'avons fait plus haut,

$$f(x) = (x-a)^{\alpha} f_1(x),$$

et que l'on écrive $a+h$ au lieu de $x$, la formule (1) du numéro précédent, multipliée par $h^{\alpha}$, deviendra

$$\frac{F(a+h)}{f_1(a+h)} = A + A_1 h + A_2 h^2 + \ldots + A_{\alpha-1} h^{\alpha-1} + \frac{h^{\alpha} F_{\alpha}(a+h)}{f_1(a+h)},$$

et l'on voit que le polynôme

$$A + A_1 h + A_2 h^2 + \ldots + A_{\alpha-1} h^{\alpha-1}$$

est le quotient que l'on obtient quand on divise l'un par l'autre les polynômes $F(\alpha+h)$ et $f_1(a+h)$ ordonnés par rapport aux puissances croissantes de $h$, jusqu'à ce qu'on soit parvenu à un reste du degré $\alpha$; on obtiendra donc, par cette division, les fractions simples qui se rapportent à la racine $a$.

On pourrait déterminer ainsi, indépendamment les unes des autres, les fractions qui se rapportent aux diverses racines, mais il sera plus simple d'appliquer la même méthode à la fraction $\dfrac{F_{\alpha}(x)}{f(x)}$ qui complète les termes déjà trouvés; on obtiendra ainsi les termes qui se rapportent à une deuxième racine, et une troisième fraction sur laquelle on continuera l'opération.

**221**. La méthode précédente a surtout l'avantage de faire connaître l'expression algébrique des numérateurs des diverses fractions simples dans lesquelles se décompose la fraction rationnelle proposée. En effet, la division des polynômes $F(a+h)$ et $f_1(a+h)$, que nous avons effectuée dans le but d'obtenir les coefficients $A$, $A_1$, $A_2$,..., revient évidemment à développer la fonction $\frac{F(a+h)}{f_1(a+h)}$ en série ordonnée suivant les puissances croissantes de $h$, et comme une fonction n'est développable que d'une seule manière en une série de cette espèce, on obtiendra le même résultat en faisant usage de la formule de Maclaurin. Si donc on pose

$$\frac{F(x)}{f_1(x)} = \varphi(x),$$

on aura

$$\frac{F(a+h)}{f_1(a+h)} = \varphi(a+h) = \varphi(a) + h\varphi'(a) + h^2\frac{\varphi''(a)}{1.2} + \ldots$$
$$+ h^{\alpha-1}\frac{\varphi^{\alpha-1}(a)}{1.2\ldots(\alpha-1)} + h^\alpha R_1,$$

en désignant par $h^\alpha R_1$ le reste de le série; ici $R_1$ est une fonction rationnelle de $h$ qui n'est point infinie pour $h=0$, et, par conséquent, cette valeur de $\frac{F(a+h)}{f_1(a+h)}$ est identique à celle trouvée précédemment. On aura donc

$$A = \varphi(a),\quad A_1 = \varphi'(a),\quad A_2 = \frac{\varphi''(a)}{1.2},\ldots,$$
$$A_{\alpha-1} = \frac{\varphi^{\alpha-1}(a)}{1.2\ldots(\alpha-1)},$$

d'où résulte ce théorème général.

THÉORÈME. — *Si l'on a*

$$f(x) = (x-a)^\alpha (x-b)^\beta \ldots (x-l)^\lambda,$$

*que* F $(x)$ *désigne une fonction entière de* $x$, *dont le quotient par* $f(x)$ *soit* E$(x)$, *et que l'on fasse, pour abréger,*

$$\varphi(x) = (x-a)^\alpha \frac{F(x)}{f(x)}, \quad \psi(x) = (x-b)^\beta \frac{F(x)}{f(x)}, \ldots,$$

$$\varpi(x) = (x-l)^\lambda \frac{F(x)}{f(x)},$$

*on aura la valeur suivante de la fraction rationnelle* $\frac{F(x)}{f(x)}$:

$$\frac{F(x)}{f(x)} = E(x)$$

$$+\frac{\varphi(a)}{(x-a)^\alpha} + \frac{\varphi'(a)}{(x-a)^{\alpha-1}} + \frac{\varphi''(a)}{1.2(x-a)^{\alpha-2}} + \ldots + \frac{\varphi^{\alpha-1}(a)}{1.2\ldots(\alpha-1)(x-a)}$$

$$+\frac{\psi(b)}{(x-b)^\beta} + \frac{\psi'(b)}{(x-b)^{\beta-1}} + \frac{\psi''(b)}{1.2(x-b)^{\beta-2}} + \ldots + \frac{\psi^{\beta-1}(b)}{1.2\ldots(\beta-1)(x-b)}$$

$$\cdots\cdots\cdots\cdots\cdots\cdots\cdots\cdots$$

$$+\frac{\varpi(l)}{(x-l)^\lambda} + \frac{\varpi'(l)}{(x-l)^{\lambda-1}} + \frac{\varpi''(l)}{1.2(x-l)^{\lambda-2}} + \ldots + \frac{\varpi^{\lambda-1}(l)}{1.2\ldots(\lambda-1)(x-l)}.$$

### *Forme nouvelle de l'expression d'une fonction rationnelle décomposée en fractions simples.*

**222.** Le résultat qui précède est susceptible d'une autre forme très-simple et très-élégante que nous allons faire connaître. Désignons par F $(x)$ une fonction rationnelle quelconque, par

$$x_1, \; x_2, \ldots, \; x_\mu$$

les racines de l'équation

$$\frac{1}{F(x)} = 0,$$

et par

$$m_1, \ m_2, \ldots, \ m_\mu$$

les degrés de multiplicité respectifs de ces racines.

Soit aussi, pour abréger,

$$\varphi(x) = (x - x_1)^{m_1} \mathrm{F}(x),$$

$\varphi(x)$ désignant une fonction qui a une valeur finie différente de zéro pour $x = x_1$.

Si l'on imagine que la fonction rationnelle $\mathrm{F}(x)$ soit décomposée en fractions simples, la somme des fractions relatives à la racine $x_1$ sera

$$\frac{\varphi(x_1)}{(x - x_1)^{m_1}} + \frac{\varphi'(x_1)}{1.(x - x_1)^{m_1-1}} + \ldots$$
$$+ \frac{\varphi^{m_1-i-1}(x_1)}{1.2\ldots(m_1 - i - 1)(x - x_1)^{i+1}} + \ldots + \frac{\varphi^{m_1-1}(x)}{1.2\ldots(m_1 - 1)(x - x_1)},$$

ainsi qu'on l'a vu plus haut. Par suite, cette somme s'obtiendra en faisant $\zeta = 0$ dans l'expression

$$\frac{\varphi(x_1 + \zeta)}{(x - x_1 - \zeta)^{m_1}} + \frac{\varphi'(x_1 + \zeta)}{1.(x - x_1 - \zeta)^{m_1-1}} + \ldots$$
$$+ \frac{\varphi^{m_1-i-1}(x_1 + \zeta)}{1.2\ldots(m_1 - i - 1)(x - x_1 - \zeta)^{i+1}} + \ldots + \frac{\varphi^{m_1-1}(x_1 + \zeta)}{1.2\ldots(m_1 - 1)(x - x_1 - \zeta)}$$

Or $\varphi'(x_1 + \zeta)$, $\varphi''(x_1 + \zeta)$, etc., peuvent être considérées comme les dérivées de $\varphi(x_1 + \zeta)$ par rapport à la variable $\zeta$, et alors il est aisé de voir que l'expression précédente se réduit à

$$\frac{1}{\Gamma(m_1)} \frac{d^{m_1-1} \dfrac{\varphi(x_1 + \zeta)}{x - x_1 - \zeta}}{d\zeta^{m_1-1}};$$

$\Gamma(\rho)$ désigne, comme au n° 196, le produit des $\rho - 1$ premiers nombres si $\rho$ est plus grand que 1, et il doit se réduire à l'unité pour $\rho = 1$.

Comme on a

$$\varphi(x_1+\zeta) = \zeta^{m_1} F(x_1+\zeta),$$

la somme des fractions simples relatives à la racine $x_1$ sera égale à la valeur que prend, pour $\zeta = 0$, l'expression suivante :

$$\frac{1}{\Gamma(m_1)} \frac{d^{m_1-1} \dfrac{\zeta^{m_1} F(x_1+\zeta)}{x-x_1-\zeta}}{d\zeta^{m_1-1}}.$$

Si donc la fonction rationnelle $F(x)$ ne contient pas de partie entière, on aura

$$F(x) = \sum \frac{1}{\Gamma(m_1)} \frac{d^{m_1-1} \dfrac{\zeta^{m_1} F(x_1+\zeta)}{x-x_1-\zeta}}{d\zeta^{m_1-1}}.$$

Dans cette formule, il faut faire $\zeta = 0$, après les différentiations; le signe sommatoire $\sum$ s'étend à toutes les racines $x_1, x_2, \ldots, x_\mu$. Il est presque superflu d'ajouter que si le degré de multiplicité d'une racine, de $x_1$ par exemple, est égal à 1, la dérivée $\dfrac{d^{m_1-1} \dfrac{\zeta^{m_1} F(x_1+\zeta)}{x-x_1-\zeta}}{d\zeta^{m_1-1}}$ doit être réduite à $\dfrac{\zeta F(x_1+\zeta)}{x-x_1-\zeta}$.

Si la fonction $F(x)$ contient une partie entière $E(x)$, on a

$$F(x) = E(x) + \sum \frac{1}{\Gamma(m_1)} \frac{d^{m_1-1} \dfrac{\zeta^{m_1} F(x_1+\zeta)}{x-x_1-\zeta}}{d\zeta^{m_1-1}};$$

il est aisé de trouver la valeur de $E(x)$. Désignons par $n$ l'excès du degré du numérateur de $F(x)$ sur celui du dénominateur ; $n$ sera le degré de $E(x)$. Cela posé, si l'on change $x$ en $\frac{1}{z}$ dans l'équation précédente et qu'on multiplie ensuite, de part et d'autre, par $z^n$, on aura

$$z^n F\left(\frac{1}{z}\right) = z^n E\left(\frac{1}{z}\right) + z^{n+1} \sum \frac{1}{\Gamma(m_1)} \frac{d^{m_1-1} \dfrac{\zeta^{m_1} F(x_1+\zeta)}{1-(x_1+\zeta)z}}{d\zeta^{m_1-1}}.$$

Il s'ensuit que si l'on développe $z^n F\left(\frac{1}{z}\right)$ en série ordonnée suivant les puissances croissantes de $z$, la somme des termes dont le degré ne surpasse pas $n$ sera $z^n E\left(\frac{1}{z}\right)$. Or, $\zeta$ désignant toujours un infiniment petit, on a, par la formule de Maclaurin,

$$z^n F\left(\frac{1}{z}\right) = \zeta^n F\left(\frac{1}{\zeta}\right) + \frac{z}{1} \frac{d\zeta^n F\left(\frac{1}{\zeta}\right)}{d\zeta} + \frac{z^2}{1.2} \frac{d^2\zeta^n F\left(\frac{1}{\zeta}\right)}{d\zeta^2} + \ldots;$$

donc on a

$$z^n E\left(\frac{1}{z}\right) = \zeta^n F\left(\frac{1}{\zeta}\right) + \frac{z}{1} \frac{d\zeta^n F\left(\frac{1}{\zeta}\right)}{d\zeta} + \ldots + \frac{z^n}{1.2\ldots n} \frac{d^n\zeta^n F\left(\frac{1}{\zeta}\right)}{d\zeta^n},$$

et, par suite,

$$E(x) = x^n \zeta^n F\left(\frac{1}{\zeta}\right) + x^{n-1} \frac{d\zeta^n F\left(\frac{1}{\zeta}\right)}{d\zeta}$$
$$+ \frac{x^{n-2}}{1.2} \frac{d^2\zeta^n F\left(\frac{1}{\zeta}\right)}{d\zeta^2} + \ldots + \frac{1}{1.2\ldots n} \frac{d^n\zeta^n F\left(\frac{1}{\zeta}\right)}{d\zeta^n}.$$

On peut trouver une autre expression plus simple du polynôme $E(x)$. En effet, le coefficient de $\zeta^{n-i}$ dans le développement de $\zeta^n F\left(\frac{1}{\zeta}\right)$, suivant les puissances croissantes de $\zeta$, est égal au coefficient de $\zeta^n$ dans le développement de $\zeta^{n+i} F\left(\frac{1}{\zeta}\right)$; d'ailleurs, ces coefficients sont les valeurs que prennent, pour $\zeta = 0$, les deux quantités

$$\frac{1}{\Gamma(n-i+1)}\,\frac{d^{n-i}\,\zeta^n\,\mathrm{F}\left(\dfrac{1}{\zeta}\right)}{d\zeta^{n-i}},\quad \frac{1}{\Gamma(n+1)}\,\frac{d^n\,\zeta^{n+i}\,\mathrm{F}\left(\dfrac{1}{\zeta}\right)}{d\zeta^n};$$

donc on a, pour $\zeta = 0$,

$$\frac{1}{\Gamma(n-i+1)}\,\frac{d^{n-i}\,\zeta^n\,\mathrm{F}\left(\dfrac{1}{\zeta}\right)}{d\zeta^{n-i}} = \frac{1}{\Gamma(n+1)}\,\frac{d^n\,\zeta^{n+i}\,\mathrm{F}\left(\dfrac{1}{\zeta}\right)}{d\zeta^n},$$

et il faut remarquer que le premier membre doit être réduit à $\zeta^n\,\mathrm{F}\left(\dfrac{1}{\zeta}\right)$ dans le cas de $i = n$.

D'après cela, la valeur précédente de $\mathrm{E}(x)$ devient

$$\mathrm{E}(x) = \frac{1}{\Gamma(n+1)}\,\frac{d^n\,\zeta^n\,\mathrm{F}\left(\dfrac{1}{\zeta}\right)(1+\zeta x+\zeta^2x^2+\ldots+\zeta^n x^n)}{d\zeta^n};$$

enfin, comme on a évidemment, pour $\zeta = 0$, et pour $i > n$,

$$\frac{d^n\,\zeta^{n+i}\,\mathrm{F}\left(\dfrac{1}{\zeta}\right)}{d\zeta^n} = 0,$$

on peut aussi écrire

$$) = \frac{1}{\Gamma(n+1)}\,\frac{d^n\,\zeta^n\,\mathrm{F}\left(\dfrac{1}{\zeta}\right)(1+\zeta x+\zeta^2x^2+\ldots+\zeta^n x^n+\zeta^{n+1}x^{n+1}+\ldots)}{d\zeta^n},$$

ou

$$\mathrm{E}(x) = \frac{1}{\Gamma(n+1)}\,\frac{d^n\,\dfrac{\zeta^n\,\mathrm{F}\left(\dfrac{1}{\zeta}\right)}{1-\zeta x}}{d\zeta^n}.$$

On a donc la formule suivante qui donne la valeur d'une fonction rationnelle quelconque $\mathrm{F}(x)$ décomposée en une partie entière et en fractions simples, savoir :

$$F(x) = \frac{1}{\Gamma(n+1)} \frac{d^n \dfrac{\zeta^n F\left(\frac{1}{\zeta}\right)}{1-\zeta x}}{d\zeta^n} + \sum \frac{1}{\Gamma(m_1)} \frac{d^{m_1-1} \dfrac{\zeta^{m_1} F(x_1+\zeta)}{x-x_1-\zeta}}{d\zeta^{m_1-1}},$$

la quantité $\zeta$ devant être égalée à zéro après les différentiations.

*Mode particulier de décomposition pour les fractions rationnelles et réelles dont le dénominateur a des facteurs linéaires imaginaires.*

**223.** La théorie que nous venons d'exposer s'applique à toutes les fractions rationnelles $\frac{F(x)}{f(x)}$, et les coefficients peuvent avoir des valeurs quelconques réelles ou imaginaires. Mais lorsque ces coefficients sont réels et que parmi les racines de l'équation $f(x) = 0$ il s'en trouve quelques-unes qui sont imaginaires, l'expression de la fonction réelle $\frac{F(x)}{f(x)}$ est elle-même compliquée d'imaginaires. On a cherché à modifier, dans ce cas, la manière d'effectuer la décomposition, et on y est parvenu comme nous allons l'indiquer.

**224.** La possibilité du nouveau mode de décomposition que nous avons en vue résulte du théorème suivant :

Théorème I. — *Si $x^2 + px + q$ est le produit de deux facteurs imaginaires conjugués du polynôme réel $f(x)$, $n$ la plus haute puissance de ce trinôme qui divise $f(x)$, en sorte qu'on ait*

$$f(x) = (x^2 + px + q)^n f_1(x),$$

*la fraction réelle et rationnelle $\frac{F(x)}{f(x)}$ pourra être dé-*

*composée en deux parties, de la manière suivante :*

$$\frac{F(x)}{f(x)} = \frac{Px+Q}{(x^2+px+q)^n} + \frac{F_1(x)}{(x^2+px+q)^{n-1}f_1(x)},$$

*P et Q étant des constantes réelles, et $F_1(x)$ un polynôme réel.*

En effet, on a identiquement

$$\frac{F(x)}{f(x)} = \frac{F(x)}{(x^2+px+q)^n f_1(x)}$$
$$= \frac{Px+Q}{(x^2+px+q)^n} + \frac{F(x)-(Px+Q)f_1(x)}{(x^2+px+q)^n f_1(x)};$$

et l'on peut déterminer P et Q de manière que le numérateur de la deuxième partie du second membre soit divisible par $x^2+px+q$, c'est-à-dire de manière que ce numérateur s'annule en remplaçant $x$ par chacune des racines de l'équation

$$x^2+px+q=0.$$

Soient $h+k\sqrt{-1}$ et $h-k\sqrt{-1}$ ces deux racines, et posons

$$F(h\pm k\sqrt{-1}) - [P(h\pm k\sqrt{-1})+Q]f_1(h\pm k\sqrt{-1}) = 0;$$

on tirera de là

$$P(h\pm k\sqrt{-1})+Q = \frac{F(h\pm k\sqrt{-1})}{f_1(h\pm k\sqrt{-1})} = (M\pm N\sqrt{-1}),$$

M et N étant des quantités réelles dont les valeurs sont finies et déterminées, puisque, par hypothèse, $f_1(x)$ n'est pas divisible par $x^2+px+q$. L'équation précédente se décompose dans les deux suivantes :

$$Ph+Q=M, \quad Pk=N,$$

lesquelles donnent pour P et Q ces deux valeurs réelles et finies,

$$P = \frac{N}{k}, \quad Q = \frac{Mk - Nh}{k}.$$

Les valeurs de P et Q étant ainsi déterminées, nous poserons

$$\frac{F(x) - (Px + Q) f_1(x)}{x^2 + px + q} = F_1(x),$$

$F_1(x)$ désignant un polynôme réel, et, par suite, on aura

$$\frac{F(x)}{(x^2 + px + q)^n f_1(x)} = \frac{Px + Q}{(x^2 + px + q)^n} + \frac{F_1(x)}{(x^2 + px + q)^{n-1} f_1(x)};$$

ce qu'il fallait démontrer.

Corollaire. — *La fraction rationnelle* $\frac{F(x)}{f(x)}$ *pourra se décomposer de la manière suivante :*

$$\frac{F(x)}{f(x)} = \frac{Px + Q}{(x^2 + px + q)^n} + \frac{P_1 x + Q_1}{(x^2 + px + q)^{n-1}} + \ldots$$
$$+ \frac{P_{n-1} x + Q_{n-1}}{x^2 + px + q} + \frac{F_n(x)}{f_1(x)},$$

P, Q, $P_1$, $Q_1$, *etc., désignant des constantes réelles, et* $F_n(x)$ *un polynôme réel aussi.*

**225.** En combinant le théorème précédent avec le théorème analogue démontré au n° 215, on obtient celui-ci :

Théorème II. — *Si l'on décompose le polynôme* $f(x)$ *en facteurs réels du premier et du deuxième degré, en sorte qu'on ait*

$$f(x) = (x - a)^\alpha (x - b)^\beta \ldots (x - l)^\lambda (x^2 + px + q)^n \ldots (x^2 + rx + s)^m,$$

*on pourra décomposer la fraction rationnelle* $\frac{F(x)}{f(x)}$ *de la manière suivante :*

$$\frac{F(x)}{f(x)} = E(x) + \frac{A}{(x-a)^\alpha} + \frac{A_1}{(x-a)^{\alpha-1}} + \ldots + \frac{A^{\alpha-1}}{x-a}$$
$$+ \ldots\ldots\ldots\ldots\ldots\ldots\ldots\ldots\ldots\ldots\ldots\ldots\ldots\ldots$$
$$+ \frac{L}{(x-l)^\lambda} + \frac{L_1}{(x-l)^{\lambda-1}} + \ldots + \frac{L_{\lambda-1}}{x-l}$$
$$+ \frac{Px+Q}{(x^2+px+q)^n} + \frac{P_1x+Q_1}{(x^2+px+q)^{n-1}} + \ldots + \frac{P_{n-1}x+Q_{n-1}}{x^2+px+q}$$
$$+ \ldots\ldots\ldots\ldots\ldots\ldots\ldots\ldots\ldots\ldots\ldots\ldots\ldots\ldots$$
$$+ \frac{Rx+S}{(x^2+rx+s)^m} + \frac{R_1x+S_1}{(x^2+rx+s)^{m-1}} + \ldots + \frac{R_{m-1}x+S_{m-1}}{x^2+rx+s},$$

$E(x)$ *désignant une partie entière qui peut être nulle, et* A, $A_1$,..., L, $L_1$,..., P, Q, $P_1$, $Q_1$,..., R, S, $R_1$, $S_1$,..., *des constantes réelles.*

**226.** Théorème III. — *Une fraction rationnelle n'est décomposable que d'une seule manière en fractions simples de la forme qu'on vient de considérer.*

Soient deux valeurs d'une même fraction rationnelle $\frac{F(x)}{f(x)}$. On démontrera, comme au n° 216, l'égalité des fractions simples qui correspondent aux facteurs du premier degré du dénominateur, et quant à celle des fractions simples qui correspondent aux facteurs du second degré, elle peut se démontrer d'une manière analogue, comme nous allons voir. Soient $\frac{Px+Q}{(x^2+px+q)^n}$ le terme dont le dénominateur contient la plus haute puissance de $x^2+px+q$ dans la première valeur de $\frac{F(x)}{f(x)}$, et $\frac{P'x+Q'}{(x^2+px+q)^{n'}}$ le terme analogue dans la seconde valeur. Je dis d'abord que $n'=n$. Supposons, en effet, que cela ne soit pas, et que l'on ait $n > n'$ : de l'égalité qui a lieu entre les deux valeurs de $\frac{F(x)}{f(x)}$, tirons la valeur de $\frac{Px+Q}{(x^2+px+q)^n}$; cette valeur sera exprimée par une somme de quantités dont aucune n'a en dénominateur une puissance de $x^2+px+q$ supérieure à la $(n-1)^{ième}$. En réduisant donc toutes ces quantités au même dénominateur, on aura une égalité de la forme

$$\frac{Px+Q}{(x^2+px+q)^n}=\frac{\varphi(x)}{(x^2+px+q)^{n-1}\psi(x)},$$

ou

$$Px+Q=(x^2+px+q)\frac{\varphi(x)}{\psi(x)},$$

$\varphi(x)$ et $\psi(x)$ désignant des polynômes, dont le second $\psi(x)$ n'est pas divisible par $x^2+px+q$. Or l'égalité précédente est impossible; car, autrement, l'équation $Px+Q=0$ devrait admettre les deux racines de l'équation $x^2+px+q=0$, ce qui ne peut arriver, à moins que P et Q ne soient nuls en même temps, contrairement à l'hypothèse. On ne peut donc supposer $n>n'$ ni $n'>n$, pour une raison semblable; par conséquent, on a $n'=n$.

Je dis maintenant que l'on a aussi $P'=P$, $Q'=Q$. Reprenons, en effet, l'égalité qui a lieu par hypothèse entre les deux valeurs de $\frac{F(x)}{f(x)}$, mettons dans un même membre les deux termes $\frac{Px+Q}{(x^2+px+q)^n}$ et $\frac{P'x+Q'}{(x^2+px+q)^n}$, et dans le second membre tous les autres termes dont les dénominateurs ne contiendront aucune puissance de $x^2+px+q$ supérieure à la $(n-1)^{ième}$; réduisant tous ces derniers termes au même dénominateur, on aura une égalité de cette forme

$$\frac{(P - P')x + (Q - Q')}{(x^2 + px + q)^n} = \frac{\varphi(x)}{(x^2 + px + q)^{n-1}\psi(x)},$$

ou

$$(P - P')x + (Q - Q') = (x^2 + px + q)\frac{\varphi(x)}{\psi(x)},$$

$\varphi(x)$ et $\psi(x)$ désignant, comme précédemment, des polynômes dont le second n'est pas divisible par $x^2 + px + q$, et l'on fera voir aussi, comme plus haut, que cette égalité exige

$$P = P', \quad Q = Q'.$$

Il suit de là que dans les deux valeurs de $\frac{F(x)}{f(x)}$, les termes qui contiennent en dénominateur la plus haute puissance d'un facteur du second degré sont égaux; en supprimant ces deux termes, les deux restes auront encore, pour la même raison, deux termes égaux; et, en continuant ainsi, on voit que les deux valeurs de la fraction considérée ne sont formées que de fractions simples égales chacune à chacune : il en résulte en même temps l'égalité des parties entières, s'il y en a.

**227. Méthode de décomposition.** — Pour effectuer la décomposition d'une fraction rationnelle $\frac{F(x)}{f(x)}$, on déterminera la partie entière et les fractions qui correspondent aux facteurs réels du premier degré du dénominateur, comme on l'a vu aux nos 217 et suivants. Quant aux fractions qui correspondent aux facteurs réels du second degré, on pourra les déterminer successivement par le procédé même qui nous a servi à démontrer le théorème I. On pourra aussi faire usage de la méthode des coefficients indéterminés.

Dans le cas où les racines imaginaires de l'équation

$f(x) = 0$ sont toutes inégales, on peut déduire la nouvelle expression de la fraction rationnelle $\frac{F(x)}{f(x)}$ de celle qui a été établie au n° 217. Soient, en effet $h + k\sqrt{-1}$ et $h - k\sqrt{-1}$ deux racines simples imaginaires et conjuguées de l'équation $f(x) = 0$; l'expression de la fraction $\frac{F(x)}{f(x)}$ contiendra les deux termes suivants :

$$\frac{F(h + k\sqrt{-1})}{f'(h + k\sqrt{-1})}\frac{1}{x - h - k\sqrt{-1}},$$

$$\frac{F(h - k\sqrt{-1})}{f'(h - k\sqrt{-1})}\frac{1}{x - h + k\sqrt{-1}},$$

dont la somme a la forme

$$\frac{A + B\sqrt{-1}}{x - h - k\sqrt{-1}} + \frac{A - B\sqrt{-1}}{x - h + k\sqrt{-1}},$$

et peut en conséquence se réduire à une expression telle que

$$\frac{Px + Q}{(x - h)^2 + k^2}.$$

Il résulte de là que la fraction $\frac{Px + Q}{(x - h)^2 + k^2}$, où P et Q désignent des constantes réelles, pourra remplacer, dans l'expression de $\frac{F(x)}{f(x)}$, les deux fractions simples qui correspondent aux racines $h \pm k\sqrt{-1}$.

### *Conditions pour que l'intégrale d'une différentielle rationnelle soit algébrique.*

**228.** L'une des applications les plus importantes de la théorie qui vient d'être exposée est l'intégration des différentielles rationnelles. Nous n'avons point à nous occuper ici des détails de cette intégration, et nous nous bornerons à donner les conditions pour qu'une différentielle rationnelle ait une intégrale algébrique.

Soit une différentielle rationnelle

$$\frac{F(x)}{f(x)}dx,$$

et

$$f(x) = (x-a)^{\alpha}(x-b)^{6}\dots(x-l)^{\lambda},$$

$a, b, \dots, l$ étant des quantités réelles ou imaginaires; on mettra la fraction $\frac{F(x)}{f(x)}$ sous la forme

$$\begin{aligned}\frac{F(x)}{f(x)} = E(x) &+ \frac{A'}{(x-a)^{\alpha}} + \frac{A_1}{(x-a)^{\alpha-1}} + \dots + \frac{A_{\alpha-1}}{x-a}\\ &+ \frac{B}{(x-b)^{6}} + \frac{B_1}{(x-b)^{6-1}} + \dots + \frac{B_{6-1}}{x-b}\\ &\dots\dots\dots\dots\dots\dots\dots\dots\\ &+ \frac{L}{(x-l)^{\lambda}} + \frac{L_1}{(x-l)^{\lambda-1}} + \dots + \frac{L_{\lambda-1}}{x-l}.\end{aligned}$$

Pour avoir l'intégrale de $\frac{F(x)}{f(x)}dx$, il faut multiplier par $dx$ chaque terme de cette valeur de $\frac{F(x)}{f(x)}$, et intégrer tous les résultats. Or, les seuls, parmi ces résultats, dont l'intégrale n'est pas algébrique sont ceux qui ont pour dénominateur la première puissance de l'un des binômes $x-a$, $x-b$, etc.

On a en effet, si $\alpha'$ n'est pas égal à 1,

$$\int \frac{A\,dx}{(x-a)^{\alpha'}} = -\frac{A}{(\alpha'-1)(x-a)^{\alpha-1}} + \text{constante},$$

et, si $\alpha' = 1$,

$$\int \frac{A\,dx}{x-a} = A\log(x-a) + \text{constante}.$$

Donc, pour que $\frac{F(x)}{f(x)}dx$ ait une intégrale algébrique, il faut et il suffit que, dans le développement de $\frac{F(x)}{f(x)}$ en fractions simples, il n'y ait aucun terme dont le dénominateur soit du premier degré, c'est-à-dire que l'on ait

$$A_{\alpha-1}=0,\quad B_{\beta-1}=0,\quad C_{\gamma-1}=0\ldots.$$

Cela exige d'abord que le polynôme $f(x)$ ne contienne aucun facteur linéaire simple. Nous avons vu, au n° **221**, qu'en posant

$$\varphi(x)=(x-a)^{\alpha}\frac{F(x)}{f(x)},\quad \psi(x)=(x-b)^{\beta}\frac{F(x)}{f(x)},\ldots,$$

on a

$$A_{\alpha-1}=\frac{\varphi^{\alpha-1}(a)}{1.2\ldots(\alpha-1)},\quad B_{\beta-1}=\frac{\psi^{\beta-1}(b)}{1.2\ldots(\beta-1)},\ldots,$$

les conditions pour que $\int\frac{F(x)}{f(x)}dx$ soit algébrique sont donc

$$\varphi^{\alpha-1}(a)=0,\quad \psi^{\beta-1}(b)=0,\ldots,\quad \varpi^{\lambda-1}(l)=0,$$

quelles que soient les quantités $a, b, \ldots, c$, réelles ou imaginaires.

Ces conditions sont en même nombre que les racines $a, b, \ldots, l$; mais si le degré de $F(x)$ est inférieur de deux unités au moins à celui de $f(x)$, l'une d'elles sera comprise dans les autres. Désignons, en effet, par $m$ le degré de $f(x)$, et supposons que $F(x)$ soit au plus du degré $m-2$; la partie entière $E(x)$ de $\frac{F(x)}{f(x)}$ sera nulle, et si l'on réduit au même dénominateur toutes les fractions simples, pour les ajouter et recomposer la fraction $\frac{F(x)}{f(x)}$, on voit, sans peine, que le numérateur de la fraction ainsi obtenue contiendra $x^{m-1}$ avec le coefficient

$$A_{\alpha-1} + B_{6-1} + \ldots + L_{\lambda-1}.$$

Ce coefficient doit être nul, puisque $F(x)$ est du degré $m-2$ au plus ; on a donc

$$\frac{\varphi^{\alpha-1}(a)}{1.2\ldots(\alpha-1)} + \frac{\psi^{6-1}(b)}{1.2\ldots(6-1)} + \ldots + \frac{\varpi^{\lambda-1}(l)}{1.2\ldots(\lambda-1)} = 0;$$

et, par conséquent, l'une des conditions pour que $\int \frac{F(x)}{f(x)}\,dx$ soit algébrique rentrera dans les autres.

L'équation précédente comprend, comme cas particulier, une formule que nous avons établie au n° 217.

*Application à un problème de Géométrie.*

**229.** Comme application des considérations que nous venons de présenter, je traiterai ici succinctement un cas particulier d'un problème dont j'ai donné la solution générale dans le XXXV$^e$ cahier du *Journal de l'École Polytechnique*, et dont voici l'énoncé :

Problème. — *Trouver toutes les courbes algébriques dont l'arc indéfini s'exprime par un arc de cercle, et dont les coordonnées rectilignes sont des fonctions rationnelles de la tangente trigonométrique de cet arc.*

Si l'on désigne par $i$ l'imaginaire $\sqrt{-1}$, par $k$ une quantité positive, et par $\omega$ un angle réel, puis que l'on fasse

$$t = (z-a)^{n+1}(z-b)^{p+1}(z-c)^{q+1}, \ldots,$$
$$\tau = (z-\alpha)^{n+1}(z-6)^{p+1}(z-\gamma)^{q+1}, \ldots,$$

$a$ et $\alpha$ étant des constantes imaginaires et conjuguées, ainsi que $b$ et $6$, $c$ et $\gamma, \ldots,$ et $m, n, p, q, \ldots,$ étant des entiers positifs, la solution générale du problème proposé sera donnée par la formule

$$(1) \qquad x + iy = k(\cos\omega + i\sin\omega)\int \frac{t}{\tau}\frac{(z-i)^m}{(z+i)^{m+2}}dz,$$

pourvu que les constantes $a$, $b$, $c$,..., $\alpha$, $\beta$, $\gamma$,..., soient choisies de manière que l'intégrale qui figure dans la formule précédente soit algébrique. On a effectivement

$$dx + idy = k(\cos\omega + i\sin\omega)\frac{t}{\tau}\frac{(z-i)^m}{(z+i)^{m+2}}dz,$$

et en changeant $i$ en $-i$,

$$dx - idy = k(\cos\omega - i\sin\omega)\frac{\tau}{t}\frac{(z+i)^m}{(z-i)^{m+2}}dz.$$

La multiplication des formules précédentes donne

$$dx^2 + dy^2 = \frac{k^2dz^2}{(z^2+1)^2}, \quad \text{d'où} \quad \sqrt{dx^2+dy^2} = k\frac{dz}{1+z^2},$$

et

$$\int\sqrt{dx^2+dy^2} = k \text{ arc tang} z.$$

Comme le degré du numérateur de la fraction $\frac{t}{\tau}\frac{(z-i)^m}{(z+i)^{m+2}}$ est inférieur de deux unités au degré du dénominateur, si $\mu$ désigne le nombre des constantes $a$, $b$, $c$,..., ou $\alpha$, $\beta$, $\gamma$,..., il suffira de satisfaire à $\mu - 1$ conditions pour rendre algébrique l'expression de $x + iy$.

Lorsque $t$ et $\tau$ se réduisent à l'unité, notre formule ne donne pas d'autre courbe que le cercle; le cas le plus simple est donc celui dans lequel on a

$$t = (z-a)^{n+1}, \quad \tau = (z-\alpha)^{n+1},$$

la formule (1) devient alors

$$(2) \qquad x + iy = k(\cos\omega + i\sin\omega)\int\frac{(z-a)^{n+1}(z-i)^m}{(z-\alpha)^{n+1}(z+i)^{m+2}}dz,$$

et une seule condition suffira pour que l'intégrale soit

algébrique. Pour trouver cette condition de la manière la plus simple, soit $u$ une nouvelle variable et posons

$$\frac{z-i}{z+i} = \frac{a-i}{a+i} u;$$

faisons aussi, pour abréger,

$$(3) \qquad \zeta = \frac{(a+i)(\alpha-i)}{(a-i)(\alpha+i)},$$

on aura

$$\frac{dz}{(z+i)^2} = \frac{1}{2i} \frac{a-i}{a+i} du,$$

et

$$\frac{(z-i)^m dz}{(z+i)^{m+2}} = \frac{1}{2i} \left(\frac{a-i}{a+i}\right)^{m+1} u^m du,$$

puis

$$\frac{z-a}{z-\alpha} = \frac{a+i}{\alpha+i} \frac{u-1}{u-\zeta}.$$

D'après cela la formule (2) devient

$$x + iy = A \int \frac{u^m (u-1)^{n+1} du}{(u-\zeta)^{n+1}},$$

en faisant, pour abréger,

$$A = \frac{1}{2i} k (\cos\omega + i \sin\omega) \left(\frac{a+i}{\alpha+i}\right)^{n+1} \left(\frac{a-i}{a+i}\right)^{m+1}.$$

On voit alors que la condition pour que $x + iy$ soit algébrique est

$$(4) \qquad \frac{d^n \zeta^m (\zeta-1)^{n+1}}{d\zeta^n} = 0.$$

Cette équation en $\zeta$ est du degré $m+1$; elle a une racine égale à 1, et si $n$ est inférieur à $m$, elle a $m-n$ racines nulles; le nombre des racines différentes de 0 et de 1 est donc égal au plus petit des nombres $m$ et $n$; on reconnaît que toutes ces racines sont réelles, inégales et comprises entre o et 1, en appliquant $n$ fois de suite le théorème de Rolle à l'équation

$$\zeta^m(\zeta - 1)^{n+1} = 0,$$

qui a $m$ racines nulles et $n+1$ racines égales à 1. Les racines nulles de l'équation (4) ne peuvent nous convenir, car, pour $\zeta = 0$, la formule (3) donne $a = -i$ ou $\alpha = +i$; mais l'une de ces équations entraîne l'autre, puisque $a$ et $\alpha$ sont conjuguées; les facteurs $z-a$, $z-\alpha$ deviennent $z+i$, $z-i$; par suite on retombe sur le cas où les polynômes $t$ et $\tau$ se réduisent à l'unité. Pour $\zeta = 1$ l'équation (3) donne $a = \alpha$, et la formule (2) se réduit encore à celle que donne l'hypothèse $t = \tau = 1$.

Mais à chacune des racines $\zeta$ comprises entre o et 1, répondent pour $a$ et $\alpha$ des valeurs imaginaires et conjuguées l'une de l'autre. Remarquons d'abord qu'on peut supposer

$$(5) \qquad a\alpha = 1$$

sans diminuer la généralité de la solution, car on ramènera le cas contraire à celui-là par un changement de variable. Il suffira effectivement d'écrire $\frac{z+\varepsilon}{1-\varepsilon z}$ au lieu de $z$ en prenant pour $\varepsilon$ l'une des racines de l'équation

$$\varepsilon^2 + 2\frac{a+\alpha}{a\alpha - 1}\varepsilon - 1 = 0;$$

par la transformation dont il vient d'être question la formule (2) devient

$$x + iy = k(\cos\omega + i\sin\omega)\int \frac{(z-a_1)^{n+1}(z-i)^m}{(z-\alpha_1)^{n+1}(z+i)^{m+1}}\,dz,$$

$a_1$ et $\alpha_1$ ayant les valeurs suivantes :

$$a_1 = \frac{a-\varepsilon}{1+a\varepsilon}, \quad \alpha_1 = \frac{\alpha-\varepsilon}{1+\alpha\varepsilon},$$

d'où l'on conclut $a_1 \alpha_1 = 1$. On peut donc admettre l'équation (5) et de cette équation combinée avec (3), on tire alors

$$a = \frac{2\sqrt{\zeta}}{1+\zeta} - \frac{1-\zeta}{1+\zeta}i,$$

$$\alpha = \frac{2\sqrt{\zeta}}{1+\zeta} + \frac{1-\zeta}{1+\zeta}i;$$

en donnant à $a$ et à $\alpha$ ces valeurs, dans la formule (2), l'expression de $x + iy$ sera algébrique.

*Détermination d'une fonction rationnelle par le moyen des valeurs qui répondent à des valeurs données de la variable.*

230. Une fonction entière du degré $m$ de la variable $x$ est entièrement déterminée lorsque l'on connaît les valeurs de cette fonction qui répondent à $m+1$ valeurs données de $x$. Quand les valeurs de $x$ dont il s'agit forment une progression arithmétique, la fonction peut être obtenue par la méthode que nous avons exposée au n° 156; mais il est important d'avoir une formule qui embrasse tous les cas. Cette formule est précisément, comme on va le voir, celle qui a été établie au n° 217, et qui exprime la valeur d'une fraction rationnelle décomposée en fractions simples.

Soient

$$u_0,\ u_1,\ u_2,\ldots,\ u_m$$

les valeurs d'une fonction $F(x)$ du degré $m$, correspondantes aux valeurs données

$$x_0,\ x_1,\ x_2,\ldots,\ x_m$$

de la variable $x$; posons

$$f(x) = (x - x_0)(x - x_1)(x - x_2)\ldots(x - x_m),$$

on aura

$$f'(x) = \frac{f(x)}{x - x_0} + \frac{f(x)}{x - x_1} + \ldots + \frac{f(x)}{x - x_m},$$

et, par conséquent,

$$f'(x_\mu) = (x_\mu - x_0)(x_\mu - x_1)\ldots(x_\mu - x_m).$$

Cela posé, le degré de $f(x)$ surpassant d'une unité celui de $\mathrm{F}(x)$, on a (n° 217)

$$\frac{\mathrm{F}(x)}{f(x)} = \frac{\mathrm{F}(x_0)}{f'(x_0)}\frac{1}{x - x_0} + \frac{\mathrm{F}(x_1)}{f'(x_1)}\frac{1}{x - x_1} + \ldots + \frac{\mathrm{F}(x_m)}{f'(x_m)}\frac{1}{x - x_m},$$

et, en chassant le dénominateur $f(x)$, il viendra

$$\begin{aligned}\mathrm{F}(x) = u_0 & \frac{(x - x_1)(x - x_2)\ldots(x - x_m)}{(x_0 - x_1)(x_0 - x_2)\ldots(x_0 - x_m)} \\ + u_1 & \frac{(x - x_0)(x - x_2)\ldots(x - x_m)}{(x_1 - x_0)(x_1 - x_2)\ldots(x_1 - x_m)} + \ldots \\ + u_m & \frac{(x - x_0)(x - x_1)\ldots(x - x_{m-1})}{(x_m - x_0)(x_m - x_1)\ldots(x_m - x_{m-1})}.\end{aligned}$$

Cette formule donne la solution de la question proposée : d'ailleurs celle-ci ne peut admettre une autre solution ; car s'il existait une fonction $\mathrm{F}_1(x)$ du degré $m$, différente de $\mathrm{F}(x)$ et satisfaisant aux conditions du problème, l'équation

$$\mathrm{F}_1(x) - \mathrm{F}(x) = 0,$$

qui est au plus du degré $m$, admettrait les $m+1$ racines $x_0, x_1, \ldots, x_m$, ce qui est impossible.

On peut encore résoudre la même question en raisonnant comme il suit : si les valeurs données $u_0, u_1, \ldots, u_m$ sont toutes nulles à l'exception de l'une d'elles $u_\mu$, et que celle-ci soit égale à l'unité, il est évident que la fonction demandée est déterminée et a pour valeur

$$\mathrm{X}_\mu = \frac{(x - x_0)\ldots(x - x_{\mu-1})(x - x_{\mu+1})\ldots(x - x_m)}{(x_\mu - x_0)\ldots(x_\mu - x_{\mu-1})(x_\mu - x_{\mu+1})\ldots(x_\mu - x_m)}.$$

Cela étant, on aperçoit de suite que, dans le cas général, la solution du problème proposé est donnée par la formule

$$F(x) = u_0 X_0 + u_1 X_1 + \ldots + u_m X_m.$$

231. Il est souvent plus avantageux de donner à l'expression de la fonction demandée $F(x)$ la forme à laquelle nous avons été conduit au n° 156, dans le cas particulier où les valeurs données de la fonction répondent à des valeurs équidistantes de la variable. On y parvient facilement par la méthode des coefficients indéterminés; car si l'on pose

$$\begin{aligned} F(x) = {} & A_0 + A_1(x - x_0) + A_2(x - x_0)(x - x_1) \\ & + A_3(x - x_0)(x - x_1)(x - x_2) + \ldots \\ & + A_m(x - x_0)\ldots(x - x_{m-1}), \end{aligned}$$

les constantes $A_0, A_1, \ldots, A_m$ pourront être déterminées successivement au moyen des équations de condition

$$\begin{aligned} u_0 &= A_0, \\ u_1 &= A_0 + A_1(x_1 - x_0), \\ u_2 &= A_0 + A_1(x_2 - x_0) + A_2(x_2 - x_0)(x_2 - x_1), \\ &\ldots\ldots\ldots\ldots\ldots\ldots\ldots\ldots\ldots\ldots, \\ u_m &= A_0 + A_1(x_m - x_0) + \ldots + A_m(x_m - x_0)\ldots(x_m - x_{m-1}). \end{aligned}$$

Lorsque les valeurs données

$$x_0, \ x_1, \ldots, \ x_m$$

forment une progression arithmétique dont la raison est $h$, on tire immédiatement des équations précédentes

$$A_0 = u_0, \quad A_\mu = \frac{\Delta^\mu u_0}{1.2\ldots\mu h^\mu},$$

et on retrouve la formule du n° 156.

**232.** La formule du n° **230** n'est qu'un cas particulier d'une autre formule plus générale, que Cauchy a fait connaître dans la Note V de son *Analyse algébrique*, et qui donne la solution du problème suivant :

Problème. — *Trouver une fonction rationnelle u de la variable x, dont le numérateur et le dénominateur soient des fonctions entières des degrés m et n respectivement, connaissant les $m+n+1$ valeurs de u qui répondent à $m+n+1$ valeurs données de x.*

Il est évident que ce problème ne peut admettre qu'une seule solution ; car si deux fonctions distinctes

$$\frac{F(x)}{f(x)},\quad \frac{F_1(x)}{f_1(x)}$$

remplissaient l'une et l'autre toutes les conditions de l'énoncé, il est évident que l'équation

$$F(x)f_1(x) - F_1(x)f(x) = 0,$$

qui est au plus du degré $m+n$, admettrait pour racines les $m+n+1$ valeurs données de $x$, ce qui est impossible.

Cela posé, soient

$$u_0,\ u_1,\ u_2,\ldots,\ u_{m+n}$$

les valeurs de $u$ qui répondent aux valeurs données de $x$,

$$x_0,\ x_1,\ x_2,\ldots,\ x_{m+n}.$$

Supposons d'abord que $m$ de ces $m+n$ valeurs de $u$ soient nulles; que l'on ait, par exemple,

$$u_{n+1}=0,\quad u_{n+2}=0,\ldots,\quad u_{n+m}=0;$$

il est évident que le numérateur de la fonction cherchée sera

$$A(x-x_{n+1})(x-x_{n+2})\ldots(x-x_{n+m}),$$

A étant une constante arbitraire; par suite, le dénominateur sera égal à

$$\frac{A(x-x_{n+1})(x-x_{n+2})\ldots(x-x_{n+m})}{u},$$

et si l'on donne à $x$ les valeurs successives $x_0, x_1, \ldots, x_n$, il prendra les valeurs correspondantes :

$$\frac{A}{u_0}(x_0-x_{n+1})(x_0-x_{n+2})\ldots(x_0-x_{n+m}),$$

$$\frac{A}{u_1}(x_1-x_{n+1})(x_1-x_{n+2})\ldots(x_1-x_{n+m}),$$

$$\ldots\ldots\ldots\ldots\ldots\ldots\ldots\ldots\ldots\ldots,$$

$$\frac{A}{u_n}(x_n-x_{n+1})(x_n-x_{n+2})\ldots(x_n-x_{n+m});$$

on peut donc obtenir l'expression du dénominateur de $u$ par la formule du n° 230, et on trouve ainsi :

$$\frac{A}{u_0}(x_0-x_{n+1})\ldots(x_0-x_{n+m})\frac{(x-x_1)(x-x_2)\ldots(x-x_n)}{(x_0-x_1)(x_0-x_2)\ldots(x_0-x_n)},$$

$$+\frac{A}{u_1}(x_1-x_{n+1})\ldots(x_1-x_{n+m})\frac{(x-x_0)(x-x_2)\ldots(x-x_n)}{(x_1-x_0)(x_1-x_2)\ldots(x_1-x_n)},$$

$$\ldots\ldots\ldots\ldots\ldots\ldots\ldots\ldots\ldots\ldots,$$

$$+\frac{A}{u_n}(x_n-x_{n+1})\ldots(x_n-x_{n+m})\frac{(x-x_0)(x-x_1)\ldots(x-x_{n-1})}{(x_n-x_0)(x_n-x_1)\ldots(x_n-x_{n-1})}.$$

Alors, en donnant à la constante arbitraire A la valeur

$$A = u_0 u_1 u_2 \ldots u_n \frac{1}{(x_0-x_{n+1})\ldots(x_0-x_{n+m})} \times \frac{1}{(x_1-x_{n+1})\ldots(x_1-x_{n+m})} \times \ldots \times \frac{1}{(x_n-x_{n+1})\ldots(x_n-x_{n+m})},$$

le numérateur de la fonction $u$ sera

$$(1)\quad u_0 u_1 \ldots u_n \frac{(x - x_{n+1})(x - x_{n+2})\ldots(x - x_{n+m})}{[(x_0 - x_{n+1})\ldots(x_0 - x_{n+m})]\ldots[(x_n - x_{n+1})\ldots(x_n - x_{n+m})]},$$

et cette même fonction aura pour dénominateur le terme

$$(2)\quad u_0 u_1 \ldots u_{n-1} \frac{(x_0 - x)(x_1 - x)\ldots(x_{n-1} - x)}{[(x_0 - x_n)\ldots(x_0 - x_{n+m})]\ldots[(x_{n-1} - x_n)\ldots(x_{n-1} - x_{n+m})]}$$

augmenté des $n$ termes qu'on en déduit en faisant toutes les permutations des indices $0, 1, 2, \ldots, n$.

L'analyse du cas particulier que nous venons d'examiner nous conduit immédiatement à la solution du cas général.

Supposons effectivement que les quantités $u_0, u_1, \ldots, u_{n+m}$ soient quelconques; faisons dans chacune des expressions (1) et (2) toutes les permutations possibles des $m+n+1$ indices

$$0,\ 1,\ 2, \ldots, (m+n),$$

et ajoutons, dans chaque cas, tous les résultats obtenus. La première somme sera le numérateur de la fonction demandée, et la seconde somme sera son dénominateur; on aura ainsi

$$(3)\quad u = \frac{u_0 u_1 \ldots u_n \dfrac{(x - x_{n+1})(x - x_{n+2})\ldots(x - x_{n+m})}{[(x_0 - x_{n+1})\ldots(x_0 - x_{n+m})]\ldots[(x_n - x_{n+1})\ldots(x_n - x_{n+m})]} + \ldots}{u_0 u_1 \ldots u_{n-1} \dfrac{(x_0 - x)(x_1 - x)\ldots(x_{n-1} - x)}{[(x_0 - x_n)\ldots(x_0 - x_{n+m})]\ldots[(x_{n-1} - x_n)\ldots(x_{n-1} - x_{n+m})]} + \ldots}.$$

Rien n'est plus facile que de vérifier ce résultat; faisons en effet $x = x_n$, le numérateur de la formule précédente se réduira au produit de $u_n$ par la somme

$$\frac{u_0 u_1 \ldots u_{n-1}}{(x_0 - x_{n+1})\ldots(x_0 - x_{n+m})]\ldots[(x_{n-1} - x_{n+1})\ldots(x_{n-1} - x_{n+m})]} + \ldots$$

où les termes qui suivent le premier se déduisent de celui-ci en faisant toutes les permutations des $m+n$ indices

$$0,\quad 1,\quad 2,\ldots,\quad n-1,\quad n+1,\ldots,\quad m+n.$$

Or, c'est à cette somme que se réduit aussi le dénominateur de $u$ pour $x=x_n$; donc la formule (3) donne $u=u_n$ pour $x=x_n$, et comme tout est symétrique par rapport aux indices, on a $u=u_\mu$ pour $x=x_\mu$, quel que soit l'indice $\mu$.

La formule (3) subsiste dans le cas de $n=0$, pourvu qu'on réduise son dénominateur à l'unité; elle coïncide alors avec la formule du n° 230; elle subsiste également dans le cas de $m=0$, pourvu que l'on remplace le numérateur par $u_0, u_1,\ldots, u_n$.

Dans le cas $m=n=1$, la formule (3) donne

$$= \frac{u_0 u_1 \dfrac{x-x_2}{(x_0-x_2)(x_1-x_2)} + u_0 u_2 \dfrac{x-x_1}{(x_0-x_1)(x_2-x_1)} + u_1 u_2 \dfrac{x-x_0}{(x_1-x_0)(x_2-x_0)}}{u_0 \dfrac{x_0-x}{(x_0-x_1)(x_0-x_2)} + u_1 \dfrac{x_1-x}{(x_1-x_0)(x_1-x_2)} + u_2 \dfrac{x_2-x}{(x_2-x_0)(x_2-x_1)}}.$$

### *Des séries récurrentes.*

233. Une série

$$a_0 + a_1 x + a_2 x^2 + a_3 x^3 + \ldots + a_n x^n + \ldots,$$

ordonnée par rapport aux puissances entières et croissantes de la variable $x$, est dite *récurrente,* lorsque, pour toutes les valeurs de $n$ supérieures à une certaine limite, le coefficient de $x^n$ peut s'exprimer, quel que soit $n$, par une même fonction linéaire des coefficients des puissances inférieures pris en nombre fixe. En d'autre termes, la série que nous considérons sera récurrente, si, pour toutes les valeurs de $n$ qui surpassent une certaine limite, on a identiquement

$$\alpha_0 a_{n-m} + \alpha_1 a_{n-m+1} + \ldots + \alpha_{m-1} a_{n-1} + \alpha_m a_n = 0,$$

$m$ étant un entier quelconque, et $\alpha_0, \alpha_1, \ldots, \alpha_m$ des quantités constantes. La suite de ces quantités

$$\alpha_0, \alpha_1, \ldots, \alpha_m$$

est ce qu'on nomme l'*échelle de relation* de la série récurrente.

Cela posé, nous établirons à l'égard de ces séries les deux propositions suivantes :

THÉORÈME I. — *Lorsqu'une série ordonnée suivant les puissances croissantes de la variable $x$ est à la fois convergente et récurrente, elle a pour somme une fraction rationnelle.*

En effet, soient $\varphi(x)$ la somme de la série proposée

$$(1) \qquad a_0 + a_1 x + a_2 x^2 + \ldots + a_n x^n + \ldots,$$

et

$$\alpha_0, \alpha_1, \ldots, \alpha_m$$

son échelle de relation, en sorte que l'on ait

$$(2) \qquad \alpha_0 a_{n-m} + \alpha_1 a_{n-m+1} + \ldots + \alpha_{m-1} a_{n-1} + \alpha_m a_n = 0,$$

pour toutes les valeurs de $n$ supérieures à une certaine limite.

Posons

$$f(x) = \alpha_0 x^m + \alpha_1 x^{m-1} + \ldots + \alpha_{m-1} x + \alpha_m,$$

et multiplions la série (1) par le polynôme $f(x)$. Chaque terme de ce multiplicateur donnera pour produit une série convergente, et la somme des $m+1$ séries qui répondent ainsi aux $m+1$ termes de $f(x)$ sera évidemment une série convergente qui aura pour somme le produit $\varphi(x) f(x)$. Or, en ordonnant cette dernière série suivant les puissances de $x$, on trouve que le coefficient de $x^n$ est précisément le premier membre de l'identité (2), et comme ce premier membre est nul, pour les valeurs de $n$ qui surpassent une certaine limite, la série que nous considérons se réduit à un polynôme $F(x)$ composé d'un nombre fini de termes; on a donc

$$\varphi(x) f(x) = F(x),$$

d'où

$$\varphi(x) = \frac{F(x)}{f(x)},$$

ce qui démontre le théorème énoncé.

Théorème II. — *Réciproquement, toutes les fois qu'une fraction rationnelle peut se développer en une série convergente ordonnée suivant les puissances croissantes de la variable, cette série est récurrente.*

En effet, supposons que la fraction rationnelle $\frac{F(x)}{f(x)}$ soit développable en une série convergente, et que l'on ait

$$(1) \qquad \frac{F(x)}{f(x)} = a_0 + a_1 x + a_2 x^2 + \ldots + a_n x^n + \ldots,$$

pour certaines valeurs de la variable $x$. Soit aussi

$$(2) \qquad f(x) = \alpha_0 x^m + \alpha_1 x^{m-1} + \ldots + \alpha_{m-1} x + \alpha_m.$$

Le produit de la série (1) par le polynôme (2) est une série convergente qui a pour somme le produit

$$\frac{F(x)}{f(x)} f(x) = F(x);$$

donc, pour toutes les valeurs de $n$ qui surpassent une certaine limite, le coefficient de $x^n$ dans le produit dont il s'agit doit se réduire à zéro. Or, ce coefficient a pour valeur

$$\alpha_0 a_{n-m} + \alpha_1 a_{n-m-1} + \ldots + \alpha_{m-1} a_{n-1} + \alpha_m a_n.$$

donc on a

$$\alpha_0 a_{n-m} + \alpha_1 a_{n-m+1} + \ldots + \alpha_{m-1} a_{n-1} + \alpha_m a_n = 0$$

pour toutes les valeurs de $n$, à partir d'une certaine limite; cette condition exprime que la série proposée est récurrente.

**234.** On peut obtenir de la manière suivante le développement d'une fraction rationnelle en série ordonnée par rapport aux puissances croissantes de la variable.

Décomposons la fraction rationnelle donnée $\frac{F(x)}{f(x)}$ en fractions simples, et supposons que l'on ait trouvé

$$\frac{F(x)}{f(x)} = E(x) + \sum \frac{A}{(x-a)^{\alpha}}.$$

Pour résoudre la question que nous avons en vue, il suffit de développer en série, par la formule du binôme, chacune des fractions simples $\frac{A}{(x-a)^{\alpha}}$ ou $A(x-a)^{-\alpha}$. On a ainsi

$$(x-a)^{-\alpha} = (-a)^{-\alpha}\left(1-\frac{x}{a}\right)^{-\alpha}$$

$$= (-a)^{-\alpha}\left[\begin{array}{l} 1 + \frac{\alpha}{1}\frac{x}{a} + \frac{\alpha(\alpha+1)}{1.2}\frac{x^2}{a^2} + \ldots \\ + \frac{\alpha(\alpha+1)\ldots(\alpha+n-1)}{1.2\ldots n}\frac{x^n}{a^n} + \ldots \end{array}\right];$$

et si $p_n$ désigne le coefficient de $x^n$ dans $E(x)$, le terme général du développement de $\frac{F(x)}{f(x)}$ en série sera

$$x^n\left[p_n + \sum(-1)^{\alpha}\frac{\alpha(\alpha+1)\ldots(\alpha+n-1)}{1.2.3\ldots n}\frac{A}{a^{\alpha+n}}\right].$$

Dans le cas particulier où les racines $a$, etc., de $f(x)=0$ sont toutes simples, on a $\alpha = 1$ et $A = \frac{F(a)}{f'(a)}$; le terme général se réduit à

$$x^n\left[\rho_n - \sum \frac{F(a)}{a^{n+1} f'(a)}\right].$$

Ainsi la série récurrente dans laquelle se développe la fraction $\frac{F(x)}{f(x)}$ peut s'obtenir par l'addition de plusieurs séries provenant des développements de diverses puissances négatives et entières des binômes $a - x$, $b - x$, etc. D'ailleurs ces séries sont convergentes pour toutes les valeurs de $x$ dont le module est inférieur au plus petit des modules des quantités $a$, $b$, etc.; on peut donc énoncer la proposition suivante, qui est un cas particulier d'un théorème de Cauchy relatif au développement des fonctions :

Théorème. — *Une série provenant du développement d'une fonction rationnelle $\frac{F(x)}{f(x)}$ est convergente pour toutes les valeurs réelles ou imaginaires de $x$ dont le module est inférieur au plus petit module des racines de l'équation $f(x) = 0$.*

Exemple. — Proposons-nous de former la série récurrente dans laquelle se développe la fonction

$$\varphi(x) = \frac{P + Qx}{1 - 2x\cos\omega + x^2},$$

où P, Q et $\omega$ désignent des constantes données.

Décomposant cette fraction en fractions simples et employant, comme nous l'avons déjà fait précédemment, la notation usuelle des exponentielles imaginaires, savoir,

$$e^{\pm\omega\sqrt{-1}} = \cos\omega \pm \sqrt{-1}\sin\omega,$$

on a

$$\varphi(x) = \frac{A}{1 - xe^{\omega\sqrt{-1}}} - \frac{B}{1 - xe^{-\omega\sqrt{-1}}},$$

A et B étant des constantes qui ont respectivement pour valeurs

$$A = \frac{Pe^{\omega\sqrt{-1}} + Q}{2\sin\omega\sqrt{-1}}, \quad B = \frac{Pe^{-\omega\sqrt{-1}} + Q}{2\sin\omega\sqrt{-1}}.$$

Développant en série chacune des parties de $\varphi(x)$, on trouve

$$\varphi(x) = A\sum x^n e^{n\omega\sqrt{-1}} - B\sum x^n e^{-n\omega\sqrt{-1}},$$

ou, en remplaçant A et B par leurs valeurs,

$$\varphi(x) = \sum \frac{\left(Pe^{\omega\sqrt{-1}} + Q\right)e^{n\omega\sqrt{-1}} - \left(Pe^{-\omega\sqrt{-1}} + Q\right)e^{-n\omega\sqrt{-1}}}{2\sin\omega\sqrt{-1}} x^n.$$

En remettant à la place des exponentielles imaginaires leurs valeurs, on a, toutes réductions faites,

$$\frac{P + Qx}{1 - 2x\cos\omega + x^2} = \sum \frac{P\sin(n+1)\omega + Q\sin n\omega}{\sin\omega} x^n.$$

Le terme général du développement est donc

$$\left(P\frac{\sin(n+1)\omega}{\sin\omega} + Q\frac{\sin n\omega}{\sin\omega}\right)x^n.$$

# CHAPITRE IV.

## DES FONCTIONS ALTERNÉES ET DES DÉTERMINANTS. APPLICATION A LA THÉORIE DES ÉQUATIONS.

### *Des fonctions alternées.*

235. On nomme *fonction alternée* de plusieurs quantités, toute fonction qui change de signe, mais en conservant au signe près la même valeur, lorsqu'on échange deux quelconques de ces quantités entre elles. Nous ne nous occuperons ici que des fonctions alternées rationnelles.

Il résulte de la définition précédente que le carré d'une fonction alternée est une fonction symétrique.

Quand on échange plusieurs quantités entre elles, d'une manière quelconque, on dit que l'on a exécuté sur ces quantités une *substitution:* la substitution qui a pour objet de remplacer deux quantités l'une par l'autre se nomme *transposition.* Nous reviendrons avec détails, dans la suite de cet ouvrage, sur ces importantes notions; pour le moment, il nous suffit de remarquer que toute substitution, qui ne se réduit pas à une transposition, peut être exécutée par le moyen de plusieurs transpositions successives. Car si, pas la substitution dont il s'agit, une certaine quantité $a$ doit venir prendre la place occupée par la quantité $b$, on pourra produire ce premier effet par la simple transposition des lettres $a$ et $b$; la quantité $a$ occupera ainsi la place qu'on veut lui assigner, et il restera à exécuter une certaine substitution sur les quantités restantes. On peut appliquer à celle-ci le raisonnement que nous venons de faire et, en continuant ainsi, il est évident qu'on aura exécuté la substitution proposée au moyen de plusieurs transpositions.

Cela posé, soit V une fonction alternée. Une première transposition changera V en $-$V, une deuxième transposition reproduira la valeur primitive V, et ainsi de suite; on peut donc énoncer la proposition suivante :

*Une substitution qui équivaut à un nombre pair de transpositions ne change pas la valeur d'une fonction alternée* V; *au contraire, toute substitution qui équivaut à un nombre impair de transpositions change* V *en* $-$V.

**236.** Il est facile de former l'expression générale des fonctions alternées de $m$ quantités

$$(1) \qquad a,\ b,\ c,\ d,\ldots,\ k,\ l.$$

Désignons, en effet, par P le produit des $\frac{m(m-1)}{2}$ différences

$$(2) \qquad \left\{\begin{array}{l} (b-a), \\ (c-a),\ (c-b), \\ (d-a),\ (d-b),\ (d-c), \\ \dots\dots\dots\dots\dots\dots\dots\dots, \\ (l-a),\ (l-b),\ (l-c),\ldots,\ (l-k), \end{array}\right.$$

je dis que P est une fonction alternée. En effet, soient $\alpha$ et $\beta$ deux quelconques des quantités (1) dont nous écrirons la suite de cette manière,

$$a,\ldots,\ e,\ \alpha,\ g,\ldots,\ h,\ \beta,\ j,\ldots,\ l;$$

la différence

$$\beta - \alpha$$

fera partie des facteurs (2) qui composent le produit P;

écrivons ceux des autres facteurs de P où la quantité $\alpha$ figure en regard des facteurs qui dépendent de $\beta$ :

$$\begin{array}{ll|ll} (\alpha - a),\ldots, & (\alpha - e), & (\beta - a),\ldots, & (\beta - e), \\ (g - \alpha),\ldots, & (h - \alpha), & (\beta - g),\ldots, & (\beta - h), \\ (j - \alpha),\ldots, & (l - \alpha), & (f - \beta),\ldots, & (l - \beta). \end{array}$$

Les facteurs qui composent l'une quelconque des trois lignes de ce tableau peuvent être groupés deux à deux, de manière que le produit des différences d'un même groupe tel que

$$(\alpha - a)(\beta - a) \quad \text{ou} \quad (g - \alpha)(\beta - g) \quad \text{ou} \quad (j - \alpha)(j - \beta),$$

ne change pas quand on transpose $\alpha$ et $\beta$; d'ailleurs, par cette transposition, $\beta - \alpha$ se change en $\alpha - \beta$; donc aussi P se change en $-$P, et, en conséquence, le produit P est une fonction alternée.

Soit maintenant V une fonction rationnelle et alternée quelconque des quantités (1); le rapport

$$\frac{V}{P}$$

ne changera par aucune transposition; donc ce rapport est une fonction symétrique S et, par conséquent,

$$V = SP.$$

On a ainsi cette proposition :

Théorème. — *Toute fonction rationnelle et alternée de m quantités est égale au produit d'une fonction symétrique et des* $\frac{m(m-1)}{2}$ *différences obtenues en combinant deux à deux les m quantités données.*

Si la fonction alternée V est entière, la fonction symétrique S sera aussi entière. En effet, V se changeant en $-V$ par la transposition des lettres $a$ et $b$, il est évident que l'on a $V=0$, quand on pose $b=a$, et, en conséquence, le polynôme V est divisible par la différence $b-a$ ou $a-b$. D'ailleurs, $a$ et $b$ désignent deux quelconques des quantités données, et il en résulte que V est divisible par P.

237. D'après ce qui précède, l'étude des fonctions alternées est ramenée à celle de la fonction P.

Si l'on effectue le produit des différences (2) et qu'on opère la réduction des termes semblables, on aura la valeur de P sous la forme d'un polynôme homogène du degré $\frac{m(m-1)}{2}$ par rapport aux quantités $a, b, \ldots$ L'inspection du tableau des différences (2) montre que, dans la partie de P multipliée par $l^{m-1}$, le coefficient de $l^{m-1}$ s'obtient en rejetant la dernière ligne du tableau (2) et en faisant le produit des différences restantes; pareillement, dans la partie de ce coefficient qui est multipliée par $k^{m-2}$, le coefficient de $k^{m-2}$ s'obtient en rejetant les deux dernières lignes du tableau (2) et en multipliant les autres différences; en continuant ainsi, on reconnaît que la fonction P renferme le terme

$$a^0 b^1 c^2 d^3 \ldots k^{m-2} l^{m-1}$$

avec le coefficient $+1$. Nous donnerons à ce terme le nom de *terme principal*.

Cela posé, je dis que l'on a

$$P = \sum \pm a^0 b^1 c^2 d^3 \ldots k^{m-2} l^{m-1}.$$

Dans cette formule, le signe $\sum$ embrasse les $1.2\ldots m$

termes qu'on peut former, par les substitutions, au moyen du terme principal. Celui-ci a le signe +, et chacun des termes qui suivent a le signe + ou le signe — suivant qu'il se déduit du terme principal par un nombre pair ou par un nombre impair de transpositions.

Pour justifier notre assertion, soit

$$\pm a^{\alpha} b^{\beta} c^{\gamma} \ldots k^{\varkappa} l^{\lambda}$$

un terme quelconque du second membre de la formule précédente, les exposants $\alpha$, $\beta$, $\gamma$,..., $\lambda$ étant les nombres 0, 1, 2,..., $(m-1)$ pris dans un certain ordre. La même fonction renfermera aussi le terme

$$\mp a^{\beta} b^{\alpha} c^{\gamma} \ldots k^{\varkappa} l^{\lambda}$$

qui se déduit du précédent par la transposition des lettres $a$ et $b$; ces deux termes ont d'ailleurs des signes contraires, car les substitutions au moyen desquelles on les déduit du terme principal, équivalent l'une à un nombre pair, l'autre à un nombre impair de transpositions; enfin la somme des deux mêmes termes est divisible par $b-a$. Il résulte de là que la fonction considérée est divisible par le produit des différences (2), c'est-à-dire divisible par la fonction P; en outre elle est du même degré que celle-ci et elle a avec cette fonction un terme commun, donc elle lui est égale.

On doit remarquer qu'au lieu d'exécuter les substitutions sur les lettres

$$a,\; b,\; c, \ldots,\; k,\; l,$$

on peut, si on le juge à propos, les faire porter sur les exposants

$$0,\; 1,\; 2, \ldots,\; (m-1).$$

## *Des déterminants.*

238. Considérons les $m^2$ quantités

$$(1)\qquad \left\{\begin{array}{llllll} a_0, & b_0, & c_0,\ldots, & k_0, & l_0, \\ a_1, & b_1, & c_1,\ldots, & k_1, & l_1, \\ a_2, & b_2, & c_2,\ldots, & k_2, & l_2, \\ \ldots & \ldots & \ldots & \ldots & \ldots, \\ a_{m-1}, & b_{m-1}, & c_{m-1},\ldots, & k_{m-1}, & l_{m-1}, \end{array}\right.$$

qui forment $m$ lignes horizontales comprenant chacune $m$ termes, ou $m$ colonnes verticales également composées de $m$ termes, et reprenons la fonction alternée

$$P = \sum \pm a^0 b^1 c^2 \ldots k^{m-2} l^{m-1}$$

des $m$ quantités

$$a,\ b,\ c,\ldots,\ k,\ l.$$

Supposons que dans chacun des termes de P on remplace tous les exposants par des indices de même valeur, et désignons par D le résultat qu'on obtient ainsi; on aura

$$(2)\qquad D = \sum \pm a_0 b_1 c_2 \ldots k_{m-2} l_{m-1}.$$

La règle que nous avons donnée pour former les différents termes de P s'applique aussi à la fonction D; ainsi dans cette fonction chaque terme a le signe $+$ ou le signe $-$, suivant qu'il faut un nombre pair ou un nombre impair de transpositions pour le former au moyen du terme principal

$$+ a_0 b_1 c_2 \ldots k_{m-2} l_{m-1}.$$

La quantité D est une fonction des $m^2$ quantités (1), elle est dite le *déterminant* de ces quantités, et on écrit habituellement

(3)
$$D = \begin{vmatrix} a_0, & b_0, & c_0, \ldots, & l_0 \\ a_1, & b_1, & c_1, \ldots, & l_1 \\ \ldots & \ldots & \ldots & \ldots \\ a_{m-1}, & b_{m-1}, & c_{m-1}, \ldots, & l_{m-1} \end{vmatrix}.$$

Les substitutions nécessaires pour former les termes de D au moyen du terme principal peuvent porter indifféremment, soit sur les lettres $a, b, \ldots, l$, soit sur les indices o, 1,..., $(m-1)$, d'où l'on peut conclure cette proposition :

*Un déterminant ne change pas de valeur, lorsqu'on remplace les colonnes verticales par les lignes horizontales, de manière que le terme principal reste le même.*

Le déterminant D est une fonction linéaire et homogène des $m$ quantités

$$a_0, \ a_1, \ldots, \ a_{m-1},$$

et si l'on pose

(4)
$$D = A_0 a_0 + A_1 a_1 + A_2 a_2 + \ldots + A_{m-1} a_{m-1},$$

la formule (2) montre que $A_0$ n'est autre chose que le déterminant

$$A_0 = \sum \pm b_1 c_2 \ldots k_{m-2} l_{m-1},$$

ou

$$A_0 = \begin{vmatrix} b_1, & c_1, \ldots, & l_1 \\ b_2, & c_2, \ldots, & l_2 \\ b_3, & c_3, \ldots, & l_3 \\ \ldots & \ldots & \ldots \\ b_{m-1}, & c_{m-1}, \ldots, & l_{m-1} \end{vmatrix},$$

dans lequel le terme principal est $b_1 c_2 \ldots l_{m-1}$. Si dans la partie $A_0 a_0$ du déterminant D on transpose les indices o et 1, on obtiendra les termes en $a_1$ changés de signe, mais les signes seront rétablis si l'on fait ensuite la transposition des indices o et $m-1$; on a donc

$$A_1 = \left|\begin{matrix} b_2, & c_2,\ldots, & l_2 \\ b_3, & c_3,\ldots, & l_3 \\ \ldots & \ldots & \ldots \\ b_{m-1}, & c_{m-1},\ldots, & l_{m-1} \\ b_0, & c_0,\ldots, & l_0 \end{matrix}\right|,$$

et, en continuant ainsi, on voit facilement qu'on obtiendra, quel que soit $\mu$,

$$(5)\qquad A_\mu = \left|\begin{matrix} b_{\mu+1}, & c_{\mu+1},\ldots, & l_{\mu+1} \\ \ldots & \ldots & \ldots \\ b_{m-1}, & c_{m-1},\ldots, & l_{\mu-1} \\ b_0, & c_0, & l_0 \\ \ldots & \ldots & \ldots \\ b_{\mu-1}, & c_{\mu-1},\ldots, & l_{\mu-1} \end{matrix}\right|.$$

Il résulte de là que sachant former le déterminant relatif à $(m-1)^2$ quantités, on saura former également le déterminant qui se rapporte à $m^2$ quantités.

Comme la fonction P change de signe quand on transpose deux des lettres $a$, $b$,..., ou deux des exposants o, 1, 2,..., il est évident que le second membre de la formule (2) changera également de signe si l'on transpose soit deux lettres, soit deux indices; on a par conséquent cette proposition :

*Un déterminant change de signe en conservant la même valeur absolue quand on échange entre elles soit deux lignes horizontales, soit deux colonnes verticales;*

Et il en résulte cette conséquence :

*Un déterminant s'évanouit lorsque deux lignes horizontales ou deux colonnes verticales sont composées des mêmes termes, ou lorsque les termes de l'une sont proportionnels aux termes de l'autre.*

Ainsi la formule (4) donnera

$$(6)\quad \left\{\begin{array}{l} 0 = A_0 b_0 + A_1 b_1 + \ldots + A_{m-1} b_{m-1}, \\ 0 = A_0 c_0 + A_1 c_1 + \ldots + A_{m-1} c_{m-1}, \\ \ldots\ldots\ldots\ldots\ldots\ldots\ldots\ldots, \\ 0 = A_0 l_0 + A_1 l_1 + \ldots + A_{m-1} l_{m-1}. \end{array}\right.$$

**239.** Remarquons encore que les fonctions P et D deviendront identiques si l'on a, quel que soit $\mu$,

$$a_\mu = a^\mu, \quad b_\mu = b^\mu, \ldots, \quad l_\mu = l^\mu,$$

d'où il résulte que la fonction

$$\begin{array}{l} P = (b-a) \\ \quad \times (c-a)(c-b) \\ \quad \times (d-a)(d-b)(d-c) \\ \quad \ldots\ldots\ldots\ldots\ldots\ldots\ldots\ldots \\ \quad \times (l-a)(l-b)(l-c)\ldots(l-k) \end{array}$$

est égale à l'un ou à l'autre des déterminants

$$D = \begin{vmatrix} 1, & 1, \ldots, & 1 \\ a, & b, \ldots, & l \\ a^2, & b^2, \ldots, & l^2 \\ \ldots & \ldots & \ldots \\ a^{m-1}, & b^{m-1}, \ldots, & l^{m-1} \end{vmatrix} = \begin{vmatrix} 1, & a, & a^2, \ldots, & a^{m-1} \\ 1, & b, & b^2, \ldots, & b^{m-1} \\ 1, & c, & c^2, \ldots, & c^{m-1} \\ \ldots & \ldots & \ldots & \ldots \\ 1, & l, & l^2, \ldots, & l^{m-1} \end{vmatrix};$$

D'ailleurs, si l'on pose

$$F(x) = (x-a)(x-b)(x-c)\ldots(x-l),$$

on a

$$\begin{array}{l} F'(a) = (a-b)(a-c)\ldots(a-l), \\ F'(b) = (b-a)(b-c)\ldots(b-l), \\ \ldots\ldots\ldots\ldots\ldots\ldots\ldots\ldots, \\ F'(l) = (l-a)(l-b)\ldots(l-k), \end{array}$$

et on conclut de là

$$D^2 = (-1)^{\frac{m(m-1)}{2}} F'(a) F'(b) \ldots F'(c).$$

**240. Résolution de $m$ équations du premier degré a $m$ inconnues.** — Les formules du n° 238 donnent immédiatement la résolution d'un système d'équations du premier degré entre un pareil nombre d'inconnues. Car soient les $m$ équations

$$\begin{aligned} a_0 x + b_0 y + c_0 z + \ldots + l_0 u &= s_0, \\ a_1 x + b_1 y + c_1 z + \ldots + l_1 u &= s_1, \\ \ldots\ldots\ldots\ldots\ldots\ldots\ldots\ldots &, \\ a_{m-1} x + b_{m-1} y + \ldots + l_{m-1} u &= s_{m-1}, \end{aligned}$$

entre les $m$ inconnues $x, y, z, \ldots, u$. Conservons les notations du n° 238, et ajoutons les équations proposées, après les avoir multipliées respectivement par les facteurs

$$A_0, A_1, A_2, \ldots, A_{m-1};$$

on aura, par les formules (4) et (6) du n° 238,

$$Dx = A_0 s_0 + A_1 s_1 + \ldots + A_{m-1} s_{m-1},$$

ou

$$Dx = X,$$

en désignant par X ce que devient le déterminant D quand on y remplace la lettre $a$ par $s$, en conservant l'indice.

Si donc on représente par

$$X, Y, Z, \ldots, U,$$

les valeurs que prend D, quand on remplace par la lettre $s$ chacune des lettres

$$a, b, c, \ldots, l,$$

successivement, les valeurs des inconnues seront représentées par les expressions suivantes :

$$x = \frac{X}{D}, \quad y = \frac{Y}{D}, \quad z = \frac{Z}{D}, \ldots, \quad u = \frac{U}{D},$$

dans lesquelles le dénominateur commun est précisément égal au déterminant D.

**241.** Il n'entre pas dans nos vues de présenter une étude complète des déterminants, et, pour ce qui regarde les détails de cette théorie, nous renverrons le lecteur au Mémoire de Jacobi publié dans le tome XXII du *Journal de Crelle*, Mémoire dans lequel l'illustre géomètre a présenté une exposition d'ensemble qui ne laisse rien à désirer. Nous nous bornerons ici à établir les propositions qui sont indispensables pour l'objet que nous nous proposons.

Il convient, dans ce qui va suivre, de faire une légère modification aux notations dont nous avons fait usage jusqu'à présent. Au lieu d'introduire plusieurs lettres affectées d'un indice, pour représenter les quantités données, je n'emploierai désormais qu'une seule lettre affectée de deux indices.

D'après cela, un système de $m^2$ quantités données sera représenté par

$$(1) \qquad \left\{ \begin{array}{l} a_{1,1},\ a_{2,1}, \ldots,\ a_{m,1}, \\ a_{1,2},\ a_{2,2}, \ldots,\ a_{m,2}, \\ \ldots\ldots\ldots\ldots\ldots\ldots, \\ a_{1,m}, \ldots\ldots\ldots,\ a_{m,m}, \end{array} \right.$$

l'expression générale de ces quantités sera ainsi

$$a_{i,j},$$

chacun des indices $i$ et $j$ pouvant prendre les $m$ valeurs

$$1,\ 2, \ldots,\ (m-1),\ m,$$

et le déterminant sera

$$(2) \qquad D = \sum \pm a_{1,1}\, a_{2,2} \ldots a_{m,m};$$

quant au terme principal il sera toujours

$$+ a_{1,1}\, a_{2,2} \ldots a_{m,m},$$

et tous les autres s'en déduiront en conservant la série des premiers indices dans l'ordre naturel, et en exécutant sur la série des seconds indices toutes les substitutions possibles. Chacun de ces termes sera d'ailleurs pris avec le signe + ou avec le signe —, suivant que la substitution qui l'a fourni équivaut à un nombre pair ou à un nombre impair de transpositions.

Il est évident qu'au lieu de faire porter les substitutions sur les seconds indices, on peut, si on le juge à propos, les exécuter sur les premiers indices.

**242.** On doit remarquer que si l'on a

$$a_{i,j} = 0$$

pour toutes les valeurs de $i$ inférieures à $j$, le déterminant (2) se réduit à son terme principal. En effet, quelles que soient les quantités (1), on a (n° 238)

$$\begin{aligned} D = a_{1,1} \sum \pm a_{2,2}\, a_{3,3} \ldots a_{m,m} + a_{2,1} \sum \pm a_{3,2}\, a_{4,3} \ldots a_{m,m-1}\, a_{1,m} \\ + a_{3,1} \sum \pm a_{4,2}\, a_{5,3} \ldots a_{m,m-2}\, a_{1,m-1}\, a_{2,m} + \ldots; \end{aligned}$$

dans notre hypothèse, les déterminants partiels de cette expression s'évanouissent tous à l'exception du premier, car chacun des termes dont ils sont formés renferme un facteur égal à zéro. On a donc

$$D = a_{1,1} \sum \pm a_{2,2}\, a_{3,3} \ldots a_{m,m};$$

par le même raisonnement, on trouvera

$$\sum \pm a_{2,2} a_{3,3} \ldots a_{m,m} = a_{2,2} \sum \pm a_{3,3} \ldots a_{m,m}$$

. . . . . . . . . . . . . . . . . . . . . . . . . . . . . . . . . . . .

$$\sum \pm a_{m-1,m-1}\, a_{m,m} = a_{m-1,m-1}\, a_{m,m},$$

et on a, par conséquent,

$$D = a_{1,1}\, a_{2,2} \ldots a_{m,m}.$$

**243.** Soient D le déterminant de $m^2$ quantités $a_{i,j}$ et D′ ce qu'il devient quand on donne à chaque élément $a_{i,j}$ l'accroissement $\alpha_{i,j}$; il est facile de trouver l'expression de D′ ordonnée par rapport aux accroissements $\alpha$.

Le déterminant D étant une fonction linéaire et homogène des quantités

$$(1) \qquad a_{1,1},\ a_{2,1}, \ldots,\ a_{m,1},$$

si l'on donne à ces quantités les accroissements respectifs

$$(2) \qquad \alpha_{1,1},\ \alpha_{2,1}, \ldots,\ \alpha_{m,1},$$

D deviendra

$$D + D_1,$$

en désignant par $D_1$ ce que devient D quand on y remplace les quantités (1) par les quantités (2).

Si, dans cette dernière expression, on donne aux quantités

$$(3) \qquad a_{1,2},\ a_{2,2}, \ldots,\ a_{m,2}$$

les accroissements

$$(4) \qquad \alpha_{1,2},\ \alpha_{2,2}, \ldots,\ \alpha_{m,2},$$

et que l'on désigne par $D_2$ et $D_{1,2}$ ce que deviennent D et $D_1$ par la substitution des quantités (4) aux quantités (3), on obtiendra pour résultat

$$D + (D_1 + D_2) + D_{1,2};$$

en poursuivant cette série de substitutions, on parviendra à l'expression de D' qui sera évidemment

$$D' = D + S_1 + S_2 + \ldots + S_m;$$

dans cette formule $S_\mu$ désigne généralement la somme des $\frac{m(m-1)\ldots(m-\mu+1)}{1.2\ldots\mu}$ déterminants que l'on obtient, quand on remplace la lettre $a$ par $\alpha$ dans $\mu$ lignes horizontales du déterminant D.

Nous pouvons tirer de ce résultat une conséquence qui nous sera utile. Si les quantités $\alpha_{i,j}$ sont telles que

$$\alpha_{1,\mu},\ \alpha_{2,\mu},\ldots,\ \alpha_{m,\mu}$$

soient proportionnelles à

$$\alpha_{1,\nu},\ \alpha_{2,\nu},\ldots,\ \alpha_{m,\nu},$$

pour toutes les valeurs des indices $\mu$ et $\nu$, chacun des déterminants contenus dans les sommes $S_2, S_3, \ldots, S_m$ s'évanouira ; car dans chacun d'eux, deux lignes horizontales seront formées de quantités proportionnelles. La formule précédente se réduira donc à

$$D' = D + S_1,$$

ou à

$$D' = D + D_1 + D_2 + \ldots + D_m,$$

$D_1, D_2, \ldots, D_m$ étant les valeurs que prend D quand on remplace $a$ par $\alpha$ dans chacune des lignes horizontales successivement.

**244.** Nous compléterons ces notions sur les déterminants en démontrant un théorème qu'on doit regarder comme fondamental et auquel Binet et Cauchy sont parvenus l'un et l'autre, en généralisant des résultats obtenus précédemment par Lagrange et par Gauss.

THÉORÈME. — *Étant donnés deux systèmes de mn quantités, savoir :*

$$(a)\left\{\begin{array}{l} a_{1,1},\ a_{2,1},\ldots,\ a_{n,1},\\ a_{1,2},\ a_{2,2},\ldots,\ a_{n,2},\\ \ldots\ldots\ldots\ldots\\ a_{1,m},\ a_{2,m},\ldots,\ a_{n,m},\end{array}\right. \qquad (b)\left\{\begin{array}{l} b_{1,1},\ b_{2,1},\ldots,\ b_{n,1},\\ b_{1,2},\ b_{2,2},\ldots,\ b_{n,2},\\ \ldots\ldots\ldots\ldots\\ b_{1,m},\ b_{2,m},\ldots,\ b_{n,m},\end{array}\right.$$

*posons*

$$c_{i,k} = a_{1,i}\,b_{1,k} + a_{2,i}\,b_{2,k} + \ldots + a_{n,i}\,b_{n,k},$$

*et formons le déterminant de $m^2$ quantités, savoir :*

$$C = \left|\begin{array}{l} c_{1,1},\ c_{2,1},\ldots,\ c_{m,1}\\ c_{1,2},\ c_{2,2},\ldots,\ c_{m,2}\\ \ldots\ldots\ldots\ldots\\ c_{1,m},\ c_{2,m},\ldots,\ c_{m,m}\end{array}\right|.$$

*Si m est supérieur à n, on aura*

$$C = 0.$$

*Si m est égal à n, et que l'on désigne par* A *et* B *les déterminants formés avec les quantités* (*a*) *et* (*b*) *respectivement, on aura*

$$C = AB.$$

*Enfin, si m est inférieur à n, que l'on désigne par* A *le déterminant formé en prenant m colonnes verticales du tableau* (*a*), *par* B *le déterminant formé avec les colonnes correspondantes du tableau* (*b*), *de manière que* B *se déduise de* A *par la transposition des lettres a et b, on aura*

$$C = \sum AB,$$

*le signe* $\sum$ *embrassant autant de produits* AB *que l'on peut former de combinaisons avec n choses prises m à m.*

En effet, si l'on représente, pour abréger, par

$$c_{i,k} = \sum a_{\lambda,i} b_{\lambda,k}$$

la valeur de $c_{i,k}$, le terme principal du déterminant C sera

$$c_{1,1} c_{2,2} \ldots c_{m,m} = \left(\sum a_{\lambda,1} b_{\lambda,1}\right)\left(\sum a_{\mu,2} b_{\mu,2}\right)\left(\sum a_{\nu,3} b_{\nu,3}\right)\ldots,$$

chacun des $m$ nombres $\lambda, \mu, \nu, \ldots$ devant recevoir les valeurs $1, 2, \ldots, n$; on peut écrire aussi

$$c_{1,1} c_{2,2} \ldots c_{m,m} = \sum (a_{\lambda,1} a_{\mu,2} a_{\nu,3} \ldots b_{\lambda,1} b_{\mu,2} b_{\nu,3} \ldots).$$

Cela posé, pour avoir le déterminant C, il faut ajouter à ce terme principal, avec un signe convenable, tous ceux qu'on en déduit quand on échange entre eux, de toutes les manières possibles, les seconds indices des lettres $c$, en laissant invariables les premiers indices. D'ailleurs, par ces substitutions, les deux indices de chaque lettre $a$ restent invariables dans l'expression de $c_{i,k}$, et les seconds indices des lettres $b$ changent seuls. On a donc, par la formule précédente,

$$C = \sum \left(a_{\lambda,1} a_{\mu,2} a_{\nu,3} \ldots \sum \pm b_{\lambda,1} b_{\mu,2} b_{\nu,3} \ldots\right),$$

ou

$$C = \sum \mathfrak{B}\, a_{\lambda,1} a_{\mu,2} a_{\nu,3} \ldots,$$

en posant

$$\mathfrak{B} = \sum \pm b_{\lambda,1} b_{\mu,2} \ldots b_{\nu,3}.$$

Dans cette dernière formule les $m$ indices $\lambda, \mu, \nu, \ldots$ sont invariables, et comme chacun d'eux doit avoir l'une des $n$ valeurs $1, 2, \ldots, n$, on voit que si $m$ est supérieur à $n$, deux au moins des indices $\lambda, \mu, \nu, \ldots$ seront égaux entre eux; il y aura donc deux colonnes verticales identiques dans le déterminant $\mathfrak{A}$ et l'on aura $\mathfrak{A} = 0$, d'où

$$C = 0,$$

Si l'on a $m = n$, le déterminant $\mathfrak{A}$ sera encore nul, à moins qu'on ne prenne pour la suite

$$\lambda,\ \mu,\ \nu, \ldots$$

celle des $m$ nombres

$$1,\ 2,\ 3, \ldots,\ m;$$

dans ce cas, soit $s$ le nombre des transpositions qu'il faut effectuer dans cette dernière suite pour la faire coïncider avec la précédente, on aura évidemment

$$\mathfrak{A} = (-1)^s B,$$

et, par suite,

$$C = B \sum (-1)^s a_{\lambda,1} a_{\mu,2} a_{\nu,3} \cdots.$$

Or il est évident que la somme contenue dans le second membre de cette formule est égal au déterminant A des quantités $(a)$; donc

$$C = AB.$$

Supposons enfin $m < n$; pour que $\mathfrak{A}$ ne soit pas nul, il faut, comme précédemment, que deux quelconques des indices $\lambda, \mu, \nu, \ldots$ soient inégaux. Quand il en est ainsi, $\mathfrak{A}$ coïncide au signe près avec le déterminant B formé en prenant $m$ colonnes verticales du tableau $(b)$; alors si $s$ désigne le nombre des transpositions qu'il faut faire subir aux *premiers* indices du terme principal de B pour obtenir la suite $\lambda, \mu, \nu, \ldots$, on aura

$$\mathfrak{A} = (-1)^s B,$$

puis

$$C = \sum \left[ (-1)^s a_{\lambda,1} a_{\mu,2} a_{\nu,3} \cdots B \right].$$

Si l'on se borne à donner aux indices $\lambda$, $\mu$, $\nu$,... les valeurs qu'on leur a assignées pour former B, le second membre de la formule précédente se réduira à

$$B\sum(-1)^{\mu} a_{\lambda,1}\, a_{\mu,2}\, a_{\nu,3} \ldots,$$

c'est-à-dire à

$$AB.$$

On a donc

$$C = \sum AB,$$

le signe $\sum$ embrassant tous les produits AB qui répondent aux $\frac{n(n-1)\ldots(n-m+1)}{1.2\ldots m}$ systèmes de valeurs que l'on peut attribuer aux indices $\lambda$, $\mu$, $\nu$, . . .

Remarque. Si, au lieu de définir les quantités $c_{i,k}$ comme nous l'avons fait, on pose

$$c_{i,k} = a_{i,1}\, b_{k,1} + a_{i,2}\, b_{k,2} + \ldots + a_{i,m}\, b_{k,m},$$

le déterminant des $n^2$ quantités $c_{i,k}$ est égal à zéro quand $m$ est inférieur à $n$. Lorsqu'on a $m = n$, ce déterminant est égal au produit des déterminants formés, l'un avec les quantités $a$, l'autre avec les quantités $b$. Enfin, lorsque $m$ est $> n$, le déterminant des quantités $c_{i,k}$ est égal à la somme des produits obtenus en multipliant le déterminant formé avec $n$ lignes horizontales quelconques du tableau $(a)$ par celui qui est composé des lignes correspondantes du tableau $(b)$.

Effectivement, on fera rentrer cet énoncé dans celui du théorème que nous venons d'établir, si l'on dispose les tableaux $(a)$ et $(b)$ de manière que les lignes horizontales deviennent les colonnes verticales, et qu'on change les lettres $m$ et $n$ l'une dans l'autre.

Corollaire. — *Soient mn quantités $a_{i,k}$, l'indice i*

*variant de* 1 *à n et l'indice k de* 1 *à m. Si l'on a* $m <$ *ou* $= n$ *et que l'on fasse*

$$c_{i,k} = a_{1,i}\,a_{1,k} + a_{2,i}\,a_{2,k} + \ldots + a_{n,i}\,a_{n,k},$$

*le déterminant des quantités c sera égal à la somme des carrés de tous les déterminants que l'on peut former avec* $m^2$ *quantités a composant m colonnes verticales du tableau formé avec les quantités a, c'est-à-dire que l'on aura*

$$\sum \pm c_{1,1}\,c_{2,2}\ldots c_{m,m} = \mathrm{S}\left(\sum \pm a_{r',1}\,a_{r'',2}\ldots a_{r^{(m)},m}\right)^2,$$

*le signe* S *se rapportant à toutes les combinaisons* $r'$, $r''$,..., $r^{(m)}$ *des nombres* 1, 2,..., *n, pris m à m.*

Pour démontrer ce corollaire, il suffit de remarquer que les déterminants représentés par A et B dans le théorème précédent deviennent ici égaux entre eux.

**245.** Le théorème que nous venons d'établir conduit à de nombreuses conséquences dont on verra le développement dans ce qui va suivre. Mais nous ne pouvons nous dispenser ici de remarquer qu'on en déduit immédiatement ce théorème d'Euler.

THÉORÈME. — *Le produit de deux sommes de quatre carrés est lui-même la somme de quatre carrés.*

On a, en effet, d'après le théorème du n° **244**,

$$\begin{aligned}
&(a_{1,1}\,a_{2,2} - a_{1,2}\,a_{2,1})(b_{1,1}\,b_{2,2} - b_{1,2}\,b_{2,1})\\
&= (a_{1,1}\,b_{1,1} + a_{2,1}\,b_{2,1})(a_{1,2}\,b_{1,2} + a_{2,2}\,b_{2,2})\\
&- (a_{1,1}\,b_{1,2} + a_{2,1}\,b_{2,2})(a_{1,2}\,b_{1,1} + a_{2,2}\,b_{2,1}).
\end{aligned}$$

Cette égalité ayant lieu identiquement, soient

$$a,\ b,\ c,\ d,$$
$$p,\ q,\ r,\ s,$$

huit quantités quelconques, et posons

$$\begin{aligned}
a_{1,1} &= +a + b\sqrt{-1}, & b_{1,1} &= +p + q\sqrt{-1},\\
a_{2,2} &= +a - b\sqrt{-1}, & b_{2,2} &= +p - q\sqrt{-1},\\
a_{1,2} &= +c + d\sqrt{-1}, & b_{1,2} &= +r + s\sqrt{-1},\\
a_{2,1} &= -c + d\sqrt{-1}, & b_{2,1} &= -r + s\sqrt{-1},
\end{aligned}$$

notre identité deviendra

$$\begin{aligned}
&(a^2 + b^2 + c^2 + d^2)(p^2 + q^2 + r^2 + s^2)\\
&= (ap - bq + cr - ds)^2 + (aq + bp - cs - dr)^2\\
&+ (ar - bs - cp + dq)^2 + (as + br + cq + dp)^2,
\end{aligned}$$

ce qui démontre le théorème énoncé.

Il convient de remarquer que l'égalité précédente peut être écrite de plusieurs manières différentes, car on a le droit de changer le signe de l'une quelconque des huit quantités $a$, $b$, $c$, $d$, $p$, $q$, $r$, $s$.

### *Des fonctions entières et homogènes du deuxième degré.*

**246.** Nous avons fait connaître au n° **192** une propriété importante des fonctions homogènes du deuxième degré; cette propriété et les notions que nous venons de présenter forment la base sur laquelle repose l'analyse que nous nous proposons de développer ici. On reconnaîtra toute l'importance de cette analyse, en étudiant les conséquences que l'on en tire pour la théorie des équations.

Soit $f$ une fonction entière et homogène du deuxième degré des $m$ variables

$$x_1,\ x_2, \ldots,\ x_m.$$

Nous représenterons indifféremment par $2a_{i,j}$ ou $2a_{j,i}$ le coefficient du produit des deux variables distinctes $x_i$, $x_j$;

quant au coefficient du carré de l'une des variables $x_i$, nous le désignerons par $a_{i,i}$. D'après cette notation, l'expression de $f$ sera

$$(1) \qquad f = \sum_{i=1}^{i=m} \sum_{j=1}^{j=m} a_{i,j}\, x_i\, x_j,$$

avec la condition

$$a_{j,i} = a_{i,j}.$$

Ainsi, dans le cas de deux variables, on aura

$$f = \sum_{i=1}^{i=2} \sum_{j=1}^{j=2} a_{i,j}\, x_i\, x_j = a_{1,1}\, x_1^2 + 2a_{1,2}\, x_1\, x_2 + a_{2,2}\, x_2^2.$$

Désignons par

$$X_1,\ X_2, \ldots,\ X_m,$$

$m$ nouvelles variables, et posons

$$(2) \qquad \begin{cases} x_1 = \alpha_{1,1} X_1 + \alpha_{2,1} X_2 + \ldots + \alpha_{m,1} X_m, \\ x_2 = \alpha_{1,2} X_1 + \alpha_{2,2} X_2 + \ldots + \alpha_{m,2} X_m, \\ \ldots\ldots\ldots\ldots\ldots\ldots\ldots\ldots\ldots, \\ x_m = \alpha_{1,m} X_1 + \alpha_{2,m} X_2 + \ldots + \alpha_{m,m} X_m, \end{cases}$$

les quantités $\alpha_{i,j}$ étant des constantes arbitraires. Si l'on substitue ces valeurs dans l'expression (1) de $f$, celle-ci se changera en une fonction F des nouvelles variables, qu'on peut représenter par la formule

$$(3) \qquad F = \sum_{i=1}^{i=m} \sum_{j=1}^{j=m} A_{i,j} X_i X_j;$$

les coefficients $A_{i,j}$ sont des fonctions entières des coefficients $a_{i,j}$ de $f$ et des coefficients $\alpha_{i,j}$; on a, en outre,

$$A_{j,i} = A_{i,j}.$$

Le déterminant

$$\begin{vmatrix} \alpha_{1,1}, & \alpha_{2,1}, \ldots, & \alpha_{m,1} \\ \alpha_{1,2}, & \alpha_{2,2}, \ldots, & \alpha_{m,2} \\ \ldots & \ldots & \ldots \\ \alpha_{1,m}, & \alpha_{2,m}, \ldots, & \alpha_{m,m} \end{vmatrix}$$

sera dit le *déterminant de la substitution linéaire* (2). Si ce déterminant n'est pas nul, on pourra résoudre les équations (2) par rapport aux variables X qui seront ainsi des fonctions linéaires des variables $x$. Alors chacune des formules (1) et (3) pourra se déduire de l'autre par le moyen d'une substitution linéaire.

**247.** Nous avons démontré au n° 192 que la fonction $f$ peut être exprimée par une somme de carrés de fonctions linéaires, et que, dans le cas général, le nombre de ces carrés est égal au nombre $m$ des variables. Cette décomposition de la fonction $f$ en carrés peut se faire de plusieurs manières différentes ; cela résulte évidemment du procédé dont nous avons fait usage pour l'effectuer, et on le reconnaît immédiatement aussi, quand on emploie, pour le même objet, la méthode des coefficients indéterminés. Effectivement, si l'on pose

$$f = \sum_{i=1}^{i=m} \sum_{j=1}^{j=m} a_{i,j} x_i x_j = \sum_{\mu=1}^{\mu=m} (A_{1,\mu} x_1 + A_{2,\mu} x_2 + \ldots + A_{m,\mu} x_m)^2,$$

que l'on effectue les opérations indiquées dans le second membre, et qu'on égale entre eux de part et d'autre les coefficients des termes semblables, on formera seulement $\frac{m(m+1)}{2}$ équations de condition, tandis que le nombre des indéterminées $A_{\lambda,\mu}$ est égal à $m^2$.

Considérons l'un quelconque des systèmes de valeurs

des indéterminées $A_{\lambda,\mu}$ telles, que l'équation (1) ait lieu identiquement. Posons

$$(2)\quad \begin{cases} X_1 = A_{1,1}\,x_1 + A_{2,1}\,x_2 + \ldots + A_{m,1}\,x_m, \\ X_2 = A_{1,2}\,x_1 + A_{2,2}\,x_2 + \ldots + A_{m,2}\,x_m, \\ \ldots\ldots\ldots\ldots\ldots\ldots\ldots\ldots, \\ X_m = A_{1,m}\,x_1 + A_{2,m}\,x_2 + \ldots + A_{m,m}\,x_m; \end{cases}$$

on aura

$$f = X_1^2 + X_2^2 + \ldots + X_m^2.$$

Si le déterminant

$$D = \begin{vmatrix} A_{1,1}, & A_{2,1}, \ldots, & A_{m,1} \\ A_{1,2}, & A_{2,2}, \ldots, & A_{m,2} \\ \ldots & \ldots\ldots & \ldots \\ A_{1,m}, & A_{2,m}, \ldots, & A_{m,m} \end{vmatrix}$$

n'est pas nul, on pourra tirer des équations (2) des valeurs déterminées des variables $x$, savoir :

$$(3)\quad \begin{cases} x_1 = \alpha_{1,1}\,X_1 + \alpha_{2,1}\,X_2 + \ldots + \alpha_{m,1}\,X_m, \\ x_2 = \alpha_{1,2}\,X_1 + \alpha_{2,2}\,X_2 + \ldots + \alpha_{m,2}\,X_m, \\ \ldots\ldots\ldots\ldots\ldots\ldots\ldots\ldots, \\ x_m = \alpha_{1,m}\,X_1 + \alpha_{2,m}\,X_2 + \ldots + \alpha_{m,m}\,X_m, \end{cases}$$

et, en conséquence, la réduction de la fonction $f$ à une somme de carrés pourra être réalisée par le moyen de la substitution linéaire (3); il importe d'examiner ce cas avec attention.

La dérivée $\dfrac{df}{dx_k}$ de la fonction

$$f = \sum_{i=1}^{i=m} \sum_{j=1}^{j=m} a_{i,j}\,x_i\,x_j$$

par rapport à $x_k$ est égale à la somme des dérivées de ses termes; or la dérivée de $a_{i,j}\,x_i\,x_j$ par rapport à $x_k$ est nulle à moins que l'on n'ait $i = k$ ou $j = k$; dans le premier cas, la dérivée est $a_{i,j}x_j$, elle est $a_{i,k}x_i$ dans le second cas; enfin, si $i=j=k$, cette dérivée est $2a_{k,k}x_k$ ou $a_{k,k}x_k+a_{k,k}x_k$, d'où il suit que l'on a

$$(4)\qquad \frac{1}{2}\frac{df}{dx_k}=\sum_{i=1}^{i=m} a_{i,k}x_i.$$

Si l'on multiplie par $2x_k$ cette équation (4), qu'on donne ensuite à $k$ les valeurs $1, 2, \ldots, m$, et qu'on ajoute tous les résultats, on obtiendra la formule

$$(5)\qquad x_1\frac{df}{dx_1}+x_2\frac{df}{dx_2}+\ldots+x_m\frac{df}{dx_m}=2f,$$

qui exprime, dans un cas particulier, une propriété des fonctions homogènes.

Comme on a aussi, par hypothèse,

$$f=\sum_{\mu=1}^{\mu=m}(A_{1,\mu}x_1+A_{2,\mu}x_2+\ldots+A_{m,\mu}x_m)^2,$$

il viendra, en prenant les dérivées des deux membres par rapport à $x_k$ et divisant par 2,

$$(6)\qquad \frac{1}{2}\frac{df}{dx_k}=\sum_{\mu=1}^{\mu=m}A_{k,\mu}(A_{1,\mu}x_1+\ldots+A_{m,\mu}x_m).$$

La comparaison des formules (4) et (6) donne

$$a_{i,k}=\sum_{\mu=1}^{\mu=m}A_{k,\mu}A_{i,\mu},$$

c'est-à-dire

$$a_{i,k}=A_{i,1}A_{k,1}+A_{i,2}A_{k,2}+\ldots+A_{i,m}A_{k,m},$$

pour toutes les valeurs des indices $i$ et $k$. Si donc on pose

$$(7) \qquad \Delta = \begin{vmatrix} a_{1,1}, & a_{2,1}, \ldots, & a_{m,1}, \\ a_{1,2}, & a_{2,2}, \ldots, & a_{m,2}, \\ \ldots\ldots & \ldots\ldots & \ldots, \\ a_{1,m}, & a_{2,m}, \ldots, & a_{m,m}, \end{vmatrix}$$

on aura (n° **244**, *Remarque*)

$$(8) \qquad \Delta = D^2.$$

Il résulte de là que le déterminant de la substitution (2) ne peut être nul que dans le cas où l'on a $\Delta = 0$.

Ce déterminant $\Delta$, formé avec les coefficients des fonctions linéaires

$$\frac{1}{2}\frac{df}{dx_1}, \quad \frac{1}{2}\frac{df}{dx_2}, \ldots, \quad \frac{1}{2}\frac{df}{dx_m},$$

joue un rôle considérable dans la théorie qui nous occupe. M. Sylvester lui a donné le nom d'*invariant* qui est adopté aujourd'hui par les géomètres.

D'après cela, nous pouvons énoncer la proposition suivante :

*Si l'invariant d'une fonction homogène du deuxième degré n'est pas nul, toute réduction de la fonction à une somme de carrés pourra être obtenue par le moyen d'une substitution linéaire.*

**248.** La dénomination d'invariant, donnée au déterminant $\Delta$, se trouve justifiée par la proposition suivante :

Théorème. — *Lorsque, dans une fonction entière et homogène du deuxième degré, on substitue aux m variables des fonctions linéaires de m nouvelles variables, l'invariant de la transformée est égal à l'invariant de la proposée, multiplié par le carré du déterminant de la substitution. En sorte que si ce dernier déterminant est égal à* 1, *l'invariant n'est pas altéré par la substitution.*

En effet, la fonction proposée $f$ pouvant, dans tous les cas, être réduite à une somme de carrés, posons

$$(1) \qquad f = \sum_{k=1}^{k=m} (c_{1,k}x_1 + c_{2,k}x_2 + \ldots + c_{m,k}x_m)^2,$$

et considérons la substitution définie par la formule

$$(2) \qquad x_\mu = \alpha_{\mu,1}X_1 + \alpha_{\mu,2}X_2 + \ldots + \alpha_{\mu,m}X_m,$$

où $\mu$ doit recevoir toutes les valeurs 1, 2, ..., $m$. Si l'on exécute cette substitution, $f$ se changera en une fonction F, telle que

$$(3) \qquad F = \sum_{k=1}^{k=m} (C_{1,k}X_1 + C_{2,k}X_2 + \ldots + C_{m,k}X_m)^2,$$

et on aura évidemment

$$C_{i,k} = \alpha_{1,i}c_{1,k} + \alpha_{2,i}c_{2,k} + \ldots + \alpha_{m,i}c_{m,k}$$

pour toutes les valeurs de $i$ et de $k$, ce qui montre que le déterminant des quantités $C_{i,k}$ est égal au déterminant des $c_{i,k}$ multiplié par celui des $\alpha_{i,k}$. Mais si l'on nomme $\Delta$ l'invariant de $f$, $\Delta'$ celui de F, et D le déterminant de la substitution (2), les déterminants des quantités $C_{i,k}$, $c_{i,k}$ seront respectivement égaux (n° 247) à $\sqrt{\Delta'}$, $\sqrt{\Delta}$; donc on a $\sqrt{\Delta'} = \sqrt{\Delta}$. D'où

$$\Delta' = \Delta D^2,$$

ce qui démontre la proposition énoncée.

### *De la fonction adjointe.*

**249.** C'est ici l'occasion de présenter la notion de la *fonction adjointe* que Gauss a le premier introduite dans l'analyse.

Reprenons la fonction homogène du deuxième degré

$$f=\sum_{i=1}^{i=m}\sum_{j=1}^{j=m} a_{i,j}x_i x_j, \tag{1}$$

où l'on suppose

$$a_{j,i}=a_{i,j}. \tag{2}$$

Posons

$$\frac{1}{2}\frac{df}{dx_1}=X_1,\quad \frac{1}{2}\frac{df}{dx_2}=X_2,\ldots,\quad \frac{1}{2}\frac{df}{dx_m}=X_m, \tag{3}$$

ou

$$\left\{\begin{array}{l} a_{1,1}x_1+a_{2,1}x_2+\ldots+a_{m,1}x_m=X_1,\\ a_{1,2}x_1+a_{2,2}x_2+\ldots+a_{m,2}x_m=X_2,\\ \ldots\ldots\ldots\ldots\ldots\ldots\ldots\ldots\ldots\ldots,\\ a_{1,m}x_1+a_{2,m}x_2+\ldots+a_{m,m}x_m=X_m, \end{array}\right. \tag{4}$$

et rappelons que l'on a

$$f=X_1x_1+X_2x_2+\ldots+X_mx_m=\sum_{i=1}^{i=m}X_ix_i. \tag{5}$$

Nous nous proposons de résoudre les équations (3) ou (4) par rapport aux variables $x$ et de trouver la fonction F dans laquelle se change $f$, lorsqu'on y remplace les variables $x$ par leurs valeurs en fonction des nouvelles variables X.

Si l'on résout les équations (4) par rapport aux variables $x$, le dénominateur commun des expressions que l'on obtiendra sera précisément l'invariant $\Delta$ de la fonction $f$. Mais je supposerai que l'on calcule $\Delta$ sans faire les réductions auxquelles donnent lieu les équations de condition exprimées par la formule (2), et que l'on opère comme si les coefficients $a_{i,j}$ étaient des indéterminées n'ayant entre elles aucune dépendance. On aura alors, pour l'inconnue $x_i$, la valeur suivante :

$$x_i = \frac{1}{\Delta}\left[\left(\frac{d\Delta}{da_{1,i}}\right)X_1 + \left(\frac{d\Delta}{da_{2,i}}\right)X_2 + \ldots + \left(\frac{d\Delta}{da_{m,i}}\right)X_m\right],$$

ou

(6) $$x_i = \frac{1}{\Delta}\sum_{j=1}^{j=m}\left(\frac{d\Delta}{da_{j,i}}\right)X_j,$$

en représentant par

$$\left(\frac{d\Delta}{da_{j,i}}\right)$$

la dérivée partielle de $\Delta$ prise, par rapport à $a_{j,i}$, dans l'hypothèse où les quantités $a$ sont indépendantes.

La fonction cherchée F est égale à la valeur que prend le second membre de la formule (5) quand on substitue aux variables $x$ les valeurs tirées de la formule (6) ; on a donc

(7) $$F = \frac{1}{\Delta}\sum_{i=1}^{i=m}\sum_{j=1}^{j=m}\left(\frac{d\Delta}{da_{j,i}}\right)X_i X_j.$$

Il est permis, à cause des relations (2), de transposer les deux indices de chaque lettre $a$ dans les équations (4), et, en faisant cette transposition, on aura, au lieu de la formule (6),

$$x_i = \frac{1}{\Delta}\sum_{j=1}^{j=m}\left(\frac{d\Delta}{da_{i,j}}\right)X_j.$$

La comparaison de cette valeur de $x_i$ avec celle déjà trouvée montre que l'on a

$$(8)\qquad \left(\frac{d\Delta}{da_{j,i}}\right)=\left(\frac{d\Delta}{da_{i,j}}\right),$$

en vertu des relations (6); alors la formule (7) donne

$$\frac{1}{2}\frac{dF}{dX_i}=\frac{1}{\Delta}\sum_{j=1}^{j=m}\left(\frac{d\Delta}{da_{j,i}}\right)X_j,$$

et, en conséquence, les formules (6) se réduisent à

$$(9)\qquad x_i=\frac{1}{2}\frac{dF}{dX_i}.$$

Désignons maintenant par $\frac{d\Delta}{da_{i,j}}$ la dérivée de $\Delta$ prise par rapport à $a_{i,j}$ en ayant égard aux relations (2). On aura, à cause de la formule (8), si $i$ et $j$ sont inégaux,

$$\frac{d\Delta}{da_{i,j}}=\left(\frac{d\Delta}{da_{i,j}}\right)+\left(\frac{d\Delta}{da_{j,i}}\right)=2\left(\frac{d\Delta}{da_{j,i}}\right),$$

et, si $j=i$,

$$\frac{d\Delta}{da_{i,i}}=\left(\frac{d\Delta}{da_{i,i}}\right);$$

la formule (7) peut alors être écrite de la manière suivante:

$$(10)\qquad F=\frac{1}{\Delta}\sum_{i=1}^{i=m}\sum_{j=1}^{j=i}\frac{d\Delta}{da_{i,j}}X_iX_j,$$

ou

$$(11)\quad\left\{\begin{aligned}\Delta F&=\frac{d\Delta}{da_{1,1}}X_1^2+\frac{d\Delta}{da_{2,2}}X_2^2+\ldots+\frac{d\Delta}{da_{m,m}}X_m^2\\&+\frac{d\Delta}{da_{1,2}}X_1X_2+\frac{d\Delta}{da_{1,3}}X_1X_3+\ldots+\frac{d\Delta}{da_{m-1,m}}X_{m-1}X_m.\end{aligned}\right.$$

Le produit $\Delta F$ de la fonction F par l'invariant $\Delta$ est ce que Gauss a nommé la fonction adjointe de la fonction $f$.

Soit $\Delta'$ l'invariant de F; comme la fonction $f$ se déduit de F, en exécutant dans celle-ci la substitution (3), dont le déterminant est $\Delta$, on a (n° 248) $\Delta = \Delta'\Delta^2$, et, par conséquent,

$$\Delta' = \frac{1}{\Delta};$$

il résulte de là que l'invariant de la fonction adjointe $\Delta F$ est égal à $\Delta^{m-1}$.

**250.** Pour trouver la fonction F, on peut suivre une autre marche que nous devons indiquer, parce qu'elle nous conduira à une conséquence importante. Il est évident qu'on atteindra le but proposé, en éliminant les $m$ variables $x$ entre les $m$ équations (4), savoir :

$$\frac{1}{2}\frac{df}{dx_j} = X_j \quad \text{ou} \quad \sum_{i=1}^{i=m} a_{i\,j} x_i = X_j,$$

et l'équation

$$(12) \qquad F = X_1 x_1 + X_2 x_2 + \ldots + X_m x_m = \sum_{i=1}^{i=m} X_i x_i.$$

Pour faire cette élimination, multiplions les équations (4) par l'équation (12), nous obtiendrons $m$ équations qui se déduiront de la suivante :

$$(13) \qquad \sum_{i=1}^{i=m} (F a_{i,j} - X_i X_j) x_i = 0,$$

en donnant à $j$ les valeurs $1, 2, \ldots, m$. Les $m$ équations (13) sont homogènes par rapport aux variables $x$;

donc, pour éliminer ces variables, il suffit d'égaler à zéro le déterminant des $m^2$ quantités

$$(14) \qquad \mathrm{F}a_{i,j} - \mathrm{X}_i \mathrm{X}_j.$$

Ce déterminant peut se conclure très-facilement de celui des quantités $\mathrm{F}a_{i,j}$, lequel est égal à $\mathrm{F}^m \Delta$. En effet, l'indice $j$ étant le même pour tous les termes d'une même ligne horizontale, il est évident que deux lignes quelconques du déterminant $\mathrm{X}_i \mathrm{X}_j$ sont formées de quantités proportionnelles; dès lors, d'après ce qui a été établi au n° 243, le déterminant des quantités (14) s'obtiendra en retranchant du déterminant des quantités $\mathrm{F}a_{i,j}$ chacun de ceux qu'on en déduit quand on y remplace successivement chaque ligne horizontale par la ligne horizontale correspondante du déterminant des quantités $\mathrm{X}_i \mathrm{X}_j$. Or, en conservant les notations dont nous avons déjà fait usage, on a

$$\mathrm{F}^m \Delta = \mathrm{F}^m \left(\frac{d\Delta}{da_{1,j}}\right) a_{1,j} + \ldots + \mathrm{F}^m \left(\frac{d\Delta}{da_{m,j}}\right) a_{m,j};$$

et si l'on remplace

$$\mathrm{F}a_{1,j},\ \mathrm{F}a_{2,j}, \ldots,\ \mathrm{F}a_{m,j}$$

par

$$\mathrm{X}_1 \mathrm{X}_j,\ \mathrm{X}_2 \mathrm{X}_j, \ldots,\ \mathrm{X}_m \mathrm{X}_j,$$

on obtiendra pour résultat

$$(15) \qquad \mathrm{F}^{m-1} \left[ \left(\frac{d\Delta}{da_{1,j}}\right) \mathrm{X}_1 \mathrm{X}_j + \ldots + \left(\frac{d\Delta}{da_{m,j}}\right) \mathrm{X}_m \mathrm{X}_j \right];$$

donc, pour avoir le déterminant des quantités (14), il suffit de faire la somme des valeurs que prend l'expression (15) quand on donne à $j$ les valeurs $1, 2, \ldots, m$, et de retrancher ensuite cette somme de $\mathrm{F}^m \Delta$. Si enfin on égale à zéro la différence obtenue et qu'on supprime le facteur $\mathrm{F}^{m-1}$, on aura une équation qui donnera précisément pour F la valeur (7) trouvée plus haut et de laquelle nous avons conclu l'expression définitive (10).

**251.** Voici maintenant la conséquence que l'on tire de la méthode précédente. Si l'on pose

$$\varphi = \mathrm{F}f - (\mathrm{X}_1 x_1 + \mathrm{X}_2 x_2 + \ldots + \mathrm{X}_m x_m)^2,$$

les équations (13) seront évidemment

$$\frac{1}{2}\frac{d\varphi}{dx_1} = 0, \quad \frac{1}{2}\frac{d\varphi}{dx_2} = 0, \ldots, \quad \frac{1}{2}\frac{d\varphi}{dx_m} = 0,$$

d'où il résulte que le déterminant des quantités (14) n'est autre chose que l'invariant $\Phi$ de $\varphi$ considérée comme fonction des variables $x_1, x_2, \ldots, x_m$. Cela étant, considérons la substitution quelconque

$$(16)\quad \begin{cases} x_1 = \alpha_{1,1} x_1^{(0)} + \alpha_{2,1} x_2^{(0)} + \ldots + \alpha_{m,1} x_m^{(0)}, \\ x_2 = \alpha_{1,2} x_1^{(0)} + \alpha_{2,2} x_2^{(0)} + \ldots + \alpha_{m,2} x_m^{(0)}, \\ \dots\dots\dots\dots\dots\dots\dots\dots, \\ x_m = \alpha_{1,m} x_1^{(0)} + \alpha_{2,m} x_2^{(0)} + \ldots + \alpha_{m,m} x_m^{(0)}, \end{cases}$$

dont nous désignerons le déterminant par $\delta$. Par cette substitution, $f$ se changera en une fonction $f^{(0)}$ que nous représenterons par

$$(17)\qquad f^{(0)} = \sum_{i=1}^{i=m} \sum_{j=1}^{j=m} a_{i,j}^{(0)} x_i^{(0)} x_j^{(0)},$$

et si l'on pose, en outre,

$$(18)\quad \begin{cases} \mathrm{X}_1^{(0)} = \alpha_{1,1} \mathrm{X}_1 + \alpha_{1,2} \mathrm{X}_2 + \ldots + \alpha_{1,m} \mathrm{X}_m, \\ \mathrm{X}_2^{(0)} = \alpha_{2,1} \mathrm{X}_1 + \alpha_{2,2} \mathrm{X}_2 + \ldots + \alpha_{2,m} \mathrm{X}_m, \\ \dots\dots\dots\dots\dots\dots\dots\dots, \\ \mathrm{X}_m^{(0)} = \alpha_{m,1} \mathrm{X}_1 + \alpha_{m,2} \mathrm{X}_2 + \ldots + \alpha_{m,m} \mathrm{X}_m, \end{cases}$$

la fonction $\varphi$ se changera en une fonction $\varphi^{(0)}$ ayant pour valeur

$$\varphi^{(0)} = \mathrm{F}f^{(0)} - \left(\mathrm{X}_1^{(0)} x_1^{(0)} + \mathrm{X}_2^{(0)} x_2^{(0)} + \ldots + \mathrm{X}_m^{(0)} x_m^{(0)}\right)^2$$

et dont l'invariant sera égal à $\Phi\delta^2$. L'équation

$$\Phi = 0,$$

qui peut servir pour calculer F, s'obtiendra donc en égalant à zéro l'invariant de $\varphi$ ou de $\varphi^{(0)}$ à volonté.

En employant successivement ces deux invariants, on conclura deux valeurs de F qui devront être identiques, et il en résulte ce théorème :

*La fonction* F *reste invariable, quand on y remplace les coefficients $a_{i,j}$ par $a_{i,j}^{(0)}$, pourvu qu'au lieu des variables $\mathrm{X}_\mu$ on mette en même temps*

$$\alpha_{\mu,1}\mathrm{X}_1 + \alpha_{\mu,2}\mathrm{X}_2 + \ldots + \alpha_{\mu,m}\mathrm{X}_m.$$

Supposons que la substitution (16) soit choisie de manière à réduire $f$ à une somme de carrés; l'équation (17) prendra la forme

$$(19) \qquad f^{(0)} = \varepsilon_1 x_1^{(0)2} + \varepsilon_2 x_2^{(0)2} + \ldots + \varepsilon_m x_m^{(0)2};$$

il est évident que l'invariant de $f^{(0)}$ est égal au produit $\varepsilon_1\varepsilon_2\ldots\varepsilon_m$ et on a (n° 247)

$$(20) \qquad \varepsilon_1\varepsilon_2\ldots\varepsilon_\mu = \Delta\delta^2,$$

ce qui montre que, si l'invariant $\Delta$ est différent de zéro ainsi que le déterminant de la substitution (16), aucune des quantités $\varepsilon$ ne pourra être nulle. On tire de l'équation (19)

$$\mathrm{X}_1^{(0)} = \frac{1}{2}\frac{df^{(0)}}{dx_1^{(0)}} = \varepsilon_1 x_1^{(0)}, \ldots, \quad \mathrm{X}_m^{(0)} = \frac{1}{2}\frac{df^{(0)}}{dx_m^{(0)}} = \varepsilon_m x_m^{(0)},$$

et en substituant, dans la même équation (19), les valeurs de $x_1^{(0)}$, $x_2^{(0)}$, ..., tirées de ces formules, il vient

$$F^{(0)} = \frac{1}{\varepsilon_1} X_1^{(0)2} + \frac{1}{\varepsilon_2} X_2^{(0)2} + \ldots + \frac{1}{\varepsilon_m} X_m^{(0)2}.$$

Cela étant, pour avoir la fonction F, il suffit, d'après ce qui précède, de substituer à $X_1^{(0)}$, $X_2^{(0)}$, ..., dans la formule précédente, les valeurs tirées des équations (18). On aura donc, en se servant de la formule (20) et en conservant les variables $X^{(0)}$ qui sont des fonctions linéaires des variables X,

$$(21) \quad \Delta F = \varepsilon_2 \varepsilon_3 \ldots \varepsilon_m \left[\frac{X_1^{(0)}}{\delta}\right]^2 + \ldots + \varepsilon_1 \varepsilon_2 \ldots \varepsilon_{m-1} \left[\frac{X_m^{(0)}}{\delta}\right]^2.$$

Supposons maintenant que l'invariant $\Delta$ soit nul; d'après la formule (20), l'une au moins des quantités $\varepsilon$ sera nulle, et par conséquent tous les termes du second membre de la formule (21) disparaîtront à l'exception d'un seul. On peut conclure de là cette proposition :

Théorème. — *Si l'invariant $\Delta$ d'une fonction homogène du deuxième degré est nul, la fonction adjointe $\Delta F$ est un carré parfait.*

**252.** Exemples. — Considérons en premier lieu la fonction homogène

$$f = Ax^2 + 2Bxy + Cy^2$$

des deux variables $x$ et $y$. On aura

$$\frac{1}{2}\frac{df}{dx} = Ax + By = X,$$

$$\frac{1}{2}\frac{df}{dy} = Bx + Cy = Y,$$

et

$$f = Xx + Yy;$$

l'invariant $\Delta$ a ici pour valeur

$$\Delta = AC - B^2,$$

et on a

$$x = \frac{CX - BY}{\Delta}, \quad y = \frac{AY - BX}{\Delta};$$

en substituant ces valeurs dans l'expression de $f$, on obtient la fonction adjointe $\Delta F$, savoir :

$$\Delta F = CX^2 - 2BXY + AY^2.$$

On vérifie immédiatement, dans ce cas simple, la proposition démontrée à la fin du numéro précédent, car si $\Delta = 0$, la fonction proposée $f$ et la fonction adjointe $\Delta F$ sont évidemment des carrés parfaits.

Considérons en deuxième lieu la fonction homogène

$$f = Ax^2 + A'y^2 + A''z^2 + 2Byz + 2B'xz + 2B''xy$$

des trois variables $x$, $y$, $z$. On a ici

$$\frac{1}{2}\frac{df}{dx} = Ax + B''y + B'z = X,$$

$$\frac{1}{2}\frac{df}{dy} = B''x + A'y + Bz = Y,$$

$$\frac{1}{2}\frac{df}{dz} = B'x + By + A''z = Z,$$

et

$$f = Xx + Yy + Zz.$$

L'invariant $\Delta$ a pour valeur

$$\Delta = \begin{vmatrix} A, & B'', & B', \\ B'', & A', & B, \\ B', & B, & A'', \end{vmatrix}$$

ou

$$\Delta = AA'A'' + 2BB'B'' - AB^2 - A'B'^2 - A''B''^2,$$

et on a

$$x = \frac{1}{\Delta}[(A'A'' - B^2)X + (BB' - A''B'')Y + (BB'' - A'B')Z],$$

$$y = \frac{1}{\Delta}[(BB' - AB'')X + (AA'' - B'^2)Y + (B'B'' - AB)Z],$$

$$z = \frac{1}{\Delta}[(BB'' - A'B')X + (B'B'' - AB)Y + (AA' - B''^2)Z].$$

La substitution de ces valeurs dans l'expression de $f$ donne la fonction adjointe $\Delta F$, savoir :

$$\begin{aligned}\Delta F = {} & (A'A'' - B^2)X^2 + (AA'' - B'^2)Y^2 + (AA' - B''^2)Z^2 \\ & + 2(B'B'' - AB)YZ + 2(BB'' - A'B')XZ \\ & + 2(BB' - A''B'')XY.\end{aligned}$$

Posons

$$A'A'' - B^2 = \alpha, \quad AA'' - B'^2 = \alpha', \quad AA' - B''^2 = \alpha'',$$

on aura

$$\begin{aligned}(B'B'' - AB)^2 &= \alpha'\alpha'' - A\Delta, \\ (BB'' - A'B')^2 &= \alpha\alpha'' - A'\Delta, \\ (BB' - A''B'')^2 &= \alpha\alpha' - A''\Delta,\end{aligned}$$

et, quand l'invariant $\Delta$ est nul, ces formules se réduisent à

$$\begin{aligned}B'B'' - AB &= \sqrt{\alpha'}\sqrt{\alpha''}, \\ BB'' - A'B' &= \sqrt{\alpha}\sqrt{\alpha''}, \\ BB' - A''B'' &= \sqrt{\alpha}\sqrt{\alpha'};\end{aligned}$$

donc, la fonction adjointe $\Delta F$ se réduit, dans la même hypothèse, au carré de la fonction linéaire

$$X\sqrt{\alpha} + Y\sqrt{\alpha'} + Z\sqrt{\alpha''}.$$

### *Remarque sur la réduction à une somme de carrés.*

**253.** Nous terminerons ces considérations générales par une remarque importante relative à la réduction d'une fonction entière et homogène du deuxième degré à une somme de carrés.

Soit

$$f(x_1, x_2, \ldots, x_m)$$

une fonction entière et homogène du deuxième degré des $m$ variables

$$x_1, x_2, \ldots, x_m,$$

dans laquelle les coefficients ont des valeurs indéterminées. En appliquant ici le procédé indiqué au n° 192, on pourra exprimer la fonction $f$ par une somme de carrés, de la manière suivante :

$$\begin{aligned} f = {} & \varepsilon_1(x_1 + \alpha_{2,1}x_2 + \alpha_{3,1}x_3 + \ldots + \alpha_{m,1}x_m)^2 \\ & + \varepsilon_2(x_2 + \alpha_{3,2}x_3 + \ldots + \alpha_{m,2}x_m)^2 \\ & + \varepsilon_3(x_3 + \alpha_{4,3}x_4 + \ldots + \alpha_{m,3}x_m)^2 \\ & + \ldots\ldots\ldots\ldots\ldots\ldots\ldots\ldots \\ & + \varepsilon_{m-1}(x_{m-1} + \alpha_{m,m-1}x_m)^2 \\ & + \varepsilon_m x_m^2, \end{aligned}$$

en sorte que la fonction

$$F = \varepsilon_1 X_1^2 + \varepsilon_2 X_2^2 + \ldots + \varepsilon_m X_m^2$$

se changera en $f$, par la substitution

$$\begin{aligned} X_1 &= x_1 + \alpha_{2,1}x_2 + \ldots + \alpha_{m,1}x_m, \\ X_2 &= x_2 + \alpha_{3,2}x_3 + \ldots + \alpha_{m,2}x_m, \\ & \ldots\ldots\ldots\ldots\ldots\ldots\ldots, \\ X_m &= x_m, \end{aligned}$$

dont le déterminant est égal à 1. Les fonctions F et $f$ ont dès lors le même invariant ; or l'invariant de F est évidemment $\varepsilon_1\varepsilon_2\ldots\varepsilon_m$ : si donc on désigne par $\Delta_m$ celui de $f$, on aura

$$\Delta_m = \varepsilon_1\varepsilon_2\ldots\varepsilon_m.$$

Si l'on pose

$$x_m = 0, \quad x_{m-1} = 0, \ldots, \quad x_{m-i+1} = 0,$$

$f$ se réduira à une fonction des $m-i$ variables

$$x_1,\ x_2,\ldots,\ x_{m-i},$$

et nous désignerons par $\Delta_{m-i}$ l'invariant de cette fonction. Il est évident, par ce qui précède, que l'on aura

$$\Delta_{m-i}=\varepsilon_1\varepsilon_2\ldots\varepsilon_{m-i};$$

nous admettrons que cette formule subsiste pour $i=m-1$, ce qui revient à poser

$$\Delta_1=\varepsilon_1.$$

On aura, d'après cela,

$$\begin{aligned}\Delta_1&=\varepsilon_1,\\ \Delta_2&=\varepsilon_1\varepsilon_2,\\ \Delta_3&=\varepsilon_1\varepsilon_2\varepsilon_3,\\ &\ldots\ldots\ldots,\\ \Delta_m&=\varepsilon_1\varepsilon_2\ldots\varepsilon_m,\end{aligned}$$

d'où l'on tire

$$\varepsilon_1=\Delta_1,\quad \varepsilon_2=\frac{\Delta_2}{\Delta_1},\quad \varepsilon_3=\frac{\Delta_3}{\Delta_2},\ldots,\quad \varepsilon_m=\frac{\Delta_m}{\Delta_{m-1}}:$$

il résulte de là que la fonction $f$ peut être représentée par la formule

$$f=\Delta_1X_1^2+\frac{\Delta_2}{\Delta_1}X_2^2+\frac{\Delta_3}{\Delta_2}X_3^2+\ldots+\frac{\Delta_m}{\Delta_{m-1}}X_m^2,$$

$X_1, X_2,\ldots, X_m$ étant des fonctions linéaires des variables $x_1, x_2,\ldots, x_m$. M. Hermite a tiré de cette formule, comme on le verra plus loin, des conséquences de la plus haute importance.

Nous avons supposé que les coefficients de la fonction $f$ étaient des constantes indéterminées, mais il est évident que tous les résultats qui précèdent subsisteront quand on donnera à ces coefficients des valeurs particulières quelconques, pourvu cependant qu'aucun des invariants

$$\Delta_1,\ \Delta_2,\ldots,\ \Delta_m$$

ne se réduise à zéro.

### *Théorème relatif aux fonctions entières et homogènes du deuxième degré à coefficients réels.*

**254.** Dans l'étude que nous venons de faire, nous n'avons fait aucune hypothèse sur la nature des coefficients des fonctions que nous avons considérées. Nous supposerons ici que ces coefficients soient des quantités réelles; alors, en appliquant le procédé du n° 192 à une fonction entière et homogène du deuxième degré, $f$, pour la réduire à une somme de carrés de fonctions linéaires, il pourra arriver que quelques-unes de celles-ci contiennent le facteur $\sqrt{-1}$. En d'autres termes, la fonction $f$ sera exprimée par une somme de carrés de fonctions linéaires réelles, multipliés par certains coefficients positifs ou négatifs.

On peut dire, avec M. Hermite, que deux fonctions entières et homogènes du deuxième degré sont de *même espèce,* lorsque, ces fonctions étant exprimées par des sommes de carrés, le nombre de ces carrés dont le coefficient a un signe donné est le même dans l'une et dans l'autre fonction.

Cela posé, nous présenterons ici une proposition fort importante, avec la démonstration qu'en a donnée M. Hermite.

Théorème. — *De quelque manière qu'on transforme un polynôme homogène du deuxième degré à coefficients réels et dont l'invariant n'est pas nul, en une somme de carrés de fonctions linéaires réelles, ces carrés étant affectés de coefficients numériques également réels, le nombre de ces coefficients qui auront un signe donné sera toujours le même.*

Soit

$$f(u_1, u_2, \ldots, u_m)$$

une fonction entière et homogène du deuxième degré des $m$ variables

$$u_1,\ u_2,\ldots,\ u_m$$

et dont l'invariant $\Delta$ ne soit pas nul. Dans cette hypothèse, toute réduction de $f$ à une somme de carrés pourra, comme on sait, être réalisée par le moyen d'une substitution linéaire et réelle dont le déterminant n'est pas nul.

Supposons donc que par la substitution réelle

$$(1)\qquad u_\mu = \sum_{\lambda=1}^{\lambda=m} a_{\lambda,\mu} x_\lambda,$$

on obtienne

$$(2)\qquad f = \sum_{\mu=1}^{\mu=m} \varepsilon_\mu x_\mu^2,$$

$\varepsilon_\mu$ étant un coefficient réel positif ou négatif, et qu'une autre substitution réelle,

$$(3)\qquad u_\mu = \sum_{\lambda=1}^{\lambda=m} A_{\lambda,\mu} X_\lambda,$$

donne

$$(4)\qquad f = \sum_{\mu=1}^{\mu=m} E_\mu X_\mu^2,$$

$E_\mu$ étant encore un coefficient réel. Il s'agit de prouver que dans les deux suites

$$\varepsilon_1,\ \varepsilon_2,\ldots,\ \varepsilon_m,$$
$$E_1,\ E_2,\ldots,\ E_m$$

il y a un même nombre de termes ayant un signe donné.

Supposons négatives les quantités $\varepsilon_1,\ \varepsilon_2,\ldots,\ \varepsilon_i$ et positives les suivantes $\varepsilon_{i+1},\ldots,\varepsilon_m$; supposons aussi que $E_1, E_2,\ldots, E_k$ soient négatives et que $E_{k+1},\ldots, E_m$ soient positives; dans le cas où toutes les quantités $\varepsilon$ ou E sont positives, on aura $i=0$ ou $k=0$. Nous allons démontrer qu'il est impossible que les nombres $i$ et $k$ soient inégaux; par exemple, qu'on ne peut pas avoir $k>i$. Admettons effectivement cette hypothèse de $k>i$ et examinons les conséquences qui vont en résulter.

On a l'identité

$$(5)\qquad \sum_{\mu=1}^{\mu=m} \varepsilon_\mu x_\mu^2 = \sum_{\mu=1}^{\mu=m} E_\mu X_\mu^2,$$

les variables $x$ étant liées aux variables X par $m$ équations qui se déduisent de la suivante :

$$(6)\qquad \sum_{\lambda=1}^{\lambda=m} a_{\lambda,\mu} x_\lambda = \sum_{\lambda=1}^{\lambda=m} A_{\lambda,\mu} X_\lambda,$$

en donnant à $\mu$ les valeurs $1, 2,\ldots, m$. Le déterminant de la substitution (1) n'étant pas nul, il est évident que les équations (6) pourront être résolues par rapport aux variables $x$, et la même chose aura lieu encore si l'on écrit partout

$$\frac{x_\mu}{\sqrt{\pm\varepsilon_\mu}},\quad \frac{X_\mu}{\sqrt{\pm E_\mu}},$$

au lieu de $x_\mu$ et $X_\mu$, $\pm\varepsilon_\mu$ et $\pm E_\mu$ désignant les valeurs absolues de $\varepsilon_\mu$ et de $E_\mu$. Alors l'équation (5) devient

$$(7)\quad \left\{\begin{aligned} &-[x_1^2+x_2^2+\ldots+x_i^2]+[x_{i+1}^2+x_{i+2}^2+\ldots+x_m^2]\\ &=-[X_1^2+X_2^2+\ldots+X_k^2]+[X_{k+1}^2+X_{k+2}^2+\ldots+X_m^2],\end{aligned}\right.$$

et cette équation (7) doit se réduire à une identité, par le moyen d'une substitution linéaire telle que

$$(8)\qquad x_\mu = \sum_{\lambda=1}^{\lambda=m} \alpha_{\lambda,\mu} X_\lambda.$$

Cela posé, soit $\varphi$ un angle indéterminé; la formule (7) ne changera pas si l'on remplace $X_1$ et $X_2$ respectivement par

$$X_1 \cos\varphi + X_2 \sin\varphi,\quad X_1 \sin\varphi - X_2 \cos\varphi,$$

lorsque le nombre $k$ sera supérieur à 1. Mais alors l'indéterminée $\varphi$ s'introduit dans les équations (8), et on peut en disposer pour faire disparaître $X_1$ de l'expression $x_1$. On a effectivement

$$x_1 = (\alpha_{1,1}\cos\varphi + \alpha_{2,1}\sin\varphi) X_1 + (\alpha_{1,1}\sin\varphi - \alpha_{2,1}\cos\varphi) X_2 + \ldots,$$

et, pour remplir l'objet demandé, il suffira de déterminer $\varphi$ par la relation

$$\alpha_{1,1}\cos\varphi + \alpha_{2,1}\sin\varphi = 0.$$

Ainsi, par un changement de notation qui ne change ni l'équation (7) ni la forme de la substitution (8), on peut faire disparaître $X_1$ de l'expression $x_1$; en d'autres termes, on peut supposer

$$\alpha_{1,1} = 0.$$

Pareillement, lorsque $k$ est $> 2$, l'équation (7) ne change pas, si l'on remplace $X_2$ et $X_3$ respectivement par

$$X_2 \cos\varphi + X_3 \sin\varphi,\quad X_2 \sin\varphi - X_3 \cos\varphi,$$

et on peut disposer de la nouvelle indéterminée $\varphi$ pour faire disparaître $X_2$ de l'expression de $x_1$. Il suffira, en effet, de déterminer cet angle $\varphi$ par la formule

$$\alpha_{2,1}\cos\varphi + \alpha_{3,1}\sin\varphi = 0,$$

et il est évident qu'on peut continuer la même série d'opérations sans changer l'équation (7), ni la forme réelle de la substitution (8), jusqu'à ce qu'on ait fait successivement disparaître les variables

$$X_1,\ X_2,\ldots,\ X_{k-1}$$

de l'expression de $x_1$.

Cela étant établi, on voit que, par une série d'opérations toutes semblables, on pourra faire disparaître les variables

$$X_1,\ X_2,\ldots,\ X_{k-2}$$

de l'expression de $x_2$. Comme nous nous arrêtons ici à $X_{k-2}$ et que la dernière opération consiste à remplacer $X_{k-2}$ et $X_{k-1}$ respectivement par

$$X_{k-2}\cos\varphi + X_{k-1}\sin\varphi,\quad X_{k-2}\sin\varphi - X_{k-1}\cos\varphi,$$

on ne verra reparaître dans $x_1$ aucune des variables que l'on a d'abord fait disparaître de son expression.

On peut opérer de la même manière à l'égard des variables $x_3, x_4,\ldots, x_{k-1}$; l'expression de $x_3$ ne contiendra plus les variables $X_1, X_2,\ldots, X_{k-3}$, la dernière variable $x_{k-1}$ ne renfermera plus $X_1$. Ainsi l'on aura

$$(9)\qquad \begin{cases} \alpha_{1,1}=0, & \alpha_{2,1}=0,\ldots, \quad \alpha_{k-1,1}=0,\\ \alpha_{1,2}=0, & \alpha_{2,2}=0,\ldots, \quad \alpha_{k-2,2}=0,\\ \ldots\ldots\ldots & \ldots\ldots\ldots\ldots\ldots\ldots,\\ \alpha_{1,k-2}=0, & \alpha_{2,k-2}=0,\\ \alpha_{1,k-1}=0. \end{cases}$$

Le nombre $k$ étant supérieur à $i$, si l'on substitue les valeurs (8) des variables $x$ dans l'équation (7), et qu'on égale de part et d'autre les coefficients de $X_1^2$, on aura

$$\alpha_{1,i+1}^2 + \alpha_{1,i+2}^2 + \ldots + \alpha_{1,m}^2 = -1,$$

et cette équation ne peut être évidemment satisfaite par des valeurs réelles des quantités $\alpha$. On ne peut donc admettre l'inégalité des nombres $i$ et $k$, ce qui démontre la proposition énoncée.

### *Théorème de M. Sylvester relatif aux fonctions auxquelles conduit l'application du théorème de Sturm.*

255. Le théorème dont il s'agit ici a pour objet de faire connaître l'expression algébrique des fonctions qui interviennent dans l'application du théorème de Sturm à une équation donnée. M. Sylvester l'a publié sans démonstration dans le *Philosophical Magazine* (décembre 1839); et Sturm l'a établi ensuite dans un article qui fait partie du tome VII du *Journal de Mathématiques pures et appliquées*. Nous présenterons la démonstration de Sturm en y apportant quelques simplifications dont l'illustre géomètre a d'ailleurs indiqué la principale en terminant son Mémoire.

Le théorème de M. Sylvester peut être énoncé comme il suit :

THÉORÈME. — *Soit* $V = 0$ *une équation quelconque du degré* $m$ *à une inconnue* $x$, *dans laquelle, pour plus de simplicité, le coefficient de* $x^m$ *sera pris égal à l'unité, et dont les racines supposées inégales seront désignées par* $a, b, c, \ldots, k, l$. *Soit* $V_1$ *la dérivée de* $V$. *Concevons qu'on cherche, par le procédé ordinaire, le plus grand commun diviseur de* $V$ *et* $V_1$ *en ayant soin de n'introduire et de ne supprimer aucun facteur indépendant de* $x$, *et en changeant toujours les signes des restes avant de les prendre pour diviseurs. Désignons par* $V_2, V_3, \ldots, V_m$ *ces restes pris avec des signes contraires dont les degrés, par rapport à* $x$, *sont respectivement* $m-2, m-1, \ldots, 1, 0$, *dans le cas général. Les polynômes*

$$V, V_1, V_2, \ldots, V_m$$

*s'exprimeront en fonction de $x$ et des racines $a, b, c, \ldots, k, l$ de l'équation $V = 0$, de la manière suivante :*

$$(1)\quad \begin{cases} V = (x-a)(x-b)(x-c)\ldots(x-l), \\ V_1 = \sum (x-b)(x-c)\ldots(x-l), \\ V_2 = \dfrac{1}{\lambda_2}\sum (a-b)^2(x-c)(x-d)\ldots(x-l), \\ V_3 = \dfrac{1}{\lambda_3}\sum (a-b)^2(a-c)^2(b-c)^2(x-d)\ldots(x-l), \\ V_4 = \dfrac{1}{\lambda_4}\sum (a-b)^2(a-c)^2(a-d)^2(b-c)^2(b-d)^2(c-d)^2(x-e)\ldots(x \\ \ldots\ldots\ldots\ldots\ldots\ldots \\ V_m = \dfrac{1}{\lambda_m}(a-b)^2(a-c)^2\ldots(a-l)^2(b-c)^2\ldots(k-l)^2, \end{cases}$$

*les quantités $\lambda_2, \lambda_3, \ldots, \lambda_m$ étant déterminées par les formules*

$$(2)\quad \begin{cases} \lambda_2 = p_1^2, \\ \lambda_3 = \left(\dfrac{p_2}{p_1}\right)^2, \\ \lambda_4 = \left(\dfrac{p_1 p_3}{p_2}\right)^2, \\ \lambda_5 = \left(\dfrac{p_2 p_4}{p_1 p_3}\right)^2, \\ \ldots\ldots\ldots\ldots, \end{cases}$$

$$(3)\quad \begin{cases} p_1 = m, \\ p_2 = \sum (a-b)^2, \\ p_3 = \sum (a-b)^2(a-c)^2(b-c)^2, \\ p_4 = \sum (a-b)^2(a-c)^2(a-d)^2(b-c)^2(b-d)^2(c-d)^2, \\ \ldots\ldots\ldots\ldots\ldots\ldots, \\ p_m = (a-b)^2(a-c)^2\ldots(a-l)^2(b-c)^2\ldots(k-l)^2, \end{cases}$$

*et chaque somme $\sum$ représentant une fonction symétrique des racines dont tous les termes se déduisent, par les substitutions, de celui qui est écrit sous le signe.*

La première des formules (1) exprime la composition de l'équation proposée, et la deuxième a lieu par un théorème connu. Il reste à établir les suivantes.

Soient

$$Q_1,\ Q_2,\ldots,\ Q_{m-1}$$

les quotients que fournit la recherche du plus grand commun diviseur; ces quotients seront du premier degré en $x$, dans le cas général, et l'on aura

$$(4)\qquad \left\{\begin{array}{l} V = V_1 Q_1 - V_2,\\ V_1 = V_2 Q_2 - V_3,\\ V_2 = V_3 Q_3 - V_4,\\ \ldots\ldots\ldots\ldots\ldots\ldots,\\ V_{m-2} = V_{m-1} Q_{m-1} - V_m. \end{array}\right.$$

Au moyen de ces formules, on peut exprimer successivement

$$V_2,\ V_3,\ldots,\ V_m$$

en fonction des polynômes V, $V_1$ et des quotients Q; on trouve ainsi

$$(5)\qquad \left\{\begin{array}{l} V_2 = V_1 Q_1 - V,\\ V_3 = V_1 (Q_1 Q_2 - 1) - V Q_2,\\ V_4 = V_1 (Q_1 Q_2 Q_3 - Q_1 - Q_3) - V(Q_2 Q_3 - 1),\\ \ldots\ldots\ldots\ldots\ldots\ldots\ldots\ldots\ldots\ldots, \end{array}\right.$$

et il est évident que l'on aura généralement

$$(6)\qquad V_\mu = V_1 S_\mu - V T_\mu,$$

$S_\mu$ et $T_\mu$ étant des polynômes des degrés $\mu - 1$ et $\mu - 2$ respectivement.

Si l'on écrit $f(x)$ au lieu de V, $f'(x)$ au lieu de $V_1$, la relation (6) prendra la forme

$$(7) \qquad \frac{V_\mu}{S_\mu} = f'(x) - \frac{T_\mu}{S_\mu} f(x);$$

il résulte de là que si l'on donne successivement à $x$ les $m$ valeurs

$$a,\ b,\ c, \ldots,\ k,\ l,$$

la fraction rationnelle

$$(8) \qquad \frac{V_\mu}{S_\mu}$$

prendra les $m$ valeurs correspondantes

$$f'(a),\ f'(b),\ f'(c), \ldots,\ f'(l);$$

d'ailleurs les degrés des polynômes $V_\mu$, $S_\mu$ sont respectivement $m-\mu$, $\mu-1$ et la somme de ces degrés est $m-1$. On pourra donc déterminer la fonction (8) par la méthode qui a été exposée au n° 232.

Supposons que $h$ occupe le $\mu^{ième}$ rang dans la suite des $m$ racines

$$(9) \qquad a,\ b,\ c, \ldots,\ e,\ g,\ h,\ i, \ldots,\ j,\ k,\ l;$$

d'après la formule générale du n° 232, les polynômes $V_\mu$ et $S_\mu$ seront égaux respectivement, à un facteur constant près, savoir : le premier, $V_\mu$, à la fonction symétrique des racines (9), dont l'un des termes a pour valeur

$$f'(a)f'(b)\ldots f'(h)\frac{(x-i)\ldots(x-k)(x-l)}{[(a-i)\ldots(a-l)]\ldots[(h-i)\ldots(h-l)]},$$

et le second, $S_\mu$, à la fonction symétrique des mêmes racines dont l'un des termes est

$$f'(b)\ldots f'(g)\frac{(a-x)(b-x)\ldots(g-x)}{[(a-h)(a-i)\ldots(a-l)]\ldots[(g-h)(g-i)\ldots(g-l)]}.$$

Or on a

$$f'(a) = [(a-b)\ldots(a-h)][(a-i)\ldots(a-l)],$$
$$f'(b) = [(b-a)\ldots(b-h)][(b-i)\ldots(b-l)],$$
$$\ldots\ldots\ldots\ldots\ldots\ldots\ldots\ldots,$$
$$f'(h) = [(h-a)\ldots(h-g)][(h-i)\ldots(h-l)],$$

et il résulte de ces formules que les produits

$$f'(a)f'(b)\ldots f'(h),\quad f'(a)f'(b)\ldots f'(g)$$

ont respectivement pour valeurs

$$(-1)^{\frac{\mu(\mu-1)}{2}}[(a-b)^2(a-c)^2\ldots(g-h)^2]\times[(a-i)\ldots(a-l)]\ldots[(h-i)\ldots(h-l)],$$
$$(-1)^{\frac{\mu(\mu-1)}{2}}[(a-b)^2(a-c)^2\ldots(e-g)^2]\times[(a-h)\ldots(a-l)]\ldots[(g-h)\ldots(g-l)];$$

alors on aura, en désignant par $\lambda_\mu$ un facteur indépendant de $x$,

$$(10)\quad \begin{cases} V_\mu = \dfrac{1}{\lambda_\mu}\sum (a-b)^2(a-c)^2\ldots(g-h)^2(x-i)\ldots(x-k)(x-l), \\ S_\mu = \dfrac{1}{\lambda_\mu}\sum (a-b)^2(a-c)^2\ldots(e-g)^2(x-a)\ldots(x-b)\ldots(x-g); \end{cases}$$

il est évident (n° 232) que, dans le cas de $\mu = m$, ces formules doivent être réduites à

$$(11)\quad \begin{cases} V_m = \dfrac{1}{\lambda_m}(a-b)^2(a-c)^2\ldots(k-l)^2, \\ S_m = \dfrac{1}{\lambda_m}\sum (a-b)^2(a-c)^2\ldots(j-k)^2(x-a)(x-b)\ldots(x-k); \end{cases}$$

il faut remarquer aussi que pour $\mu = 1$, les formules (10) se réduisent à

$$(12)\quad \begin{cases} V_1 = \dfrac{1}{\lambda_1}\sum (x-b)\ldots(x-k)(x-l), \\ S_1 = \dfrac{1}{\lambda_1}, \end{cases}$$

et que l'on doit faire en conséquence $\lambda_1 = 1$.

On voit, par la première des formules (10), qu'il ne nous reste plus qu'à déterminer la constante $\lambda_\mu$.

A cet effet, substituons, dans l'égalité

$$(13)\qquad V_{\mu+1} = V_\mu Q_\mu - V_{\mu-1},$$

les valeurs de $V_\mu$ et de $V_{\mu-1}$ tirées de la formule (6) et de celle qu'on en déduit par le changement de $\mu$ en $\mu - 1$, on aura

$$V_{\mu+1} = V_1 (S_\mu Q_\mu - S_{\mu-1}) - V (T_\mu Q_\mu - T_{\mu-1}),$$

d'où il suit que l'on a, par la notation convenue,

$$(14)\qquad S_{\mu+1} = S_\mu Q_\mu - S_{\mu-1}.$$

Les formules (13) et (14) donnent

$$\frac{V_\mu Q_\mu}{V_{\mu-1}} = 1 + \frac{V_{\mu+1}}{V_{\mu-1}}, \qquad \frac{S_{\mu+1}}{S_\mu Q_\mu} = 1 - \frac{S_{\mu-1}}{S_\mu Q_\mu},$$

d'où, par la multiplication,

$$\frac{S_{\mu+1} V_\mu}{S_\mu V_{\mu-1}} = \left(1 + \frac{V_{\mu+1}}{V_{\mu-1}}\right)\left(1 - \frac{S_{\mu-1}}{S_\mu Q_\mu}\right),$$

et on conclut de là, pour $x = \infty$,

$$\lim \frac{S_{\mu+1} V_\mu}{S_\mu V_{\mu-1}} = 1.$$

Ainsi les fonctions

$$\frac{S_{\mu+1} V_\mu}{S_\mu V_{\mu-1}}, \quad \frac{S_\mu V_{\mu-1}}{S_{\mu-1} V_{\mu-2}}, \ldots, \quad \frac{S_2 V_1}{S_1 V},$$

se réduisent à l'unité pour $x = \infty$, et il en sera de même du produit de ces fonctions; en sorte que l'on aura

$$\lim \frac{S_{\mu+1} V_\mu}{S_1 V} = 1 \quad (\text{pour } x = \infty).$$

Or le terme du degré le plus élevé en $x$, dans le produit $S_{\mu+1} V_{\mu}$, a pour coefficient

$$\frac{1}{\lambda_{\mu} \lambda_{\mu+1}} \left[ \sum (a-b)^2 (a-c)^2 \ldots (g-h)^2 \right]^2,$$

ou

$$\frac{p_{\mu}^2}{\lambda_{\mu} \lambda_{\mu+1}},$$

en adoptant les notations exprimées par les formules (3); on a d'ailleurs $S_1 = 1$, d'après les formules (12), et le coefficient de $x^m$ dans V est égal à 1. L'expression précédente se réduit donc à l'unité, et l'on a

$$\lambda_{\mu} \lambda_{\mu+1} = p_{\mu}^2;$$

il est évident que dans le cas de $\mu = 1$, le second membre de cette formule doit être remplacé par $m^2$, ce qui est conforme aux formules (3). On a donc

$$\lambda_1 = 1, \quad \lambda_1 \lambda_2 = p_1^2, \quad \lambda_2 \lambda_3 = p_2^2, \ldots, \quad \lambda_{m-1} \lambda_m = p_{m-1}^2,$$

d'où l'on conclut immédiatement les formules (2), ce qui achève la démonstration du théorème énoncé.

Il faut remarquer que la quantité $p_m$ ne figure pas dans notre analyse mais nous introduirons cette quantité dans ce qui va suivre, et c'est pourquoi nous l'avons comprise dans le tableau (3).

256. Nous allons faire connaître maintenant une conséquence importante du théorème de M. Sylvester.

Les quantités $p_1, p_2, p_3, \ldots$ sont des fonctions symétriques et entières des racines de l'équation $V = 0$, et en conséquence elles sont exprimables rationnellement par les coefficients de V. Si donc ces coefficients sont réels, $p_1, p_2, p_3, \ldots$ seront aussi des quantités réelles; dès lors les facteurs $\lambda_2, \lambda_3, \ldots, \lambda_m$ seront des nombres essentiellement positifs, et on pourra les supprimer des formules (1) lorsqu'il sera question d'employer les fonctions $V$, $V_1$, $V_2, \ldots$, pour la recherche du nombre des racines réelles de l'équation $V = 0$ qui sont comprises entre deux limites données.

Cela posé, si $N$ désigne le nombre des racines réelles de l'équation $V = 0$, $N$ sera égal, d'après le théorème de Sturm, à l'excès du nombre $\nu_0$ des variations que présente la suite $V$, $V_1$, $V_2, \ldots$, pour $x = -\infty$, sur le nombre $\nu_1$ des variations que présente la même suite pour $x = +\infty$, et il est évident que $\nu_0$ et $\nu_1$ expriment aussi les nombres de variations contenues respectivement dans les deux suites

$$1, \quad -p_1, \quad +p_2, \ldots, \quad +(-1)^m p_m,$$
$$1, \quad p, \quad p_2, \ldots, \quad p_m.$$

La somme $\nu_0 + \nu_1$ est évidemment égale à $m$; on a, par conséquent,

$$\nu_0 - \nu_1 = N, \quad \nu_0 + \nu_1 = m,$$

d'où

$$N = m - 2\nu_1;$$

$2\nu_1$ est donc le nombre des racines imaginaires de l'équation proposée, et de là résulte ce théorème :

*Le nombre des couples de racines imaginaires de l'équation* $V = 0$ *est égal au nombre des variations de signes que présente la suite des quantités*

$$1, \quad p_1, \quad p_2, \ldots, \quad p_m.$$

**257.** Dans un Mémoire qui fait partie du tome XII du *Journal de Mathématiques pures et appliquées*, M. Borchardt a donné au précédent théorème une forme très-élégante que nous indiquerons ici.

On a

$$p_\mu = \sum (a-b)^2 (a-c)^2 \ldots (g-h)^2,$$

le nombre des racines $a, b, c, \ldots, g, h$, qui figurent dans chaque terme étant égal à $\mu$; on a vu d'ailleurs (n° 239) que le produit

$$\pm (a-b)(a-c)\ldots(g-h)$$

est égal au déterminant formé avec les $\mu^2$ quantités

$$\begin{vmatrix} 1, & 1, & 1, & \ldots, & 1 \\ a, & b, & c, & \ldots, & h \\ a^2, & b^2, & c^2, & \ldots, & h^2 \\ a^3, & b^3, & c^3, & \ldots, & h^3 \\ \ldots & \ldots & \ldots & \ldots & \ldots \\ a^{\mu-1}, & b^{\mu-1}, & c^{\mu-1}, & \ldots, & h^{\mu-1} \end{vmatrix};$$

donc $p_\mu$ est la somme des carrés de tous les déterminants que l'on peut former en prenant $\mu$ colonnes verticales du tableau

$$\begin{vmatrix} 1, & 1, & 1, & \ldots, & 1, & 1 \\ a, & b, & c, & \ldots, & k, & l \\ a^2, & b^2, & c^2, & \ldots, & k^2, & l^2 \\ \ldots & \ldots & \ldots & \ldots & \ldots & \ldots \\ a^{\mu-1}, & b^{\mu-1}, & c^{\mu-1} & \ldots, & k^{\mu-1}, & l^{\mu-1} \end{vmatrix},$$

qui renferme $m\mu$ quantités. Alors si l'on pose

$$\alpha_{\lambda,\rho} = a^{\lambda-1}.a^{\rho-1} + b^{\lambda-1}.b^{\rho-1} + \ldots + k^{\lambda-1}.k^{\rho-1} + l^{\lambda-1}.l^{\rho-1},$$

on aura (n° 244)

$$p_\mu = \sum \pm \alpha_{1,1}\,\alpha_{2,2}\ldots\alpha_{\mu,\mu}.$$

Or $\alpha_{\lambda,\rho}$ n'est autre chose que la somme des puissances de degré $\lambda + \rho - 2$ des racines de l'équation $V = 0$, et nous ferons en conséquence

$$\alpha_{\lambda,\rho} = s_{\lambda+\rho-2};$$

on voit que $p_\mu$ peut être représenté par un déterminant de $\mu^2$ quantités, savoir :

$$p_\mu = \begin{vmatrix} s_0, & s_1, \ldots, & s_{\mu-1} \\ s_1, & s_2, \ldots, & s_\mu \\ s_2, & s_3, \ldots, & s_{\mu+1} \\ \ldots & \ldots & \ldots \\ s_{\mu-1}, & s_\mu, \ldots, & s_{2\mu-2} \end{vmatrix}.$$

La proposition que nous avons obtenue au numéro précédent peut alors être énoncée comme il suit :

Théorème. — *Soit proposée une équation* $V = 0$ *du degré m. Des coefficients de cette équation déduisons les sommes des puissances semblables de ses racines, jusqu'à l'ordre* $2m - 2$ *inclusivement, et avec ces sommes, que nous désignerons par* $s_0, s_1, s_2, \ldots, s_{2m-2}$, *formons les quantités* $p_1, p_2, \ldots, p_m$ *en posant*

$$p_1 = s_0 = m,$$

$$p_2 = \begin{vmatrix} s_0, & s_1 \\ s_1, & s_2 \end{vmatrix},$$

$$p_3 = \begin{vmatrix} s_0, & s_1, & s_2 \\ s_1, & s_2, & s_3 \\ s_2, & s_3, & s_4 \end{vmatrix},$$

$$\ldots\ldots\ldots\ldots,$$

$$p_m = \begin{vmatrix} s_0, & s_1, & s_2, \ldots, & s_{m-1} \\ s_1, & s_2, & s_3, \ldots, & s_m \\ \ldots & \ldots & \ldots & \ldots \\ s_{m-1}, & \ldots, & & s_{2m-2} \end{vmatrix},$$

*l'équation* $V = 0$ *aura autant de couples de racines imaginaires qu'il y aura de variations de signes dans la suite*

$$1, p_1, p_2, \ldots, p_m.$$

COROLLAIRE I. — *Il y a au plus* $\frac{m}{2}$ *variations dans la suite* $1, p_1, p_2, \ldots, p_m$.

COROLLAIRE II. — *Pour que l'équation* $V = 0$ *ait toutes ses racines réelles, il faut et il suffit que les quantités*

$$p_2, p_3, \ldots, p_m$$

*soient toutes positives.*

### *Application du théorème de Sturm à une classe remarquable d'équations algébriques.*

**258.** Considérons les $m$ équations

$$(1)\quad \begin{cases} gx_1 = a_{1,1}x_1 + a_{2,1}x_2 + \ldots + a_{m,1}x_m, \\ gx_2 = a_{1,2}x_1 + a_{2,2}x_2 + \ldots + a_{m,2}x_m, \\ \ldots\ldots\ldots\ldots\ldots\ldots\ldots\ldots, \\ gx_m = a_{1,m}x_1 + a_{2,m}x_2 + \ldots + a_{m,m}x_m, \end{cases}$$

dans lesquelles les coefficients $a$ sont des constantes réelles données satisfaisant à la condition

$$a_{i,j} = a_{j,i}.$$

Ces équations sont linéaires et homogènes par rapport aux variables $x$, et si l'on désigne par $\Gamma$ le déterminant

$$\Gamma = \begin{vmatrix} a_{1,1} - g, & a_{2,1}, \ldots, & a_{m,1} \\ a_{1,2}, & a_{2,2} - g, \ldots, & a_{m,2} \\ \ldots & \ldots & \ldots \\ a_{1,m}, & a_{2,m}, \ldots, & a_{m,m} - g \end{vmatrix}$$

L'équation en $g$, $\Gamma = 0$, qui est du degré $m$, sera le résultat de l'élimination des variables $x$ entre les équations (1). Cette équation comprend comme cas particuliers celle dont dépend la recherche des axes principaux des surfaces du deuxième ordre, ainsi que celles au moyen desquelles on détermine les inégalités séculaires des éléments elliptiques des corps célestes.

Nous nous proposons ici de démontrer une propriété fort importante de l'équation $\Gamma = 0$; elle consiste en ce que toutes les racines de cette équation sont réelles. On possède plusieurs démonstrations de cette proposition; mais la plus remarquable est celle que M. Borchardt a présentée, dans le Mémoire que nous avons déjà cité, comme une application du théorème de Sturm. D'après ce théorème (n° 257), la réalité des racines d'une équation dépend des signes de certaines quantités que l'on sait former; dans le cas qui nous occupe, il se présente cette circonstance singulière, que chacune des quantités dont il s'agit est une somme de carrés. Nous croyons utile de reproduire ici la belle analyse de M. Borchardt.

Multiplions chacune des équations (1) par $g$ et substituons, dans les seconds membres, à $gx_1, gx_2, \ldots, gx_m$ leurs valeurs tirées des équations (1), nous obtiendrons le nouveau système

$$(2)\quad \left\{\begin{array}{l} g^2 x_1 = a_{1,1}^{(2)} x_1 + a_{2,1}^{(2)} x_2 + \ldots + a_{m,1}^{(2)} x_m, \\ g^2 x_2 = a_{1,2}^{(2)} x_1 + a_{2,2}^{(2)} x_2 + \ldots + a_{m,2}^{(2)} x_m, \\ \ldots\ldots\ldots\ldots\ldots\ldots\ldots\ldots\ldots\ldots, \\ g^2 x_m = a_{1,m}^{(2)} x_1 + a_{2,m}^{(2)} x_2 + \ldots + a_{m,m}^{(2)} x_m, \end{array}\right.$$

où

$$a_{i,j}^{(2)} = a_{j,i}^{(2)} = \sum_{h=1}^{h=m} a_{h,i} a_{h,j}.$$

Si l'on multiplie chacune des équations (2) par $g$ et que l'on substitue à $gx_1$, $gx_2, \ldots$ leurs valeurs tirées des équations (1), on obtiendra un troisième système d'équations qui se déduira du système (1) en remplaçant $g$ par $g^3$ et les quantités $a_{i,j}$ par

$$a_{i,j}^{(3)} = a_{j,i}^{(3)} = \sum_{h=1}^{h=m} a_{h,i}\, a_{h,j}^{(2)} = \sum_{h^{(1)}=1}^{h^{(1)}=m} \sum_{h^{(2)}=1}^{h^{(2)}=m} a_{i,h^{(1)}}\, a_{h^{(1)},h^{(2)}}\, a_{h^{(2)},j}.$$

En continuant ainsi nous obtiendrons le système d'équations qui correspond à la puissance $r^{ième}$ de $g$ :

$$(r) \quad \begin{cases} g^r x_1 = a_{1,1}^{(r)} x_1 + a_{2,1}^{(r)} x_2 + \ldots + a_{m,1}^{(r)} x_m, \\ g^r x_2 = a_{1,2}^{(r)} x_1 + a_{2,2}^{(r)} x_2 + \ldots + a_{m,2}^{(r)} x_m, \\ \ldots\ldots\ldots\ldots\ldots\ldots\ldots\ldots, \\ g^r x_m = a_{1,m}^{(r)} x_1 + a_{2,m}^{(r)} x_2 + \ldots + a_{m,m}^{(r)} x_m, \end{cases}$$

où

$$a_{i,j}^{(r)} = a_{j,i}^{(r)} = \sum_{h^{(1)}=1}^{h^{(1)}=m} \sum_{h^{(2)}=1}^{h^{(2)}=m} \cdots \sum_{h^{(r)}=1}^{h^{(r)}=m} a_{i,h^{(1)}}\, a_{h^{(1)},h^{(2)}} \ldots a_{h^{(r)},j}$$

$$= \sum_{h=1}^{h=m} a_{h,i}\, a_{h,j}^{(r-1)}.$$

Si l'on multiplie les équations du système $(r)$ par $g^{r'}$ et qu'on substitue, dans les seconds membres, les valeurs de $g^{r'}x_1$, $g^{r'}x_2, \ldots$ tirées du système d'équations $(r')$, le résultat obtenu devra être identique avec le système d'équations $(r+r')$, et on aura, en conséquence,

$$a_{i,j}^{(r+r')} = \sum_{h=1}^{h=m} a_{h,i}^{(r)}\, a_{h,j}^{(r')},$$

ou, en écrivant $q$ et $r-q$, au lieu de $r$ et $r'$,

(3) $$a_{i,j}^{(r)} = \sum_{h=1}^{h=m} a_{h,i}^{(q)} a_{h,j}^{(r-q)}.$$

Cette équation (3) subsistera pour toutes les valeurs de $q$ moindres que $r$, savoir, $1, 2, \ldots, r-1$; dans le cas des valeurs extrêmes, on doit supposer

(4) $$a_{i,j}^{(1)} = a_{i,j}.$$

L'équation (3) subsistera même pour les valeurs $q=0$, $q=r$, si l'on convient de faire

(5) $$\left\{\begin{aligned} a_{i,j}^{(0)} &= 0, \quad \text{quand } i \text{ et } j \text{ sont inégaux}, \\ &= 1, \quad \text{quand } i=j. \end{aligned}\right.$$

Cela posé, revenons à l'équation $\Gamma = 0$; le premier membre $\Gamma$ est ce que devient le déterminant

$$\sum \pm a_{1,1}, \; a_{2,2}, \ldots, \; a_{m,m},$$

lorsqu'on diminue de $g$ chacune des $m$ quantités

$$a_{1,1}, \; a_{2,2}, \ldots, \; a_{m,m}.$$

On aura donc

$$\pm \Gamma = g^m - (a_{1,1} + a_{2,2} + \ldots + a_{m,m}) g^{m-1} + \ldots,$$

et, par suite, la somme $s_1$ des racines de l'équation $\Gamma = 0$ sera

$$s_1 = g_1 + g_2 + \ldots + g_m = \sum_{i=1}^{i=m} a_{i,i}.$$

En appliquant le même raisonnement au système d'équations ($r$) qui conduit à une équation du degré $m$ en $g^r$, nous obtiendrons

$$s_r = g_1^r + g_2^r + \ldots + g_m^r = \sum_{i=1}^{i=m} a_{i,i}^{(r)}$$

ou, à cause de l'équation (3),

$$(6) \qquad s_r = \sum_{i=1}^{i=m} \sum_{j=1}^{j=m} a_{i,j}^{(q)} a_{i,j}^{(r-q)},$$

$q$ ayant une valeur quelconque de o à $r$.

Soit maintenant, comme au nº 257,

$$p_\mu = \begin{vmatrix} s_0, & s_1, & s_2, & \ldots, & s_{\mu-1} \\ s_1, & s_2, & s_3, & \ldots, & s_\mu \\ s_2, & s_3, & s_4, & \ldots, & s_{\mu+1} \\ \cdots & \cdots & \cdots & \cdots & \cdots \\ s_{\mu-1}, & s_\mu, & s_{\mu+1}, & \ldots, & s_{2\mu-2} \end{vmatrix};$$

d'après l'équation (6), les quantités dont se compose ce déterminant peuvent être représentées de la manière suivante :

$$s_0 = \sum a_{i,j}^{(0)} a_{i,j}^{(0)}, \quad s_1 = \sum a_{i,j}^{(0)} a_{i,j}^{(1)}, \ldots, \quad s_{\mu-1} = \sum a_{i,j}^{(0)} a_{i,j}^{(\mu-1)},$$

$$s_1 = \sum a_{i,j}^{(1)} a_{i,j}^{(0)}, \quad s_2 = \sum a_{i,j}^{(1)} a_{i,j}^{(1)}, \ldots, \quad s_\mu = \sum a_{i,j}^{(1)} a_{i,j}^{(\mu-1)},$$

$$s_2 = \sum a_{i,j}^{(2)} a_{i,j}^{(0)}, \quad s_3 = \sum a_{i,j}^{(2)} a_{i,j}^{(1)}, \ldots, \quad s_{\mu+1} = \sum a_{i,j}^{(2)} a_{i,j}^{(\mu-1)},$$

.................................................................

$$s_{\mu-1} = \sum a_{i,j}^{(\mu-1)} a_{i,j}^{(0)}, \quad s_\mu = \sum a_{i,j}^{(\mu-1)} a_{i,j}^{(1)}, \ldots, \quad s_{2\mu-2} = \sum a_{i,j}^{(\mu-1)} a_{i,j}^{(\mu-1)}$$

les sommes se rapportant à toutes les valeurs 1, 2,..., $m$

des indices $i$ et $j$. D'après cela, si l'on fait

$$\alpha_{t,u} = \sum_{i=1}^{i=m} \sum_{j=1}^{j=m} a_{i,j}^{(t)} a_{i,j}^{(u)},$$

on aura

$$p_\mu = \sum (\pm \alpha_{0,0} \alpha_{1,1} \ldots \alpha_{\mu-1,\mu-1}),$$

et, en appliquant aux $\mu m^2$ quantités

$$a_{i,j}^{(0)},\ a_{i,j}^{(1)},\ a_{i,j}^{(2)}, \ldots,\ a_{i,j}^{(\mu-1)}$$

le théorème du n° 244 (Corollaire), on mettra $p_\mu$ sous la forme

$$(7) \qquad p_\mu = \mathbf{S}\left[\sum \pm a_{i,j}^{(0)} a_{i',j'}^{(1)}, a_{i'',j''}^{(2)} \ldots a_{i^{(\mu-1)},j^{(\mu-1)}}^{(\mu-1)}\right]^2,$$

$i, j$; $i', j'$, $i'', j''$; ...; $i^{(\mu-1)}$, $j^{(\mu-1)}$ représentant $\mu$ systèmes quelconques de deux indices $i$, $j$, et la somme $\mathbf{S}$ se rapportant à toutes les combinaisons $\mu$ à $\mu$ des $m^2$ systèmes $i$, $j$.

La formule (7) montre que chacune des quantités $p_\mu$ est une somme de carrés. Ces quantités sont donc toutes positives, et il en résulte, comme on l'a vu au n° 257, que l'équation $\Gamma = 0$ a ses $m$ racines réelles.

### *Méthode de M. Hermite pour déterminer le nombre des racines réelles d'une équation qui sont comprises entre deux limites données.*

259. Nous nous proposons d'exposer ici une méthode extrêmement remarquable de M. Hermite pour déterminer le nombre des racines réelles d'une équation, comprises entre deux limites données. Cette méthode repose

sur les propriétés des fonctions homogènes du deuxième degré qui ont été établies dans ce Chapitre.

Soient

$$(1) \qquad F(z) = 0$$

une équation du degré $m$ à coefficients réels, et

$$a, b, c, \ldots, k, l$$

ses $m$ racines.

Désignons par $t$ une indéterminée et considérons la fonction homogène du deuxième degré

$$(2) \quad \begin{cases} f = \frac{1}{a-t}(x_0 + ax_1 + a^2x_2 + \ldots + a^{m-1}x_{m-1})^2 \\ \quad + \frac{1}{b-t}(x_0 + bx_1 + b^2x_2 + \ldots + b^{m-1}x_{m-1})^2 \\ \quad + \ldots\ldots\ldots\ldots\ldots\ldots\ldots\ldots\ldots\ldots \\ \quad + \frac{1}{l-t}(x_0 + lx_1 + l^2x_2 + \ldots + l^{m-1}x_{m-1})^2, \end{cases}$$

des $m$ variables $x_0, x_1, \ldots, x_{m-1}$. Il est évident que $f$ est une fonction symétrique rationnelle des racines de l'équation (1); on pourra donc l'exprimer rationnellement par les coefficients de cette équation, et comme ces coefficients sont supposés réels, la fonction $f$ sera également réelle, pourvu qu'on attribue à l'indéterminée $t$ des valeurs réelles. Au reste, on peut calculer très-simplement les coefficients $a_{i,j}$ de la fonction $f$ ramenée à la forme

$$(3) \qquad f = \sum_{i=0}^{i=m-1} \sum_{j=0}^{j=m-1} a_{i,j} x_i x_j.$$

On a effectivement

$$(4) \qquad a_{i,j} = \frac{a^{i+j}}{a-t} + \frac{b^{i+j}}{b-t} + \ldots + \frac{l^{i+j}}{l-t};$$

or, si l'on décompose la fraction rationnelle

$$\frac{t^{i+j}F'(t)}{F(t)}$$

en fractions simples, on trouvera

$$\frac{t^{i+j}F'(t)}{F(t)} = E(t) + \frac{a^{i+j}}{t-a} + \frac{b^{i+j}}{t-b} + \ldots + \frac{l^{i+j}}{t-l},$$

$E(t)$ étant le quotient entier de la division de $t^{i+j}F'(t)$ par $F(t)$; donc, si l'on désigne par $F_{i,j}(t)$ le reste de cette division, on aura

$$\frac{F_{i,j}(t)}{F(t)} = \frac{a^{i+j}}{t-a} + \frac{b^{i+j}}{t-b} + \ldots + \frac{l^{i+j}}{t-l},$$

et, par suite,

$$(5)\quad a_{i,j} = -\frac{F_{i,j}(t)}{F(t)}, \quad f = -\sum_{i=0}^{i=m-1}\sum_{j=0}^{j=m-1}\frac{F_{i,j}(t)}{F(t)}x_i x_j.$$

Désignons par $\Delta_{m-1}$ l'invariant de $f$; d'après ce qu'on a vu au n° **247**, cet invariant sera égal au produit de

$$\frac{1}{(a-t)(b-t)\ldots(l-t)}$$

par le carré du déterminant

$$\begin{vmatrix} 1, & a, & a^2, & \ldots, & a^{m-1} \\ 1, & b, & b^2, & \ldots, & b^{m-1} \\ \ldots & \ldots & \ldots & \ldots & \ldots \\ 1, & l, & l^2, & \ldots, & l^{m-1} \end{vmatrix},$$

lequel est égal (n° **239**) à

$$\pm(a-b)(a-c)\ldots(a-l)(b-c)\ldots(k-l);$$

on a donc

$$(6)\quad \Delta_{m-1} = \frac{(a-b)^2(a-c)^2\ldots(a-l)^2(b-c)^2\ldots(k-l)^2}{(a-t)(b-t)\ldots(l-t)};$$

ce qui montre que l'invariant de $f$ ne sera jamais nul si l'équation proposée n'a pas de racines égales.

On peut encore tirer l'expression de $\Delta_{m-1}$ d'une autre considération qui fournit en même temps l'invariant

$$\Delta_{m-\mu}$$

de la fonction à laquelle se réduit $f$, quand on y suppose nulles les $\mu - 1$ variables

$$x_{m-1},\ x_{m-2},\ldots,\ x_{m-\mu+1}.$$

La fonction dont il s'agit sera donnée par la formule (3), si l'on suppose que les indices $i$ et $j$ ne varient que de 0 à $m-\mu$; la formule (4) donnera les coefficients $a_{i,j}$, et comme elle peut s'écrire

$$a_{i,j} = a^i \frac{a^j}{a-t} + b^i \frac{b^j}{b-t} + \ldots + l^i \frac{l^j}{l-t},$$

l'invariant $\Delta_{m-\mu}$ sera égal (n° 244) à la somme des produits obtenus en multipliant l'un par l'autre les déterminants formés respectivement avec $m-\mu+1$ colonnes verticales des tableaux dont les lignes horizontales sont représentées généralement par

$$a^i,\ b^i,\ldots,\ l^i$$

et

$$\frac{a^j}{a-t},\ \frac{b^j}{b-t},\ldots,\ \frac{l^j}{l-t},$$

chacun des indices $i$ et $j$ ayant les valeurs $0, 1, 2, \ldots, m-\mu$. Si l'on suppose que les racines

$$a,\ b,\ldots,\ g,\ h$$

soient au nombre de $m-\mu+1$, le premier des déterminants dont il s'agit sera égal à

$$\pm(a-b)(a-c)\ldots(a-h)(b-c)(b-h)\ldots(g-h),$$

et le second sera égal au quotient de la même expression par

$$(a-t)(b-t)\ldots(h-t);$$

on aura donc

$$(7)\qquad \Delta_{m-\mu}=\sum\frac{(a-b)^2(a-c)^2\ldots(a-h)^2\ldots(g-h)^2}{(a-t)(b-t)\ldots(h-t)},$$

le signe $\sum$ se rapportant à toutes les combinaisons $m-\mu+1$ à $m-\mu+1$ des $m$ racines $a, b, c, \ldots, l$.

Enfin, si l'on suppose que toutes les variables de $f$ s'annulent à l'exception de $x_0$, et qu'on désigne par $\Delta_0$ le coefficient du carré de la variable restante, on aura

$$(8)\qquad \Delta_0=\sum\frac{1}{a-t}.$$

La fonction $f$ étant réelle, elle peut être ramenée, comme nous l'avons vu, par une substitution réelle, à la forme

$$(9)\qquad f=\Delta_0 X_0^2+\frac{\Delta_1}{\Delta_0}X_1^2+\frac{\Delta_2}{\Delta_1}X_2^2+\ldots+\frac{\Delta_{m-1}}{\Delta_{m-2}}X_{m-1}^2.$$

**260.** Cela posé, nous démontrerons, d'après M. Hermite, le théorème suivant :

Théorème. — *Étant donnée l'équation* $F(z)=0$ *du degré* $m$, *à coefficients réels et dont les racines supposées inégales sont* $a, b, c, \ldots, l$, *soit la fonction homogène réelle*

$$(1)\qquad \left\{\begin{aligned} f=&\frac{1}{a-t}(x_0+ax_1+a^2x_2+\ldots+a^{m-1}x_{m-1})^2\\ &+\frac{1}{b-t}(x_0+bx_1+b^2x_2+\ldots+b^{m-1}x_{m-1})^2\\ &+\ldots\ldots\ldots\ldots\ldots\ldots\ldots\ldots\\ &+\frac{1}{l-t}(x_0+lx_1+l^2x_2+\ldots+l^{m-1}x_{m-1})^2\end{aligned}\right.$$

*des m variables $x_0, x_1, \ldots, x_{m-1}$ et dans laquelle t désigne une indéterminée réelle; si, par une substitution réelle, on ramène la fonction f à une somme de carrés de fonctions linéaires réelles, le nombre des carrés affectés de coefficients positifs sera égal au nombre des couples de racines imaginaires de l'équation* $F(z) = 0$, *augmenté du nombre des racines réelles supérieures à t.*

D'après ce qu'on a vu au n° 259, l'invariant de la fonction $f$ n'est pas nul, et si l'on désigne par $X_0, X_1, \ldots, X_{m-1}$ $m$ nouvelles variables, les équations

$$(2) \quad \begin{cases} x_0 + ax_1 + a^2 x_2 + \ldots + a^{m-1} x_{m-1} = X_0, \\ x_0 + bx_1 + b^2 x_2 + \ldots + b^{m-1} x_{m-1} = X_1, \\ \ldots\ldots\ldots\ldots\ldots\ldots\ldots\ldots\ldots\ldots, \\ x_0 + lx_1 + l^2 x_2 + \ldots + l^{m-1} x_{m-1} = X_{m-1} \end{cases}$$

pourront être résolues par rapport aux variables $x$; en substituant ces valeurs, l'expression de $f$ deviendra

$$(3) \quad f = \frac{1}{a-t} X_0^2 + \frac{1}{b-t} X_1^2 + \ldots + \frac{1}{l-t} X_{m-1}^2.$$

Si toutes les racines $a, b, c, \ldots, l$ sont réelles, la substitution (2) sera également réelle, et on voit que, dans la formule (3), le nombre des carrés affectés de coefficients positifs est précisément égal au nombre des racines qui sont plus grandes que $t$. D'ailleurs, toute autre substitution, réduisant $f$ à une somme de carrés, donnera le même nombre de coefficients positifs (n° 254); donc le théorème énoncé se trouve établi, dans le cas où les racines $a$, $b, \ldots, l$ sont toutes réelles.

Si les racines $a, b, c, \ldots, l$ ne sont pas toutes réelles, la substitution (2) ne sera plus réelle, mais il est facile d'en déduire une autre qui le soit. Car, supposons que $a$ et $b$ forment un couple de racines imaginaires conjuguées, et que l'on ait

$$a = r(\cos\alpha + \sqrt{-1}\sin\alpha), \quad b = r(\cos\alpha - \sqrt{-1}\sin\alpha);$$

aux indéterminées $X_0$ et $X_1$ substituons-en deux autres $Y_0$, $Y_1$ telles, que

$$X_0 = Y_0 + Y_1\sqrt{-1}, \quad X_1 = Y_0 - Y_1\sqrt{-1}.$$

Il est évident que les deux premières des équations (2) seront équivalentes aux deux suivantes :

$$x_0 + rx_1\cos\alpha + r^2x_2\cos 2\alpha + \ldots + r^{m-1}x_{m-1}\cos(m-1)\alpha = Y_0,$$
$$rx_1\sin\alpha + r^2x_2\sin 2\alpha + \ldots + r^{m-1}x_{m-1}\sin(m-1)\alpha = Y_1,$$

lesquelles ne renferment que des quantités réelles. On opérera de la même manière pour chaque couple de racines imaginaires, et il est évident que la substitution (2) deviendra réelle par le simple changement de $X_0$, $X_1$, etc., en $Y_0 + Y_1\sqrt{-1}$, $Y_0 - Y_1\sqrt{-1}$, etc.

Les deux racines imaginaires conjuguées $a$ et $b$ donneront dans $f$ la partie

$$\frac{1}{a-t}(Y_0 + Y_1\sqrt{-1})^2 + \frac{1}{b-t}(Y_0 - Y_1\sqrt{-1})^2;$$

l'indéterminée $t$ étant réelle, posons

$$\frac{1}{a-t} = \rho(\cos\varphi + \sqrt{-1}\sin\varphi), \quad \frac{1}{b-t} = \rho(\cos\varphi - \sqrt{-1}\sin\varphi),$$

la partie de $f$ que nous considérons deviendra

$$\rho\left[\left(\cos\frac{\varphi}{2} + \sqrt{-1}\sin\frac{\varphi}{2}\right)(Y_0 + Y_1\sqrt{-1})\right]^2$$
$$+ \rho\left[\left(\cos\frac{\varphi}{2} - \sqrt{-1}\sin\frac{\varphi}{2}\right)(Y_0 - Y_1\sqrt{-1})\right]^2,$$

ou bien

$$2\rho\left(Y_0\cos\frac{\varphi}{2} - Y_1\sin\frac{\varphi}{2}\right)^2 - 2\rho\left(Y_0\sin\frac{\varphi}{2} + Y_1\cos\frac{\varphi}{2}\right)^2,$$

ce qui montre que, par notre substitution, deux racines

imaginaires conjuguées introduisent dans $f$ deux carrés dont l'un est affecté d'un coefficient positif et l'autre d'un coefficient négatif.

On peut donc conclure que toute substitution réelle qui ramènera $f$ à une somme de carrés de fonctions réelles introduira autant de carrés affectés de coefficients positifs qu'il y a d'unités dans le nombre des racines imaginaires de l'équation $F(z) = 0$, augmenté du nombre des racines réelles supérieures à $t$; ce qui est précisément le théorème énoncé.

Corollaire. — *Si l'on désigne par $(t)$ le nombre total des carrés affectés de coefficients positifs dans la fonction $f$, le nombre des racines de l'équation $F(z) = 0$ comprises entre deux nombres donnés $t_0$ et $t_1 > t_0$ sera égal à $(t_0) - (t_1)$.*

Car, si l'on désigne par $N_0$ le nombre des racines supérieures à $t_0$, par $N_1$ le nombre de celles qui sont supérieures à $t_1$, et par $2I$ le nombre des racines imaginaires, on aura, par le théorème précédent,

$$(t_1) = N_1 + I, \quad (t_0) = N_0 + I,$$

d'où

$$(t_0) - (t_1) = N_0 - N_1.$$

**261.** Le théorème de Sturm peut être regardé comme un corollaire du précédent théorème. En effet, les quantités $\Delta_0, \Delta_1, \ldots, \Delta_{m-1}$ étant définies comme au n° 259, la fonction $f$ peut être mise sous la forme

$$f = \Delta_0 X_0^2 + \frac{\Delta_1}{\Delta_0} X_1^2 + \ldots + \frac{\Delta_{m-1}}{\Delta_{m-2}} X_{m-1}^2;$$

le nombre désigné par $(t)$ exprime donc combien il y a de quantités positives dans la suite

$$\frac{\Delta_0}{1}, \frac{\Delta_1}{\Delta_0}, \frac{\Delta_2}{\Delta_1}, \ldots, \frac{\Delta_{m-1}}{\Delta_{m-2}}.$$

Nous avons donné au n° 259 les expressions des invariants $\Delta_{m-\mu}$, et l'on voit, en se reportant à ces expressions et au théorème de M. Sylvester, que si l'on désigne par $V_1$ la dérivée du polynôme $V = F(t)$, et par $V_2$, $V_3, \ldots, V_m$ les restes changés de signe que l'on déduit de V et $V_1$, par l'opération du plus grand commun diviseur, on a

$$\frac{\Delta_0}{1} = -\frac{V_1}{V}, \quad \frac{\Delta_1}{\Delta_0} = -\frac{V_2}{V_1}, \quad \frac{\Delta_2}{\Delta_1} = -\frac{V_3}{V_2}, \ldots, \quad \frac{\Delta_{m-1}}{\Delta_{m-2}} = -\frac{V_m}{V_{m-1}};$$

donc le nombre $(t)$ exprime aussi combien il y a de quantités négatives dans la suite

$$\frac{V_1}{V}, \quad \frac{V_2}{V_1}, \quad \frac{V_3}{V_2}, \ldots, \quad \frac{V_m}{V_{m-1}},$$

et il est égal, en conséquence, au nombre des variations contenues dans la suite

$$V, \quad V_1, \quad V_2, \ldots, \quad V_m.$$

On conclut de là que le nombre des variations perdues par la suite précédente, quand on passe de $t = t_0$ à $t = t_1 > t_0$, est égal au nombre des racines de l'équation $V = 0$ qui sont comprises entre $t_0$ et $t_1$, ce qui est précisément le théorème de Sturm. La démonstration nouvelle de ce célèbre théorème est bien remarquable, car on n'y emploie, comme le remarque M. Hermite, aucune considération de continuité.

**262.** J'arrive maintenant à la méthode pratique donnée par M. Hermite pour déterminer le nombre représenté par le symbole $(t)$. D'après ce qui précède, il suffira, pour remplir cet objet, de ramener à une somme de carrés, par une substitution réelle quelconque, la fonction désignée par $f$ et que nous savons former.

Soient, comme précédemment,

$$a,\ b,\ c, \ldots,\ l$$

les $m$ racines de l'équation proposée

$$(1)\qquad F(z) = z^m + p_1 z^{m-1} + p_2 z^{m-2} + \ldots + p_{m-1} z + p_m = 0;$$

si l'on fait, pour abréger,

$$\varphi(z) = x_0 + z x_1 + z^2 x_2 + \ldots + z^{m-1} x_{m-1},$$

l'expression de la fonction $f$ sera

$$(2)\qquad f = \frac{\varphi^2(a)}{a-t} + \frac{\varphi^2(b)}{b-t} + \ldots + \frac{\varphi^2(l)}{l-t}.$$

Désignons par

$$X_0,\ X_1, \ldots,\ X_{m-1}$$

de nouvelles indéterminées, et posons

$$\Phi(z) = X_0 + z X_1 + z^2 X_2 + \ldots + z^{m-1} X_{m-1}.$$

Nous ferons en premier lieu la substitution propre à rendre identique, relativement à l'indéterminée $z$, l'équation

$$\varphi(z) = (z-t)\,\Phi(z) - X_{m-1} F(z);$$

en égalant entre eux les coefficients des mêmes puissances de $z$, on formerait les équations nécessaires pour exprimer les variables $x$ en fonction des variables X. Mais ce calcul ne nous est pas utile, et il suffit de remarquer qu'en remplaçant $z$ par chacune des racines $a, b, \ldots, l$, l'équation précédente nous donne

$$\varphi(a) = (a-t)\Phi(a),\quad \varphi(b) = (b-t)\Phi(b), \ldots,\quad \varphi(l) = (l-t)\Phi(l).$$

La fonction $f$ définie par l'équation (2) se changera dès lors en une fonction $\mathcal{F}$ des nouvelles variables, et on aura

$$(3)\qquad \mathcal{F} = (a-t)\Phi^2(a) + (b-t)\Phi^2(b) + \ldots + (l-t)\Phi^2(l).$$

Cette première transformation étant effectuée, nous en ferons une seconde définie par les équations suivantes, où $z_0, z_1, \ldots, z_m$ désignent les nouvelles variables,

$$
(4)\quad \left\{
\begin{array}{l}
X_0 = z_{m-1} + p_1 z_{m-2} + p_2 z_{m-3} + \ldots + p_{m-1} z_0, \\
X_1 = z_{m-2} + p_1 z_{m-3} + \ldots + p_{m-2} z_0, \\
X_2 = z_{m-3} + p_1 z_{m-4} + \ldots + p_{m-3} z_0, \\
\ldots\ldots\ldots\ldots\ldots\ldots\ldots\ldots\ldots, \\
X_{m-2} = z_1 + p_1 z_0, \\
X_{m-1} = z_0.
\end{array}
\right.
$$

Le quotient de $F(z)$ par $z - a$ est évidemment

$$
\begin{array}{r|r|r|l}
z^{m-1} + p_1 & z^{m-2} + p_2 & z^{m-3} + \ldots + p_{m-1} & z^0, \\
+ a & + p_1 a & + p_{m-2} a & \\
 & + a^2 & \ldots\ldots\ldots\ldots & \\
 & & + a^{m-1} &
\end{array}
$$

et si l'on remplace, dans cette expression, les exposants de $z$ par des indices de même valeur, on obtiendra, d'après les formules (4), le résultat suivant :

$$X_0 + a X_1 + a^2 X_2 + \ldots + a^{m-1} X_{m-1},$$

c'est-à-dire $\Phi(a)$. D'après cela, on peut écrire

$$\Phi(a) = \frac{F(z)}{z-a}, \quad \Phi(b) = \frac{F(z)}{z-b}, \ldots, \quad \Phi(l) = \frac{F(z)}{z-l},$$

pourvu que, les divisions ayant été exécutées, on remplace partout $z^0, z^1, z^2, \ldots, z^{m-1}$ par $z_0, z_1, \ldots, z_{m-1}$. Pareillement on pourra écrire

$$\Phi^2(a) = \frac{F(z)}{z-a} \cdot \frac{F(z')}{z'-a},$$

$z'$ étant une indéterminée à laquelle on doit appliquer ce qui vient d'être dit relativement à $z$, en sorte que, la division faite, on remplacera toute puissance telle que $z'^{\mu}$ par $z_{\mu}$.

D'après cela, la formule (3) deviendra

$$\mathcal{F} = \sum (a-t)\frac{F(z)}{z-a}\frac{F(z')}{z'-a},$$

le signe $\sum$ se rapportant aux racines $a, b, \ldots, l$. Dans cette formule symbolique, le second membre est une fonction entière des variables $z$ et $z'$; on peut l'écrire de diverses manières, et le résultat définitif sera toujours exact, quand, la fonction $\mathcal{F}$ ayant été ordonnée par rapport à $z$ et à $z'$, on remplacera les puissances $z^i$, $z'^j$ par $z_i$, $z_j$ respectivement. Cela étant, on a successivement

$$\begin{aligned}
\mathcal{F} &= F(z)F(z')\sum \frac{a-t}{(z-a)(z'-a)}\\
&= F(z)F(z')\sum \frac{1}{z-z'}\left(\frac{t-z}{z-a}-\frac{t-z'}{z'-a}\right)\\
&= \frac{F(z)F(z')}{z-z'}\left(\sum\frac{t-z}{z-a}-\sum\frac{t-z'}{z'-a}\right).
\end{aligned}$$

On a d'ailleurs

$$\sum\frac{t-z}{z-a} = (t-z)\sum\frac{1}{z-a} = (t-z)\frac{F'(z)}{F(z)},$$

$$\sum\frac{t-z'}{z'-a} = (t-z')\sum\frac{1}{z'-a} = (t-z')\frac{F'(z')}{F(z')},$$

donc on a définitivement

$$(5) \qquad \mathcal{F} = \frac{(t-z)F'(z)F(z')-(t-z')F'(z')F(z)}{z-z'},$$

expression de laquelle ont disparu les racines $a, b, c, \ldots$.

Donc, pour avoir le nombre représenté par $(t)$, il suffira de mettre le second membre de l'équation (5) sous la forme d'un polynôme ordonné par rapport aux puissances de $z$ et de $z'$. On remplacera ensuite chaque puissance $z^i$ ou $z'^i$ par $z_i$ et on obtiendra la fonction homogène $\mathcal{F}$, qu'on ramènera à une somme de carrés par la méthode connue; le nombre des carrés affectés de coefficients positifs sera précisément $(t)$.

Lorsqu'on veut avoir le nombre des racines de l'équation $F(z) = 0$ comprises entre deux limites $t_0$, $t_1$ données numériquement, il conviendra le plus souvent, pour obtenir les nombres $(t_0)$ et $(t_1)$, d'opérer sur les expressions

$$\frac{(t_0 - z)F'(z)F(z') - (t_0 - z')F'(z')F(z)}{z - z'},$$

$$\frac{(t_1 - z)F'(z)F(z') - (t_1 - z')F'(z')F(z)}{z - z'},$$

dont les coefficients sont tous numériques, et non pas sur l'expression générale qui contient l'indéterminée $t$.

Exemple. Supposons qu'on demande le nombre des racines de l'équation

$$z^3 - 3z + 1 = 0,$$

qui sont comprises entre 0 et 1.

On a, dans ce cas, en faisant abstraction du facteur 3,

$$\mathcal{F} = \frac{(t-z)(z^2-1)(z'^3-3z'+1) - (t-z')(z'^2-1)(z^3-3z+1)}{z - z'},$$

et cette formule symbolique donne la formule exacte

$$\begin{aligned}\mathcal{F} &= t(-3z_0^2 - 4z_1^2 - z_2^2 + 2z_0z_1 + 2z_0z_2)\\ &\quad + (z_0^2 - z_1^2 - 2z_0z_2 + 4z_1z_2).\end{aligned}$$

Si l'on fait successivement $t = 0$, $t = 1$, on obtient les deux fonctions homogènes

$$z_0^2 - z_1^2 - 2z_0z_2 + 4z_1z_2 = (z_0 - z_2)^2 - (z_1 - 2z_2)^2 + 3z_2^2,$$

$$-2z_0^2 - 5z_1^2 - z_2^2 + 2z_1z_0 + 4z_1z_2 = -(z_2 - 2z_1)^2 - (z_1 - z_0)^2 - z_0^2.$$

Il y a deux carrés affectés de coefficients positifs, dans la première de ces fonctions, tandis qu'il n'y en a aucun dans la seconde; donc l'équation proposée a deux racines comprises entre o et 1.

On doit remarquer aussi que si l'on donne à $t$ une valeur positive infiniment grande, la fonction $\mathcal{S}$ divisée par $t$ se réduira au polynôme

$$-3z_0^2 - 4z_1^2 - z_2^2 + 2z_0 z_1 + 2z_0 z_2,$$

lequel peut être mis sous la forme

$$-(z_0 - z_2)^2 - 2\left(z_0 - \frac{1}{2}z_1\right)^2 - \frac{7}{2}z_1^2.$$

Comme on n'obtient, dans ce cas, aucun carré affecté de coefficient positif, le nombre des racines supérieures à l'infini augmenté du nombre des couples de racines imaginaires se réduit à zéro. On peut donc reconnaître, par ce simple calcul, que l'équation proposée a toutes ses racines réelles.

# CHAPITRE V.

## DÉVELOPPEMENTS RELATIFS A LA THÉORIE DE L'ÉLIMINATION.

### *Des fonctions symétriques et rationnelles des solutions communes à plusieurs équations.*

**263.** Nous avons exposé dans le Chapitre Ier une méthode fondée sur la théorie des fonctions symétriques, pour l'élimination d'une inconnue entre deux équations, et nous en avons déduit pour ce cas particulier la démonstration du théorème de Bezout relatif au degré de l'équation finale. On peut établir ce théorème dans toute sa généralité en suivant la marche indiquée par Poisson dans le XIe cahier du *Journal de l'École Polytechnique*. Nous commencerons par étendre au cas d'un nombre quelconque d'équations la méthode d'élimination par les fonctions symétriques, précédemment exposée pour le cas de deux équations seulement. Cette extension repose sur la considération des fonctions symétriques des solutions communes à plusieurs équations, fonctions dont nous allons d'abord nous occuper.

Pour éviter les difficultés que peuvent présenter les cas particuliers, nous ne raisonnerons ici que sur des équations générales dont les coefficients demeurent indéterminés.

**264.** Cas de deux équations. — Soient deux équations

$$f(x, y) = 0, \quad F(x, y) = 0,$$

entre les deux inconnues $x$ et $y$, et

$$(x_1 y_1), \quad (x_2 y_2), \ldots, \quad (x_n y_n)$$

les systèmes de solutions communes à ces deux équations. On nomme *fonction symétrique de ces solutions communes* toute fonction qui ne change pas de valeur quand on y permute les groupes $(x_1 y_1)$, $(x_2 y_2)$, etc., les uns dans les autres; nous considérerons seulement les fonctions symétriques rationnelles. Une fonction de cette espèce est toujours exprimable rationnellement par les coefficients des équations proposées.

Par un raisonnement tout semblable à celui que nous avons fait au sujet des fonctions symétriques des racines d'une équation à une inconnue, on fera voir que la détermination d'une fonction rationnelle et symétrique des solutions $(x_1 y_1)$, $(x_2 y_2)$, etc., se ramène à celle de fonctions symétriques entières, homogènes, et dont les différents termes se déduisent les uns des autres, en changeant les indices des lettres $x$ et $y$, mais sans changer leurs exposants. Les fonctions symétriques auxquelles on est ainsi ramené seront dites *simples* ou du premier ordre, *doubles* ou du deuxième ordre, etc., suivant que chacun de leurs termes contiendra les lettres d'un, de deux, etc., groupes $(x_1 y_1)$, $(x_2 y_2)$, etc. La forme générale des fonctions simples sera

$$x_1^p y_1^q + x_2^p y_2^q + \ldots + x_n^p y_n^q,$$

$p$ ou $q$ pouvant être nul. Nous représenterons une pareille fonction par $\sum x_1^p y_1^q$. La forme des fonctions doubles sera

$$x_1^p y_1^q x_2^{p'} y_2^{q'} + x_1^p y_1^q x_3^{p'} y_3^{q'} + \ldots;$$

nous la représenterons par $\sum x_1^p y_1^q x_2^{p'} y_2^{q'}$, et ainsi de suite.

Voici la méthode donnée par Poisson pour calculer la fonction simple $\sum x_1^p y_1^q$.

Désignons par $t$ une nouvelle variable, par $\alpha$ une indéterminée, et posons

$$t = x + \alpha y, \quad \text{d'où} \quad x = t - \alpha y;$$

en substituant cette valeur de $x$ dans les équations proposées, celles-ci deviennent

$$f(t - \alpha y, y) = 0, \quad F(t - \alpha y, y) = 0,$$

et, en éliminant $y$, on a une équation finale en $t$,

$$\psi(t, \alpha) = 0,$$

qui contient dans ses différents termes l'indéterminée $\alpha$. Cette équation en $t$ a pour racines

$$x_1 + \alpha y_1, \quad x_2 + \alpha y_2, \ldots, \quad x_n + \alpha y_n,$$

et elle est, par conséquent, du degré $n$. D'ailleurs, la somme des puissances semblables de degré $\mu$ des racines de l'équation en $t$ peut s'exprimer rationnellement (n° **171**) par les coefficients de cette équation, c'est-à-dire en fonction de $\alpha$ et des coefficients des équations proposées. On aura donc

$$\begin{aligned}(x_1 + \alpha y_1)^\mu + (x_2 + \alpha y_2)^\mu + \ldots + (x_n + \alpha y_n)^\mu \\ = A_0 + A_1\alpha + A_2\alpha^2 + \ldots,\end{aligned}$$

formule où $A_0$, $A_1$, etc., désignent des quantités connues et exprimées rationnellement par les coefficients des équations proposées. Cette équation ayant lieu quel que soit $\alpha$, les coefficients des mêmes puissances de $\alpha$ doivent être égaux dans les deux membres, et il en résulte cette suite d'égalités :

$$x_1^\mu + x_2^\mu + \ldots + x_n^\mu = A_0,$$

$$\frac{\mu}{1}\left(x_1^{\mu-1} y_1 + x_2^{\mu-1} y_2 + \ldots + x_n^{\mu-1} y_n\right) = A_1,$$

$$\frac{\mu(\mu-1)}{1.2}\left(x_1^{\mu-2} y_1^2 + x_2^{\mu-2} y_2^2 + \ldots + x_n^{\mu-2} y_n^2\right) = A_2,$$

$$\ldots\ldots\ldots\ldots\ldots\ldots\ldots\ldots\ldots\ldots\ldots\ldots,$$

$$y_1^\mu + y_2^\mu + \ldots + y_n^\mu = A_\mu,$$

qui feront connaître les fonctions simples $\sum x_1^p y_1^q$ de degré $p + q = \mu$.

Le calcul des fonctions doubles, triples, etc., peut être exécuté de la même manière que dans le cas des fonctions symétriques ordinaires. Par exemple, pour avoir la fonction double $\sum x_1^p y_1^q x_2^{p'} y_2^{q'}$, on multipliera ensemble les deux fonctions simples $\sum x_1^p y_1^q$ et $\sum x_1^{p'} y_1^{q'}$; le produit se composera de la fonction simple $\sum x_1^{p+p'} y_1^{q+q'}$ et de la fonction double qu'on veut trouver. On aura donc

$$\sum x_1^p y_1^q x_2^{p'} y_2^{q'} = \sum x_1^p y_1^q \sum x_1^{p'} y_1^{q'} - \sum x_1^{p+p'} y_1^{q+q'}.$$

Seulement, il faudrait ne prendre que la moitié de cette valeur, si l'on avait à la fois $p' = p$, $q' = q$.

Les fonctions triples, etc., se calculeront d'une manière analogue.

Ce qui précède suffit pour établir, comme nous l'avions annoncé, que les fonctions symétriques et rationnelles des solutions communes à deux équations peuvent s'exprimer rationnellement par les coefficients de ces équations, et l'on voit que leur détermination exige seulement l'élimination d'une inconnue entre deux équations.

265. Cas d'un nombre quelconque d'équations. — La même méthode s'applique à un nombre quelconque d'équations. Supposons, par exemple, qu'il s'agisse de trois équations à trois inconnues

$$f(x, y, z) = 0, \quad F(x, y, z) = 0, \quad \varphi(x, y, z) = 0,$$

et soient

$$(x_1, y_1, z_1), \quad (x_2, y_2, z_2), \ldots, \quad (x_n, y_n, z_n)$$

les systèmes de solutions communes à ces trois équations. Conservant la classification que nous avons adoptée des diverses fonctions symétriques, la forme générale des fonctions simples sera

$$x_1^p y_1^q z_1^r + x_2^p y_2^q z_2^r + \ldots + x_n^p y_n^q z_n^r;$$

celle des fonctions doubles sera

$$x_1^p y_1^q z_1^r \, x_2^{p'} y_2^{q'} z_2^{r'} + \ldots,$$

et ainsi de suite. Et c'est à la détermination des premières que se ramène celle de toute fonction symétrique et rationnelle.

Désignant par $t$ une nouvelle variable, par $\alpha$ et $6$ deux indéterminées, nous poserons

$$t = x + \alpha y + 6z, \quad \text{d'où} \quad x = t - \alpha y - 6z.$$

Ayant substitué cette valeur de $x$ dans les équations proposées, nous éliminerons $y$ et $z$; nous obtiendrons ainsi une équation finale en $t$,

$$\psi(t, \alpha, 6) = 0,$$

contenant les indéterminées $\alpha$ et $\beta$, et dont les racines seront

$$x_1 + \alpha y_1 + \beta z_1,\quad x_2 + \alpha y_2 + \beta z_2, \ldots,\quad x_n + \alpha y_n + \beta z_n.$$

La somme des puissances $\mu^{\text{ièmes}}$ de ces racines pourra s'exprimer rationnellement par les coefficients de l'équation en $t$, c'est-à-dire en fonction des indéterminées $\alpha$ et $\beta$ et des coefficients des équations proposées. On aura ainsi une équation de la forme

$$\sum (x_1 + \alpha y_1 + \beta z_1)^\mu = \sum \mathrm{A}_{q,r}\, \alpha^q \beta^r,$$

où le coefficient $\mathrm{A}_{q,r}$ désigne généralement une quantité connue. Le signe sommatoire $\Sigma$ du premier membre s'étend aux $n$ racines de l'équation en $t$, celui du second membre à toutes les valeurs de $q$ et de $r$, telles que

$$q + r = \text{ ou } < \mu.$$

En posant $p = \mu - q - r$, et égalant les coefficients de $\alpha^q \beta^r$ dans les deux membres, on aura

$$\frac{1.2.3\ldots\mu}{(1.2\ldots p)(1.2\ldots q)(1.2\ldots r)} \sum x_1^p y_1^q z_1^r = \mathrm{A}_{q,r};$$

c'est la formule qui fera connaître les fonctions simples.

Pour former les fonctions doubles, triples, etc., on procédera comme dans le cas de deux équations. La forme du calcul est la même, et l'on voit qu'en général les fonctions symétriques et rationnelles des solutions communes à plusieurs équations s'exprimeront toujours rationnellement par les coefficients de ces équations.

Il faut remarquer que la détermination des fonctions symétriques des solutions communes à trois équations exige l'élimination de deux inconnues entre trois équations, et généralement la détermination des fonctions symétriques des solutions communes à $k$ équations exige l'élimination de $k - 1$ inconnues entre $k$ équations.

### *Extension de la méthode d'élimination par les fonctions symétriques, au cas d'un nombre quelconque d'équations.*

266. La méthode que nous allons exposer, d'après Poisson, donne le moyen d'éliminer $k-1$ inconnues entre $k$ équations, lorsqu'on sait éliminer $k-2$ inconnues entre $k-1$ équations, et, par conséquent, cette méthode ramène tous les cas, en dernière analyse, à l'élimination d'une inconnue entre deux équations.

Pour fixer les idées, nous considérerons quatre équations seulement, entre quatre ou un plus grand nombre d'inconnues; mais on verra sans peine que notre raisonnement est général et qu'il s'appliquerait sans modification au cas d'un nombre quelconque d'équations.

Soient donc les quatre équations

$$(1)\quad \begin{cases} f(x,\ y,\ z,\ u,\ldots)=0,\\ F(x,\ y,\ z,\ u,\ldots)=0,\\ \varphi(x,\ y,\ z,\ u,\ldots)=0,\\ \Phi(x,\ y,\ z,\ u,\ldots)=0,\end{cases}$$

entre quatre ou un plus grand nombre d'inconnues $x$, $y$, $z$, $u$, etc., et proposons-nous d'éliminer trois inconnues, $x$, $y$, $z$ par exemple, entre ces équations.

Considérons en particulier les trois premières des équations (1),

$$(2)\quad \begin{cases} f(x,\ y,\ z,\ u,\ldots)=0,\\ F(x,\ y,\ z,\ u,\ldots)=0,\\ \varphi(x,\ y,\ z,\ u,\ldots)=0,\end{cases}$$

et, regardant $x$, $y$, $z$ comme fonctions des autres variables $u$, etc., désignons par

$$(x_1,\ y_1,\ z_1),\quad (x_2,\ y_2,\ z_2),\ldots,\quad (x_n,\ y_n,\ z_n)$$

les $n$ systèmes de solutions communes aux équations (2).

Cela posé, remplaçons $(x, y, z)$, dans la quatrième des équations (1), successivement par chacun de ces $n$ systèmes, et désignons par V le produit des résultats ainsi obtenus, en sorte qu'on ait

$$(3)\quad V = \Phi(x_1, y_1, z_1, u, \ldots)\Phi(x_2, y_2, z_2, u, \ldots)\ldots\Phi(x_n, y_n, z_n, u, \ldots);$$

l'équation

$$(4)\qquad V = 0$$

sera l'équation finale résultant de l'élimination de $x$, $y$ et $z$ entre les équations (1), car cette équation (4) exprime la condition nécessaire et suffisante pour que les équations (1) admettent un système $(x, y, z)$ de solutions communes. D'ailleurs V est une fonction symétrique et entière des solutions communes aux équations (2); on pourra donc l'exprimer rationnellement par les quantités indépendantes de $x$, $y$, $z$ qui entrent dans les équations (1). Pour cela, désignant, comme précédemment, par $t$ une nouvelle variable, par $\alpha$ et $\beta$ deux paramètres indéterminés, nous poserons

$$t = x + \alpha y + \beta z, \quad \text{d'où} \quad x = t - \alpha y - \beta z;$$

en substituant cette valeur de $x$ dans les équations (2), on aura les trois suivantes :

$$(5)\qquad \begin{cases} f(t - \alpha y - \beta z, y, z, u, \ldots) = 0, \\ F(t - \alpha y - \beta z, y, z, u, \ldots) = 0, \\ \varphi(t - \alpha y - \beta z, y, z, u, \ldots) = 0, \end{cases}$$

entre lesquelles il faudra éliminer $y$ et $z$. C'est donc à l'élimination de deux inconnues entre trois équations que nous ramenons l'élimination de trois inconnues entre quatre équations. L'équation finale en $t$ qui résulte de l'élimination de $y$ et de $z$ entre les équations (5) aura pour racines

$$x_1 + \alpha y_1 + \beta z_1, \quad x_2 + \alpha y_2 + \beta z_2, \ldots, \quad x_n + \alpha y_n + \beta z_n,$$

et son degré sera égal à $n$. Supposons cette équation formée, et ordonnons-la par rapport à $t$; elle sera

$$(6) \qquad t^n + p_1 t^{n-1} + p_2 t^{n-2} + \ldots + p_{n-1} t + p_n = 0,$$

$p_1$, $p_2$, etc., étant des fonctions rationnelles de $u$, etc., qui contiennent aussi les paramètres $\alpha$ et $\beta$. Cette équation (6) servira, comme nous l'avons vu précédemment, à calculer les diverses fonctions symétriques des solutions communes aux équations (2), dont l'expression de V est composée, et le problème sera enfin résolu.

Cette méthode conduit, dans les applications, à des calculs d'une longueur rebutante; mais nous allons en conclure aisément une démonstration nouvelle du théorème de Bezout, relatif au degré de l'équation finale, ce qui est l'objet principal que nous avions en vue.

### *Théorème de Bezout sur le degré de l'équation finale.*

**267.** D'après ce qui précède, $n$ étant le nombre des solutions communes $(x, y, z)$ aux équations (2), on obtiendra une équation finale du même degré $n$ en éliminant deux inconnues quelconques entre les équations (2). Cela est d'ailleurs évident *à priori*; car, à cause de la généralité que nous supposons aux équations, tout est semblable par rapport à $x$, $y$, $z$, $u$, etc. Toutefois, il est important de faire cette remarque, parce que le contraire pourrait avoir lieu si l'on attribuait aux coefficients des valeurs particulières.

Lemme. — *Si $n$ désigne le degré de l'équation finale qui résulte de l'élimination de deux inconnues entre les* *trois premières des équations* (1), *et m le degré de la quatrième équation* (1), *le degré de l'équation finale résultant de l'élimination de trois inconnues entre les quatre équations* (1) *est au plus égal à mn.*

L'équation (6), qui résulte de l'élimination de $y$ et $z$ entre les équations (5), étant du degré $n$, les coefficients $p_1$, $p_2$, etc., sont des fonctions entières de $u$, etc., dont la première est au plus du premier degré, la deuxième du deuxième degré, etc. Cela posé, la somme des puissances semblables de degré $\mu$ des racines de l'équation (6), c'est-à-dire $\sum (x_1 + \alpha y_1 + 6 z_1)^\mu$, peut s'exprimer sous forme entière, en fonction des coefficients $p_1$, $p_2$, etc., par une formule qui est au plus du degré $\mu$ par rapport à $u$, etc.; donc, une fonction symétrique simple, telle que $\sum x_1^p y_1^q z_1^r$, de degré $p + q + r = \mu$, s'exprimera par une formule qui sera elle-même au plus de ce degré $\mu$, par rapport à $u$, etc. Il résulte de là, et du mode général suivant lequel les fonctions symétriques et entières les plus compliquées se forment à l'aide des fonctions simples, que toute fonction symétrique et entière du degré $\mu$ des solutions communes $(x_1, y_1, z_1)$, etc. aux équations (2) s'exprimera par une formule entière qui sera au plus du degré $\mu$ par rapport à $u$, etc. Or, chacun des termes de l'expression de V, donnée par l'équation (3), est le produit de puissances de $u$, etc., dont les exposants ont une somme $mn - \mu$ inférieure à $mn$, par une fonction symétrique entière de degré $\mu$ des solutions communes $(x_1, y_1, z_1)$, etc., aux équations (2). Donc, enfin, chacune de ces parties de V s'exprimera par une formule qui sera au plus du degré $mn$ par rapport à $u$, etc., et, par suite, l'équation $V = 0$ sera au plus du degré $mn$.

On pourrait faire à la démonstration précédente l'objection que voici : Le raisonnement suppose que les coefficients $p_1$, $p_2$, etc., sont entiers par rapport aux variables $u$, etc., ou, en d'autres termes, que l'équation (6), qui est du degré $n$ par rapport à chacune des variables $t$, $u$, etc., est de ce même degré par rapport à toutes les variables. Or cela n'est pas tout à fait évident, quoique les équations (1) ou (5) soient supposées chacune la plus générale de son degré. Voici, ce me semble, la manière la plus simple de lever cette objection. Si quelques-uns des coefficients $p_1$, $p_2$, etc., étaient fractionnaires, quelques-unes des racines $t$ de l'équation (6) deviendraient infinies pour certaines valeurs finies des variables $u$, etc. Or je dis que cela ne peut avoir lieu, tant qu'on laisse indéterminés les coefficients des équations (2) ou (5), et il suffit évidemment, pour justifier cette assertion, de citer un cas où cela ne soit pas. Supposons qu'on donne aux coefficients des équations (5) des valeurs telles, que chacune, restant du même degré, se décompose en facteurs linéaires de la forme

$$t + ay + bz + cu + \ldots + l:$$

on pourra exprimer chacune des racines $t$ de l'équation finale relative à ces équations particulières, en fonction de $u$, etc., par les formules qui servent à la résolution des équations du premier degré; et ces valeurs de $t$, étant évidemment de la forme $gu + \ldots + f$, ne pourront devenir infinies pour des valeurs finies de $u$, etc.

On déduit aisément du lemme qui précède la démonstration du théorème de Bezout.

Théorème. — *Le degré de l'équation finale qui résulte de l'élimination de $k-1$ inconnues entre $k$ équations est égal au produit des degrés de ces équations.*

Soient, en effet,

$$m_1, \quad m_2, \quad m_3, \ldots, \quad m_k$$

les degrés des $k$ équations. Le degré de l'équation finale qui résulte de l'élimination d'une inconnue entre les deux premières sera égal à $m_1 m_2$, ainsi que nous l'avons établi au nº 186 : donc, d'après le lemme qui précède, si l'on élimine deux inconnues entre les trois premières équations, le degré de l'équation finale sera au plus $m_1 m_2 \times m_3$, ou $m_1 m_2 m_3$; de même, si l'on élimine trois inconnues entre les quatre premières, le degré de l'équation finale sera au plus $m_1 m_2 m_3 \times m_4$ ou $m_1 m_2 m_3 m_4$. Et l'on voit, en continuant ainsi, que le degré de l'équation finale qui résulte de l'élimination de $k-1$ inconnues entre les $k$ équations sera au plus égal au produit des degrés de ces équations.

On peut ajouter que le degré de l'équation finale sera précisément égal à ce produit, si les équations proposées sont chacune la plus générale de son degré, comme nous l'avons supposé. On s'en assure aisément en considérant un système de $k$ équations décomposables chacune en facteurs linéaires, ainsi que nous l'avons déjà fait au nº 71.

*Développement d'une fonction algébrique implicite en série ordonnée suivant les puissances décroissantes de sa variable.*

268. Les recherches que je vais exposer ici font partie d'un beau Mémoire sur l'élimination, publié par M. Liouville dans le tome VI du *Journal de Mathématiques*.

Soit

$$(1) \qquad M(x, y) = 0 \quad \text{ou} \quad M = 0$$

une équation du degré $m$ entre deux variables $x$ et $y$. Si cette équation est du degré $m$ par rapport à $y$, elle aura $m$ racines $y$, qui seront fonctions de $x$, et que nous nous proposons de développer suivant les puissances décroissantes de $x$. En réunissant les termes de même degré, l'équation (1) pourra s'écrire de la manière suivante :

$$(2) \quad x^m f\left(\frac{y}{x}\right) + x^{m-1} f_1\left(\frac{y}{x}\right) + x^{m-2} f_2\left(\frac{y}{x}\right) + \ldots = 0,$$

ou, en posant $\frac{y}{x} = u$,

$$(3) \quad x^m f(u) + x^{m-1} f_1(u) + x^{m-2} f_2(u) + \ldots = 0;$$

$f$, $f_1$, $f_2$, etc., désignent ici des polynômes dont le premier est du degré $m$; les autres sont au plus des degrés $m-1$, $m-2$, etc., respectivement. Dans le cas le plus général, ces polynômes sont précisément des degrés $m$, $m-1$, $m-2$, etc.

Les $m$ valeurs de $u$ fournies par l'équation (3) sont des fonctions de $x$ qui, pour $x = \infty$, se réduiront aux $m$ racines de l'équation

$$(4) \quad f(\alpha) = 0;$$

on pourra donc poser généralement

$$(5) \quad u = \alpha + \varepsilon,$$

$\varepsilon$ s'annulant avec $\frac{1}{x}$. Nous nous bornerons au cas où les racines de l'équation (4) sont inégales, et, dans tout ce qui suit, cette hypothèse doit être maintenue. Portons dans l'équation (3) la valeur de $u$ tirée de (5); on aura

$$(6) \quad x^m f(\alpha + \varepsilon) + x^{m-1} f_1(\alpha + \varepsilon) + x^{m-2} f_2(\alpha + \varepsilon) + \ldots = 0.$$

Développant chaque terme par la formule de Taylor,

ayant égard à l'équation (4), et divisant par $x^{m-1}$, il vient

$$(7)\quad \left\{\begin{array}{l} [(\varepsilon x)f'(\alpha)+f_1(\alpha)] \\ +\dfrac{1}{x}\left[\dfrac{(\varepsilon x)^2}{1.2}f''(\alpha)+(\varepsilon x)f'_1(\alpha)+f_2(\alpha)\right]+\ldots=0; \end{array}\right.$$

faisons maintenant $x=\infty$ dans cette équation, et désignant par $\alpha'$ la limite de $\varepsilon x$, il vient

$$(8)\qquad \alpha' f'(\alpha)+f_1(\alpha)=0,$$

d'où

$$(9)\qquad \alpha'=-\frac{f_1(\alpha)}{f'(\alpha)}.$$

Cette valeur de $\alpha'$ sera toujours finie, car, par hypothèse, l'équation $f(\alpha)=0$ n'a pas de racines égales.

Puisque $\varepsilon x$ a pour limite la quantité $\alpha'$, dont nous venons de trouver la valeur, on pourra poser

$$\varepsilon x=\alpha'+\varepsilon',$$

d'où

$$(10)\qquad \varepsilon=\frac{\alpha'}{x}+\frac{\varepsilon'}{x},$$

$\varepsilon'$ s'annulant avec $\frac{1}{x}$. Par suite, la valeur (5) de $u$ devient

$$(11)\qquad u=\alpha+\frac{\alpha'}{x}+\frac{\varepsilon'}{x}.$$

C'est la série dans laquelle $u$ se développe, quand on se borne aux deux premiers termes; $\frac{\varepsilon'}{x}$ est le reste correspondant.

On peut déterminer la limite du produit $\varepsilon' x$ de la même manière que celle du produit $\varepsilon x$. Si, en effet, on porte dans l'équation (7) la valeur de $\varepsilon$, tirée de (10), qu'on multiplie ensuite par $x$, et qu'on ait égard à l'é-

-quation (8), il vient

$$(\varepsilon' x) f'(\alpha) + \left[\frac{\alpha'^2}{1.2} f''(\alpha) + \alpha' f'_1(\alpha) + f_2(\alpha)\right] + E = 0,$$

en désignant par E une somme de termes qui s'annulent avec $\frac{1}{x}$; faisant donc $x = \infty$, et désignant par $\alpha''$ la limite de $\varepsilon' x$, on a

$$(12) \quad \alpha'' f'(\alpha) + \left[\frac{\alpha'^2}{1.2} f''(\alpha) + \alpha' f'_1(\alpha) + f_2(\alpha)\right] = 0,$$

équation qui détermine la valeur de $\alpha''$.

Connaissant la limite $\alpha''$ du produit $\varepsilon' x$, on pourra poser

$$\varepsilon' x = \alpha'' + \varepsilon'';$$

d'où

$$(13) \qquad \varepsilon' = \frac{\alpha''}{x} + \frac{\varepsilon''}{x},$$

$\varepsilon''$ étant une nouvelle quantité qui s'évanouit avec $\frac{1}{x}$. D'après cela, la valeur (11) de $u$ devient

$$(14) \qquad u = \alpha + \frac{\alpha'}{x} + \frac{\alpha''}{x^2} + \frac{\varepsilon''}{x^2};$$

c'est la série qui exprime la valeur de $u$ quand on se borne aux trois premiers termes; $\frac{\varepsilon''}{x^2}$ est le reste correspondant.

On pourra obtenir ainsi autant de termes que l'on voudra du développement de $u$, et comme $y = ux$, on aura, par suite, autant de termes que l'on voudra du développement de $y$; on a, en particulier,

$$(15) \qquad \begin{cases} y = \alpha x + \varepsilon x, \\ y = \alpha x + \alpha' + \varepsilon', \\ y = \alpha x + \alpha' + \dfrac{\alpha''}{x} + \dfrac{\varepsilon''}{x}. \end{cases}$$

La deuxième de ces trois formules comprend toute la théorie des asymptotes rectilignes; la courbe représentée par l'équation (1), où $x$ et $y$ désignent alors des coordonnées rectilignes, a pour asymptote réelle ou imaginaire la droite représentée par l'équation

$$(16) \qquad y = \alpha x + \alpha'.$$

La différence $\varepsilon'$ qui existe entre les coordonnées de la courbe et de l'asymptote est généralement un *infiniment petit du premier ordre*, en considérant $\frac{1}{x}$ lui-même comme un infiniment petit du premier ordre.

La courbe représentée par l'équation (1) admet aussi pour asymptote l'hyperbole que représente l'équation

$$(17) \qquad y = \alpha x + \alpha' + \frac{\alpha''}{x};$$

mais dans ce cas la différence $\frac{\varepsilon''}{x}$ des ordonnées des deux courbes est un infiniment petit du deuxième ordre au moins. La courbe (17) pourrait être appelée *asymptote du deuxième ordre* de la courbe proposée; et, comme on peut pousser aussi loin que l'on veut le développement de $y$ en série ordonnée suivant les puissances décroissantes de $x$, il en résultera une infinité de courbes des degrés respectifs 3, 4, etc., et qui auront, avec la courbe proposée, un asymptotisme de plus en plus intime.

On voit aisément, sans qu'il soit nécessaire d'insister sur ce sujet, comment il faudrait modifier la méthode, si l'équation

$$f(\alpha) = 0$$

avait des racines égales, contrairement à l'hypothèse que nous avons faite.

*Formation de l'équation finale qui résulte de l'élimination d'une inconnue entre deux équations à deux inconnues. Nouvelle démonstration du théorème de Bezout. Somme des racines de l'équation finale.*

**269.** La méthode que nous venons d'exposer permet de former autant de termes que l'on veut de l'équation finale qui résulte de l'élimination d'une inconnue entre deux équations. Soient les deux équations générales

$$(1)\qquad \begin{cases} M(x, y) = 0, \\ N(x, y) = 0, \end{cases}$$

des degrés $m$ et $n$ respectivement; en réunissant les termes de même degré, on pourra les écrire de la manière suivante :

$$(2)\qquad \begin{cases} x^m f\left(\dfrac{y}{x}\right) + x^{m-1} f_1\left(\dfrac{y}{x}\right) + x^{m-2} f_2\left(\dfrac{y}{x}\right) + \ldots = 0, \\ x^n F\left(\dfrac{y}{x}\right) + x^{n-1} F_1\left(\dfrac{y}{x}\right) + x^{n-2} F_2\left(\dfrac{y}{x}\right) + \ldots = 0. \end{cases}$$

$f$, $f_1$, $f_2$, etc., sont des polynômes respectivement des degrés $m$, $m-1$, $m-2$, etc.; $F$, $F_1$, $F_2$, etc., des polynômes des degrés $n$, $n-1$, $n-2$, etc.

Soient $y_1, y_2, \ldots, y_m$ les valeurs de $y$ tirées de la première des équations (1); portons-les dans le premier membre de la seconde, et désignons par V le produit des résultats ainsi obtenus, de manière que l'on ait

$$(3)\qquad V = N(x, y_1)\, N(x, y_2) \ldots N(x, y_m);$$

l'équation finale qui résulte de l'élimination de $y$ sera

$$V = 0.$$

On calculera aisément la fonction V, en développant en série, suivant les puissances décroissantes de $x$, chacun de ses facteurs, dont l'expression générale est $N(x, y)$. Je dis même que, si l'on ne veut connaître que le premier terme de V, il suffit de borner les séries dont nous parlons à leur premier terme; que, si l'on ne veut que les deux premiers termes de V, il suffit de connaître les deux premiers termes des séries, et ainsi de suite.

Supposons, par exemple, qu'on ne veuille connaître que le premier terme de V; on a, en faisant comme précédemment $u = \frac{y}{x}$,

$$N(x, y) = x^n F(u) + x^{n-1} F_1(u) + \ldots.$$

Posons aussi, comme plus haut,

$$u = \alpha + \varepsilon,$$

$\varepsilon$ étant une quantité qui s'annule avec $\frac{1}{x}$, et $\alpha$ une racine quelconque de l'équation

$$f(\alpha) = 0;$$

on aura

$$\frac{N(x, y)}{x^n} = F(\alpha + \varepsilon) + \frac{1}{x} F_1(\alpha + \varepsilon) + \ldots,$$

et pour $x = \infty$,

$$\lim \frac{N(x, y)}{x^n} = F(\alpha),$$

ou

$$(4) \qquad N(x, y) = x^n F(\alpha) + x^n E,$$

E désignant une quantité qui s'annule avec $\frac{1}{x}$. D'après cela, en représentant par

$$\alpha_1, \alpha_2, \ldots, x_m$$

les $m$ valeurs de $\alpha$, on aura

$$\begin{aligned} N(x, y_1) &= x^n F(\alpha_1) + x^n E_1, \\ N(x, y_2) &= x^n F(\alpha_2) + x^n E_2, \\ \ldots\ldots &\ldots\ldots\ldots\ldots\ldots\ldots, \\ N(x, y_m) &= x^n F(\alpha_m) + x^n E_m, \end{aligned}$$

$E_1, E_2, \ldots, E_m$ désignant des quantités qui s'évanouissent avec $\frac{1}{x}$. Si l'on multiplie ces équations et que l'on ait égard à l'équation (3), il viendra

$$(5) \qquad V = x^{mn} F(\alpha_1) F(\alpha_2) \ldots F(\alpha_m) + x^{mn} H,$$

H désignant une quantité qui s'annule avec $\frac{1}{x}$.

Le premier terme de V est donc

$$x^{mn} F(\alpha_1) F(\alpha_2) \ldots F(\alpha_m);$$

on pourra l'exprimer en fonction rationnelle des coefficients de F et $f$, puisque $F(\alpha_1) F(\alpha_2) \ldots F(\alpha_m)$ est une fonction symétrique et entière des racines de l'équation

$$f(\alpha) = 0.$$

Il suit de là que l'équation finale qui résulte de l'élimination de $y$ entre les équations (1) et (2) est d'un degré égal au produit des degrés de ces équations.

Remarque. — Si les coefficients des équations (1) ont des valeurs déterminées, et que ces équations contiennent la plus haute puissance de $y$, l'équation finale résultant de l'élimination de $y$ sera toujours $V = 0$, et l'on voit que le degré de cette équation finale sera encore égal au produit des degrés des équations proposées, à moins que les équations

$$f(\alpha) = 0, \quad F(\alpha) = 0$$

n'aient une ou plusieurs racines communes, auquel cas ce degré s'abaissera nécessairement.

270. Pour avoir les deux premiers termes de l'équation finale $V = 0$, il faut connaître les deux premiers termes du développement de $N(x, y)$ en série. Pour cela, dans l'équation

$$N(x, y) = x^n F(u) + x^{n-1} F_1(u) + \ldots,$$

nous poserons

$$u = \alpha + \frac{\alpha'}{x} + \frac{\varepsilon'}{x},$$

$\varepsilon'$ désignant toujours une quantité qui s'évanouit avec $\frac{1}{x}$, $\alpha$ une racine de

$$f(\alpha) = 0,$$

et $\alpha'$ une quantité que nous avons calculée, et qui est déterminée par l'équation

$$\alpha' f'(\alpha) + f_1(\alpha) = 0;$$

on aura alors

$$N(x, y) = x^n F(\alpha) + x^{n-1}[\alpha' F'(\alpha) + F_1(\alpha)] + x^{n-1} E,$$

E désignant une quantité qui s'annule avec $\frac{1}{x}$. Cette formule donne le développement de $N(x, y)$, borné aux deux premiers termes; en y remplaçant $\alpha$ par chacune de ses $m$ valeurs, on aura

$$N(x, y_1) = x^n F(\alpha_1) + x^{n-1}[\alpha'_1 F'(\alpha_1) + F_1(\alpha_1)] + x^{n-1} E_1,$$
$$N(x, y_2) = x^n F(\alpha_2) + x^{n-1}[\alpha'_2 F'(\alpha_2) + F_1(\alpha_2)] + x^{n-1} E_2,$$
$$\ldots\ldots\ldots\ldots\ldots\ldots\ldots\ldots\ldots\ldots,$$
$$N(x, y_m) = x^n F(\alpha_m) + x^{n-1}[\alpha'_m F'(\alpha_m) + F_1(\alpha_m)] + x^{n-1} E_m.$$

Dans ces équations, $E_1$, $E_2$, etc., sont des quantités qui s'évanouissent avec $\frac{1}{x}$, et $\alpha'_1$, $\alpha'_2$, etc., sont les valeurs de $\alpha'$ qui correspondent aux valeurs $\alpha_1$, $\alpha_2$, etc., de $\alpha$. Multipliant toutes ces équations et désignant simplement par $x^{mn-1}\mathrm{H}$ l'ensemble des termes dont le quotient par $x^{mn-1}$ s'annule avec $\frac{1}{x}$, on aura

$$\mathrm{V} = x^{mn}\mathrm{F}(\alpha_1)\mathrm{F}(\alpha_2)\ldots\mathrm{F}(\alpha_m)$$
$$+ x^{mn-1}\mathrm{F}(\alpha_1)\mathrm{F}(\alpha_2)\ldots\mathrm{F}(\alpha_m)\sum\frac{\alpha'\mathrm{F}'(\alpha)+\mathrm{F}_1(\alpha)}{\mathrm{F}(\alpha)} + x^{mn-1}\mathrm{H}.$$

Dans cette dernière formule, la quantité H, qui est infiniment petite avec $\frac{1}{x}$, contient un nombre limité de termes, et l'on voit que le deuxième terme de V aura pour coefficient

$$\mathrm{F}(\alpha_1)\mathrm{F}(\alpha_2)\ldots\mathrm{F}(\alpha_m)\sum\frac{\alpha'\mathrm{F}'(\alpha)+\mathrm{F}_1(\alpha)}{\mathrm{F}(\alpha)},$$

le signe $\sum$ s'étendant à toutes les racines $\alpha$ de l'équation

$$f(\alpha) = 0.$$

D'après cela, si l'on désigne par $\sum x$ la somme des racines de l'équation finale en $x$, on aura

$$\sum x = -\sum\frac{\alpha'\mathrm{F}'(\alpha)+\mathrm{F}_1(\alpha)}{\mathrm{F}(\alpha)},$$

ou, en mettant au lieu de $\alpha'$ sa valeur $-\frac{f_1(\alpha)}{f'(\alpha)}$,

$$\sum x = \sum\frac{f_1(\alpha)\mathrm{F}'(\alpha)}{f'(\alpha)\mathrm{F}(\alpha)} - \sum\frac{\mathrm{F}_1(\alpha)}{\mathrm{F}(\alpha)}.$$

On pourrait calculer ainsi autant de termes que l'on voudrait de l'équation finale $\mathrm{V} = 0$; par suite, cette équation tout entière : seulement les calculs deviennent de plus en plus compliqués, et nous devons nous borner à ce qui précède.

271. Au lieu de porter dans l'équation $N = 0$ les valeurs de $y$ tirées de $M = 0$, afin d'avoir l'équation finale $V = 0$, on aurait pu faire l'inverse, porter dans l'équation $M = 0$ les valeurs de $y$ tirées de $N = 0$; mais alors on aurait eu une autre expression de la somme $\sum x$ des racines de l'équation finale, que l'on peut écrire sans faire de nouveaux calculs. Il est évident, en effet, que l'on aura

$$\sum x = \sum \frac{F_1(\beta) f'(\beta)}{F'(\beta) f(\beta)} - \sum \frac{f_1(\beta)}{f(\beta)},$$

les sommes du second membre s'étendant à toutes les racines $\beta$ de l'équation

$$F(\beta) = 0.$$

En égalant entre elles ces deux valeurs de $\sum x$, on obtient

$$\sum \frac{f_1(\alpha) F'(\alpha)}{f'(\alpha) F(\alpha)} - \sum \frac{F_1(\alpha)}{F(\alpha)} = \sum \frac{F_1(\beta) f'(\beta)}{F'(\beta) f(\beta)} - \sum \frac{f_1(\beta)}{f(\beta)},$$

les sommes du premier membre étant relatives aux racines $\alpha$ de $f(\alpha) = 0$, celles du second aux racines $\beta$ de $F(\beta) = 0$. Dans cette formule, qui exprime un théorème d'analyse, $f$ et $F$ désignent des polynômes quelconques, qui n'ont pas de racines égales, ni de racines communes; $f_1$ et $F_1$ désignent aussi des polynômes quelconques, mais de degrés respectivement moindres que $f$ et $F$.

Supposons que le polynôme $F$ soit égal à $f_1$, et que $F_1$ soit identiquement nul; l'équation précédente se réduit à

$$\sum \frac{F'(\alpha)}{f'(\alpha)} = - \sum \frac{F(\beta)}{f(\beta)},$$

ou même à

$$\sum \frac{F'(\alpha)}{f'(\alpha)} = 0,$$

puisque chaque terme du second membre est nul, le signe $\sum$ étant relatif aux racines de $F(6) = 0$. Dans l'équation précédente, le signe $\sum$ s'étend aux racines $\alpha$ de $f(\alpha) = 0$, et $F'$ désigne la dérivée d'un polynôme quelconque $F$ de degré inférieur à $f$; par conséquent, $F'$ est un polynôme quelconque de degré inférieur à $f'$. La formule précédente résulte aussi, comme nous l'avons vu, de celle qui donne la décomposition des fractions rationnelles en fractions simples.

*Développement, en séries ordonnées suivant les puissances décroissantes de la variable, de plusieurs fonctions algébriques définies par autant d'équations.*

**272.** L'analyse que nous venons de développer peut être aisément généralisée, et étendue au cas d'un nombre quelconque d'équations.

Soient

$$(1) \qquad M(x, y, z) = 0, \quad N(x, y, z) = 0$$

deux équations générales des degrés $m$ et $n$ respectivement entre les trois variables $x$, $y$, $z$; la première $x$ étant considérée comme indépendante, les deux autres $y$ et $z$ en seront des fonctions. En réunissant les termes de même degré, les équations (1) pourront s'écrire de la manière suivante :

$$(2) \qquad \begin{cases} x^m f\left(\frac{y}{x}, \frac{z}{x}\right) + x^{m-1} f_1\left(\frac{y}{x}, \frac{z}{x}\right) + \ldots = 0, \\ x^n F\left(\frac{y}{x}, \frac{z}{x}\right) + x^{n-1} F_1\left(\frac{y}{x}, \frac{z}{x}\right) + \ldots = 0; \end{cases}$$

ou, en posant $\frac{y}{x} = u$, $\frac{z}{x} = v$,

$$(3)\qquad \begin{cases} x^m f(u, v) + x^{m-1} f_1(u, v) + \ldots = 0, \\ x^n F(u, v) + x^{n-1} F_1(u, v) + \ldots = 0. \end{cases}$$

$f$ et F sont des polynômes des degrés $m$ et $n$ respectivement, entre les variables $u$ et $v$; $f_1$ et $F_1$ sont respectivement des degrés $m - 1$ et $n - 1$, et ainsi des autres.

En vertu des résultats précédemment obtenus, le nombre des solutions communes $(u, v)$ aux équations (3) est $mn$, ainsi que le nombre des solutions communes $(\alpha, \beta)$ aux équations

$$(4)\qquad f(\alpha, \beta) = 0, \quad F(\alpha, \beta) = 0;$$

et les $mn$ systèmes de solutions communes des équations (3) se réduiront, pour $x = \infty$, aux $mn$ systèmes de solutions communes des équations (4). On pourra donc poser généralement

$$(5)\qquad u = \alpha + \varepsilon, \quad v = \beta + \eta,$$

$\varepsilon$ et $\eta$ désignant des quantités qui s'annulent avec $\frac{1}{x}$. Ces quantités sont d'ailleurs les restes des séries dans lesquelles $u$ et $v$ se développent quand on borne ces séries à leur premier terme. Pour calculer les limites des produits $\varepsilon x$, $\eta x$, nous suivrons la même marche qu'au n° 268. En portant dans les équations (3) les valeurs de $u$ et $v$, tirées de (5), et ayant égard aux équations (4), on a

$$x^m\left(\varepsilon \frac{df}{d\alpha} + \eta \frac{df}{d\beta} + \ldots\right) + x^{m-1}[f_1(\alpha, \beta) + \ldots] + \ldots = 0,$$

$$x^n\left(\varepsilon \frac{dF}{d\alpha} + \eta \frac{dF}{d\beta} + \ldots\right) + x^{n-1}[F_1(\alpha, \beta) + \ldots] + \ldots = 0.$$

En divisant ces équations respectivement par $x^{m-1}$ et

$x^{n-1}$, faisant ensuite $x = \infty$, et posant

$$\alpha' = \lim \varepsilon x, \quad \beta' = \lim \eta x,$$

on obtient

$$(6) \quad \left\{ \begin{aligned} &\alpha' \frac{df}{d\alpha} + \beta' \frac{df}{d\beta} + f_1 = 0, \\ &\alpha' \frac{dF}{d\alpha} + \beta' \frac{dF}{d\beta} + F_1 = 0, \end{aligned} \right.$$

d'où l'on tire les valeurs suivantes de $\alpha'$ et $\beta'$ :

$$(7) \quad \left\{ \begin{aligned} \alpha' &= \frac{F_1 \frac{df}{d\beta} - f_1 \frac{dF}{d\beta}}{\frac{df}{d\alpha}\frac{dF}{d\beta} - \frac{df}{d\beta}\frac{dF}{d\alpha}}, \\ \beta' &= \frac{f_1 \frac{dF}{d\alpha} - F_1 \frac{df}{d\alpha}}{\frac{df}{d\alpha}\frac{dF}{d\beta} - \frac{df}{d\beta}\frac{dF}{d\alpha}}. \end{aligned} \right.$$

En désignant par $\varepsilon'$ et $\eta'$ de nouvelles quantités infiniment petites avec $\frac{1}{x}$, on pourra poser

$$\varepsilon x = \alpha' + \varepsilon', \quad \eta x = \beta' + \eta',$$

et, par suite,

$$u = \alpha + \frac{\alpha'}{x} + \frac{\varepsilon'}{x}, \quad v = \beta + \frac{\beta'}{x} + \frac{\eta'}{x};$$

on aura ainsi les deux premiers termes des séries dans lesquelles $u$ et $v$, ou $y$ et $z$, peuvent se développer, et l'on voit aisément qu'on pourra, de la même manière, obtenir les termes suivants.

Cette méthode s'applique, quel que soit $\mu$, au cas de $\mu - 1$ équations entre $\mu$ variables, pourvu qu'on écarte, comme nous l'avons fait jusqu'ici, en raisonnant sur des équations générales, quelques cas particuliers qui peuvent se présenter.

*Formation de l'équation finale qui résulte de l'élimination de deux, trois, etc., inconnues entre trois, quatre, etc., équations. Nouvelle démonstration du théorème de Bezout. Somme des racines de l'équation finale.*

273. On peut, par l'analyse précédente, former autant de termes que l'on veut, de l'équation finale qui résulte de l'élimination de deux, trois, etc., inconnues, entre trois, quatre, etc., équations.

Soient, par exemple, les trois équations générales

$$(1) \qquad M(x, y, z) = 0, \quad N(x, y, z) = 0, \quad P(x, y, z) = 0,$$

des degrés $m$, $n$, $p$ respectivement, entre trois inconnues $x$, $y$, $z$; en réunissant les termes de même degré, ces équations seront :

$$x^m f\left(\frac{y}{x}, \frac{z}{x}\right) + x^{m-1} f_1\left(\frac{y}{x}, \frac{z}{x}\right) + \ldots = 0,$$
$$x^n F\left(\frac{y}{x}, \frac{z}{x}\right) + x^{n-1} F_1\left(\frac{y}{x}, \frac{z}{x}\right) + \ldots = 0,$$
$$x^p \varphi\left(\frac{y}{x}, \frac{z}{x}\right) + x^{p-1} \varphi_1\left(\frac{y}{x}, \frac{z}{x}\right) + \ldots = 0.$$

$f$, F et $\varphi$ sont des polynômes des degrés $m$, $n$, $p$ respectivement, par rapport aux deux variables qu'ils renferment; $f_1$, $F_1$, $\varphi_1$ sont respectivement des degrés $m-1$, $n-1$, $p-1$, et ainsi de suite.

Désignons par

$$(y_1, z_1), \quad (y_2, z_2), \ldots, \quad (y_{mn}, z_{mn})$$

les $mn$ systèmes de solutions communes aux deux premières des équations (1), et posons

$$V = P(x, y_1, z_1)\, P(x, y_2, z_2) \ldots P(x, y_{mn}, z_{mn});$$

l'équation finale résultant de l'élimination de $y$ et $z$ entre les équations (1) sera

$$V = 0,$$

et c'est cette équation qu'il s'agit de calculer. On y parviendra en développant en série chacun des facteurs $P(x, y, z)$ de V, et il suffira de connaître autant de termes du développement de P qu'on en veut avoir dans V. Nous nous bornerons ici, comme nous l'avons fait dans le cas de deux équations, à calculer les deux premiers termes de V, ce qui suffit pour connaître le degré et la somme des racines de l'équation finale.

On a, en faisant, comme précédemment, $\frac{y}{x} = u$, $\frac{z}{x} = v$,

$$P(x, y, z) = x^p \varphi(u, v) + x^{p-1} \varphi_1(u, v) + \ldots,$$

et, si l'on pose

$$u = \alpha + \varepsilon, \quad v = \beta + \eta,$$

il vient

$$P(x, y, z) = x^p \varphi(\alpha, \beta) + x^p E,$$

E s'annulant avec $\frac{1}{x}$, ainsi que $\varepsilon$ et $\eta$. En mettant dans l'équation précédente, à la place de $x$ et $y$, leurs $mn$ valeurs, il vient

$$\begin{aligned} P(x, y_1, z_1) &= x^p \varphi(\alpha_1, \beta_1) + x^p E_1, \\ P(x, y_2, z_2) &= x^p \varphi(\alpha_2, \beta_2) + x^p E_2, \\ &\ldots\ldots\ldots\ldots\ldots\ldots, \\ P(x, y_{mn}, z_{mn}) &= x^p \varphi(\alpha_{mn}, \beta_{mn}) + x^p E_{mn}, \end{aligned}$$

$E_1, E_2, \ldots, E_{mn}$ étant des quantités infiniment petites avec $\frac{1}{x}$. Enfin, en multipliant toutes ces équations, on a la valeur suivante de V,

$$V = x^{mnp} \varphi(\alpha_1, \beta_1) \varphi(\alpha_2, \beta_2) \ldots \varphi(\alpha_{mn}, \beta_{mn}) + x^{mnp} H,$$

où H désigne une quantité qui s'annule avec $\frac{1}{x}$. Le premier terme de V est donc

$$x^{mnp}\varphi(\alpha_1, \beta_1)\ldots\varphi(\alpha_{mn}, \beta_{mn}).$$

Il suit de là que le degré de l'équation finale qui résulte de l'élimination de $y$ et $z$ entre les trois équations (1) est égal au produit des degrés de ces équations, ce qui fournit une nouvelle démonstration du théorème de Bezout.

Si l'on veut obtenir les deux premiers termes de l'équation finale $V = 0$, il est nécessaire de calculer les deux premiers termes du développement de $P(x, y, z)$ en série ordonnée suivant les puissances décroissantes de $x$. Pour cela, dans l'équation

$$P(x, y, z) = x^p\varphi(u, v) + x^{p-1}\varphi_1(u, v) + \ldots$$

nous poserons

$$u = \alpha + \frac{\alpha'}{x} + \frac{\varepsilon'}{x},$$

$$v = \beta + \frac{\beta'}{x} + \frac{\eta'}{x},$$

$\varepsilon'$ et $\eta'$ désignant toujours des quantités qui s'évanouissent avec $\frac{1}{x}$, $\alpha'$ et $\beta'$ des quantités déterminées par les équations

$$\alpha'\frac{df}{d\alpha} + \beta'\frac{df}{d\beta} + f_1 = 0,$$

$$\alpha'\frac{dF}{d\alpha} + \beta'\frac{dF}{d\beta} + F_1 = 0.$$

La valeur de $P(x, y, z)$ pourra alors s'écrire de la manière suivante :

$$P(x, y, z) = x^p\varphi(\alpha, \beta)$$
$$+ x^{p-1}\left[\alpha'\frac{d\varphi}{d\alpha} + \beta'\frac{d\varphi}{d\beta} + \varphi_1(\alpha, \beta)\right] + x^{p-1}E,$$

en désignant par E une quantité qui s'annule avec $\frac{1}{x}$; on aura donc

$$P(x, y_1, z_1) = x^p \varphi(\alpha_1, 6_1)$$
$$+ x^{p-1}\left[\alpha'_1 \frac{d\varphi}{d\alpha_1} + 6'_1 \frac{d\varphi}{d6_1} + \varphi_1(\alpha_1, 6_1)\right] + x^{p-1}E_1,$$

. . . . . . . . . . . . . . . . . . . . . . . . . . . . . . . . . . . . ,

$$P(x, y_{mn}, z_{mn}) = x^p \varphi(\alpha_{mn}, 6_{mn})$$
$$+ x^{p-1}\left[\alpha'_{mn} \frac{d\varphi}{d\alpha_{mn}} + 6'_{mn} \frac{d\varphi}{d6_{mn}} + \varphi_1(\alpha_{mn}, 6_{mn})\right] + x^{p-1}E_{mn}.$$

Dans ces équations nous avons mis, pour abréger, $\frac{d\varphi}{d\alpha_1}$, etc., à la place de $\frac{d\varphi(\alpha_1, 6_1)}{d\alpha_1}$, etc.; $\alpha'_1$, $\alpha'_2$, etc., désignent les valeurs de $\alpha'$ qui correspondent aux valeurs $\alpha_1$, $\alpha_2$, etc., de $\alpha$; enfin, $E_1$, $E_2$, etc., sont des quantités infiniment petites avec $\frac{1}{x}$. En multipliant toutes ces équations, on aura la valeur suivante de V :

$$V = x^{mnp}\varphi(\alpha_1, 6_1)\varphi(\alpha_2, 6_2)\ldots\varphi(\alpha_{mn}, 6_{mn})$$
$$+ x^{mnp-1}\varphi(\alpha_1, 6_1)\ldots\varphi(\alpha_{mn}, 6_{mn})\sum\frac{\alpha'\frac{d\varphi}{d\alpha} + 6'\frac{d\varphi}{d6} + \varphi_1(\alpha, 6)}{\varphi(\alpha, 6)}$$
$$+ x^{mnp-1}H,$$

où H désigne une quantité qui s'annule avec $\frac{1}{x}$, et où le signe $\sum$ s'étend à toutes les solutions communes $(\alpha, 6)$ des deux équations

$$f(\alpha, 6) = 0, \quad F(\alpha, 6) = 0.$$

Le second terme de V est donc

$$x^{mnp-1}\varphi(\alpha_1, 6_1)\ldots\varphi(\alpha_{mn}, 6_{mn})\sum\frac{\alpha'\frac{d\varphi}{d\alpha} + 6'\frac{d\varphi}{d6} + \varphi_1}{\varphi};$$

et si l'on désigne par $\sum x$ la somme des racines de l'équation finale $V=0$, on aura

$$\sum x = -\sum \frac{\alpha' \frac{d\varphi}{d\alpha} + \beta' \frac{d\varphi}{d\beta} + \varphi_1}{\varphi}.$$

En remplaçant, dans cette formule, $\alpha'$ et $\beta'$ par leurs valeurs écrites plus haut, et en faisant, pour abréger,

$$A(\alpha, \beta) = \frac{dF}{d\alpha}\frac{d\varphi}{d\beta} - \frac{d\varphi}{d\alpha}\frac{dF}{d\beta},$$

$$B(\alpha, \beta) = \frac{d\varphi}{d\alpha}\frac{df}{d\beta} - \frac{df}{d\alpha}\frac{d\varphi}{d\beta},$$

$$C(\alpha, \beta) = \frac{df}{d\alpha}\frac{dF}{d\beta} - \frac{dF}{d\alpha}\frac{df}{d\beta},$$

on aura cette expression

$$\sum x = -\sum \frac{\varphi_1(\alpha, \beta)}{\varphi(\alpha, \beta)} - \sum \frac{f_1(\alpha, \beta)A(\alpha, \beta) + F_1(\alpha, \beta)B(\alpha, \beta)}{\varphi(\alpha, \beta)C(\alpha, \beta)},$$

où les sommes du second membre sont relatives à tous les systèmes de solutions communes aux deux équations

$$f(\alpha, \beta) = 0, \quad F(\alpha, \beta) = 0.$$

Le calcul des deux premiers termes de l'équation finale, qui résulterait de l'élimination de $\mu - 1$ inconnues entre $\mu$ équations, n'offrira pas plus de difficulté, quel que soit $\mu$, que dans les deux cas particuliers qui ont été développés ; la marche à suivre est toujours la même, et l'on peut considérer comme générale la nouvelle démonstration que nous avons donnée du théorème de Bezout pour les cas de deux et de trois équations.

*Démonstration d'une formule de Jacobi.*

**274.** Pour obtenir l'équation finale $V=0$, nous avons porté, dans la troisième des équations données, les valeurs de $y$ et de $z$, tirées des deux premières; mais on aurait pu opérer de deux autres manières différentes : par exemple, en portant dans la première équation les valeurs de $y$ et de $z$, tirées des deux dernières, on aurait obtenu une expression différente de $\sum x$, qui peut évidemment être tirée de celle déjà trouvée, en changeant l'une en l'autre $f$ et $\varphi$, $f_1$ et $\varphi_1$, etc. On a donc

$$\sum x = -\sum \frac{f_1(\gamma, \delta)}{f(\gamma, \delta)} - \sum \frac{F_1(\gamma, \delta) B(\gamma, \delta) + \varphi_1(\gamma, \delta) C(\gamma, \delta)}{f(\gamma, \delta) A(\gamma, \delta)};$$

mais ici les sommes qui figurent dans le second membre sont relatives aux solutions communes des équations

$$F(\gamma, \delta) = o, \quad \varphi(\gamma, \delta) = o.$$

Égalons les deux valeurs trouvées pour $\sum x$, et supposons que les polynômes $F_1$ et $f_1$ soient identiquement nuls; on aura

$$\sum \frac{\varphi_1(\alpha, 6)}{\varphi(\alpha, 6)} = \sum \frac{\varphi_1(\gamma, \delta) C(\gamma, \delta)}{f(\gamma, \delta) A(\gamma, \delta)},$$

en se rappelant que le signe $\sum$ s'étend, dans le premier membre, aux solutions communes de $f(\alpha, 6) = o$, $F(\alpha, 6) = o$, et, dans le second membre, aux solutions communes de $F(\gamma, \delta) = o$, $\varphi(\gamma, \delta) = o$. On peut, dans cette formule, considérer les polynômes $f$, F et $\varphi$ comme absolument arbitraires; et, quant au polynôme $\varphi_1$, il n'est assujetti, par notre analyse, qu'à la seule condition d'être d'un degré inférieur à celui de $\varphi$. Supposons

$$\varphi(\alpha, 6) = C(\alpha, 6);$$

la somme du second membre de l'équation précédente

sera alors relative aux solutions communes des deux équations

$$F(\gamma, \delta) = 0, \quad C(\gamma, \delta) = 0,$$

et, par conséquent, chacun de ses termes sera identiquement nul. On aura donc

$$\sum \frac{\varphi_1(\alpha, \beta)}{C(\alpha, \beta)} = 0$$

ou

$$\sum \frac{\varphi_1(\alpha, \beta)}{\frac{df}{d\alpha}\frac{dF}{d\beta} - \frac{dF}{d\alpha}\frac{df}{d\beta}} = 0,$$

le signe $\sum$ s'étendant aux solutions communes des deux équations

$$f(\alpha, \beta) = 0, \quad F(\alpha, \beta) = 0.$$

Cette formule remarquable, où $\varphi_1$ désigne un polynôme quelconque de degré inférieur à celui de $\frac{df}{d\alpha}\frac{dF}{d\beta} - \frac{dF}{d\alpha}\frac{df}{d\beta}$, est l'extension de celle que nous avons démontrée au n° 217 et que nous avons rencontrée de nouveau au n° 271. Elle a été démontrée pour la première fois par Jacobi, et M. Liouville y a été conduit naturellement comme nous venons de le faire voir, dans ses recherches sur l'élimination.

### *Application de la théorie précédente à une question de Géométrie.*

275. M. Liouville a déduit des résultats qui précèdent la démonstration d'un théorème curieux de Géométrie que nous allons présenter ici :

Théorème. — *Si l'on mène à une courbe algébrique la série des tangentes parallèles à une direction donnée, le centre des moyennes distances des points de contact sera indépendant de cette direction.*

Soit

$$M(x, y) = 0$$

l'équation d'une courbe algébrique; les coordonnées réelles ou imaginaires des points de contact de cette courbe avec les tangentes parallèles à la droite $y = ax$ seront les solutions communes aux deux équations

$$(1) \qquad M = 0, \quad \frac{dM}{dx} + a\frac{dM}{dy} = 0.$$

Si l'on pose $\frac{y}{x} = u$, et qu'on représente la courbe par l'équation $\varphi(x, u) = 0$, les coordonnées $x$ et $u$ seront les solutions communes aux deux équations

$$\varphi(x, u) = 0, \quad \frac{d\varphi}{dx} + \frac{a-u}{x}\frac{d\varphi}{du} = 0.$$

Soit donc, conformément aux notations du n° 268,

$$\varphi(x, u) = x^m f(u) + x^{m-1} f_1(u) + \ldots,$$

$f$, $f_1$, etc., désignant des polynômes des degrés $m$, $m-1$, etc.; on aura

$$\frac{d\varphi}{dx} = mx^{m-1} f(u) + (m-1)x^{m-2} f_1(u) + \ldots,$$

$$\frac{d\varphi}{du} = x^m f'(u) + x^{m-1} f_1'(u) + \ldots,$$

et, par suite,

$$\frac{d\varphi}{dx} + \frac{a-u}{x}\frac{d\varphi}{du} = x^{m-1} F(u) + x^{m-2} F_1(u) + \ldots,$$

en faisant, pour abréger,

$$(2) \qquad \begin{cases} F(u) = mf(u) + (a-u)f'(u), \\ F_1(u) = (m-1)f_1(u) + (a-u)f_1'(u), \\ \ldots\ldots\ldots\ldots\ldots\ldots\ldots\ldots \end{cases}$$

$F(u)$, $F_1(u)$, etc., sont des polynômes des degrés $m-1$, $m-2$, etc.; car dans $F(u)$, par exemple, les deux termes du degré le plus élevé, qui proviennent de $mf(u)$ et de $(a-u)f'(u)$, se détruisent évidemment; et la même chose a lieu pour $F_1(u)$, etc.

L'équation finale qui résulte de l'élimination de $y$ entre les équations (1) est la même que celle qui résulte de l'élimination de $u$ entre

$$x^m f(u) + x^{m-1} f_1(u) + \ldots = 0,$$
$$x^{m-1} F(u) + x^{m-2} F_1(u) + \ldots = 0.$$

Si donc on désigne par $\sum x$ la somme des racines de l'équation finale, on aura (n° 269)

$$\sum x = -\sum \frac{\alpha' F'(\alpha) + F_1(\alpha)}{F(\alpha)},$$

le signe $\sum$ s'étendant dans le second membre aux racines de l'équation

$$f(\alpha) = 0,$$

et $\alpha'$ étant une quantité déterminée par l'équation

$$\alpha' f'(\alpha) + f_1(\alpha) = 0.$$

Pour avoir l'expression de $\sum x$ en fonction des quantités données $f$, $f_1$, etc., différentions la première des équations (2); on aura

$$(3) \qquad F'(u) = (m-1) f'(u) + (a-u) f''(u).$$

Les équations (2) et (3) donnent ensuite

$$\alpha' F'(\alpha) + F_1(\alpha) = (m-1)[\alpha' f'(\alpha) + f_1(\alpha)]$$
$$+ (a-\alpha)[\alpha' f''(\alpha) + f_1'(\alpha)],$$

où, comme la quantité $\alpha' f'(\alpha) + f_1(\alpha)$ est nulle,

$$(4) \qquad \alpha' F'(\alpha) + F_1(\alpha) = (a - \alpha)[\alpha' f''(\alpha) + f_1'(\alpha)].$$

On aura aussi, en faisant $u = \alpha$ dans la première des équations (2), et en remarquant que $f(\alpha)$ est nulle,

$$(5) \qquad F(\alpha) = (a - \alpha) f'(\alpha).$$

Des équations (4) et (5) on tire

$$\frac{\alpha' F'(\alpha) + F_1(\alpha)}{F(\alpha)} = \frac{\alpha' f''(\alpha) + f_1'(\alpha)}{f'(\alpha)};$$

par suite, la valeur de $\sum x$ est

$$\sum x = -\sum \frac{\alpha' f''(\alpha) + f_1'(\alpha)}{f'(\alpha)},$$

et on voit qu'elle est indépendante de $a$. La somme des distances à l'axe des $y$ des points de contact de notre courbe avec les tangentes parallèles à la direction donnée est donc indépendante de cette direction ; ce qui démontre le théorème énoncé, car l'axe des $y$ est une droite quelconque située dans le plan.

La démonstration précédente semble en défaut lorsque l'équation $f(\alpha) = 0$ a des racines égales ; pour montrer que les conclusions sont cependant exactes dans ce cas, on peut employer un raisonnement dont nous avons déjà fait usage. Il suffira de changer infiniment peu les coefficients de $f$, de manière que $f(\alpha) = 0$ n'ait plus de racines égales, et de supposer ensuite ces changements nuls : on aura une courbe infiniment peu différente de la proposée, et pour laquelle le théorème aura lieu ; d'où l'on peut conclure qu'il a lieu, à la limite, pour la courbe proposée elle-même.

**276.** Le théorème précédent conduit à quelques conséquences intéressantes. Désignons toujours par $\sum x$ la somme des abscisses des points de contact d'une courbe algébrique avec les tangentes qui font l'angle $\omega$ avec la direction des $x$ positives, et faisons varier $\omega$ de sa différentielle $d\omega$; comme $\sum x$ ne dépend pas de cet angle, on aura

$$\sum dx = 0.$$

Mais, en désignant par $ds$ l'arc infiniment petit qui a pour projection $dx$, on a $dx = ds \cos\omega$; par suite,

$$\sum ds \cos\omega = 0, \quad \text{ou} \quad \sum \frac{ds}{d\omega} = 0,$$

puisque $\cos\omega$ et $d\omega$ sont constants. $\frac{ds}{d\omega}$ est la valeur du rayon de courbure $\rho$; on aura donc

$$\sum \rho = 0,$$

les rayons $\rho$ étant pris avec un signe convenable; on aura aussi

$$\sum \frac{d\rho}{d\omega} = 0, \quad \text{ou} \quad \sum \rho' = 0,$$

$\rho'$ désignant le rayon de courbure de la développée, et ainsi de suite.

En outre, si $\xi$ et $\upsilon$ représentent les coordonnées du centre de courbure correspondant au point $(x, y)$, on a

$$x = \xi - \rho \sin\omega, \quad y = \upsilon + \rho \cos\omega;$$

donc, en ayant égard aux formules précédentes, on a encore

$$\sum x = \sum \xi, \quad \sum y = \sum \upsilon;$$

c'est-à-dire que le centre des moyennes distances des points de contact d'une courbe algébrique avec la série des tangentes parallèles à une même direction est le même que le centre des moyennes distances des centres de courbure correspondants.

277. M. Liouville a également donné dans son Mémoire la démonstration du théorème suivant, qui est analogue au précédent.

Théorème. — *Si l'on mène à une surface algébrique la série des plans tangents parallèles à deux directions fixes, le centre des moyennes distances des points de contact sera indépendant des deux directions données.*

Si

$$M(x, y, z) = 0$$

est l'équation d'une surface algébrique, les coordonnées des points de contact de cette surface avec les plans tangents parallèles au plan qui a pour équation

$$z = ax + by,$$

seront données par les trois équations

$$M = 0, \quad \frac{dM}{dx} + a\frac{dM}{dz} = 0, \quad \frac{dM}{dy} + b\frac{dM}{dz} = 0.$$

Il suffit, pour établir le théorème qui vient d'être énoncé, de calculer la somme des racines de l'équation finale qui résulte de l'élimination de deux inconnues entre les trois équations précédentes. En suivant la marche que nous avons tracée, on trouvera que cette somme est indépendante de $a$ et de $b$. Ce calcul ne présentant aucune difficulté, nous nous dispenserons de le présenter ici, et nous renverrons, pour plus de détails, au Mémoire de M. Liouville. On y trouvera, du reste, un grand nombre de conséquences intéressantes que nous ne pourrions développer sans sortir des limites que nous nous sommes imposées.

*Sur l'élimination d'une inconnue entre deux équations dont les coefficients ont des valeurs particulières quelconques.*

**278.** Nous avons fait connaître, dans le Chapitre Ier la méthode fondée sur la théorie des fonctions symétriques, pour former l'équation finale qui résulte de l'élimination d'une inconnue entre deux équations; nous avons démontré ensuite que le degré de l'équation finale relative à deux équations générales des degrés $m$ et $n$ respectivement est précisément égal à $mn$, et que, dans aucun cas, ce degré ne peut surpasser le produit des degrés des équations proposées. Nous sommes revenu sur cette question dans le présent Chapitre; mais, à l'égard des équations particulières, nous nous sommes borné encore, comme nous l'avions fait précédemment, à assigner la limite que ne peut dépasser le degré de l'équation finale. Nous allons indiquer ici, d'après M. Minding, un moyen simple de déterminer avec précision le degré de l'équation finale relative à deux équations quelconques données (*).

*Cas particuliers du développement d'une fonction algébrique implicite en série ordonnée suivant les puissances décroissantes de sa variable.*

**279.** Soit

$$M(x, y) = 0 \tag{1}$$

une équation entre les deux variables $x$ et $y$. Les racines

(*) Une traduction du Mémoire de M. Minding a été publiée dans le tome VI du *Journal de Mathématiques pures et appliquées*.

$y$ sont des fonctions de $x$, et si l'équation est complète, chaque racine, ainsi qu'on l'a vu au n° 268, peut être développée dans une série de la forme

$$y = \alpha x + \alpha' + \frac{\alpha''}{x} + \frac{\alpha'''}{x^2} + \ldots,$$

en sorte que, dans le cas général, les racines $y$ d'une équation à deux variables $x$ et $y$ sont du premier degré par rapport à $x$ (*). Mais il n'en est pas toujours ainsi, lorsque l'équation que l'on considère manque de quelques termes. Nous allons indiquer un procédé pour trouver généralement les degrés des racines $y$ de l'équation (1), et pour former les développements de ces racines en séries ordonnées suivant les puissances décroissantes de $x$.

En ordonnant l'équation (1) par rapport aux puissances décroissantes de $y$, nous l'écrirons de la manière suivante :

$$(2)\qquad Ay^m + A_1 y^{m_1} + \ldots + A_k y^{m_k} + \ldots + A_i y^{m_i} + A_{i+1} = 0,$$

et nous désignerons par

$$\mu,\ \mu_1,\ \mu_2,\ldots,\ \mu_k,\ldots,\ \mu_i,\ \mu_{i+1}$$

les degrés des coefficients

$$A,\ A_1,\ A_2,\ldots,\ A_k,\ldots,\ A_i,\ A_{i+1},$$

qui sont des fonctions entières de $x$.

Cela posé, désignons par $r$ un exposant indéterminé, par $u$ une nouvelle variable, et faisons

$$y = ux^r;$$

(*) On dit qu'une fonction $y$ de $x$ est du degré $r$, lorsque le quotient $\frac{y}{x^r}$ n'est ni nul ni infini pour $x = \infty$.

l'équation (2) devient

$$(3)\quad A x^{mr} u^m + A_1 x^{m_1 r} u^{m_1} + \ldots + A_k x^{m_k r} u^{m_k} + \ldots + A_{i+1} = 0,$$

ou, en divisant par $A x^{mr}$,

$$u^m + \frac{A_1 x^{-(m-m_1)r}}{A} u^{m_1} + \ldots + \frac{A_k x^{-(m-m_k)r}}{A} u^{m_k} + \ldots + \frac{A_{i+1} x^{-mr}}{A} = 0;$$

dans cette équation, les degrés relatifs à $x$ des coefficients des termes qui suivent le premier sont respectivement

$$(5)\quad \begin{cases} (m-m_1)\left(\dfrac{\mu_1-\mu}{m-m_1}-r\right), \ldots, \\ (m-m_k)\left(\dfrac{\mu_k-\mu}{m-m_k}-r\right), \ldots, \quad m\left(\dfrac{\mu_{i+1}-\mu}{m}-r\right). \end{cases}$$

Désignons par $\rho_1$ le plus grand des nombres

$$\frac{\mu_1-\mu}{m-m_1}, \ldots, \quad \frac{\mu_k-\mu}{m-m_k}, \ldots, \quad \frac{\mu_i-\mu}{m-m_i}, \quad \frac{\mu_{i+1}-\mu}{m},$$

et supposons que $\dfrac{\mu_k-\mu}{m-m_k}$ soit le dernier de ceux qui sont égaux à $\rho_1$. Si l'on fait $r = \rho_1$, quelques-uns des nombres (5) seront nuls, mais tous les autres, et en particulier ceux qui suivent le $k^{\text{ième}}$, seront négatifs; en sorte que, pour $x = \infty$, l'équation (4) prendra la forme

$$u^m + \ldots + B_k u^{m_k} = 0, \quad \text{ou} \quad u^{m_k} f(u) = 0,$$

les coefficients B ayant des valeurs finies et le dernier d'entre eux $B_k$ étant différent de zéro. Cette équation (6) a $m_k$ racines nulles, et $m - m_k$ racines finies et différentes de zéro. Il s'ensuit que, parmi les racines $y$ de l'équation (2), il y en a $m_k$ dont les degrés sont inférieurs à $\rho_1$, et $m - m_k$ dont les degrés sont égaux à $\rho_1$. En outre, les premiers termes des séries qui représentent ces dernières racines sont égaux aux diverses valeurs de $\alpha x^{\rho_1}$ quand on prend successivement pour $\alpha$ chacune des racines de l'équation

$$f(\alpha) = 0.$$

Cherchons maintenant les premiers termes des séries qui représentent les $m_k$ racines $y$ de degré inférieur à $\rho_1$. En divisant l'équation (3) par $A_k x^{m_k r}$, elle devient

$$(7)\quad \left\{ \begin{aligned} &\frac{A x^{(m-m_k)r}}{A_k} u^m + \ldots + u^{m_k} + \ldots \\ &+ \frac{A_{k'} x^{(m_{k'}-m_k)r}}{A_k} u^{m_{k'}} + \ldots + \frac{A_{i+1} x^{-m_k r}}{A_k} = 0; \end{aligned} \right.$$

les coefficients des termes qui précèdent $u^{m_k}$ ont pour degrés

$$(8)\quad \left\{ \begin{aligned} &-(m - m_k)\left(\frac{\mu_k - \mu}{m - m_k} - r\right), \ldots, \\ &-(m_{k-1} - m_k)\left(\frac{\mu_k - \mu_{k-1}}{m_{k-1} - m_k} - r\right), \end{aligned} \right.$$

et ceux des termes qui suivent $u^{m_k}$ ont pour degrés

$$(9)\quad \left\{ \begin{aligned} &(m_k - m_{k+1})\left(\frac{\mu_{k+1} - \mu_k}{m_k - m_{k+1}} - r\right), \ldots, \\ &(m_k - m_{k'})\left(\frac{\mu_{k'} - \mu_k}{m_k - m_{k'}} - r\right), \ldots, \quad m_k\left(\frac{\mu_{i+1} - \mu_k}{m_k} - r\right). \end{aligned} \right.$$

Désignons par $\rho_2$ le plus grand des nombres

$$\frac{\mu_{k+1} - \mu_k}{m_k - m_{k+1}}, \ldots, \quad \frac{\mu_{k'} - \mu_k}{m_k - m_{k'}}, \ldots, \quad \frac{\mu_{i+1} - \mu_k}{m_k},$$

et supposons que $\frac{\mu_{k'} - \mu_k}{m_k - m_{k'}}$ soit le dernier de ceux qui sont égaux à $\rho_2$. Il est aisé de voir que $\rho_2$ est plus petit que $\rho_1$. En effet, on a, par hypothèse,

$$\frac{\mu_k - \mu}{m - m_k} = \rho_1, \quad \frac{\mu_{k'} - \mu}{m - m_{k'}} < \rho_1,$$

et l'on en déduit

$$\frac{\mu_{k'} - \mu_k}{m_k - m_{k'}} < \rho_1, \quad \text{ou} \quad \rho_2 < \rho_1.$$

Si l'on fait $r = \rho_2$, les nombres (9) sont nuls ou négatifs, et en particulier tous ceux qui suivent le $(k' - k)^{ième}$ sont négatifs. On voit aussi que tous les nombres (8) sont négatifs ; car si $g$ est $< k$, on a, par hypothèse,

$$\frac{\mu_g - \mu}{m - m_g} = \text{ou} < \rho_1 \quad \text{avec} \quad \frac{\mu_k - \mu}{m - m_k} = \rho_1,$$

d'où

$$\frac{\mu_k - \mu_g}{m_g - m_k} = \text{ou} > \rho_1 \quad \text{et} \quad \frac{\mu_k - \mu_g}{m_g - m_k} - \rho_2 > 0.$$

D'après cela, si l'on y fait $r = \rho_2$ et $x = \infty$, l'équation (7) prendra la forme

$$(10) \qquad u^{m_k} + \ldots + B_{k'} u^{m_{k'}} = 0, \quad \text{ou} \quad u^{m_{k'}} f_1(u) = 0,$$

les coefficients B ayant des valeurs finies et le dernier $B_{k'}$ étant différent de zéro. Cette équation (10) a $m_{k'}$ racines nulles et $m_k - m_{k'}$ racines finies et différentes de zéro. Il s'ensuit que, parmi les racines $y$ de l'équation (2), il y en a $m_{k'}$ dont les degrés sont inférieurs à $\rho_2$, et $m_k - m_{k'}$ dont les degrés sont égaux à $\rho_2$. En outre, les premiers termes des séries qui représentent ces dernières racines sont égaux aux valeurs de $\alpha x^{\rho_2}$ quand on prend successivement pour $\alpha$ chacune des racines de l'équation

$$f_1(\alpha) = 0.$$

En continuant ainsi on déterminera les premiers termes des séries qui représentent les $m_{k'}$ racines de degré inférieur à $\rho_2$. Ce que nous avons dit suffit évidemment pour établir le théorème suivant :

**Théorème.** — *Étant donnée l'équation*

$$A y^m + A_1 y^{m_1} + \ldots + A_i y^{m_i} + A_{i+1} = 0,$$

*ordonnée par rapport aux puissances décroissantes de $y$, et dans laquelle les coefficients*

$$A, \; A_1, \; A_2, \; \ldots, \; A_{i+1}$$

*sont des fonctions entières de $x$ ayant respectivement pour degrés*

$$\mu, \; \mu_1, \; \mu_2, \; \ldots, \; \mu_{i+1},$$

*si $\rho_1$ désigne le plus grand des nombres*

$$\frac{\mu_1 - \mu}{m - m_1}, \quad \frac{\mu_2 - \mu}{m - m_2}, \ldots, \quad \frac{\mu_{i+1} - \mu}{m},$$

*et que $\frac{\mu_k - \mu}{m - m_k}$ soit le dernier de ceux dont la valeur est $\rho_1$, l'équation proposée aura $m - m_k$ racines de degré $\rho_1$, et si $k$ est $< i + 1$, les $m_k$ autres racines seront de degré inférieur à $\rho_1$. Si, en second lieu, $\rho_2$ désigne le plus grand des nombres*

$$\frac{\mu_{k+1} - \mu_k}{m_k - m_{k+1}}, \quad \frac{\mu_{k+2} - \mu_k}{m_k - m_{k+2}}, \ldots, \quad \frac{\mu_{i+1} - \mu_k}{m_k},$$

*et que $\frac{\mu_{k'} - \mu_k}{m_k - m_{k'}}$ soit le dernier de ceux dont la valeur est $\rho_2$, l'équation proposée aura $m_k - m_{k'}$ racines de degré $\rho_2$, et si $k'$ est $< i + 1$, les $m_{k'}$ autres racines seront de degré inférieur à $\rho_2$. Si, en troisième lieu, $\rho_3$ désigne le plus grand des nombres*

$$\frac{\mu_{k'+1} - \mu_{k'}}{m_{k'} - m_{k'+1}}, \quad \frac{\mu_{k'+2} - \mu_{k'}}{m_{k'} - m_{k'+2}}, \ldots, \quad \frac{\mu_{i+1} - \mu_{k'}}{m_{k'}},$$

*et que $\frac{\mu_{k''} - \mu_{k'}}{m_{k'} - m_{k''}}$ soit le dernier de ceux dont la valeur est $\rho_3$, l'équation proposée aura $m_{k'} - m_{k''}$ racines de* *degré $\rho_3$, et si $k''$ est $< i+1$, les $m_{k''}$ autres racines seront de degré inférieur à $\rho_3$. Et ainsi de suite.*

Quand on aura trouvé les premiers termes des séries qui représentent les diverses racines $y$ de l'équation proposée, on obtiendra aisément et de la même manière autant de termes qu'on voudra de ces séries. Considérons, par exemple, une racine dont le premier terme soit $\alpha x^\rho$, on posera

$$y = \alpha x^\rho + z;$$

si la proposée n'a qu'une seule racine dont le premier terme soit $\alpha x^\rho$, la transformée en $z$ n'aura qu'une seule racine de degré inférieur à $\rho$, et si la proposée a plusieurs racines ayant $\alpha x^\rho$ pour premier terme, la transformée aura un pareil nombre de racines de degré inférieur à $\rho$. On trouvera les premiers termes de ces racines de l'équation en $z$, comme on a trouvé les premiers termes des racines de l'équation en $y$; on connaîtra ainsi les deux premiers termes des racines de l'équation en $y$ qui ont $\alpha x^\rho$ pour premier terme. Et, en suivant la même marche, on calculera autant de termes que l'on voudra des racines de l'équation en $y$.

Exemple. — Proposons-nous de trouver les degrés des racines $y$ de l'équation

$$(x,8)y^5 + (x,6)y^4 + (x,9)y^3 + (x,4)y^2 + (x,3)y + (x,4) = 0;$$

nous désignons, avec Bezout, par la notation $(x, \mu)$ un polynôme en $x$ du degré $\mu$.

D'après le théorème que nous venons d'établir, il faut d'abord former les nombres

$$-2,\quad \frac{1}{2},\quad -\frac{4}{3},\quad -\frac{5}{4},\quad -\frac{4}{5},$$

dont le maximum est $\frac{1}{2}$; le dernier nombre égal à ce maximum occupant le deuxième rang, l'équation proposée a deux racines de degré $\frac{1}{2}$. Pour avoir les degrés des autres racines, il faut former les nombres

$$-5, \quad -3, \quad -\frac{5}{3},$$

dont le maximum est $-\frac{5}{3}$; le seul nombre égal à ce maximum occupant le troisième rang, l'équation proposée a trois racines du degré $-\frac{5}{3}$.

*Formation de l'équation finale qui résulte de l'élimination d'une inconnue entre deux équations quelconques à deux inconnues. — Détermination du degré de l'équation finale.*

280. Soient les deux équations

$$(1) \quad M(x, y) = Ay^m + A_1 y^{m_1} + \ldots + A_i y^{m_i} + A_{i+1} = 0,$$

$$(2) \quad N(x, y) = By^n + B_1 y^{n_1} + \ldots + B_j y^{n_j} + B_{j+1} = 0,$$

que nous supposons ordonnées par rapport aux puissances décroissantes de $y$, et dans lesquelles les coefficients A, $A_1, \ldots,$ B, $B_1, \ldots$ sont des fonctions entières de $x$. Il s'agit de former l'équation finale qui résulte de l'élimination de $y$.

Désignons par $y_1, y_2, \ldots, y_m$ les racines de l'équation (1) résolue par rapport à $y$, par $\eta_1, \eta_2, \ldots, \eta_n$, les racines de l'équation (2), et posons

$$P = M(x, \eta_1) M(x, \eta_2) \ldots M(x, \eta_n),$$
$$Q = N(x, y_1) N(x, y_2) \ldots N(x, y_m).$$

On a

$$M(x, y) = A(y - y_1)(y - y_2)\ldots(y - y_m),$$
$$N(x, y) = B(y - \eta_1)(y - \eta_2)\ldots(y - \eta_n);$$

d'où

$$M(x, \eta_1) = A(\eta_1 - y_1)(\eta_1 - y_2)\ldots(\eta_1 - y_m),$$
$$M(x, \eta_2) = A(\eta_2 - y_1)(\eta_2 - y_2)\ldots(\eta_2 - y_m),$$
$$\ldots\ldots\ldots\ldots\ldots\ldots\ldots\ldots\ldots,$$
$$M(x, \eta_n) = A(\eta_n - y_1)(\eta_n - y_2)\ldots(\eta_n - y_m).$$

Il suit de là que $\frac{P}{A^n}$ est égal au produit des différences qu'on obtient en retranchant chacune des racines $y_1$, $y_2, \ldots, y_m$ de chacune des racines $\eta_1, \eta_2, \ldots, \eta_n$. On trouverait de même que $\frac{Q}{B^m}$ est égal au produit des différences qu'on obtient en retranchant chaque racine $\eta$ de chaque racine $y$, et comme le nombre de ces différences est $mn$, on a

$$\frac{P}{A^n} = (-1)^{mn}\frac{Q}{B^m},$$

ou

$$(3) \qquad B^m P = (-1)^{mn} A^n Q.$$

Or, P est une fonction entière et symétrique des racines de l'équation (2), et ses coefficients sont des fonctions entières des coefficients de l'équation (1); donc $B^m P$ est une fonction rationnelle des coefficients des équations proposées, et qui même est entière par rapport aux coefficients de l'équation (1). Pour la même raison, $A^n Q$ est une fonction rationnelle des coefficients des équations proposées et qui est entière par rapport aux coefficients de l'équation (2). Donc, à cause de l'équation (3), $B^m P$ est une fonction entière des coefficients des équations (1) et (2), et, par suite, elle est une fonction entière de $x$.

Nous la désignerons par $F(x)$, et nous allons montrer que

$$(4) \qquad F(x) = 0$$

est l'équation finale qui résulte de l'élimination de $y$ entre les équations proposées. En effet, soit $a$ une valeur de $x$ répondant à la question, c'est-à-dire telle, que les équations

$$M(a, y) = 0, \quad N(a, y) = 0$$

aient au moins une racine commune; on a nécessairement, pour $x = a$, $P = 0$ et $Q = 0$, et, par suite, $F(x) = 0$. Réciproquement, soit $a$ une racine de $F(x) = 0$; à cause de

$$B^m P = (-1)^{mn} A^n Q = F(x),$$

on a nécessairement $P = 0$ et $Q = 0$ pour $x = a$, et, par suite, les équations

$$M(a, y) = 0, \quad N(a, y) = 0$$

ont au moins une racine commune. Ceci suppose toutefois que A et B ne soient pas nuls en même temps, pour $x = a$; mais il est évident que les équations proposées admettent alors la solution commune $x = a$, $y = \infty$. Au surplus, on peut exclure ce cas particulier en changeant infiniment peu les coefficients des polynômes A et B sans changer leurs degrés; d'où il suit que l'équation (4) n'aura jamais de racine étrangère. Et cette considération permet aussi de voir que si A et B ont un facteur commun, le polynôme $F(x)$ sera divisible par ce facteur.

Lorsque les polynômes $A, A_1, \ldots, B, B_1, \ldots$, sont chacun le plus général possible de son degré, les équations (1) et (2) n'ont pas de solutions multiples et ne peuvent acquérir qu'une seule racine commune $y$ pour chaque racine de l'équation finale. Mais le contraire peut arriver si les coefficients des polynômes A, $A_1, \ldots$, B, $B_1, \ldots$ ont des valeurs déterminées. Dans ce cas, chaque racine de l'équation finale a le degré de multiplicité convenable; il suffit, pour s'en convaincre, de changer infiniment peu les coefficients des polynômes A, $A_1, \ldots$, B, $B_1, \ldots$, et de supposer ensuite ces changements nuls.

Passons maintenant à la détermination du degré de l'équation finale. Pour cela, on cherchera les degrés $\rho_1$, $\rho_2, \ldots, \rho_n$ des racines $\eta_1, \eta_2, \ldots, \eta_n$ de l'équation (2), et l'on en conclura aisément les degrés $\lambda_1, \lambda_2, \ldots, \lambda_n$ des fonctions $M(x, \eta_1)$, $M(x, \eta_2), \ldots, M(x, \eta_n)$. Ces degrés $\lambda$ peuvent être fractionnaires, mais ils ne sont jamais négatifs, parce que le polynôme $A_{i+1}$ est au moins du degré zéro. Enfin, si l'on désigne par $\nu$ le degré du polynôme B, il est évident que le degré de $B^m P$ ou $F(x)$ sera

$$m\nu + \lambda_1 + \lambda_2 + \ldots + \lambda_n.$$

Il peut arriver, dans quelques cas particuliers, qu'il ne suffise pas de déterminer les degrés $\rho_1, \rho_2, \ldots, \rho_n$ pour connaître $\lambda_1, \lambda_2, \ldots, \lambda_n$, et qu'il soit nécessaire de calculer entièrement un ou plusieurs termes des séries qui représentent les racines $\eta_1, \eta_2, \ldots, \eta_n$. Mais il est évident que ces cas particuliers ne peuvent se présenter que si la série dans laquelle se développe l'une des racines $\eta_1, \eta_2, \ldots, \eta_n$ coïncide, dans quelques-uns de ses premiers termes, avec la série dans laquelle se développe l'une des racines $y_1, y_2, \ldots, y_m$.

Soient, pour exemple, les deux équations

$$(x, 2)y^4 + (x, 2)y^3 + (x, 4)y^2 + (x, 5)y + (x, 5) = 0,$$
$$(x, 8)y^5 + (x, 6)y^4 + (x, 9)y^3 + (x, 4)y^2 + (x, 3)y + (x, 4) = 0,$$

où $(x, \mu)$ désigne, comme plus haut, un polynôme quelconque du degré $\mu$.

Les degrés $\rho_1, \rho_2, \rho_3, \rho_4, \rho_5$ des racines de la seconde équation ont ici pour valeurs

$$\rho_1 = \rho_2 = \frac{1}{2}, \quad \rho_3 = \rho_4 = \rho_5 = -\frac{5}{3};$$

on en déduit

$$\lambda_1 = \lambda_2 = \frac{11}{2}, \quad \lambda_3 = \lambda_4 = \lambda_5 = 5.$$

D'ailleurs, $\nu = 8$ et $m = 4$; donc le degré de l'équation finale est ici

$$4.8 + 11 + 15 = 58;$$

la limite assignée par le théorème de Bezout est 6.13 ou 78.

Lorsqu'on a deux équations entre deux inconnues $x$ et $y$, il peut arriver que l'équation finale résultant de l'élimination de $y$ ne soit pas du même degré que l'équation qui résulte de l'élimination de $x$. Effectivement, l'équation finale en $x$ donne seulement les valeurs finies de $x$ propres à satisfaire aux deux équations proposées, et si l'équation finale en $y$ est d'un degré plus élevé que celle en $x$, il y a nécessairement quelques racines de l'équation en $y$ qui correspondent à des valeurs infinies ou indéterminées de $x$. D'après ce qui a été dit précédemment, il sera facile, dans chaque cas, de déterminer ces valeurs.

FIN DU TOME PREMIER.

CPSIA information can be obtained at www.ICGtesting.com
Printed in the USA
BVOW09s1401270215

389638BV00010B/112/P

9 781274 554017